LEHRBUCH DES
DEUTSCHEN STRAFRECHTS

李斯特
德国刑法教科书

〔德〕弗兰茨·冯·李斯特 著　徐久生 译
〔德〕埃贝哈德·施密特 修订

北京大学出版社
PEKING UNIVERSITY PRESS

Franz von Liszt

图书在版编目（CIP）数据

李斯特德国刑法教科书 /（德）弗兰茨·冯·李斯特著；徐久生译. —北京：北京大学出版社，2021.6
ISBN 978-7-301-32067-9

Ⅰ. ①李⋯　Ⅱ. ①弗⋯　②徐⋯　Ⅲ. ①刑法—德国—教材　Ⅳ. ①D951.64

中国版本图书馆 CIP 数据核字（2021）第 049650 号

书　　　名	李斯特德国刑法教科书 LISITE DEGUO XINGFA JIAOKESHU
著作责任者	〔德〕弗兰茨·冯·李斯特　著　徐久生　译
责任编辑	王欣彤　杨玉洁
标准书号	ISBN 978-7-301-32067-9
出版发行	北京大学出版社
地　　　址	北京市海淀区成府路 205 号　100871
网　　　址	http://www.pup.cn　http://www.yandayuanzhao.com
电子信箱	yandayuanzhao@163.com
新浪微博	@北京大学出版社　@北大出版社燕大元照法律图书
电　　　话	邮购部 010-62752015　发行部 010-62750672　编辑部 010-62117788
印刷者	北京中科印刷有限公司
经销者	新华书店
	650 毫米×980 毫米　16 开本　27.25 印张　460 千字 2021 年 6 月第 1 版　2022 年 1 月第 2 次印刷
定　　　价	118.00 元

未经许可，不得以任何方式复制或抄袭本书之部分或全部内容。
版权所有，侵权必究
举报电话：010-62752024　电子信箱：fd@pup.pku.edu.cn
图书如有印装质量问题，请与出版部联系，电话：010-62756370

中文修订版序

弗兰茨·冯·李斯特的代表作之一《德国刑法教科书》，因其较高的文献价值，同时也因其在世界刑法史上的巨大影响力，受到各国刑事法学者的高度重视。因此，《德国刑法教科书》中文版的出版发行，受到国内刑法学界的关注似乎也就理所当然了，中文版初版和修订版本的销售一空便是很好的证明。

自《德国刑法教科书》2006年的修订译本出版发行至今，又过去了15年，市面上已经买不到这本刑法学人的必读书了。考虑到该书的学术价值和市场需求，译者有意对该书进行全面的修订完善。经同门师弟郭栋磊先生引介，北京大学出版社愿意再版此书。

值此中文版再版之际，译者在这里首先要向购买、阅读这本世界名著的各位同仁表示由衷的歉意。因为在2006年中文修订版中依然存在一些错误，其中绝大多数属于笔误，有一部分属于表述错误，也有一小部分属于译者外语水平不高造成的理解错误。译者十分清楚地知道，各位同仁是如何耐着性子阅读李斯特这位集犯罪学和刑法学研究于一身的学术大师的著作的。感谢各位同仁对我的宽容、耐心和信任。

为了尽可能准确地反映弗兰茨·冯·李斯特的刑法思想，译者用了整整一个学期的时间，对译文，包括正文和脚注，进行了认真的修订，将译者本人、我的研究生发现的，以及热心读者反馈的问题一一加以修正，译文的整体质量应当有明显的提高。但译者仍不敢确信，再次修订后的中文版《李斯特德国刑法教科书》会让每一位刑法学人都感到满意。如果《李斯特德国刑法教科书》中文修订版能够获得比上两个版本更好的评价，译者当稍感欣慰。

译者在这里特别感谢北京大学法学院的江溯教授、北京大学出版社的鼎力相助，感谢我的同门师弟郭栋磊先生的推介，同时还要感谢我的博士生徐

中文修订版序

隽颖、刘聪颖和硕士生郑朝旭(现为中国人民大学在读博士研究生)对本书再版做出的贡献。

欢迎学界同仁就译者的翻译提出批评、意见或建议。译者希望在各位同仁的帮助下,将弗兰茨·冯·李斯特的《德国刑法教科书》译得更好些。如有批评、意见或建议,可发邮件到译者的邮箱 icpmjjiu@163.com.cn,我们共同探讨、切磋。

徐久生

2021年3月31日

第 21 版和第 22 版前言

在我国刑法典即将修改之前,拙作的新版本又将与广大读者见面了。我多年来所抱之希望就要实现了。拙作自 1881 年年初问世以来已出版 4 万册。我不敢指望拙作一定能适应即将修改施行的刑法,因此,我想在前言,也许是在结束语中,将我所知道的拙作的译文目录增加进来,它们同时也是战前德国刑法在国外受到赞誉的证明。我丝毫不怀疑,德国刑法所失去的声誉还将重新获得。所幸的是,我们的后代将亲身经历科学领域的国际工作小组的重建。

弗兰茨·冯·李斯特博士
1919 年 4 月

第 25 版前言

鉴于立法和科学领域的进步,我在思考,有无必要以及在多大程度上修订该教科书。如果一成不变地保留出自弗兰茨·冯·李斯特之手的书稿,而且只顾及战后立法,要使本教科书跟上刑法和刑法科学发展的步伐是不可能的,我还是决定对教科书各章节进行全面而认真的修订,部分章节要作伤筋动骨式的修订。在刑事政策方面几乎无须修订,因为刑事立法一直遵循了弗兰茨·冯·李斯特长期以来在其刑法教科书中所主张的加强社会预防的思想。相反,在法律教义学,尤其是在罪责学方面,本教科书应当适应立法,特别是刑法科学的进一步发展。

因此,在所有章节中将以新的文本替代旧的文本。对我而言,就产生了这样一个问题,即在本教科书的发展和完善过程中,出版者——正如弗兰茨·冯·李斯特在写给本人的一封信里所说的那样——原则上独立进行修订的时机是否确实到来。在经过长时间的犹豫之后,我最终认为,修订的时机已经成熟。鉴于此认识,我对他在本教科书中站不住脚的观点,以我本人的科学信念进行了修订,因此,本人对该教科书所有章节中的科学理论亦共同负有责任。当然,所有与弗兰茨·冯·李斯特先生观点相左的地方本人均作了说明,在一些重要问题上本人还试图加以论证。相反,因印刷或加上括号而对文本所作之修订本人则未作说明。本书的句子结构也许因此而受到干扰。如果有谁想阅读李斯特的原文,请看以前的版本。

就本版本所作之修订,本人想强调指出,本教科书对犯罪和刑罚的基本思想原封不动地被保留了下来,本教科书的独特的刑事政策倾向也百分之百地予以保留。在涉及国家对具体的犯罪行为的反应以及国家对犯罪人的态度方面,仍一如既往地追求刑法和刑事政策的特殊预防思想。如同在其他方面一样,在这一点上,本人出于自己的科学信念,同样坚信李斯特的学说。如

第25版前言

果我不能出于自己的科学信念而保留李斯特著作的特点,那么,我也就不敢接受本书的出版任务。

埃贝哈德·施密特博士
基尔,1927年7月31日
雷文洛大街28号

第 26 版前言

在进行新版本的修订时,我仍坚持第 25 版前言中所陈述的修订原则。近年来丰富我国刑法文献的一系列重要的新的出版物——我想主要有冯·希佩尔(R. v. Hippel)的《德国刑法》第二卷,梅茨格(Mezger)的《德国刑法教科书》总则部分,新版本的李斯特对刑法的注释,对整个刑法教义学具有促进作用的《纪念弗兰克文集》等——使我萌发了对李斯特刑法教科书中的众多章节再次进行修订的念头。第 25 版所遵循的方法,在新版的修订过程中同样予以保留。

本人对书中的数页内容进行了删节,只保留了最重要的文献索引。有人建议我对本书从体系上作出重大修改。在本版本中我决定不作体系上的修改,如作体系上的修改,那也许是以后的事了。近来,刑法教义学有了很大的发展,一些新的出版物以及帝国法院的判例,在许多方面以全新的观点面世,以至于我不得不至少在注释中,对刑法科学的发展进行探讨,并在所有重要方面对本教科书的水准尽可能作出详细的说明。我之所以这么做,也是因为我的学生的缘故。那些不满足于只是反映刑法研究结果概况或入门书籍的人们——此等书籍多如牛毛——可以从本教科书中找到反映刑法科学发展的判例和文献的详尽索引。那些对注释不感兴趣的学生则可以放弃阅读此等注释。

本教科书以相互独立的总则部分和分则部分出版,在很大程度上是我的主意,我之所以这么做,主要是因为考虑到外国。外国只对本教科书的总则部分感兴趣,Arvo Haveri 于 1929 年将本教科书第 25 版的总则部分译成芬兰语就是一个例证。外国对分则部分较少感兴趣是可以理解的。如果通过独立的总则部分能够使外国的科学界较容易地了解德国刑法科学在刑事政策

第 26 版前言

和刑法教义学方面所做的工作,我相信,弗兰茨·冯·李斯特是会表示赞同并深感欣慰的。

阐述分则部分内容的第 2 卷,预计数月后能够面世。

埃贝哈德·施密特博士
汉堡,1931 年 12 月 1 日
费尔德布鲁伦大街 40 号

目 录

第一编 绪 论

§1 刑法的概念和本教科书的任务 …………………………………… 003

第一章 犯罪的反社会性和刑罚的社会功能 …………………… 005
  §2 作为法益保护的刑法 …………………………………………… 005
  §3 犯罪的原因和类型 ……………………………………………… 009
  §4 现阶段刑事政策的要求及其对最新法律发展的影响 ………… 013
  §5 刑法的学派之争 ………………………………………………… 019

第二章 刑法的历史 ………………………………………………… 025
  §6 刑法史引论 ……………………………………………………… 025
  §7 罗马刑法 ………………………………………………………… 026
  §8 中世纪的德国刑法 ……………………………………………… 030
  §9 查理五世的刑事法院条例 ……………………………………… 035
  §10 全德通用刑法 …………………………………………………… 039
  §11 启蒙运动时期 …………………………………………………… 046
  §12 1870年以前的刑法科学和立法 ………………………………… 049
  §13 《帝国刑法典》的产生与发展 …………………………………… 059
  §14 其他帝国刑法 …………………………………………………… 064
  §15 帝国刑法及其辅助学科之文献 ………………………………… 064
  §16 德国的刑法改革 ………………………………………………… 069
  §17 当今外国的刑法立法情况 ……………………………………… 077

目 录

第三章 帝国刑法的渊源 ·············· 098
- §18 刑法 ·············· 098
- §19 刑法的时间效力 ·············· 102
- §20 刑法的效力范围——帝国法和邦法 ·············· 106
- §21 刑法的空间效力 ·············· 110
- §22 德意志帝国刑法立法——续 ·············· 112
- §23 国际司法协助 ·············· 118
- §24 刑法对人的效力范围 ·············· 123
- §25 例外法 ·············· 125

第二编 总 论

第一部 犯 罪 ·············· 133
- §26 犯罪的概念 ·············· 135
- §27 犯罪的三分法 ·············· 139

第一篇 犯罪的特征 ·············· 143

第一章 作为行为的犯罪 ·············· 143
- §28 行为的一般概念 ·············· 143
- §29 作为 ·············· 149
- §30 不作为 ·············· 156

第二章 作为违法行为的犯罪 ·············· 160
- §31 作为概念特征的违法性 ·············· 160
- §32 违法性、构成要件符合性和合法化事由的认定 ·············· 164
- §33 正当防卫 ·············· 176
- §34 作为应急权的紧急避险 ·············· 183
- §35 排除违法性的其他情况 ·············· 191

第三章 作为有责行为的犯罪 ·············· 201
- §36 责任的概念 ·············· 201
- §37 责任能力 ·············· 215
- §38 无责任能力的几种情况 ·············· 219

目 录

　　§39　故意 …………………………………………………… 226
　　§40　错误——续 …………………………………………… 235
　　§41　过失 …………………………………………………… 242
　　§42　因不能期待合法行为而免责 ………………………… 250

　第四章　所谓的可罚性的客观条件 ………………………… 259
　　§43　特征和意义 …………………………………………… 259

第二篇　犯罪的形态 ……………………………………………… 263

　第一章　犯罪的既遂与未遂 ………………………………… 263
　　§44　犯罪未遂的概念 ……………………………………… 263
　　§45　不能未遂 ……………………………………………… 273
　　§46　犯罪中止 ……………………………………………… 278

　第二章　正犯与共犯 ………………………………………… 283
　　§47　概述与历史回顾 ……………………………………… 283
　　§48　正犯 …………………………………………………… 289
　　§49　共犯 …………………………………………………… 299
　　§50　共犯——续 …………………………………………… 302
　　§51　共犯——个人关系之影响 …………………………… 306

　第三章　犯罪之单数和复数 ………………………………… 308
　　§52　行为之单数和复数 …………………………………… 308
　　§53　行为复数和犯罪单数 ………………………………… 310
　　§54　犯罪单数 ……………………………………………… 314
　　§55　犯罪复数 ……………………………………………… 318

第二部　刑罚及保安处分 ………………………………………… 321

　第一章　引言 ………………………………………………… 323
　　§56　刑罚及保安处分的概念 ……………………………… 323

　第二章　刑罚制度 …………………………………………… 330
　　§57　现行法律及草案中的刑罚制度 ……………………… 330

§58	死刑	331
§59	自由刑——概述和历史	336
§60	帝国立法中的自由刑	342
§61	罚金刑	348
§62	自由附加刑	351
§63	名誉刑	354

第三章 保安处分的种类 ………………………………… 360
 §64 现行法律中的保安处分 ……………………………… 360
 §65 《1930年草案》中的保安处分 ……………………… 367
 §65a 罚款 …………………………………………………… 370

第四章 法律和判决中的量刑标准 ……………………… 373
 §66 法官之量刑 …………………………………………… 373
 §67 刑罚的改变之一——加重 …………………………… 380
 §68 刑罚的改变之二——减轻 …………………………… 383
 §69 刑罚的转处 …………………………………………… 385
 §70 刑罚的折抵 …………………………………………… 387
 §71 数个犯罪行为的竞合("真正的竞合") …………… 388

第五章 国家刑罚请求权之免除 ………………………… 391
 §72 免除刑罚事由概述 …………………………………… 391
 §73 赦免 …………………………………………………… 392
 §74 "附条件赦免"("附条件缓刑""附条件判决"
   "附条件免除刑罚") ………………………………… 396
 §75 时效概述 ……………………………………………… 403
 §76 追诉时效 ……………………………………………… 404
 §77 行刑时效 ……………………………………………… 407

第六章 恢复原状 …………………………………………… 409
 §78 概述与历史 …………………………………………… 409
 §78a 现行之德国法律 ……………………………………… 413

Part I

第一编　　绪论

第二编　　总论

LEHRBUCH DES
DEUTSCHEN STRAFRECHTS

§1 刑法的概念和本教科书的任务

I. 刑法①是将作为符合构成要件的行为与作为法律后果的刑罚连接在一起的国家法律规范的总和。② 作为刑法所特有的构成要件,犯罪是不法行为,也就是违法及有责行为的特殊的亚种。与不法行为的其他法律后果不同,刑罚有其特殊的法律后果,即由国家对侵犯国家法益的责任人给予特殊的惩罚。因此,犯罪和刑罚是刑法的两个基本概念。③ 明确这一点后,刑法学的下一步任务是:从纯法学技术的角度,依靠刑事立法,给犯罪和刑罚下一个定义,把刑法的具体规定,乃至刑法的每一个基本概念和基本原则发展成完整的体系。在该体系的分论部分阐述具体的犯罪和刑罚,在总则部分阐述犯罪和刑罚的概念。作为实用性很强的科学,为了适应刑事司法的需要,并从司法实践中汲取更多的营养,刑法学必须自成体系,因为,只有将体系中的知识系统化,才能保证有一个站得住脚的统一的学说,否则,法律的运

---

① 刑法又称刑事法;在主观意义上刑法意味着实行处罚的法律,即以刑罚相威胁,并在具体情况下科处刑罚和执行刑罚的法律。

② 在包含具体的构成要件(对犯罪的描述)的刑法规范中,总是有此等联系的;而刑法规范也总是包含一个刑罚威胁。但法律并非总是让该刑罚得以执行,而是允许或要求在具体的情况下以其他法律后果来代替该刑罚,或者根本不科处刑罚。详细情况将在"保安处分"部分论述。参见梅茨格(*Mezger*)第3—4页。

③ 就形式法学分类学而言,犯罪和刑罚是并列的两个基本概念,其研究顺序是:第一,犯罪;第二,刑罚。刑法及其基本概念的本质特征必须从刑罚的概念和社会功能中去理解。详见下文§§2、26。关于此点,下列学者的观点是正确的,包括科尔劳斯(*Kohlrausch*):《法学词典》第756页,鲍姆加腾(*Baumgarten*):《构成要件之结构》第7页及以下几页,《纪念弗兰克文集》第II集第192页。还请参见绍尔(*Sauer*):《刑法之基础》(*Grundlagen*)6第69页及以下几页。

§1 刑法的概念和本教科书的任务

用只能停留在半瓶醋的水平上。

　　本教科书只限于对德意志帝国现行法律的注释,而且,重点放在普通刑法上,对军事刑法只进行简略的介绍。受本教科书体系的限制,外国刑法以及德国各邦的刑法均未在此介绍。

　　II. 除现行刑法外,我们还要认识到国家与犯罪作斗争的手段之一——刑罚。对刑罚的认识,使得我们对国家处刑权的法律根据和目的产生了疑问。同时也对犯罪产生的根源及其特点产生了疑问。科学地解决这些问题是以犯罪学和刑罚效果学为基础的刑事政策的任务。刑事政策给予我们评价现行法律的标准,它向我们阐明应当适用的法律;它也教导我们从它的目的出发来理解现行法律,并按照它的目的具体适用法律。正如刑法史一样,刑事政策的主要原则在本教科书中也将论及,它被写进绪论的第一章里。

　　III. 本教科书对刑法史的介绍,仅限于使人们了解现行刑法是由历史发展而来,且此等发展还将继续下去。绪论的第二章将专门介绍刑法史。

　　IV. 在绪论中还要介绍并非基于刑法原则而是基于宪法和国际法原则的刑法渊源理论和刑法的适用范围理论。绪论的第三章将探讨刑法渊源的适用范围。①

---

① 刑法的渊源多种多样,而如作者所言,本书只限于对德意志现行刑法(主要是普通刑法)的注释,所以,本书绪论第三章若讨论的是广义上的刑法的适用范围,用"刑法的适用范围"来表述也未尝不可。——译者注

第一章　犯罪的反社会性和刑罚的社会功能

§2　作为法益保护的刑法

I. 法制

法律是以国家形式组织起来的社会所必需的规则。几个世纪以来,伴随着国家的发展,法律也在内容和形式上发生着变化。在从15世纪末期兴起的近代国家中,由于一个统治所有人的国家权力(如指挥权力和强制权力)的产生,法律发展成一个强制性规范体系。这些强制性规范不仅对个人有约束力,而且对国家权力本身也有约束力。只有这样才能保证共同目的的实现。作为私法,它们调整个人与个人之间的关系;作为公法,它们调整个人与国家权力之间的关系。同时,用保障个人参与国家意志的形成的方式,对国家权力的权限作出限制。总之,无论是私法还是公法,它们调整的都是人们的生活关系。

1. 如同每一个社会一样,国家是一个由追求共同目的的人群组成的联合体,其法制应当确保联合体共同目的的实现,因为,国家的主体是她的国民,即分布于各个阶层、各个领域的人的整体。

一切法律均是基于人的缘故而制定的。制定法律的宗旨就是为了保护人们的生存利益。保护人们的利益是法的本质特征;这一主导思想是制定法律的动力。

由法律所保护的利益我们称之为法益[1](Rechtsgüter)。法益就是合法的

---

[1]　法益并非法本身的利益[正如宾丁(Binding)等人所说的那样],而是由法律所承认和保护的人的利益。参见默克尔–李普曼(Merkel-Liepmann)第16页。赞同本教科书观点的有迈耶(Mayer)第21页,冯·希佩尔(v. Hippel):《德国刑法》第1卷第10页,恩格尔哈特(Engelhard)第73—78页,哈夫特(Hafter)第7、9页,马尼克(Manigk):《法学词典》III第297页,施温厄(转下页)

§2 作为法益保护的刑法

利益。所有的法益,无论是个人的利益,还是集体的利益,都是生活利益,这些利益的存在并非法制的产物,而是社会本身的产物。但是,法律的保护将生活利益上升为法益。在反对国家权力专断的宪法和打击侵犯他人的利益的刑法颁布以前,人身自由、住宅不受侵犯、通信自由(通信秘密权)、著作权、发现权等一直是生活利益,而非法益。生活的需要产生了法律保护,而且由于生活利益的不断变化,法益的数量和种类也随之发生变化,因此,如同法律规范根植于国民的宗教、道德和审美观之中一样,它也根植于国民的良知之中。只有在国民这里,法律规范才找到其牢固的立足点,也只有在国民这里,它才有发展的动力。法律是一种文化现象,它与整个文化紧密联系在一起①。

2. 国家权力的界限以及法益的范围均由凌驾于个人意志之上的国家意志来决定。国家将这些问题全部纳入法制轨道,以便人们区分哪些利益是受法律保护的,哪些利益是不受法律保护的。

法制确定了国家权力的界限;它规定了国家意志得以实现的范围,以及国家意志干预其他法律主体的意志和范围,比如要求其做什么,不做什么。它确保自由、自愿,禁止专断;它将生活关系上升为法律关系,将生活利益上升为法益;它通过将权利和义务与一定的先决条件相互联系,而使生活关系变为法律关系。作为法益保护的法制,对什么是法律允许的,什么是法律禁止的,在特定条件下可以做什么或不可以做什么均作出了规定。保障生活利益的法律保护叫作规范保护(Normenschutz)。"法益"和"规范"是法律的两

(接上页)(Schwinge):《刑法中的目的概念构成》(1930年)第21页及以下几页。不赞同对法益的这种解释的有厄特克(Oetker):《整体刑法学杂志》17第495页,葛兰特(Gerland):《帝国刑法与外国刑法之比较研究》总论部分1第203页,希尔施贝格(Hierschberg)、纳坦(Nathan)第16—17页,弗兰克(Frank):Einl. Best. IV 和梅茨格第200页。后者在第198—199页虽然赞同本教科书的观点,认为犯罪侵犯或危害了生命利益,但他将法益理解为物质的东西,他看到一种"状态",认为法益是存在于这种状态里面的受法律所保护的一般利益;他认为第242条意义上的财产利益是法益,但第183条规定的"露阴"行为没有侵害什么法益。当梅茨格将这种状态视为刑法法规的保护对象时,弗兰克则比较正确地将此等保护对象描述为"国家利益",如此,后者实际上与本教科书的观点比较接近了。

① 这是ME. 迈耶(ME. Mayer):《法律规范与文化规范》(1903年)的基本思想。

§2 作为法益保护的刑法

个基本的概念。①

II. 犯罪

1. 尽管国家暴力不断加强,但是,国家的和平秩序每日均通过法律的规定,而与人们的弱点和狂热作斗争。正义受到非正义的挑战:时而有些人顽固地反抗法制,时而有些人狡猾地规避法律。就其表现形式而言,不法行为②永远具有违法性,它是对国家法律的触犯。但这些并没有揭示出不法行为的本质特征。不法行为是对法益的破坏或危害。如同法律不仅保护国家,而且最终保护整个社会一样,不法行为不仅仅针对国家,它的最终目标还是针对社会。这正是不法行为的反社会意义。

2. 上文所述在很大程度上适用于犯罪。犯罪也是不法行为;它是一种具有自身特点的不法行为(参见下文§26)。就其表现形式而言,犯罪同样具有违法性;就其本质而言,犯罪是一种特别危险的侵害法益的不法行为。谁把犯罪仅仅视为对国家的不服从(宾丁语),那么,谁就不会对谋杀罪或叛国罪的实质作出正确的评价。如同每一种不法行为一样,犯罪也是反社会的行为,即使犯罪行为直接针对某个特定的个人,它也是对社会本身的侵犯。因此,对犯罪的科学的研究,一方面应从一般的法学理论和法哲学的角度出发,另一方面应从社会学的角度出发。

III. 刑罚

法律规范的背后是国家强制力。法律规范是强制性规范;法制不仅仅是和平秩序,而且也是斗争秩序。只要不遵从国家的命令,就会受到国家强制力的强烈干预(一提到国家强制力,人们就会想到分布于各个部门的安全警察)。针对已经发生的不法行为,国家的强制力表现在强制履行和强制将被破坏的秩序恢复原状或用金钱予以赔偿。

---

① 本教科书在普通法学说上的出发点是与宾丁一样的。但是,所走的路不同。宾丁无论是在其《规范》还是在其《手册》I 第155页中,均没有给予法益以足够的重视,而是以片面的和专断的方式将规范的概念作为整个刑法体系的核心。参见冯·李斯特:《整体刑法学杂志》6 第726页,8 第134页。规范理论的根本错误在于将犯罪从形式上理解为对服从性的破坏,而将法律规定的犯罪对人类社会的生活条件的侵害完全摆在了次要的位置。贝林(Beling)在其《论犯罪》一文中,以"行为的规范性"代替具体的规范,完全放弃了宾丁的规范理论,从而从规范理论的追随者的队伍[芬格尔(Finger)、纳格勒(Nagler)、厄特克等人]中脱离出来。参见冯·希佩尔:《德国刑法》第1卷第19页注释3。

② "不法行为"并非只限于刑法,因为下文所言"不法行为是对法益的破坏或危害",一般侵权行为也可能有此效果。不过,既然此节标题为"犯罪",故此处的"不法行为"专指刑事不法行为。——译者注

§2 作为法益保护的刑法

上述国家强制措施对于已经实施的犯罪行为显然不适用。对于谋杀罪,不允许也不可以要求犯罪人恢复原状,同样也不会允许——按照我们现在的观点——犯罪人以金钱进行赔偿。对此,国家强制力所采取的是一种全新的、经过数世纪形成的措施:判处罪犯生命刑或自由刑、名誉刑或财产刑,并执行这些刑罚,以此作为国家对罪犯应有的惩罚。

国家所采取的这些措施,一方面取决于旨在维护法制、保护社会安全的刑罚的必要性;另一方面取决于实现这一目标所必要的(即使是有限的)刑罚的功能。刑罚的功能表现为适当的刑罚所产生的效果的多样性[1]。

1. 从法律规范中可以看出,刑罚具有警告和威慑作用。刑罚对具有法律意识的公民具有威慑作用,它向这些人清楚地表明,国家是何等地重视其命令(刑罚作为对违法行为的"责难",作为法律上和社会上的"否定评价");对于少数敏感的犯罪人来说,科处刑罚是其违法行为必然的法律后果,刑罚的执行能遏制犯罪人的犯罪癖好。如同在其他方面一样,刑罚的威慑作用主要是对全体社会成员的(一般预防)。

2. 但刑罚所固有的力量更多地体现在刑罚的执行上,即表现在通过刑罚的强制力来实现法律意志上。刑罚强制力表现为:

a. 对全体公民产生影响:它一方面通过威慑力量抑制犯罪倾向,另一方面通过反复的和强烈的责难,强化和稳定公民的法律意识(一般预防)。

b. 对被害人产生影响:它确保侵犯被害人权益的行为一定会受到制裁。

c. 对犯罪人的影响尤为重要(特殊预防)[2]。刑罚执行对于罪犯的作用因刑罚的内容和范围的不同而不同。

a) 刑罚的任务是将罪犯改造成一个对社会有用之才(非自然地、人为地适应社会)。这里首先涉及一个问题,即是要增强罪犯的恐惧心理还是改变其性格?回答了这个问题,我们就可以区分刑罚效果究竟是威慑还是矫正了。

b) 另外,刑罚的任务还在于可以永远地,或者于一定期限内,从身体上剥夺那些对社会无用的罪犯继续犯罪的可能性,将其从社会中剔除出去(人为的筛选)。这也就是人们所说的使罪犯不再危害社会。

刑罚的执行方式因所追求的刑罚效果的不同而不同。尤其是在罪犯身上欲达到的效果(特殊预防)决定了个案刑罚的内容和范围。刑事政策的要求在于充分利用刑罚的功能作为达到目的的手段,并根据个案的实际需要来

---

[1] 这里应当将本教科书的观点联系起来加以说明。关于刑法理论的争论在§5中探讨。
[2] 德罗斯特(Drost):《刑法的个别化问题》第11页,1930年称之为"个体预防"。

§3　犯罪的原因和类型

调整刑罚的强度。如同在决定刑罚的内容方面不可忽视犯罪人以外的刑罚效果和行刑效果(一般预防)一样,在确定构成要件方面,也不可忽视刑事立法的一般性规定。参见下文§4 IV。

Ⅳ. 尽管刑法有其自身的特点,但是,从其表现形式来看,刑法是一种保护法益的法律。反映刑法本质的不是属于不同法律部门的法益的种类,而是法律保护的特征本身。像财产权和亲属权、生存和版图问题、国家元首的地位、公民的政治权利、国家行政机关的利益、商业公司的利益、对女性的尊重以及交通安全等——一切利益均毫不例外地享受刑法的最强有力的保护。在所有的法律学科中均会见到刑法的规定(刑法原理的"第二位功能""补充功能""制裁功能""保障功能"①)。

§3　犯罪的原因和类型

Ⅰ. 如果不从犯罪的真实的、外在的表现形式和内在原因上对犯罪进行科学的研究,那么,有目的地利用刑罚——与犯罪作斗争的武器——充其量只不过是一句空话。这种解释犯罪因果关系的"犯罪学说"称之为犯罪学(犯罪病源学)。②

犯罪学又可分为犯罪生物学(或犯罪人类学)和犯罪社会学。犯罪生物学将犯罪现象描述为一个人生活中的事件,主张应从犯罪人的体型和所处的环境去研究犯罪;犯罪生物学又可细分为犯罪躯体学(解剖学和生理学)和犯罪心理学。相反,犯罪社会学则将犯罪现象解释为社会生活中的事件,主张应从产生犯罪的社会结构以及社会缺陷中去研究犯罪。

应该清楚地指出,两者的研究对象是相同的,即都是研究犯罪,只是研究方法不同而已;犯罪生物学是对个体的系统观察、研究;犯罪社会学是对群体的系统观察、研究。因为犯罪作为社会生活中的现象,是由一些具体的犯罪构成的;每个具体的犯罪也只是社会现象的一部分。因此,人们应该将上述

---

① 此处讲的刑法原理的"保障功能"是就它保护公民个人和公众免受犯罪的侵害而言的。
② 过时的18世纪的刑事政策的一个错误是,它引以为豪的体系缺乏坚实的基础。只有具备了人类的自然科学的知识(广义的人类学)和社会学的有效方法(统计)之后才可能有此等坚实的基础。那种陈旧的、唯理论的刑事政策方向在边沁(J. Bentham,死于1832年)的著作中寿终正寝了。鲍林(Bowring)全集第Ⅱ集,1843年。他的理论由多蒙特(Dumont)发展成一个学说,该学说由贝内克(Beneke)翻译成德文;后来,尽管有个别学者的不断努力,但刑事政策由于哲学空想和历史的自给自足以及纯法学学派的贫瘠而被推到了次要位置,而于19世纪的最后25年再次繁荣。

009

§3 犯罪的原因和类型

两种研究方法结合起来,用此种方法研究的结果去验证彼种研究方法的结果,只有这样才能对犯罪有正确的认识。①

---

① 今天,犯罪学已经分裂为两个流派,即犯罪人类学流派和犯罪社会学流派。针对本教科书,格莱斯帕赫(Gleispach):《整体刑法学杂志》48 第 99 页提出了异议,而格鲁勒(Gruhle):载阿沙芬堡(Aschaffenburg)主编的著作 19 第 257 页将其概括为"形式"的异议。参见梅茨格:载阿沙芬堡主编的著作 19 第 141、385 页。由于文献实在太丰富了,我们在这里只能提及一些最为重要的文献。1. 系统的研究始于对具体的犯罪人特征的心理学的描述,如由皮塔法尔(Gayot de Pitaval,死于 1743 年)于 1735—1743 年在巴黎出版的所谓较早的《刑事案例汇编》;新的《刑事案例汇编》有希齐和海林(Hitzig und Haering):第 60 册第 2 版第 1857 页及以下几页;《刑事案例汇编史》由 P. 恩斯特(Paul Ernst)出版,1910 年。还请参见下文 §15 VII(现代的刑事案例汇编)。在 19 世纪的前几十年的众多的著作中,费尔巴哈(Feuerbach)的值得关注的《刑事案例汇编》第 1828 页及以下几页至今仍然具有很高的价值。参见格林霍特(Grünhut)第 227 页及以下几页关于监狱的著作(参见下文 §59),其中包含了许多受欢迎的成功的内容。在较新的文献中,在犯罪心理学领域被爱克斯讷(Exner)在《瑞士刑法学杂志》38 第 14 页恰当地描述为"集体性的个体观察方法"的研究方法越来越受到人们的重视。值得一提的有格鲁勒:《未成年人犯罪的原因》,1912 年,鸿堡(Homburger):《精神病人的命运》,1912 年;韦策尔(Wetzel):《论谋杀》,1920 年;施奈德(Schneider v. d. Homburger):《关于登记的妓女的个性和命运的研究》,1926 年第 2 版等。论文请参见分别于 1885 年在罗马、1889 年在巴黎、1892 年在布鲁塞尔、1896 年在日内瓦、1901 年在阿姆斯特丹、1906 年在都灵、1912 年在科隆等召开的国际犯罪生物学大会论文。《关于遗传的影响》参见鸿堡:《德国刑法杂志》35 第 1 页;本哈特(Bernhardt):《关于财产犯罪人的遗传罪责》(《犯罪学论文集》XII),1930 年。2. 犯罪统计正在逐步但仍没有完全从司法统计中脱离出来,犯罪统计的创始人为比利时人奎特勒(Quetelet,死于 1874 年);初见于其著作,后见于论文集。瓦塞曼(Wassermann)的《犯罪侦察学的发展阶段》(《犯罪侦察学论文集》V),1927 年,是极有价值的。德国的主要著作有厄廷根(A. v. Oettingen,死于 1905 年):《伦理学统计对社会伦理的意义》1868—1869 年第 1 版,1882 年第 3 版;冯·迈耶(v. Mayr):《统计与社会学》(1914 年第 2 版)第 1 卷,第 2 卷 1897 页,第 3 卷 1909 页及以下几页,其中第 3 卷包含了犯罪统计的影响;《整体刑法学杂志》32 第 33 页;勒斯纳(Roesner):《法学词典中之犯罪统计》(Kriminalistik in HdR III 812, VII 272)。法国自 1827 年起公布官方的统计资料。德意志帝国自 1883 年起公布帝国犯罪统计。自 1901 年起公布军队和海军的犯罪统计,还有个别邦的司法和监狱统计。此外,还请参见雷特里希(Rettlich):《1895 年符腾堡犯罪统计》;A. 迈尔(A. Meyer):《犯罪与经济和社会关系的联系》,苏黎士,1895 年;贝格(Berg):《粮价与犯罪》,1902 年;魏德曼(Weidemann):《萨克森的犯罪原因》,1903 年;彼德希里(Petersilie):《萨克森邦的犯罪调查》,1904 年;多科夫(Dochow):《海德堡的犯罪》,1906 年;冯·李斯特:《德国第 26 届法学家大会文集》,1902 年;绍伊费尔特(Seuffert):《关于德意志帝国的犯罪在地域上的分布情况》,1906 年;绍尔:《曼海姆的女性犯罪》,1912 年;瓦德勒(Wadler):《整体刑法学杂志》31 第 499、653 页;赫茨(Herz):《奥地利的犯罪人与犯罪》,1908 年;分克尔堡(Finkelburg):《德国的被判刑人》,1912 年;勒夫(Loewe):《失业与犯罪》,1914 年;贝赛勒(Bessler):《西普鲁士的犯罪》,1915 年;福希尔(Forcher):《统计月报》(重新犯罪),1909 年;关于世界大战对犯罪的影响,参见韦贝尔(Weber):《整体刑法学杂志》38 第 732 页;芬格尔:《法庭杂志》85 第 45 页;科尔劳斯:《整体刑法(转下页)

§3 犯罪的原因和类型

Ⅱ. 研究表明,任何一个具体犯罪的产生均由两方面的因素共同使然,一是犯罪人的个人因素,一是犯罪人以外的、社会的因素,尤其是经济的因素。

1. 犯罪的产生以及犯罪对于犯罪人的意义随着这两个因素的变化而变化。

a. 外界因素是主要诱因。一个一贯品行端正的人,由于一时的激情或者在危急情况下不由自主地实施的犯罪行为,是违背行为人的本意的,犯罪是其生活中的一个懊悔的插曲(即所谓的偶犯或激情犯)。

b. 个人因素是重要的诱因,即使是在微小的外界因素诱发下,根植于犯罪人个性之中的、特有的本性也会促使其犯罪。粗鲁、残忍、狂热、轻率、懒惰、酗酒、性堕落等逐渐导致其心理变态。我们还不能将这些由于心理变态而实施的犯罪称之为惯犯(Gewohnheitsverbrecher),较为正确的说法是状态犯("性格犯"或"倾向犯")。惯犯(职业犯、常业犯)是发生频率特别高、危险性特别大的犯罪的亚种。它远远超出财产犯罪的范围。状态犯的行为人中又可分为可矫正的和不可矫正的两种。

2. 不应当认为上述对犯罪人的划分①可以解决犯罪学的所有问题,这是绝对不可能的。上述分类只不过是评价具体犯罪的带有方向性的模式。犯罪学的主要任务在于,通过对犯罪人个体的深入研究来认识其特征。对犯罪人的"体格"研究②,在遗传学和人体结构研究的基础上,还须力争利用犯罪生物学对犯罪人个性类型的研究成果,因为这些个性类型会使我们科学地掌握"状态犯"的多样性,它会引导我们对"具体的刑事政策效果的原则性方

(接上页)学杂志》41 第 175 页;爱克斯讷:《战争与犯罪》,1926 年;冯·科鹏飞(v. Koppenfels):《战争期间的女性犯罪》,1926 年;特罗默尔(Trommer):《世界大战期间的伪造文书和诈骗》,1928 年;爱克斯讷:《奥地利的战争与犯罪》,1927 年;李普曼:《德国的战争与犯罪》,1930 年。

① 由于对犯罪人进行划分的研究工作还远远没有结束,在一定意义上讲才刚刚处于开始阶段,此点不仅为本教科书所表明,而且也尤为爱克斯讷、梅茨格和格林霍特等所特别强调。参见爱克斯讷:《瑞士刑法学杂志》38 第 1 页及以下几页;梅茨格:《个性与刑事责任能力》,第 41—42 页,1926 年;梅茨格:Lit. zu §4 第 23 页及以下几页。此外,参见冯·希佩尔:《德国刑法》第 1 卷第 556 页,格莱斯帕赫:《整体刑法学杂志》48 第 99 页,哈夫特第 250 页,格鲁勒:《犯罪生物学协会报告》(Mitt. krim. -biol. Ges.)2 第 15 页。本文在 1a、1b 中所作的对偶犯和惯犯的划分,主要归功于瓦尔贝格(Wahlberg,死于 1901 年)。本教科书的三分法主要与他(而不是意大利人)有联系,但又超越了他的研究。在 1882 年的"马堡计划"中它被李斯特所发展。参见《文集》1 第 126 页,李斯特于 1892 年在布鲁塞尔犯罪人类学大会上的鉴定。关于其他的划分法,请参见阿沙芬堡第 227 页及以下几页。

② 参见梅茨格:Lit. zu §4 第 24 页及以下几页,《犯罪生物学协会报告》2 第 22 页,格林霍特:《法学词典》Ⅲ 第 797 页。

§3 犯罪的原因和类型

向"(格林霍特语)有一个必要的认识。此外,所谓的对犯罪人的"生命力"的研究,尤其是在利用优化了的心理分析的研究方法后,这种研究究竟能在多大程度上提高人们对具体的犯罪人以及具体的源自"心灵深处"的犯罪行为的认识,仍然是一个未解的科学之谜。这个问题的重要性已为现代刑事政策所承认。对犯罪人的研究向两个方向的发展,是刑事政策对犯罪人的评价超越外行对犯罪动机所作的陈词滥调的解释的前提条件,它也是现代刑罚执行工作取得成效的先决条件,同时它还是正确运用现代刑事政策,为特殊预防目的提供的各种各样的措施的先决条件。

III. 上述文字表明,每个关于犯罪的纯生物学的观点,即仅从犯罪人的身体和精神特征方面寻求犯罪的原因,均是错误的。因此,急需下这样一个结论:不可能产生一个统一的人类学的犯罪人类型。得出这个结论还有其他理由。尽管在状态犯方面科学研究迄今为止已经产生了许多的类型(不同于标准类型),尤其是在有关遗传方面。但是,尚未产生自然科学可接纳的状态犯的特殊类型。故此,龙伯罗梭及其门徒们的学说不攻自破。①

IV. 社会因素的影响相当重要,分析如下:犯罪人实施犯罪的那一时刻所具有的个性是从他的天资发展而来,并由其出生后就面临的外界环境所决定的。这种认识使得我们(通过道德、精神,尤其是体育锻炼)对正在成长的青少年的潜在的犯罪倾向施加影响成为可能,尽管这个可能是有限的。更可喜的是,基于这种认识我们可以看到,那种偏激的遗传学——儿子的罪过②是从父亲那儿遗传而来——会给我们展示一个较好的未来:由于周围的社会环境使得父母的生命力和生殖能力耗尽,如果这样的父母将心理变态的"劣等素质"、生存能力等这些灾难性的遗传素质遗传给他们的孩子,那么,我们可以抱有这样一种有科学根据的信念:一切得到加强的社会政策措施都会非常有利于他们的后代的身心健康。自杀、杀婴和其他一切社会病态现象,均根植于影响后代发展的社会环境中。在与这样的犯罪作斗争方

---

① 关于龙伯罗梭(Lombroso),参见《整体刑法学杂志》9 第 461 页(《文集》1 第 296 页),龙伯罗梭的学说,特别是在精神病学方面的学说,时至今日仍然具有影响力是不容否认的事实。参见比恩鲍姆(Birnbaum):《犯罪心理病理学》(1931 年第 2 版)第 177 页。在新近出版的文献中,冯·亨蒂希(v. Hentig)的颇具见解的著作《刑法与筛选》(1914 年),尤其反映了龙伯罗梭的影响。弗莱希(Flesch)的著作《犯罪人的大脑与才能》(1929 年)受龙伯罗梭的影响很大。此外,还请参见格鲁勒;载阿沙芬堡主编的著作 19 第 258 页;梅茨格:Lit. zu §4 第 11、12 页。

② "罪过"一词有多种含义,有时指"故意""过失"这两种责任形式;有时指作为刑事责任前提的"非难可能性";有时指违法犯罪的可能性。此处的"罪过"即属于后者。——译者注

§4 现阶段刑事政策的要求及其对最新法律发展的影响

面,社会政策比刑罚及有关处分的作用要大得多,同时也更加安全。①

§4 现阶段刑事政策的要求及其对最新法律发展的影响

I. 利用法制与犯罪作斗争要想取得成效,必须具备两个条件:一是正确认识犯罪的原因;二是正确认识国家刑罚可能达到的效果。因此,现代刑事政策不可能有很长的发展史。它产生于19世纪70年代,与社会政策同时发展,齐头并进。社会政策的使命是消除或限制产生犯罪的社会条件,刑事政策首先是通过对犯罪人个体的影响来与犯罪作斗争的。② 一般来说,刑事政策要求,社会防卫,尤其是作为目的刑(参见上文§2 III)的刑罚在刑种和刑度上均应适应犯罪人的特点,这样才能防卫其将来继续实施犯罪行为。从这个要求中我们一方面可以找到对现行法律进行批判性评价的可靠标准,另一方面我们也可以找到未来立法纲领发展的出发点。

这一目前正在实现中的刑事政策纲领最精彩的部分由于利用了1882年"马堡计划"(参见下文§5 I)中的两个要求而使其达到顶峰,这两个要求是:能矫正的罪犯应当予以矫正;不能矫正的罪犯应使其不再危害社会。目的刑必须根据不同的犯罪类型而作不同的规定和发展。基于这种基本思想产生了一系列的争论。

II. 对于现行法律的批判性评价在最初受到排斥是可以理解的。关于短期自由刑的争论标志着改革运动的开始。争论的焦点指向短期自由刑的效果。反对短期自由刑的人认为,短期自由刑既不能矫正也不能威慑罪犯,更不能使罪犯不再危害社会,反而会使一个犯罪新手很容易地滑进犯罪泥潭而不能自拔。因此,产生了一种误入歧途的要求:尽可能地以其他处分(如不予监禁的强制劳动、名誉刑,较为常见的是警告,此外还有禁止进酒馆、软禁,甚

---

① 参见冯·李斯特:《整体刑法学杂志》20 第 161 页,23 第 203 页(《文集》2 第 284、433 页);《作为社会病理学现象的犯罪》,1898 年。犯罪的这种"社会学"的观点在今天被视为主流观点。1889 年由冯·李斯特、普林斯(Prins)和范·哈默尔(van Hammel)组建的"国际犯罪侦察学联合会"也是受这种基本思想引导的。它没有忽视犯罪人特点的意义,本教科书已有足够的证明。

② 关于那种错误的观点,即认为本教科书的主张必将导致刑法的"个人主义"倾向,并将在妨碍国家利益上结束,参见施密特(Eb. Schmidt):《瑞士刑法学杂志》(1931 年)第 213 页及以下几页,尤其是第 217 页。

§4　现阶段刑事政策的要求及其对最新法律发展的影响

至体罚等)代替短期自由刑,或者加重刑罚,以增强短期自由刑的威慑力。①

Ⅲ. 尽管改革运动否定传统的观点,但它并未因此而停滞不前。人们就改善刑事司法提出了许多建设性的建议,并进行了深入的讨论。部分建议已经被采纳,写进战后颁布的刑法典的附律或者特别法里;部分建议尚有待于立法者的重视。为了进一步阐明刑法改革运动的精神实质,下面介绍诸多建议中最重要的几个建议。

1. 现代立法过多地使用刑罚武器。由于行政刑法尚不可能从司法刑法中(参见下文§26)分离出来,极轻微的犯罪也被判处刑罚,这(尤其是因为无力缴纳罚金而易科处自由刑)就使无效的短期自由刑不断增加。有必要考虑这句古话"轻打不如不打"是否值得借鉴。对此有两种途径:一种是打破法定刑原则(《刑事诉讼法》第152条第2款),实行适当性原则(Opportunitätsprinzip);另一种是对轻微的犯罪行为不科处刑罚。1924年的新《刑事诉讼法》大胆地采取了第一种途径(新《刑事诉讼法》第152条、第154条、第376条;还请参见《少年法院法》第32条第2款)。此外,帝国总统于1931年10月6日颁布的《关于保障经济和财政以及与政治骚乱作斗争的第3号令》(第六部分,第1章第2条)也采纳了与《刑事诉讼法》相同的途径。《少年法院法》第9条第4款采取了第二种途径。该条规定,对轻微违法行为和越轨行为不科处刑罚②;然而,最重要的是,该规定实际上排除了此等轻微违法行为的刑事不法性③。此外,在私法领域扩大使用罚金的范围,减少了一些刑事诉讼,在仲裁员主持下的调解程序也大大减轻了法官的负担——众多法律争端在调解程序中就已圆满地解决了。由于1924年的《刑事诉讼法》附律的问世,《刑事诉讼法》第380条超越迄今为止的法律,勇敢地向前迈出

---

① 请参见罗森费尔德(Rosenfeld):《何种刑罚方法可以替代短期自由刑》,1890年;海尔本(Heilborn):《论短期自由刑》,1908年;冯·希佩尔:《德国刑法》第1卷第553页及以下几页。关于体罚,参见《李斯特文集》2第350页,戈尔德施密特(Goldschmidt):《帝国刑法与外国刑法之比较研究》总论部分4第424页,《刑法典草案说明》第35页。费德(Feder):《体罚刑》,1911年。体罚曾经作为一种刑罚方法适用于社会下层成员,德国的一些邦于1848年前废除,有些邦甚至在1848年之后才废除,但其仍作为普鲁士、萨克森、汉堡、吕贝克、梅克伦堡、奥尔登堡等地的监狱的纪律处罚方法使用至今。但是,在普鲁士,1918年12月19日《宪法》的颁布废除了作为纪律处罚方法的体罚。就整个帝国而言,体罚因1923年6月7日的《自由刑执行原则》第139条而被废除。

② 参见麦特勒(Mettler):《免除处罚》,1929年。

③ 参见下文§26。还请参见《国际犯罪侦察学联合会论文集》7第186页,8第289页,12第200页;《德国第26届法学家大会文集》。弗兰克:《整体刑法学杂志》18第737页。

§4 现阶段刑事政策的要求及其对最新法律发展的影响

了重要的一步。

2. 在某些情况下,应给予偶犯缓刑处遇,如其在缓刑考验期间内表现良好,所宣告之刑罚就可以不再执行。这就是所谓的有担保或无担保的附条件的判决(缓刑)。这完全符合古代德国的法律观。这种缓刑制度不仅见诸现代英美法中,而且,比利时、法国以及其他大多数国家也已将其引入。在德意志各邦国,自1895年起缓刑制度被作为附条件的赦免并以命令形式公布施行。当人们认识到应允许法院运用缓刑时,各邦国的赦免法已作为法律根据被规定下来。在这一重要领域,利用积累的经验,并注重运用上述具有刑事政策特征的基本思想,用帝国法律来调整全部法律事务,以便建立一部统一的、各邦国都能接受的赦免法,看来也许是重要的。《少年法院法》第10条及以下几条为青少年刑法领域作出了关于缓刑的统一的规定。①

3. 在与青少年犯罪的斗争方面,最新的立法最大限度地满足了现代刑事政策的要求。1923年2月16日的《少年法院法》冲破了报应刑的思想,赋予适合青少年个性的教育措施优先于刑罚的地位,同时将刑事责任年龄提高到14岁,为青少年法院的法官与主管青少年福利救济和教养的有关机构(监护法官、青少年福利局、学校和家庭)的密切合作提供了法律保障。盼望已久的关于对青少年进行认真和持久教育的帝国教养法规——《帝国青少年福利法》于1922年7月9日颁布。各邦的教养法以及构成国家法律基础的《民法典实施法》第135条因此而自然失效(详见下文§§38、64)。本着预防犯罪这一基本思想,1926年12月18日出台了《保护青少年免受淫秽书刊毒害法》②。

4. 与1871年的《刑法典》相比,刑法改革运动更突出地强调,立法和司法均应更多地考虑犯罪人的个性特征(而非动机)。在这方面,现在已通过制定附律有所实现,但在一些重要方面,刑法仍停留在1871年的早就过时的观点上。主要表现在:

a. 曾有一种观点认为,国家法律的规定已足够对偶犯产生威慑,并有丰硕的成果为证:通过1921—1924年的罚金刑立法,罚金刑的适用范围被扩大了,短期自由刑的执行因此减少了③;缓刑也被广泛地适用。原来经常有人

---

① 所有的草案都将附条件的缓刑适用于成年人。
② 关于青少年和儿童犯罪问题的文献,参见下文§38;康拉德(*Conrad*):《关于1926年12月18日法的评论》;海尔维希(*Hellwig*),1927年;韦格讷(*Wegner*):《青少年刑法》(1929年)第135页及以下几页;施蒂尔-索姆罗(*Stier-Somlo*):《法学词典》V第383页。
③ 参见下文§13 Ⅶ 和§61。

§4 现阶段刑事政策的要求及其对最新法律发展的影响

建议将在实践中也会遇到无法克服的困难的短期自由刑予以重刑化,现在看来,这一建议已成为多余的了。现在必须采取预防措施,避免由于犯罪人的经济情况而不适用罚金刑。由于无力缴纳罚金而以自由刑代替从而执行短期自由刑的做法是不可取的。可行的解决办法是,以自由劳动代替罚金的缴纳。实际上,此规定在《帝国刑法典》第 28 条 b 款里早有规定,现在需要的仅是组织和实施。①

b. 如果说针对偶犯的一系列改革要求已经实现了的话,与状态犯的斗争直至今天仍与刑法改革运动一样糟糕。出于教育目的而对青少年犯和偶犯所作的新的法律规定,多处含有减轻刑罚的内容,这就更使人疑虑,并给人造成一种表面印象,好像刑法改革只是使刑事司法变得神经质和娇弱。事实恰恰相反,与犯罪现象作斗争,因其方法比较合理,所以,它会比较坚决和积极。对此,首要的问题是,一旦从犯罪人的行为中发现其有根深蒂固的犯罪倾向(状态犯),就应毫无顾忌地采取使行为人不再危害社会的措施,以保护法制。尽管"现代"犯罪侦察学一再提醒人们进行这方面的立法,但是,这方面的立法工作毫无起色。如同精神病院对精神不正常的人有防止其危害社会的任务一样,作为一种持久的保安处分措施的刑罚也应完成其防止精神正常的犯罪人再次危害社会的使命。处理那些所谓的"减轻责任能力"的案件非常困难。《帝国刑法典》避开了这一难题。刑事司法对此也未给予足够的重视。但是,因精神不正常而实施重罪的危险的犯罪人的数量确实很多。现在更为迫切的任务是,通过持久的、以行刑社会化为目的的刑罚执行,通过特殊的保安与矫正处分,来控制住这些危险因素。② 根深蒂固的犯罪倾向不仅只存在于重犯之中,它可能在初次犯罪时,尤其是在开始职业犯罪时就已产生。③

c. 如果犯罪行为表明,行为人的犯罪倾向仍在发展之中、尚未根深蒂固

---

① 李普曼:《改革》(1926 年)第 139 页及以下几页;冯·希佩尔:《德国刑法》第 1 卷第 554—555 页。

② 参见下文 §37 III;关于刑法草案中规定的保安处分,参见下文 §65。

③ 关于重新犯罪,参见泰沙(Tesar):《犯罪人行为的典型意义》,1907 年。关于国际犯罪侦察学联合会的论文,参见基齐厄(Kitzinger)第 44、70 页;《1906 年第 28 届德国法学家大会论文》1 第 145 页、2 第 3 页;魏斯(Wyss):《重新犯罪》,伯尔尼大学博士论文,1927 年;埃弗茨(Effertz):《重新犯罪》,1927 年;贝格尔(Beger):《重新犯罪的诈骗人》,1929 年;约翰(John):《重新犯罪之窃贼》,1929 年;苏利希(Schurich):《数次重新犯罪的行为人的履历》,1930 年。关于重新犯罪的认定方法参见下文 §78a。关于常业犯,参见李斯特:《整体刑法学杂志》21 第 121 页;迈耶:《德国法学杂志》7 第 373 页;奥巴(Oba):《不能矫正的罪犯及其治疗》,1908 年;还请参见下文 §§64、65。

§4 现阶段刑事政策的要求及其对最新法律发展的影响

(未来的状态犯),那么,应试图通过连续强有力的惩罚措施来根除其犯罪倾向。尤其应期望在青少年职业犯中取得这样的效果。这一切均取决于有效的自由刑的执行(参见下文 5)。如在刑罚执行中找到合适的矫正方法,则应当将一切可能于事后对受刑人有不利影响的措施,从刑罚体系中予以剔除,尤其是无助于犯罪人矫正的警方监督,以及自由刑执行完毕后开始执行的附加刑——剥夺公民权(参见下文§63),这些措施对于犯罪人的再社会化具有非常不利的影响。正确的做法是,以刑释帮助和保护监督相结合的方法取代这些对刑释人员的再社会化不利的措施。消除犯罪记录的做法有利于矫正犯罪人的思想。消除犯罪记录是通过1920年制定的《消除犯罪记录法》而被引入德国刑法的(参见下文§78和§78a);只要被错误地剥夺了公民权,为有利于矫正犯罪人的思想起见,至少应通过恢复其民法上的公民权(在较长时间内没有实施应受刑法处罚行为的情况下)来人为地纠正这一错误。

5. 刑事司法与刑罚执行的固定的有机联系,是所有刑事政策富有成效的不可缺少的前提条件。关于这一思想的贯彻实施问题,目前仍各执一词,争论颇大。虽有人反对,但也有人强烈呼吁,对于有必要对犯罪人个性进行持续性研究和探讨的案件,法官应当首先科处不确定的刑罚,然后在法定最高刑和最低刑幅度内,根据事后对犯罪人个性的更确切的认证,再作出最终判决(所谓的不确定刑)。① 这种主张被北美洲的美国(埃尔迈拉和其他地区)采纳,并已见成效。该主张的追随者后来又分成两派:一派(范·哈默

---

① 迈耶:《1906年第28届德国法学家大会论文》1第188页;国际犯罪学会德国组第17次全体大会,《报告》22第12页,1921年;弗罗伊登塔尔(*Freudenthal*):《整体刑法学杂志》27第121页和《德国刑法与外国刑法之比较研究》总论部分3第245页;格莱斯帕赫:载阿沙芬堡主编的著作8第346页;《在第VII界犯罪生物学大会上的报告》,1911年;施密特:《瑞士刑法杂志》(1931年)第200页;泰雍(*Terjung*):《不确定刑》,波恩大学博士论文,1930年;1921年班贝克法学家大会决定,对具有危险性的做法考虑不确定的判决。国际犯罪学会德国组于1922年和1931年表达了赞同不确定刑的愿望;1925年在伦敦召开的第IX届国际监狱大会将不确定刑视为"刑罚个别化的必然结果"。在德国,除上述学者外,赞同不确定刑的还有科尔劳斯:《整体刑法杂志》44第21页;格拉夫·z.多纳(*Graf zu Dohna*):《整体刑法学杂志》44第39页,51第449页;施密特:《国际刑法协会报告》第22页,《哥庭根大会报告》(1922年)第40页及以下几页;罗森费尔德,《何种刑罚方法可以替代短期自由刑》,1890年;李普曼:《整体刑法学杂志》47第292页;阿沙芬堡第335页;格莱斯帕赫:《论改革》(1926年),第187页;等等。不确定刑的反对者主要有徐腾萨克(*Schötensack*):《不确定刑》,1909年;冯·希佩尔:《德国刑法》第1卷第529页及以下几页、第568页及以下几页;阿尔费德(*Allfeld*)第275页;芬格尔第557页;等等。

§4 现阶段刑事政策的要求及其对最新法律发展的影响

尔)主张最后的判决应留待刑事法官作出;另一派(冯·李斯特)则主张最后的判决应交给一个专门机构(刑罚执行当局)作出。对于哪些案件适用不确定刑,目前仍未取得一致性意见。但有一点是肯定的,在那些适用自由刑能够对犯罪人起到积极的矫正作用的案件中,适用作为教育思想的最重要成果的不确定刑是必不可少的。因此,不定期刑问题与刑罚执行的改革问题,尤其是与自由刑的执行紧密地联系在一起。被其他措施替代的短期自由刑越多,自由刑才能越彻底地恢复其作为教育刑和矫正刑的最初特征。在德国,1923年6月7日的《自由刑执行原则》早已强调了自由刑的这一特征(参见下文§§59、60)。这一规定给德国各邦提供了一个信息:再社会化刑罚的执行应注重社会教育。这一先进的刑罚执行制度被视为适应个别教育的最适当形式,规定在各种新的勤务和执行规则里。当然,这只是在新的道路上迈出的第一步。此外,现代心理学和教育学的研究方法和结果必须被加以利用,这样才能使刑罚执行不徒有一个现代的形式,而且也具有现代心理学、教育学的内容。①

6. 对所有从事刑事司法的人员进行职业培训是自觉与犯罪作斗争的先决条件。在伦敦召开的第9届国际监狱大会(1925年)极力要求,把对刑事法官进行刑事政策方面的专门培训作为与犯罪作斗争的先决条件,我们至今还未做到这一点。从事刑罚执行的所有工作人员也同样需要进行专门的培训。将该要求作为整个刑法改革运动中最重要的要求之一并不过分,因为刑法改革工作的成败取决于该要求能否实现。②

7. 在现代刑事政策研究方面的一个重大成就是,最终达成了这样一个共识:在与犯罪作斗争中,刑罚既非唯一的,也非最安全的措施。对刑罚的效能必须批判性地进行评估。出于这一原因,除刑罚制度外,还需建立一套保安处分制度。从前面的第3个问题可以看出,针对青少年犯罪的保安处分制度已经建立,但是在成年人犯罪方面,还缺乏关于该制度的立法。德国和外

---

① 参见下文§§59、60。
② 阿沙芬堡第348页;海尔维希的许多论文;克里科斯曼(*Kriegsmann*):《监狱学入门》(1912年)第150页及以下几页;哈夫勒—楚谢尔(*Hafner-Zuercher*):《瑞士监狱学》(1925年)第120页及以下几页;爱克斯讷:《公正与司法》(1922年)第63页。1912年第31届以及1928年第35届《德国法学家大会文集》[海姆贝格尔(*Heimberger*)的《鉴定》1第205页,格莱斯帕赫的《报告》2第474页和弗罗伊登塔尔的《报告》2第492页];《国际刑法学会报告》5和20(这里主要请参见海姆贝格尔的《报道》)。于1925年在因斯布鲁克(Innsbruck)召开的国际刑法学会大会也探讨了该问题。

§5 刑法的学派之争

国都为这方面的立法做好了必要的准备工作(参见下文§16、§64、§65)。

IV. 目的刑合乎逻辑的实施受到目的刑思想本身和其他一些重要的限制。

1. 不得为了公共利益而无原则地牺牲个人自由。尽管保护个人自由因不同历史时期人们对国家和法的任务的认识不同而有所不同,但是,有一点是一致的,即在法治国家,只有当行为人的敌对思想以明文规定的行为表现出来时,始可科处行为人刑罚。犯罪行为的界限应尽可能地从客观方面来划定,该原则也适用于未遂犯罪和共同犯罪。只有这样,才能保证准确无误地区别应受处罚的行为和不受处罚的行为。为了保护守法公民自觉地与犯罪作斗争,对法官在"是否"科处刑罚方面要求越严,那么,法官在科处"何种刑罚"时的自由裁量权才越大。对个人自由最重要的保障是给予犯罪人适当的、充分的辩护机会,严禁追诉机关专断的诉讼程序规定和行为。但遗憾的是,仅就此点而言,1924年的《刑事诉讼法》引起了人们的疑虑。①

2. 立法应将存在于人民中的法律观,作为有影响的和有价值的因素加以考虑,不得突然与这种法律观相决裂。切不可忘记,立法是完全有能力谨慎地引导并逐渐培养人民的法律观的。

3. 在谈到刑法对犯罪人的效果时,我们不可忽视其对社会的反作用,即对整个社会的影响。过分强调矫正思想对于全民的法律意识及国家的生存,都会造成灾难性的后果,如同对偶犯处罚过于严厉,对不可矫正的罪犯处罚过于残酷会带来灾难一样。目的刑思想有其界限。不考虑所要达到的目的,而一味地强调自我保护,永远也不会收到满意的效果。

4. 有一种观点认为,犯罪根植于社会,这种认识将会避免过分强调目的刑思想。"社会集体罪责"(厄廷根)的信念给国家的惩罚行为预先规定了一个界限。无论对个人还是对社会,预防犯罪行为的发生要比处罚已经发生的犯罪行为更有价值,更为重要。

§5 刑法的学派之争

I. 双方的矛盾

当《德意志刑法典》于1870年问世时,具有完整体系的古典学派已经存

---

① 该重要的观点在因斯布鲁克召开的国际刑法学会(1925年)上为戈尔德施密特所特别强调。

§5 刑法的学派之争

在。其理论支柱是意志自由。古典学派认为,国家在伦理上和法律上对犯罪行为所作出的否定评价正是以意志自由为依据的,认为刑罚的本质是对犯罪的公正报应,罪与刑应当相等。科处刑罚应重建受到犯罪行为动摇的法制的平衡,并对已经实施的犯罪进行赎罪。报应的概念允许在最低限和最高限之间有一个回旋余地,在此回旋余地之内应当考虑一般预防和特殊预防的目的。古典学派认为,对刑罚的辩护应当以超然于国家和法以外的原则为准,就像在极好的世界秩序或无上命令中,在所有历史事件的内在规律性或理性的要求中,必须就可能的对法律的挑战作出规定。此外,古典学派的工作领域是现行法律的教义学,其方法是逻辑——法学体系的方法。

但是,随着时间的推移,人们深信,德意志帝国刑法典在实施过程中,并未能实现其所抱有的期望,并进而认识到,德意志帝国的犯罪正以极快的速度和危险的方式增加。自19世纪80年代初期以来,"正确法律"产生了问题,人们要求对刑事立法进行合理的改革。这一改革要求最初见于李斯特于1882年的马堡计划"刑法中的目的思想"中,其后,他又于1889年至1892年间在其《刑事政策的任务》一书中,对其观点作了进一步的论述和发展。这一刑事政策思潮首先要求对犯罪原因(参见上文§3)进行科学的研究,以便使与犯罪作斗争的刑罚措施适得其所。与以龙伯罗梭为代表的意大利犯罪人类学派相反,刑事社会学派摒弃"天生犯罪人"的概念,认为犯罪根植于社会。正是基于这样的认识,他们才成功地提出了刑事政策要求的丰富的体系(参见上文§4)。1889年成立的"国际刑事学协会"成为在各国出现的刑事立法改革运动的代表。

这一针对现行刑法的改革必然会触及刑法学的基本问题是不言而喻的。如果因为维护法律秩序而必须科处刑罚,且科处刑罚确实能够实现此目标,对国家的处刑权进行充分的辩解,那么,将刑罚归因于一个形而上学的原则就没有任何理由了。意志自由的解释为新流派的大多数(尽管不是全部)追随者所否定,其他学派则认为它根本不该引起重视。古典学派的报应概念很可能与它有关。刑罚的任务是应当对犯罪人施以适合其个性的影响。因此,特殊预防的思想应当置于首位,而又不应当取消一般预防,以"保护刑"或"目的刑"取代"报应刑"。

II. 矛盾的缓和

《帝国刑法典》生效约20年后,刑法改革全面展开,且持续了10年时间,好像仅在德意志帝国,尽管存在意见分歧,但刑事立法改革还是不断向前推进。但实际上,世界上的其他国家至少在刑事立法改革的某个局部走到了

§5 刑法的学派之争

前面。尽管如此,矛盾冲突毕竟得到了一定的缓和。

1. 尽管在主张和否认脱离因果律的意志自由之间,在决定论和非决定论之间,未达成任何根本上的谅解,但是,双方的争论导致了以下结果:很多主张意志自由的代表"适度地"或"相对地"拥护非决定论,因此,在几乎所有实际问题上接近决定论者的想法。基于此,关于刑法学可以排除此类问题的、对刑事立法好像不具有意义的认识也在不断扩大。因为涉及刑法的科学的决定论已不再意味着能对人的行为无可辩驳地使用诸多原因律,如果这些行为属于现象世界的话。决定论表明,如果犯罪的产生有其充分的原因,那么,犯罪现象是可以理解的。就奠定刑罚的基础而言,刑罚不需要一个无原因的自决的假设,一种脱离因果律的意志自由。双方均一致认为,所有人的行为均是由其心理(而非不由自主)所决定的,也即人的行为受其意志所决定。①

2. 只有很少一部分报应刑的代表人物将报应的概念维持在其较早期的意义上。反坐原则(Talionsprinzip,即以眼还眼,以牙还牙,以血还血)还以其古老的血淋淋的形式出现在康德的著作里。但在 A. 默克尔②(A. Merkel)及其追随者的著作里,报应已成为对行为人实施的恶行或善行的一种反应,以

---

① 关于来世的非决定论的争论对刑法而言是没有什么意义的,就如同相信心灵不死或者信奉各自的神一样。该句与这样的论断是不矛盾的,即刑法正是能够建立在尘世的决定论基础之上的。尘世的决定论结果也许是正确的,但刑法将被彻底地改造,因为刑法只对那些承认人类意志的动机性(die Motivierbarkeit des menschlichen Willens)之人才具有意义。我们刑法学家中"意志自由"的代表们毫无例外地放弃了对他们基本观点的结果正确的贯彻,且并不怀疑人类意志的理由。因此,这就产生了在实际中相互理解的需要。关于该问题请参见文德邦特(*Windelband*):《论意志自由》,1904 年,讲座 12;芬格尔:《决定论观点的刑法根据》,1887 年;冯·希佩尔:《意志自由与刑法》,1903 年;冯·罗兰德(v. *Rohland*):《意志自由及其反对者》,1905 年;彼德森(*Pertersen*)《意志自由、道德和刑法》,1905 年;格拉夫·z. 多纳:载阿沙芬堡 3 第 513 页;冯·巴尔:法律 2;迈耶第 448 页;葛兰特第 37 页;《德意志帝国刑法》(1922 年)第 96 页;绍尔第 503 页;科勒(*Köhler*):《法庭杂志》95 第 450 页;现在有梅茨格第 251 页及以下几页。

② 于 1836 年 1 月 11 日生于美国,1896 年 3 月 30 日死于斯特拉斯堡,曾任布拉格大学、维也纳大学和斯特拉斯堡大学刑法教授,主张建立刑法教义学和一般的刑法理论。在古典学派与社会生物学派的学派之争中,他属于折中派。主要著作:《德国刑法教科书》,1889 年;《刑法中的报应思想和目的思想》,1890 年;等等。——译者注

§5 刑法的学派之争

均衡由于此善行或恶行造成的主动参与和被动参与之间的不相称为目的。① 判决时已对行为人的恶行进行的社会伦理上的否定评价,始终存在于刑罚执行过程中,其应当对犯罪人的心理产生影响,对因犯罪行为而造成的对法秩序和公民法律意识的破坏起到弥补作用,确保法制的权威,公民的法律意识也随之得到加强。

因此,报应的概念也就接近一般预防的思想②;报应不再是刑罚的目的本身,而是成为维护法制的方法。今天,争论的焦点在于,所要科处的或已经科处的刑罚的主要目的是一般预防还是特殊预防。现在有一点是肯定的,无论是一般预防还是特殊预防,如果片面地实施,必然会取得不同的结果。特殊预防视犯罪为反社会思想的标志,一般预防则视犯罪为行为人自身的某些重要因素起作用的结果;特殊预防将侧重点放在犯罪行为人及其思想上,而一般预防则将侧重点放在犯罪行为和结果上。一般预防努力将某些犯罪构成要件(科处刑罚和刑罚执行中的否定评价亦与之相联系)与其他犯罪的构成要件尽可能严格地区别开来,以此构成刑法分则部分,并视之为其主要任务;与此相反的是,特殊预防则主要是区分不同的犯罪人类型,以此形成刑罚体系。一般预防在由犯罪行为所造成的对法制的实际损害中寻找犯罪与刑

---

① 持相似观点的还有:阿尔费德(*Allfeld*)、冯·巴尔(*v. Bar*)、宾丁、范·卡尔克(*van Calker*)、芬格尔、葛兰特、冯·希佩尔、霍尔特、费尔耐克(*Hold v. Ferneck*)、拉马施(*Lammasch*)、李普曼、勒夫纳、厄特克、施托斯(*Stooß*)、R. 施密特(*R. Schmidt*)等人,以及 Berolzheimer 的补偿理论。因此,在描述性和规范性研究方法之间的明显差异使人们清楚地认识到,恰恰是因为刑罚在所有情况下是一种报应,刑罚之威胁和科处决不可能从报应的概念中派生出来。持该观点的还有:阿尔费德、贝林、弗兰克、康拖罗维奇(*Kantorowicz*)、科尔劳斯和迈耶等人。加拉斯(*Gallas*)第 7 页及以下几页以"社会价值观"的提示,几乎不能证明报应概念的有益性,且科尔劳斯在《法学词典》V 758 中的阐述并未被驳倒。关于纳格勒与科尔劳斯之分歧,参见本教科书第 25 版 §5 注释 2;关于冯·希佩尔在其《德国刑法》第 1 卷第 502 页及以下几页和他明确强调的"报应概念的现实性",也请参见本教科书第 25 版 §5 注释 2 以及格林霍特:《整体刑法学杂志》47 第 87—88 页。反对冯·希佩尔,摘引处的观点,参见加拉斯第 12—13 页。陈旧的报应思想为下列学者坚决支持:鲍姆加腾(*Baumgarten*)、冯·比尔克迈尔(*v. Birkmeyer*)、格雷特讷(*Gretener*)、卡尔(*Kahl*)、科勒(*Köhler*)、瓦赫(*Wach*)和瓦亨费尔德(*Wachenfeld*)等,但恰恰是由冯·比尔克迈尔和纳格勒出版的《批判性理论》提供了有力的证明,在报应理论的追随者中,如同对刑法的大多数其他重要问题一样,对报应的基本概念还存在着广泛的意见分歧。参见上述引用的纳格勒的新著中关于报应的理论阐述。因此,究竟是否可以认为存在一个统一的古典学派,还是值得怀疑的。

② 报应和预防原则上以及理论上总是可以区分的,并未因此而被否认。

§5 刑法的学派之争

罚的均衡①,特殊预防则在犯罪人的反社会思想的强烈程度上寻找犯罪与刑罚的均衡。

但是,同时有一点是清楚的,即这一矛盾可以通过立法而缓和到一定的程度。一旦立法者决定以两个基本思想之一为出发点,但又不紧守这一思想不放,而是同时兼顾另一个基本思想的要求的话,那么,两者之间的矛盾就有可能缓和了。

3. 还有一个情况使双方观点上的矛盾变得缓和。新派的追随者要求,刑罚不仅要包含现行刑法所赖以存在的基础——威慑思想,而且还要将犯罪人的矫正,如同防卫社会免遭犯罪人的危害一样,涵盖进刑罚概念中去。这样,刑罚体系的三分法才能与犯罪人的三分法相适应。报应刑的追随者拒绝这一要求,因为这一要求与他们所主张的刑罚概念相矛盾。但是,如同以前在量刑问题上兼容矫正思想一样,他们现在同意,刑罚制度应通过一个特殊的"处分"制度来加以补充:一方面是对罪犯的矫正和帮助;另一方面是保护社会免受犯罪人的危害。如此,新派的两个主要诉求就其内容而言得到了承认。

III. 立法结果

在过去的数十年中,世界不同文化国家的刑事立法一致地表明,新派的思想取得了胜利。首先,在1902年的《挪威刑法典》中,新派的要求有一多半得到满足;1921年的《阿根廷刑法典》和1930年的《丹麦刑法典》,也完全具备现代刑事政策思想。世界上的大多数国家——与战后的德意志帝国一样——起初以许多特别法来弥补现行刑法的不足,在这一过程中,几乎所有国家都引进了附条件的判决(die bedingte Verurteilung)这个新方法。少年刑法的整个领域中也在不断地进行类似的立法活动,且主要表现在减少报应刑,使之让位于教育措施。20世纪英国的立法给我们留下了一个很深的印象,如1907年的《附条件判决法》,1908年的《少年刑法》,以及1908年的《惯犯安全监置法》②等。在德国和欧洲其他许多国家以及欧洲以外的国家(参见下文§17),刑事立法的发展也很有特色。

首先,瑞士、奥地利、德国、瑞典、波兰、捷克和其他国家的新刑法典草案

---

① 在这一均衡中存在着刑罚被认为是"公正"的成分。参见梅茨格第435页。
② 尽管惯犯基于某项犯罪所科处的刑罚已执行完毕,但仍将该惯犯长期关押,以保护社会。——译者注

§5 刑法的学派之争

充满了现代刑事政策的精神。① 这些刑法典草案的基本特点大部分是一致的。这些基本特点在现行刑法典中充分地显露出来。除刑罚制度外,刑法又建立了"处分制度",其目的一方面是考虑到对犯罪人在再社会化方面的帮助,另一方面是保护社会免受犯罪人的侵害。除根据其反社会思想的严重程度而被科处相应刑罚的犯罪人外,还有已矫正好的犯罪人以及被排除于社会之外的犯罪人,均应视他们不再有危险性,这样,才能使新派所要求的对犯罪人的三分法如同对犯罪人的处罚制度一样得到承认,1882 年的计划才能得以实现。

这一由于两个刑法学派的不同观点引发的刑罚和保安处分的并存局面,并没有使问题得到最终的解决。在刑法的基本概念,尤其是罪责概念方面,科学的研究工作还在继续进行之中。刑罚与保安处分的并存将会让位于一个综合的刑罚体系。该综合的刑罚体系应当包含:刑罚被视为保安处分的亚种,并根据其所确定的目的刑思想,将刑罚作为与犯罪作斗争的武器。通过对刑法史的粗略的了解,这一计划的可行性便可以得到证实。

---

① 与此相反的是,意大利和俄罗斯的法律发展走了自己的道路。参见下文 §17 和施密特:《刑法改革与文化危机》,1931 年。

第二章　刑法的历史

§6　刑法史引论

Ⅰ. 在法律方面,各民族刑罚发展史的基本特点是相似的。因此,对法律史的比较研究不仅会弥补某一个民族法律史的缺陷,弄清某一个民族法律史的未知的东西,而且它还告诉我们任何历史时期所有民族刑罚的发展轨迹,并可以向我们预示刑法未来的重大改革方向;它可能成为目标明确的、同时与过去的刑事政策相衔接的新刑事政策的合适的指南。

Ⅱ. 历史研究告诉我们,刑罚史的起始点与人类社会共同生活的起始点是一致的。在每一个可进行历史研究的时期,在每个民族,包括最不文明的民族中,我们均可以发现对破坏共同生活准则,因而危害了种族共同利益的社会成员的社会性的反应。因此,我们有理由将刑罚视为原始的、本来的历史事实。我们将刑法视为法律发展的最初的和最原始的层次,将不法视为法律及风俗的杠杆,无疑是正确的。

在以血缘为基础的史前社会组织中,神的戒律和人所制定的规章尚未彼此分离,犯罪被视为亵渎神灵的行为,刑罚是将亵渎神灵者赶出该部落,被赶出部落者起初被视为给神的祭品。

在中世纪早期,由于不同血缘的部落并存,社会对触犯共同生活准则行为的反应发生了变化。将破坏共同生活准则者赶出部落已失去了原先所具有的神灵特征,发展成为被剥夺公民权的放逐。某部落成员被另一部落成员伤害将引发血亲复仇,其结果往往是一个部落被另一个部落打败,或两败俱伤,如果该以牙还牙的惩罚方法的宗教思想不给复仇规定一个尺度和目标的话。

那种认为刑罚起源于某个个人复仇本能的观点需要更正。被赶出和睦团结的部落如同血亲复仇一样,已不再是什么个人的反应,而是作为法秩序

§7 罗马刑法

与和平秩序主体的部落联盟的反应。那些行为总是直接地或间接地被视为破坏部落联盟的共同利益，被视为破坏和平安宁及违法。因此，我认为起初的刑罚只是对反社会行为的社会性反应（自我维护）。

III. 刑罚的进一步发展告诉我们，随着中世纪晚期人们固定住所的增加和由此而导致的纯部落联盟的解体，起初那种对破坏共同利益者无节制、无目标、本能地从肉体上予以消灭的反应变得缓和了。将犯罪人逐出和平社会逐渐让位于死刑和使人残废的身体刑、长期流放或短期流放以及各种财产刑，违法扰乱社会秩序的行为人及其亲属得向部落联盟缴纳一定数额的金钱（和平费），至少在轻微案件中如此。部落之间的血族复仇被予以调停，责任方向被伤害的部落缴纳赔偿费，以求和解，调解不成功的，则强制执行。这就进入到刑罚的第二个发展阶段：调解制度（das Kompositionssystem）。

刑罚的发展强有力地推动了近代国家的凌驾于各部落之上的国家统治权的不断加强，它剥夺了被伤害者的处刑权，并将之委托给不偏袒、冷静审案的法官。刑罚伴随其"具体化"进入其第三个、暂时也是最后一个发展阶段。

在立宪国家，国家无限的处刑权发展成国家刑法。刑法不仅决定了刑罚的内容和范围，而且以限制犯罪概念的方法规定了处罚的先决条件：任意处罚被排除，各具体情况被置于固定的、有约束力的规定之下。

IV. 但是，还得继续往前走一步。19世纪后半叶以来，旧自由主义法制国家发展成官僚行政国家，刑罚成为针对犯罪的目的明确的社会性反应，刑罚中已具备了目的刑思想，基于这一认识，刑罚和刑罚执行的诸多影响能够在保护人们的生存利益方面发挥作用，并因此而有助于国家和社会（参见下文§§3,5）。即使对刑罚的过去的记忆未完全失去，即使今日仍有人主张报应刑，但刑罚的变革却从未停止过：无意识、无节制的本能行为演变成由目的思想决定的、适度的、有意识的行为。在关于刑罚目的的不同刑法理论的矛盾冲突中，立法者的观点是：越来越放弃单纯的一般预防思想，主张刑罚的目的在于适应或剔除犯罪人。制定一个冷静的、目标明确的刑事政策是刑罚发展史向我们提出的一个不容拒绝的要求。

§7 罗马刑法

I. 7世纪以前的情况

在所谓的王法时期，最古老的罗马刑法的最大特点——历史发展的初始

§7 罗马刑法

阶段，其他印度日耳曼人的法律无此特点——是，它将犯罪视为对国家的规定和法制的破坏，将刑罚视为国家对犯罪的反应。这表现在，在古罗马的刑法中，有众多重要的宗教刑法规定，如将犯罪者赶出宗教团体，以及以犯罪人的忏悔来达到与神灵的重新和解。子女虐待父母、破坏界石、剖宫产时中断手术、杀死耕牛以及后来的伤害神职人员等，均是如此。在非故意杀人的情况下，赎罪品（祭品）也具有宗教的特征。但是，随着时间的推移，法律和宗教的分离势不可挡，并以国家刑罚的胜利而告终。

血亲复仇和赔偿费（调解制度）的适用也越来越受到限制，如受害人可将当场捉住的通奸者以及当场逮住的夜盗贼杀死的权利均受到限制。

犯罪的概念分为针对全体人民法益的犯罪和针对个人法益的犯罪两类。针对自己祖国的战争，时髦的说法是叛国，是政治犯发展形成的开始。很大一部分普通的、常见的犯罪是与杀死市民和杀死同部落兄弟紧密联系在一起的。正是在这些犯罪当中，杀人被视为对公共法律秩序的破坏，而对杀人者的处罚，不能听凭受害人亲属随心所欲，这便是古罗马法和日耳曼法法律观之间最明显的区别。但是，除叛国和杀死亲属外，其他犯罪，如纵火、伪证、贿赂法官、诽谤、夜间聚会，以及巫术等，还是以国家刑罚进行处罚的。

如同上述意义上的犯罪的数量和意义所表明的那样，国家关于刑法的观点，一方面是以其对犯罪科处刑罚的严厉性（当时死刑占主导地位），另一方面是以还不具有未来历史时期私诉特点的刑事诉讼程序表现出来的。

随着《十二铜表法》的问世，刑法立法暂告一段落。旧的刑法规定不再增多；部分规定——如杀死伪证者一样——被逐渐地遗忘了。在针对个人的犯罪方面，也只是对损害财物仍然还作出规定。对古罗马行政司法的限制，随着时间的推移并未能促进刑法的发展，家长制的处罚权和古罗马监察官的训诫必须维护纪律和风俗，死刑和严重的身体刑受到限制和废除；流放与丧失公民权联系在一起，被作为犯罪的合乎规律的结果。刑事司法成为为争取公民自由而斗争的武器。

II. 争议程序时期

古罗马刑法也许应当在这个政治特点中寻找其再生的根源。公元前149年进行了一次起初并不引人注目但影响深远的改革。过去，外省人针对地方长官的控告均由长老院裁判，现在一个独立的委员会组成，在最高司法长官的主持下，对此类案件进行裁判。

不久，人民党领袖认识到这一机构作为政治斗争工具的重要意义。Die Lex Sempronia（公元前123年）将争议程序中的法官职务委托给骑士，使后者

§7 罗马刑法

不仅有权作出返还被勒索的财产的裁判,而且还有权科处刑罚,甚至包括流放。争议程序(Quästionenprozess)因此而演变成刑事诉讼。在其后的数十年里,产生了众多与刑事诉讼有关的法规,其调整范围扩大至其他犯罪类型。但是,当时的犯罪还一直停留在居统治地位的元老院议员的阶段上,即绝大多数犯罪是政治犯,这也是构成新诉讼程序的内容,普通犯罪仍然同过去一样被排除在外。

公元前82—公元前80年,苏腊①进行刑法立法改革,被作为政党武器使用的争议程序演变成新创立的古罗马刑法的基础。苏腊在立法中增加业已存在的争议问题的数量,将这些争议问题的裁判权重新委托给元老院,将对犯罪构成已作详尽规定的普通犯罪也纳入争议程序。刑法的发展暂告一段落。

如此一来,除那些受害人可要求民事法庭判处罚款的针对个人的犯罪——恰好在这一时期因最高司法长官的敕令有了实质性的发展——外,又产生了新犯罪类型。它们是以对每个犯罪行为的构成要素作出规定、调查诉讼程序、对业已存在的或可能出现的争议委托进行裁判的具体立法为基础的,任何人都有权对犯罪提出控告。一个必要的条件是犯罪必须是故意的;未遂犯和共犯通常受到与既遂犯和正犯相同的处罚。法官必须作出有罪或无罪判决,对某个案件作出不同的裁判是不可能的。

下列各项犯罪即属于此类犯罪类型:与公务有关的犯罪,它们是推动整个刑法发展的动力,即勒索(crimen repetundarum),与职务有关的诈骗(ambitus und crimen sodaliciorum),公务活动中的侵吞(crimen peculatus et de residuis),叛国罪(crimen laesae majestatis),使用具有政治色彩的暴力扰乱公共安宁(vis publica et privata mit vorwiegend politischer Faerbung),劫持人质(plagium),伪造货币(falsum),故意杀人(crimen sicariorum et veneficorum),伤害,非法侵入他人住宅(injuriae atroces:pulsare, verberare, domum vi introire)以及规定受国家处刑权管辖的肉欲犯罪,如通奸、淫乱、拉皮条、乱伦(adulterium, stuprum, lencocinium, incestus)等。

普通犯罪构成了一个独立的犯罪类型。每一个公民都有权对此类犯罪提出控告,但大多数情况下以只科处行为人向控告者支付罚款而结案。

III. 皇帝时期

公元2世纪末期以后的古老的公开审判规则(ordo judiciorum publicorum)的没落,起初并没有影响到实体刑法,尤其是普通犯罪(crimen publica)和针对

---

① *Sulla*,古罗马政治家、军事家、执政官。——译者注

§7　罗马刑法

个人的犯罪的矛盾仍然存在。然而,随着时间的推移,与创建古罗马刑法相联系的那些犯罪概念,如共和国职务犯罪,从司法记录中消失了,而其他的犯罪概念,如对国王的亵渎、叛国罪在内容上有了很大的修改。但是,从总体上讲,Conneliac 和 Juliac 的立法保留了其坚实的基础,古罗马法律学,尽管作了补充和修改,正是在这些基础上得以继续建立和发展的。

加强统一的国家权力的后果在刑法领域也逐渐显露了出来。如同由于在更大的范围内和以更加有意识地追究职务犯罪改变方向一样,私法领域的犯罪行为的处罚范围变大了。这就产生了介于普通犯罪和针对私人犯罪之间的新的对刑法今后的发展具有极其重要意义的中间类型——**特殊犯罪**(crimen extraordinaria)。但这一中间类型更接近于普通犯罪。这一中间类型的产生并不归功于人民的决定,而是归功于国王的敕令和元老院的决定或法律解释技巧,其结果不是不能变更的普通刑罚(poena ordinaria),而是一个根据法官的判断、适合于每一个具体犯罪案件的刑罚。犯罪受害人有权提起刑事诉讼,由刑事法院作出判决。犯罪行为的主观方面在法院裁判时受到重视,未遂犯和共犯要予以处罚。

我们可将特殊犯罪划分为三类。

1. 从针对私人的犯罪行为中分离出最严重的犯罪行为并处以刑罚。从古罗马法中的犯罪构成(der furtum)来划分,这些犯罪主要有:扒窃、入室盗窃、抢劫、偷衣、常业盗马以及非法盗用属于有继承人的财产(die expilatio heredittis);抢劫(der rapina)可划分为谋财害命和不危及他人生命两种;侵害公民权利(der injuria)可划分为诽谤,破坏住宅安宁和其他案件。

2. 此外,我们还发现许多新构建的犯罪概念,比如窝赃(crimen receptatorum),诈骗(stellionatus),勒索(concussio),诱奸(raptus),堕胎(abactus partus),遗弃(expositio infantium)。此外,除其他犯罪,还有一些在基督教的影响下不为古罗马法所熟悉的宗教犯罪:亵渎神明,妨碍礼拜,脱离宗教信仰,信奉异教以及与此类活动越来越有关的巫术。

3. 最后,刑法好像朝着这个方向发展,即在国王时期的最后阶段,在大多数针对私人的犯罪方面,犯罪受害人是选择民事程序还是刑事程序,法律并没有作出特别的规定。

刑罚制度也经历了重大的改革。水火禁止令①被保留了下来,但失去了

---

① die aquae et ignis interdictio,指禁止对被驱逐者提供生命所必需的水与火的命令。——译者注

§8 中世纪的德国刑法

其实践意义。取代其位置的是划分详细的、根据被判刑者的情况分层次,但一般而言又过于严厉的生命刑和身体刑,带有或不带有强制劳动的自由刑以及名誉刑和财产刑。

与此相反的是,从本质上讲罗马法刑罚规定的法律特点被原封不动地保存了下来。与以前一样,我们发现,在对犯罪概念的理解上仍缺乏明确性和确定性,而且,越接近某一时期的结束,非法律的、专断的和站不住脚的伪伦理学的影响就变得越有害,它表明了后来的皇帝(国王)敕令的特征。如果我们看到刑事法学的最高和最困难的任务——形成刑法的一般理论——没有摆脱零散的和无原则的理论的话,不应该也不能够感到惊讶。古罗马刑法好像不适宜为德国所接受。这一由古罗马法学家为后世留下的工作,好像在其后的几个世纪中被中世纪的意大利据为己有。

§8 中世纪的德国刑法

A. 中世纪早期至 13 世纪

I. 1. 与古罗马法的渊源不同,在南德意志的法律渊源中,刑法的发展是渐进式的。在人民的权利方面,国家法制已经超越了部落联盟的范畴。基于此,一方面刑法的宗教色彩,另一方面不受法律保护的行为如血亲复仇均已退到次要地位。调解制度显然是刑法规定的中心。在国家联盟内部,我们仍然发现将以血缘为基础的氏族作为公法上的社团,它是这样一个组织,为其成员提供保护和赔偿,为受到攻击的氏族辩护并为被害人报仇。因此,刑法早期发展阶段的痕迹深深地印入了德国的中世纪。

2. 异教的相似之处使人想起刑法最初的宗教特征:在破坏庙宇安宁和巫术、虚伪宣誓、盗墓、亵渎尸体和坟墓、乱伦、谋杀亲属方面,世俗的公正性从上帝那里借用惩罚之剑①,并且只能缓慢地以微弱的力量将基督教会移到

---

① 参见布鲁纳-施威林(Bruner-v. Schwerin)2 第 765 页,希斯(His):《历史》49 第 55 页,冯·阿米拉(v. Amira):《关于日耳曼死刑问题》的卓越的著作,消除了人们对公开处以死刑的宗教特征的最后一丝怀疑。公开的死刑原本是献给神的人祭,由于神灵不同的原因,它有不同的祭奠方式。为什么犯不同罪的犯罪人要给不同的神灵作祭奠尚不得而知(冯·阿米拉第 235 页)。冯·阿米拉的观点极为有趣:公开的死刑源自保持种族的纯洁性,从社会中剔除变坏者的目的。但我们并没有得到肯定的结论。不赞同冯·阿米拉观点者,参见冯·希佩尔:《德国刑法》第 1 卷第 104—105 页(尤其是那里的注释 7),E. 迈耶(E. Mayer):《法庭杂志》89 第 353 页和帕彭海姆(Pappenheim)第 451 页。

§8 中世纪的德国刑法

受排挤的异教的位子上。

3. 关于北日耳曼法中所有重罪(破坏和平)的具有明显特征的刑罚——放逐,我们在德意志法中只能发现一些零星的痕迹,而且,但凡在某处被提及,也不是作为已实施的重罪的刑罚,而是作为被告人不服从判决的法律后果出现的。在历史上广泛运用的刑罚方面,可以与我们的最重要的法历史学家们[布鲁纳(Brunner)、施罗德(Schröder)]一刀两断。

4. 不仅仅在盗窃和通奸中,而且在众多其他案件中,德意志法均提及被攻击者(及他的亲属)殴打侵害者的权利。但是,被攻击者的权利因犯罪人抗拒束缚而受到限制;从被攻击者有权杀死犯罪人,慢慢发展成将在犯罪现场抓获的人交付法庭,法庭以加快程序科处其刑罚:这便是德国中世纪时人们所说的加强诉讼。

5. 正如塔希图思(Tacitus)传说已经向我们证实的那样,血亲复仇是整个氏族的权利和义务。血亲复仇后来被缴纳一定数额的赎金所取代,出现了调解。被伤害的氏族有权在武力自卫和接受赎金两者之间进行选择;直至经过艰苦的斗争后——这在卡罗林王朝国王颁布的敕令中清晰可见——正在得到加强的国家权力成功地使缔结赎罪协议成为法律义务,血亲复仇因此被调解制度所取代。但中世纪德意志诉讼程序的形成,仍具有法起源于武力自卫的特征;宣誓保护取代了武器保护,如同血亲复仇是全氏族成员的权利和义务一样,他们全副武装,互相帮助,团结一致,异口同声地重复主宣誓人的誓词。

II. 在详细确定应缴纳赎金数额的过程中,也即在调解制度的原则规定中——正如上文所述——民间法具有刑法规定的主要含义。其历史可追溯到塔希图思的传说。

不同的破坏法律的行为被评价为许多不同的层次,每颗牙,每个不同的手指,每句诽谤的言语,均详细规定了不同的赎金。在一些具体的民间法的调解原则中,我们发现两个不同的基数,一个较大,一个较小;较大者是作为对杀人或类似案件的处罚,较小者是作为对较轻的破坏法律的行为的赔偿。① 但是,不仅是已实施的犯罪的严重程度,而且被伤害者的婚姻状况、民

---

① 被杀赔偿金在不同的部落分别为 150、160 和 200 先令,赎金分别为 10、12 和 15 先令。参见希斯:《历史》第 97 页,布鲁纳 1 第 226 页,布鲁纳—施威林 2 第 794 页。此等赔偿金和赎金的数量——在谋杀情况下要 9 倍于上述数额——对当事人的经济生活和法律地位的影响有多深,从下面的比较中便一清二楚了:当时一头牛值 1—3 先令,一匹马值 6—12 先令。参见韦茨(Waitz)2 第 279 页,根据施罗德的观点,被杀赔偿金在当时值一个农家院落的钱。

§8 中世纪的德国刑法

族、年龄和性别都对确定赎金数额起决定性作用。除向被害人及其氏族支付赎金外,还要向作为签订赔偿协议调解人的全体成员缴付和平费。

正如血亲复仇一样,赔偿协议和赎金也是以氏族联盟为基础的。对于塔希图思传说告诉我们的家庭普遍承担赔偿(recipitque statisfactionem universa domus)这点,其他资料来源作了极好的证明。家庭参与支付及接受赔偿金(这在德意志民间法中只有很少规定)在低地地区和北部地区法律中长期保留,在北部地区甚至一直被保留到 16 世纪。

III. 即使是国家刑罚,最古老的德意志法也并不陌生。军队的出征、审判大会的人民集会、庙宇和教堂所需要的较高的安宁状态,迫使人们将处刑权交到全体人民及其代表的手中。尤其是政治及军事性质的犯罪,比如叛国和背叛军队,在很久以前就被处以国家刑罚。但是,早在麦罗文(Merowing)王朝时期,甚至在更早些的卡罗林王朝时期,总是有一些新的犯罪被划进受国家刑罚处罚的范畴。① 自 6 世纪中叶起,卡罗林王朝的立法就致力于对抢劫和盗窃,谋杀和乱伦,巫术和投毒,伪誓和伪证,伪造硬币和文书进行处罚。由于财产占有越来越不平等,这从本质上促进了这一改革运动的发展:谁无力缴付赔偿金,那么,就要以其身体赎罪,自古以来的非自由人即如此。国王的放逐权变成为法律形成的一个重要因素,许多新的刑罚措施相继出现,这不仅是为了保护教堂和寺院,寡妇、孤儿和穷人,也是为了维护公共安宁免遭不同种类暴力行为的侵害。② 教会的影响最终不能被忽视,尽管它不具有自己的处刑权,但它通过赎金簿和调解决定间接地对人们的法律观和国王的立法施加影响,并为弥补世俗刑法所具有的这一漏洞而努力。③

因此,在这一阶段的晚期,在法兰克王国鼎盛时期,关于犯罪和刑罚的国

---

① 盗窃,贿赂法官,奴隶诱拐自由之妇女,伪造皇室文书,谋杀亲属和乱伦等。《萨克森法》规定,伪誓,破坏住宅安宁,谋杀性纵火,盗窃价值 3 先令以上的物品可科处死刑。查理大帝(Karl der Große)试图使这些规定缓和化,但是又主张侵害基督教信仰要判处死刑。参见韦茨 3 第 131 页,格林霍特 1 第 182 页。

② 参见韦茨 3 第 319 页,布鲁纳-施威林 2 第 13、51 页。

③ 这里不能对宗教刑法进行深入的研究。现行法律可从 1917 年的《宗教刑法典》中找到影子。参见埃伯(Eber):《法学词典》V 第 771 页;弗兰克,1917;科勒:《刑法档案》67 第 345 页;尤其是艾希曼(Eichmann),1920 年。还请参见海姆贝格尔:《整体刑法学杂志》31 第 1310 页。此外,值得推荐的还有欣希乌斯(Hinschius):《教会法》4 第 691—864 页,5 第 1 阶段(至 14 世纪),5 第 2 阶段(15 世纪和现代);赛格米勒(Saegmueller):《天主教教会法教科书》(1914 年第 3 版)第 2 卷第 346—389 页。勃兰特(Brand)、托马斯·冯·阿克文(Thomas von Aquin):《刑罚学》,柏林大学博士论文,1908 年。

§8 中世纪的德国刑法

家观点获得了胜利。国家对大多数针对全体人民的利益的犯罪用国家刑罚进行威慑,并依职权进行追诉。

Ⅳ. 随着法兰克君主制度的崩溃,开始了一个复古运动。受其影响,卡罗林时期刑法领域一些新设立的、通过强有力的中央集权维持的,但远没有根深蒂固的制度被破坏,或者退居次要地位并长期受到压制。

正因为如此,用外文书写的民间法消失了,卡罗林立法被遗忘了。这是习惯法居统治地位的时期。在该时期,人民的法确信(Rechtsüberzeugung)在陪审员的法令中显现出来。因此,法兰克王朝统治下受到外来的罗马—宗教法排挤的民族的、古德意志的法律观重新受到重视。德意志民族精神的特点很快产生效果:与过去中央集权的和统一的方向相反,在其形成过程中所展开的构建力(Gestaltungskräfte),导致法律向分裂的民族法、邦法和地区法方向发展。

刑法的私法观的复活,使得以强有力的国家统治权为条件的国家处刑权,在王朝逐渐消失但邦的主权尚未完全形成之时,受到遏制,而不可能居于统治地位。由官方对犯罪人进行刑事追诉的思想几乎完全不存在了。相对于国家刑罚而言,适用赎金的范围得到增加,被害人可根据自己的意愿选择对犯罪人提起诉讼还是要求赔偿,轻微犯罪有时被科处生命刑(但不能剥夺名誉),罪犯亦可以钱赎罪。

司法的不确定性产生了中世纪的、与过去的血亲复仇有很大区别的武力自卫权,作为当对民事或刑事违法行为不能以法律予以救助时的紧急法,武力自卫权因为《禁止复仇条例》(1085年至16世纪)受到限制,被暂时取消,最后被《永久和平条例》(die ewigen Landfrieden)彻底废除[①]。

B. 中世纪晚期　13世纪—16世纪

刑法的发展与国家权力的增强和削弱是密切相关的。随着君主制的建立和城市的繁荣,过去中断了的关于犯罪和刑罚的国家——法律观得到发展。在禁止复仇条例和其他帝国法律中,在城市法、全国通用法、庄园法中,在判例汇编和法律著作中,现有的法律被记录下来,习惯法不再受到重视。外国法律从越来越多的来源,以越来越快的速度涌入德意志地区,起初

---

① 新的文献,参见勒宁(Löning):《整体刑法学杂志》5第226页,京特(Günther):《整体刑法学杂志》11第185页,希斯§2。胡伯梯(Huberti):《停止家族间争斗的日子与禁止复仇条例》1,1892年。海尔本:《整体刑法学杂志》18第1页正确地指出,《行省禁止复仇条例》(Provinziallandfrieden)已具有了刑法典的某些特征。

§8 中世纪的德国刑法

在南部,后来在北部,并与德意志本地的法律争夺统治权。通用法和城市法的重要地位得到证实,以其为基础形成了内容相同的法的新领域(尽管在细节上有差异),在一定程度上成功地替代了业已消亡了的氏族法。

扩大和加强国家刑罚的先决条件已经具备。① 只是在涉及过去的法律时,法律著作才会提及被杀赔偿金和赎金,前者越来越限于在非故意杀人案件中适用,后者②逐渐演变成罚金。身体刑和生命刑的适用也变得越发多了。《萨克森箴言》规定,盗窃科处3个先令,夜盗处绞刑,谋杀和破坏特别和平协议的盗窃、背叛、谋杀性纵火和不忠之信使处车磔之刑;杀人、劫持人质、抢劫、纵火、强奸、破坏和约或严重的通奸处斩首;背弃基督教信仰、巫术和投毒处焚刑。除在脖颈或手上处刑外,对恶行还出现过一些在皮肤和头发上的处刑以及判处赔偿金。

特别是与新的生活关系相关的产生新犯罪的城市交通的发展,除合乎规律地加强交通管理外,制定一些新的刑罚规定也是必要的。城市法,尤其是南德意志各邦的城市法,往往以其严厉且残酷的刑罚而表现出与众不同。

一种对刑法发展的影响不可低估的新情况又增加进来:与职业犯罪作斗争(主要是那些危害社会的家伙,如拦路抢劫的骑士、流浪汉等),它促进了由官方采取各种不同形式对犯罪行为进行追诉,并不断提高果断性,扩大适用范围,将法院外使用的、法律未作规定的刑讯作为进行判决的有效方法。

但是,刑法的目的思想越果断,且刑事诉讼服从于目的思想,那么,一些古老的形式就越发变得不能适应了,长久以来从内容上进行改革以求得到法律上的认可,通过刑事诉讼的帝国法律规定果断防止权力滥用的需要也就越迫切。当时刚刚成立的帝国高等法院于1496年在林道(Lindau)的帝国议会上,最迫切地要求实现这一任务,但在经过艰苦卓绝的斗争后,时至1532年才得以完成。完成这一任务的先决条件是,将继受的外国法律与德意志法律进行法律上的融合。大量不同的前期准备工作降低了完成这一任务的难度。这一任务之所以能够顺利完成,功劳首先应当属于汉斯·冯·施瓦涔贝格(*Hans von Schwarzenberg*)。

---

① 首先必须在本教科书所追求的刑法发展的全貌中来强调,但不应该忘记的是,整个中世纪不仅仅存在骑士般的武力自卫,而且本来意义上的血亲复仇在某些地区仍被作为毫无异议的风俗保持下来。参见希斯§15,彭海姆第18页及以下几页。

② 《萨克森箴言》3 第45页;格力姆(*Grimm*):《法律传统》第679页;欧森布鲁根(*Osenbrüggen*):《Alam. 刑法》第72页。经常出现在奥地利判例汇编中。关于中世纪被杀赔偿金和赎金的详细情况,请参见希斯§26 I。

§9 查理五世的刑事法院条例

I. 德国接纳的外国法,特别是包括诉讼程序内容的刑法,并非古罗马法律渊源中的法,而是从本质上进行变革的、与变化了的法律关系相适应的法律。法律研究复苏以后,意大利法学家深入研究罗马法——尽管在很大程度上是不自觉的——一直未曾间断。释义法学家和后释义法学家的代表人物有:著有关于法典的系统性总结论文的阿佐(Azo,死于 1230 年),巴托罗斯(Bartolus,死于 1357 年),巴尔杜斯(Baldus,死于 1400 年);宗教法学者有:罗夫雷多斯(Roffredus,死于 1250 年)和多朗梯斯(Durantis,死于 1296 年),二人对刑事诉讼作出了重要贡献;所谓的"意大利实践家"罗兰蒂奴斯·德·罗曼西斯(Rolandinus de Romanciis,死于 1284 年),阿尔贝图斯·甘地奴斯(Albertus Gandinus,死于 1310 年),雅各布·德·贝尔维西欧(Jakob de Belvisio,死于 1335 年),伯尼法西乌斯·德·维他利尼斯(Bonifacius de Vitalinis,死于 1340 年前后),安格鲁斯·阿雷梯奴斯(Angelus Aretinus,死于 1461 年或稍后),奥古斯梯奴斯·邦弗朗希斯科斯(Augustinus Bonfranciscus,死于 1479 年)在此值得一提。① 他们根据当时的理解介绍古罗马刑法,介绍了古罗马法是如何在德意志的、伦巴德族人的法律、实际需要、科学结论、罗马教皇和皇帝的立法以及司法的影响下发展的。我们可以这样说,他们著作中介绍的已不再是纯古罗马法了,而是意大利法。具有最大意义的是,中世纪意大利刑法学引起了普通刑法学教师的特别注意,这为科学地利用资料打下了重要的基础。

II. 罗马法是如何被接纳和以何种途径被接纳的,这里无须深究。只有一个因素不容忘记,意大利法学家的作品以手稿和印刷品的方式在德国受到欢迎,但他们是通过德国的大众法学文献间接施加更深远的和更有力的影响。② 这一领域的大量的德国文献突出了其内在价值和《诉讼箴言》的历史意义。《诉讼箴言》产生于 15 世纪前 25 年。15 世纪 70 年代印刷成书,由塞

---

① 参见赛格尔(Seeger):《论中世纪法学中的犯罪未遂》,1869 年;勒夫纳(Löffler):《刑法的罪责形式》,1895 年;恩格尔曼(Engelmann):《后释义法学家的罪责论及其发展》,1895 年;《意大利学说和中世纪司法实践中的错误与罪责》,1922 年。海尼曼(Heinemann):《意大利法学文献中的犯罪》,1904 年。尤其请参见康拖罗维奇的著作。新近出版的著作还有达姆(Dahm):《中世纪晚期的意大利刑法》,1931 年。

② 施廷庆(Stintzing):《罗马宗教法在德国大众法学文献》,1867 年;《德国法学史》第 1 卷,1880 年。

§9 查理五世的刑事法院条例

巴斯蒂安·勃兰特(Sebastian Brant,死于 1521 年)于 1516 年出版发行。阿佐、罗夫雷多斯、多朗梯斯、甘地奴斯是一些在当时极具权威的人士,《诉讼箴言》的作者们从他们那儿汲取了丰富的营养,他们的观点或多或少地以适当的方式被反映了出来。

III. 15 世纪下半叶和 16 世纪上半叶出现了大量的死罪法院条例(Halsgerichtsordnung),这些条例主要以旧德意志法为基础,但或多或少地受到了外国法的影响。这些条例主要调整刑事诉讼,此外还有一些纯刑法的规定。

值得一提的死罪法院条例主要有:1.《纽伦堡死罪法院条例》,尤其是 1481 年和 1526 年的《死罪法院条例》;2. 1499 年 11 月 30 日的所谓《蒂罗尔马来斐茨条例》[1506 年在拉道夫采尔(Radolphzell),1514 年在莱巴赫(Laibach)进行了仿制];3. 1514 年 8 月 21 日的《下奥地利邦法院条例》(1540 年修改)。①

由于无目的地彻底占有和介绍了大量的素材,由于立法基本思想的简单性和同一性,德国的立法工作在某种程度上说还是相当勤奋的。在任何历史时期均值得颂扬的是德国立法的丰碑——1507 年的《班贝克死罪法院条例》。该条例于 1516 年稍作修改后被引进勃兰登堡侯爵的领地安斯巴赫(Ansbach)和贝罗伊特(Baireuth)。②

《班贝克死罪法院条例》的作者是施瓦涔贝格男爵(Johann Freiherr zu Schwarzenberg und Hohenlandsberg)。③ 他生于 1463 年,好读童话,少年时期沉溺于莱茵河畔的庄园狂饮和掷骰子赌博,直至其父亲的一封严肃的告诫书信将其召回。在一次前往圣地考察旅行之后,他结交了马克斯一世(Max I),参加了享有盛名的出征(1485 年和 1486 年)。其后不久,他为班贝克地区主教服务,历任五位主教的总管家和宫廷法庭庭长。1521 年他将德意志(魏玛)共和国国民议会迁往沃尔姆斯(Worms),作为国民议会的成员(1522—

---

① 鲁夫(Ruoff):《1506 年的死罪法院条例》,1912 年;范·海因斯贝格(van Heijnsbergen)" De Tirolsche Strafwet van 1499"。冯·科林斯基(v. Chorinsky)提到的奥地利的一个旧刑法草案:《16 和 17 世纪奥地利法律渊源研究》(1895 年)第 15 页。关于该时期的死罪法院条例,参见冯·希佩尔:《德国刑法》第 1 卷第 163—164 页。

② 冈特伯克(Güterbock):《关于班贝克法律的编纂》,1912 年;班贝克法律编纂的出版参见莱特苏(Leitschuh):《艺术科学索引》(1886 年)第 9 页,以及 1900 年第 25 届法学家大会纪念文集。科勒和谢尔(Scheel)新近出版的著作,1902 年。

③ 谢尔:《施瓦涔贝格》,1905 年;冯·希佩尔:《德国刑法》第 1 卷第 65 页及以下几页;拉德布鲁赫(Radbruch)在其注释 9 中提及的《查理五世刑事法院条例》第 110—113 条。

§9 查理五世的刑事法院条例

1524年)和皇帝委派的临时地方长官的代表(1523年),他发挥了非常杰出的作用,其间,班贝克的情况发生了变化。1522年以后,忠于罗马教皇的主教魏冈特·冯·雷德维茨(Weigand v. Redwitz)统治班贝克。言行上均支持改良的施瓦泞贝格觉得有必要于1524年担任勃兰登堡边境省份总督卡西米尔(Kasimirh)和格奥尔格(Georg)的总管家。他于1528年10月21日死于纽伦堡,很多人对他的死表示哀痛,其在死后多年仍得到路德(Martin Luther,1483—1546年)的颂扬。施瓦泞贝格还作为受大众欢迎的作家满腔热情地工作过,且著作颇丰。在其质朴、客观、富有道德义务感的诗歌中,在其针砭时弊的论战文章中,在其翻译的西赛罗(Cicero)的著作中,在反对罗马教皇的传单中,他试图深刻触动其所在时代的全部精神生活领域——德意志的首部内容丰富的立法不归功于任何一位法学家,更不归功于一位学者,而应归功于一位极健康的作为斗士的国务活动家,作为诗人和改革先锋的极其重要的真正的德国人——施瓦泞贝格。

在完成其任务的过程中,施瓦泞贝格利用了——从南德意志司法中便可得知——下列资料:1. 1498年的沃尔姆斯政策,也许还有一部或几部南德意志的立法;2. 大众法律文献和意大利人的著作;3. 具体的德国法律,如1495年的《禁止复仇条例》。①

IV. 由于最高法院的抱怨②,弗莱堡的帝国议会早在1498年就作出了在帝国范围内对刑法进行改革的决定,但未落实,改革陷入停滞。直至1521年在沃尔姆斯召开的帝国议会上,此项工作又重新开始进行,并组成了一个委员会,专门从事刑法草案的起草工作。该委员会以《班贝克死罪法院条例》为基础③,此外,还使用所谓的"班贝克校正",即1507年至1516年期间的班贝克增补规定汇编。尽管如此,仍不时出现一些新的障碍。第一部《沃尔姆斯草案》三易其稿:第一次是在纽伦堡的帝国议会会议上(1524年第二部草案),第二次是在施佩尔帝国议会会议上(1529年第三部草案),第三次是在

---

① 布鲁嫩迈斯特(Brunnenmeister):《班贝克汇编的渊源》,1879年;加恩(Gahn):《班贝克民法和刑法史源的论文集》,1893年;冯·希佩尔:《德国刑法》第1卷第65页及以下几页、第164页注释3。

② 马尔布兰克(Malblank):《1783年查理五世刑事法院条例的历史》;冈特伯克:《1876年卡罗林娜法典的诞生史》;施廷庆1第607页;冯·希佩尔:《德国刑法》第1卷第65页及以下几页、第165页。

③ 此间,该条例由于腾勒(Ulr. Tengler,死于1510年)和施皮格尔(Layenspiegel,死于1509年)的努力而得到广泛的传播。

§9 查理五世的刑事法院条例

奥格斯堡的帝国议会会议上(1530年第四部草案)。① 1529年以后,地方分离主义势力公开反对统一立法的要求,尤其是库尔萨克森、莱茵法尔兹和库尔勃兰登堡于1530年对缩小特许的邦法提出了抗议。当1532年雷根斯堡召开的帝国议会会议将上述草案最终上升为法律时,不得不将所谓的妥协条款(clausula salvatoria)写进序言中:"我们回顾古老的带来福音的合法的和公道的习俗,并不想剥夺选侯、王侯和贵族的什么权力。"②

V. 和《班贝克法》一样,《卡罗林娜法》(也称《查理五世刑事法院条例》)将其重点放在对刑事诉讼的程序的规定上。③ 后者提出了那样一些尽管在某些方面与邦法不一致,但具有全德刑事诉讼特点的原则,完成了从控诉程序向审讯程序的转变。此外,实体刑法(《卡罗林娜法》第140—180条)还略有倒退。这里只列举一个具有绝对必要性的法律原则(第104条):如果罗马法不对一行为(或与之相似的行为,第105条)规定科处刑罚,则该行为不得被科处刑罚,也即不得科处死刑或使人残废的身体刑;相反,刑罚的种类可根据当地的习俗而定。除此之外,该法纯粹是为被任命从事审判,但对成文法一窍不通的陪审员们介绍现行法而制定出来的。《卡罗林娜法》以极其出色的方式实现了这一目的;简单明了和极易理解的语言使得《卡罗林娜法》成为当时可作为典范的著作。但《卡罗林娜法》并不想,且也并不应当超越这一目标,它不想阻碍对现行法有一个更好的认识和更好的介绍。施瓦涔贝格反复规定,在对案件产生怀疑的情况下,应该听取法学家的建议,以维护审判的科学性。我们必须赞赏该法典的意义,尤其应对邦立法与《卡罗林娜法》的关系进行正确的评价,关于特别权利的少数几个规定必须严格与其他规定加以区别。

尽管《查理五世的刑事法院条例》用我们现在的眼光来看还不是一部法

---

① 早在1527年和1528年,美因兹大主教阿尔布莱希特·冯·美因兹(Albrecht von Mainz)的草案就被作为法律引入其辖下的地区。参见施罗德:《上莱茵城市法》1第202页,1896年。

② 最古老的和最著名的是1533年的版本。

③ 关于《查理五世刑事法院条例》的实体法内容的精彩阐述,参见冯·希佩尔:《德国刑法》第1卷第175页及以下几页。徐腾萨克于1904年介绍了该条例的刑事诉讼部分(《查理五世刑事法院条例》的刑事诉讼,海德堡大学博士论文)。冯·希佩尔认为,《查理五世刑事法院条例》中刑法和刑事诉讼具有同等的重要性。当对此进行更深入的研究时,还请参见拉德布鲁赫(注释9)第118、119页。该改良时期的刑法观的认识同样对《查理五世刑事法院条例》的发展史具有重要意义;赫尔默特·迈尔(Hellmuth Mayer)在其题为《路德和迈朗希童(Luther und Melanchthon)的刑法理论》的著作中作如是说。还请参见沙夫斯泰因(Schaffstein):《法庭杂志》第101期第14页。

§10 全德通用刑法

典,而只是一个与 13 世纪的箴言相似的法律著作(Rechtsbuch),但其对刑法的进一步发展所发挥的作用是巨大的。它不仅对具体的犯罪作出了详尽的法学上的规定①,而且以意大利人为榜样,对属于一般的构成要件的概念如犯罪未遂、正当防卫、过失等进行了或者深入或者简略的研究②。《卡罗林娜法》以其内在价值成为全德通用刑法在其后三百年间得以存在和发展的基础。

§10 全德通用刑法

I. 至 18 世纪中叶的立法

由于德意志的刑事立法活动局限于一些具体的、因为生活关系的改变而产生的,在宗教、习俗、公共秩序和经济交往方面的不法行为所构成的威胁③,而且,只是 1548 年和 1577 年的《帝国警察条例》的强有力的发展对《查理五世刑事法院条例》是一个补充,因此,允许各邦国独立地继续构建和发展自己的刑法。实际上,各邦国的刑事立法活动在 16 世纪和 17 世纪上半叶是极其活跃和卓有成效的。④ 奥地利和巴伐利亚,符腾堡和萨克森,库耳法耳兹和普鲁士,一方面相互之间,另一方面又与其他小国竞相颁布内容广泛的、部分独立的、部分写进邦法的《刑法典》,这些《刑法典》时而在文字上或在内

---

① 《查理五世刑事法院条例》规定的犯罪主要包括:第 106 条亵渎神明,第 107 条伪誓,第 108 条原始自由的破坏,第 109 条巫术,第 110 条谤书(Schmähschrift,即骂人的文章),第 111—114 条伪造硬币、伪造文书等,第 115—213 条伤风败俗的犯罪(非自然的性行为,乱伦、诱奸、强奸、通奸,重婚、拉皮条),第 124 条背叛,第 125 条纵火,第 126 条抢劫,第 127 条暴乱,第 128 条斗殴,第 129—136 条杀人(投毒、杀婴、堕胎、自杀、谋杀、故意杀人等),第 157—175 条盗窃和背信,第 180 条私放犯人等。在此详细地加以介绍是不可能的,但本教科书在不同地方,特别是在有关犯罪的一般学说章节的历史引言部分以及在阐述不同犯罪类型时,总是涉及该条例的有关规定。新近的论述有拉德布鲁赫:《卡罗林娜法典中的抢劫》,1931 年;李特勒:《卡罗林娜法典对危险分子的治疗》,1930 年;比尔克(Buerke):《卡罗林娜法典中背叛的构成要件》,海德堡大学博士论文,1929 年。

② 参见科尔曼(Kollmann):《整体刑法学杂志》34 第 605 页(《卡罗林娜法典的罪责观》)。关于犯罪的一般学说,参见冯·希佩尔:《德国刑法》第 1 卷第 201 页及以下几页;以及沙夫施泰因,出处同上。

③ 如咒语和发誓,祝酒;通奸和姘居;但还有因复仇而违反永久和平,高利贷,谤书,诈骗和伪造。参见赛加尔(Segall)和冯·希佩尔:《德国刑法》第 1 卷第 213—220 页。非德国法当中值得一提的是弗兰茨:《刑事法律》I,法国 1539 页,和菲律宾;II 荷兰 1570 页。

④ 参见冯·希佩尔:《德国刑法》第 1 卷第 222—225 页的详细阐述。

§10　全德通用刑法

容上与《卡罗林娜法》相似,时而自由地介绍和描述现有法律文献,但总是考虑了在事实上具有绝对必要权威的帝国法律的有关规定。

17世纪中叶,各邦国的立法活动减少,取代内容广泛的和规范的《刑法典》的是大量冗长且短命的行政法规,这些行政法规只能例外地否认无法解释清楚的专制主义的精神。一系列犯罪概念的产生和发展均归功于邦立法,如叛国、暴动、叛乱、决斗、自杀、抢劫银行、偷猎、伤害等。

最重要的立法工作如下:

1. 在奥地利:(1)在蒂罗尔(Tirol),1499年的《刑事法院条例》被吸收进1526年、1532年和1573年的邦法中(其中,1532年的邦法构成了1529年《赫内贝克邦法》的基础)。关于《查理五世刑事法院条例》,参见冯·萨尔多利-蒙泰罗斯(von Sartori-Montecroce)1895年关于奥地利帝国史和法律史的文章。(2)在下奥地利,斐迪南三世(Ferdinand III)于1656年12月30日颁布了一部内容详尽的《邦法院条例》,以此取代1514年的《邦法院条例》。后来的两个法院法草案(1666年、1721年)未能最终成为法律。参见布拉奇(Bratsch)于1751年写得很有价值的评论。(3)在上奥地利,1559年10月1日的《邦法院条例》是以1514年《下奥地利邦法院条例》为蓝本制定的。该法院条例重印于1627年[未作修改;施托贝(Stobbe)认为未作修改的结论是错误的]。利奥波德一世(Leopold I)于1675年8月14日颁布了一个基本上与下奥地利的斐迪南三世于1656年制定的《邦法院条例》一致的新的《邦法院条例》。1535年3月18日的《克莱因(Krain)邦法院条例》也是以1514年《下奥地利邦法院条例》和《卡罗林娜刑事法院条例》为蓝本制定的。(4)与此相反的是,1577年的《克恩腾(Kärnten)邦法院条例》只含有很少的刑法规定。(5)在施泰尔马克(Steiermark),查理二世(Karl II)引进了在很大程度上以《卡罗林娜刑事法院条例》为基础的1574年12月24日制定的《邦法院条例》和《查理五世(Karl V)刑事法院条例》。在17世纪的施泰尔马克,也许还有克恩腾和克莱因,适用斐迪南三世于1656年颁布的《邦法院条例》[因此,当特蕾西亚(Theresiana)谈及"卡罗林娜"时,应理解为《查理五世刑事法院条例》,而不是通常所认为的《施泰尔邦刑事法院条例》]。(6)就波希米亚(今捷克境内——译者注)而言,下列法律值得一提:斐迪南一世(Ferdinand I)于1549年颁布的《邦法院条例》,斐迪南二世(Ferdinand II)于1627年颁布的《邦法院条例》和1765年的《邦法院条例》。(7)麦尔邦于1628年7月1日颁布的《法院条例》是以波希米亚1627年的《邦法院条例》为蓝本制定的。(8)在西里西亚(今波兰境内——译者注),自1707年以来

§10 全德通用刑法

适用约瑟夫一世(*Joseph I*)颁行的《刑事法院条例》。

2. 在萨克森,奥古斯特(*August*)侯爵于1572年4月21日颁布了能决定刑法发展的《库尔萨克森宪法》,其影响已远不限于萨克森。该宪法的重要准备工作见于曾多次再版的《萨克森宪法评论》[由弗里德鲁斯·明达奴斯(*Friderus Mindanus*)于1616年出版]。1661年关于选举的决定是对该宪法的继续发展。

3. 在普鲁士:(1)根据1582年出版的《勃兰登堡乡镇条例》(1516年)的前言所述,该条例也曾在普鲁士公爵的领地出版过。是否确实适用过该条例尚不能确认,但这倒是有可能的。(2)在普鲁士骑士团领地,主要适用《马格德堡法》(*Magdburger Recht*)。在16世纪曾有过多次尝试,尤其是1594年的 *culmense* 修正案,它未能最终成为法律被法院所适用(受《卡罗林娜刑事法院条例》和《萨克森宪法》的影响)。(3)应东普鲁士贵族的要求,对前述《马格德堡法》进行了新的修改,其结果是制定了1620年《普鲁士公爵领地邦法》(受 Damhouder 法的影响)。(4)进一步修改法律的工作还有1685年的普鲁士公爵的领地勃兰登堡(修改了的)邦法和1721年普鲁士王国腓特烈·威廉(*Friedrich Wilhelm*)(完善了的)邦法,修改工作由科赛基(*S. v. Cocceji*)负责。1721年完成的刑法典草案(由贝格尔起草),如同1736年国王的委任契约一样,没有什么结果[海尔施纳(*Hälschner*)第173页]。(5)在勃兰登堡,迪斯特迈尔父子(*Diestermeier*)分别于1572年和1594年起草的邦条例草案最终未能成为法律。

4. 在巴伐利亚,值得一提的是1518年巴伐利亚邦法改革和1616年的《上巴伐利亚邦法》,后者受《萨克森宪法》的影响,也解决了基于《卡罗林娜刑事法院条例》而产生的有争议的问题。

5. 1582年的《库尔法尔次邦法》(以《卡罗林娜刑事法院条例》为蓝本,但兼顾《萨克森宪法》)于1606年被引入上法尔次邦[安贝克(*Amberg*)]。当《库尔法尔次邦法》传入巴伐利亚时,以1616年《巴伐利亚邦法》为蓝本制定的1657年邦法取代了前者。

6. 在马克伯爵的领地巴登,1588年颁布了《巴登—巴登邦法》(以《库尔法尔次邦法》为蓝本制定),1654年颁布了《巴登—杜拉赫邦法》。

7. 在符腾堡,贵族们早在1551年就已要求起草一部刑法典。直至1619年起草完毕的刑法典草案(仿照《卡罗林娜刑事法院条例》和《萨克森宪法》制定)始终未能成为法律,但1610年的邦法和1621年的邦条例已经具有一系列的刑法规定了。

§10 全德通用刑法

8. 在其他地区,人们满足于翻印《卡罗林娜刑事法院条例》。在没有翻印《卡罗林案刑事法院条例》的地方,也许出版了含有旧法内容的法典的新版本,例如,在1586年的吕贝克刑法改革和1603年的汉堡刑法改革中,实际上在适用《卡罗林娜刑事法院条例》这一事实是不容置疑的。关于《卡罗林娜刑事法院条例》对瑞士的影响,请参见菲尼格尔(*Pfenninger*)1890年所著《瑞士刑法》第80页和纳格勒的著作(巴塞尔)。《卡罗林娜刑事法院条例》是否在下萨克森地区也有效,是有争议的,但一般认为它对荷兰法律是有影响的。请参见蔡芬贝根(*Zevenbergen*)第535页,冯·海因斯贝根(*v. Heijnsbergen*)1925年著 De pijinbank in de Nederlanden 第42页。

II. 普通法学

16世纪德国的刑法文献呈献在人们面前的是一幅前景黯淡的图像。这些刑法文献出自一些没有思想、不加批判的剽窃者,他们既不懂罗马法,也不懂德国法。值得称道的是扎西乌斯(*Zasius*,死于1535年)和戈伯勒(*Gobler*,死于1567年),两人例外。科尼希(*König*,死于1526年)及其1541年的习惯法,裴奈德(*Perneder*,死于1540年左右)及其1544年及以后几年的《死罪法院条例》统治德国多年,前者主要在萨克森,后者主要在巴伐利亚和蒂罗尔;紧跟他们之后的有劳赫栋(*Rauchdorn*,1564年的《习惯法》),多奈克(*Dorneck*,1576年的《习惯法》),绍迩(*Sawr*,1577年的《刑法学》)。他们的乏味的汇编出版了一版又一版。

在此期间,德国以外的刑法学有了飞速的蓬勃的发展。当意大利人在16世纪中叶,在 *Hippolyt de Marsiliis*(死于1529年)和 *Aegidius Bossius*(死于1546年)及 *Julius Clarus*(死于1575年)那儿,刑法科学的发展达到了顶峰,此后,逐渐在 *Tib. Decianus*(死于1581年)和 *Jakubus Menochius*(死于1607年)至 *Prosper Farinacius*(死于1618年)所处的时代逐渐衰落;在法国和西班牙(*Tiraquellus*,死于1558年;*Covarruvias*,死于1577年),综合法学方法获得胜利。这一流派的最主要的刑法学代表是安东·马特乌斯二世(*Anton Matthaeus II*),他出身于黑森的一个著名的书香门第,就职于荷兰,但他属于以后的年代(他死于1654年,他的代表作 De criminibus 初版于1644年,最后一版发表于1805年)。然而,在16世纪下半叶,刑法科学的进步是显而易见的。越来越多的刑事判决的案卷被送到法学系后,不久,这些法学系开始致力于举办刑法讲座(起初在蒂宾根、耶拿、罗斯托克、英格尔斯塔特举办),再后来,如同中世纪的意大利,刑法科学与司法的结合证明对双方均是大有裨益的。

§10 全德通用刑法

众多学说讨论文集的出版即是证明。值得一提的还有：博赛尔(*Bocer*)，蒂宾根大学教授，代表作是 1596 年及其后帝国的《学说争论文集》；西奥多利库斯(*Petrus Theodoricus*，死于 1640 年)，耶拿大学教授，代表作为 1618 年和 1671 年的《刑法教科书》；胡尼乌斯(*Hunnius*，死于 1636 年)，吉森大学教授，代表作为 1621 年的《争论文集》；佩特罗伊斯(*Theod. Petreus*)，马堡大学博士，作品有 1598 年的《犯罪问题争论文集》；罗卡默(*G. D. Lokamer*，死于 1637 年)，斯特拉斯堡大学教授，作品有 1623 年的《犯罪问题》；福尔克曼(*Ad. Volkmann*)，作品有 1629 年的《关于犯罪问题的专题论文》(《犯罪文集》的第 3 部分)。首先将综合方法适用于德国刑法的是马堡大学教授菲盖里乌斯(*Nic. Vigelius*，死于 1600 年)，在其 1583 年的《卡罗林娜刑事法院条例》中，他曾试图证明《查理五世刑事法院条例》与罗马法是一致的。同属这一流派的还有蒂宾根大学教授 V. 福尔茨(*Val. Voltz*，死于 1581 年)和 J. 哈普莱希特(*Joh. Harpprecht*，死于 1639 年)以及黑森人吉尔豪森(*Gilhausen*，死于 1642 年)。《卡罗林娜刑事法院条例》越来越成为刑法学家著作中的中心内容。戈伯勒(*Gobler*)于 1543 年，雷姆斯(*Remus*)于 1594 年，默斯库勒斯(*Musculus*)于 1614 年，齐尔茨(*Ziertz*)于 1622 年，斯特凡妮(*Stefanie*)于 1616 年，布雷斯(*Bullaeus*)于 1631 年，曼齐乌斯(*Manzius*)于 1650 年，布卢姆拉赫尔(*Blumblacher*)于 1670 年，克拉森(*Clasen*)于 1685 年，奥托(*Otto*)于 1685 年，对《卡罗林娜刑事法院条例》的注释均考虑到了法院的实际需要。

以《卡罗林娜刑事法院条例》为基础的全德通用的刑法科学的繁荣，应当归功于 17 世纪萨克森的法学家们的努力。他们利用根植于低地德国广大地区的、外来法律不能动摇的、由《萨克森箴言》维持的共同的法规，依靠有意识的闻名遐迩的邦立法，通过刑法科学和法律生活相互影响，成为在立法、文献和司法领域起举足轻重作用者。紧跟 M. 伯利希(*Matth. Berlich*，死于 1638 年)之后，B. 卡普佐夫(*Benedik Carpzov*，1595—1666 年)以其 1635 年的著作 Practica nova Imperialis Saxonica rerum criminalium 和其他著作成为经验方法的创始人，并因此成为一个新的德国法律科学的创始人。因此，他比前者更为突出。作为莱比锡陪审法院的成员和莱比锡大学法学系正教授，因其博学、科研上的勤奋和丰富的实践经验，在德国刑事立法一百年的时间里留下了他的烙印。直至 18 世纪，伯默尔(*JSE. Böhmer*，死于 1772 年)才成功地动摇并逐渐消除卡普佐夫的威望，后者曾受到其 17 世纪的反对者，尤其是奥德科普(*Oldekopp*，死于 1667 年)和布鲁纳曼(*Brunnemann*，死于 1672 年，作品

§10 全德通用刑法

有 1663 年和 1670 年的《法典注释》和作为法学基础的《学说编纂注释》)徒劳的攻击。

由萨克森法学家打开局面的对刑法科学的深入研究,明显地表现在 18 世纪对《卡罗林娜刑事法院条例》的注释上,除鲁多维奇(Ludovici)于 1707 年,贝尔(Beyer)于 1714 年,梅科巴赫(Meckbach)于 1756 年,斯科泊(Scopp)于 1758 年,格斯特拉赫(Gerstlacher)于 1793—1794 年对该条例进行的注释外,克莱斯(Kress)于 1721 年和伯默尔于 1770 年因对该条例进行注释的卓越的成就而表现突出。①

经过繁荣的科学研究之后,学者们相继发表了一批根据《卡罗林娜刑事法院条例》系统介绍刑法的著作:基尔希格斯讷(Kirchgessner)于 1706 年,F. 冯·弗罗里希堡(Frölich v. Frölichsburg)于 1709 年,贝尔于 1714 年,格特讷(Gärtner)于 1729 年,科默尔里希(Kemmerich)于 1731 年,伯默尔于 1732 年,恩高(Engau)于 1738 年,大迈斯特尔(Meister)于 1755 年,科赫(Koch)于 1758 年,里希特(Richter)于 1763 年,奎施托普(Quistorp)于 1770 年及以后几年,普特曼(Püttmann)于 1779 年,米勒(Müller)于 1786 年,小迈斯特尔(Meister)于 1789 年等均或多或少地撰写了内容详尽的刑法教科书,其他一些学者,尤其是施特鲁韦(Struve,死于 1692 年),莱泽(Leyser,死于 1752 年),席尔特(Schilter)等人则或多或少地对刑法的具体问题进行了详细的研究。

III. 司法

尽管帝国或各邦国的立法活动和直至 18 世纪中叶的刑法科学一般而言是建立在《刑事法院条例》基础之上的,但是,不仅在实际需要,而且在当时的观念上都要求对全德通用刑法进行更加彻底的改革。如果我们不考虑已经强调的建立新的犯罪观念或将旧的犯罪观念继续发展,那么,这一改革尤其会触动《刑事法院条例》的刑罚体系。一方面,《刑事法院条例》中规定的刑罚的适用范围由于犯罪概念的缩小而受到很大的限制(如投毒必须造成死亡的结果,杀婴造成婴儿失去生命时才科处刑罚);另一方面,在缺乏犯罪构成的情况下,实践中几乎是无节制地适用《刑事法院条例》规定的刑罚。此外,《刑事法院条例》中的刑罚方法甚至部分地被其他处刑方法所取代(这更加重要)。因此,死刑和使人残废的身体刑的某些执行方法的运用变得越来越少,取而代之的是(除将犯人示众、打上烙印和体罚外)主要依据罗马法科处罪犯参加公益性的劳动,修建马路和要塞,服兵役,在摇橹船上做苦役。特

---

① 参见伯默尔:载沙夫施泰因主编的著作第 18、19 页中的正确评价。

§10　全德通用刑法

别是在矫正思想的影响下,将罪犯关入监狱和劳改营①,尽管这种刑罚方法起初只适用于诈骗和亲属间犯罪的行为人。由于缺少规定这些新的刑罚方法与旧的刑罚方法以及与犯罪本身的关系的固定的标准,量刑越来越成为法官的擅断行为。正是在这一时刻,彻底纠正该现象的必要性最清楚地且不可辩驳地显露了出来。

对巫术犯罪的追诉成为了表明时代特征的现象。尽管罗马法和中世纪德国法均未对巫术作出处罚规定②,但构成真正意义上的巫术犯罪是13世纪以后的事情了。巫术犯罪被从针对身体和生命的犯罪中分离出来,归类于宗教犯罪并受教会管辖。《萨克森箴言》早就将巫术与不信仰宗教和投毒划为一类,并处以火刑(烧死)。尽管如此,在德国,对巫术追诉的发展仍然很慢。由于1484年 Innocenz VIII 的训喻 "Summis desiderantes",以及由尹斯迪托利斯(*Institoris*)和斯普林格(*Sprenger*)撰写,于1487年出版的关于犯罪的著作,《刑事法院条例》第109条坚持世俗法的观点,只对有危险的巫术科处火刑。但不久以后,裁判权继续往前发展:建立在危险学说基础之上的裁判权超越了法律的界限;巫师手中的榔头成了指路明灯,无节制地使用刑讯使得对许多巫师科处火刑成为可能,这个现象在17世纪达到了顶峰。一些从容不迫、冷静的老爷们,如 A. v. 内特斯海姆(*Aqrippa von Nettesheim*,死于1535年),韦尔(*Weyer*)于1563年,耶稣会会士冯·施佩(*Fr. v. Spee*)于1631年以及其他学者徒劳地提高了嗓门;他们的反对者,主要有博丁(*Bodin*)于1579年,李奥(*del Rio*)于1599年坚持己见,直至胜利。与《刑事法院条例》不同,1572年的《萨克森宪法》对所有巫术案件中的巫师不加区别地处以火刑;与1685年的《普鲁士邦法》一样,1656年的《奥地利斐迪南法》紧步《萨克森宪法》的后尘。B. 卡普佐夫的显赫威望对促使人们相信巫术起到了决定性

---

① 参见下文 §59。
② 参见维希特尔(*Wächter*):《德国史》,1485 年;索丹-赫佩(*Soldan-Heppe*):《巫术诉讼史》;鲍尔(*Bauer*)出版之两卷本,出版年代不详;里茨勒(*Riezler*):《巴伐利亚巫术诉讼史》,1896年;白洛夫(*Byloff*):《巫术犯罪》,1902 年;施廷庆 I 第641页;冯·希佩尔:《德国刑法》第1卷第230页。关于帝国高等法院的地位,参见《整体刑法杂志》12 第909页。在新的文献中对巫术的兴趣和过去一样浓,参见里格勒(*Riegler*):《巫术诉讼》,1926年;哈特曼(*Hartmann*):《希尔德斯海姆市的巫术诉讼》,1927年;克朗茨(*Kranz*):《门登市的法与法院》,1929年。

的作用,后来[当他们的先驱托马西乌斯①(*Thomasius*)也对该问题感兴趣时],启蒙时期的作家们成功地将对巫术的追诉从裁判权中排除掉。立法步履维艰地跟在司法的后头。当(作为1714年12月13日的敕令延续物的)1721年的《普鲁士邦法》将巫术斥责为幻想时,1751年的《巴伐利亚刑法典》和1766年11月5日的《奥地利调解条例》(以1768年《特蕾西亚刑法》第58条为基础)仍坚持巫术犯罪的概念,尽管对此持谨慎的怀疑态度。在德国土地上处死最后一批巫师的情况是:1749年在维尔斯堡,1751年在恩丁根(布莱斯高)②,1775年在肯普腾③。在瑞士的格拉鲁斯,巫师戈尔蒂(*Anna Goeldi*)于1782年被严刑拷打并被斩首。

IV. 1750年以后的立法

18世纪中叶的巴伐利亚和奥地利的刑法立法,以全德通用法为基础,尽管表面上与全德通用法相脱离,具有衰落的特点。如同全德通用法的伟大的见证人,以下两个足以动摇当时的科学基础的杰作尤其值得一提:

1. 1751年10月7日的《巴伐利亚刑法典》,由克莱特迈耶④(*Kreittmayer*,死于1790年)起草和注释。

2. 1768年12月31日的奥地利《特蕾西亚刑法》,很大程度上反映了伯默尔的观点。

§11 启蒙运动时期

I. 自从卡普佐夫的声誉受到其反对者的越发猛烈的攻击以后,德国刑事司法丧失了最后的支持。帝国立法开始停滞不前,邦立法仅限于大量小型的法规,学者和法官均不再十分看重《刑事法院条例》。当刑事立法的状况甚至变得不能持续下去时,雪上加霜的是,又发生了以下加快全德刑法没落过程的事件。基于自然科学的一些伟大的发现,恰好在卡普佐夫生活的那个世纪,思想王国中的一个新的世界观胜利地开始了。在科学不再是神学的奴仆

---

① 关于他,参见兰茨贝克(*Landsberg*)3第71页;冯·希佩尔:《德国刑法》第1卷第233页;现在尤其请参见埃里克·沃尔夫(*Erik Wolf*)、弗莱希曼(*Fleischmann*)、克里斯蒂安(*Christian*)、托马西乌斯,1931年。

② 姜森(*Jensen*):《黑森林》(1901年第31版)第351页。

③ 赫恩斯布罗希(*Graf Hoensbroech*)如是说。

④ 关于他,请参见贝希曼(*Bechmann*),1896年,以及1901年马蒂斯(*Matthis*)在弗莱堡大学的博士论文。

§11 启蒙运动时期

以后,国家和法也受到了批判性的、审慎的人类理性的审判。自从 H. 格罗齐乌斯(*Hugo Grotius*,死于 1645 年)将天赋人权上升到独立的科学的境界后,关于国家刑法的基础的斗争爆发了。霍布斯(*Thomas Hobbes*,死于 1679 年),斯宾诺莎(*Baruch de Spinoza*,死于 1677 年),洛克(*John Locke*,死于 1704 年)将刑罚归类于自卫本能,其目的在于矫正或者从肉体上消灭犯罪人,威慑其他社会成员;科塞基①(普鲁士元首,死于 1755 年)将刑罚作为合理的正当的报应归因于上帝的命令。

不久,哲学观点直接渗透进人们的日常生活。德国的启蒙运动者以坚决抵制报应思想的普芬多夫(*Pufendorf*,死于 1694 年)的观点为立足点,但他们的代言人却是好争辩的哈勒大学教授托马西乌斯。在抵制流入德国的罗马法和宗教法的过程中,他们越来越主张警察国家的理性主义,后者被沃尔夫(*Christian Wolff*,死于 1754 年)上升为包容一切的体系,并对普鲁士的立法产生了决定性的影响。

一个严厉的声音从莱茵河的彼岸传了过来。孟德斯鸠(*Montesquieu*,死于 1755 年)以出色的嘲讽攻击了现行刑法的基础;他又以弗里德里希(*Friedrich*)的敏捷的思想彻底铲除了沃尔夫的残余影响。伏尔泰(*Voltaire*,死于 1778 年)以社交界名流的机智,卢梭(*J. J. Rousseau*,死于 1778 年)以伟大思想家的入木三分的语言,继续发展由政治家孟德斯鸠开始的伟业。②

一个外因将旧刑法的闪光的体系付诸一炬。1762 年,陀罗泽(*Toulouse*)的一名信仰新教的商人卡勒斯(*Jean Calas*)因谋杀其儿子未遂被裁决无罪,却被处以车磔之刑。当年迈的伏尔泰在一篇令人振奋的文章中抨击法国法院误判死刑时,公众舆论一下子倒向了他一边。在这种情况下,贝卡利亚(*Beccaria*,死于 1794 年)发表了其代表作《论犯罪与刑罚》(1764 年)。在这一著作中,他毫不留情地抨击了刑事司法中存在的弊端,并大声疾呼对刑事司法进行彻底的改革。他的建议引起了各国的强烈反响。非依赖他,但同时与他有关,索嫩费尔斯③(*Sonnenfels*,死于 1817 年)在奥地利(1764 年以后),霍默尔(*KF. Hommel*,来比锡大学教授,死于 1781 年)在德国(1765 年以后)宣布建立了新的理论。他们发现了一个很有影响的同盟,哥廷根神学家

---

① 关于他,请参见菲尼格尔:《H. 格罗齐乌斯的理论中关于刑罚的概念》,1897 年第 2 版,尤其还有埃里克·沃尔夫第 6 页及以下几页。
② 参见孟德斯鸠"letterspersanes",1721 年。
③ 《论废除酷刑》,1771 年。

§11 启蒙运动时期

米夏埃利斯(*JD. Michaelis*,死于 1791 年)。在此基础上,哥廷根大学教授克拉普罗斯(*Claproth*,于 1774 年)和罗斯托克大学教授奎施托普(于 1777 年和 1782 年)先后起草了完整的刑法草案。其间,伯尔尼经济协会于 1777 年举办的有奖竞赛征集到了大量的文章,其中,格罗毕希(*Globig*)和胡斯特(*Huster*)关于刑事立法的论文(1783 年发表)荣登榜首。① 大约在同时,霍华德(*John Howard*)开始了其争取改善监狱的斗争(请参见下文 §59)。格罗毕希继续从事其多方面的工作,他于 1809 年发表了受俄国委托而撰写的论文《完整的刑事立法体系》。

II. 不久便可以发现,在一些最重要的国家的刑事立法中贯彻了启蒙运动时期的基本思想(保护个人自由,反对法官擅断,废除刑讯,废除或限制死刑,强调国家的刑罚目的,限制教会或纯精神上的要求)。在俄国,卡塔莉娜二世(*Katharina II*)在其 1767 年的值得纪念的《关于任命旨在起草新法典草案委员会的指令》中,就曾尝试将孟德斯鸠的思想借用到俄国立法者的表述中去。利奥波德二世(*Leopold II*)制定的 1786 年 Toskanna 刑法典充满了贝卡利亚的思想。在奥地利,索嫩菲尔德经过长期的斗争也赢得了胜利。在普鲁士,腓特烈大帝(*Friedrich der Grossen*)在其即位后便在改良的道路上继续前进。②

1. 在奥地利,约瑟夫二世(*Joseph II*)于 1787 年 4 月 2 日颁布了 1787 年 1 月 13 日制定的《关于犯罪及其刑罚的法律》,该法律在任何方面均与《特蕾西亚法》有着明显的不同。简朴扼要的语言,以最残酷的刑期——最多可长达百年的自由刑(在保留示众和打上烙印情况下)替代死刑,排除类推,和缺乏概念规定等,是该法的显著特点。当 1795 年对叛国罪重新适用死刑,又于 1796 年 6 月 17 日作了一些修改(1797 年 1 月 1 日起生效)后,该法同样适用于刚与奥地利合并的韦斯特加利钦地区(Westgalizien),并在作了许多重大的修改和完善之后于 1803 年 9 月 3 日(1804 年 1 月 1 日起生效)重新予以颁布,适用于整个君主国家。由于有 1805 年修正版的中介作用,现行奥地利刑法的基础便告形成。

---

① 值得一提的还有维兰德(*Wieland*):《刑法精神》(1),1783 年;(2),1784 年。格梅林(*Gmelin*,蒂宾根大学教授);《关于犯罪和刑罚的立法原则》,1785 年。冯·索登(*v. Soden*):《德国刑事立法精神》,1792 年第 2 版。冯·雷德(*v. Reder*)《根据最新原则阐述刑法》第 4 部分,1783—1784 年。

② 关于夫劳姆(*Pflaum*)为班贝克起草的草案(1795—1805 年有效),参见京特 3 第 1 部分注释 182,海姆贝格尔第 182 页。

§12 1870年以前的刑法科学和立法

2. 在普鲁士,腓特烈大帝政府的刑事立法活动非常活跃①,在对具体的问题作了大量的修改和完善之后,政府制定了1794年的《普通邦法》(1791年3月20日颁布,1792年4月18日废止,1794年2月5日重新颁布,同年6月1日起生效),该法第2部分第20章第1577条涉及刑法,克莱因(Klein)撰写了绝大部分内容,格罗毕希和胡斯特的文章中的思想不无影响地被保留下来。从该法宽泛的适用范围、谨慎的好意、令人发笑的对预防措施的担心、总体上看属于温和的刑罚规定和所使用的概念中可以看出,《普通邦法》中的刑法立法,颇具特色地表达了这个开明的警察国家中占统治地位的观点。即使它与现今的法典范例不相吻合,但它毕竟是有利于刑法立法的继续发展的、实实在在的、富有生命力的成就。

3. 在法国,几乎与大革命同时开始的立法运动,在解释了人权和公民权之后,首先导致了1791年的《刑法典》(Code Penal)和第3个雾月(1795年)的Code des délits et des peines 的问世,这个由默尔林(Merlin)起草的法典主要调整刑事诉讼;后来又制定了1810年的《拿破仑法典》(napoleonisches Code des délits et des peines,于1804年起草,1808年起草工作重新开始,1811年1月1日起生效)。由于其清楚的和一定的技术表达方式上的优点,《拿破仑法典》对法国以外的其他民族的刑事立法起到了深刻和广泛的,但并非总是有利的影响。尽管该法典在1832年以后,重新恢复了以最僵化的威慑原则为基础的刑罚方法的残酷性,其概念规定的固定结构被不可动摇地保留到今天。②

§12 1870年以前的刑法科学和立法

启蒙运动的暴风骤雨般的时期经过之后,开始了一个无论是对刑法科学还是对刑事立法而言均是安静的、带来丰硕成果的新时期。

I. 刑法科学

1. 站在这一新时期前列的首推费尔巴哈(PJA. Feuerbach),他生于1775

---

① Stölzel 2 229. Eb. Schmidt.
② 希恩(Höhn):《法国大革命时期(1791—1810年)法律中刑事法官的地位》,1929年。

§12 1870 年以前的刑法科学和立法

年,死于 1833 年。① 经过康德哲学思想的锻炼,通过对前人理性主义世界观的批判性检验,以其专门的科学知识和实践经验抵制过于激进的改革要求,费尔巴哈一方面因其教科书(1801 年)而成为德国刑法学的新的奠基人,另一方面因他参与起草 1813 年的《巴伐利亚刑法典》而成为德国刑法立法的先驱。随着由柏拉图(Plato)和亚里士多德(Aristoteles)提出,由格罗齐乌斯、霍布斯、普芬多夫和贝卡利亚等人发展的心理强制论的合乎逻辑的建立,费尔巴哈给予刑事政策一个统一的,但同时也是片面的现代一般预防理论的基础。与康德的合法性、伦理性截然不同,费尔巴哈把基础放在自由化的、理性化的刑法观上,这种刑法观在 19 世纪的立法中蔓延,并决定了《帝国刑法典》的灵魂。在复兴刑法科学方面,与费尔巴哈一起工作的不仅有他的朋友,如冯·格罗尔曼(v. Grolmann,死于 1829 年,1789 年发表《刑法原理》,1825 年出版第 4 版)和冯·阿尔门丁(v. Almending,死于 1827 年),还有他的反对者,如克莱茵②(哈勒大学教授,死于 1810 年,1796 年发表《刑法原理》,1799 年出版第 2 版)和冯·克莱茵施罗德(v. Kleinschrod,维尔兹堡大学教授,死于 1824 年,1796—1796 年发表《系统的发展》,1805 年出版第 3 版)。除他们以外,下列几位也很突出,值得一提:施泰策(Steltzer)是第一部用德语写成的《刑法教科书》(1793 年)的作者,施蒂贝尔(Stübel)于 1795 年出版的《刑法教科书》)。

  众多其他学者紧随其后。教科书和手册的作者值得一提:蒂特曼(Tittmann,死于 1834 年),作品有 1806—1810 年的《刑法手册》,1822—1824 年出版第 2 版;海德堡大学教授罗斯希尔特(死于 1872 年),作品有 1821 年的《刑法教科书》和 1838—1839 年的《刑法史和刑法体系》;维尔特(Wirth),作品有 1822 年的《刑法手册》;马丁(Martin,死于 1857 年),作品有 1820—1825 年的

---

① 参见德林(Döring):《费尔巴哈的刑法理论及其与康德的关系》,1907 年;鲍姆加腾:《个人的权利》,蒂宾根大学博士论文,1907 年;《法庭杂志》81 第 98 页;拉德布鲁赫、恩里希(Enrich):载阿沙芬堡主编的著作 6 第 1 页、10 第 385 页。下列著作尤其具有价值,包括格林霍特:《费尔巴哈与刑事责任》,1922 年;德罗斯特:《刑事法官的量刑》(1930 年)第 108 页及以下几页;此外请参见福克(Vocke):《整体刑法学杂志》47 第 1 页;冯·希佩尔:《德国刑法》第 1 卷第 292 页;沙罗蒙(Salomon):载阿沙芬堡主编的著作 15 第 171 页;科尔劳斯:《论刑法改革》,1927 年;加拉斯第 23 页;米特迈耶:《刑法教科书》1847 年第 14 版;摩斯塔特(Morstadt)的批判性评论;欧森布鲁根,1855 年,《实体刑法基本原则和基本概念的修订》,1799—1800 年;《论作为保安措施的刑罚》,1800 年。

② 关于他,请参见冯·李斯特:《文集》2 第 133 页。

§12　1870年以前的刑法科学和立法

《刑法教科书》,1829年出版第2版;维希特尔①(死于1880年),作品有1825—1826年的《刑法教科书》;鲍尔(死于1843年),作品有1827年的《刑法教科书》,1833年出版第2版;亨克(Henke,死于1869年),作品有1823—1838年的《刑法手册》;雅克(Jarke,死于1852年),作品有1827—1830年的《刑法手册》;黑福特尔(Heffter,死于1880年),波恩、哈勒和柏林大学教授,作品有1833年的《刑法教科书》,1857年出版第6版;克勒恩策(Klenze,死于1838年),作品有1833年的《刑法手册》(概论);阿贝克(Abegg,死于1868年),柯尼斯堡和布雷斯劳②大学教授,作品有1826年的《刑法体系》和1836年的《刑法教科书》;马雷措尔(Marezoll,死于1873年),吉森和莱比锡大学教授,作品有1841年的《刑法》,1856年出版第3版;卢登(Luden,死于1880年),耶拿大学教授,作品有1847年的《刑法手册》;科斯特林(Köstlin,死于1856年),蒂宾根大学教授,作品有《黑格尔的信徒》,1845年重新修订,以及1855年的《刑法体系》;黑贝尔林(Häberlin,死于1898年),作品有1845年的《刑法原理》;贝克尔(EJ. Becker),海德堡大学教授,作品有1859年的《刑法理论》;盖普(Geib,死于1864年),作品有1861—1862年的《刑法教科书》(杰出的刑法概论);贝尔纳(Berner,死于1907年),作品有1857年的《刑法教科书》;泰默(Temme,死于1881年),作品有1876年的《刑法教科书》(一部悲哀的过时的著作)。

在那些研究刑法的某些具体问题的作者中,米特迈耶(KJA. Mittermaier,死于1867年)因其不懈地致力于将外国的研究成果成功地介绍到德国来,并将所谓的刑法辅助学科与刑法本身结合在一起而表现突出。③

在此阶段的专业杂志中,除由费尔巴哈和格罗尔曼创办的《刑法学丛书》(1798—1804年)外,还有克莱因和克莱茵施罗德创办的《刑法学档案》(1799—1807年),后改为《新刑法学档案》(1816—1833年),最后由克莱茵施罗德、米特迈耶、阿贝克、黑福特尔、冯·维希特尔和扎哈里埃(KS. Zachariae,死于1843年)等人出版《刑法学档案新系列》,该新系列居统治地位。

---

① 关于他,请参见文谢德(Windscheid)。关于他的刑法理论,现在请参见丹嫩贝克(Dannenberg)。
② 现在属于波兰。——译者注
③ 参见K. 米特迈耶和F. 米特迈耶(K. und F. Mittermaier),Bilder aus dem Leben KJA. Mittermaiers 1886。豪克(Haucke):载阿沙芬堡主编的著作10第655页;冯·利利恩塔尔(v. Lilienthal)和米特迈耶:《整体刑法学杂志》43第157页。

§12 1870年以前的刑法科学和立法

2. 该时期刑法学所提出的任务向三个方向发展。问题在于,要在关于刑罚体系的本质和任务的法哲学研究中,继续发展18世纪的脑力劳动(Geistesarbeit)成果。康德(Kant)将刑罚从法中完全分离出来,建立绝对命令式的报应(报应程度必将构成反坐——以牙还牙的惩罚方法)的尝试,对刑罚的发展未产生重要的影响。就此点而言,费尔巴哈与康德截然不同。亨克和扎哈里埃紧随康德之后,致力于将刑罚建立在报应思想之上,但是,他们没有成功,后来也无追随者。①

黑格尔的哲学思想②对刑法学的影响很大。除阿贝克和雅克(参见上文)外,科斯特林(1856年死于蒂宾根)和贝尔纳(1907年死于柏林),以及后来对其信仰程度有所减弱的海尔施纳(1889年死于波恩)等人的刑法思想均是以黑格尔的哲学思想为基础的;他们,尽管在某些具体问题上有所不同,代表了他的基本观点,即作为法概念的辩证的发展,刑罚是对不法的否定,是对法的否定的否定,是一种肯定,也即法的恢复。

和刑罚目的一样,辩护主要是为维护法制。大多数著作者,尤其是麦克尔(1896年死于斯特拉斯堡),作为所谓联合理论或混合理论的代表,他们想以黑格尔或某种其他基础为出发点,承认特殊预防,即刑罚执行对犯罪人的作用,以广泛地影响刑罚的形式。③ 片面的矫正理论只受到少数人尤其是单独监禁的主张者的拥护④;另一方面,至今仍有人主张片面的报应理论,其

---

① 参见康德:《理性的批判》,1788年;《法学的形而上学的基础》,1797年。亨克:《刑法教科书》,1815年;扎哈里埃:《哲学刑法的基础》,1805年。参见赛格尔:《康德的刑法理论及其追随者》(原文无出版时间——译者注)。萨罗蒙(Salomon):《整体刑法学杂志》33第1页;冯·希佩尔:《德国刑法》第1卷第287、471页;绍尔:《整体刑法学杂志》45第1页。只要大略翻一下法学文献就可以证明,康德的伦理学和认识论直至今天仍对刑法科学与整个科学工作产生着非常有益的影响。

② 黑格尔(Hegel,死于1831年):《哲学的基本路线》,1821年。参见苏尔兹(Sulz):《黑格尔的刑法哲学根据》,1910年;R. 施密特:《法庭杂志》81第98页;冯·希佩尔:《德国刑法》第1卷第305页;拉伦茨(Larenz):《黑格尔的刑法理论和客观罪责的概念》,1927年。

③ 请比较阿贝克:《不同的刑罚理论及其关系》,1835年(将黑格尔的辩证方法运用于刑罚的历史发展);格罗尔曼(死于1829年):《论刑法和刑法立法的根据》,1799年;亨克(死于1869年):《论刑法理论之争》,1811年;特伦德伦堡(Trendelenburg,死于1872年):《伦理学基础上的天赋人权》,1868年第2版(不法之根源在于行为人的思想,对行为人的矫正同时也是对罪责的清偿)。其后,均属于 Herbart 学派了。尤其是盖尔(Geyer,死于1885年):《法哲学的历史和体系》;瓦尔贝格(Wahlberg,死于1900年):《刑法罪责理论的基本要点》,1857年。

④ 主要有勒德尔(Röder,死于1879年):《矫正刑罚的法律根据》,1846年;《矫正刑罚和作为法律要求的矫正刑罚执行机构》,1864年。

§12 1870年以前的刑法科学和立法

中,最为突出的就是规范理论(Normentheorie)的创始人宾丁(死于1920年)。

同时,"历史法学流派的兴盛也给刑法带来了一支兴奋剂和成果"(维希特、盖普等人语);这一流派的代表们虽然具有认真的个人研究,但缺乏富有创造性的总结,并试图从历史的角度将现行法律与它的过去紧密地联系在一起。

各邦国不知疲倦地制定了大量的无创造性的法规,最重要而且也是最困难的任务,是对这些分别由各邦国制定的,但同时又具有共同的基本思想的法律进行统一的总结。关于这一历史阶段的刑事政策工作,请参见上文§3注释1。

3. 随着普鲁士于1851年的立法接纳了法国刑法,发展势头强劲的刑法立法工作开始停滞不前。也正因为如此,普鲁士从与传统的全国通用法的联系中分离出来。普鲁士的实践表明,必须依靠自己的努力。普鲁士很快成为立法的领导者。戈尔达马(Goltdammer,死于1872年,柏林高等法院顾问)和奥本霍夫(Oppenhoff,死于1875年,柏林首席检察官)对裁判的影响要比所有从事刑事法学研究的同时代人要大得多;判例法使得科学变得黯淡无光。一个实践家创建了《普鲁士刑法档案》(1853年),这一古老的由教授们创办并领导的刊物于1857年寿终正寝。

尽管如此,构成德国统一的刑法立法并进而同时成为德国刑法科学新的繁荣的基础的正是《普鲁士刑法典》。

II. 19世纪初期至1870年的德国刑法立法史可划分为两个阶段,其标志是1851年颁布的《普鲁士刑法典》。在这一时期,德意志联邦各个邦国均竞相进行刑法立法。经过数个世纪尝试的全国通用法的永恒成果,应当与新世纪法律生活中产生的需求、抽象推论的哲学的要求、历史上法律科学的研究紧密联系在一起,以求法的统一。

第一阶段 1851年之前的《德国刑法典》

1. 巴伐利亚先行一步。就其产生的时间来看,《巴伐利亚刑法典》是《德国刑法典》中的第一部;从内容上看,它也是最重要的一部。尽管存在不足之处,但它把德国的立法艺术的声誉传播到了国外,并在与《法国刑法典》的竞争中赢得了胜利。

费尔巴哈在1804年对克莱茵施罗德于1802年起草的刑法草案进行了批判,其结果是,前者被委派起草一部新的草案。起草工作于1807年完成,在经过立法委员会的商议之后付印,其后经再次商议后,作为《巴伐利亚刑法典》于1813年5月16日颁布实施。请参见盖瑟尔(Geisel)于1929年在

§12 1870年以前的刑法科学和立法

哥廷根大学的博士论文《1807年费尔巴哈草案》;戈内尔(Gönner)所作之《官方评论》,1813—1814年,第3卷。该法典于1814年被引入奥登堡,并对萨克森、符腾堡、汉诺威和布伦瑞克以及国外(包括南美)后来的立法产生了深远的影响。

2. 萨克森。蒂特曼和艾哈特(Erhard)于1810年被委派起草一部刑法典。他们的草案(蒂特曼1811年,艾哈特1811—1813年)构成了立法委员会进行协商的基础。1824年施蒂贝尔起草了一个草案。由于施蒂贝尔和蒂特曼的谢世,萨克森进一步的立法工作处于停顿状态。与此相反的是,由格罗斯(Gross)于1834—1835年完成的草案却成为1838年3月30日的《萨克森刑法典》。请参见格罗斯于1838年,魏斯于1841年,海尔德(Held)和西布德拉特(Siebdrath)于1848年所作之注释。

3. 在1838年《萨克森刑法典》的影响下,下列4个图林根邦国也先后制定了自己的刑法典,即魏玛于1839年(其草案起草于1822年),阿尔腾堡于1841年,迈林根于1844年,施瓦兹堡-宋德斯豪森于1845年。《萨克森刑法典》也成为所谓的《图林根刑法典》(其草案起草于1849年)的基础,后者于1850年——尽管在具体的问题上有所不同——被引入魏玛、宋德尔豪森、鲁道尔斯塔特、安哈尔特、迈林根、科堡和哥达,1852年被引入新罗伊斯,其后又于1864年被引入安哈特—贝恩堡,该地区从1852年起接受了《普鲁士刑法典》(1851年),以及于1868年被引入旧罗伊斯。与此相反的是,阿尔腾堡仍坚持其1841年的《刑法典》。

4. 符腾堡于1807—1813年的首次立法(起草了4个草案)未能上升为法律。1823年由冯·韦贝尔起草的草案命运相同。因此,人们便以1824年7月17日关于刑罚种类与监狱的谕令勉强应付。1839年3月1日的《刑法典》是根据1832年、1835年和1838年的草案制定的,后分别于1849年、1853年和1855年进行了数次修改和完善。

参见克纳普(Knapp)著的《符腾堡刑法》,载于费尔巴哈《刑法教科书》的附录,1828—1829年;维希特著的《符腾堡王国的刑罚种类与监狱》,1832年;赫普(Hepp)之《注释》第3卷,1839—1842年;胡纳格尔(Huffnagel,死于1848年)之《注释》第2卷,1840—1844年,1845年的简短阐述。

5. 汉诺威于1823年开始的立法工作产生了1825年公布的草案[鲍尔积极参与了立法工作,他于1826年出版了《加注草案》,并于1828年和1831年再次进行注释]。1825—1830年《修改草案》,在最后几年提交讨论。立法工作于1838年结束。《汉诺威刑法典》于1840年8月8日颁布,后又制定了许

§12 1870年以前的刑法科学和立法

多补充法。

6. 由布伦瑞克政府于1839年提交贵族讨论的草案[施莱尼茨和布莱曼(v. Schleinitz, Breymann)积极参与了领导],后成为1840年7月10日的《布伦瑞克刑法典》。该刑法典于1843—1870年还适用于Lippe-Detmold地区。

7. 黑森—达姆施塔特。克纳普于1824年起草的草案,根据米特迈耶所作之《鉴定》于1831年作了彻底的修改。冯·林德罗夫(v. Lindelof)于1837年起草的草案(作为草稿付印),1839年提交了经过再次修改的草案[报告人冯·林德和布雷登巴赫(v. Linde und Breidenbach)],《黑森刑法典》于1841年10月18日颁布。1849年作了修改(布雷登巴赫对《黑森刑法典》作了注释,1842—1844年,但仅限于总则部分)。《黑森刑法典》也适用于下列各地,有效期至1867年:1849年以后在拿骚,1857年以后在莱茵河畔的法兰克福,1859年以后在黑森—洪堡(Hessen-Homburg)。

8. 巴登。1803年颁布了《刑法敕令》(Strafedikt)。1836年以后,一个特别委员会致力于制定一部草案(第一部草案于1836年付印),并于1839年提交下议院。1804年根据下议院的决定,1844年根据上议院的决定草案作了修改。《巴登刑法典》于1845年3月6日颁布,1851年3月1日开始生效。参见施威克特(Schweickert):1803年的《巴登刑法训令》和1845年的《巴登刑法典》,弗莱堡大学博士论文,1903年。蒂罗(Thilo)于1845年,普谢尔特(Puchelt)于1856—1857年的《注释》。

第二阶段　1851年的《普鲁士刑法典》

1799年2月26日《关于扒窃及类似犯罪的重要命令》,结束了普鲁士自腓特烈大帝政府上台后自觉的和努力的对刑事政策的追求。19世纪开始以后,普鲁士的立法改革犹豫地且不自信地向前发展。当人们开始对通用之邦法第2部分第20章进行彻底的修改以后(1800年第1部草案),新的修改工作不仅仅局限于个别章节(其间产生的第2部草案,1804年的第3部草案)。其后,立法工作便停顿下来,自1819年以后(第5部草案)又重新开始。

立法前期准备工作的第一阶段宣告结束,1826年开始了第二阶段。

1826年7月24日的内阁命令将普鲁士立法的修正工作委托给一个立法修正委员会[司法部长格拉夫·丹克尔曼(Graf Dankelmann)领导该委员会]。法典的第1部分于1827年起草完毕(第1部草案)。进一步商讨的结果是制定内容完备的第2部草案[1828年11月至1829年2月,科曼(Kollmann)撰写了第1稿]。

随后,在附录修正委员会以及枢密院对草案进行了讨论。其结果是1803

§12 1870年以前的刑法科学和立法

年第3部草案(刑法立法的第1部分)的诞生。

冯·卡姆茨(v. Kamptz)接管司法部后,又进行了新的讨论。这次讨论的结果是第4部(经修改的)草案、1833年刑事立法的第1部分和立法动机、1833年《警察刑法典》第2部分和立法理由的形成。1834年还制定了不同的附录,尤其是关于警察越权的补充法。

其后,再次对草案进行了讨论,1836年根据科尔曼第2部草案制定了第5部草案。对此,还出版了由魏尔(Weil)完成的《外国刑法汇编》。

1838年2月4日的内阁命令将对草案的进一步审阅委托给一个由枢密院成员组成的委员会。该委员会在1838年3月至1842年12月间对草案进行了无数次的讨论。此外,枢密院于1839年召开全体大会,开始讨论一般原则,该讨论一直持续到1843年1月。其结果是:制定了1843年的第6部草案。请参见:《商讨记录》第3部分,1839—1842年;3个草案的汇编(1836年草案、委员会的草案和1843年枢密院草案),由国务部长冯·卡姆茨于1844年出版。

该草案一方面以包含64个备忘录的形式于1843年春天提交给联邦议会讨论;另一方面,该草案也被递送给许多机构和学者,以征求意见。根据收到的鉴定和批评意见,司法部的冯·萨维尼(v. Savigny)、毕肖夫(Bischoff)于1845年撰写了3本修改意见,并在这一基础上起草了1845年的经修订了的第7部草案。

1845年10月至1846年7月,委员会进行了进一步的审核,并于1846年12月向枢密院提交了第8部草案。请参见1846年该委员会的商讨记录。

其间,莱茵地区居民进行了特别的努力,鲁鹏塔尔(Ruppenthal)于1846年提交的《意见书》表达了他们的意见。因此,又进行了新的讨论,在讨论的基础上制定了1847年的第9部草案。参见上述委员会1847年的《商讨记录》。

该草案在增加19个重要问题之后被提交给1847年12月3日召集的联合常务委员会。该常务委员会不仅在预备会上,而且在全体会议上对该草案进行了讨论,直至1848年3月6日。请参见布莱希(Bleich)委员会1848年的《商讨记录》。

进一步的讨论由于"三月事件"而被中断。1848年的作为德国刑法典草案而起草的第10部草案,同时被视为普鲁士刑法典进一步讨论的基础。司法部部长西蒙斯(Simons)于1851年1月3日向下议院提交了第11部草案。至此,长期的努力终于有了结果。在参众两院深入的讨论之后,国王于1851

§12　1870年以前的刑法科学和立法

年4月14日批准了新《刑法典》，新《刑法典》于1851年7月1日起生效。[①]

莱茵地区法学家们的影响力是显而易见的：在关于犯罪未遂和共犯的规定上，在关于刑罚制度和国际刑法、三分法以及减轻处罚情况的规定方面，《普鲁士刑法典》无一不受到《法国刑法典》的影响。参见戈尔达马于1851—1852年、贝塞勒(Beseler)于1851年、奥本霍夫于1856年的注释；泰默(Temme)于1853年、海尔施纳于1855—1856年的《刑法教科书》；贝尔纳于1861年的《普鲁士刑法原则》。

《普鲁士刑法典》或原封不动或稍作修改后于1852年被引入霍亨佐伦、安哈特—贝恩堡(适用至1864年)，于1855年被引入瓦尔德克和皮尔蒙特，于1858年被引入奥登堡，于1863年被引入吕贝克。

在莱茵河畔的法兰克福，1866年2月12日的命令公布了《刑法典》的第1部分。1867年6月25日的命令规定，在新获得的国土上适用1859年第3版本的《普鲁士刑法典》(在法兰克福适用该法典的第3部分)，并于1867年9月1日起生效。如此，下列法律即被废除：1. 在拿骚、霍姆堡和莱茵河畔的法兰克福，1841年的《黑森刑法典》；2. 在汉诺威，1840年的《刑法典》；3. 在黑森—卡塞尔和石勒苏益格—荷尔斯泰因，通用之法律。关于库尔黑森，它曾于1849年起草第1部刑法典草案，但最后未能成为提案。请参见克尔斯丁(Kersting)：《库尔黑森刑法——论文集》第2卷，1853—1854年；关于石勒苏益格—荷尔斯泰因[埃格尔(Egger)1808年的草案，1840年、1849年和1866年的草案]，请参见克拉默尔(Krammer)：《关于系统介绍刑法的尝试》，1789年；冯·席拉赫(v. Schirach)：《石勒苏益格—荷尔斯泰因刑法手册》，第2卷，1828—1829年。

第三阶段　1851年以后德国各邦国的刑法典

1. 萨克森。在1848年萨克森发生一些有深远影响的事件之后，修改1838年的《刑法典》势在必行。1848年6月任命的一个委员会于1850年提交了一部新的草案，但不久就没有下文了。1853年4月向委员会提交了一部新的草案。该草案后来成为1855年8月13日的《刑法典》，于1856年10月1日起生效。1861年11月27日的《新罗伊斯刑法典》充其量是《萨克森刑法典》的一个翻版，该法典于1862年5月1日起生效。《萨克森刑法典》于1868年作了部分修改，主要是关于刑罚制度的改革(废除死刑！)。

请参见克鲁克(Krug)于1861—1864年、西布德拉特于1862年、冯·施

[①] 共同法当时还适用于Vorpommern和Koblenz。

§12 1870年以前的刑法科学和立法

瓦策(*v. Schwartze*)于1868年的注释;维希特尔于1875年的《系统介绍普鲁士刑法典》(未完成)。

2. 巴伐利亚。在引进1813年的《刑法典》以后不久,彻底修改之必要就已显露出来。格纳(*Gönner*)于1822年的草案(Ⅰ),小施密特(*Schmidtlein*)于1827年的草案(Ⅱ),施蒂策尔(*Stürzer*)于1831年的草案(Ⅲ)均未能上升为法律。这一处于停顿状态的草案起草工作于1848年才又重新开始进行。司法部部长冯·克莱因施罗德分别于1851年和1853年向联邦议院和参议院提交了第4部草案和第5部草案及其立法理由。冯·克莱因施罗德的继任者冯·林格尔曼(*v. Ringelmann*)于1855年在未作任何修改的情况下再次将该草案提交两院。由于政府和议会之间的意见相左,1858年3月关于草案的讨论中断。直至1860年6月,新组建的司法部向两院递交了经过修改的第6部草案。从彼时起,立法工作迅速展开,与《普鲁士刑法典》相似的1861年11月10日的《巴伐利亚刑法典》于1862年7月1日起生效。

3. 汉堡。1869年时人们认为引进一部新《刑法典》是合时宜的。这部被引进的《刑法典》的有效期为1869年9月1日至1871年1月1日[较早的草案还有:1848年特鲁默尔(*Trummer*)为3个港口城市起草的草案;1849年和1851年作了修改,1862年又起草了一个新草案,1864年发表]。

4. 如前所述,1870年德国刑法立法的状况是,通用法只在下列地区仍然有效:(1)两个梅德伦堡(此地1850年的草案未能成为法律);(2)劳恩堡(在这里,由于1869年12月4日的法令,引入《普鲁士刑法典》,并于1870年4月1日起生效);(3)沙欧姆堡—利伯河;(4)布伦瑞克和汉诺威共管区下的哈尔茨山脉;(5)不来梅(此地1861年和1868年的草案均未能上升为法律)。

此外,尚有10部《邦国刑法典》生效,它们是:(1)1840年的《布伦瑞克刑法典》(也适用于利伯河—德特莫尔德地区);(2)1838年的《萨克森刑法典》,1841年后适用于萨克森—阿尔腾堡地区;(3)1841年的《黑森刑法典》;(4)1850年的《图林根刑法典》;(5)1851年的《普鲁士刑法典》;(6)1868年的《萨克森刑法典》;(7)1869年的《汉堡刑法典》;在德国南部还有(8)1839年的《符腾堡刑法典》;(9)1845年的《巴登刑法典》;(10)1861年的《巴伐利亚刑法典》。

分裂现象很厉害,但没有像乍一看那么严重。尽管在一些具体问题上分歧颇多,但基本特征还是一致的。最重要的是由于《普鲁士刑法典》适用范围不断扩大,为制定一部全德通用的刑法典做好了重要的准备。在这一领域,普鲁士应当收获其政治成果。

§13 《帝国刑法典》的产生与发展

I. 为制定一部统一的《德国刑法典》的努力应该说是够大的了,但均因政治因素而使每次努力受阻。那些由个别人起草的刑法典草案未引起足够的重视。符腾堡 1847 年的倡议因 1848 年发生的事件而被遗忘。1849 年 3 月 28 日的《帝国宪法》第 64 条促成普鲁士司法部制定一部刑法典草案,由于迅速变化的情况,该草案又成为牺牲品,甚至未发表一部分便又流产了。由巴伐利亚会同数个其他政府于 1859 年 1 月在联邦议会上提出的、商讨制定统一的民法典和刑法典的可能性和有益性的要求,除 1861 年 8 月 12 日的委员会报告否定"非常迫切需要"制定一部统一的刑法典外,并无其他结果。大约是在同时,克莱韦尔(*Kräwel*)提议第一届德国法学家大会(1850 年)表达建立统一德国刑法典的紧迫性,虽然他的建议被一致接受,但响应者寥寥。

II. 当北德《联邦宪法草案》制定后,要求制定统一刑法典的观点好像在很大范围内仍然存在着。该草案第 4 条第 12 项未提及刑法。拉斯克尔(*Lasker*)提出的一项修正案,成功地将刑法纳入共同立法,是其永恒的功绩(1867 年 7 月 26 日《联邦宪法》第 4 条第 13 项)。

不久,机会来临了。根据议员韦格讷和普兰克(*Planck*)的提议,1868 年 4 月 18 日的帝国议会决定,"要求联邦总理尽可能地准备一部共同的刑法和刑事诉讼法草案以及以此为基础的法院组织法,并提交帝国议院"。联邦参议院于 1868 年 6 月 5 日同意该决定后,联邦总理于 1868 年 6 月 17 日要求普鲁士司法部部长莱昂哈特博士(*Dr. Leonhardt*)起草一部刑法典草案。

1. 起草刑法典草案的工作委托给当时的高级司法顾问弗里德贝格博士(*Dr. Friedberg*),法院陪审推事罗波博士(*Dr. Rubo*)和法官吕多夫(*Rüdorff*)被指派为其助手。弗里德贝格于 1868 年 11 月 21 日给联邦参议院的备忘录发展了这一计划。在 1869 年 7 月 31 日就将草案(I)呈交给联邦总理并同时予以发表;另外,附加了一个详尽的立法动因和 4 个附件(德国和外国刑法立法中的刑法规定汇编;死刑;法医领域的问题和有期监禁刑的最高期限)。该草案以 1851 年的《普鲁士刑法典》为蓝本,但在一系列重要内容上作了重大的修改和完善。

2. 联邦参议院在 1869 年 6 月 3 日选举产生了由 7 名来自实际部门的实践家组成的委员会(莱昂哈特博士为委员会主席),该委员会于 1869 年 10 月

§13 《帝国刑法典》的产生与发展

1 日在柏林召开会议审查这部草案。

未被请进该委员会的理论家们,以其自发的鉴定参与了这一民族事业,如安雪茨(Anschütz)和贝塞勒(手书之意见)、贝尔纳、宾丁、盖尔、海伯林、黑尔施纳、海因泽、迈尔[(Berner, Binding, Geyer, Häberlin, Hälschner, Heinze, H. Meyer)印刷之鉴定]、盖斯勒(Gessler)、默克尔和赛格尔(《第九届德国法学家大会备忘录》)。约翰因其1868年为北德联邦刑法典起草的草案而对这一民族事业作出了自己的贡献。

1869 年 12 月 31 日该委员会向联邦总理递交了一份印刷的草案(草案II,未说明立法因)。该草案未被发表,但递送给了一些专家征求意见。海因泽、福来特(Vollert)和冯·维希特尔为该草案写了评论。

3. 联邦参议院于 1870 年 2 月 4 日—11 日对由该委员会确定的草案进行了短时间的商讨,稍作修改后作为第 3 部草案(草案 III)出版。

1870 年 2 月 14 日该草案被提交给帝国国会。第 1 部草案的 4 个附件和由弗雷德贝格和冯·施瓦策关于该草案经过修改的论证也一并被提交。莱昂哈特和弗雷德贝格被任命为该草案的代办。

该草案的一读于同年 2 月 22 日进行。根据议员阿尔布莱希特(Albrecht)的要求,决定经全体讨论后完成该草案的第 1 部分(总则部分)以及第 2 部分的第 1—7 章(主要是政治犯罪),第 2 部分所剩余的第 8—29 章由委员会负责准备。

草案的二读开始于同年 2 月 28 日,结束于同年 4 月 8 日。值得一提的是关于死刑问题的分歧。尽管联邦总理作了重要讲话,但议会仍以 118 票对 81 票,废除了死刑。

草案的三读于 1870 年 5 月 21 日开始。司法部部长莱昂哈特受联邦政府的委托解释说,三读必须取消二读时通过的数个决定,首先是恢复死刑。普兰克提出的"那些从法律上废除死刑的邦,到此为止吧"的修正案,首先导致进一步讨论的延期,同时,也导致联邦参议院于 5 月 22 日作出了不予接受普兰克的修正案的决定。

关于草案的讨论于同年 5 月 23 日重新开始,普兰克撤回其修正案;恢复死刑(Wiederherstellung der Todestrafe)的动议以 127 票对 119 票被通过。法典经过联邦参议院所希望的修改后于 5 月 25 日被通过。同一天,联邦参议院批准了该法。联邦国家元首于 5 月 31 日签发,颁布于 1870 年 6 月 8 日出版的第 16 期《联邦法律公报》上,作为适用于北德联邦的《北德刑法典》,于 1871 年 1 月 1 日起生效(《刑法典施行法》第 1 条)。

§13 《帝国刑法典》的产生与发展

III. 由于德意志帝国的建立,使得将《北德刑法典》转变为《帝国刑法典》成为必要。

1. 根据1870年11月15日首先与巴登和黑森签订的《联邦宪法》第80条的规定,1870年5月31日的《刑法典》连同同时颁布的《刑法典施行法》,于1872年1月1日起在巴登、1871年1月1日起在黑森(当时它尚未属于北德联邦)生效。

2. 根据1870年11月25日与符腾堡签订的协议,《刑法典》于1872年1月1日起在符腾堡生效。

3. 与1870年11月23日签订的协议相一致,依据1871年4月22日的有关联邦法律,巴伐利亚也引入了《北德刑法典》,并于1872年1月1日起生效。

其间,与《德意志帝国宪法》有关的1871年4月16日的法律第2条,宣布《刑法典》①为德意志帝国法律。

1871年5月15日,决定将《北德刑法典》作为《德意志帝国刑法典》的法律,对刑法典条文作了修改,以适应变化了的政治关系。②

4. 1871年8月30日的法律规定,埃尔萨斯—洛林地区引入《帝国刑法典》(但未引入1870年5月31日的《刑法典施行法》),并于1871年10月1日起生效。

概言之,《帝国刑法典》在下列地区生效:

a) 1871年1月1日起,在以前的北德联邦地区以及美茵河南部的黑森地区;

b) 1871年10月1日起,在埃尔萨斯—洛林地区;

c) 1872年1月1日起,在符腾堡、巴登和巴伐利亚地区。

5. 1891年4月1日起,《帝国刑法典》在赫尔哥兰地区生效。

IV. 1871年2月10日的法律规定,《帝国刑法典》第130条增加了a款。后来由于制定于1874年11月30日以及1875年2月6日的法律,《帝国刑法典》第287条和第337条被废除。

1876年2月26日的法律,使得《帝国刑法典》作出了更多的修改。于1875年11月25日提交并经过深入讨论,在作出许多重要修改后而被接受的提案的最重要部分,主要涉及以下几点:①许多刑罚反应上的疏忽得到改正;

---

① 以下所称《刑法典》,如无特别说明,均指《帝国刑法典》。——译者注
② 罗森费尔德于1916年将《帝国刑法典》翻译成法文。

§13 《帝国刑法典》的产生与发展

②在许多情况下(第176条、第177条、第240条、第241条、第296条、第370条第4项),告诉要求被删除,在一些其他情况下(第263条、第292条),对告诉要求作出了限制,且一般而言,一旦告诉即不得撤回被作为原则确定了下来(第64条);③提高了第113条、第114条、第117条规定的刑罚的最低限,扩大了第4条第1款规定的责任范围;④新增加第49条a、第103条a、第223条a、第296条a、第353条a、第366条a、第361条第9项、第130条a第2款。经此次修改后的《帝国刑法典》于1876年2月26日(1876年3月20日起生效)再次在《帝国法律公报》上公布。

Ⅴ.《帝国刑法典》后来的修改涉及:

1. 《帝国刑法典》第281—283条由1877年2月10日的第3部《破产法》取而代之(1898年5月17日修正,新版本于1898年5月20日问世);

2. 因1880年5月24日的《高利贷法》,增补了第302条a、第302条b;

3. 因1888年4月5日的《不公开审理法》第4条的规定,在第184条中增补了第2款;

4. 因1891年5月13日的法律,对《帝国刑法典》第276条、第317条、第318条(第318条a)、第360条第4项、第364条、第367条第5项作了修改和补充;

5. 因1893年3月26日的法律,对《帝国刑法典》第69条作了修改;

6. 因1893年6月19日的法律,对《帝国刑法典》中有关高利贷的规定(第302条a及以下几款、第367条第16项)作了修改和补充;

7. 因1893年6月3日的法律,对《帝国刑法典》第89条和第90条作了修改;

8. 因1894年3月12日的法律,对《帝国刑法典》第361条作了修改;

9. 因1896年8月18日的《民法典补充法》第34条的规定,对《帝国刑法典》又作了多次修改;

10. 因1899年12月27日的法律,对《帝国刑法典》第316条作了修改;

11. 因1900年6月25日的法律,对《帝国刑法典》第180条、第181条、第184条、第362条作了修改,增加了第181条a、第184条a、第184条b;

12. 因1901年5月12日的《关于私营保险企业法》第108条第3款的规定,部分地删除了《帝国刑法典》第360条第9项;

13. 因1908年2月17日的法律,对《帝国刑法典》第95条、第97条、第101条作了修改;

14. 因1908年5月30日的《度量衡条例》的规定,对《帝国刑法典》第

§13 《帝国刑法典》的产生与发展

369 条第 1 款第 2 项和第 2 款作了修改。

Ⅵ. 1912 年 6 月 19 日的附律(1912 年 7 月 5 日起生效)对《帝国刑法典》作了如下重要修改：

1. 附律减轻了《帝国刑法典》第 114 条、第 123 条、第 136 条、第 137 条、第 239 条、第 288 条、第 327 条和第 328 条的刑罚；

2. 附律不仅扩大了第 370 条第 5 项的处罚范围(小偷小摸、偷吃东西)，而且将"因困难"而偷窃、侵占、诈骗(第 248 条 a 和第 264 条 a)作为独立的告诉乃论的犯罪，并处以较轻的刑罚；

3. 附律对《帝国刑法典》第 223 条 a 第 2 款规定的对青少年和受行为人照料或保护之人的身体上的伤害(即所谓的虐待儿童)处以严厉的刑罚(无须告诉乃论)；

4. 附律对《帝国刑法典》第 123 条、第 235 条、第 355 条和第 369 条第 1 项的构成要件作了修改。

尽管有其明显的不足之处，但由于它果断地转入了新的轨道，附律被作为《帝国刑法典》的重大进步而受到欢迎。

Ⅶ. 尽管德国对其刑法作全面修改的准备工作开始得较晚，但第一次世界大战后德国的政治、经济和社会形势的恶化使得对《帝国刑法典》作一系列的修改和完善很有必要。

1. 根据 1919 年 12 月 23 日的附律的规定，修改了涉及赌博的第 284 条和第 285 条，废除了第 360 条第 4 项；

2. 根据 1921 年 12 月 21 日的《扩大罚金刑的适用范围和限制适用短期自由刑法》(结果是修改了第 1 条、第 28 条、第 29 条、第 70 条第 5 项)、1923 年 4 月 27 日的《罚金刑法》(结果是修改了第 1 条、第 27—29 条、第 70 条、第 78 条、增加了第 27 条 a-c、第 28 条 a、b)、1923 年 10 月 13 日的《财产刑和赔偿法》、1923 年 11 月 23 日基于《财产刑和赔偿法》而制定的条例(采用金马克计算罚金)和 1924 年 2 月 6 日的《财产刑和赔偿条例》(最终确定了第 1 条、第 27 条、第 29 条、第 70 条、第 78 条的文本)的规定，《帝国刑法典》对罚金刑的规定进行了彻底的修改，扩大罚金刑的适用范围对刑事政策产生了重要影响。

3. 因 1922 年 7 月 21 日的《共和国保护法》，在《帝国刑法典》中增加了第 49 条 b(协议谋杀)，补充了 111 条(公开煽动实施犯罪行为)，并提及第 81—86 条、第 128 条、第 129 条、第 257 条，但未修改这几条。随着《共和国保护法》于 1929 年 7 月 22 日失效，对《帝国刑法典》的上述修改亦随之失去了法律效力。

4. 1923年2月16日的《少年法院法》使《帝国刑法典》第55—57条失去法律效力,并对青少年刑法作了全新的规定。

5. 1923年5月23日的附律给《帝国刑法典》增加了新的条款,即第107条a。

6. 1926年4月30日的附律通过增加新的条款即第210条a,补充了关于处罚决斗的规定。

7. 1926年5月18日的附律以一个条款,即第218条,取代了涉及堕胎的第218—220条。

8. 1927年2月18日的《性病防治法》给《帝国刑法典》第180条增加了第2款和第3款,给第184条增加了第3项a,以新的文本和新的条款,即6a取代第316条第6项,并对第362条第3款作了相应的修改。

9. 第367条第7项因1927年7月5日的《生活资料法》而被废除。

10. 第365条因1930年4月28日的《酒馆法》第33条第1项而被废除。

§14 其他帝国刑法

对于构成帝国刑法概念总和的刑法原则,《帝国刑法典》并未进行彻底的探讨,其他众多帝国法律也含有一些刑法规定。从数量上看,今天很难完全一览无余的众多所谓的附律远远超过《帝国刑法典》。在本教科书的所有版本中,对附律均以时间顺序予以罗列。从现在这个版本起将不再采用以时间顺序予以罗列的方式。本教科书对众多附律的罗列使得在两卷之尾写出其来源索引成为可能,现在的排列替代了之前的列举。

§15 帝国刑法及其辅助学科之文献

一个完整的文献目录是不存在的。对过去有价值的文献主要有伯默尔(*GW. Böhmer*)1816年的《刑法学文献手册》(重点在刑事政策上)和卡普勒(*Kappler*)1838年的《刑法手册》。关于现代的文献,有25卷本的按字母顺序排列的《总目录索引》,可一劳永逸地使用。关于附律,请参见上文§14。关于德国以外的文献,请参见下文§17。

在此,下列最重要的文献值得一提:

§15　帝国刑法及其辅助学科之文献

Ⅰ. 不作注释、评论的有:科尔劳斯 1934 年第 29 版;奥尔斯豪森(*Olshausen*) 1912 年第 9 版;道德(*Daude*) 1927 年第 16 版;达克(*Dakke*) 1930 年第 22 版;施密特(*Schmitt*) 1931 年第 17 版(贝克出版社出版);霍尼希(*Honig*) 1926 年第 2 版(本斯海默出版社出版);谢费尔-哈童(*Schaerfer-Hartung*) 1924 年版(斯蒂尔克出版社出版)。

Ⅱ. 有系统的介绍的有:贝尔纳的《教科书》,1857 年第 1 版,1898 年第 18 版;许策(*Schütze*) 1874 年第 2 版;阿尔费德 1922 年的《教科书》(在迈尔第 8 版的基础上完成),于 1928 年增补;默克尔 1889 年的《教科书》;默克尔-李普曼的《犯罪和刑罚学》,1912 年版;芬格尔的《犯罪与刑罚学》,1904 年版第 1 卷;瓦亨费尔德的《教科书》,1914 年版;ME.迈耶的《德国刑法总则》,1915 年版,以及 1922 年未经修改版;科勒的《德国刑法总论》,1917 年版。最重要的著作是:梅茨格的《刑法教科书》,1931 年版(只有总论部分)。内容最全面的著作是:冯·霍尔涔多夫(*v. Holtzendorff*, 死于 1889 年)的《德国刑法手册》——不同作者的文集 4 卷,1871—1877 年版(太陈旧了);黑尔施纳的《德国刑法,系统介绍》,1881 年版第 1 卷、1884 年版第 2 卷第 1 部分,以及 1887 年版第 2 部分;冯·巴尔的《刑法手册第 1 卷 德国刑法和刑法理论史》,1882 年版;宾丁的《刑法手册第 1 卷 刑法总论》(1913 年第 8 版)、《分论》(1902 年第 2 版)第 1 卷、第 2 卷第 1 部分,1904 年第 2 版,以及 1905 年版第 3 部分;绍尔的《刑法基础》,1921 年版;葛兰德的《德意志帝国刑法》,1922 年版;冯·希佩尔的《德国刑法之基础》,1925 年版第 1 卷、第 2 卷;《犯罪的一般学说》,1930 年版;汤姆森(*Thomsen*)的《德国刑法》,1906—1907 年版;科勒的《刑法导论》,1912 年版;宾丁的《刑法概论》,1927 年第 3 版;冯·毕尔克迈尔的《刑法概论》,1908 年第 7 版;冯·利利恩塔尔的《刑法概论》,1916 年第 4 版;范·卡尔克(*van Calker*)的《刑法概论》,1927 年第 3 版;理查德-施密特(*Richard-Schmidt*)的《刑法教科书》,1931 年第 2 版;海姆贝格尔的《刑法概论》,1931 年版;P. 默克尔(*P. Merkel*)的《刑法概论》,1927 年版(总则部分);毕尔克迈尔主编的《百科全书》(1904 年第 2 版)中的简单描述;迪尔(*Duerr*)的《德国刑法总则》,1930 年第 2 版,《德国刑法分则》,1920 年版;李普曼的《刑法导论》,1900 年版;贝林①的《犯罪学》,1906 年版;冯·巴尔的《刑法中之法与责》,1906 年版第 1 卷、1907 年版第 2 卷,以及 1909 年版第 3

---

① *Beling*,过去的一些著作和译著一般使用贝林格或译为贝林格,但是,按照德语的发音方法,译为贝林更恰当些。——译者注

§15 帝国刑法及其辅助学科之文献

卷;鲍姆加腾的《犯罪学的结构》,1913年版;汤姆森的《德国刑法概论》,总则部分1905年版,分则部分1906年版;齐默(Zimmerl)的《刑法制度和及其建立》,1930年版;绍伊弗尔特的《关于当代刑法立法的文章》,1894年版。

Ⅲ. 关于评注,除奥本霍夫,1901年第14版(Delius出版社出版)外,值得一提的还有:冯·奥尔斯豪森(v. Olshausen)1880年第1版,1927年第2版第2卷,由罗伦茨(Lorenz)、弗赖斯勒本(Freiesleben)、尼特哈默尔(Niethammer)、基尔希纳(Kirchner)、古特雅(Gutjahr)、弗兰克修订,1897年第1版,1931年第18版(很有影响的评论)。施瓦茨(Schwartz)的评论,1914年版;艾伯迈耶(Ebermayer)、洛伯(Lobe)和罗森贝克(Rosenberg)的评论,1929年第4版(他们的评注特别注意到帝国的判决)。

Ⅳ. 一般内容的文章(较旧的著作不在此列)如下。格拉泽(Glaser,死于1885年)的《刑法和刑事诉讼法文集》,1883年第2版;默克尔的《刑法学文集》,1867年版;瓦尔贝格(Wahlberg)的《论文集》,1872年版第1集、1890年第2版、1877年版第2集、1914年第2版第1部分(由鲍姆加腾注释)、1916年版第2部分、1913年版第3集,以及1914年版第4集;科勒的《刑法研究》1—6,1890年及以后几年;冯·布里(v. Buri)的《关于刑法理论及刑法典之文章论文集》,1894年版;蒂伦(Thyren)的《刑法和法哲学论文》,出版年代不详;A. 默克尔的《法学和刑法领域之论文集》,1899年版第2集,由默克尔出版;冯·李斯特的《刑法学文章和学术报告》,1905年版第2集;格罗斯的《刑法学文集》,1909年版第2集;宾丁的《刑法和刑事诉讼法论文》,1915年版;基齐厄的《法学箴言》,1923年版。

Ⅴ. 杂志:《法庭杂志》,1849年由雅格曼(Jagemann)创刊,1904年以后由厄特克和芬格尔出版;《普鲁士刑法档案》,1853年由戈尔达马创刊,1900年以后由科勒改名为《刑法和刑事诉讼法档案》,现在由克莱(Klee)出版;《整体刑法学杂志》,1881年由多科夫和冯·李斯特创立,多科夫于1881年去世后,由冯·李斯特和冯·利利恩塔尔出版,现在则由科尔劳斯、格林霍特和科莱斯帕赫出版,为此还出版了三卷《最高法院判决集》[由法伊森贝格尔(Feisenberger)主编];1889年以后的《国际刑法学会公报》,1926年后改为新的版本;《普鲁士刑法专业论文》,1889年后由冯·李斯特出版,1901年后改为新的版本,1914年后出了第3个版本,由冯·李斯特和戴拉奎斯(Delaquis)出版,1925年以后由戈尔德施密特和科尔劳斯出版第4个版本;《刑法论文杂志》,1896年以后由贝内克与其他刑法教师共同出版,1899年以后由贝林出版,1906年以后由冯·利利恩塔尔出版,现在由徐腾萨克出版;

§15 帝国刑法及其辅助学科之文献

更重要的是《刑法和犯罪侦察学档案》,1899年由格罗斯创立,1916年以后作为《犯罪学档案》由海因德尔(*Heindl*)、霍希(*Horch*)、施密特、佐默尔(*Sommer*)、施特拉费拉(*Strafella*)和扎费塔(*Zafita*)出版;1904年以后由阿沙芬堡和冯·亨蒂希出版的《犯罪心理学和刑法改革月刊》;《法学周刊》,1871年以后由德国律师协会出版;《德国刑法报》,1914年以后由卡尔、琳德瑙(*Lindenau*)、冯·李斯特、卢卡斯(*Lucas*)、马姆罗特(*Mamroth*)、迈耶、冯·施塔夫(*v. Staff*)、冯·蒂申多夫(*v. Tischendorf*)、瓦赫(*Wach*)出版,1918年以后由李普曼与上述人员共同出版,1922年停刊;《司法》(共和国法官联盟机关刊物),1925年以后由克勒纳(*Kroner*)出版;1888年及1896年以后的《瑞士刑法杂志》,由施托斯创办,现在由施托斯、茨舍尔(*Zücher*)、高蒂尔(*Gautier*)、哈夫特、戴拉奎斯出版;1910年以后的《奥地利刑法学杂志》,由勒夫纳(*Löffner*)创立并出版;《国际刑法评论》(国际刑法学会机关刊物),1924年以后由 *Roux*、*Hugueney* 和 *Donnedieu de Vabres* 出版;其他外国的杂志将在下文§17中阐述。

VI. 判例集:《德意志帝国法院刑事案件判例》,1888年年底停刊,共出版10集;《帝国法院刑事案件判决》,由帝国法院法官出版,从第19集起帝国检察官也共同参与出版;《帝国军事法院判决》,1902—1920年由判决委员会主席和高级军事检察官出版;巴伐利亚邦高等法院1872—1880年的《刑事案件判决集》;幕尼黑邦高等法院1882—1901年的《刑事案件判决集》;巴伐利亚邦高等法院1902年后出版的《刑事案件判决集》;汉萨同盟①的《高等法院刑事案件判决集》,由邦高等法院刑事审判团成员出版;弗兰茨(*Franz*)的《科尔马(*Colmar*)邦高等法院》于1886年、1891年、1897年、1903年、1909年的《刑事案件判决》;贝林(*Apt-Beling*)的《帝国法院和帝国军事法院判决》,1903年第3版;瓦奈尔(*Warneyer*)的1907年及以后几年的《刑事案件判决年鉴》;索格尔(*Soergel*)和克劳泽(*Krause*)1906年及以后几年的《刑法和刑事诉讼年鉴》;小施泰因(*Stenglein*)根据帝国法院判决而编写的《德国刑法词典》,1904年、1906年由加利(*Galli*)出版了增补本。

VII. 刑法案例:冯·李斯特的《大学用刑法案例》,第14版由罗森费尔德于1929年出版;弗兰克的《大学用刑法案例》,1930年第8版;冯·罗兰德的《刑法案例》,1912年第3版;施托斯的《学生用刑法案例》,1915年第2版;《刑法和刑事诉讼法练习》,1929年第3版;戈尔德施密特的《刑法案例》,

---

① 以德意志帝国北部诸城市为主。——译者注

§15 帝国刑法及其辅助学科之文献

1930年第3版;彼德斯(Petters)的《实用刑法案例及其解答》,1931年版;门德海姆(Mendheim)的《著名刑法案例》,1903年后分别由弗兰克、罗泽尔(Roscher)和施密特出版;卢卡斯的《刑法实践指南》第2部分,1904年版,第4版由艾伯迈耶于1929年修订;鲁姆夫(Rumpf)的《刑事法官》,1912年第1卷,1913年第2卷。

VIII. 辅助学科

1. 关于犯罪学和刑事政策的成果请参见上文§3;关于监狱学请参见下文§59;心理学成果有:埃宾豪斯(Ebbinghaus)的《心理学基本特征》,1902年第1卷,第1卷的第4版由比勒(Bühler)于1919年修订;齐恩(Ziehen)的《生理心理学入门》,1902年第6版;冯特(Wundt)的《心理学大纲》,1905年第7版;约德尔(Jodl)的《心理学教科书》,1903年第2版;考夫曼(Kaufmann)的《犯罪心理学》,1912年版;武尔芬(Wulffen)的《犯罪心理学》,1926年版;戈林(Göring)的《犯罪心理学》,1924年版;克雷奇默尔(Kretschmer)的《医学心理学》,1930年第4版。

2. 法医学和精神病学成果有:加斯帕-李曼(Caspar-Liman)的《法医学和精神病学手册》,第2卷第9版由施密特曼(Schmidtmann)于1905年及以后几年出版;霍夫曼(Hoffmann)的《法医学教科书》,第9版由科利斯科于1903年出版,第10版第1部分由哈贝尔达(Haberda)于1919年出版;施特拉斯曼(Strßmann)的《医学与刑法》,1911年版;古德尔(Guder)的《医科和法科学生用法医学》,第2版由施托佩尔(Stolper)于1900年出版;戈特沙克(Gottschalk)的《医生和法学家用法医学概论》,1914年第4版;普佩(Puppe)的《法医学》,上下卷,1908年版;舍费尔(Schäfer)的《法科医科和教师用法医学概论》,1910年版;克拉特(Krater)的《法医学教科书》,1912年版;保罗(Paul)的《法医学入门与法庭实践》,1920年第1版;察恩格(Zangger)的《医学与法学》,1920年版;冯·克拉夫特-埃宾(v. Krafft-Ebing)的《精神病学教科书》,1903年第7版;克赖佩林-朗厄(Kräpelin-Lange)的《精神病学》,1927年第9版;卡拉默尔(Cramer)的《法精神病学》,1908年第4版;德尔布吕克(Delbrück)的《精神病理学》,1897年版;霍赫(Hoche)的《法精神病学手册》,1909年第2版;佐默尔的《自然科学基础上的犯罪心理学和刑法精神病理学》,1904年版;齐恩的《精神病学》,1908年第3版;布姆克(Bumke):载阿沙芬堡所著《精神病学手册》中的论述,1912年版;芬格尔、霍赫和布雷斯勒(Bressler)的《法精神病学界限问题》,1903年及以后几年的版本;许布纳(Hübler)的《法精神病学教科书》,1914年版;布洛伊勒(Bleuler)的《精神病学教科书》,1923 年第 4 版;比恩鲍姆的《心理变态的犯罪人》,1926 年第 2 版;弗里德里希的《心理学在与犯罪作斗争中的重要性》,1915 年版;冯·克拉夫特-埃宾的《心理变态性犯罪》,第 16 版、第 17 版,由摩尔(*Moll*)修订;伊尔贝格(*Ilberg*)的《癫痫病之刑法意义》,载《整体刑法学杂志》第 21 期;弗里德里希的《法医和警察报》,由梅塞勒(*Messerer*)出版,1898 年以后由戈登(*Gulden*)出版;《法医学和公共卫生事业季刊》,由贝宁德(*Beninde*)和施特拉斯曼(*Straßmann*)出版。

3. 刑警:请参见上文§4 脚注所列文献。

§16 德国的刑法改革

I. 准备工作

随着 20 世纪的开始,长期以来被认为很有必要的德国刑法立法改革即将开始。刑法学内部的两个学派(参见上文§5)的代表人物均已声明,暂时放弃学派之争,共同致力于完成刑法改革这一重大任务。① 以往对德国刑法改革问题只是附带的,且非从统一的观点出发来探讨的德国法学家大会,自 1902 年起将对《德国刑法典》的修改与完善提到议事日程上来了。法学家大会的协商结果有助于国际刑法学会德国工作组的工作,后者自其成立之日起就密切注意德国刑法立法的改革,并努力做一些必要的准备工作。

1902 年 11 月 28 日,在帝国司法部大楼里,自由的科学委员会成员召开会议。该委员会是在国务秘书尼贝丁博士(*Dr. Nieberding*)的促成下成立的,其成员是各学派认真选派的代表。

古典学派的代表有:慕尼黑大学的冯·比尔克迈尔教授,莱比锡大学的瓦赫教授,柏林大学的卡尔教授。现代学派(新派)的代表有:波恩大学的赫尔曼-绍伊费尔特(*Herman-Seuffert*)教授,海德堡大学的冯·利利恩塔尔教授和柏林大学的冯·李斯特教授。折中派的代表有:斯特拉斯堡大学的范·卡尔克教授和蒂宾根大学的弗兰克教授(他现在在慕尼黑大学任职)。在委员会开会前的 11 月 23 日,绍伊费尔特谢世,哥廷根大学的冯·希佩尔(他属于折中学派)被任命为该委员会成员,取代了绍伊费尔特的位子。

---

① 参见卡尔和冯·李斯特在 1902 年 7 月 1 日的《德国法学家报》第 7 期第 301 页上的声明。

§16 德国的刑法改革

给委员会提出的任务是,为改革《帝国刑法典》作必要的准备工作而出版一部著作,对所有可能的刑法资料进行比较研究,批评性地且正确地判断法律比较所得出的结果,并应当为帝国刑法立法提出建议。委员会几乎召集了在德国大学任教的全部约50名教师(个别人因种种原因未参加),着手编写一部著作。编写工作顺利而快速地展开。这部鸿篇巨著《德外刑法比较研究》由奥托–利普曼–柏林出版社(Verlag von Otto Liebmann-Berlin)于1909年出版,全集共16卷,其中6卷为总论部分,9卷为分论部分,最后一卷为一个详细的内容索引。这部巨著的问世是德国刑法学界工作效率和能力的最好证明。

II.《预备草案》

1. 产生

其间,起草《德国刑法典》第一部草案的工作已经开始。1906年5月1日,由有实际经验的法学家组成的委员会在帝国司法部召开会议,接受委托,"为一部新的《德国刑法典》起草一个草案并附说明"。

该委员会由5名成员组成:普鲁士司法部部长卢卡斯任委员会主席,帝国司法部顾问冯·蒂申多夫任委员会副主席,委员有普鲁士司法部顾问舒尔茨(Schulz),帝国法医顾问迪策恩(Ditzen)和巴伐利亚邦高等法院顾问迈尔(Meyer)。在草案讨论过程中,帝国司法部顾问于爱尔(Joel)代替冯·蒂申多夫的副主席职务,柏林高等法院顾问克莱勒(Kleine)代替舒尔茨,柏林高等法院顾问厄尔施莱格(Oelschläger)代替迪策恩。

委员会以1909年4月20日召开的第117次会议结束了其历史使命;1909年秋,刑法典草案连同两卷内容广泛的说明交付出版。

2. 一般特征

"草案没有代表某一特定学派的观点",它也不能够代表某一学派的观点;两个学派间的友好合作不应当受到干扰,不应当妨碍国家巨著(刑法典)的制定。这部草案从古典学派的观点出发,但也向现代学派作出了一些妥协,从而考虑到了现实状况。草案虽然就其基本特征而言未能全面地改造刑法典,但从总体上看,它进一步发展了现有之法律。

《预备草案》提出的革新措施中有下列几项值得一提:引进附条件的判决和恢复原状(Rehabilitation, Wiedereinsetzung);承认减轻责任能力,反对减轻危害公共安全的犯罪人或患有精神病的犯罪人的刑事责任;将刑事责任年龄的下限从12岁提高到14岁,提出一部几乎完全排除报应思想的特殊的青少年刑法;扩大劳动教养所(Arbeitshaus)的适用范围,允许将特定罪犯安置

§16 德国的刑法改革

于戒酒治疗机构(Trinkerheilanstalt);对再犯从重处罚,对有前科的职业犯和习惯犯实行保安处罚(Sicherungsstrafe);最后,给予法官在"特别轻微案件中"特别的不受法律约束的减轻刑罚甚至免除处罚的权力。

刑罚体系本质上被保留了下来,但要塞监禁(Festungshaft)和拘役(Haft)被合二为一为监禁,训诫也可适用于成年人,罚金刑应与被判刑人的经济情况相适应。关于自由刑内容的规定有所扩大,而无必要废除统一的《刑罚执行法》。作者们成功地避免了分则中的判例法,从而使分则部分减少了80个条款,而在总则部分增加了约20个条款。

关于增加附律和废除违警罪的要求被作者们拒绝了。

Ⅲ.《相对之草案》

总的来讲,《预备草案》获得了公众的好评。无论哪方面的人士均认为,可在《预备草案》的基础上继续立法。为了推动这一继续立法工作,戈尔德施密特、卡尔、冯·利利恩塔尔和冯·李斯特教授于1919年出版了一个附有说明的与《预备草案》相对之草案。该《相对之草案》试图通过进一步的要求来实现《预备草案》中最重要的内容,主要涉及将违警罪与普通犯罪区分开,并至少增加一部分刑法附律。为此,应努力将草案中的刑罚体系严格加以区分,将混乱的刑罚体系整理好,为量刑制定清楚明了的规定。最后,构成《预备草案》最薄弱一面的刑法的一般概念这一部分需要进行修改,而且分则部分也需要进行认真的审查。

Ⅳ. 1913年《委员会草案》和《1919年草案》

1911年4月4日,在帝国司法部召开了一次新的委员会会议,该委员会的任务是彻底讨论《预备草案》,并在此基础上起草政府草案。该委员会共有21名成员,其中部分成员曾有过更换。起初卢卡斯任委员会主席,在其离开委员会后,由卡尔替代他的位子。除卡尔、弗兰克和冯·希佩尔外,一些刑法教师被任命为委员会成员。1913年9月27日结束全部会议,一个较小的委员会将草案制定完毕。

《委员会草案》的发表因战争的爆发而延迟了。因此,批评意见束缚了人们的手脚,特别是艾伯迈尔的修改不能替代缺少之文本,虽然《委员会草案》作了一些重大修改和完善,但人们看到的只是在许多重要问题上以《相对之草案》为蓝本而制定的《委员会草案》。1918年春,当时的帝国司法国务秘书冯·克劳泽博士下令重新进行立法工作。但是,人们现在已经认为,如果不重新对草案进行重大修改,就不应当予以公布。在这种情况下,一个由4名成员(国务秘书于爱尔博士、审判委员会主席艾伯迈尔博士、邦高等法院

§16 德国的刑法改革

院长科尔曼博士和司长布姆克博士)组成的委员会被委托对刑法委员会的规定进行审核。政治形势的突变,迫使4人委员会要让草案适应帝国和各邦国家关系的变化。因此,其在一些细节问题上必须有别于刑法委员会的决定。但是,鉴于总则部分的基本思想,刑法委员会所坚持的一些方针被保留了下来。草案的制定于1919年11月21日完成,但备忘录延迟至1921年初始完成。至此,《1919年草案》才能与《委员会草案》一起予以公布。令人遗憾的是,刑法委员会的记录至今未曾公布,尽管它是刑法改革极具价值的科学资料。起初,这些记录被作为机密对待;现在虽可以开放使用,但其科学价值已受到严重的影响,因为只有少数样本尚存在,大多数样本在私人(委员会成员)手里掌握着。

《1919年草案》仍不是一个政府草案。关于该草案的备忘录清楚地解释道,作者们只是发表了他们个人的观点,且"帝国政府和各邦政府对《1919年草案》的内容不负责任"。

对《1919年草案》的一般特点在这里只能作最简单的介绍。《1919年草案》充分考虑到现代的改革要求,并且接受了《预备草案》就这方面所提之改革建议,但作了一些重要的修改和完善。对此,《1919年草案》的起草者可以依靠刑法委员会在讨论和制定《委员会草案》时所完成的杰出的准备工作,因此,《1919年草案》的很大一部分也只是1913年《委员会草案》的翻版。

关于一般的刑罚制度,由于《预备草案》和《相对之草案》所建议的三分法被重新废除,将所谓的本质上与现今适用于政治犯的要塞监禁相似的关押(Einschließung)从监禁中被分离了出来;通过超越《预备草案》的规定适用附条件的缓刑(假释)、训诫和罚金刑,来尽可能地避免适用短期自由刑。在可选择罚金刑和自由刑的情况下,如果适用罚金刑就能够实现刑罚目的,罚金刑的适用应当优先于自由刑。除一般的刑罚制度外,还出现了特殊的刑罚制度,即所谓的"矫正与保安处分"。因此,与犯罪作斗争的整个刑罚制度便建设为双轨制;但现有的刑罚和保安处分的二元论,因这两种刑罚的替代措施在一定程度上解释为是合法的而被部分地废除了。其间,《青少年刑法》由《少年法院法》以符合新时期要求的方式调整而寿终正寝。

在关于一般的刑法概念方面,《1919年草案》致力于在完全考虑科学研究的基础上,消除《预备草案》所具有的许多缺陷,主要表现在:很好地区分了罪责种类,恢复了责任阻却事由(Schuldausschließungsgründe)、正当化事由(Rechtfertigungsgründe)和个人的刑罚阻却事由(persönliche Strafausschließungsgründe)之间的区别;关于正犯和共犯规定上的区别;等等。这些均未被《相对之草案》所顾及。

§16　德国的刑法改革

关于分则,这里只想指出,《1919年草案》的作者们也未曾将附律增加进去,甚至连战时及战后的哄抬物价刑法都未写进关于反暴利的规定中。

Ⅴ. 战后的部分改革

第一次世界大战以社会、经济和政治的根本变化突出地表明,迄今为止的刑法和其与古老的自由国家的观念相适应的与犯罪作斗争的方法,存在着明显的缺陷,因此,战后刑法改革的缓慢进程,迫切要求将一些重要的具体问题从刑法改革中独立出来,并以部分改革的方法制定一些单行法规。在这一背景下,1920年的《消除犯罪记录法》,1921年至1924年的《罚金刑法》,1923年的《少年法院法》和1926年的《堕胎法》相继问世。这些完全依据刑法改革运动的成果而制定的法规的刑事政策内容,在上述§4中已有阐述;对这些法规的详细解释将在本教科书的有关章节进行。在上述几部刑法附律中,意义最大的当属1923年2月16日的《少年法院法》。该法的制定应追溯到1919年。从刑法的一般改革中分离出来而构成的青少年刑法则更早:于1909年提交给帝国议会的1908年的《刑事诉讼法草案》[①]早就想采摘成熟之果——制定一部经过改革的青少年刑法,并试图在该草案的第364条及以后几条(程序上)贯彻那些最重要的改革要求。《刑事诉讼法》改革受阻以后,1912年关于《少年刑事诉讼法的草案》[②]也曾有过同样的打算,但与1908年至1909年的《刑事诉讼法草案》一样宣告失败。在大战期间和战后无人照管的未成年人数量令人担忧地增加,极大地推动了在《少年刑法》和《少年法院法》领域进行的部分改革(Teilreform)。帝国司法部于1919年冬天起草了《少年法院法草案》,并于1920年春公之于众。草案在青少年刑法的实体内容方面取得了上文§4中描述的进步,因此得到大多数人的赞同。经帝国议院修改后,该草案于1922年10月被提交给帝国议会,后于1923年2月1日通过。

Ⅵ. 1922年《拉德布鲁赫草案》和1925年官方的《德国刑法典草案》

《委员会草案》和《1919年草案》的发表,不仅在德国引起了活跃的和赞许性的评论,而且在奥地利也同样引起了强烈的反响。和德国法学家大会以及国际刑法学会德国工作组一样,奥地利刑法学会对德国的刑法草案进行了

---

① Vgl. Reichst. -Drucks. 12. Leg. -Per. I. Session 1907/09 Nr. 1310;Ⅱ. Session 1909/10 Nr. 7;ferner Ⅱ. Session 1909/11 Nr. 638.

② Abdruck des Entw. nebst Begründung in Mitt. IKV. 19.

§16 德国的刑法改革

深入的研究。① 奥地利司法行政部门关于力图使处在改革过程中的奥地利刑法与德国刑法相适应的决定,对上述草案在德国的形成产生了特殊的影响。参考《1919年草案》第一部总则部分的奥地利相对之草案,正是基于这样的背景而制定的。因此,德、奥在刑法改革方面进一步合作的必要基础已经具备。② 这一合作的第一个结果便是于1922年提交给帝国政府的《拉德布鲁赫草案》。作为统一的、具有健康的进步思想的成就,这部草案与过去的草案相比,在两个方面有着明显的不同:一是取消了死刑,这一早该废除的刑法中的"残余","(死刑)由于一个不可逾越的鸿沟与其他刑罚种类相分离、毫无联系、不可比较地在以罚金刑和自由刑为基础的刑罚制度中被保留了下来"③;二是取消了重惩狱(Zuchthausstrafe),该草案以"严厉的监禁刑"代替过去的重惩狱和所有名誉刑;这里,《拉德布鲁赫草案》试图抵制那种法利赛人的社会习惯对曾被处刑者适用的"道义上的私刑"。草案的分则部分值得一提的是,对绝对不适合的堕胎未遂免予处罚(但与总则部分关于未遂的规定相矛盾),并删除了所有关于决斗的特殊规定。

该草案未曾公之于众,同时它也未能成为刑法继续改革的基础。帝国政府直至1924年秋才讨论该草案,并对之进行了很大修改,且修改恰恰涉及上文强调的该草案特别引人注目的几点。基于这些修改而产生的新草案于1924年11月12日决定发表,1925年年初出版,随后出版了草案的起草说明。

德国刑法改革这一宏伟工程在经过23年工作后,出版了首部官方的,也即由政府承担责任的刑法草案。如果该草案同时被认为是统一的德国刑法草案,那也只是因与奥地利的合作和德奥法律的相似使然。从内容上看,该草案也是以刑法委员会的决定为基础,并归功于以前的所有草案中的精华部分。关于首部政府草案的详细规定,将在本教科书的有关章节进行深入研究。它的基本特征如下:

---

① 参见《德国刑法草案》,格莱斯帕赫受奥地利刑法学会委托出版,1921年。
② 中欧刑法统一思想的最好的部分已经实现,而这种中欧刑法统一的思想早在世界大战期间就已形成。参见本教科书第25版 §5 注释4。葛兰特:《整体刑法学杂志》51 第674页;冯·韦贝尔:《德奥刑法统一的任务》,1931年。近来要求国际刑法统一的呼声日渐高涨。关于1927年在华沙召开的大会的情况,参见由拉帕泊特(Rappaport)、佩拉(Pella)和普图里基(Potulicki)发表的 Actes de la Conference(巴黎1929年),德国至今未曾参与这项工作。
③ 关于《1922年草案》及其与帝国政府《1925年官方草案》的不同点,请参见拉德布鲁赫:《整体刑法学杂志》45 第417页。文中引言来自此处。

§16 德国的刑法改革

与以前的草案一样,1925年的政府草案试图以下列方法克服刑法学内部理论上的矛盾,即采用二元论的与犯罪作斗争的方法,除刑罚制度外,增加了一个类似保安处分的制度,在拒绝不确定判决的情况下,要求对具体案件规定一个量刑幅度,与此相关的是,允许保安处分与行为人的危险程度相适应。从本质上讲,该草案的刑罚方法与现行刑法的刑罚方法是一致的。就此点而言,《拉德布鲁赫草案》大胆采取的步骤是一种倒退。《政府草案》与现行刑法在两个方面有所不同:一是废除要塞监禁;二是对"信仰犯"予以"关押"来代替重惩狱和拘留。名誉刑,包括在科处重惩狱的情况下败坏名誉的法律效果,名义上被废除了,而实际上又很遗憾地出现在保安处分中。在适用刑罚和保安处分方面,"草案给予法官很大的自由"(《1925年草案说明》第4页);草案给予法官适用附条件的免予处罚和暂时释放的自由裁量权。关于自由刑执行的规定,草案认为应专门制定一部刑罚执行法。

该草案所特有的新规定在于,它不仅将出于同一原因的违法行为,如同《委员会草案》和《1919年草案》那样,规定在特定章节,并为之制定一般规定,而且还将"危害公共利益的行为",如乞讨、流浪和以特定方式从事卖淫,在第三章中作出特别规定。这里完全放弃了刑罚。对于这些令社会头痛的行为,适用作为矫正与保安处分的劳动教养。《1925年草案说明》将第二章和第三章视为权宜之计。

关于重罪和轻罪的问题,《1925年官方草案》不赞同以前草案的做法,反对制定附律(参见上文§14)。将眼下仍在大量出现的附律吸收进刑法的法典编纂之中好像不可能,特别是考虑到与奥地利的合作时更是如此。事实上,从时间上看,制定附律也是不适宜的。但不管怎么说,尚不能证明,为了制定这些附律的缘故而阻碍了刑法的改革进程。

VII.《1927年草案》及其命运

《1925年官方草案》受到了帝国议会认真而彻底的审议。不仅从法教义学的角度(比如,在"错误"方面),而且从刑事政策的角度对草案作了部分重大修改。但是,从整体上保留了"改革的基本方针"那是自然的。不管怎么说,它毕竟作为一个新草案在帝国议院审议结束后于1927年5月14日提交至第3任期的帝国议会。除一般说明外,《1927年草案》还有两个重要的附件,其一是由米特迈耶、黑格勒(*Hegler*)和科尔劳斯编写的重要的比较研究材料(附件I后来被加进帝国议会出版物第4期第289号);其二是关于1882年以来德国犯罪的发展变化情况的极有价值的阐述(附件II)。维护"改革基本方针"自然主要表现在沿用刑法不法后果(刑罚)的"双轨制"——刑罚

§16 德国的刑法改革

和保安处分。但恰恰在这一重要领域,也敢于做一个令人担忧的、立即受到舆论批评的试验:将反对保安处分放在一边,保安处分的科处由刑事法官负责,其他的事则由行政机关负责。

卡尔在 1927 年 6 月 21 日帝国议会全体会议上的重要讲话,揭示了议会工作的重要和充满希望的序幕。但议会工作并没有多大起色。

第 3 任期的帝国议会(1924—1927 年)将《1927 年草案》移交给第 32 届委员会。由卡尔担任主席的委员会召开了 62 次会议(至 1928 年 3 月 2 日)审议这个草案。由于卡尔的努力,修宪者以多数票通过的 1928 年 3 月 31 日的《关于继续进行刑法改革的帝国法律》,防止刑事立法工作因 1928 年 3 月 31 日帝国议会解散而中断。向第 3 任期的帝国议会递交的草案后被视同向第 4 任期的议会递交。新的帝国议会将草案移交给同样由卡尔担任主席的第 21 届委员会。从 1928 年 7 月 12 日至 1930 年 12 月 21 日,委员会召开了 127 次会议,对草案进行了一读。这里需要强调的一点是,在一读过程中恢复了法官对保安处分的科处权限。第 128 次至第 143 次会议(1930 年 4 月 8 日—7 月 11 日)进行了二读。在委员会对草案审议的过程中,通过所谓的德奥议会刑法会议,保持与奥地利的接触,对《1927 年草案》的总结,连同第 21 届委员会在一读期间作出的决定,以及德奥议会刑法讨论会的结论,刊载于第 21 届委员会第 16 期公报上(帝国议会第 4 任期,1928 年)(这些材料被科尔劳施作为其 1930 年第 29 版《刑法教科书》的补充,由 Verlag Walter de Gruyter und Co. 出版社出版,后来又将二读期间作出的决定也收录了进去)。

自《1919 年草案》起,刑罚执行问题从实体刑法的改革中分离出来,因为应当制定一部特殊的帝国法律来调整刑罚执行问题。当 1927 年 6 月 7 日的《关于自由刑执行的帝国议院原则》公布后,制定《刑罚执行法》之路已经畅通。因此,帝国司法部开始制定草案,并于 1927 年将《刑罚执行法》的官方草案连同说明公之于众并同时提交帝国议会。

至此,这一巨大的改革工程因《德国刑法典》和《刑罚执行法》的官方草案的公布而宣告结束。帝国议院批准后,这一内容广泛的、具有巨大影响的复杂的草案于 1930 年 5 月 20 日被提交给帝国议会。

然而,政治事件非常不利于改革工程的继续。1930 年 7 月,解散帝国议会置整个改革于危险境地。卡尔此次未能再次制定一部过渡性的法律。因此,1930 年第 5 任期的帝国议会不得不重新起草一个德国刑法典草案(《1930 年草案》),草案的起草是在卡尔博士和其同志的要求下才得以进行的。"草案本身是依据德奥议会刑法会议的决定、帝国议会委员会在二读期间的决定,以及1927年的原始草案,由德国司法部自己起草的"(卡尔:《法学周刊》第60期)。因此,刑事政策方向继续改革的道路被铺平了。在随后立即举行的帝国议会会议上,该草案被移交给第18届委员会,该委员会于1930年12月11日组成,主席仍为卡尔。

反对刑法改革的政治上的反对派在此期间变得如何之强大,这一部刑法改革的伟大的民族工程陷入的文化危机如何之深,由于什么才使得德国人民的苦难的生活历程向前发展,不仅在第18届委员会的审议中,而且也在一些政治组织的不同观点中表现出来;政治现状中的黑暗,使得人们不可能对刑法改革的命运作出正确的估计。

§17 当今外国的刑法立法情况

I. 但泽

德国刑法继续有效。新的立法与熟悉的德国立法紧密衔接:1923年5月9日的法律涉及刑事责任年龄的提高;1922年7月7日、1923年3月14日、1923年9月28日颁布《罚金刑法》;1922年5月26日颁布、1923年6月27日修改的《关于限制查阅刑事犯罪登记簿和消除犯罪记录法》。

II. 奥地利

参见冯·希佩尔:《德国刑法》,第1卷第376页,第2卷第15页;希勒(Hiller):《刑法》,第115页;李斯鲍尔(Lissbauer):《整体刑法学杂志》50第716页;梅茨格第48页。1852年5月27日的现行《刑法典》只不过是1803年《刑法典》的修订版本(参见上文§11 II 1)。许尔(Hye):《1863—1867年草案》;格拉泽:《1874年草案》;普拉扎克(Prazak):《1881年草案》;舍恩博恩(Schönborn):《1889年和1891年草案》《1909年的预备草案》《1912年的政府草案》。关于《预备草案》和其他草案的报告,由李特勒(Rittler)和勒夫纳于1919年在奥地利刑法学会所作。1920年以后,奥地利的刑法改革工作与德国的刑法改革工作相衔接。德国《1919年草案》受到奥地利刑法学会的批判性的研究(参见《德国刑法草案》,格莱斯帕赫受奥地利刑法学会委托于1921年出版)。奥地利于1922年起草的针对德国《1919年草案》的"奥地利相对之草案"。从那时起,德奥司法行政部门的合作便开始了。其在委员会进行审议,并召开德奥议会刑法会议(1927—1930年)。参见上文§16 VI 和 VII。其间,奥地利的立法出现了下列新情况:1919年4月3日的《废除死刑

§17 当今外国的刑法立法情况

法》;1918年3月21日《消除判刑记录法》。此外,请参见由厄特克出版的《法庭杂志》87第161页。1920年7月23日的法律规定,引进了附条件的判决。

1855年1月15日的《军事刑法典》,科勒1919年第4版。关于附律,请参见赖来弗尔(Lelewer)和黑希特(Hecht)1919年的《新军事刑法》。

青少年刑法:1917年的《政府草案》;1928年7月8日的《少年法院法》。

行政刑法:1925年6月21日的《行政刑法》。

主要著作有,赫伯斯特(Herbst):《刑法手册》1,1882年第7版,及其《刑法手册》2,1884年第7版;杨卡(Janka):《刑法教科书》,由冯·卡利纳(v. Kallina)于1902年出版第4版;芬格尔:《刑法教科书》,第1卷1912年第3版,第2卷1914年第3版;拉马施:《刑法概论》,1911年第4版,1926年由李特勒出版第5版;施托斯:《奥地利刑法教科书》,1909—1910年,1912—1913年第2版;施托斯和冯·昆斯贝格(v. Künßberg):《奥地利刑法典》(1768—1852年)的一般规定,1909年;阿尔特曼(Altmann)和雅各布(Jacob):《刑法释义》I,1927年,以及II,1930年;徐格尔(Högel):《奥地利刑法史》,1904年及以后几年;克拉默尔编著的《刑法条文释义》,1912年第22版;阿尔特曼、雅各布和魏泽尔(Weiser):《1926年1月1日以前的奥地利刑法立法》,1926年第5版,以及《1876年以来的最高法院判决》。

1852年《刑法典》也适用于列支敦士登。

III. 捷克斯洛伐克

捷克斯洛伐克没有统一的刑法。在波希米亚、美伦、西西里亚和不与德国接壤的地区,适用1852年的《奥地利刑法典》;在斯洛伐克适用1878年的《匈牙利刑法典》、1879年《刑法典》、1913年《少年刑法》。其间,一些零星的法规普遍适用于全国:因1919年10月17日的法律,引进附条件的判决和附条件的释放,因1921年3月18日关于某些犯罪人类型的法律,引进古老的侮辱人格的强制劳动(参见下文§59),并将其作为侮辱性的公益性质的强制劳动罚的中心内容。1919年5月22日颁布的《伪造货币法》,1923年1月19日颁布的《保护共和国法》。由于1928年6月14日的法律,从法律上消除犯罪记录成为可能。参见埃平厄(Eppinger):《东方法律杂志》5第405页。统一刑法的工作在着手进行,其表现为1921年出版了由米理卡(Miricka)起草的《刑法典总则的预备草案》,同时,分则草案的起草工作也在进行。整个草案于1926年夏天公布。参见米理卡:《捷克刑法学杂志》43第281页,《瑞士刑法学杂志》35第26页;容克斯托夫(Junkerstoff):《整体刑法学杂志》23

§17 当今外国的刑法立法情况

第 1185 页,《捷克斯洛伐克新法汇编》;赖德罗(Lederor)1922 年第 1 卷,1923 年第 2 卷;卡拉帕-赫恩里特(Kallab-Herrnritt):《捷克斯洛伐克新法汇编》,1923 年;冯·韦贝尔:《捷克斯洛伐克刑法概论》,1929 年,此书中还有该国刑法文献的详细索引。

IV. 匈牙利

参见冯·夫拉西斯(v. Wlassies):《刑法》1 第 162 页;法依尔(Fayer):《刑法》2 第 459 页,《刑法报告》9 第 257 页;冯·夫拉西斯:《法庭杂志》67 第 360 页;冯·希佩尔:《德国刑法》第 1 卷第 382 页,第 2 卷第 16 页;梅茨格第 49 页;冯·昂雅(v. Angyal):《东欧法学杂志》I 第 253 页,II 第 357 页;奥尔(Auer):《整体刑法学杂志》47 第 631 页。《1791—1792 年草案》(1899 年出版)和《1843 年草案》令人感兴趣。从 1852 年至 1861 年适用《奥地利刑法》。1878 年以《德意志帝国刑法典》为蓝本制定新《刑法典》,1880 年 9 月 1 日 1 起生效。1878 年出版官方德译本。此方面的资料请参见勒夫(Loew),1880 年。1879 年 6 月 12 日的《刑法典》,同样于 1880 年 9 月 1 日起生效,1879 年出版官方德译本。1908 年的附律,译文载于《刑法报告》16 第 383 页。该附律还包括少年刑法。《刑法典》及其所有附录的全译文载于《刑法报告》16。1913 年颁布了《少年法院法》《新闻出版法》《危害社会的逃避劳动法》;1921 年 5 月 6 日颁布《有效保护国家和社会秩序法》,1921 年颁布《罚金法》;1916 年起草了一部新的《刑法典》,但未公布。参见哈克尔(Hacker):《匈牙利刑法立法的新结果》,1923 年。

科学研究(论著):法伊尔的著作,1904 年第 3 版;芬凯(Finkey)的著作,1914 年第 4 版;霍洛菲茨(Horovitz)、考茨(Kautz)、内麦特(Nemeth)、施尼勒(Schnierer)、维尔纳(Werner)的《刑法教科书》,尤其是范贝内(Vambery):《刑法教科书》,1913 年第 1 版,1918 年第 2 版;冯·昂雅:《刑法教科书》,1920 年第 3 版;阿贝尔特·伊尔克(Albert Irk):《刑法教科书》,1928 年;伊勒斯(Illes):《刑法注释》,共 3 卷。

V. 荷兰

参见范·哈默尔:《刑法》I 第 189 页;冯·希佩尔:《德国刑法》第 1 卷第 389 页,第 2 卷第 17 页;梅茨格第 50 页;米特迈耶:《德国法学家报》36 第 925 页。在荷兰,人们很早开始就致力于摆脱 1811 年取代 1809 年 1 月 31 日本国《刑法典》的《法国刑法典》的统治。为此荷兰起草了《1827 年草案》,《1839—1846 年草案》,《1859 年草案》。1875 年的草案最终才成为 1881 年 3 月 3 日的《刑法典》。该法典于 1886 年 9 月 1 日起生效;优先参考决定论者

§17 当今外国的刑法立法情况

AEL. 莫德曼（*Moddermann*，死于1885年）的著作。德文译本作为《刑法杂志》的附录；1911年5月20日的附律（风俗犯）；因1921年7月5日的法律，引进少年法庭和保护监督；1903年4月27日的《军事刑法典》，1923年1月1日起生效；1925年5月28日的《精神变态者法》（1928年8月21日起生效）；此外，还有1929年6月25日《关于刑法、刑罚执行、惯犯监管改革法》；在荷属印第安，欧洲人适用1866年的《刑法典》，1875年被修改。1891年的草案。本国国民适用1872年的《刑法典》，1876年、1879年被修改。现在，本国国民和欧洲人适用1918年1月1日起生效的"Wetboek van Strafrecht voor Ned. Indie"，参见塔维讷（*Taverne*）：《整体刑法学杂志》30第121页；在西印第安（苏里南和库拉素岛，Surinam and Curagao）适用1868年的《刑法典》。

VI. 斯堪的那维亚北部

1. 丹麦

参见奥利克（*Olrik*）：《现阶段刑法立法之比较》1第207页，《国际刑法协会报告》6第210页，9第215页；冯·希佩尔：《德国刑法》第1卷第397页，第2卷第18页；梅茨格第50页。1866年2月10日的《刑法典》。彼特尔（*Bittl*）的德文译本作为《整体刑法学杂志》21的附录。因1905年4月1日的《体罚法》而修改《刑法典》，因1911年4月1日的附律废除《刑法典》。1922年6月12日的《保护犯罪的、受到遗弃的或无人照管的青少年法》；1925年4月2日的《保安处分法》；1929年6月1日的《绝育法》；1881年5月7日的《军事刑法典》。关于刑法改革：《1912年草案》[托普（*Torp*）草案]；1917年相对立的草案；委员会对《托普草案》的审议；委员会1923年的"疑虑"；1924年的新草案；1928年草案《Rytter草案》和《1929年草案》《Zahle草案》。后于1930年4月15日颁布新《刑法典》，该新法典自1933年1月1日起生效。

2. 冰岛

1869年6月25日的《刑法典》，大体上与当时的《丹麦刑法典》相同。

3. 瑞典

参见武普施特罗姆（*Uppstroem*）：《现阶段刑法立法之比较》1第244页；冯·希佩尔：《德国刑法》第1卷395页，第2卷第18页，；梅茨格第50页。1864年2月16日的《刑法典》，1865年1月1日起生效，后几经修改。新时期特别重要的法律有：1917年5月7日的附律（以教养处分代替自由刑）；1921年6月3日的法律（在普通刑法中废除死刑）；1921年6月13日的法律（减轻杀婴和堕胎的刑罚）；1921年5月6日的法律（提高虐待动物的刑罚）。瑞典自1888年起致力于制定一部新《刑法典》。蒂伦起草之《预备草案》，包

§17　当今外国的刑法立法情况

括总则(1916年),分则I(1917年)、II(1919年)、III(1920年)、IV(1922年)、V(1923年)、VI(1925年)、VII(1927年)、VIII(1929年)。1923年刑法委员会草案(总则)。参见蒂伦:《刑法改革原则》1910年第1卷,1912年第2卷,1914年第3卷。

军事刑法:1881年10月7日的《军事刑法典》(德文译本作为附录)为1914年10月23日的新《刑法典》所代替(自1916年1月1日起生效)。其他重要的刑事法律有:1913年6月4日的《引渡法》;1916年3月24日的《刑罚执行法》及其1921年5月6日的附律;1914年7月24日的《犯罪登记法》,由于1914年10月23日的法律,附条件的判决被部分地重新予以规定;由于1918年6月28日的法律,1906年6月22日的《暂时释放法》被修改。1927年6月6日的《少年刑罚规定》;1927年4月22日颁布的一部重要法律,即《减轻责任能力者和重犯监管法》。

4. 挪威

参见盖茨(*Getz*,死于1901年;Nachruf Z 22 481):《现阶段刑法立法之比较》1第227页;冯·希佩尔:《德国刑法》第1卷第393页,第2卷第18页;梅茨格第50页。《1832年草案》,以及由盖茨于1902年5月22日起草完毕的具有新思想的《刑法典》(1905年1月1日起生效)取代了1842年《刑法典》。参见1929年2月22日的重要法律。参见《刑法汇编》(1916年第2版)和哈格鲁普(*Hagerup*)的《刑法教科书总则》,1911年版。草案和法律的翻译本(由乌贝和罗森费尔德翻译)作为《刑法通告》7和12的附录。彼特尔(*Bittl*)于1907年翻译动议,弗兰克和韦贝尔于1912年续译。1919年7月25日的《刑法典附律》,涉及法院方面的附条件缓刑(与保护监督有关,在少年犯罪情况下,将少年犯安置于教养院)。1918年6月13日的《引渡法》及其1922年6月16日的附律。1902年5月22日的《军事刑法典》及其1921年5月6日和1922年3月24日的附律。

关于丹麦、瑞典和挪威刑法,古斯(*Goos*)在《北欧法律百科全书》中有介绍。

5. 芬兰

参见弗斯曼(*Forsmann*):《现阶段刑法立法之比较》1第313页;凯瑟利乌斯(*Caselius*):《东欧法律杂志》1第285、455页;冯·希佩尔:《德国刑法》第1卷第423页;梅茨格第51页。1889年12月19日的《刑法典》,于1894年4月23日取代了1734年《瑞典刑法典》。德文译本作为《整体刑法学杂志》11的附录,法文译本由鲍赫(*Beauchel*)于1890年完成。参见1875年和

§17　当今外国的刑法立法情况

1884年草案。最重要的附律有：1914年4月29日的《禁止虐待动物的附律》；1914年6月6日的《杀婴和堕胎法》；1889年2月19日的《刑罚执行法》及其1915年2月26日的附律；1918年的《关于附条件判决法》。

塞拉希乌斯（Serlachius）于1921年和1922年分别以德国和挪威《刑法典草案》为蓝本起草了新的《刑法典草案》。

1919年5月30日的《军事刑法典》。

Ⅶ. 东欧

1. 爱沙尼亚

参见冯·希佩尔：《德国刑法》第1卷第424页，第2卷第24页；梅茨格第51页；冯·贝希勒（v. Büchler）：《德国法学家报》36第1171页。

政府委员会以《苏俄刑法典》为蓝本起草了一部《爱沙尼亚刑法典预备草案》，并在1923年公布，后于1928年颁布新的《刑法典》。

2. 拉脱维亚

参见勒贝尔（Loeber）：《东欧法律杂志》1第81、267页；明茨（Mintz）：《整体刑法学杂志》44第361页及以下几页。

由于1918年12月6日的附录，苏俄1903年《刑法典》，包括那些在沙皇统治下和在1917年二月革命后组成的政府颁布的补充规定全部生效。由于1922年1月12日的法律，引入附条件判决；以德国《1919年草案》为基础，于1922年起草了一部《刑法典草案》。另外，还有1928年草案，1930年9月25日的新《刑法典》。

文献上，有一系列刑法方面的文章刊载于1920年以后，以拉脱维亚文出版的司法部杂志上。1903年《苏俄刑法典及其注释》和《拉脱维亚附律》，由雅各贝（P. Jacoby）于1922年重新出版。现在的主要著作有明茨：《刑法教程》第1册，《刑法总则》，1925年第2册，《刑法分则》，1928年；蔡伊特采夫（Zaitzeff）：《东欧法学杂志》2第355页。

3. 立陶宛

参见冯·贝希勒：《整体刑法学杂志》46第389页，《东欧法律杂志》2第376页。

1919年年初，经立陶宛人民议会主席团批准，将1903年的《苏俄刑法典》变为现行《立陶宛刑法典》，但以不违反新的《立陶宛宪法》为限。刑罚制度明显简化了：死刑起初被废除，但由于1919年3月5日的条例，战争期间可以适用死刑；由于1922年2月25日的法律，又规定叛逆罪，叛国罪可科处死刑。1919年3月5日与1924年4月9日的《罚金刑法》。缓刑制度尚未引

§17　当今外国的刑法立法情况

进。根据1919年5月23日的与1922年12月4日条例有关的法律,规定了附条件的释放。

西欧意义上的刑法改革在立陶宛未曾出现过。

4. 波兰

在波兰的一些地区,起初仍适用苏俄、德国和奥地利法律。参见《整体刑法学杂志》7第157页。为了国家的利益,波兰进行了局部的改革。1919年议会的波兰法典编著委员会刑法组,致力于起草一部统一的《波兰刑法典》。科学上的准备工作有:摩基尼奇和拉帕颇(Mogilnicki, Rappaport)于1906年起草的《刑法总则预备草案》;Krzymusiki 于1918年发表了一部《刑法典草案》。请参见莱因霍尔特(Reihhold):《整体刑法学杂志》40第429页。根据法典编著委员会的决定,由马卡来维奇(Makarewicz)和拉帕颇于1922年起草了《刑法典草案》(总则部分)。刊载于 Revue Polonaise de legislation civile et criminelle 1922, Fasc. I Annexe;相对之草案由马可维斯基(Makowski)起草,分则部分的草案(波兰文)也已公布。

1922年的《军事刑法典》由马可维斯基起草。1921年12月的少《年法院法草案》(刊载于 Revue Polonaise 1922 Fasc. I. Annexe)。1928年3月9日的《刑事诉讼法草案》。

文献:Krzymuski, Makarewicz, Mokowski, Moginicki, Rappaport, Reinhold 等人的教科书和注释;Kaluzniacki, Mogilnicki-Rappaport, Reinhold 等人的现行法律汇编。官方公布的1918年以后最高法院的判决;杂志有:Revue Penitentiaire de Pologne。

5. 苏俄

关于布尔什维克刑法请参见加林(Galin):《革命期间俄国的法院制度和刑法制度》,1920年版;蔡伊特采夫:《整体刑法学杂志》43第198页,44第328页,51第1页;《法学小词典》V第193页;冯·哈腾(v. Harten):《瑞士刑法杂志》36第103页。现在尤其请参见弗罗伊恩德(Freund):《苏俄刑法典及其法院法和刑事诉讼条例》(引文、翻译和注释),1925年版;此外还有《苏俄法律》,由 Maklezow, Timaschew, Alexejew 和 Sawadsky 出版,蒂宾根1925年版。毛拉赫(Maurach):《俄国刑法制度》,1928年版;《东方法学杂志》5第410页(苏俄刑法1919—1931年);施瓦茨科普夫(Schwatzkopf):《苏俄刑法》(刑法论文集250),1929年版;阿诺索夫(Anossow):载阿沙芬堡21第422页;米勒:载阿沙芬堡21第647页;Pasche-Oserski:《苏俄的刑罚及刑罚执行》,1929年版;普利希克(Plischke):《整体刑法学杂志》48第362页(苏俄

§17 当今外国的刑法立法情况

的监狱制度);弗罗伊恩德:《德国法学家报》52 第 301 页(最新之草案);格拉夫·格莱斯帕赫(*Graf Gleispach*):《瑞士刑法学杂志》41 第 334 页。革命时期请参见 1866 年《刑法典》(彼德斯堡 1868 年德文译本);萨卡诺夫(*Swod Sakanow*):《苏俄刑法》(1832 年第 1 版,1885 年修订本),1910 年该法的新修订本;其间,还有 1903 年《刑法典》,但该法典未生效,只是将部分内容加进旧《刑法典》中(1903 年《刑法典》的德文译本载于《整体刑法学杂志》28 附录;伯恩斯泰因,1915 年第 2 版)。布尔什维克革命爆发以来:1917 年 11 月 24 日的法令规定,凡未被革命废除的法律,仍然适用。1918 年 11 月 3 日的法令废除旧《刑法典》,但并未以新刑法代替之,除工农政府的单行法令外,社会主义法律意识作为判决准则适用于人民法院。单行法规还有:1918 年 6 月 27 日的《投机法》、1920 年 11 月 18 日的《堕胎法》、1921 年 11 月 24 日的《诬告法》等。根据 1919 年 12 月 12 日的"RSFSR 刑法指导原则",制定了"刑法总则的替代物"(弗罗伊恩德语),它证明并规定了苏联刑法的革命倾向。一部新的《苏联刑法典》于 1922 年 6 月 1 日起生效,1924 年 8 月 16 日对该法作了有趣的增补,内容涉及原始(未开化)民族的犯罪问题。在这之后一部新《刑法典》自 1927 年 1 月 1 日起生效,它不仅将犯罪行为,而且将危险状态作为刑事处罚的先决条件。此外,还有 1930 年的一些新草案。1926 年 11 月 22 日《刑法典》及 1930 年 8 月 1 日以前的修改情况的德文译本,参见加拉斯,1931 年版。刑罚执行方面的法律有:1918 年 7 月 23 日的《作为刑罚措施的剥夺自由条例》和重要的涉及监狱制度全部领域的 1924 年 10 月 16 日的《劳动改造法》。

Ⅷ. 东南欧

1. 保加利亚

参见席希马诺夫(*Schischmanow*):《现阶段刑法立法之比较》1 第 331 页,2 第 484 页,《柏林年鉴》(*Berliner Jahrbuch*) 2 第 194 页;辛可夫(*Hinkoff*):《国际刑法协会报告》10 第 66 页(*Mitteilungen* 10 66);冯·希佩尔:《德国刑法》第 1 卷第 429 页,第 2 卷第 24 页;梅茨格第 53 页。

1885 年以前保加利亚适用土耳其法律。1896 年 2 月 2 日的《刑法典》,由施托伊洛夫(*Stoiloff*)根据《俄国刑法典》起草[德文译本,参见克吕格尔(*Krüger*),1897 年版;泰希曼(*Teichmann*)将其作为《整体刑法学杂志》18 的附录]。此外还有 1904 年 1 月 5 日的《附条件判决法》;1922 年 2 月 17 日的《犯人劳动法》;许多《刑法典》的附律。

§17 当今外国的刑法立法情况

2. 希腊

参见基普拉德斯(*Kypriades*):《现阶段刑法立法之比较》1 第 336 页;冯·希佩尔:《德国刑法》第 1 卷第 432 页,第 2 卷第 25 页;梅茨格第 54 页;*Lampiris* Bulletin de la societe de leg. comp. 48 325。

以《巴伐利亚刑法典》为蓝本制定的 1834 年 1 月 10 日《刑法典》(德文版 1834 年)几经修订,尤其是 1864 年的修订。一些专门法规试图适应现代刑事政策思想,如 1911 年的《附条件缓刑法》,1917 年(2 月 9 日、9 月 2 日)的《暂时附条件释放法》;1919 年的《关于决斗、流浪和乞讨法》。

刑法改革:《1871 年草案》,1911 年以后,法律改革委员会致力于起草较大法学学科,包括刑法的草案。《1924 年新刑法典草案》,德译本出自芬图勒斯(*Ventures*)(汇编第 47),1928 年版;为改革自由刑专门组建了一个委员会,由 *Heliopoulos* 任主席,实施累进制。

主要著作有萨利普罗斯(*Saripolos*):《刑法手册》,1868—1871 年版;科斯梯(*Kosti*):《刑法教科书》,1892—1993 年第 2 版,第 3 卷;赫里奥颇罗斯(*Heliopoulos*):《刑法教科书》,1923 年第 3 版,总则部分。

3. 罗马尼亚

参见 *Missir* :《现阶段刑法立法之比较》1 第 343 页;*Tanoviceano*:《现阶段刑法立法之比较》2 第 498 页,《国际刑法协会报告》(Mitteilungen)9 第 261 页;冯·希佩尔:《德国刑法》第 1 卷第 430 页,第 2 卷第 24 页;梅茨格第 54 页;*Teodoresco* und *Decusara* in Revue internat. de droit pen. 3 168。

1864 年 10 月 30 日的《刑法典》(1874 年 2 月 17 日版本)以《法国刑法典》为蓝本制定,但也受《普鲁士刑法典》的影响。1893 年 5 月 28 日、1894 年 2 月 23 日和 1895 年 5 月 4 日的法律,对该《刑法典》作了数次修改。重要的法律有:1921 年 7 月 9 日的《与流浪、乞讨作斗争和保护儿童法》;1921 年 8 月 4 日的执行宣判刑五分之一后的《暂时释放法》;1924 年 12 月 18 日的《国家保护法》。

1864 年的《刑法典》因 1919 年 5 月 2 日的法令在 Bessarabien 地区生效。在从匈牙利和奥地利分离出来的地区,则仍继续适用现行法律,也即在 Transsylvanien 地区适用匈牙利法律,在 Bukowina 地区适用《奥地利刑法典》。随后作了些修改。

从 1920 年 10 月起,罗马尼亚致力于刑法的统一和现代化工作。1923—1924 年公布的《少年刑法典预备草案》和《普通刑法典草案》(由 *Teodoresco* 和 *Pella* 起草),两者均附有说明,此时已致力于法典的最后形成工作。

§17 当今外国的刑法立法情况

1881 年 5 月 14 日的《军事刑法》,1894 年 5 月 25 日与 1906 年 3 月 3 日作过修改。根据 1924 年 4 月 12 日的法律,罗马尼亚《军事刑法》也适用于新获得的国土部分。改革开始进行。

4. 南斯拉夫

塞尔维亚、克罗地亚和斯洛文尼亚王国的法律状况,起初是十分混乱的。新的国家至少有 6 部不同的刑法条例:a. 塞尔维亚王国有 1860 年 3 月 27 日的《刑法典》;b. 在原奥地利地区适用 1852 年 5 月 27 日的《奥地利刑法典》;c. 在克罗地亚和斯洛文尼亚也适用《奥地利刑法典》,但增加了一些附律;d. 在 Wojwodina 适用 1878 年的《匈牙利刑法典》以及 1914 年的附律;e. 在波斯尼亚—黑塞哥维那适用 1880 年的《刑法》;f. 在黑森适用 1906 年 2 月 23 日的《刑法典》。起初,这些不同的刑法都有效,但基于全体国家的利益,自 1919 年起,许多条例和法律失效(详细情况请参见 *Dolenc* 和 *Eisner*,摘引处);《塞尔维亚刑法典》分则第 9 章、第 10 章开始适用于整个帝国(政治犯罪);1864 年 4 月 28 日的《塞尔维亚军事刑法典》自 1919 年起也适用于整个南斯拉夫,另外,还有 1925 年 8 月 6 日的《新闻出版法》。

刑法改革:1908 年在当时的塞尔维亚任命了一个委员会,负责起草一部刑法典草案,产生了 1910 年塞尔维亚草案。1911 年任命了一个法典编纂委员会。1911 年刑法总则草案的德文版公布(汇编第 32);自 1922 年起,法典编纂委员会着手制定统一适用于整个国家(在 1910 年塞尔维亚草案基础上)的新刑法典,后颁布 1929 年 1 月 27 日的新《刑法典》,1929 年 2 月 13 日的《刑罚执行法》。

5. 阿尔巴尼亚

参见 *Lamouche* Bulletin de la soc. de leg. comp. 49 244 (1920)。

土耳其统治时期的《土耳其刑法典》仍然有效。毫无疑问的是,在阿尔巴尼亚,法律状况是不确定的;在山区,仍继续适用带有血亲复仇性质的旧的习惯法。请参见《民族学杂志》31 第 352 页(阿尔巴尼亚高地地区习惯法)。

IX. 瑞士

关于瑞士刑法和瑞士刑法学的现状,请参见哈夫特:《瑞士刑法教科书》(总则),1906 年版。此外,请参见泰希曼、高蒂尔和加布其(*Gabuzzi*):《现阶段刑法立法之比较》1 第 361 页;高蒂尔:《国际刑法协会报告》(Mitteilungen)6 第 61 页,9 第 232 页;泰希曼:《国际刑法协会报告》9 第 218 页;冯·希佩尔:《德国刑法》第 1 卷第 385 页,第 2 卷第 17 页;梅茨格第 49 页。

§17 当今外国的刑法立法情况

从1799年5月4日至1803年,法国1791年的《刑法典》被作为《瑞士刑法典》适用。如今,瑞士占主导地位的法律主要是一些分散的州法。只是由于1853年2月4日的《联邦法》,才使得瑞士统一了刑法;该《联邦法》规定了针对联邦的犯罪,联邦官员的犯罪以及其他一些犯罪。此外,尚有一些联邦附律,如1924年12月19日的《炸药法》,参见克罗瑙尔(Kronauer):《联邦刑法大纲》,1912年第2版。军事刑法:1851年8月27日的法律,其有关法院组织和诉讼程序上的规定因1889年6月28日的《军事刑法法院条例》而被废除,为1927年6月13日的《军事刑法典》所代替(哈夫特:《1916—1918年草案》;1918年11月26日的联邦委员会草案和公告)。

1890年以后,瑞士致力于刑法的统一工作。参见哈夫特极好的介绍,第30页及以下几页。施托斯的准备工作(以前在伯尔尼,现在在格拉茨)参见《瑞士刑法汇编》,1890年版;施托斯的《瑞士刑法的特征——受联邦委员会委托作比较性研究》1,1892年版。1893—1894年的《预备草案》(由施托斯负责起草)。"施托斯将当时闻所未闻的有独创性的刑事政策思想融入法律语言中"(哈夫特31)。1896年专家委员会的《预备草案》(作为 Mitteilungen 6 的附录);此外,还有1903年和1908年的《预备草案》,1916年的《预备草案》及其附件和记录;1918年的《政府草案》(1918年7月23日联邦委员会关于委员会会议的公告);1928—1930年在国民院,后在联邦委员会审议(联邦院1931年春季文件第918号:联邦委员会的草案、国民院的决议和联邦院委员会的动议之综合汇编)。施托斯:《瑞士刑法学杂志》31第280页(1893年草案和1918年草案之比较)。泰希曼关于草案的文献目录,载《瑞士刑法学杂志》11第189页;哈夫特,出处同上,1908年,1912年;楚舍尔(Zürcher):《瑞士刑法学杂志》37第15页。尤其请参见哈夫特第25页;戴拉奎斯在《瑞士杂志》1930年第3期及以后几期的文章;施托斯:《瑞士刑法学杂志》42第129页;哈夫特:《德国法学家报》36第800页;米特迈耶:《德国法学家报》36第924页。

各州的23部《刑法典》(就其完全缺乏刑法规定,且在刑事司法中援用单行法规以及法院判例而言)彼此相差甚远。德语区的刑法受德国的刑法学和立法(1870年前受德国各州法,后受《德意志帝国刑法典》)的影响,而法语区的刑法则受《法国刑法典》(der Code penal)的影响,但相互交叉的情况到处可见(哈夫特28)。20世纪各州刑法的发展表现在联邦刑法草案上,这些草案给各州的立法者直接提供了刑事政策进步和教义学继续发展的榜样。关于各州法律的评价,现在的情况尤其请参见哈夫特§7,以前的情况请参见

§17 当今外国的刑法立法情况

菲尼格尔的《瑞士刑法》,1890年版。

目前,各州的立法情况如下:乌里州和尼瓦尔登州没有刑法典;下列各州适用旧法:沃州[1843年2月18日,波恩纳德(Bonnard)出版并加注,1924年版];格劳宾登州(1851年7月8日);瓦莱州(1858年5月26日,1918年第3版);沙夫豪森州(1859年4月3日,1916年1月30日修订);奥布瓦尔登州(1864年10月20日和1908年4月26日的附律,参见哈夫特:《瑞士刑法杂志》21第353页,31第202页);伯尔尼州(1866年1月30日,数个附律;参见施托斯,1896年第2版;克莱普斯,1923年第2版);格拉鲁斯州(1867年,1899年5月7日修改,库利注释,1906年版);图尔高州(1868年3月23日)。下列各州适用新法:苏黎世州(1871年1月8日,1897年12月6日版本,1908年4月26日的附律,奔驰-楚希尔加注的版本,1908年第4版,采勒,1912年版);巴塞尔城市州(1872年6月17日,数个附律,1919年的版本);巴塞尔农村州(1873年2月3日);提新州(1873年1月25日);日内瓦州(1874年10月21日);楚格州(1876年12月20日及其1882年6月1日的附律);阿彭策尔州(1878年4月28日);施维茨州(1881年5月20日);加伦城市州(1886年1月4日和1912年2月27日的补充法——《少年刑法》——1916年11月29日)等。

在所有各州,除上述法律外,特别法尤其是关于附条件的判决、青少年刑法,暂时释放等亦适用之。参见哈夫特第20页及以下几页。

关于瑞士监狱制度,主要请参见哈夫特-楚舍尔:《瑞士监狱学》,1925年版;此外,还有戴拉奎斯:《瑞士刑法学杂志》43第265页。

X. 西欧大陆国家

1. 法国

参见 *Riviere*:《现阶段刑法立法之比较》1第435页,《国际刑法协会报告》6第38页(Mitteilungen 6 38);冯·希佩尔:《德国刑法》第1卷第399页,第2卷第18页;梅茨格第52页;海曼(*Heymann*):《法学词典》V第160页;*Hugueney* : Revue intern. de Droit pen. 3 154。

1810年《法国刑法典》(参见上文§11 II 3)因一系列的部分具有深远影响的法律(如1832年、1848年、1850年、1854年、1863年的法律等)而作了修改。1857年和1858年的旧《军事刑法》被废除,取而代之的是1928年3月9日的法律,它对《军事刑法》从实体上和程序上作出了规定。参见冯·亨蒂希:载阿沙芬堡主编的著作19第526页。下列文献值得参考:*Chaveau und Faustin-Helie*:Theorie du code penal,第6版第7卷,第1888页及以下几页;

§17 当今外国的刑法立法情况

Ortolan(死于 1873 年):Elements di droit penal,1886 年第 5 版第 2 卷;*Villey*: Precis d'un cours de droit criminel,1906 年第 6 版;*Blanche*:Etudes pratiques sur le code pen. ,1888—1891 年第 2 版第 7 卷;*Boitard*: Lecons de droit criminel,1890 年第 13 版;*Laborde*: Precis de droit penal francais,1912 年第 3 版第 1 卷;*Garraud*: Precis de droit criminel, 1926 年第 14 版;*Molinier - Vidal*: Traite,1893—1894 年版第 2 卷;*Normand*: Traite dlement. ,1896 年版;*Vidal*: Cours de droit criminel et de science penitentaier,1928 年第 7 版;*Derselbe*: Le droit penal,1922 年版;*Roux*: Cours de droit penal,1927 年第 2 版;*Goyet*: Precis de droit penal special,1925 年版。关于监狱制度请参见 *Mosse*':Les prisons,1929 年版;1927 年 3 月 10 日的《引渡法》。《刑法典》的修改和完善工作陷入停滞状态。总则部分的草案刊载于《国际刑法协会报告》6 第 165 页。1912 年 7 月 22 日的《儿童保护法》作为附录刊载于《国际刑法协会报告》19 。关于法国—印第安问题,请参见 E. *Frauvel*:《刑法杂志》,1884 年版。1810 年《法国刑法典》于 1880 年被引入 Cochinchina。参见 1913 年的《突尼斯刑法典》。关于摩纳哥请参见《现阶段刑法立法之比较》2 第 415 页。

2. 比利时

参见普林斯:《现阶段刑法立法之比较》1 第 461 页,《国际刑法协会报告》6 第 202 页;伦茨(*Lenz*):《国际刑法协会报告》9 第 211 页;冯·希佩尔:《德国刑法》第 1 卷第 401 页,第 2 卷第 19 页;梅茨格第 52 页。

在比利时,从 1867 年以后适用经过很大修改的《法国刑法典》。参见 1905 年 1 月 29 日的附律(风俗犯罪、猥亵犯罪),1912 年 5 月 15 日的《儿童保护法》,1899 年 6 月 15 日的《比利时军事刑法典》。

比利时刚果殖民地(现在的刚果王国)适用 1888 年 8 月 1 日起生效的《刑法典》。1896 年 12 月 19 日出了新的版本。

3. 卢森堡

参见贝格:《现阶段刑法立法之比较》1 第 472 页;戴拉海尔(*Delahaye*):《国际刑法协会报告》11 第 63 页。卢森堡 1879 年《刑法典》纯粹是《比利时刑法典》的翻版。该《刑法典》的法文和德文版本由鲁泼特(*Ruppert*)于 1900 年出版。

4. 摩纳哥

参见 *Turrel und Crusen* :《现阶段刑法立法之比较》1 第 475 页。摩纳哥 1874 年 12 月 19 日的《刑法典》以《法国刑法典》为蓝本制定。

§17 当今外国的刑法立法情况

XI. 伊比利亚半岛
1. 西班牙

参见雷森费尔德(Resenfeld):《现阶段刑法立法之比较》1 第 483 页;冯·希佩尔:《德国刑法》第 1 卷第 408 页,第 2 卷第 20 页;梅茨格第 53 页;迪纳(Doerner):《整体刑法学杂志》51 第 811 页;萨尔达娜(Saldana):《西班牙的现代刑法观》,1922 年版。《整体刑法学杂志》45 第 54 页(《西班牙的少年监狱》);Jimenez de Asua:载阿沙芬堡主编的著作 20 第 257 页(《关于最新的改革及有关文献》)。1848 年《刑法典》,于 1871 年 1 月 1 日被修订。还有数部草案:《1884 年草案》(Silvela 起草),《1905 年草案》(Salillas 起草),《1912 年草案》(法律委员会起草),《1918 年草案》(Asua 起草),此后还有一部草案。新《刑法典》是 1928 年 9 月 8 日颁布的,1929 年 1 月 1 日起生效,它因政治变革的缘故,被 1931 年 4 月 15 日的法令宣布为无效。重新生效的 1871 年《刑法典》由于 1931 年 5 月 2 日的紧急命令而作了修改,增加了政治犯的内容。军事刑法:1890 年 9 月 27 日的《军事刑法》。几个现代化的特别法:1908 年 3 月 17 日的关于《附条件判决法》,1924 年 7 月 23 日的关于《附条件释放法》。1918 年 8 月 24 日的《少年法院法》。

主要著作:Silvela El derecho penal etc.,1874 年、1879 年。关于新刑法的有关文献:Losada El Codigo penal de,1928 年;Calon El nuevo codigo penal,1929 年;Garcia 的评论,1928—1929 年第 2 卷,Zamudro,1929 年。

2. 葡萄牙

参见 Tavares de Medeiros:《现阶段刑法立法之比较》1 第 535 页;冯·希佩尔:《德国刑法》第 1 卷第 412 页;梅茨格第 53 页;1852 年 12 月 10 日的《刑法典》,于 1884 年 6 月 14 日与 1886 年 12 月 16 日经两次修改。张德(Zander)的德文译本被用作《刑法学杂志》24 的附录。还请参见 1875 年 4 月 9 日的《军事刑法》。

XII. 意大利半岛
1. 意大利

参见阿利梅纳(Alimena):《现阶段刑法立法之比较》1 第 581 页,2 第 533 页,《国际刑法协会报告》9 第 263 页;冯·希佩尔:《德国刑法》第 1 卷第 403 页,第 2 卷第 19 页;梅茨格第 52 页。

a. 1860 年以前的法律状况:在萨丁岛(Sardinien)和皮蒙特(Piemont)有 1859 年 10 月 26 日的《阿尔贝提刑法典》;在伦巴第(Lombardei)和威尼亭(Ventien)地区适用 1852 年《奥地利刑法典》;在帕尔玛(Parma)和皮阿森察

§17 当今外国的刑法立法情况

(Piacenza)地区适用 1820 年《刑法典》;在莫代纳(Modena)地区适用 1855 年《刑法典》;在托斯卡纳(Toskana)地区适用在米特迈尔影下以《巴登刑法典》为蓝本制定的 1853 年 6 月 29 日《刑法典》(1856 年修订);在西西里适用 1819 年《刑法典》;在教皇国①适用 1832 年的 gregorian 法令。

b. 1859 年以后,《萨丁岛刑法典》(北方施行 1859 年的版本,南方施行 1861 年的版本)逐步适用于整个半岛,托斯卡纳除外。人们致力于制定一部新的统一的《刑法典》。经过 20 多年的努力(其间起草了许多草案),扎纳带利(Zanardelli)起草的草案被接受。

c. 1890 年 1 月 1 日以后,1889 年 6 月 30 日的《刑法典》生效。参见施特凡(Stephan)1890 年的德文译本和 Turrel, Lacointa, Sarraute 1890 年的法译本,以及冯·李斯特 1889 年对扎纳带利草案的评论等。1919 年 9 月 14 日的敕令任命了一个旨在进行刑法改革的皇室委员会,其任务是制定一部刑法典草案,对实体刑法进行改革。该委员会主席是 E. 费利(E. Ferri,死于 1929 年 4 月 12 日),副主席是加洛法洛(Garofalo);其他成员有:Florian, Grispigni, Ottolenhi, de Sanctis, Carnevde, Stoppato 等人。该委员会的工作成果是于 1921 年 1 月公布的《意大利刑法典》(总则部分)的《预备草案》。草案试图通过取消"罪责"和"刑罚"概念,用"危险性"和"制裁"来代替,体现意大利"实证主义"的极端观点。根据这一观点,患有精神病的犯罪人也可被立即解释为制裁的客体。该草案同样也受到德国的高度重视。参见罗森费尔德:《德国刑法学杂志》9 第 76 页。冯·希佩尔:《德国刑法》第 1 卷第 532 页;格雷特讷:《法院公报》90 第 197 页;艾伯迈耶的《1923 年意大利刑法典草案中的罪责和危险性》等。

在法西斯的统治下,意大利政治形势的发展迫使刑法改革不久便走上了完全不同的轨道。洛科(Rocco)于 1927 年起草了一部新的草案。波恩格(Bunge)的译文载于《法规汇编》第 48 期(1928 年),此外,还请参见绍尔:《法院公报》97 第 193 页;冯·亨蒂希:载阿沙芬堡主办的《犯罪心理和刑法改革月刊》19;姜成(Janzen):《1921 年以来意大利刑法的一元论和二元论》等。1930 年 10 月 19 日的新《刑法典》于 1931 年 7 月 1 日起生效,同时生效的还有一个新的《刑事诉讼条例》。关于费利,请参见丹尼尔(Daniel):《整体刑法学杂志》50 第 475 页。

---

① 今天仅限于梵蒂冈。——译者注

§17 当今外国的刑法立法情况

2. 圣马力诺

参见阿利梅纳:《现阶段刑法立法之比较》1 第 611 页。1865 年 9 月 15 日的《刑法典》。

XIII. 大不列颠

参见舒施特(Schuster):《现阶段刑法立法之比较》1 第 611 页,《国际刑法协会报告》10 第 52 页;阿施洛特(Aschrott):《整体刑法学杂志》17 第 1 页;冯·希佩尔:《德国刑法》第 1 卷第 413 页,第 2 卷第 21 页;梅茨格第 54 页;瓦格纳(Wegner):《整体刑法学杂志》44 第 193、370、585 页,45 第 161 页,46 第 279、423 页。

英国法由普通法、判例法和成文法构成。根据 1861 年的法令,一些最重要的犯罪类型(如财产犯罪、针对身体和生命的犯罪等)均以新面目出现。1916 年对盗窃行为进行了一种部分编纂工作(对最重要的财产犯罪的概括)。当施特芬(JF. Stephen)于 1860 年成功地制定了适用于印度的《刑法典》(后于 1870 年、1882 年、1886 年和 1896 年修订)之后,制定大不列颠统一的《刑法典》的思想被接受。但是,《1878 年草案》《1879 年草案》和《1880 年草案》由于受到国会的反对而不得不于 1883 年被放弃。关于 1907—1908 年的法令,请参见上文 §5 III。1911 年的《间谍法》作为附件载于《国际刑法协会报告》19 上。

《印度刑法典》构成了新加坡刑法和 die Straits Settlements(1871 年 8 月 9 日)的基础。请参见菲利普斯(Phillips):《现阶段刑法立法比较研究》2 第 221 页。关于英国殖民地的刑法,参见布莱希(Buressch):《现阶段刑法立法比较研究》2 第 269 页。其中法典有:1892 年《加拿大刑法典》,1890 年《维克多利亚刑法典》,1899 年《昆士兰刑法典》,1902 年《西澳大利亚刑法典》,1898 年《苏丹刑法典》,1924 年《塔斯马尼亚刑法典》。自 1854 年起,英国法令也适用于马耳他。毛里求斯仍然适用 1838 年的法国法律。

XIV. 美国

参见贝阿勒(Beale):《现阶段刑法立法之比较》2 第 195 页;冯·希佩尔:《德国刑法》第 1 卷第 433 页,第 2 卷第 25 页;梅茨格第 55 页。美国刑法的基础大致与英国相同,具有与英国刑法相同的特点。大多数州曾经试图(并非都成功)进行《刑法典》的编纂工作。参见《1927 年草案》附录 I 第 102 页。重要的是 1881 年《纽约刑法典》,1909 年的《联邦刑法典》(还包括许多附律)和大量含有刑法内容的联邦法律,构成了联邦统一刑法。新的著作有毕肖普(Bishop):《刑法注释》,1892 年第 8 版第 2 卷;瓦尔童(Wharton):《刑法

§17 当今外国的刑法立法情况

论文集》,1896 年第 10 版第 2 卷;克莱因(*Mc Clein*):《刑法》,1897 年第 2 卷。1898 年合并的夏威夷适用 1850 年的《刑法典》,古巴、波多黎各和菲律宾群岛适用以《西班牙刑法典》为蓝本制定的《刑法典》,前两者适用 1879 年 5 月 21 日的《刑法典》,后者适用 1884 年 9 月 4 日的《刑法典》。关于受费利的影响而起草的新草案(古巴《1926 年草案》,菲律宾《1927 年草案》),参见阿苏阿(*Asua*):载阿沙芬堡主编的著作 20 第 275、277 页;丹尼尔:《整体刑法学杂志》50 第 486 页。关于美国在监狱制度方面的影响,参见下文 §59;关于美国刑法文献,参见冯·亨蒂希:载阿沙芬堡主编的著作 21 第 677 页;海讷斯(*Haynes*):《犯罪学》。

XV. 中南美洲国家

1. 墨西哥

参见埃森曼(*Eisenmann*):《整体刑法学杂志》14 第 19 页,《现阶段刑法立法之比较》2 第 113 页;冯·希佩尔:《德国刑法》第 1 卷第 437 页。1871 年 12 月 7 日的《刑法典》,1884 年新的版本。德文译本作为《整体刑法学杂志》14 的附录;1898 年 10 月 13 日的《军事刑法》;1912 年和 1926 年的《刑法典草案》;1929 年 9 月 30 日的新《刑法典》。米特迈耶:载阿沙芬堡主编的著作 21 第 551 页。1928 年 6 月 29 日的《少年法院法》。

2. 哥斯达黎加

参见埃森曼:《现阶段刑法立法之比较》2 第 140 页;冯·希佩尔:《德国刑法》第 1 卷第 439 页。1880 年 4 月 27 日的《刑法典》(与《智利刑法典》相似);1882 年由 *Orozco* 修订,1924 年的新《刑法典》。

3. 萨尔瓦多

参见埃森曼:《现阶段刑法立法之比较》2 第 152 页;冯·希佩尔:《德国刑法》第 1 卷第 438 页,第 2 卷第 27 页。1904 年《刑法典》。

4. 洪都拉斯

参见 *Ucles*:《现阶段刑法立法之比较》2 第 133 页;冯·希佩尔:《德国刑法》第 1 卷第 438 页。1880 年 8 月 27 日的《刑法典》(以《智利刑法典》为蓝本制定);1881 年 5 月 31 日的《军事刑法典》。这两个法典均经过修改(前者根据《日本刑法典》修改),后于 1899 年 1 月 1 日起生效。参见《国际刑法协会报告》11 第 6 页,Codigo penal vom 22. Januar 1906。

5. 危地马拉

参见萨拉菲亚(*Saravia*):《现阶段刑法立法之比较》2 第 146 页;冯·希佩尔:《德国刑法》第 1 卷第 438 页。还有 1889 年 2 月 15 日的《刑法典》。

§17 当今外国的刑法立法情况

6. 尼加拉瓜

参见赛尔法(Selva):《现阶段刑法立法之比较》2 第129 页;冯·希佩尔:《德国刑法》第1卷第439页。1891年12月8日的《刑法典》(替代1879年的旧《刑法典》)。

7. 巴西

参见 Araujo-Crusen:《现阶段刑法立法之比较》2 第169 页;Araujo:《国际刑法协会报告》11 第70 页;冯·希佩尔:《德国刑法》第1卷第439页,第2卷第28页。1830年的《刑法典》为1890年10月11日的《巴西合众国刑法典》所替代(该《刑法典》以《意大利刑法典》为蓝本制定)。关于该《刑法典》,参见 Araujo(1896—1902年), Viera, Bastos 以及 Siqueira 的评论;Vieira 和 Drumond 的《刑法教科书》;1893年和1899年的草案;Siqueira 1913年的草案。关于1917年开始的刑法改革,参见戴拉奎斯:《整体刑法学杂志》39 第371页。Pareira 的新草案,1927—1928年,参见阿苏阿:载阿沙芬堡主编的著作 20 第277页。关于《刑法典》的修改参见 Araujo:《国际刑法协会报告》17 第398页。

8. 智利

参见 Robustiano Vera:《现阶段刑法立法之比较》2 第13 页;冯·希佩尔:《德国刑法》第1卷第441页。1874年11月12日的《刑法典》(1889年官方第1版),该法典以《日本刑法典》为蓝本制定。Robustiano Vera 1883年的评论。德文译本作为《整体刑法学杂志》20 的附录。

9. 玻利维亚

参见埃森曼:《现阶段刑法立法之比较》2 第161 页;冯·希佩尔:《德国刑法》第1卷第441页。1834年11月3日的《刑法典》。

10. 秘鲁

参见克鲁森(Crusen):《现阶段刑法立法之比较》2 第55 页;冯·希佩尔:《德国刑法》第1卷第441页,第2卷第28页。1862年9月23日的《刑法典》(自1863年起生效),1924年7月28日的新《刑法典》;还有《1927年草案》,《1928年草案》及其他草案;1898年12月29日的《军事刑法典》。

11. 哥伦比亚

参见克鲁森:《现阶段刑法立法之比较》2 第89 页;冯·希佩尔:《德国刑法》第1卷第440页,第2卷第28页。1890年10月18日《刑法典》。1915年《假释和缓刑法》以及1918年11月25日的附律。1920年10月29日关于监狱工作的刑法典附律。1922年12月27日的新《刑法典》,1924年1月1日

§17 当今外国的刑法立法情况

起生效。此后,哥伦比亚的刑法典草案均受《意大利刑法典》的影响。

12. 阿根廷

参见皮赖诺(*Pireno*):《现阶段刑法立法之比较》2 第 1 页;冯·希佩尔:《德国刑法》第 1 卷第 442 页,第 2 卷第 28 页。1886 年 11 月 25 日的《刑法典》,该法典因 1921 年 10 月 20 日的新《刑法典》的颁布而失效(《1906 年草案》《1907 年草案》《1917 年草案》)。1919 年 10 月 21 日法律规定引入《少年法院法》。阿根廷新《刑法典》未规定死刑,适用附条件的释放(假释)和缓刑,规定对重犯在刑罚执行完毕后予以不定期保安监督,对儿童和少年继续适用矫正处分以代替刑罚。参见派科(*Peco*)的《1917—1920 年刑法改革》;还有 1924 年、1926 年、1928 年的刑法草案。关于迄今为止的刑法,参见:*Rivarola* Exposicion y critica del codigo penal 3Bde. 1890; Derecho penal argentino 1910。

13. 乌拉圭

参见马梯奈茨(*Martinez*):《现阶段刑法立法之比较》2 第 73 页;冯·希佩尔:《德国刑法》第 1 卷第 442 页。1889 年 1 月 17 日的《刑法典》,1890 年 7 月 18 日起生效(《意大利刑法典》的翻版)。

14. 巴拉圭

参见埃森曼:《现阶段刑法立法之比较》2 第 81 页;冯·希佩尔:《德国刑法》第 1 卷第 441 页。1900 年的《刑法典》。

15. 委内瑞拉

参见罗森费尔德:《现阶段刑法立法之比较》2 第 45 页;冯·希佩尔:《德国刑法》第 1 卷第 440 页,*Ochoa* Exposicion del codigo penal venezplano 1888;《国际刑法协会报告》11 第 47 页;哈特维克(*Hartwig*):《国际刑法协会报告》18 第 561 页。1904 年 4 月 8 日的《刑法典》,它代替了 1873 年《刑法典》和 1897 年《刑法典》。1926 年 7 月 6 日的新《刑法典》。1915 年 6 月 16 日的《刑罚执行法》。

16. 厄瓜多尔

参见克鲁森:《现阶段刑法立法之比较》2 第 21 页;冯·希佩尔:《德国刑法》第 1 卷第 441 页,第 2 卷第 28 页。1906 年《刑法典》,它代替 1873 年《刑法典》和 1890 年《刑法典》。1922 年的附律,1921 年 10 月 8 日的《军事刑法典》。

17. 圣多明哥(San Domingo)

参见克鲁森:《现阶段刑法立法之比较》2 第 433 页。1884 年 8 月 20 日

《刑法典》。

18. 巴拿马

参见1922年11月17日《刑法典》。

19. 海地

参见1835年《刑法典》,后经数次修改,尤其请参见新近颁布的一些特别法。

XVI. 土耳其

参见贝克(van den Berg):《现阶段刑法立法之比较》1第719页;冯·希佩尔:《德国刑法》第1卷第425页。萨考(Sachau):《1879年穆罕默德法》;耶奈克(Jaenecke)的《土耳其刑法的基本问题》,1918年版。1858年7月25日的《刑法典》(几经修改,具有《德国刑法典》的思想;《1911年的附律》)为1926年3月1日的《新刑法典》所代替。土耳其迄今为止的刑法典的德文译本被作为《国际刑法协会报告》19的附录,《新刑法典》的德译本[由齐姆克(Ziemke)译]载于《汇编》46。

XVII. 埃及

参见贝克:《现阶段刑法立法之比较》1第735页,2第539页;Abott-et-Fetouh:《国际刑法协会报告》6第411页,9第247页。适用于土著人的1904年2月14日的《刑法典》(它的颁布替代了1883年11月13日的旧《刑法典》),1907年官方的法文译本;1912年6月8日的附律。Grandmoulin(法国人),Ahmed Bey Amin,Mohamed Kamel Moursy Bey(阿拉伯人)对刑法进行了修改和完善。

XVIII. 远东国家

1. 中国

参见克莱布斯(Krebs):《现阶段刑法立法之比较》2第369页;冯·希佩尔:《德国刑法》第1卷第448页;多福(Dufour):Bulletin de la soc. de leg. comp. 49 272;van D'Elden:《法庭杂志》98第82页;普利希克(Plischke):《整体刑法学杂志》48第572页;海因德尔:《整体刑法学杂志》50第657页;迪勒(Doerner):《整体刑法学杂志》51第816页。1727年的《刑法典》为1912年的《刑法典》(该《刑法典》以《日本刑法典》为蓝本制定)所取代。请参见米歇尔森(Michelsen):《整体刑法学杂志》35第482页。1908年的《警察刑法典》(当时似无此法——译者注)。共和国政府宣布继续适用1912年《刑法典》,但同时作了修改。其后的第一部草案未被采纳;1919年的第二部草案,1919年以英文、1920年以法文出版。其间颁布了1914年12月24日的

§17 当今外国的刑法立法情况

《刑法典附律》和 1921 年 3 月 29 日的《附律》[贿赂官员(Beamtenbestechung)]。1928 年颁布了一部新的《刑法典》(米特迈耶:《德国法学家报》36 第 925 页)。关于 1931 年 1 月 31 日的《共和国保护法》,参见迪勒的著作。

2. 日本

参见冯·希佩尔:《德国刑法》第 1 卷第 443 页。1907 年的《刑法典》,1908 年 10 月 1 日起生效。1908 年 3 月 28 日《刑法实施法》,作了许多修改。勒恩霍姆(Lönholm)将其译成英文,德文译本被作为《整体刑法学杂志》28 的附录。关于 1880 年旧《刑法典》,参见勒恩霍姆:《现阶段刑法立法之比较》2 第 353 页;*Boissonnade* Projet revise de code penal pour l'empire du Japon 1886。米歇利斯(*Michaelis*):《了解日本刑法史》,1887 年版;*Motoji* 和 *Oba*,特别是 *Makino* 的《刑法教科书》。1908 年 3 月 28 日的《监狱法》及其 1908 年 6 月 16 日的《实施细则》,1921 年、1922 年作了修改。1908 年的《军事刑法典》;德文译本被作为《国际刑法协会报告》18 的附录。1899 年的草案和 1903 年的草案。对此,请参见姆牧(*Mumm*):《法庭杂志》62 第 136 页,1925 年新的改革尝试。

3. 朝鲜

1908 年 8 月 1 日的《刑法典》。*Cremazy* Le code penal de la Coree 1904。新《刑法典》正在准备过程中。

第三章　帝国刑法的渊源

§18　刑　法

I. 规范和刑法。大部分刑法规范(不同于"概念发展之法规范")具有两部分内容:"谁干了这个或那个,将受到这样或那样的处罚。"刑法规范将特定的构成要件(实施一个经详细规定的行为)与特定的法律效果(刑罚)紧密联系在一起。它间接地劝导和警告全体人民,同时直接指示国家机关在具体情况下允许法律效果的发生。我们要将"规范"与这一意义上的刑法从概念上区别开来,前者的主体是全体人民,后者的构成要件中包含国家的要求或禁令。① 规范说:"你不应当杀人。"刑法则规定:"杀人者,受处罚。"正是由于违反规范,刑法规定了一系列构成要件,如谋杀和故意杀人,杀婴,受嘱托杀

---

① 本教科书关于"规范"与"刑法规定"(刑罚威胁)在概念上的区别与大多数人的观点是一致的。参见弗兰克《导言》1及其中的引文。还请参见帝国法院判决第61卷第20页。但问题是:(1)人们怎么认识规范;(2)它们从何而来? 关于第一问,本教科书作了回答,第二问的答案在于,规范同时与可罚性声明联系在一起(构成要件与法律后果联系在一起),如果不是,那么,立法者颁布法律的目的何在? 持相同观点的还有弗兰克:Einl. Best. 1;冯·希佩尔:《德国刑法》第1卷第19—20页;梅茨格第184页和《整体刑法学杂志》42第367页及以下几页;阿尔费德第72页;绍尔:《基础》第295、296、339页;哈夫特第4页及以下几页;等等。立法者在制定规范时应当考虑文化要求,从这一"文化规范"中为其法律规范寻找丰富的养分,这是毫无疑问的。但文化规范不能等同于这里所说的"规范"。那种认为通过文化规范来规定"规范",认为"何种行为违法"的观点是不正确的。首先应当将文化规范通过法秩序上升为法规范,然后才能被作为对全体国民具有约束力的法律上的要求和禁止。文化规范还可以通过实质的构成要件特征的方法,尤其是当它具有"弥补需要价值的形式"时,以及通过形式的法律补充原则上升为法秩序。参见下文§§31、32、34、35。迈耶的文化规范理论走得太远了。不同意他的观点的还有弗兰克:Einl. Best. 1;冯·希佩尔:《德国刑法》第1卷第23页;绍尔第269页;不同意他对该问题的结论的有哈夫特4注释4。

§18 刑 法

人等的构成要件以及各种不同的处罚。这里的规范是法律规范,但并非一定属于刑法本身,也可能属于其他不同的法律领域。由于规范的文句大多缺乏确定的措辞,所以,就方法论而言准确地使用规范的概念是不可能的。①

Ⅱ. 根据现今的法律观,成文法(广义上的法律)是刑法规范的唯一渊源。刑法的所有规范都同属于制定法(gesetztes Recht)。当代的刑法立法从假设其完整性出发,并在此假设的基础上提出排他性要求。刑法立法反映了18世纪末期以来(1789年和1791年《法国宪法》)反复强调的、1919年《帝国宪法》第116条规定的要求:"刑罚之科处,应以行为实施前,可罚性明定于法律者为限"(Nullum crimen sine lege, nulla poena sine lege)。只有那些被法律明确规定应科处刑罚的行为才受刑法处罚,而且,所科处之刑罚只能是法律明文规定之刑罚。②

---

① 宾丁及其追随者们没有对规范的范围作出界定。因此,"规范理论"也就没有科学上的可适用性。关于迈耶的"文化规范"请参见上文§2注释2(即本书第6页注释①——译者注)和本节注释1(即本书第98页注释①——译者注)。

② 正如肖特兰德(Schottlaender)所证明的那样,该句可追溯到《大宪章》(magna charta)。它在英文文献中得到发展,为北美宪法所接受,在欧洲大陆(奥地利因为1787年首先接受而走在了欧洲大陆的前头),在《人权和公民权利宣言》中(1789年8月26日)被隆重宣告。参见普鲁士1850年《宪法》第8条。《帝国刑法典》在第2条第1款(该条因1919年《帝国宪法》第116条被废除)几乎用相同的文字明确表达了刑法的法制国家功能,正如文中帝国1919年《宪法》第116条所说的那样。文字上所不同的只是,《帝国宪法》第116条用了"可罚性"一词,而《刑法典》第2条第1款用了"刑罚"一词。但该小小的区别却导致了对《帝国宪法》第116条的适用范围和它与《刑法典》第2条第1款的关系的争论:1. 和本教科书持相同观点的还有安雪茨:《德意志帝国宪法》,1929年修正版,第116条注释1;施蒂卜-索姆罗:《德意志帝国和邦宪法》(1924年)Ⅰ第311页;凯克尔(Käckel):《整体刑法学杂志》41第684页;米特迈耶:《整体刑法学杂志》9第226页;冯·希佩尔:《整体刑法学杂志》42第405页注释3;冯·希佩尔:《德国刑法》第2卷第34页;洛伯:《帝国刑法典及其注释》§2;葛兰特:《德国刑法》第56页;等等。他们认为,《帝国宪法》第116条实际上表达了与《帝国刑法典》第2条第1款完全相同的意思,它既包含了非法律的处罚的禁止内容,也包含了刑法规定的禁止内容。但在对待《帝国刑法典》第2条第1款是否继续有效的问题上,上述作者的意见产生了分歧:a. 与本教科书的观点完全相同的意见认为《帝国宪法》第116条废除了《帝国刑法典》第2条第1款,前者在内容上完全包含了被废除的后者的内容,安雪茨:《德意志帝国宪法》,参见下文§19Ⅰ;b. 凯克尔、米特迈耶对这个问题未发表意见;c. 洛伯、葛兰特和冯·希佩尔认为《帝国刑法典》仍然继续有效。2. 第二种观点认为,《帝国宪法》第116条修改了《帝国刑法典》第2条第1款,因此,作为新的规定取代了后者。持这种观点的有帝国法院判决第56卷第318页。此等修改在于刑罚的确定性被取消,而只是在法律上规定处罚的可能性。《帝国刑法典》第2条第1款被废除为帝国法院判决第57卷第119页、第57卷第49页,第59卷第228页多次予以承认,并且在后两个判决中,根本就不再适用《帝国刑法典》第2条第1款。相反的是,帝国法院判决第57卷第406页认为《帝国刑法典》第2(转下页)

§18 刑　法

　　这一观点是与要求刑事法官适用当时有效之国家法律紧密相联的,同时又受国家权力与个人自由之间的政治关系的限制和决定。只有当刑事法官不仅仅是法律适用机构,而且也是立法机构时,才可能制定出不同于实定刑法规范的法规范。因此,在罗马皇帝时期,与争议程序相反,允许法官依照习惯法科处刑罚(die Bestrafung ad exemplum legis);因此,中世纪的"判决发明人"(Urteilsfinder)从其法确信中"创造"了法律规范。全德通用刑法必须——依据《刑事法院条例》第105条——对其规范的发展听凭习惯和科学来决定。《特蕾西亚法典》仍坚持这样的观点。但启蒙运动以后,法官则更多地成为法律的宣布者,而将法官和法律联系在一起的是法律条文而非法律之精神。历史的车轮滚滚向前,如在 Justiniana 时代,人们禁止任何对法律的解释。① 今天,我们已然抛弃了这种过分之举,委托法官科学地适用法律。由此使得——至少在帝国刑法领域——法院的习惯(这里也可表述为习惯法)不具有创立新的构成要件和新的刑罚的立法效力。② 即便是科学本身也不具备立法的效力。它通过解释艺术阐明法律规范的内容;通过发展概念揭

(接上页)条第1款实际上与《帝国宪法》第116条是一致的,根本就没有提及后者废除前者;帝国法院判决第58卷第406页甚至适用"与《帝国宪法》第116条相联系之《帝国刑法典》第2条";而帝国法院判决第60卷第363页、第62卷第372页、第63卷第253页则干脆直接适用《帝国刑法典》第2条第1款,根本不提及《帝国宪法》第116条。因此,可以说,帝国法院对于这个在整个刑法中具有重要作用的问题的态度是矛盾的、含糊不清的。米特迈耶在《帝国刑法杂志》9 第226页对帝国法院判决第56卷第318页提出了严厉的批评。3. 弗兰克§2 I 采取了折中态度,因此,在禁止非法律的处罚方面,给予《帝国刑法典》第2条以宪法保障;另一方面,其对法律规定的处罚则未发表意见,因此也就没有涉及《帝国刑法典》第2条第1款。现在,葛兰特持与弗兰克相近的观点:他认为,《帝国宪法》第116条并没有对继续存在的《帝国刑法典》第2条第1款进行修改,它只是想对禁止非法律的处罚以及禁止不确定处罚给予宪法保障;之所以选择了一个不同的词汇,只不过是想不触及《帝国刑法典》第2条第1款的溯及既往的规定。梅茨格第75、76页,完全赞同弗兰克的观点。本教科书的观点之所以是正确的,是因为《帝国宪法》第116条应当被解释为只是在内容上与《帝国刑法典》第2条第1款是相同的,参见米特迈耶。

　　① 参见冯·巴尔:《法律》1 第10页;宾丁:《手册》1 第23页注释18;盖普:《教科书》(1861—1862年)1 第328页,勒宁:《整体刑法学杂志》3 第320页;施蒂策尔:《勃兰登堡与普鲁士的法行政》2 第209页;冯·希佩尔:《德国刑法》第1卷第296页指出,我们应当感谢费尔巴哈的"正确的中庸"。参见丹嫩贝克:《19世纪的自由主义与刑法》,1925年。

　　② 本教科书在第24版之前不同意该观点。不同意该观点的还有施瓦茨§2注释3;瓦亨费尔德第39页。赞同本教科书观点的有阿尔费德第71页;冯·巴尔:《法律》1 第13页;贝林:《论犯罪》第23页和《基本特征》(Grundzüge) 第1页;宾丁:《手册》1 第210页;芬格尔1 第111页;弗兰克§2 I 1;冯·希佩尔:《德国刑法》第2卷第37页;科勒第77页;洛伯:《帝国刑法典及其注释》§2 注释 I 6;葛兰特第376—377页;梅茨格第83页;奥尔斯豪森§2 4。

§18 刑　法

示现有的但并非详尽的法律规范,但科学并不能以其自身的力量来创造或消灭法律规范。

综上所述,可得出以下两项结论:

1. 当习惯法不涉及创立新的构成要件和刑罚,尤其是废除现有的刑法规范,并因此而影响其他法律领域时(这对违法问题很重要),习惯法永远具有其意义。

2. 由于《帝国宪法》第116条关于严禁类推的规定,如类推涉及新的处罚要求(analogia in malam partem)时,科学解释刑法规范受到限制;但是,如果涉及废除或减轻处罚要求(analogia in bonam partem)或者涉及刑法学整个领域,科学解释刑法规范并不受任何限制。①

III. 因此,只有帝国立法才是帝国刑法的渊源。但帝国立法者的命令向我们展示了三个方面的内容:1. 作为狭义的法律;2. 作为规定,如果帝国行政机关被明确授权制定刑法方面的规定的话,但此种情况仅属于例外②;3. 作为国家条约,假如该条约具有与国家法律一样的对公众的约束力的话。

IV. 狭义上的法律是指立法机关根据宪法制定的、以符合宪法的形式颁布的全民意志(1919年8月11日《帝国宪法》第68条及以下几条)。

法律是已解释的全民的意志,而非未解释的意志,也非不意愿的解释。帝国议会的决定,由帝国总统签署后颁布,此等解释才成为可能。

---

① 本教科书的观点与主流观点相同。事实上,梅茨格也同意该观点。但爱克斯讷:《法官与公正》(1922年)第39页及以下几页,则反对该观点,他认为,就其整个范围而言,刑法中的类推还是被允许的;民事法官同样要依法办案,但没有人禁止他类推;"法律规定"一词不能理解为必须是由法律明文加以规定。但我们不能赞同爱克斯讷的观点。民事法官完全缺乏一个可与"法无明文规定不为罪"相比较的规范;任何将刑事法官与民事法官等同看待的观点都是错误的;《帝国宪法》第116条所强调的刑法的法治国家功能要求,刑法所允许的和所禁止的行为的界限要由法律来确定(die expressa legis verba),以人们期望的将来的法律状态为准(de lege ferenda),因此也会拒绝爱克斯讷的观点。如果爱克斯讷最后指出,禁止类推将会妨碍对所有的犯罪行为都一视同仁的处理,虽然这句话本身是正确的,但并不能证明禁止类推的错误,因为刑事立法者的本意是要对所有被其认定为犯罪的行为进行一视同仁的对待。不赞同爱克斯讷的观点:参见魏勒(Wehler)的未出版的布雷斯勒大学博士论文《刑法中的类推》,以及葛兰特第378页。还请参见哈夫特第12页及以下几页。

② 参见绍伊费尔特:《现阶段刑法立法之比较》1第33页。1914年8月4日《帝国法律公报》第327页、1916年5月22日《帝国法律公报》第401页、1919年3月6日《帝国法律公报》第286页、1919年4月17日《帝国法律公报》第394页和1920年8月3日《帝国法律公报》第1493页的所谓的授权法具有特别重要的意义。1919年《帝国宪法》第48条授权帝国总统和邦政府一个在刑法方面也是广泛的重要的命令权(详见下文§25)。这里不涉及邦的刑法命令权问题。

§19　刑法的时间效力

然而,我们还必须对"反应疏漏"(Reaktionsversehen)作出判断。如果这一解释上的错误本身是基于某种错误,那么,疏漏情况是不可避免的。因为这种解释是意愿的,且这种意愿被作了解释,这就有了一个具有约束力的法律,而这一有约束力的法律只有因其他法律才能废除,1876年2月26日的法律废除了一些有漏洞的法律,即属于这种情况。公布的文本和作出决定的版本之间不一致("印刷错误")这一情形,应当与上述疏漏情况区分开来,错误公布的决定不是法律,但也不是已通过却未公布的决定。因此,只能用一个新的更正性的公告来加以弥补。①

Ⅴ. 帝国刑法的渊源

1.《刑法典》及其补充(参见上文§13);

2. 所谓的刑法附律(参见上文§14)。

Ⅵ. 有些刑法规范(被称为空白刑法或不涉及具体规定的框架法)具有一个特别的表现形式②,它们只规定刑罚,而将构成要件让与帝国部门来规定,如司法行政部门、邦立法机关或警方,甚至让外国的立法机关来规定。《帝国刑法典》第145条、第327条、第328条、第361条、第366条、第367条、第368条以及众多的刑法附律就是很好的例子。1895年的《针对奥地利、匈牙利海关法的违法行为法》第2条和第3条则更是如此。在所有这些情况下,构成要件和法律效果的约束力,也即刑法规范本身的约束力,是以帝国法律规定为依据的。

§19　刑法的时间效力

Ⅰ. 帝国刑法在德意志帝国的不同地区生效的时间已在前面的§13 Ⅱ和Ⅲ中提及。帝国刑法的其他法律规范的有效期按一般规定确定。

这里所说的一般规定是:如果法律本身未规定一个其他生效时间,《帝国法律公报》中的相关部分在柏林公布14天后开始生效(《帝国宪法》第71

---

① 下列学者不赞同本教科书的观点,许策:《刑法档案》20第351页;宋塔克(Sontag):《编辑错误》,1874年。赞同本教科书的学者有冯·维希特尔:《法庭杂志》29第321页;阿尔费德第74页;宾丁:《手册》1第400页;洛伯:《帝国刑法及其注释》§2注释Ⅰ65;默克尔:《德国刑法手册》4第74页;瓦赫1第266页。参见1899年《联邦法律公报》第6期《军事刑事法庭条例》第137条之更正。

② 参见诺伊曼(Neumann):《空白刑法》,1908年。

§19 刑法的时间效力

条)。根据1900年4月7日的法律第30条的规定,如果领事裁判区位于欧洲、埃及或黑海和地中海的亚洲海岸线,2个月后生效;领事裁判区位于其他地区的,4个月后生效。如果法律本身未规定失效期,法律的效力通过立法明确表示或默认表示失效。如同法律是帝国刑法的唯一渊源一样,法律也是帝国刑法失效的唯一法律根据。

关于以默认的方式废除某项法律,应当坚持这样一个原则,即后法调整的内容废除前法的相关规定。这里,"内容"的概念以下文§20 I 所述之规则来确定。

这一原则首先适用于帝国刑法之间的关系,而无须考虑到以后的或以前的法律是否为刑法附律或《刑法典》本身。这一原则还适用于帝国刑法与以前的邦刑法之间的关系,但不得颠倒这一关系(《帝国宪法》第13条第1款)。最后,它还适用于帝国法律的各个不同领域。正因为如此,《帝国刑法典》才因《民法典》的有效规定而作了很大的修改;也正因为如此,《帝国刑法典》第2条第1款才因《帝国宪法》第116条的规定而被废除。

II. 一个法律原则有效或无效的含义是,一旦产生与构成要件相适应的案情,它规定的与构成要件相联系的法律效果是否立即产生。因此,每一个法律规范只适用于该规范有效期间内发生的符合构成要件的行为,但法律明文规定对其生效前或生效后的案件亦可适用的,不在此限。

刑法规范也是如此。刑法规范一般也不具有溯及既往的效力,立法者明确规定某一刑法规范具有溯及既往的效力的,不在此限。[①] 因此,《帝国宪法》第116条间接认可了这样一个原则:刑法规范适用于其生效期间内实施的行为;不得适用于其生效前或失效后实施的行为。

立法者考虑到适当性要求,允许这一原则有例外情况发生(《刑法典》第2条第2款):从行为时至该行为被判决时[②]有不同法律规定的,适用处刑最

[①] 这是一般观点,阿尔费德也持该观点。认为有溯及既往效力的还有宾丁:《手册》1第230页;芬格尔1第138页;海尔希纳1第120页。其他人,如冯·巴尔:《法律》1第71页认为原则上应适用处罚较轻的法律。

[②] 判决包括对案件本身的判决,而且还包括上诉审法官的裁决。持相同观点的还有阿尔费德第79页;施瓦茨§2注释16;贝林:《整体刑法学杂志》39第176页。持不同观点的有弗兰克§2 IV;帝国军事法院判决第17卷第85页;宾丁:《手册》1第252页;洛伯:《帝国刑法典及其注释》§2注释IV;冯·希佩尔:《德国刑法》第2卷第68页;奥尔斯豪森§2 12b。帝国法院判决第41卷177页,第61卷135页赞同反对派的观点。还请参见帝国法院判决第65卷第238页。然而帝国法院判决第51卷第47页则赞同本教科书所持观点,但认为,本案涉及的是"特殊情况"。对此,尤其请参见贝林:《整体刑法学杂志》39第176页;法伊森贝格尔:《整体刑法学杂志》38第856页和索格尔-克劳泽11第1号、12第2号。

§19 刑法的时间效力

轻的法律。因此,不仅要考虑到,a. 行为时的法律,b. 判决时的法律,还要考虑到可能的特别法(这里,人们可能想起一些邦在1870—1871年前暂时废除死刑的情况)。①

在废除刑法的过程中尤其可看到刑法的轻刑化(Milderung des Strafgesetzes),这种轻刑化也许由于明确的立法行为,或者由于规定的有效期经过才得以实现。在后一种情况下,那种认为只有当法律的变化是以构成要件可罚性的法律观为依据,非刑法(Nichtstrafgesetz)才是《刑法典》第2条第2款意义上的处罚最轻的法律的观点(主流观点)是不正确的。② 这种最不确定的限制是没有法律依据的。

与此截然不同的是,这种法律只对那些具备构成要件中强调的事实情况的犯罪行为科处刑罚,比如,行为是在战争期间实施的,或官员在履行职务时的行为被视为具备构成要件特征时,行为才受处罚。这里,那些被上升为构成要件特征的事实情况不存在时,并不影响刑法规定的存在:《刑法典》第89条也适用于和平时期。在战争期间实施的犯罪行为因为可能——无须根据

---

① 反对考虑中间法的有冯·希佩尔:《德国刑法》第2卷第67页;主流观点认为应当考虑。
② 本教科书在前24版中一直站在由梅茨格创立的"动机理论"(Motiventheorie)的立场上,主流观点至今仍坚持该理论所持的立场,尤其是以下帝国法院判决:第13卷第249页,第32卷第110页,第47卷第385页,第49卷第387页,第50卷第291、399页,第52卷第327页,第55卷第125、172、193页,第56卷第147、286、412、419页,第57卷第209、384、416页,第58卷第44页,第59卷第125、185页,第61卷第134、222页,第63卷第68、71页,第64卷第399页,第65卷第57页;冯·希佩尔:《德国刑法》第2卷第66页;默克尔:Grdr. 33/34;洛伯:《帝国刑法典及其注释》§2注释 IV 3;弗兰克:Lpz. Ztschr. 1915 5(涉及战时紧急法律)。不赞同"动机理论"尤其是在有时限规定的法律情况下"混淆法动机和法内容的区别"的,过去有帝国法院判决第20卷第407页,现在尤其有梅茨格第70页,《整体刑法学杂志》42第370页;较早一些时候还有科尔劳斯:《整体刑法学杂志》23第45页;凯克尔第177页;Eb. 施密特(Eb. Schmid):《整体刑法学杂志》37第97页;本迪克斯(Bendix):《整体刑法学杂志》39第408—409页,迈耶第30页注释24。"动机理论"的非常之不正确性表现在,例如在对待《社会主义者法》和新近的《共和国保护法》上。帝国法院判决第21卷第249页拒绝《社会主义者法》适用《刑法典》第2条第2款;相反的是,除阿尔费德第78页和葛兰特第63页外,弗兰克 V 2b 以及"动机理论"的忠实的追随者冯·希佩尔:《德国刑法》第2卷第65页,均主张在有时效规定的法律的情况下适用"动机理论"。帝国法院判决第63卷第244页解释说,《共和国保护法》不得适用《刑法典》第2条第2款,因为从法律观的解释来看"绝无可能"。迈耶第31页和梅茨格第71页将动机理论解释为禁止的法规竞合倒是正确的。事实上,法律本身并没有为限制由弗兰克§2 IV 和葛兰特第62页所赞同的原则提供根据,即非刑法即为《刑法典》第2条第2款意义上的最轻的法律。因此,在这里可无限制地适用之。值得注意的是,本教科书的前24个版本在对有时限规定法律的概念的理解上与主流观点和这里的注释是有所不同的,不同之处涉及下一个注释中的情况。

§19 刑法的时间效力

第 2 条第 2 款的规定——在那些上升为构成要件特征的事实情况消失后受到处罚。这里,刑法还是那部刑法,只是行为的事实上的实施成为不可能了。①

刑法的轻刑化也可能由刑法以外的(尤其是私法的)规定所引起,比如,允许一法律干涉他人的利益,或者取消由于刑罚威慑而变得更加严格的义务。因为刑法的轻刑化并非总是需要减轻或废除刑罚,限制对刑法规定产生重大影响的法律义务范畴同样可以达成轻刑化。② 在这种情况下也可以适用第 2 条第 2 款。有关的例子有:《民法典》第 904 条或第 859 条,《竞争法》第 239 条,与《商法典》第 4 条及旧《商法典》第 10 条有关的第 240 条;此外,由于《帝国凡尔赛和平条约》(Versailler Friedensvertrag)的失效,《刑法典》第 140 条、第 142 条、第 143 条规定的服兵役义务相应取消③,而与第 146 条及以下几条有关的特定种类的硬币不予禁止流通④。

III. 如果法官将从多个法律规定中选择一个最轻刑,那么,必须首先将他手头的案件对照其中的第一个法律来斟酌,然后再考虑第二个、第三个或其他法律规定来认定犯罪人的犯罪事实,并科处刑罚。不同法律规定合并使用是绝对禁止的。这里,最为重要的是得出对犯罪人最有利的结果,其中不仅要考虑刑罚的范围和内容,还要考虑所有重要的刑法规定,例如附加刑、从重和减轻的情节⑤、重新犯罪、共犯、犯罪未遂、可罚性之条件规定等。如果在对上述法律规定进行斟酌时发现,根据其中的一个法律规定,对该行为应

---

① 冯·李斯特在这里是指有时限规定的刑法。参见上一个注释结尾处。事实上主流观点是与之完全一致的。请参见葛兰特第 62 页。

② 冯·李斯特早在本教科书以前的版本中就已指出了刑法轻刑化对法律义务范畴的意义。现在,他紧跟在梅茨格第 70 页和《整体刑法学杂志》42 第 374 页之后来研究这一思想,只不过是更清楚地进行表述。关于规范变更的意义,弗兰克 §2 V 的阐述也是恰当的。不赞同该观点者有贝林 Grdz. 107。对此,请参见梅茨格第 68 页和《整体刑法学杂志》42 第 350 页规范理论中对涉及本教科书所述问题的结论。

③ 关于废除服兵役义务,帝国法院判决第 55 卷第 125 页持不同观点。弗兰克 §2 V 1 不赞同帝国法院的判决。关于持本教科书观点的其他例子还有阿尔费德第 78 页,葛兰特第 63 页,迈耶第 29 页,弗兰克 §2 V 1 在一定程度上也是赞同本教科书的观点的。帝国法院判决第 27 卷第 98 页、第 31 卷第 225 页则持反对意见。

④ 这里不能理解为对第 146 条及以下几条所保护的法益的义务上的限制。此等义务即使在货币改革、禁止流通等情况下仍然是不受影响的。持相同观点的还有迈耶第 30 页,梅茨格第 69—70 页和《整体刑法学杂志》42 第 375 页。

⑤ 帝国法院判决第 60 卷第 124 页也持该观点。还请参见帝国法院判决第 61 卷第 76、324 页,尤其还有第 65 卷第 119 页。

不处罚或从轻处罚,因为该条法律规定犯罪未遂不处罚,或重新犯罪不从重处罚的,那么,该法律规定就是适用于本案的较轻的,或者说得更确切些,是最轻的法律规定。该原则性规定同样适用于免除刑罚事由,特别是时效规定。如果对犯罪的追诉或对判决的执行,根据其中的某个法律规定已经超过时效期限——无论是新法或旧法将犯罪时或作出有效判决的时间作为时效开始的时间——必须作无罪判决。对于已经开始审理而尚未结案的案件,同样可立即适用《刑事诉讼法》的有关规定,如关于告诉要求的规定等。这对于1912年6月19日的《刑事告诉的补充规定》(同年7月5日起生效)是具有重要意义的。如果犯罪为告诉乃论的,在没有告诉之情况下,必须终止诉讼程序,即使该犯罪行为是在1912年6月5日之前实施的。告诉期限在这种情况下于1912年10月5日终止。

数个法律规定的刑罚相同时,则适用一般性规定。如果《帝国刑法典实施法》第6条未规定不处罚,即使刑罚不同,亦适用上述原则性规定。

§20 刑法的效力范围——帝国法和邦法

I. 邦刑法并不因《帝国刑法典》的颁布实施而废除。根据《帝国宪法》第12条和第13条的规定,帝国以宪法为根据行使立法权,帝国法律的效力优于各邦的法律。邦立法既不得与帝国立法规定相矛盾,同时也无权批准帝国立法规定。如果邦刑法违反帝国的法律规定,则邦法无效,它也就不能成为法律。因此,一方面如果帝国法律规定已经包含了邦法规定的领域,如果该邦法与帝国立法相矛盾,或内容相同,邦法自然无效,而无须明示撤销①;另一方面,在同等条件和相同范围内,各邦将来的立法亦当然无效。

《帝国刑法典实施法》第2条和第5条将《帝国宪法》的这一原则表述为,"只要邦刑法规定的内容与《帝国刑法典》规定的内容相同",则邦刑法即为无效。《帝国刑法典》规定的"内容"是指应当处罚的侵犯一个或侵犯数个

---

① 弗兰克:《帝国刑法典实施法》§2 I 持不同观点(邦法除非被宣布无效,否则还会被适用);施瓦茨:《帝国刑法典实施法》§2注释2;芬格尔第95页则不赞同弗兰克的观点。

§20 刑法的效力范围——帝国法和邦法

相同法益的犯罪行为。① 一个内容是否成为《帝国刑法典》的"对象",取决于《帝国刑法典》是否对受保护的法益作出了充分或部分的规定;只有《帝国刑法典》对此作出充分规定时,这一内容才能成为《帝国刑法典实施法》第2条意义上的《帝国刑法典》调整的对象。就《帝国刑法典》对某一内容规定的完整性这一问题而言,不仅要包括关于可罚性的明确规定和关于不处罚的明确规定,而且也要考虑到默示的不处罚的解释。

帝国立法的沉默因而就具备了双重含义:抑或是否定性的规定,抑或是将某个问题交由邦立法规定。那么,究竟是前一种情况还是后一种情况,我们不仅要从法律的产生过程,而且要从法律本身,从法律规定之间的相互联系来回答。

例如,在多种多样但缺乏主流思想的观点中,人们对《帝国刑法典》最后一章关于允许各邦对违警行为作出具体规定的理解各不相同,混乱不堪;这实际上是一个对与颁布《警察刑法典》有关的权限发表意见的问题。② 因此,莱茵—普鲁士刑法关于禁止公告秘方的规定仍然继续有效(帝国法院判决第16卷第359页)。同样,由于《帝国刑法典》第25章的无系统性,人们主张《普鲁士刑法典》第270条和C. pen. 第412条关于公开拍卖中报价自由的

---

① 在过去的版本中,冯·李斯特将"内容"理解为那些具体的应受处罚或不受处罚的行为。现在,贝林仍持这样的观点。同意该观点的有梅茨格第61页、第62页注释12。那些只是对个别犯罪具有意义的所谓的一般学说不属于这里的"内容"的范畴。参见梅茨格第63页。在由邦负责立法的领域,可能涉及未遂、共犯、责任能力、时效等不同于《帝国刑法典》的规定。邦在这些领域的立法较为丰富。尤其请参见《森林警察法》和《森林刑法》,齐格纳—格吕希特(Ziegner-Gnüchter):《整体刑法学杂志》8 第231页。在一般学说问题方面,帝国立法对邦立法同样具有约束力是毫无疑问的。究竟有无约束力、在多大程度上具有约束力,则要看具体的情况。例如,刑事责任年龄问题,未成年人对自己的行为的"认识"问题,儿童和少年刑事犯罪罪责问题等,现在只能统一适用1923年2月16日的《少年法院法》,该法优先于各邦在这些领域的立法规定。持相同观点的还有弗兰克:《帝国刑法实施法》§2 V;芬格尔第107、108页;海尔维希:《少年刑法》§2注释7;弗兰克:《少年法院法》第1条注释2;基索夫(Kiesow):《少年刑法》第2条注释4;奥尔斯豪森:《帝国刑法典实施法》§2 13c;梅茨格第64页。普鲁士没有因1923年6月1日的特别法而将其《盗伐森林法》和《森林警察法》适应《少年法院法》的规定,因为这些规定在普鲁士刑法的适用范围内同样有效。持相同观点的还有弗兰克和海尔维希,出处同上。

② 所谓的《警察刑法典》,是指1871年12月26日的《巴伐利亚警察刑法典》,1871年12月27日的《符腾堡警察刑法典》,1863年10月31日制定、1871年修订的《巴登警察刑法典》,1855年的《黑森警察刑法典》。关于布伦瑞克请参见乌德(Ude),1899年第2版。萨克森和普鲁士没有统一的警察刑法立法。还请参见戈尔德施密特:《行政刑法》,1902年版,第455页;冯·希佩尔:《警察管理手册》(普鲁士),1910年第2版。

§20 刑法的效力范围——帝国法和邦法

规定继续有效。① 邦刑法对不合格律师的处罚规定同样未废除。相反的是,邦刑法对参与在国外抽彩的处罚规定,对未经宣誓的虚假陈述、大学生用剑决斗、非法同居、罢工等处罚规定,则与帝国法律相抵触;即使邦刑法将这些行为置于违警处罚范畴内,亦与帝国法律相抵触。请参见分论部分。邦法关于自卫的处罚规定同样与帝国法律相抵触。② 在帝国法院判决再次否定 1822 年 3 月 25 日的《法国新闻法》第 8 条效力之后,1888 年 3 月 29 日的法律明确宣布,煽动性舆论(cris seditieux)的罚则在阿尔萨斯—洛林(Elsass-Lothringen)继续有效。

II. 对帝国法律未作出规定的内容,邦立法原则上有自由斟酌的余地。在这方面,迄今为止的邦法继续有效,也可以制定新的法律,该原则由《帝国刑法典实施法》第 2 条第 1 款明确加以规定。此外,《帝国刑法典实施法》第 2 条第 2 款有效地保留了邦法规定中的内容,使帝国法律在这些事务方面成为补充法,主要包括下列各项内容:《普鲁士新闻审查法》《邮政法》《税法》《海关法》《渔业法》《狩猎法》《森林法》《战地警察法》以及《盗伐森林法》。然而,从帝国法到邦法的问题在于,在《帝国刑法典实施法》颁布以后,帝国刑法的新发展是否允许邦法规定在《帝国刑法典实施法》第 2 条第 2 款所列领域继续有效。同样由《帝国刑法典实施法》第 2 条第 2 款规定的妨害结社、集会,由 1908 年 4 月 19 日的帝国法加以调整,排除了适用邦法的可能性。在税务刑法方面,是否适用邦法规定,以 1919 年 12 月 13 日的《帝国税法》第 2 条第 2 款的规定为准。关于新闻违警罪,适用 1874 年的《普鲁士新闻法》第 30 条的规定。③

---

① 持该观点的还有帝国法院判决第 27 卷第 106 页;安德烈(Andree)第 35 页;冯·希佩尔:《德国刑法》第 2 卷第 51 页注释 4。持不同观点的主要有冯·巴尔:《法律》1 第 38 页;洛伯:《帝国刑法典及其注释》,《帝国刑法典实施法》§2 注释 3。

② 持相同观点的还有冯·巴尔 1 第 41 页;冯·希佩尔:《德国刑法》第 2 卷第 51 页;瓦亨费尔德第 48 页。持不同观点的有阿尔费德第 67 页注释 6;宾丁:《手册》1 第 318 页;弗兰克:《帝国刑法典实施法》§2 III。

③ 参见芬格尔第 105 页。森林刑法立法(普鲁士:1880 年 4 月 1 日的《森林警察法》,1926 年 1 月 21 日的版本;1878 年 4 月 15 日的《盗伐森林法》,包括 1920 年 12 月 14 日和 1923 年 7 月 1 日的附律;巴伐利亚、巴登、黑森、萨克森、符腾堡则适用《警察刑法典》中的统一规定)请参见弗雷德巴赫(Friedbach)的概括:《德意志联邦国包括阿尔萨斯—洛林的森林刑法》,弗莱堡大学博士论文,1907 年。林德曼(Lindemann)也持同样的观点(其著作的注释 10)。最新的著作请参见莱雪尔(Lerche):《整体刑法学杂志》46 第 179 页;瓦格曼(Wagemann)和克拉诺德(Kranold)1926 年关于普鲁士该两部法律的优秀的版本。关于《战地警察法》,参见勒宁:《社会科学手册》4 第 71 页。如果邦立法部门不行使其被委托的立法权,则补充适用帝国法律(盗窃,损坏财产等)。

§20 刑法的效力范围——帝国法和邦法

Ⅲ. 在留给邦法的领域,即帝国法律未作规定的内容方面,也有一定的限制。

1. 如果《帝国刑法典》使得邦法中的刑法规定(特别是刑法法典)失效,不管是明确宣布还是以默示的方式使然,则以《帝国刑法典》中的相应规定代替邦刑法的适用(《帝国刑法典实施法》第3条)。

2. 自1871年(1872年)1月1日起,能够对《帝国刑法典》中规定的犯罪进行审理和判决。《帝国刑法典》中的刑罚制度是有绝对约束力的。① 替代监禁刑或罚金刑而判决的林业劳动或社区劳动,不在此限(《帝国刑法典实施法》第6条)。②

3. 上述1和2中引用的限制性规定涉及过去及将来的邦立法,在无须因该规定而修改现行邦法之情况下③,允许在今后的邦法中只规定2年以下的自由刑、拘役、罚金、没收有关物品和褫夺公职(《帝国刑法典实施法》第5条)。

Ⅳ. 此外,因帝国法律的明确规定(《帝国刑法典实施法》第8条),邦立法保留了通过过渡性规定,将未受帝国立法影响的邦刑法与《帝国刑法典》的规定相协调的当然权利。除普鲁士外,《帝国刑法典实施法》在所有邦(不含埃尔萨斯—洛林地区)颁布施行。④

---

① 《帝国刑法典》规定的具体刑罚种类的最高限和最低限对邦刑法具有约束力。持该观点的还有冯·巴尔:《法律》1第52页注释46;冯·希佩尔:《德国刑法》第2卷第58页。主流观点不同意此说。关于邦法规定之罚金刑,参见1924年2月6日的《财产刑和罚款条例》第8条。

② 但此规定只适用于业已存在的邦法。持相同观点的还有洛伯:《帝国刑法典及其注释》,《帝国刑法典实施法》§6注释5。持不同观点的有冯·希佩尔:《德国刑法》第2卷第58页注释5。

③ 此为通说。持该观点的还有阿尔费德第68页;弗兰克:《帝国刑法典实施法》§6。不赞同该观点的有冯·巴尔:《法律》1第55页;宾丁:《手册》1第298页;芬格尔1第158页;瓦亨费尔德第51页。

④ 对邦刑法的论述请参见格罗许夫(Groschuff)、爱希霍恩(Eichhorn)和戴利乌斯(Delius):《普鲁士刑法》,1904年第2版;林德曼最主要的《普鲁士刑法之汇编》,1912年第2版;海尔维希:《普鲁士刑法汇编》,1923年;科曼:《埃尔萨斯—洛林刑法》,1897年;格洛克(Glock):《适用于巴登大公国的帝国刑法和邦刑法》,1911年第2版;哈夫纳和科恩(Kern):《巴登刑法》,1925年;戈希(Goesch)和冯·迪林(v. Düring):《梅克伦堡—什未林邦刑法》,1887年;《梅克伦堡—施特来利兹邦刑法》,1887年;费力奇(Feilitzsch):《萨克森邦刑法》,1903年;贝林:《符腾堡邦刑法》,1903年版,第2版由黑格勒于1919年出版。关于法国刑法,参见谢热(Scherer):《法庭杂志》39第614页。关于巴伐利亚邦刑法,参见绍伊费尔特:《现阶段刑法立法之比较》1第93、98页。关于警察刑法,参见上文注释3(即本书第108页注释③——译者注)。

§21　刑法的空间效力

I. 国际刑法的概念

自边沁之后,人们习惯上将属于国家法的国内刑法中关于空间效力范围的规定称为"国际刑法",这种说法实际上是不完全正确的。①

1. 本来意义上的国际刑法是指那些并非由某个国家,而是由所有文明国家,也即由所有国际法主体共同颁布的刑法规定。最初属于此等国际刑法的规定见于国际河流和卫生委员会的刑法规定权限之中。② 由于它的国际特征,此等法律规定在德国刑法体系中无一席之地。

2. 此外,国际刑法还可以被理解为关于刑法法益保护的国际性协议。请参见 1881 年的《葡萄根瘤蚜公约》,1884 年的《电缆保护条约》,1890 年的《禁止奴隶交易的布鲁塞尔文件》等。这些条约构成了签约国在相应的国内刑法中采用国际法的义务。通过履行这一义务,不同的国家产生了内容一致的法律。③ 但国内法约束力的渊源是国内法,而不是国际条约。德意志帝国根据国际义务颁布的刑律,将与其他德国刑法规定一起,在分则部分予以探讨,在此处探讨没有多大意义。

3. 从国际法的基本思想出发,也即从相互承认同属于国际法共同体成员国的独立与和平出发,每个国家均有义务在其本国的立法中考虑他国的立法,避免干涉。因而,就产生了一系列的向国内立法者提出许多要求的国际法规定。对这些问题的探讨属于国际法范畴,不属于现行刑法制度探讨的范畴。

4. 最后,可以将国际刑法理解为这样的法律规范,即一个国家为其他国家提供司法协助,尤其是引渡,这些法律规范部分依据签约国之间的国际条约;部分依据国内法,如果引渡条约具有国内法律效力的话。该问题将在§23 中简单论述。

II. 所谓的国际刑法原则

1. 从国际法的领土主权原则出发,我们可以得出下列结论:每个国家均

---

① 坚持这种说法的主要有哈夫特第 47 页;葛兰特:《法学词典》III 第 339 页。参见瓦格纳第 130 页。
② 此处请参见李斯特—弗莱施曼 §27 II、IV 和 §44。
③ 请参见加迪卡斯(*Gardikas*)第 6、7 页。

§21 刑法的空间效力

有权对在其领土主权范围内,也即在国内实施的所有犯罪行为适用本国刑法。无论犯罪行为人、被害人是本国人还是外国人,均适用本国刑法。对在国外实施的犯罪行为的追诉和处罚,由行为地国家负责(所谓的主权原则),这一规定的好处不仅在于实施主权原则较为容易,而且在于对犯罪的追诉是在犯罪行为地进行这样一个无可争辩的优势。

2. 对具体国家而言,如果缺少以下两个前提条件,实施主权原则就不可能:第一个前提条件是,其他国家必须同样承认这个原则,以便避免国家权力对该原则的干涉,如追诉过程中的不协作;第二个前提条件是,每一个国家均必须有这样的认识,即对在外国实施的针对本国利益的行为,行为地国家会通过刑事立法进行强有力的保护。时至今日,这两个条件尚未同时具备,只有通过签订国际条约来创造这些前提条件。因此,刑法被迫对超越本国边境的犯罪行为进行干预,但是,由于在异国他乡对犯罪行为进行追诉和裁判远不如在行为地进行追诉和裁判便捷,尽管仍有这样的需要,但这种对超越国境的犯罪行为进行干涉的做法不能再继续下去了。此等需要只有当在国外实施的犯罪行为,或者因针对国内公共事业本身和它的生活利益,或者因针对国内同胞的法益而被提起诉讼时,始可予以承认。刑法规定的空间效力范围的这种扩大,通常被称为"保护原则"。

3. 如果上文2所述之前提条件不存在,不能将本国人引渡给外国进行追诉和审判(参见下文§23 Ⅲ 3)的国内法原则就会要求,即使该本国人在外国实施了应受刑法处罚的行为,同样适用本国刑法。将这种空间效力范围的扩大归结为刑法的"国际原则"是错误的;如果根据外国法律规定而在国内进行追诉和处罚,则又是矛盾的。

4. 文明国家在特定的生活领域的共同利益还要求,依据被侵害国家的法律对针对共同利益的犯罪行为进行处罚,而不管犯罪行为地在哪个国家。此等共同利益包括:国际贸易;重大交通路线的安全;金钱交易安全;防御国家共同的敌人,如海盗、买卖奴隶或买卖妇女、国际骗子(internationale Gauner)或无政府主义的甘油炸药犯罪分子(Dynamitverbrecher)。只有当将犯罪行为人引渡给犯罪地所在国不一定能给予其足够处罚的条件时,这一超逾主权原则的做法才能被认为是正当的,也就是说,它只具有补充性的意义。

5. 与此相反,"普遍性原则"或"世界司法制度"则是在科学上站不住脚的,在实践中无法实施的。该理论的追随者们要求,作为国际文明团体代表的每一个国家,应当将针对由其逮捕的犯罪人的刑事司法至少是临时帮助性地承担起来。该观点忽略了这样一个事实:即使在相邻的国家,其刑法规定也可能是完全不同的；该观点低估了缺乏直接取证的刑事诉讼程序的艰难性，而且，它仍然不能为本国的法律制度提供比将有犯罪嫌疑的或已经被证实犯罪的外国人驱逐出境更为强有力的保护。①

III. 现代立法拒绝仅仅实施由理论所确立的某一种原则，而排除其他原则适用的可能性。现代立法从主权原则出发，吸收其他原则，在特定的前提条件下，根据国内刑法对在国外实施的犯罪予以处罚。这也是德意志帝国刑事立法及其草案的立场。

§22　德意志帝国刑法立法——续

I. 根据《帝国刑法典》第 3 条的规定②，《帝国刑法典》适用于其效力范围内的一切犯罪行为。

1. 行为人只要不是保护区或使领馆区的人员，就对适用《帝国刑法典》无影响，不过，有些规定只涉及"德国人"（《刑法典》第 87 条），而有些规定却只涉及"外国人"（《刑法典》第 296 条 a，1881 年《海岸货物运输法》）。第一种情况下的外国人与第二种情况下的德国人是不能作为正犯或共同正犯来承担刑事责任的，但可以作为特定犯罪的共犯（教唆犯或帮助犯）来承担刑事责任。

2. 《帝国刑法典》第 3 条以默示的方式表示外国法益和国内法益地位相同，但还是有例外情况的。例如，根据一个有较大争议的且在分论部分（参见下文 §171 I）③予以探讨的观点，外国的国家权力只在少数由法律特别强调的情况下，才能在国内受到完全的保护，而不必将该外国的国家权力完全等同于本国的国家权力。外国的著作权不是根据《帝国刑法典》，而是根据特别的国际条约，享受与国内著作权相同的或相似的刑法保护。有时，相同的法律地位还取决于"互惠"条件，1894 年《商标法》第 23 条、1909 年《竞争法》第 28 条就是例证。还可比较《帝国刑法典》第 102 条、第 141 条、第 144 条和第 275 条等。

---

① 不赞同"世界司法"说法的有冯·巴尔：《法律》1 第 125 页；芬格尔 1 第 164 页；梅茨格第 78 页。参见瓦格纳第 128 页。

② 只是帝国刑法的效力范围还有疑问，各邦刑法之间的效力范围如同其与外国的关系一样是没有什么疑问的。因为邦法不受《帝国刑法典》第 3 条和第 4 条的约束。持相同观点的还有葛兰特第 340 页；洛伯：《帝国刑法及其注释》§3 注释 8；奥尔斯豪森 §4 第 3 页。

③ 本教科书总论部分至 §78a，节号大于 §78a 的内容，为本教科书分论部分，同下。——译者注

§22 德意志帝国刑法立法——续

Ⅱ. 刑法意义上的本国①是指根据德国主权,适用德国刑法的所有地方。

1. 本国首先是指《帝国宪法》第 2 条规定的"帝国领域"②,但是,德意志帝国各个邦统一适用《刑法典》的时间,并不是由 1871 年 4 月 16 日(1871 年 5 月 4 日)的《帝国宪法》决定③,而是由《刑法典》开始生效决定的。因此,《刑法典》意义上的本国,从 1871 年 1 月 1 日至 10 月 1 日仅指当时的北部联邦各邦(包括南黑森邦);阿尔萨斯—洛林地区于 1871 年 10 月 1 日,巴伐利亚、巴登、符腾堡于 1872 年 1 月 1 日,赫尔果兰岛于 1891 年 4 月 1 日成为德意志"本国"。

2. 此外,本国还包含领事裁判权的范围④,因为根据 1900 年的《领事裁判权法》第 19 条第 2 款的规定,对在德意志帝国使馆内的德国人以及受德国庇护者,适用"属于刑法的帝国法律规定",只要"此等机构和关系不缺乏领事裁判权"(第 2 条);对在波斯犯罪的德国人的处罚,好像犯罪地就在德意志帝国境内一样;而对法国人而言,好像他在法国实施了犯罪行为。因此,由德国人或受德国庇护者在使领馆实施的犯罪,必须依《刑法典》第 3 条,而不

---

① 本教科书的前 24 版中对"本国"的表述是这样的:"刑法意义上的本国是指刑法规范的统一的适用范围。"考虑到帝国刑法还适用于外国(如波兰、但泽等,详见上文§17)这一事实,这样的表述是不完善的。国外是根据各国的主权适用帝国刑法的。因此,此处对"本国"所作的限制性解释看来是有必要的。不赞同本教科书的限制性解释的有弗兰克§8 Ⅰ;奥尔斯豪森§4 20c;冯·希佩尔:《德国刑法》第 2 卷第 72 页。关于梅默尔(Memel)地区和但泽的判决的执行,参见 1923 年 12 月 1 日的法律(《帝国法律公报》Ⅰ第 1167 页)。萨尔区虽然属于本国,但在那里实施的犯罪行为适用《帝国刑法典》第 4 条至第 7 条的规定:1922 年 3 月 10 日的萨尔区过渡性司法措施的法律(《帝国法律公报》Ⅰ第 241 页)。参见洛伯:《帝国刑法及其注释》§3 注释 2a。

② 《帝国刑法典》第 8 条。在《凡尔赛条约》生效前,普鲁士—比利时共管区 Moresnet 适用《法国刑法典》,该地区被视为外国。不同意此说的有帝国法院判决第 31 卷第 259 页;阿尔费德第 83 页;芬格尔 1 第 166 页;奥尔斯豪森§8 第 2 页;施瓦茨§3 注释 3。帝国法院判决第 38 卷第 289 页,宾丁:《手册》1 第 407 页,《概论》第 82 页,施罗德:《领土争端地区 Moresnet》,1902 年,等等,无疑是正确的。

③ 持该观点的还有阿尔费德第 84 页注释 26;宾丁:《手册》1 第 407 页,《概论》第 81 页。不赞同该观点的有施瓦茨§8 注释 1:本国是指"具有无限制的追溯力的帝国领土的每个组成部分"。

④ 德国在泰国、摩洛哥和埃及的领事裁判权因《凡尔赛条约》第 135 条、第 141 条和 148 条而被取消。参见楚恩(Zorn):《国际法手册》(1920 年)Ⅲ 2 第 74 页及以下几页、第 148 页及以下几页。德国在 Abessinien、波斯和西班牙—摩洛哥的领事裁判权仍继续存在。经过新近签署的条约,德国在埃及的领事裁判权又被承认。参见 1925 年 7 月 24 日的法律(《德国法律公报》Ⅱ第 735 页)和 1925 年 7 月 31 日的条例,还有勒宁:《德国法学家报》(1925 年)第 1495 页;*Graf Hue de Grais-Peter*:《宪法和行政法手册》(1930 年第 25 版)第 936 页。

§22 德意志帝国刑法立法——续

是依第 4 条来裁判;在这里得到的前科记录在帝国领域内被视为本国的前科记录;追诉适用《刑事诉讼法》的法定原则(Legalitätsprinzip,《刑事诉讼法》第 152 条第 2 款)。帝国总统可以用命令的形式作出与此不同的规定①;在总统的命令颁布之前,基于一般原则的法律规定仍然有效②。

3. 本国还包括德国的殖民地(Schutzgebiete),因为根据 1900 年的《殖民地法》第 3 条的规定,上述《领事裁判权法》第 19 条同样适用于德国的殖民地。土著人如果受帝国总统命令规制,亦适用之(第 4 条)。可以用总统命令的形式将特定居民的一部分等同于土著人。③ 根据 1900 年《领事裁判权法》第 77 条的规定,可以用帝国总统命令的形式,规定德意志帝国刑法应当全部或部分适用于无国籍地区。④ 因此,此等地区亦应视为刑法意义上的本国。

4. 国家法概念上的"本国"因著名的国际法原则而扩大。⑤

a. 属于本国的还有沿海海域⑥(在国际条约中,领海海域宽度大多划定为三海里,近来规定为六海里或更宽些);此外,还包括海域上空的空间。

---

① 《领事裁判权法》第 26 条对皇帝的命令作出了规定。根据 1919 年 3 月 4 日的《过渡性法律》第 4 条的规定,皇帝颁布命令的权限转交至帝国总统。1919 年 8 月 11 日的《帝国宪法》对此未作任何改变(请参见《帝国宪法》第 178 条)。《帝国宪法》第 77 条与该观点是不相矛盾的。

② 主流观点也持该说。持该说的还有阿尔费德第 84 页;施瓦茨 §3 注释 3。不赞同该说的有贝林:《整体刑法学杂志》17 第 308 页;科恩第 55 页;弗兰克 §8 I;奥尔斯豪森 §4 20c;迈耶第 81 页;瓦亨费尔德第 61 页。

③ 只适用于东非。参见凯瑟尔(Kaysel)第 75 页。此外,还有一些具体的刑法规定。参见冯·施腾格尔(v. Stengel):《现阶段刑法立法之比较》2 第 387 页;鲍尔:《公法档案》19 第 32、433 页;布林克曼(Brinckmann):《适用于德国殖民地土著人的刑法和刑事诉讼》,埃尔兰根大学博士论文,1904 年;克劳斯(Kraus):《帝国刑法与德国殖民地》,1911 年。

④ 根据《委员会草案》第 6 条、《1919 年草案》第 2 条第 3 款、《1925 年官方草案》第 6 条第 2 款和《1927 年草案》第 7 条第 2 款的规定,在无国籍地区实施的犯罪亦应处罚,但以德国法应当处罚者为限。巴托尔蒂(Menedelssohn Bartholdy):《改革》第 46 页及以下几页,1926 年与该观点截然不同。

⑤ 参见冯·李斯特-弗莱希曼(v. Liszt-Fleischmann) §§15、16;容曼(Jungmann):《德国商船作为犯罪行为地》,莱比锡大学博士论文,1905 年;韦讷堡(Werneburg):《整体刑法学杂志》40 第 362 页及以下几页;洛伯:《帝国刑法及其注释》§3 注释 2、3。关于在军事占领区的德国刑法权,参见戈尔德施密特:《整体刑法学杂志》37 第 52 页。

⑥ 该问题不是没有争议的。参见帝国法院判决第 56 卷 135 页以及判决的说明 1 中引用的文献,新近的著作还有韦格纳第 134 页。

§22 德意志帝国刑法立法——续

b. 公海上的船舶,国家船舶(不包括军舰)在外国水域亦视同本国。①

5. 相邻国家之间可以通过条约商定,一国特定的刑法规定,如《海关法》,也应当适用于与他国相接壤的地区。外国境内的官署建筑(如海关等)因此可视为本国(领土)。②

6. 关于战争状态下《帝国军事刑法典》将扩大其空间效力范围,请参见本教科书§204。

7. 应当注意的是,并非全部的帝国刑法规定都适用于本国的所有邦,刑法在帝国特定邦的效力范围被排除,或自始至终只为帝国的特定地区所颁布,因此,根据1898年8月8日的《埃尔萨斯—洛林地区新闻法》第1条的规定,《帝国新闻法》只有为数很少的几条,即第14条、第23—29条、第31条适用于该地区;帝国法律在赫尔果兰岛未生效;为获取贵金属,德国殖民地适用特别规定③。

III. 这一最高原则因有一些例外而打上折扣。在重罪和轻罪之间,在违法性方面,该原则的适用均有所不同。只有当在外国实施的根据帝国法律被视为违法的行为(Übertretung),因特别法律或帝国、邦与他国签订的条约规定要处罚时,始可处罚(《刑法典》第6条)。例如,根据1885年4月29日的德国—比利时条约规定④,在比利时边境地区实施了违反森林、农田、渔业或狩猎法规行为的德国人,依德国法处罚。类似的规定还可见于德国与其他国家签订的条约中。

IV. 关于在外国实施的重罪和轻罪,法律亦有不同的规定。首先将大多数案件中的德国人作为外国人适用当地法;在所有这些案件中,检察当局根据其义务裁量[而不是任意裁量;机会原则(Opportunitätsprinzip)]进行追诉(《刑法典》第4条第2款)。对国籍问题作出决定时,仅以实施犯罪的时刻

---

① 《委员会草案》第3条第2款,《1919年草案》第1条第2款,《1925年官方草案》第4条第2款,《1927年草案》第5条第2款取消了国家船舶和非国家船舶在刑法上的区别。每一只船舶均视为本国的,无论它是在公海还是在外国港口或水域。参见韦讷堡:《法庭杂志》98第76页。《1925年官方草案》以对待船舶同样的方式对待飞机。参见希尔施贝格:《整体刑法学杂志》42第138页及以下几页。

② 参见帝国法院判决第13卷第410页、第18卷第242页、第48卷第26页、第57卷第61页。

③ 参见1905年8月8日《西南非洲矿山条例》,其他殖民地参见1906年2月27日《矿山条例》。

④ 该条约于1920年6月29日被重新予以生效。参见1920年6月20日公告(《帝国法律公报》第1397页)。

§22 德意志帝国刑法立法——续

为准,该时刻也是衡量犯罪行为是否在外国实施的依据。犯罪地在行为人实施犯罪时属于本国的,不适用《帝国刑法典》第4条的规定,即使该犯罪地在犯罪后由于领土划分或类似的情况变成外国领土。①

1. 具备下列情形之一的,德国人②依德国法进行追诉:

a. 背叛帝国或邦,或实施伪造货币重罪(非轻罪),或者作为帝国或邦的官员实施帝国法律(不仅仅是《帝国刑法典》)认为是渎职罪中的重罪或轻罪的(《帝国刑法典》第4条第1项和第2项)。根据1884年《爆炸物法》第12条、1914年《间谍法》第16条、1895年《禁止掠夺奴隶法》第5条的规定,同样依德国法进行追诉。

b. 在其他情况下,如果下列先决条件同时具备(《帝国刑法典》第4条第3项、第5条):a)已实施的行为必须是帝国法律规定为重罪或轻罪者。b)该行为依据行为地法必须是受刑罚处罚的(但在法国进行决斗是否受处罚值得怀疑)。如果犯罪行为发生在无国籍地区,例如在非洲大陆的探险旅行或去北极探险的过程中,发生在公海(非指船上,如游泳时)的,则必须适用德国法律。③ 行为地法律对该犯罪行为的处罚是否与《帝国刑法典》相同无关紧要。c)外国法院尚未对该犯罪行为作出有法律效力的判决,无论是无罪判决还是已经执行宣告刑。④ 但是,在这种情况下,允许进行旨在剥夺公民权的特

---

① 帝国法院判决第55卷第267页的观点是正确的。冯·希佩尔:《德国刑法》第2卷第72页也赞同此说。

② 获得或失去德国国籍以1913年7月22日的法律为根据。参见《帝国宪法》第110条。此外,还可适用《凡尔赛条约》的一系列条款,如第36条、第37条、第53条,连同附件第84条、第91条、第105条、第112条、第113条等。参见米特迈耶(§21所列文献)。如果某人同时拥有本国和外国国籍,在适用刑法上以本国人对待。德国军人在国外期间亦适用德国刑法,但其因私而旅行的不在此限(《帝国军事刑法典》第7条)。

③ 持该观点的还有阿尔费德第85页;冯·巴尔:《法律》1第167页;范·卡尔克第19页;弗兰克§5 III;冯·希佩尔:《德国刑法》第2卷第77页;梅茨格第59页;瓦亨费尔德第64页;瓦格纳第148页;韦讷堡《法庭杂志》98第78页。此外还请参见豪伊瑟特(Heuselt);《在外国实施的犯罪的可罚性》,埃朗根大学博士论文,1906年。施迪策尔(Stoelzel):《普鲁士刑法中的外国人和无国籍的外国》,1910年。请比较1900年《领事裁判权法》第77条,由于该条的规定,过去颇有争议的问题得到了解决,与此有关的还有阿尔费德第86页注释40;冯·希佩尔:《德国刑法》第2卷第77页。不同观点参见芬格尔第1第171页;黑格勒第129页;科勒第125页;洛伯:《帝国刑法典及其注释》§3注释5;迈耶第75页;施瓦茨§4注释7。关于草案,参见下文 IV。

④ 外国有法律效力的判决本身并不能阻止本国对该犯罪行为的追诉,因为外国判决尚未执行;1923年12月1日的法律规定属于例外情况[参见本节注释3(即本书第113页注释②——译者注)],参见弗兰克§4、§5 III 3b。

§22 德意志帝国刑法立法——续

别之补充程序(《帝国刑法典》第 37 条,参见本教科书§63 IV)。d)(在开始诉讼时)①不得根据外国法律,认为犯罪行为的刑事追诉或刑罚执行已过时效,或者其刑罚已被免除。e)根据外国法律必须由被害人提出告诉要求的。

2. 外国人可因其在外国实施的重罪和轻罪

  a. 依本国法律进行追诉:因其背叛德意志帝国或一联邦邦国,或因伪造货币,或作为帝国或一联邦邦国的官员犯帝国法律规定的渎职罪中的重罪或轻罪的(《帝国刑法典》第 4 条第 1 项)。根据 1884 年《爆炸物法》第 12 条,1895 年《禁止掠夺奴隶法》第 5 条的规定,同样依本国法律进行追诉。此外请参见下文 V。

  b. 在所有其他情况下,可不予追诉。犯罪人在实施犯罪时不是本国人,而事后成为本国人的,如果具备上述 1b 所列条件,且犯罪行为地国家(邦)主管当局提出追诉要求的,可以对其进行追诉。在此等情况下,只有当外国刑法对该犯罪行为的处罚较德国刑法为轻时,始可适用外国刑法(《帝国刑法典》第 4 条第 3 项第 2 句)②,但是,在此等情况下,也可将可能适用外国刑法的犯罪的范围仅限于《帝国刑法典》所规定的犯罪种类(《帝国刑法典实施法》第 6 条)。

  在上述 1 和 2 涉及的所有案例中,如果因同一个犯罪行为再次在德意志帝国予以判决的,外国已执行的刑罚应当考虑进来(《帝国刑法典》第 7 条);如果因一个在本国实施的犯罪行为在外国执行刑罚的,同样适用此规定。

  V. 此外,还有许多特别之法律规定,此处列举几例:

  例如,关于调整在公海上合法航行的法律,很难区分是在本国还是在外国的犯罪。属于此类规定的有 1902 年《海员法》第 121 条,1876 年《海豹法》(北纬 67 度和 75 度之间,东经 5 度和 17 度之间);1884 年的法律第 1 条[为执行 1882 年《海牙条约》(Haager Vertrag)]涉及北海的捕鱼问题,1899 年《国旗法》第 24 条,《刑法典》第 145 条规定的命令;1894 年的法律(1887 年《海牙条约实施法》)涉及北海渔民间的烧酒交易;1887 年的法律(1884 年《巴黎电缆保护条约实施法》)。外国可以同样的方式视为本国:1897 年《移民法》第 43 条第 3 款,1911 年 6 月 18 日《在德意志帝国使领馆作船舶登记的法律》第

---

① 持相同观点的还有帝国法院判决第 22 卷第 341 页;芬格尔 1 第 171 页;冯·希佩尔:《德国刑法》第 2 卷第 76 页;奥尔斯豪森§5,注释 1。不同观点参见阿尔费尔德第 86 页注释 44;贝林:《整体刑法学杂志》18 第 269 页;弗兰克§4、5 III 3b;黑格勒第 86 页,洛伯:《帝国刑法及其注释》§5 注释 2;诺伊迈尔(Neumeyer):《整体刑法学杂志》23 第 455 页;施瓦茨§5 注释 2。

② 参见瓦格纳第 131、149 页,对《引渡法》有恰当的解释。

6条,1919年12月18日《追究战争罪行的法律》第2条,1930年3月25日《共和国保护的法律》第7条。

此外,《帝国刑法典》第102条("在本国或外国的德国人")、第298条("犯罪是在外国还是在本国实施,无区别")以及《帝国军事刑法典》的许多规定同样超越了《帝国刑法典》规定的界限(参见下文§204)。

VI.《帝国刑法典》的《预备草案》第4条、第5条将国内法的适用范围比现行法扩大了许多。对此,可参见冯·巴尔:《改革》1第37页;迈耶第80页;诺伊迈尔在绍伊费尔特主办的《法律适用报》,1911年2月10日—15日。与《预备草案》相对之草案回到了现行法律的基本思想上。根据《委员会草案》第4条的规定,外国人实施的叛国,攻击德国国防军,在未决诉讼程序中的德国官署作伪誓(如在德国海员局),或者,外国人作为德国官员或针对一个正处于执行公务期间的德国官员实施重罪或轻罪的,无须具备其他条件,其处罚与德国人相同。德国人也会因此等重罪或轻罪而受到处罚,如果行为地的法律规定必须处罚;在同等条件下,外国人实施了针对德国人或德国官员的犯罪,同样受处罚。根据德国法律,在无国籍地区实施的犯罪应当处罚。《刑法典》第5条规定的处罚的理由不变。《1919年草案》,1925年由官方起草的所谓的《官方草案》和1927年《刑法典》总则部分草案,在重要方面均与此规定相似,这些草案与现行《刑法典》相比走得很远,甚至在某些方面走得太远。①

§23 国际司法协助

I. 刑法规定的空间效力范围的界限所产生的缺陷,由国际司法协助予以弥补。其中的一个国际司法协助行为(不是唯一的却是最重要的)②便是引渡被控告或判决后逃跑的犯罪人。

---

① 根据《1927年草案》第6条第1款的规定,外国人在外国实施的"叛国罪"依德国刑法进行追诉。巴托尔蒂:《改革》,1926年,以及《德国法学家报》33第53页不无道理地指出了《1925年官方草案》和《1927年草案》走得是多么远;《1927年草案说明》所给予的安慰是多么软弱:根据国际法原则(与《帝国宪法》有关的《1927年草案》第23条),违法性被阻却,行为也就不予处罚。冯·希佩尔:《德国刑法》第2卷第74、81页是赞同各个草案关于对叛国罪的追诉规定的。罗伦茨走得更远,参见《德国法学家报》34第596页。

② 关于国际司法协助的其他行为,参见麦特根贝格(Mettgenberg):《法学词典》IV第695页,VII第428页。

§23 国际司法协助

签订"世界司法协助条约"将是实现完全无阻碍地、卓有成效地进行国际司法协助工作的"最可靠的途径"①,只要此等"世界司法协助条约"一天不签订,那么,就必须制定国际司法协助和通过具体的国际条约或通过国家间交往的惯例作为引渡的法律根据。在个别国家,如现在的德意志帝国,引渡由法律加以调整②,这些法规是构成订立引渡条约的不可动摇的基础。缺乏此等证明被请求国引渡义务的一般性规定的国家,在个别情况下进行引渡也是可能的,只要本国的法律规定未禁止之。

II. 德国引渡法的渊源有:

1. 1929年12月23日《引渡法》。该法包含了帝国政府(Reichsregierang)在与他国签订引渡条约时应当遵循的原则,同时,规定了德国当局在进行具体的引渡案件中的程序。《引渡法》生效前,引渡条约的签订根据《帝国宪法》第45条第3款的规定,必须得到帝国议会的同意;根据《引渡法》第46条的规定,如果该引渡条约符合《引渡法》的规定,则不再经帝国议会同意,只要将此等条约告知帝国议会即可(第46条第2款)。

2. 德国签署的引渡条约。由于战争,战前与敌国达成的协议被取消(参见帝国法院判决第50卷第141页),但近来旧条约中的大多数又生效实施了。《引渡法》的颁布并没有对旧条约的内容产生什么影响。目前,德意志帝国与下列国家签订有引渡条约③:1) 1871年10月31日与意大利(《帝国法律公报》第446页),连同1905年5月29日和8月9日的附加声明;自1920年7月8日起重新生效(1920年8月15日公告,《帝国法律公报》第1577页)。2) 1872年5月14日与英国(《帝国法律公报》第229页),连同1911年8月17日的《关于保护关系的附加条约》(《帝国法律公报》1912年第153页);自1920年6月25日起重新生效(1920年8月5日公告,《帝国法律公

---

① 参见冯·李斯特:《论文集》1第90页及以下几页、第118页。文章中提出了成立国际引渡联合会的建议;此外参见冯·马蒂茨(v. Martitz) 2第767页,《第16届德国法律工作者大会论文集》,《国际刑法学会报告》17第174、533页(1910年在布鲁塞尔召开的国际刑法学会大会)。第一次世界大战后,引渡法的统一化努力再度被提到议事日程上来了。对此,参见麦特根贝格:《德国法律工作者大会报告》34,第1卷第30、31页。在伦敦召开的第9届国际监狱大会(1925年),第三处(III. Sektion)代表这样的观点,即制定统一的国际引渡法的时机尚不成熟,但建议立即起草一个条约。

② 详见冯·李斯特-弗莱希曼:《国际法》§44注释4;武尔加斯特(Wolgast):pass. ;麦特根贝格:Kommemtar pass.。

③ 参见麦特根贝格:《法学词典》I第444—445页;弗劳施泰特(Fraustädte)第78页等(关于重新生效的条约数量有些是错误的);洛伯:《帝国刑法典及其注释》导论部分第113页。

§23 国际司法协助

报》第 1543 页)。3)1874 年 1 月 24 日与瑞士(《帝国法律公报》第 113 页)。4)1874 年 12 月 24 日与比利时(《帝国法律公报》1875 年第 73 页),连同 1900 年 11 月 28 日的《附加条约》(《帝国法律公报》1901 年第 203 页);自 1921 年 5 月 29 日起重新生效(1930 年 6 月 30 日公告,第 4 款和第 12 款,《帝国法律公报》第 1397 页)。5)1876 年 3 月 9 日与卢森堡(《帝国法律公报》第 223 页),连同 1912 年 5 月 6 日的《附加条约》(《帝国法律公报》第 491 页)。6)1878 年 1 月 19 日与瑞典和挪威(《帝国法律公报》第 110 页),连同 1907 年 3 月 7 日的《德挪附加条约》(《帝国法律公报》第 239 页)。7)1878 年 5 月 2 日与西班牙(《帝国法律公报》第 213 页)。8)1896 年 12 月 31 日与荷兰(《帝国法律公报》1897 年第 731 页)。9)1907 年 3 月 12 日与希腊[《帝国法律公报》第 545 页,此处请参见罗曼(*Lohmann*):《刑法论文集》(1909 年)第 108 页];自 1920 年 6 月 30 日起重新生效(1920 年 8 月 5 日公告,《帝国法律公报》第 1544 页)。10)1909 年 11 月 26 日与巴拉圭(《帝国法律公报》1915 年第 571 页;参见麦特根贝格:《整体刑法学杂志》39 第 27 页)。11)1922 年 5 月 8 日与捷克斯洛伐克(《帝国法律公报》1923 年 II 第 48 页)。

与战时敌国签订的条约未重新生效:1868 年 2 月 22 日"北德联邦和符腾堡一方与北美合众国为另一方签订的条约"(《帝国法律公报》第 228、231 页);1880 年"德意志帝国与乌拉圭签订的条约"(《帝国法律公报》1883 年第 287 页);1890 年"德意志帝国与刚果国签订的条约"(关于德国在非洲的殖民地;《帝国法律公报》1891 年第 91 页)。1897 年 9 月 21 日"德意志帝国与荷兰签订的条约"被废除(《帝国法律公报》第 747 页),1913 年 7 月 28 日又被扩大(《帝国法律公报》第 704 页),因为该条约涉及双方殖民地的引渡问题。

1877 年 9 月 17 日"与巴西签订的引渡条约"(《帝国法律公报》1878 年第 293 页)于 1913 年 9 月 15 日失效(《帝国法律公报》第 312 页);1911 年 11 月 29 日"德国—保加利亚引渡条约"(《帝国法律公报》1913 年第 468 页)由于 1925 年 9 月 23 日的通告被废除,于 1926 年 9 月 23 日失效(《帝国法律公报》II 第 952 页)。1917 年 1 月 11 日"与土耳其签订的引渡条约"(《帝国法律公报》1918 年第 264 页;参见冯·李斯特:《整体刑法学杂志》38 第 769 页)未被批准。关于与奥地利的关系,参见弗劳施泰特第 119 页;麦特根贝格:《评注》第 163、191 页。

德意志帝国各邦不再享有与外国政府签订引渡条约的权力(1919 年《帝国宪法》第 6 条第 3 款,与此有关的第 78 条第 2 款)。各邦以前与外国政府

§23 国际司法协助

签订的引渡条约仍然有效,但以其在战后未被废除者为限。法国将与德意志帝国各邦签订的引渡条约再度予以生效。详见麦特根贝格:《法学词典》I第444、445页;VII第97页。

关于逃亡海员的引渡以及逃兵的引渡问题,参见冯·李斯特与弗莱施曼(Fleischmann)合著的《国际法》§45 IV、V。

III.《引渡法》与引渡条约虽然在内容方面有所不同,但在主要内容方面还是一致的:

1. 引渡义务不及于每个类型的犯罪,在某些引渡条约中(如1909年的"巴拉圭引渡条约"),将应当引渡的犯罪类型——列出,而另一些条约(如1922年的"捷克斯洛伐克引渡条约")以及《引渡法》,只对应当引渡的犯罪作出一般性规定。根据《引渡法》第2条的规定,犯罪行为依据德国法律被视为重罪或轻罪的,始可被引渡。

2. 只有当两国(请求国与被请求国)的法律均规定某行为应"受处罚",且可罚性不因阻却责任事由(参见下文§26)而废除的,引渡才成为可能。根据《引渡法》第4条第2款的规定,如果依据德国法律,刑事追诉或刑罚执行因丧失时效或赦免①,或因其他原因②而不被允许的,则不得引渡。

3. 根据《引渡法》第1条的规定,不得将德国人引渡给外国政府进行追诉或处罚(《刑法典》第9条由1919年《帝国宪法》第112条第3款替代)。该规定是与欧洲大陆国家所普遍坚持的不引渡自己臣民的原则③相适应的。

4. 特定种类的犯罪行为由于其实体上的意义而不予引渡。根据《引渡

---

① 从最广义上来理解该词,包括狭义上的个别和集体"赦免"(Begnadigung),个别和集体中止诉讼程序(Abolition, Niederschlagung)。参见下文§73。持该观点的还有麦特根堡:《评注》第256页。

② 缺少诉讼的前提条件,存在诉讼障碍等。

③ 反对该原则的有冯·巴尔:《法律》1第178页;拉马施第396页和《国际法手册》3第515页;巴托尔蒂:《改革》(1926年)第43页。赞同该观点的主要有阿尔费德第88页;宾丁:《手册》1第400页;海格勒第156页;科勒第170页;冯·利利恩塔尔第17页;冯·马蒂茨1第307页。《凡尔赛和约》(Versailler Friedensvertrag)第228条(与1919年《帝国宪法》第178条第2款有关)以令人气愤的方式打破了不引渡本国臣民的原则。对此可参见1919年12月18日《追诉战争犯罪法》以及1920年3月24日和1921年5月12日《补充法》。文献有凯克尔:《整体刑法学杂志》41第685页;维特马克(Wittmaack):《关于在敌国军队的责任》(1920年)第64页及以下几页;菲德罗斯(Verdross):《违反国际法的战争罪行和国家的处罚要求》(1920年)第84页及以下几页;麦特根贝格:《法学词典》I第446页;林根曼(Lingenmann):《法学词典》VII第270页。因《凡尔赛和约》第228条包含产生于正在失去耐心的战胜者的傲慢的无理要求,敌国"将其臣民引渡给德国,只要对该时期仍记忆犹新,就没有可能"[巴托尔蒂:《改革》(1926年)第43页]。

§23 国际司法协助

法》第2条第2款,属于此等犯罪的有"纯"军事犯罪,此外,还有只能科处罚金刑,并排除改为执行自由刑可能性的犯罪。

5. 根据《引渡法》第3条的规定,政治犯和与政治犯有关的犯罪,如准备给予其保护、庇护等。这种给政治犯提供的政治避难权,普遍存在于1883年《比利时引渡法》①之后的几乎所有的引渡条约和许多外国的引渡法中。②

关于政治犯的本质特征问题,《引渡法》第3条第2款接受了当时占主导地位的且也是正确的客观理论。根据该条款,起决定作用的是犯罪行为所侵害的法益的特征,而不是犯罪人所追求的目的。因此,《引渡法》第3条第2款规定了对下列侵害法益的、应予处罚的犯罪行为应当予以引渡:直接针对国家的存在与安全、针对政府首脑或政府成员、针对符合宪法的社团、针对选举或表决时的公民权、针对与外国的良好关系,也即《刑法典》第二章第1—5节的有关内容。③

6. 习惯上经常将所谓的谋杀国王排除于政治犯的政治避难权之外,有时甚至将所有无政府主义的重罪和轻罪排除于政治犯的政治避难权之外。在排除谋杀国王的政治避难权方面,引渡条约(德国自1874年起)以1856年3月22日《比利时引渡法》④中所谓的政治谋杀条款为蓝本,虽然该条款在客观上是完全公平合理的,如无政府主义者条款⑤,但由于其在法学上的不清楚的表述,引起人们的异议。《引渡法》既未采用政治谋杀条款,也未采用无政府主义者条款⑥,亦没有涉及犯罪人(无政府主义者)的个性或被害人的显赫地位(君主、国家元首等),根据《引渡法》第3条第3款的规定,只要犯罪

---

① 参见麦特根贝格:《法学词典》I 第444、447页。
② 参见《引渡法》第3条、《瑞典引渡法》第7条、《芬兰引渡法》第5条。1885年《俄罗斯与普鲁士和巴伐利亚的条约》和1890年《德意志帝国与刚果国的条约》中没有政治避难权的条款。详见麦特根贝格:《评注》,第205页及以下几页。
③ 赞同主观理论(subjektive Theorie)的,过去有冯·巴尔、拉马施,近来有格奥基(Georgi):《政治犯罪》(1910年)第66页。《引渡法》第3条第2款完全采用了本教科书长期以来就已代表的观点。赞同本教科书观点的还有阿尔费德第89页;科勒第175页;冯·马蒂茨;迈耶第72页。关于该问题的历史发展过程,参见麦特根贝格:《法学词典》I 第447页、VII 第99—100页和《评注》第196页及以下几页。
④ 详见麦特根贝格:《法学词典》I 第349、448页和《评注》第196页及以下几页。
⑤ 《巴拉圭引渡条约》第3条第2款。参见麦特根贝格:《整体刑法学杂志》39 第34页。
⑥ 参见麦特根贝格:《评注》第229页,《法学词典》VII 第101页。

§24 刑法对人的效力范围

是故意针对生命的,即应予以引渡,公开的决斗除外①。

7. 引渡总是以对方的保证为前提条件的(《引渡法》第4条第1款),也就是说,引渡必须根据国家法律基础来进行,即要求引渡的国家在发生类似情况时,亦应向其他请求引渡国履行引渡义务。此等保证没有必要以条约形式来规定,通过外国的法律或者仅通过引渡实践,具有同样好的效果。②

8.《引渡法》第6条确定的"个别化原则"是比较重要的。根据该原则,由引渡国规定审判被引渡人时所必须遵守的界限。原则上讲,对被引渡人的审判只限于同意引渡的犯罪。③

§24 刑法对人的效力范围④

I. 根据国家法原则,下列人应受刑法处罚⑤:

根据《帝国宪法》第36条的规定,《刑法典》第11条规定的人民代表(Volksvertreter),不管是帝国的(帝国议会成员)还是各邦的(邦议会成员),对于在大会休会期间,在表决时或在履行其职务时发表的言论,不负刑事责任。这里言论是指表明的一个观点或意见,对某个事实的任何一种主张,无论其是以言语表达还是以文字形式予以发表,无论是作为形式还是以违反法律义务的不作为形式来发表。而行为则不属于此处的言论范畴。"在履行职务时"所发表的言论,只要它为议会活动的一部分⑥,均属于此等意义

---

① 对"公开的决斗"的限制是以拉马施的观点为根据的。参见麦特根贝格:《评注》第228页、第232页及以下几页。

② 参见莱德勒(Lederle):《整体刑法学杂志》48第466页;麦特根贝格:《法学简明词典》VII第97页。

③ 参见麦特根贝格:《法学简明词典》VII第104页。关于诉讼法的作用,参见于尔(Joel):《整体刑法学杂志》48第487页。

④ 迈耶第59页不赞同此种排列顺序。

⑤ 这种早在罗马法中就予以承认的、现已无关紧要的最高统治者不处罚的原则,自吸收外国法律以来,属于德意志帝国法律的国家法原则。而在中世纪的德国,情况则不同(《萨克森镜报》3第52、53页;金训令1356c. 5§2),当时将国王提交王家法院审判——帝国总统同样受刑法的约束。《帝国宪法》第43条第3款并没有赋予总统免受刑法处罚的类似于《帝国宪法》第36条给予议员的特权,只是规定了不得对其进行刑事追诉,但其也只能在任职期间享有该权利(无须经帝国议会同意)。参见安雪茨:《宪法》,第3次修订版第43条注释4。

⑥ 特罗伊奇(Troitzsch)的解释并没有说明其他意思:"议会组织内部发生的活动。"持该观点的还有格拉夫·z. 多纳第441页。

§24 刑法对人的效力范围

上的言论。据此,人民代表在全体大会,在委员会,在元老会(Ältestenrat),在议会党团会议的所有言论(包括打断别人讲话的插话),以及向议院提交的书面报告和对该报告的论证等,均为《帝国宪法》第36条意义上的言论;相反的是,私人谈话(即使该私人谈话是在议会大厅进行的)或党员大会中的私语、选举演说、政治性的社论以及类似者,不属于此等意义上的言论范畴①。只有人民代表机构的成员才享有豁免权,因此,帝国议会成员或普鲁士枢密院成员②、议院成员则不享有此等豁免权,但汉萨城市的市议会成员享有豁免权。

这里只涉及个人的刑罚阻却事由,行为的犯罪特征不受影响。③ 作为共同正犯或共犯与人民代表共同犯罪的,则应受刑法处罚;正当防卫不负刑事责任。关于刑罚的折抵请参见下文§70。

II. 因国际法原则而不受刑事追诉④:

1. 在德国境内的外国国家元首及其家庭成员和随从;外国君主以及共和国总统;罗马教皇,尽管他不是国家元首。

2. 德国境内的外国军队⑤,德国水域的外国船只,前提条件是它们在德国的逗留得到德国政府的同意且是从事公务活动。

3. 外国驻德意志帝国或邦的外交使团成员、其家庭成员和他们的管理

---

① 这是主流观点。尤其请参见特罗伊奇第64页及以下几页。问题在于:1. 打断别人讲话的插话算不算言论? 这里持肯定说。参见弗兰克§11 II;格拉夫·z. 多纳第442页。2. 关于在议会党团会议上的言论参见安雪茨,出处同上,注释2;冯·希佩尔:《德国刑法》第2卷第85页注释5;弗兰克§11 II;特罗伊奇第75页;格拉夫·z. 多纳第441页;施蒂尔-索姆罗:《德意志帝国和邦国家法》1第574页。不同观点参见芬格尔1第219页及以下几页,安雪茨在文章中列举了所代表的观点的正确理由。

② 因普鲁士枢密院不是人民代表机构,证据参见曼恩(Mann):《普鲁士枢密院的法律特征》,1926年;特罗伊奇第7页及以下几页。

③ 绝对的主流学说。不赞同该观点的有克莱因费勒(Kleinfeller)第333页;梅茨格第73页。

④ 参见国际法介绍,新近的著作尤其请参见冯·希佩尔:《德国刑法》第2卷第81页及以下几页。

⑤ 参见帝国法院判决第52卷第167页和冯·希佩尔:《德国刑法》第2卷第85页。关于在德国驻扎的占领军,参见1919年6月28日的《莱因兰条约》。

§25 例外法

人员以及服务人员,如果此等人非德国人(《法院组织法》第18—21条)①。

在上述三种情况下,只涉及个人的刑罚阻却事由;上节关于共同犯罪的原则,此处同样适用。②

只要德意志帝国与其他国家以条约形式达成特别协议(一般均有特别之协议),在德国受雇佣的外国领事适用本国刑法。

4. 根据帝国法律,德国其他邦常驻某一邦的代表只依本邦法律规定,而不依德意志帝国刑法约束。

5. 因公务活动而进入本国的外国代理人,在其职务逗留期间受本国刑法的约束。

6. 从外国传讯并出庭的证人,如果其因其他犯罪被引渡,不得因以前的犯罪而负刑事责任。

III. 如《军事刑法典》未作其他特别规定,德国军人,也就是说士兵(包括军官、下级军官、士兵)和军队官员一般适用《德意志帝国刑法典》。

§25 例外法

针对战争威胁和内乱需要有特别措施,采取此等特别措施可能涉及刑法之规定。1919年8月11日《帝国宪法》的颁布,对该领域迄今为止的法律状况具有较大的触动。作为最新的帝国法律渊源,《帝国宪法》第48条对在公共安全和秩序受到严重破坏或危害的情形下,由主管当局对法律状况进行何种修改作出了详尽的和独特的规定,但对造成此等破坏和危害的原因未作规定。因此,《帝国宪法》第48条作出如此规定,是以战乱或内部骚乱为根据的。

I. 1. 如果德意志帝国的公共安全和秩序受到严重破坏或危害,帝国总

---

① 关于由德国或邦雇佣的外国代表产生了一些难题。根据《法院组织法》第18条第2款的规定和主流观点,他们只是不受邦法律的约束,而帝国刑法对他们仍有约束力。但该观点导致了令人难以接受的结果。不同观点参见瓦亨费尔德第55页和大多数学者,包括冯·希佩尔:《德国刑法》第2卷第84页。

② 享有治外法权者在履行职务期间只受其本国刑法的约束,因此,在其退职以后也不因过去应受刑法处罚的行为在外国受到追诉。持该观点的还有阿尔费德第91页;科勒第139页;冯·希佩尔:《德国刑法》第2卷第82—83页。不赞同该观点的有贝林:《享有治外法权者的刑法意义》,1896年;宾丁:《手册》1第686页;范·卡尔克第16页;弗兰克§3 V;洛伯:《帝国刑法典及其注释》§3注释7。他们认为只免除审判。

§25 例外法

统可采取旨在恢复公共安全和秩序的一切必要措施(《帝国宪法》第 48 条第 2 款)。据此,在无须由法院对他所采取措施的目的性和必要性进行审查的情况下①,帝国总统尤其可颁布新的刑法规定②,加重《刑法典》或其他刑法中的刑罚,他还可以规定死刑③,但需要部长们连署的措施④必须立即告知帝国议会,并经帝国议会要求可不予以生效。依据《帝国宪法》第 48 条颁布的命令,可根据实际情况以任何适当的方式予以公布(1923 年 10 月 13 日《法规公布法》第 1 条第 3 款)。

2. 在拖延即有危险的情况下⑤,邦政府同样可采取旨在恢复邦内公共安全和秩序的措施,但是,经帝国议会要求,或经帝国总统要求,邦政府必须立即终止此等措施的生效(《帝国宪法》第 48 条第 4 款)。

II.《帝国宪法》第 48 条第 5 款规定,具体由帝国法律规定之。也就是说,要制定一部帝国法律,将帝国总统过大的权力作出法律上的限制性规定,尤其是在《帝国宪法》第 48 条规定内,对例外法律状况的前提条件、形式、和效力作出规定。此等法律尚未颁布。依据 1871 年《帝国宪法》第 68 条的

---

① 持该观点的还有格劳(Grau):《手册》II 第 294 页,帝国法院判决第 57 卷第 385 页,第 59 卷第 41 页,第 45 卷第 188 页("依据《帝国宪法》第 48 条采取措施的法律必要性的明显的错误判断"或"对否定法律效力的一个纯专断的权力滥用"的确认,作出限制)。

② 颁布的新刑法规定有多部,例如 1920 年 1 月 11 日的命令(《帝国法律公报》第 41 页)第 4 条,1920 年 4 月 13 日的命令(《帝国法律公报》第 207 页),1920 年 1 月 29 日的命令(《帝国法律公报》第 195 页)以及其他。帝国法院判决第 55 卷第 115 页采纳了本教科书的观点。持相同观点的还有帝国法院判决第 56 卷第 420 页,第 59 卷第 29 页(不确定期限的措施也是允许的)。

③ 如 1920 年的命令(《帝国法院公报》第 467 页)在第 1 条中,将《刑法典》第 307 条、第 311 条、第 312 条、第 315 条规定的终身监禁确定为死刑,如果此等犯罪行为是在例外之法律状况下实施的。在特定情况下,同样可依《刑法典》第 115 条第 2 款、第 125 条第 2 款对暴乱首领处以死刑。但是,这些命令的法律效力值得怀疑,因为它们不是由帝国总统自己颁布的(参见本节 III);更值得怀疑的是 1920 年 3 月 25 日的命令(《帝国法院公报》第 470 页)。不应忘记的是,这两个命令均产生于最严重的内战时期,这两次内战的目的是为了巩固政权。

④ 参见帝国法院判决第 56 卷第 162 页。

⑤ 此处参见贝林就该问题恰当的阐述:《德国法学家报》25 第 866 页。他认为,根据《帝国宪法》第 48 条第 4 款的规定,1920 年 10 月 27 日的《巴伐利亚走私条例》无疑是无效的。

§25 例外法

规定,认为1851年6月4日《普鲁士戒严法》仍然有效①,实际上是错误的。1919年《帝国宪法》第48条与以前的法律的关系应当是:

1. 如果1851年《普鲁士戒严法》是依据《帝国宪法》第68条而在全德生效的,那么,它应当与1871年《帝国宪法》第68条一起废除,因为1919年《帝国宪法》第48条已经对每种例外法(狭义上的战争状态和戒严状态)作出了独特的规定。② 由此,《帝国刑法典实施法》第4条不得再予以适用。③ 根据《帝国刑法典实施法》第4条的规定,在帝国范围内(巴伐利亚除外)④;《刑法典》第81条、第88条、第90条、第307条、第311条、第312条、第315条、第322条、第323条、第324条规定的终身监禁将由死刑取而代之,如果各条所述之犯罪是德皇根据1851年《普鲁士戒严法》(1871年《帝国宪法》第68条)宣布为战争状态的联邦地区实施的。⑤ 因为《帝国刑法典实施法》第4条对刑罚的加重,是基于由1919年《帝国宪法》第48条予以废除的1871年《帝国宪法》和《普鲁士基本法》所确定的,所以,在新的《帝国宪法》生效后,也就自然失去了法律效力。⑥ 现在,帝国总统必须亲自作出加重刑罚的命令,如果他认为有必要的话。像《刑法典实施法》第4条规定的自动加重刑罚的现象再也不会发生了。

2. 《帝国宪法》第48条还使1874年5月7日《新闻法》第30条第1款失

---

① 明显存在于1871年《帝国宪法》第68条和1919年《帝国宪法》第48条中的区别已经否定了安特(Arndt)的观点。1871年《帝国宪法》第68条明确维护《普鲁士戒严法》的有效性,而在1919年《帝国宪法》第48条只对将来制定一部帝国法律作出了不确定的程序性的规定。如果1871年《帝国宪法》第68条与1921年的法律一起仍然有效,那么,1919年《帝国宪法》第48条就不得明确强调之(参见1919年《帝国宪法》第178条)。与本教科书持相同观点的还有帝国法院判决第55卷第115页,第56卷第189页;基泽(Giese):《帝国宪法》第48条注释9;格梅林第457页。

② 科恩在一定程度上不同意该观点,他认为1851年《普鲁士戒严法》"对战争状态"的规定仍然有效。持与本教科书相同观点的还有耶利奈克(W. Jellinek):《公法年鉴》(1920年)IX第118页;安雪茨第48页注释6;格劳:《手册》II第276页。

③ 持该观点的还有弗兰克:《刑法典实施法》第4条;冯·希佩尔:《德国刑法》第2卷第59页;现在有洛伯:《帝国刑法典及其注释》§4注释1;阿尔菲德第245页仍继续引用《刑法典实施法》第4条。葛兰特第71页称《刑法典实施法》第4条为仍然有效的法律规定。

④ 关于巴伐利亚,参见科恩的相关论述。

⑤ 关于《刑法典实施法》第4条的"其他选择"("在战场"),参见本教科书第21版和第22版§25 I 1和说明2,以及《帝国军事刑法典》21第174页。

⑥ 持相同观点的还有科恩,施蒂尔-索姆罗第670页;现在还有洛伯:《帝国刑法典及其注释》,《帝国刑法典实施法》§4注释2。

§25 例外法

去法律效力①,因为《帝国宪法》不仅对第 118 条中所谓的新闻自由规定了新的内容,即与第 118 条相对立的《新闻法》第 30 条的规定因而被废除,而且,《帝国宪法》第 48 条第 2 款还规定了何时及在何种程度上用例外法对第 118 条意义上的新闻自由作出规定。

3.《帝国宪法》第 48 条第 4 款最终废除了邦政府依据以前的邦例外法采取特定措施的权限。②

III.《帝国宪法》第 48 条未授予帝国总统全权的权限,但帝国总统仍有权签署采取必要措施的命令,具体的命令要在规定的期限内委托给有关当局起草。③

IV. 随着《魏玛宪法》的生效,依据 1851 年 6 月 4 日《普鲁士法》,在不同的地区采取"戒严状态"。1919 年 11 月 30 日帝国法院就该戒严状态(Belagerungszustand)采取了一个新的涉及量刑标准(Strafmaß)的规定(《帝国法律公报》第 1941 页)。但该法并没有被赋予更广泛的意义。④ 随着该戒严状态的取消,该法也就失去了其实际意义。

V. 战时曾因两个不同的原因制定过一部不成熟的、其大部分内容为短命的战时刑法,第一个原因是 1851 年 6 月 4 日《普鲁士议会授权法案》第 9 条 b⑤,另一个原因是 1914 年 8 月 4 日《议会授权法案》。战时和战后的一些法规继承了第一部《议会授权法案》,并根据这些法律规定颁布了新的刑法规定。但是,此等战时法"几乎都只具有短暂的意义",它们"是与本刑

---

① 参见基齐厄 §30 注释 16;洛伯:《帝国刑法典及其注释》,《帝国刑法典实施法》§4 注释 3。

② 参见基齐厄 §30 注释 II 1b。他不无道理地指出,这也是在其 1919 年 11 月 4 日命令中未依据《巴伐利亚邦法》(尤其是 1919 年 7 月 31 日《保护自由国家特别措施法》),而是依据《帝国宪法》第 48 条第 4 款的巴伐利亚邦政府的立场。还请参见科恩 101 页;耶利克:《公法年鉴》IX (1920 年) 第 118 页。

③ 参见帝国法院判决第 56 卷第 165 页,第 59 卷第 48、189 页;冯·施多茨曼(v. Stoltzmann)将军于 1920 年 3 月 13 日发布的有趣的、从国家法角度看最值得怀疑的公告(《帝国法律公报》第 470 页)。在 1920 年 3 月 25 日的帝国总统关于取消特别军事法庭的公告中(《帝国法律公报》第 473 页),"口头或书面授予军事指挥官依据《帝国宪法》第 48 条颁布的特别规定,根据自己的判断认为事不宜迟,拖延即有危险时加重处罚之全权",予以撤销。此外,该"全权"与《帝国宪法》第 48 条的一致性也很值得怀疑。

④ 持相同观点的还有帝国法院判决第 55 卷第 115 页;科恩:《德国刑法杂志》7 第 101 页,其认为该命令"令人费解"的法律意义在于,它改变了军事指挥官以前作出的命令的处罚范围。但是,科恩忽视了这样一个事实,当时,除巴伐利亚外,普鲁士的一部分地区也处于戒严状态。参见耶利奈克:《公法年鉴》IX 第 118 页。

⑤ 参见明斯特(Münster)、李格特(Riegert)以及本教科书第 21 版和第 22 版 §25 II 注释 1。

§25 例外法

法教科书格格不入的。如果它们还有什么可取之处的话,也只是,正如在高利贷刑法里,包含了继续发展的萌芽。本教科书将在分则部分探讨"①。此等具体的战时和战后的紧急法令的效力是非常值得怀疑的,也是很有争议的。②

---

① 冯·李斯特在第25版中持该观点,本教科书的第21版和第22版持不同的观点。此外,关于战时法还请参见 Eb. 施密特:《整体刑法学杂志》37 第 69 页;K. 迈尔(K. Meyer):《整体刑法学杂志》39 第 299 页;阿尔费德:《法律》22 第 169 页;索格尔:《战时刑法》第 2 卷第 1917 页及以下几页;阿尔斯贝格(Alsberg):《哄抬物价刑法》,1920 年第 6 版。

② 参见施密特:《整体刑法学杂志》37 第 83 页(不同观点参见宾丁:《整体刑法学杂志》37 第 257 页),38 第 862—863 页,《法学周刊》49 第 271 页;科尔劳斯:《整体刑法学杂志》41 第 181 页;吕贝尔(Nübell):《法学周刊》49 第 272 页;瓦瑟曼(Wassermann):《整体刑法学杂志》42 第 627 页。

Part 2

第一编　　绪论

第二编　　总论

LEHRBUCH DES
DEUTSCHEN STRAFRECHTS

第一部
犯　罪

LEHRBUCH DES

DEUTSCHEN STRAFRECHTS

§26 犯罪的概念

I. 犯罪,就其形式来看,是指实现构成要件、应受刑罚处罚的作为和不作为。

1. 如果进一步研究构成要件的要素,我们会得到下列特征:

a. 犯罪永远是人的行为,也即犯罪人相对于外部世界的有意识的行为,并通过作为或不作为使外部世界发生变化。与人的意志无关的事件永远也不能实现构成要件①,更确切地说,人的行为是作为"犯罪"评价的客体。

b. "犯罪"这种否定评价只能与违法行为有关。违法是指一行为在形式上与法制的要求或禁止(Gebote oder Verbote)背道而驰,破坏或危害一种法益。但是,并非任何一个违法行为均应被处罚。立法者从几乎不可能一览无余的违法行为方式中,将一些特定的行为筛选出来,并以此方式构成应受刑罚处罚的具体犯罪的构成要件。只有那些在具体情况下具备构成要件特征,正如人们通常用术语所表述的那样,符合特定刑法规范的构成要件的行为(Handlung)才是犯罪行为(verbrecherische Handlung)。因此,将构成要件

---

① 宾丁不赞同此说,参见宾丁:《手册》1 第 565 页;拉德布鲁赫、克里科斯曼(*Kriegsmann*):《整体刑法学杂志》30 第 444 页,格拉夫·格莱斯帕赫第 36 页和格拉夫·z. 多纳反对统一的行为概念和将统一的行为概念的适用作为刑法系统化的出发点,这正好反驳了梅茨格第 101—103 页的观点。这种异议在很大程度上只是术语式的。如果格拉夫 z. 多纳:《法庭杂志》65 第 310 页将行为作为客体化的意志,则它与本教科书是完全一致的。如果想避免"行为"这一表述,那么,就可以用弗兰克:Einl. Best. III,哈夫特、海格勒、绍尔以及梅茨格第 91、92 页中使用的"行为"(Verhalten)取而代之。迈耶 13 第 57 页走得更远,他将犯罪确定为"事件"(Geschehnis),因为自然中的事件也属于"事件"。不赞同迈耶观点者现在主要有冯·希佩尔:《德国刑法》II 第 92 页;科尔劳斯:《手册》V 第 766 页。

§26 犯罪的概念

符合性①等同于违法性的观点好像是不正确的,因为还存在这样的可能性,即符合构成要件的行为因其正当的理由而被法律所允许(《帝国刑法典》第 223 条规定的正当防卫致他人身体受到伤害)。据此,有些符合构成要件的行为却不违法;有些违法行为却不符合构成要件。但是,构成要件符合性与违法性之间存在一种值得注意的联系。对此,我们将在下面的违法性学说部分进行深入的探讨(参见下文§32)。

c. 仅具有符合构成要件的违法性并不构成"犯罪"这种否定评价的理由。犯罪还是一种有责的行为(schuldhafte Handlung);也就是说,有刑事责任能力的犯罪人是故意或过失地实施了符合构成要件的违法行为,也即刑法中的罪责问题涉及符合构成要件的违法行为。因此,也就必然得出这样一个结论:刑法制度中的罪责只能在违法性学说之后来探讨②。

2. 因此,可以说,犯罪是符合构成要件的、违法的有责的行为。它同时回答了是否有统一的刑法和私法上的不法概念问题。作为违法的有责的行为,犯罪与民法中的违法行为均属于不法或违法的类概念(Gattungsbegriff des

---

① 贝林在其 1906 年的《犯罪论》中更加突出地强调"符合构成要件"作为犯罪概念的特征;但是,在 1930 年的《构成要件论》中,其观点有了转变,本教科书§32 的相关脚注将对其进行详细介绍。这里需要指出的是,贝林不无道理地反对将构成要件符合性等同于违法性(Koordination von Tatbestandsmäßigkeit und Rechtswidrigkeit)。参见冯·韦德尔:《瑞士刑法学杂志》45 第 373 页。事实上,构成要件符合性所给予违法性的只是特别的刑法色彩。所有刑法上重要的违法性永远只是符合构成要件的违法性,因此,犯罪被规定为"符合构成要件的违法的"行为。梅茨格也持同样的观点,参见梅茨格第 174 页。"特殊的刑法上的违法性"在这里当然不是指在刑法领域的违法性,在其他法律领域就不是,或者反之。参见梅茨格第 181 页。反对"构成要件符合性"特征的,现在还有冯·希佩尔:《德国刑法》第 2 卷第 90 页及以下几页。但是,如同本质上的联系一样,方法上的这一特征的成果必须予以坚持,在违法性学说方面,此等成果被证明是必要的和正确的。参见冯·希佩尔:《德国刑法》第 2 卷第 185 页及以下几页。

② 在任何一个刑法制度中,在处理任何一个刑事案件时,均不可能反过来先探讨"罪责"后探讨违法性。李斯特早在本教科书的第 1 版中就确立了正确的体系。阿尔费德是在其著作第 8 版中(参见其著作前言)转到这一正确的分类法上来的。瓦亨费尔德、迈耶、梅茨格、蔡芬贝格尔(Zevenberger)等人的《刑法教科书》,绍尔的《刑法学基础》,冯·希佩尔的《德国刑法》,贝林、海姆贝格尔、范·卡尔克和默克尔的《刑法学概论》,同样采纳了正确的观点。相反的是,葛兰特(《德意志帝国刑法》,1922 年)和迪尔(Dörr,《德国刑法》I,1930 年第 2 版)则将罪责放在违法性前面探讨。参见梅茨格:《法庭杂志》89 第 250 页;奥尔斯豪森 4 第 2、7 章;齐默:《犯罪论之结构》第 164—165 页;科尔劳斯:《法学词典》V 第 766 页。

§26 犯罪的概念

Unrechts oder Delikts）。① 有时，犯罪表明了法律上一个行为的两个方面：在违法性方面是对犯罪行为的否定评价，在有责性方面是对行为人的否定评价。作为法律评价对象的行为的概念有时可视为犯罪论的基本概念。在不法或违法的类概念中，鉴于构成要件符合性，作为刑事不法的犯罪是一个种概念（Artbegriff）。

我们的犯罪概念包含了四个积极的犯罪特征，后三个是犯罪的类特征（Gattungsmerkmale），第一个，也即构成要件符合性是犯罪的种特征（Artmerkmal des Verbrechens）。②

---

① 这里所代表的刑法和私法中的统一的不法概念，对整个犯罪学说的构架是具有重要意义的。在过去的解释尝试中，有观点认为民法中的不法和犯罪之间有质的不同，黑格尔及其学派是该观点的第一坚持者。黑格尔将刑法上的不法规定为有意识的，将民法上的不法规定为无意识的。正如默克尔（*Merkel*）令人信服地证明的那样，此种两分法是与法律生活中不容争辩的事实相矛盾的。主流观点与本教科书持相同的看法。尤其请参见绍尔：《刑法之基础》第 139 页；冯·希佩尔：《德国刑法》第 2 卷第 87 页；希尔施贝格第 21 页及以下几页。还请参见李普曼第 13 页，他试图将犯罪建立在意志之上，将民法中的不法建立在结果之上。黑格勒：《整体刑法学杂志》36 第 29 页（现在还可参见其在《纪念弗兰克文集》I 第 274 页脚注 2 中的论述）也对统一的不法概念持否定态度；但他对本文的指责，即犯罪的特征作为一种违反社会准则的、反社会的行为，不能适用于私法，不能被认为是站得住脚的；因为法律的所有方面，当然也包括私法在内，都是对社会生活秩序（eine soziale Lebensordnung）的反映；因此，从这一点上来说，那些违反私法者，触犯了涉及公众意志和公众利益的规定者，其行为是反社会的。不同意黑格勒的观点的还有米特迈耶：《整体刑法学杂志》44 第 7 页，他甚至完全赞同本教科书的观点，因为他拒绝对民法和刑法中的不法加以任何区别。仅从这里关于刑法和民法中不法的有趣的相同本质中，自然不难得出每个违法性都肯定具有重要的刑法意义的结论。相信上述评述可以打消黑格勒：《整体刑法学杂志》36 第 29 页和拉德布鲁赫（《纪念弗兰克文集》I 第 160—161 页）的疑虑了。

② 本教科书将犯罪的四个特征描述为积极的犯罪特征，拒绝"消极的构成要件特征理论"（似乎更应该称之为"犯罪特征"）。根据该理论，违法性不应当是积极的犯罪特征，但缺少违法性是犯罪的消极特征。宾丁：《手册》1 第 664 页和芬格尔早就指明了此种思考方式，其后为默克尔第 82 页，勒夫纳：载格林霍特主编的著作 20 第 775 页，密里卡（*Miricka*）第 125 页，鲍姆加腾：《犯罪论之结构》第 221 页，恩基希（*Engisch*）II 所采纳。弗兰克在其著作的第 3 版和第 4 版之后事实上已经放弃该理论（参见第 18 版第 4 节 III）。齐默：《构成要件论》又重新回到该理论上来，他谈到"补充之构成要件特征"。不赞同此种思考方式的有冯·巴尔：《法律》2 第 418 页；贝林：《犯罪论》第 36、134 页；格拉夫·z. 多纳第 33 页；芬格尔夫·格莱斯帕赫第 53 页；科尔劳斯：《整体刑法学杂志》44 第 12 页；绍尔：《刑法学基础》第 213、219 页。"对立性"（Gegensatz）的意义不可高估。只要该消极的犯罪特征学说表明与原则和例外的关系没有什么不同，那么，它就不会受到责难，但它不具备"独立的价值"（冯·希佩尔如是说）。相信上述评注可以打消梅茨格第 183、184 页的疑虑了。

§26 犯罪的概念

II. 在 I 中,我们解释了犯罪的形式概念的发展。此外,我们还需要对犯罪行为的本质作一个实体上的解释。我们从立法者在何时将刑罚作为侵害法益行为的独特的法律后果进行探讨。① 仔细的观察表明,国家将刑罚的预防功能适用于私法之赔偿功能(强制履行、恢复原状、赔偿损失)所不能及的领域,以限制不法行为;此外,不仅对犯罪行为本身,而且对犯罪行为中表现出来的行为人危害社会的个性作出否定评价,并对其科处刑罚,以与此等社会危害性作斗争。

私法中赔偿之缺陷主要表现在:

a. 在盗窃等犯罪情况下,强制赔偿对于大多数无资产的犯罪人而言是无效的;

b. 在杀人、性强制等情况下,私法的赔偿是不能对法律的被破坏起到平衡作用的;

c. 如果法秩序(Rechtsordnug)赋予被侵害的法益以特别高的价值,则人们会想以特别坚决的方式对不法侵害者表示责难;

d. 如果不法侵害行为频仍,特定犯罪激增(如假冒伪劣食品、高利贷等),则会唤醒人们通过严厉的刑罚来与之抗衡的想法。

因此,根据立法者的观点,对于现存的社会秩序而言,犯罪是对受法律保护的利益的有害攻击,这种有害攻击表明了行为人在实施犯罪行为时应对其行为负责的个性。

III. 缺乏上文 I 中提及的概念特征之一的,犯罪就不成立。可以将这种情况统称为存在违法行为阻却事由[Deliktsausschließungsgrund,更加准确的说法也许是:犯罪阻却事由(Verbrechensausschließungsgrund)]。违法行为阻却事由可以细分为行为阻却(Ausschluß der Handlung),阻却构成要件该当性(Ausschluß der Tatbestandmäßigkeit,也称 Mangel am Tatbestand),阻却违法性(Ausschluß der Rechtswidrigkeit,也称"正当化事由"),阻却责任(Ausschluß der Schuld,也称 Entschuldigungsgründe)。

相反,如果实施了符合构成要件、违法、有责的行为,国家刑罚权随之产生,行为的可罚性通常也就产生了。在个别情况下,尽管行为本身被视为"犯罪",被视为"应当受刑罚处罚的行为",但考虑到行为人所具有的特殊的外

---

① 此处参见科尔劳斯:《法学词典》V 第 756 页;Eb. 施密特:《瑞士刑法学杂志》45 第 204 页及以下几页;希尔施贝格第 25 页。本教科书关于刑法学派的对立问题,得到希尔施贝格不无道理的强调。从结果来看,希尔施贝格的观点是与本教科书相一致的。

在关系,立法者免除其刑罚。人们习惯上将这种情况称作"个人的刑罚阻却事由"。属于此等情况的,除上文§24中涉及的情形外,还有《刑法典》第257条第2款(个人经其亲属同意的庇护)、第247条第2款(由尊亲属或配偶实施的盗窃或侵占)、第209条(决斗时的挑战者)等规定的情形。

个人的刑罚阻却事由可与上述犯罪阻却事由一起,概括为"广义的刑罚阻却事由"之概念;但个人的刑罚阻却事由与犯罪阻却事由有明显的区别,与后者相反,前者不触及行为的犯罪特征。"广义的刑罚阻却事由"与本教科书§72中涉及的"刑罚解除事由"(Strafaufhebungsgründe)也有着明显的区别。

IV. 除反映在每一个犯罪中的(必要的)概念特征外,我们还有必要对体现具体犯罪行为方式的(偶然的)表现形式,作较为详尽的研究,它们是:
1. 犯罪既遂和犯罪未遂;
2. 正犯和共犯;
3. 一罪和数罪。

V. 现行法律对刑事犯罪和行政违法(违警罪)的处罚是不同的。立法者将与行政刑法的构成要件联系在一起的处罚定义为刑罚。对现行法律的解释必须与之相适应。同时还必须强调的是,刑事刑法和行政刑法在形式的处罚条件(构成要件符合性、违法性和有责性)方面存在一致性。与之相反的是,不应当在行政刑法的构成要件方面寻找刑事不法和刑事责任的实质内涵。因此,使行政刑法与刑事刑法相脱离,是一个重要的立法任务。

§27 犯罪的三分法

I. 历史发展

在中世纪的德国,人们将应受刑法处罚的行为划分为犯罪(causae majores)和不法(minoes),其中,犯前者之罪的处以绞刑或砍除手,后者则科处非刑罚的或者称之为民事的处罚。《查理五世刑事法院条例》(PGO)对两者一视同仁,不作区分。从法律渊源上讲,它属于中间阶段(Mittelstufe)。自17世纪起,在萨克森法学家,尤其是在卡普佐夫的影响下,对犯罪实行三分法,将重罪划分成两部分,即 atrociora 和 atrocissima crimina,犯后者之罪的,处以死刑。这同样也是1768年《奥地利刑法典》和1751年《巴伐利亚刑法典》的立场。三分法的另外一个根据是启蒙运动初期经常在文献中出现的观点。根据该观

§27 犯罪的三分法

点,除违警罪(polizeiliche Übertretung)外,人们还区分针对自然权利,如生命、自由等的重罪(Verbrechen),和针对通过契约而产生的权利,如财产权等的轻罪(Vergehen)。就19世纪的立法而言,法国刑法对犯罪的分类法具有重要意义。自1791年起,法国根据因犯罪而被科处的刑罚的严重程度将犯罪划分为重罪(crimes)、轻罪(delits)和违警罪(contraventions)。法国刑法的这种"三分法"对德国一些邦的刑法典,如1813年《巴伐利亚刑法典》和1851年《普鲁士刑法典》产生了广泛的影响,而《德意志帝国刑法典》则是以《普鲁士刑法典》为蓝本制定的。但是,应处罚的严厉程度是德国刑法划分犯罪的重要根据。与《意大利刑法典》《荷兰刑法典》《挪威刑法典》和《瑞士刑法典草案》相反,《奥地利政府刑法草案》和《德国刑法草案》一样,坚持文献中受到谴责的三分法。自《1919年草案》起,违警罪只被科处被认为是典型的违警处罚的罚金刑,并以此划清与重罪和轻罪的界限。罚金刑通常为1—500帝国马克。根据《1927年草案》第384条的规定,在犯罪情节特别严重的情况下,违警罪最高可科处2 000帝国马克罚金(《1925年官方草案》第352条规定为1 500帝国马克)。除替代自由刑外(《1927年草案》第386条),短期拘役(Haftstrafe)只在特别严重的违警情况下适用(期限为1天至3个月)。

II. 现行法律的三分法[①]

根据《帝国刑法典》第1条[②]的规定:

1. 重罪(狭义),是指应当科处死刑、5年以上监禁或要塞监禁的犯罪;
2. 轻罪,是指5年以下要塞监禁,普通监禁或并处150帝国马克以上罚

[①] 关于不涉及基本问题的法政治争论,参见冯·希佩尔:《德国刑法》第2卷第98页及以下几页的杰出评价以及梅茨格第101页。

[②] 文中引述的《帝国刑法典》第1条是以与1924年12月19日的第2部《实施硬币条例》第2条有关的1924年2月6日的《财产刑和罚款条例》第1条为依据的。该第2条规定,在所有有关法律中,均以"帝国马克"取代"金马克",因此,确定的金马克数量必须根据帝国财政部部长规定的黄金换算法则换算成帝国马克。属于此等规定的还有1924年2月6日的《财产刑条例》,正如其第5条所声称的那样。根据该条例的规定,在财产刑本身以及根据该条例而作修订的《帝国刑法典》中,凡有"金马克"之处均以"帝国马克"取而代之。阿尔费德在其《刑法立法》1926年第3版中未顾及该问题。关于罚金刑规定从金马克到帝国马克的发展,参见霍尼希:《法学周刊》54第2713页,和《刑法典》1926年第2版的前言。霍尼希对1924年2月6日的《条例》和1924年12月19日的《条例》所生结果对《刑法典》及刑事附律的影响作出了明了且恰当的介绍。他(不赞同弗兰克的观点,《帝国刑法典及其注释》及其他)赞同《刑法典》对违警罪的最重处罚为罚金刑(150帝国马克),《刑法典》第27条第2款第2项并非是多余的。第1条及其法律技术意义要求这么做。本教科书在涉及刑罚时也以此为依据。持相同观点的还有科尔劳斯1930年第29版以及奥尔斯豪森等人。

§27 犯罪的三分法

金或单处罚金的犯罪;

3. 违警罪:是指应科处拘禁或 150 帝国马克以下罚金的犯罪行为(广义的犯罪)。①

Ⅲ. 时至今日,三分法的意义只存在于法律技术方面。它使得立法者在法律中的许多地方②,对其表述方式随意进行删减成为可能。对刑事法院的管辖而言,三分法从来没有起到多大的作用;起初存在于《法院组织法》管辖规定中的与三分法较少的相似之处,也由于 1924 年《法院组织法》的颁布施行而被废除殆尽。

Ⅳ. 三分法的运用

1. 起决定作用的不是实际科处的刑罚,而是应当科处的刑罚;而且,在可以对刑罚进行选择的情况下,择其最重者而从之(应当科处"普通监禁或拘禁"刑的行为总是轻罪)。

在应当科处的是数个罚金刑或特定数额的一部分(尤其是在《海关法》和《税法》中)的情况下,必以法律规定的最重者来决定,因此,在此等情况下,可认为总是轻罪。③

2. 在情节较轻允许扩大量刑范围的情况下,必须以原来规定的最高刑(也即最严厉的刑罚)为依据。相反,因特殊情况而产生的新的独立的量刑范围,即减轻刑罚、加重处罚不在此限(《刑法典》第 313 条第 2 款、第 221 条第 3 款或第 244 条)。该规定同样适用于应受处罚行为的独立的亚种(如《刑法典》第 216 条)④,较严重的或较轻微的犯罪不在此限。

---

① 《军事刑法典》第 1 条规定了重罪和轻罪,违警罪作惩戒处罚(Disziplinarstrafe)。参见《帝国军队惩戒条例》,1926 年 5 月 18 日帝国总统令(《帝国法律公报》Ⅱ 第 265 页)。

② 重罪和轻罪的区别是一个方面,另一个方面则是违警罪。参见《刑法典》第 4 条、第 6 条、第 37 条、第 40 条、第 43 条、第 49 条、第 49 条 a、第 257 条;第 27 条、第 29 条、第 67 条、第 74 条、第 79 条;第 126 条、第 240 条、第 241 条;第 151 条;第 157 条第 1 项。

③ 本教科书过去的版本所持的与帝国法院判决第 5 卷第 23 页、第 13 卷第 224 页相一致的观点,即以在个别情况下产生的量刑尺度为准,现已放弃,因为它不可能在有效判决前对犯罪特征作出规定,且根据《刑事诉讼法》的要求,即在判决前以犯罪种类规定为前提条件,得不到满足(参见《刑事诉讼法》第 153 条、第 178 条第 2 款等)。持相同观点的还有弗兰克 § 1 Ⅰ 3;迈耶第 18 页;冯·希佩尔:《德国刑法》第 2 卷第 97—98 页;宾丁:《手册》1 第 515 页和《概论》第 190 页;芬格尔 1 第 126 页;梅茨格尔第 100 页。持不同观点的有洛伯:《帝国刑法典及其注释》§ 1 注释 5;奥尔斯豪森 § 1 第 10 页。

④ 此为一般观点。参见帝国法院判决第 60 卷第 116 页;赛里希曼(Seligmann)第 46 页;梅茨格尔第 99 页。

§27 犯罪的三分法

3. 犯罪未遂、帮助犯、少年犯罪情况的从轻处罚(降低量刑范围),应视为通常的量刑范围的扩大,而不能视为独立的刑罚。①

---

① 参见《少年法院法》第9条第4款,海尔维希:《少年法院法》§9脚注2。关于未遂犯和帮助犯,参见恩德曼(Endemann):《整体刑法学杂志》45第125页;弗兰克§1Ⅰ4;施瓦茨§1注释2;洛伯:《帝国刑法典及其注释》§1注释8;冯·希佩尔:《德国刑法》第2卷第96页注释7;奥尔斯豪森§1第8页;梅茨格第99—100页。

第一篇 犯罪的特征

第一章 作为行为的犯罪①

§28 行为的一般概念

行为是相对于外部世界的任意举止（willkürlliches Verhalten），具体地讲，这一任意举止能够改变外部世界，不论是造成某种改变的作为（Tun），还是造成某种改变的不作为（Unterlassen）。

I. 行为的概念首先以意思活动（Willensbestätigung）为先决条件（行为是具体化了的意思）。

1. 每一个任意举止都是意思活动，也就是说，每一个行为都是由人的思想所决定的，与机械的或生理上的强制无关。意思活动可以存在于任意的作为或不作为之中。

因此，在痉挛状态下损坏他人财物、因昏厥而使其履行义务受阻、因绝对的不可抗力而迫使其主动地或被动地行为的，均不是（刑法意义上的）行为。这里所要求的意思与"意思自由"毫无关系。

---

① 本章以行为的一般概念为出发点，尽可能不涉及行为的法律意义，因为犯罪是一个特定的相似的且作相应评价的行为。因此，行为是一个类概念，其特征必须在种概念的不同特征得到确定之前确定。从刑法学家的观点出发对行为概念进行思考当然可以得出不同的结果，也就是说，"行为"吸引刑法学家的不是其作为自然科学观中的生理现象，而是作为"作用于社会现实"的一个社会现象。明确指出这一点的目的在于抵制针对"自然主义"的指责。曾有这样一种思考问题的方法，它起初不考虑行为概念的法律价值，但同时又导向无价值的但与价值有关的对行为概念的思考，如贝尔林（*Bierling*）；阿尔费德第 98 页；米特迈耶：《整体刑法学杂志》44 第 6 页；梅茨格第 91、93、101 页及以下几页，尤其是拉德布鲁赫。相反的是，在宾丁之后，格拉夫·z. 多纳：《整体刑法学杂志》29 第 329 页，将犯罪定义为违反规范的行为，但并未指出该双重的价值判断究竟涉及什么。不同意本教科书所持观点的还有鲍姆加腾：《犯罪论之结构》第 198、204 页，他以反社会意志为出发点；埃里克·沃尔夫第 6 页，他以规范的行为概念为出发点。

§28 行为的一般概念

因此,行为概念必须以动机为基础,亦即不存在无动机的行为。具体的意思活动的动机,就是伴随快感而存在的意图通过意思活动而改变外界的思想。这一源于外界的动机构成了意思活动的一个因素,另一个因素是由行为人在思想、感知和愿望诸方面的特点,由他持久的、部分先天部分遗传的心理素质和由此而产生的具有个人特征的反应方式构成的。

表明意思活动特征并进而表明行为特征的"意欲",在这里仅意味着意志冲动(Willensimpuls),可将其规定为心理学上的神经支配(Innervation),并理解为心理学上的"确定其原因的意思过程"。在任何一种情况下,都得将由一种活动所造成的外部结果从一种活动中剔除出来。严格地讲,这还不是结果之意欲(Wollen des Erfolges)。① 只要(由快感伴随的)意思内容与事实上已经实现或力图实现的对外界的改变是完全一致的,那么,它也许与不严谨的用语有关。

2. 法律上重大的意思活动,即作为法律评价客体的意思活动,根据今天的法律观只能由人来实施。②

因为根据现行帝国法律,不仅具体的人,而且社团也有行为能力,社团也可以实施法律上有重大意义的意思活动。但行为能力不能扩及于应受处罚的行为领域,法律有特殊规定的除外。只是具体的为一定行为的社团的代表,而不是被代表的社团本身要对其应受处罚的行为负责。根据帝国刑法附律,对责任人科处的罚款(参见下文§56)并非刑罚③,尽管从其效果来看与罚金相似。应当坚持认为,如果社团有行为能力就应承认社团犯罪;如果社团是侵害法益的独立的主体,就应当对社团进行处罚。这看起来是符合刑罚

---

① 持相同观点的还有宾格尔(Bünger):《整体刑法学杂志》6 第 321 页;弗兰克:《整体刑法学杂志》10 第 204 页;迈耶第 113 页;齐特曼(Zitelmann):《错误和法律事务》(1879 年)第 136 页。主流观点将该愿望和结果联系起来。参见贝尔林第 102 页。拉德布鲁赫则认为,一种活动虽然由意志造成,但并不是希望如此。

② 相反,动物罚(Tierstrafen)或动物诉讼(Tierprozesse)不仅仅是较古老的法律,而且在 13—18 世纪就为人们所熟知。这一方面是宗教观念使然,另一方面应在特别程序中确定由动物造成的损害的事实,以便确定动物所有人的责任。为了打消对它的怀念之情,杀死闯祸的动物已不再视为处罚(沙夫施泰因持相同观点,第 45—46 页)。这种情况甚至在 19 世纪还在个别地方存在(如法国和匈牙利)。从相同的基本思想出发,对无生命的物品进行追诉也是可以理解的,在历史上也是可信的。参见京特 1 第 25 页注释 12,《整体刑法学杂志》16 第 445 页;冯·阿米拉:《动物处罚和动物诉讼》,1891 年;布鲁纳-冯·施威林:《法律史》2 第 730 页;埃范(Evan):《动物之刑事诉讼》,1906 年;冯·希佩尔:《德国刑法》第 2 卷第 120 页。

③ 参见下文§56 的相关注释。

§28 行为的一般概念

目的的。①

II. 意志的实现是相对于外界而言的。因此,行为的概念要求在社会外界产生某种改变(即使是暂时的),这种改变可以针对人(即使是内心活动)、针对物或针对状态。我们称这种改变为结果。② 由于外界的这种改变还会带来进一步的改变,我们应将结果区分为近期结果和远期结果。在这一系列

---

① 就行政刑法的历程而言,似乎应当承认法人有犯罪能力。此等倾向见于最新的税务刑法,例如《帝国税法》第 393 条,但仍较为犹豫。参见罗德(*Rode*):《德国刑法学杂志》9 第 348 页,但他错误地不愿承认法人的犯罪能力。《帝国税法》的主要内容和主流观点不同意罗德的观点[参见卡廷(*Cattien*):《帝国税务刑法》,1929 年,关于第 357 条的说明],尤其是帝国法院判决第 6 卷第 92、94 页;不同意他的观点的还有 1926 年 3 月 8 日《犯罪登记条例》(参见下文 §78a),根据该条例,依据《帝国税法》对法人所作的判决必须记入犯罪登记册。这一正确的观点(在其主体只能是国家的国家犯罪中也得到承认)自巴拖罗斯(*Bartolus*)起成为刑法学的通说(但《巴伐利亚刑法典》早在 1751 年就持该观点)。18 世纪末期,在罗马法的影响下,相对的观点才占了上风。在刑法教师方面,自费尔巴哈之后很长一段时间里,该观点一直占主导地位(参见沙夫施泰因第 46—48 页)。但自基尔克尔(*Gierker*)的《合作社法》发表之后,正确的观点又逐渐受到欢迎。除基尔克尔外,同意该正确观点的刑法学家还有:哈夫特在其 1903 年著作中如是说,但在其刑法教科书 §14 中又收回了自己的观点。还请参见贝尔林第 225 页;毕罗夫(*Byloff*)第 84 页;埃希(*Esch*);迈耶第 96 页;默克尔、李普曼。主流观点与之不同。参见冯·希佩尔:《德国刑法》第 2 卷第 125 页。戈尔德施密特将社团犯罪(*Körperschaftsverbrechen*)限制在行政法领域。马库泽(*Marcuse*)在一定程度上同意他的观点,他正确地否定法人在司法刑法(*Justizstrafrecht*)上的犯罪能力,但不正确地否定法人的犯罪能力,并想将对法人的处罚保留于行政刑法中。有趣的是哈夫特的报告第 66 页,瑞士联邦法院在警察法和行政法领域对法人予以处罚。关于戈尔德施密特的观点参见普拉克(*Pollack*)第 78 页。本教科书的观点不是以玄奥的概念,而是以生活中的事实为依据的。社团犯罪从法律上讲是可能的,因为一方面,在刑法领域,社团行为能力的先决条件原则上与民法或(该点通常被忽视)公法领域的条件并无不同;能够签订合同者,同样可以签订欺诈的或暴利的合同,或者不履行已经签订的合同(《刑法典》第 329 条);另一方面,社团是法益(财产权、选举权、生存权、名誉权等)的主体,而此等法益可被限制或消灭(例如,根据 1924 年 8 月 30 日《帝国私营纸币银行法》第 23 条的规定,剥夺纸币发行之特权)。承认法人犯罪的观点是值得广为推荐的,因为一方面,行为的背后不是一个人,而是一个社团,社团犯罪具有更高的意义;另一方面,将责任人无罪释放,将责任推给由他人的意志组成的机构来承担,违反了公正原则,也违背了刑事政策。

② 如果宾丁、宾格尔、ME. 迈耶(不是在其教科书中)、齐默(《犯罪论之结构》第 45—46 页)、齐特曼等人想将结果从行为概念中剔除,并将包含结果的"行为"(*Tat*)与"行为"(*Handlung*)相对比,那么,这只是一个纯术语上的争论。宾丁:《手册》3 第 22 页赞同这里所提及的"对外界作用"的说法。值得注意的是,我的同胞的内心世界属于我的外部世界。科恩第 3 页显然不同意该观点。齐默第 51 页、埃里克·沃尔夫第 15 页注释 2 对以前的版本提出批评是对的,认为过去将在外界引起的改变一律描述为"可感知"是不正确的。现在版本的教科书对之作了相应的修订。

§28 行为的一般概念

的改变中,哪一种改变可视为具体犯罪的刑法结果,通常以构成要件为依据。① 我们从构成要件中可以发现作为刑法的多因素综合体的结果。同样,对伪誓的刑法概念(《帝国刑法典》第153条)而言,具有意义的是"虚伪的宣誓",而不是该虚伪的宣誓对法庭的观点并进而对诉讼案件的命运所产生的结果。

综上所述,任何一种犯罪均以某种结果为前提。在刑事不法中区分"结果犯"(Erfolgsdelikte)和纯粹的不以结果为前提的"行为犯"(Tätigkeitsdelikte)是不正确的。②

Ⅲ. 上节阐述同时包含了理解危险概念的关键。危险本身也是一种结果,一种产生于外界的状况。不过,该结果只有与其他为我们关注的、未发生的、我们并不希望的状况相联系才具有意义。因此,我们可以说,危险是一种已有的、在意思活动时刻可为大众认识的或只为行为人知晓的、可能出现侵害结果的状态。有的构成要件以危险概念为基础,如决斗有生命危险、赌博有财产危险、贷款有妨碍公共秩序的危险,以及具有公共危险的犯罪,如纵火、决水及其他等。应受处罚的犯罪未遂也具有危险状态的特征。如果因犯罪人本人的努力而避免侵害结果的发生,则发生危害结果的危险性即予以排除。③

Ⅳ. 在行为概念的这两个组成部分中,还必须加进另外一个特征,以构成一个整体,即结果与意思活动的关系。

1. 如果结果是由意思活动造成的,也即如果意思活动与结果之间存在因果关系,则此等关系即为客观的(参见下文§§29、30)。

---

① 梅茨格第96页完全赞同该观点。

② 持相同观点的还有ME.迈耶第119页;梅茨格第95—98页。但仍持主流观点的大多数学者不同意这种说法。参见弗兰克§1Ⅱ;冯·希佩尔:《德国刑法》第2卷第130页及以下几页。值得注意的是,意见分歧在很大程度上只归结于具体构成要件与意思活动时空相分离结果的概念的限制上,梅茨格恰如其分地称之为"外部结果"。

③ 参见本教科书§45(资格不能犯)。帝国法院判决事实上同意本教科书的观点,如帝国法院判决第14卷第135页、第30卷第179页、第31卷第180页,梅茨格第129页亦同意本教科书的观点。弗兰克§1Ⅱ同样要求一个"失常的状态"和"内行的判决"。针对梅茨格第37页对危险概念"涉及特定损害结果产生的可认识到的可能性",即"规范的"因素的混合是不适当的指责,弗兰克以"标准的"(normal)等同于"有规律的"(regelmäßig)来应对。实际上,梅茨格的观点涵盖了弗兰克和本教科书的观点,同样涵盖了芬克尔和冯·希佩尔:《德国刑法》第2卷第47页及以下几页的观点。相反的是,客观的危险概念受到冯·布里:《法庭杂志》40第503页、44第321页,拉马施等人的完全否定。

§28 行为的一般概念

2. 如果行为人在意思活动时已预见到结果的产生,或者应当预见到结果的产生的,则此等关系即为主观的。这里涉及心理学上的概念——故意和过失(作为责任之种类)。请参见下文§29及以下诸节。①

V. 一旦意思活动与结果、原因和结果在时间与地点上不统一时,就出现了一个犯罪行为的地点和时间问题。现举一个"隔地犯"(Distanzverbrechen)的例子说明之:A用在慕尼黑书写并从该地发出的书信侮辱了一个在柏林生活的B。如果意思活动是在国内进行,结果发生在国外或者反之;以及如果在意思活动与结果发生之间刑法立法有了改变,该问题就具有特别之重要意义。它在刑事诉讼中对"行为的法院管辖"同样起着重要的作用,并再现于私法和民事诉讼法之中。

本教科书关于行为的一般概念对这一激烈争论的、法律中仍未解决的问题作出了回答(参见上文I)。因为犯罪是行为,行为包括意思活动和结果,因此,意思活动或结果产生之处,就是犯罪变为事实("被实施")之地。基于同样的理由和方法,对犯罪的时间而言,意思活动和结果均起决定性作用。②

---

① 原因概念与罪责概念的分离与由卢登(1840年)建立的一般学说是相适应的。不同观点过去有格拉泽、冯·布里、默克尔,现在有"适当的原因"的代表(参见下文§29 VII 4),直至吕麦林(*Rümelin*)和特雷格尔(*Träger*);还有贝尔林3第69页。参见ME.迈耶第220页;拉德布鲁赫第107页。

② 该问题上有三个不同的观点并存:第一,在本教科书过去的版本中,冯·李斯特坚持所谓的"活动理论或逗留地理论"(Tätigkeits-oder Aufenthaltstheorie,犯罪人所在的地点起决定性作用,因为他在这儿实现了他的意志)。赞同该观点的主要有基齐厄、阿尔费德第118页;冯·巴尔:《法律》1第142页;贝林:《整体刑法学杂志》17第315页,《刑法的基本特征》(1930年第11版)第104页;贝尔林:芬格尔1第432页;弗兰克§3 IV;葛兰特第95页;海尔施纳1第152页;默克尔、李普曼第351页;绍伊费尔特:《现阶段刑法立法之比较》1第17页;还有国际私法的大多数代表人物。第二,结果或暂时的结果起决定性作用。代表人物有海伯林:《刑法档案》25第432页;诺伊迈尔:《应受处罚之破产》(1891年)第157页。在伤害致死情况下,伤害起决定性作用,而非死亡之结果,人称"长手理论"(Thorie der langen Hand)或"中间效果理论"(Theorie der Zwischenwirkung)。第三,判决通常解释即使对行为地有所限制,行为的两个部分仍同等重要,基于冯·希佩尔:《整体刑法学杂志》37第13页所述"统一理论",事实上其与本教科书的观点是一致的。赞同该观点的还有帝国法院判决第23卷第155页、第48卷第138页、第57卷第145页,帝国军事法院判决第18卷第189页、第21卷第54页;帝国法院判决第57卷第193页以错误理解的"行为"概念产生影响,在一个关于行为时(Begehungszeit)意义的裁判中,硬要"挤向"第一种观点的"行为理论"(Tätigkeitstheorie,正如弗兰克§3 IV 3所正确描述的那样)。赞同统一理论的还有宾丁:《手册》1第416页,黑格勒第47页;冯·希佩尔:《整体刑法学杂志》37第13页及以下几页(涉及行为地,不涉及行为时);冯·希佩尔:《德国刑法》第2卷第174页(转下页)

§28 行为的一般概念

该原则合乎逻辑的贯彻将得出下列结论：

1. 在(纯正的或非纯正的)不作为犯罪情况下，不作为犯罪实施的时间和地点，以及通过作为可以避免结果产生的时间和地点起决定性作用。

2. 对一个犯罪行为的每一个共犯而言，一方面其意思活动的时间和地点起决定性作用，同时另一方面，典型的共犯产生结果的时间和地点也起决定性作用。①

3. 与此相适应，在由他人实施犯罪的情况下，如果该他人无责任能力或在被欺骗或被强迫之情形下实施犯罪，他实施"犯罪"的时间和地点起决定性作用，同时幕后操纵者对他施加影响的时间和地点也起决定性作用。②

4. 由于未遂行为(Versuchshandlung)的特点存在于实行行为之中，所以，实行行为变成现实之处就是犯罪实施之地。③

5. 在法律上被看成一个整体的行为系列，如继续犯(das fortgesetzte Verbrechen)和持续犯(das fortdauernde Verbrechen)(参见下文§53)，不应当将

(接上页)及以下几页；梅茨格第 153 页及以下几页(同样只涉及行为地)；科勒第 110 页；冯·利利恩塔尔：《纪念弗兰克文集》第 270 页；洛伯：《帝国刑法典及其注释》§3 注释 9；施瓦茨§3 注释 6(他将"效果"而非"结果"算作活动，表面上代表第一种观点)；瓦赫 1 第 465 页；瓦亨费尔德第 99 页；韦格讷第 141 页；民事诉讼法学家中海尔维希、索密特、施泰因(Stein)等人也持第三种观点。值得注意的一个问题是，罪责何时产生是与"行为时"毫不相干的(梅茨格不同意此点)。这最后一个问题根本不包括行为是如何表现罪责问题的。此外，值得注意的还有，立法者有在具体问题上不同意本教科书阐明的法律原则的自由，亦即对具体的时间或地点的关系而言，只让意思活动或只让结果起决定性作用，如《刑法典》第 67 条第 4 款规定的期限的开始即如此。弗兰克完全同意"不能以纯逻辑途径来对待""行为时和行为地"问题，必须从法律上对最使人满意的判决作正确的解释。如果弗兰克从该立场出发来理解"活动理论"，他是否是始终如一的，就显得使人怀疑了。因此弗兰克本人不得不解释，该理论在实践中并不是完全令人满意的。弗兰克在其著作第 17 版中把责任推向主权原则(Territorialitätsprinzip)。但是，如果借助于统一理论可以避免主权理论产生的令人不愉快的结果，那么，主权原则又何责之有呢？弗兰克在其著作第 18 版中(第 30 页)针对统一理论提出的国际法上的异议几乎是站不住脚的。海曼的有趣的著作想依结果地对违法性、依逗留地对罪责作出评价。在两个法律相矛盾的情况下，适用较轻之法律。这最后的不能证明的原则指出了为解决矛盾而进行尝试的随意性。《1930 年草案》第 8 条与过去的草案一样，承认了涉及行为地的统一理论(Einheitstheorie)；关于行为时问题，行为理论得到了承认。

① 持相同观点的还有洛伯：《帝国刑法典及其注释》§3 注释 12，韦格讷第 142 页，梅茨格第 160 页脚注 29 误解了本文。部分不赞同该观点的有帝国法院判决第 25 卷第 424 页。

② 持相同观点的还有阿尔费德第 118 页注释 7；洛伯：《帝国刑法典及其注释》§3 注释 12。

③ 持相同观点的还有洛伯：《帝国刑法典及其注释》§3 注释 12；帝国法院判决第 30 卷第 98 页。

我们的问题割裂为非独立的部分:在行为系列的整个期间,实施该系列的某一部分均为行为地,在因此而造成外国法与本国法之间的冲突时,适用本国法;在旧法与新法之间发生冲突时,适用较轻之法律(数个法院有平等的管辖权)。①

6. 因印刷品的内容构成的犯罪(印刷品犯罪),1902年6月13日的法律规定出版地为犯罪地。②

§29 作 为

I. 作为是借助由意志支配的(以某种想法为动机的)身体活动造成一结果的产生(更确切地讲:促使此结果的产生)。

II. 结果必须由身体活动促成;身体活动与结果之间必须存在原因与结果的关系(因果关系)。

1. 如果没有身体活动,结果便不会发生,或者如果(行为人通过)身体活动没有想避免结果的发生,即表明身体活动与结果之间存在因果关系(conditio sine qua non)。③ 当然,结果必须以具体的形式发生。重要的不是B是否因A的意思活动致死,而是B是否在这一天,依此种方式,在此等伴随条件下死亡。④ 如果身体活动和结果之间具有联系,我们则称身体活动是结果的原因,结果是身体活动的后果;也就是说,我们在身体活动与结果的关系上使用了因果性这一范畴(作为我们认识的一种形式)。这同时说明,对刑法研究来说,起因(Verursachung)和诱因(Veranlassung)、原因(Ursache)和条件(Bedingung)是重合的,说得更确切些,结果的诱因总是充分的,它的原因则不是必需的。对因果关系而言,结果的全部条件有时同样重要。并存的共同原因(Mitursach)同样是法律意义上的原因。原因概念不得排除同时或后续

---

① 持相同观点的还有阿尔费德第119页。持不同观点者有基齐厄:《地点与时间》第233页;《外国刑法与德国刑法之比较》1第213页。

② 持该观点的还有李斯特:《新闻法》§41,《文集》1第42页、2第299页,《第25届德国法学家大会论文集》,1900年。

③ 梅茨格第109—112页完全赞同该观点。此外,赞同该观点的还有冯·布里、帝国法院判决,尤其是第61卷318页,第63卷213、214页,第64卷第316、370页。共犯理论(的完善)在很大程度上归因于这些非常重要的判决。还请参见下文注释9(即本书第154页注释①——译者注)。

④ 关于这句受到梅茨格赞同的话(第114页、第411—412页)的效果,参见下文§49。

§29 作 为

发生的共同原因。

2. 我们应当坚决支持这样的观点,"因果律"(Kausalsatz)只涉及事件前的时空,不涉及概念的逻辑关系或对行为的社会伦理评价[1];此外,还应当特别引起我们注意的是,因果关系涉及一个思维方式问题,借助这个思维方式,我们将实际存在的情况联系在一起,而不对导致事件过程的力量作出任何评价(参见下文§30 II)。从因果关系的这一观点首先可以得出如下结论,对原因问题与责任问题应当作出严格的区分。因此,不应当过分强调刑法中因果关系问题的重要性。因果关系无异于这样一种思维方式,借助这种思维方式,我们以外部世界的某种改变为出发点,发现人的意思活动,而后对这种意思活动作刑法上的评价。借助因果关系范畴,我们只是为刑法研究寻找材料或对象。人的意思活动对一个结果具有因果关系的论断,并没有对该意思活动作出刑法上的评价。只有对意思活动是否具有犯罪的概念特征,也即它是否是符合构成要件的、违法的,且行为人是否应当负刑事责任进行研究之后,才能对意思活动作出刑法上的评价。梅茨格对本教科书的原因理论(Kausallehre)提出的批评[2],即在每一个结果条件中已经看到表明责任的原因是不正确的。梅茨格认为,因果关系概念包含了"非特殊的法律特征","从原因链每一个环节的原因方面的等值中不能得出法律等值"[3]。

考虑到对结果有因果关系的意思活动在三层观点(构成要件符合性、违法性和有责性)下进行评价的必要性,以便对刑事责任问题作出解释,刑法中并不存在任何一种在探讨因果关系问题时,对限制责任(Haftungsbeschränkung)进行任何思考的理由。就此点而言,本节下面的 VII 4 谈及的理论在这方面的努力,在方法上误入歧途。相反,这里所代表的原因观并不反对在刑法评价方面揭示一个普通价值观的任何努力。在该普通价值观的帮助下——与责任问题及其讨论无关——可以查明对刑法评价研究具有因果关系的重要性,但至今未获成功。梅茨格在其将适当性(Adäquanz)描述为"刑法构成要件符合性重要组成部分"的思想中,萌发了对因果关系的重要性具有重要意

---

[1] 这种有意或无意地掺杂在文献中并不鲜见的观点,如宾丁、科勒、冯·克里斯、李普曼、冯·罗兰德、齐特曼等。对之作恰当阐述的有贝林的《论犯罪》第41、207页;《刑法的基本特征》(1930年第11版)第36—37页;海尼曼第31页;兰茨贝克第28页;迈耶;梅茨格第111页;施托斯:《刑法教科书》第100页。

[2] 参见梅茨格第112页;霍尼希:《纪念弗兰克文集》II 第178页。

[3] 参见梅茨格第120页注释36、第122页;尤其还请参见下文§49注释1(即本书第299页注释①——译者注)和 Eb. 施密特:《纪念弗兰克文集》II 第115页。

§29 作 为

义的想法。霍尼希(《纪念弗兰克文集》II 第 181 页及以下几页)试图利用"客观归罪"(objektive Zurechnung)思想,他只想对结果的产生作出刑法上的评价,"这种结果被视为符合目的"(第 184 页)。霍尼希在反对符合性思想方面,则又是很不自信的(参见下文 VII)。霍尼希的"客观归罪"概念因本教科书向来十分强调的"意志行为"这样一个前提条件而显得是完全多余的了(参见霍尼希第 187—188 页)。当然,在对具体的构成要件的解释中可以得出"不适当的因果关系"不应当成为"符合构成要件符合性的责任"的理由(参见梅茨格第 124 页)。对该问题的详细探讨属于分则的任务(参见范·卡尔克第 26—27 页)。

3. 上文所述之内容同样适用于民法。原因和责任问题应当分开,因为任何一门法律学科都毫无例外地具有不同的解释原因的思考方式。但是,在民法中,也不能将一个结果条件(Erfolgsbedingung)直截了当地、简单地视为引起责任的原因。因为在民法中没有刑法中普遍存在的"构成要件"(《民法典》第 823、826 条),因为作为责任前提条件的不总是过错(Verschulden),有时甚至不要求有违法性。因此,事实上就产生了这样一个必不可少的需求,即在每一个民法评价中加入一个限制责任使得那些经过特定选择的损害原因才可能成为民法的评价因素。这种民法的限制责任试图以适当性思想(Adäquanzgedanken)来实行。在这个意义上,赖曼(Lehmann)的《债权法》(1930 年第 2 修订版)第 45 页所谓的"责任成立的因果关系"与"法律上的因果关系概念"就是不正确的;事实上只涉及根据确定的因果关系,且不受该因果关系的制约来回答,根据一般的生活经验来判断责任人的行为是否具有损害责任这样一个问题。以非通常的途径产生损害的行为,一般是不具有损害责任的行为。综上所述,可以得出如下结论:帝国法院刑事审判委员会适用条件理论,民事审判委员会适用适当性理论。

III. 从上文 II 的阐述中可以直接得出两个具有重大实践意义的结论:

1. 如果不存在实施犯罪行为的特殊情况,结果不可能发生,那么,身体活动仍然是结果产生的原因。受伤是死亡的原因,即使受伤者虚弱的身体也导致了死亡,或者若医院没有失火,受伤者便不会死亡。身体活动有时并不是结果产生的必然原因(例如受伤并不必然死亡)。

2. 如果没有同时或连续发生作用的他人的行为,结果就不可能发生,那么,身体活动仍然是结果产生的原因。据此,第三人(如医生)同时起作用的过失行为或受伤者自己的非故意行为不属于因果关系之一部分。

3. 相反,如果结果的产生是因身体活动以外的因素造成的,则因果关系

§29 作 为

被排除。当意思活动所针对的结果因新的、独立的原因链所造成时,则意思活动与结果的因果关系尤其应当被排除。如果 A 伤害船主 B 致死,在 B 死亡前,其因船被意志以外的暴风掀翻而溺水死亡。在这种情况下 A 的意思活动与已经发生的死亡结果之间缺少因果关系,且 A 只能因杀人未遂而判刑,只要刑法上必需的先决条件(参见上文 II 2)具备。相反,如果新的原因链是因先前的意思活动或者只有与先前的意思活动共同起作用才导致结果发生的,意思活动和结果之间的因果关系就已出现。在上一案例中,如果受伤的船主 B 正是因为受伤而不能驾驶风帆以适应变化的风向,并因此而使船颠覆的,则 A 具备造成 B 溺水死亡的原因。

IV. 如果新的原因链为行为人以外的第三人的意思活动所造成,上文 III 3 最后一句仍可适用。如果该新的意思活动没有先前的意思活动即不可能出现,而只有与先前的意思活动有因果关系才能促使结果产生的,就得认为有因果关系。野生动物保护者 A 向猎人开了一枪,致使后者重伤,并任其躺在森林里不管不问;野生动物保护者 B 在森林里发现了该受伤的猎人,并在其心脏处刺了一刀致其死亡。由于 B 的意思活动,正如其事实上所实施的那样,没有 A 的意思活动为前提就不可能那么做,猎人的死亡直接系 B 刺中其心脏所致,间接系 A 造成;考虑到 A 与 B 两者的意思活动,可以从刑法上评价他们的行为为故意杀人。

V. 立法者有对与特定结果具有因果关系的数个责任人不同的行为方式作出不同评价的自由。在逻辑—认识理论(因果理论)研究中被视为相同者,在规范理论的研究中则不一定相同。所以,立法者在导致结果产生的条件方面作出了区分,一方面是导致结果产生的行为人方面的责任,另一方面是导致结果产生的教唆犯、帮助犯的责任(《刑法典》第 48 条、第 49 条)。人们相信,立法者在这里不理会因果关系的观点,是因为在正犯的行为中看到了一个相对于教唆犯或帮助犯行为的新的和独立的原因链;相反的是,立法者不承认在教唆犯或帮助犯的意思活动与结果之间有一个一致的而且因正犯的行为所造成的因果关系。由于研究方法上的混乱和错误,那种认为在这种情况下存在因果关系中断的看法是不正确的。凡能自由地且故意地参与由他人造成的因果链的,一般就可认为"因果关系中断","主犯"(Haupttäter)的行为被认为应受刑法处罚或者不受刑法处罚(如在自杀的情况下)。但原因问题在这种情况下事实上并未涉及,而且,帮助犯或教唆犯肯定对结果的产生同样负有责任。立法者自然也不想否定这一因果关系,他只

§29 作为

是想将对行为的评价限制在刑法上正犯的观点之内,并因此而提出补偿禁止(Regeßverbote)①,因为特定的原因不应当被评价为正犯行为。更为详尽的论述则属于正犯和共犯理论。如果说在此处已经对该问题进行了研究,那也只属于——相对于很难消除概念混乱的学说而言——对方法上的解释感兴趣。②

VI. 对在何种情况下行为是导致结果发生的原因这一问题的研究,可以追溯到很久以前。当罗马法为该问题的探讨提供了一系列相互矛盾的原始材料时,中世纪的德国则试图通过提出有约束力的外部特征(例如,如果被伤害者其间曾经去过市场或教堂的,则故意杀人罪予以排除)来调和矛盾。

在普通法那里(代表人物有卡普佐夫、莱泽、伯默尔、费尔巴哈和施蒂贝尔),该问题被讨论颇多,而且一般是在故意杀人理论上加以探讨。③ 通常,将必然导致结果发生之条件视为原因(施蒂贝尔不同意该观点,请参见其《构成要件论》,1805年)。因此,人们又试图将之区分为绝对的和相对的、抽象的和具体的、必然的和偶然的原因,尽管收获不大。此种区分在立法中也有所体现。普鲁士早在1685年就注意到了原因问题,1717年的一个法规对此作出了具体的规定。19世纪大多数邦刑法典(从1813年的《巴伐利亚刑法典》到1852年的《奥地利刑法典》),均主张以特别的章节来强调,是否通过迅速和符合目的的帮助能够避免结果的发生,"受伤是否只是由于死亡者特有的体质,或由于偶然的情况才导致死亡结果发生的",无关紧要(《普鲁士刑法典》第185条)。新的立法放弃了此等多余的、误导性的规定,但对该问题的争论并未因此而结束。

---

① 参见弗兰克§1 III 2a,本教科书第25版持与弗兰克不尽相同的观点,赔偿禁止并不涉及——正如冯·希佩尔:《德国刑法》第2卷第142页注释1错误地认为的那样——认定因果关系,而只涉及正犯价值关系的可能性。在此等意义上,赔偿禁止不是"虚构"——如冯·希佩尔摘引处所认为的那样——而是现行法律(《刑法典》第48、49条)。帝国法院判决第64卷第318、319页也同样没有能够对赔偿禁止这一观点有明确的见解,因为在这些判决中也错误地认为赔偿禁止与因果关系毫无关系。梅茨格第125页也没有充分注意到本教科书与弗兰克之间在赔偿禁止这一观点上存在的区别。参见 Eb. 施密特:《纪念弗兰克文集》II 第113—114页所阐述的观点。

② 在重要的帝国法院判决第61卷318页中,帝国法院完全摒弃了因果关系中断的教条。帝国法院判决第64卷第316、370页再次强调了该态度。范·卡尔克第27页不赞同该观点。

③ 请参见沙夫施泰因第49—51页及以下几页。

§29 作 为

Ⅶ. 上文谈及的学术争论中的不同观点可归纳为以下四个不同方面①:

1. 我们不能使用严格的哲学意义上的原因概念。根据哲学意义上的原因概念,原因意味着一种状态,这种状态之后承续的是具有绝对必要性和严格普遍性的另一状态。因为在这种意义上(原因等同于结果的所有条件的整体),意思活动绝对不可能成为原因;关于结果的效力毫无例外地受制于一系列其他情况的共同作用,而这些其他情况同样又是想象不到的,只有在意思活动中,原因不再是作为结果的整体必要条件之一时,我们将意思活动称为原因才有一定的意义。

2. 我们基于对因果关系的认识,不同意有别于条件的能够产生结果的原因之真实效力(die causa dfficins im Gegensatz zur conditio sine qua non)。这一被我们否认的形而上学的概念的拥护者主要有海尔本第 42 页、科勒、克劳泽、冯·罗兰德、瓦亨费尔德第 90 页等。根茨默(*Genzmer*)则不同意该观点。ME. 迈耶以前是该观点的拥护者(1899 年),但在 1903 年转而不同意该观点(参见迈耶第 135 页)。

3. 由于我们否认条件中存在的任何一种本质的区别,这就与想从导致结果发生的无数条件中找出一个行为原因的尝试相矛盾了。这里要区分两个不同的观点:(1)冯·巴尔所代表的观点。他以已经产生通常存在的条件为前提,认为那些能够有规律地影响事物发展过程的原因,属于不符合规律的拟定条件(gestaltende Bedingung)(与齐特曼以前的观点相似)。这在一定程度上反映了第 4 种观点的基本思想。(2)宾丁所代表的观点。他以将相对于结果而言有利的或不利的条件等值对待的方式,规定原因是一种在现有的条件中对结果的产生起决定作用的行为,也即所谓的"优势理论"

---

① 帝国法院刑事审判委员会和帝国军事法院如此划分本教科书所代表的观点,参见上文注释 1(即本书第 149 页注释③——译者注)。关于帝国法院判决的详细情况,参见梅茨格第 113—116 页。科斯特林、贝尔纳和海尔施纳早就强调过产生结果的所有条件是等值的。在此基础上,冯·布里于 1860 年又加上一句,即每个共同起作用的条件均导致结果的产生。这一由冯·布里建立的学说(条件理论或等值理论)尤其受到以下几人的追随:范·卡尔克第 26 页,芬格尔 1 第 275 页,弗兰克 §1 Ⅲ(两个限制:(1)在心理上促成因果关系的情况下,只是作为共犯才有可罚性;(2)在要求有适当原因的结果犯罪的情况下),海尔施纳 1 第 227 页,基普(*Kipp*),梅茨格,米勒,兰茨贝克第 41 页,冯·利利恩塔尔第 21 页,P. 梅克尔(*P. Merker*):《刑法概论》第 48 页及以下几页,拉德布鲁赫,施瓦茨 §59 注释 4,施托斯;就结果而言还有泰伦(*Thyren*)。私法方面的追随者有科萨克(*Cosack*):《刑法教科书》第 4 版 1 第 328 页和肖迈尔(*Schollmeyer*):《评论》第 38 页。迈耶第 40 页之所以认为该理论是正确的,是因为它根本"不是"原因理论。关于弗兰克的观点,参见 Eb. 施密特:《纪念弗兰克文集》Ⅱ 第 109 页及以下几页。

§29 作 为

(Übergewichtstheorie),该理论会得出一个矛盾的结论,总是只有那个离结果最近的条件才可能是原因,冯·布吕纳克(v. Brünnerck),哈特曼,尤其是迈耶第144页注释11,冯·比尔克迈耶(在排除非法学的隐语的情况下)则更清楚地表达了相同的思想。宾丁认为,原因是"最有效"的条件(贝内克:《整体刑法学杂志》5第731页,豪普特:《整体刑法学杂志》15第208页不同意该说法)。将其中的一个条件上升为原因的任何一种规定的危险性在于,它必将导致拒绝上文III中使用的共同原因概念,其结果是刑事司法不可能存在(也许私法不同)。之所以讲所有这些观点均是错误的,原因在于研究方法混乱不堪,以自然科学——力学的研究方法代替逻辑——认识论的研究方法,而法学家是无论如何都不能这么做的。

4. 根据上文3中提及的作者所代表的个性化的观点,总是事实上的条件起决定性作用,即使个别情况下事件的发展过程有不寻常的形式。与之相反的是,"适当性原因理论"只将典型的原因作为法律上的原因,导致结果发生的意思活动必须是一般的、符合经验的和适当的。具体的发展过程必须与来源于人的经验的典型的概念相适应,因而是可预见的。由冯·巴尔提出,经冯·克里斯建立的这一理论,很快地吸引了大批追随者,但这些追随者彼此之间的观点也不尽相同。民法学家主要有克罗默(Crome):System 1第476页、安德曼(Endemann)、赖曼:《债权法》(1930年)第46—47页、克吕克曼(Krückmann),以及李腾(Litten)、吕麦林、托恩(Thon)和齐特曼;刑法学家有阿尔费德第106页;冯·巴尔;鲍姆加腾:《整体刑法学杂志》37第524页;哈夫特§16;冯·希佩尔:《德国刑法》第2卷第143页及以下几页;科勒第166页;李普曼;默克尔;冯·罗兰德(他从作用了的形而上学的概念出发);绍尔:《刑法之基础》(1921年)第427页;特雷格尔(普遍有利状态理论);塔诺夫斯基(Tarnowski)(关于罪责学说的独特的弯路;对此请参见梅茨格第119页;格林霍特:《整体刑法学杂志》50第294页)。

针对"适当性原因理论",有些学者,其中包括李腾和李普曼,提出了一个尚未得到解决的重大怀疑。在个别情况下得出的答案取决于在考虑之列的原则上不能划清界限的条件的数量,但主要的还是:该理论是在结果实际发生的情况下使用可预见性这个概念的。如果从理论上理解可预见性(Berechenbarkeit),正如冯·克里斯(v. Kries)所做过的那样,那么,就将原因问题与责任问题相混淆了。如果从客观上规定可预见性,那么,就会无可挽救地陷入无法解决的矛盾之中。如果行为人事前估计到非典型的发展过程,就不得不要么将行为人无罪释放,要么以主观的估计替代客观的估计。

克吕克曼负责任地认识到,应将普遍的可预见性与具体的可预见性统一归纳到控制(Beherrschung)概念之下(持类似观点的还有拉马施第 35 页);由此,该理论的统一性就不复存在了。

在结果犯(参见下文§36)的情况下,占主导地位的原因论①的追随者们也要求有适当的原因,以避免在该结果只能由特殊的在可预见性以外存在的情况链造成时,对行为人进行处罚。但是,该观点包含了修改法律的要求,而修改法律又是立法者的事情。将结果犯的存在看成立法者承认"适当性原因理论"的正确性,意味着高估了这一濒临死亡的刑法观点。

§30 不作为

I. 不作为是指对结果的意志上的不阻止。②

意思活动存在于身体活动的任意的不实施之中。它要求一个非强制的、由思想支配的行为人的行为,也即意志的客观化。相对于作为犯罪而言,不作为犯罪往往要求更多的意志力。与之不同的是,值班人员的嘴巴被强盗堵

---

① 参见弗兰克§1 III 2b;梅茨格:《刑法教科书》(1931 年)第 124 页;拉德布鲁赫第 64 页及以下几页,但帝国法院判决不持该观点。参见帝国法院判决第 5 卷第 29 页,第 54 卷第 349 页。只要帝国法院在不寻常的因果关系的情况下,执行限制责任得借助对罪责的考虑。这与称帝国法院判决接近适当性理论,如冯·希佩尔:《德国刑法》第 2 卷第 144 页所说的那样,是没有关系的。

② 在"不作为的因果关系"问题上,我们以不阻碍结果发生为出发点。如果坚持该点,即无必要用梅茨格第 130 页将"期待的行为"视为不作为犯罪学说的出发点,且通过研究法律在何时期望阻止特定结果发生的行为的实施,避免了回答不作为犯罪因果关系问题时对违法性进行探讨。梅茨格:《刑法教科书》第 137 页是出于方便的考虑,虽然想将对该问题的研究放在其著作的§16(不作为犯罪的因果关系)中,但是,他事实上没有讨论因果关系问题,而是自始至终只关注评价问题。当然,评价问题也很重要,但那是其他章节的任务。相反,将一个行为理解为"不阻止结果的发生"决不意味着评价,只是找到了评价的出发点。就是在积极的作为情况下,我们也不将行为视为肌肉运动这样一种纯物理学的自然主义的形态,而是有其特定的理解和含义,如"直说"(Schiessen)是指"特定含义的思想表达"等。参见拉德布鲁赫:《纪念弗兰克文集》I 第 161 页。还有一点值得注意:不阻止结果发生的原因是积极的作为,而不是不作为,例如,A 以强制手段将想杀死 C 的 B 拉回。同意该观点的还有梅茨格第 133 页脚注 13。

§30 不作为

住或处于昏厥状态而不能报警求援,不是意思活动,不是不作为,而是不能作为。①

II. 此等不作为——总是被理解为不阻止结果发生——与外界的被改变有因果关系的观点,一再受到怀疑,而且直至今日仍然受到怀疑。

但是,在将不作为等同于一般意义上的作为方面,过去的科学从来没有起阻碍作用。当意大利人,从格罗泽(Glosse)到法利纳西乌斯(Farinacius)、卡普佐夫及贝尔等将一般意义上的不作为解释为应当科处轻于作为的刑罚时,伯默尔则代表了一个更为严厉的观点,该观点认为,至少在杀人罪上,不作为犯罪的处罚得与作为犯罪相同(沙夫施泰因第59页)。立法,如同沃尔夫的哲学学派的观点一样,想将不作为等同于作为,但在具体情况下有时又规定对不作为科处较轻的刑罚,如在《萨克森宪法》之后的1620年《普鲁士刑法典》就规定,对受自己照料的病人因疏于照料而死亡的,只由法官自由斟酌对护士的处罚;1768年《特蕾西亚刑事法院条例》第87条只简单规定重罚"因不照料而致自己的孩子死亡"的母亲,而不要求用木桩刺穿犯罪人身体(Durchpfählung);1852年《奥地利刑法典》还规定因不作为杀死儿童科处较轻之刑罚。

始于19世纪的②关于因果关系的学术争论,虽不是最富有成果的争论,但它毕竟促进了刑法学的发展。

当费尔巴哈、施邦恩贝格(Spangenberg)和马丁等人尚未提出不作为犯罪的因果关系,只是在研究不作为犯罪的违法性和应受处罚性时,我们从他们的门生那里只发现了错误的提法,"无不可能产生有"(Aus nichts kann nichts werden),这就是当时的基本思想。①起初,卢登和齐克勒(Zirkler)将不作为犯罪解释为"另一种作为犯罪"。②格拉泽和马克尔(Markel)虽发现以不作为形式实施的犯罪的因果关系因素,但在一系列情况下他们陷入了与罪责学说的基本原则不可能解决的矛盾之中;罪责必须存在于意思活动时刻。③继冯·布里之后,宾丁、宾格尔、海尔施纳和奥特曼(Ortmann)在对待该问题时

---

① 绍尔不无道理地指出,不阻止结果发生究竟能否表明存在一个"任意行为",也即是否属于"行为"的一般概念问题,必须研究是否存在阻止结果发生的可能性。在客观上不可能的情况下,就不是任意的行为!持该观点的还有弗兰克§1 IV;赖雪尔(Reichel):《德国法学家大会报告》35 I 第137页。科尔劳斯的观点则是不正确的,参见其《刑法典》第11页("如不作为的行为人阻止结果发生的实际上的可能性,不作为是原因");冯·希佩尔:《德国刑法》第2卷第159页的观点同样是不正确的。绍尔就不同意该两名学者的观点,参见摘引处。

② 参见施瓦茨。

§30 不作为

则有很大的不同。他们试图在不作为之中证实因果关系因素的存在。不作为犯罪决意的产生,源自义务感的活动本能受到压抑,消灭了与结果相对立的障碍,并因此而导致结果的产生(冲突理论,Interferenztheorie)。但是,该观点不仅与这样的事实相抵触,即在过失不作为犯罪情况下,这种纯心理活动过程毫无例外是不存在的,在故意不作为犯罪情况下,也好像是很难证明的,如果能够证明的话;而且,处罚内心的活动过程与刑法的一般原则相矛盾,"内心的意思活动"不能等同于外在的意思活动。④由豪普特:《整体刑法学杂志》2 第 533 页,科勒 1 第 45 页,冯·罗兰德等人所做的尝试,从"法律后果"上来证实不作为的因果关系是完全错误的,因为它并未改变外部世界,因而不是这里所说的结果(参见上文§29 II 2)。

在这一科学运动的基础上——仍必须这么说——才使得今天的主流学说能够对不作为的原因方面的意义提出异议,并且,除能够由身体活动引起的不作为外,让不是由身体活动促成的不作为,作为犯罪行为的独立形式出现。持该观点的有恩德曼:《拒绝——作为的法律意义》II,1893 年;阿尔费德第 115 页(不作为不是外因意义上的原因,一种与本教科书很相近的正确观点);芬格尔 1 第 290 页;冯·希佩尔:《整体刑法学杂志》36 第 509 页,42 第 44 页;克劳斯;默克尔第 187 页;米特迈耶:《整体刑法学杂志》21 第 238 页;厄特克:《法律文献报》3 第 96 页;施托斯:《瑞士刑法杂志》9 第 223 页;《刑法教科书》第 104 页;斯多特(*Studt*)、特雷格尔、齐特曼[参见上文§28 注释1(即本书第 143 页注释①——译者注)]第 161 页;尤其是冯·李斯特的刑法教科书以前的版本。鉴于法律不对不作为犯罪作出特殊的处罚规定这一难题,人们不得不通过下列论断来自救,即允许生活中不十分明确的惯用语"因不作为而引起"的存在,而且立法者同样掌握了这一惯用语。

鉴于"解决"不作为原因"问题"的这一特点,我们必须对文献中一个最新的流派对该问题进行的彻底改造表示欢迎。在所有那些否定不作为的因果关系的人那里,这样一种思想在起作用,即在不作为的情况下,缺少有效的能够导致结果发生的力量。"造成"被从力学这一自然科学的角度进行理解;"无不可能产生有"这一过时的幽灵似的公式仍在作祟,仍然有人在探讨"原因过程"(葛兰特第 125 页),尽管因果关系问题上丝毫不涉及"过程",力学上的发挥及发展顺序只涉及两种条件的逻辑——认识论上的联系;不涉及物理上的存在或形成,只涉及我们的思维和认识方法。高度强调这些是迈耶的许多功绩中的一部分(《教科书》第 136、140、149 页);此外,绍尔(《刑法学基础》第 447 页及以下几页)也与因果关系和不作为的力学——自然主义观

§30 不作为

点以及由此而产生的方法上的混乱(第449页)作了有力的斗争。① 从这一唯一可能的因果关系观点来考虑,如果只涉及不阻止结果和结果产生之间的符合构成要件的必要的因果关系,以不作为方式实施的犯罪(不作为犯罪)并不成为问题。② 相反的是,在不作为犯罪的违法性上倒是出现了一个问题。与违法性理论相联系,我们有必要对不作为犯罪作进一步的探讨。

Ⅲ. 迄今为止的讨论只对所谓的"不真正不作为犯罪"(unechte Unterlas-sungsdelikte,通过不作为而实施的犯罪;与之相对应的是通过作为而实施的犯罪)具有意义,此等不真正不作为犯罪只存在于实现包含禁止规范(Verbotsnorm)的构成要件当中。不能将"真正的不作为犯罪"与"不真正的不作为犯罪"相混淆,前者是指——如《刑法典》第139条规定的不告发犯罪——违反命令规范(Gebotsnorm)的行为,在这种情况下,意思活动的不实施正好与构成要件的明文规定("不为……的,则……")相符合。③ 本节Ⅰ和Ⅱ中讨论的问题不可能出现在此等真正的不作为犯罪中。

---

① 参见绍尔:《整体刑法学杂志》45第5页及以下几页以及《纪念弗兰克文集》Ⅰ第207页:因果关系"不是存在于事物内部的神秘的力量",而是一个"逻辑的必要的判断"。绍尔在"适当性原因理论"的基础上获得了成功。

② 与帝国法院判决第58卷第131页完全一致。将与帝国法院判决相一致的本教科书的观点解释成"不适当"是不可思议的。帝国法院判决第63卷第393页则倾向于梅茨格的主张。弗兰克§1Ⅳ也反对将"因果关系和原因"予以等同,在此点上他的观点与本教科书的观点相同。他也相信必须借助于语言惯用法使我们的内心安静下来,不是"每一个不作为,也就是说,每一个不阻止事件发生的行为都是有因果关系的",但这不属于限制因果关系(这是正确的),而是属于限制责任(但不属于这里的限制责任)。他随后的评述实际上与本教科书的观点是完全一致的:"不作为的因果关系不是取决于其违法性,此点是肯定的。"贝林(Beling Grundzüge 38)也在重要的教学法方面与本教科书是完全一致的,尤其是他也将违法性问题完全从不作为的因果关系问题中剔除出来。葛兰特将犯罪概念分解为作为犯罪和不作为犯罪,与此相适应,将不作为犯罪同样放在有责性和违法性观点下来探讨,而不将违法性与因果关系问题相混合。鉴于他(葛兰特《德意志帝国刑法》第126页)本人作出的论断,"不作为当然应当同样理解为行为",他将犯罪概念进行分解也就显得完全是多余的了,而且,如不作为真的属于作为之范畴,那么,他也就从不作为犯罪"完全无因果关系"的观点中解放出来了。与本教科书有较大分歧的有冯·希佩尔:《德国刑法》第2卷第137页、第159页注释4(因果关系=原因,更确切地讲=共同原因)。参见基齐厄:《法学箴言》第28页。

③ 此等真正的不作为犯罪还有《刑法典》第116条、第170条、第320条第1款、第346条规定的各种犯罪以及刑法附律的众多构成要件。

第二章　作为违法行为的犯罪

§31　作为概念特征的违法性

I. 如同私法中的违法一样，作为不法的犯罪是一个违法行为。① 这就是对犯罪行为所作出的客观上的、法律上的否定评价。客观是指否定评价的作出不取决于行为人的个人能力，一般地讲或在一定的情况下以法制的要求为准绳。

承认"客观的违法性"决不会导致否定法律的强制特征，相反，该特征受到 HA. 费舍尔（*HA. Fischer*）、戈尔德施密特以及其他学者的完全肯定。② 仅仅强调法律的强制特征（强制理论，Imperativentheorie）已经完全解释清楚了法律的本质，仍是有争议的。如果真的如此，那么，无论是肯定的还是否定的法律评价，都只能针对这样一些行为作出，此等行为的发起者（Urheber）主观上欢迎法律的强制要求，也即他们是"适宜的规范收件人"（taugliche Normadressaten）。此等主观主义的强制理论的结果可能是，当行为是由无责任能力或其他不负责任之人实施时，行为的不法特征即告消灭。③ 该理论的错

---

① 犯罪是(根据我们的价值判断)违法的，不是它招致违法性。在宾丁的"规范理论"中，这两者的混淆是一系列后果严重的错误的根源。参见梅茨格第 163 页脚注 6。

② 参见 HA. 费舍尔：《违法性》第 21 页；戈尔德施密特：《作为法律状态的诉讼》第 229 页和《德国法学家大会》34 II 第 428 页。

③ 此等将违法性与罪责混同的违法性理论的代表者，如大家所知道的，有默克尔：《刑法学论文》1 第 42 页、冯·费尔奈克、格拉夫·z. 多纳，还有科尔劳斯：《瑞士刑法学杂志》34 第 157 页，他将责任能力视为违法性的前提条件（还请参见《刑法典》第 29 版，第 9—10 页和《法学词典》V 第 766 页）。详见梅茨格：《刑法教科书》§19 和《法庭杂志》89 第 207 页及以下几页；爱斯特（*Elster*）：《法学词典》；冯·希佩尔：《德国刑法》第 2 卷第 186 页。与本教科书相一致，下列学者主张有必要将"客观的违法性"从概念上与罪责严格区别开：纳格勒、迈耶、梅茨格、(转下页)

§31 作为概念特征的违法性

误源于它武断的片面性。它忽视了法律的双重功能,法律不只是命令,即命令规范,而且,从逻辑上的必要性出发,法律也是评价规范。① 仅就此点而言,法律以抽象的价值标准的面目出现,其适用可能性完全不取决于被评价的对象、人的行为所发生的方式(有责或无责)。那种以为该标准同样适用于其他客观因素,如以将由动物、雷电或水灾所造成的损失也视为"违法"为由提出的异议②,不值一驳。人们不需要用梅茨格的"通讯地址不详的规范"③(adressenlosen Normen)来对待这一异议,因为,只有当法律可以规定适用于全社会共同规定以外的内容时,这个异议才值得被讨论。但这是绝对不可能的。所有的"应当—法则"(Sollen-Gesetz)——可能存在于法律或宗教、风俗或道德领域——只能具有对全社会适用的功能。无规范的社会与无社会的规范同样是不可想象的。社会是由人组成的。我们不是与动物和自然现象组成一个社会。因此,只有人的行为才是法律评价的对象,而自然现象、状态④、动物的行为方式无论如何也不能成为法律评价的对象。在一个国家,在一个统一法制的地区,一个统一的有秩序的社会是由该国家、该地区的所有个人组成的,因此,法律规定的价值规范可适用于所有人的行为,外国人、精神病患者、儿童的行为,均可在客观上以法律为准绳作出评价。用此等客观评价标准查明的行为价值是否指出了行为对社会的有益性或有害性,本教科书§26中已有回答。在"客观的违法性"和"客观的合法性"的情况

(接上页)冯·希佩尔、绍尔、韦格讷(他是最近才持该观点的,见《纪念弗兰克文集》I第128页),以及帝国法院判决第61卷第249页及以下几页。赫尔穆特·迈耶在《纪念弗兰克文集》I第619页中的观点是错误的,他认为,违法性学说给本教科书的观点打开了一个缺口。本教科书对"违法性"的评价仍然是"客观"的,也就是说,它与行为人的罪责无关,甚至当一定之主观要素,也即行为人心理要素属于此等评价的前提条件时,亦均。但并非所有主观方面的因素都属于罪责范畴!参见梅茨格:《刑法教科书》第168页;恩基希第62页。

① 参见梅茨格:《法庭杂志》89第216—217。赫尔穆特·迈耶第618页的观点是错误的,他认为,在"法律强制"之前作出的"评价"仍然是一个前法律评价,如果赫尔穆特·迈耶不想将该评价与立法者发现的文化规范相等同倒也罢了。他忽略了评价和规定二者都是法律的两个功能这一事实。恩基希第450页遗憾地将术语搞混淆了,他将评价规范与应受处罚性扯在了一起,而且,将规定规范与客观上的违法性联系在一起,而事实上这两者是毫不相干的。实际上他什么也没有得到,而且,他这种错误的结果与其本人的论述(第63页)也是自相矛盾的。

② 参见默克尔:《刑法学论文》1第47页。

③ 《法庭杂志》89第221页。此外参见梅茨格第166页脚注7。

④ 在该点上颇有争议。主张"违法"评价不得与状态联系在一起的主要有贝林第170、254页;HA. 费舍尔第99页;纳格勒第49页;冯·阿蒙(v. Ammon);齐默;等等。如果拒绝这一观点,则绝对不是强制理论的追随者。参见戈尔德施密特:《德国法学家大会》34 II第430页。

§31 作为概念特征的违法性

下,如法律以评价规范功能出现在我们面前,那么,在罪责学说范围内,法律作为规定和规范的功能则更使我们感兴趣。

II. 对行为的法律评价,可能有两个考察方法①:

1. 形式违法是指违反国家法规、违反法制的要求或禁止性规定的行为。
2. 实质违法是指危害社会的(反社会的)行为。

违法行为是对受法律保护的个人或集体的重要利益的侵害,有时是对一种法益②的破坏或危害。该句应当作限制性的解释(参见上文§2)。对重要利益的保护是法律的首要任务。即使通过对因受法律保护而上升为法益的重要利益进行认真的界定,利益之矛盾、法益之冲突也不可能被完全排除。构成法制最后和最高任务的人类共同生活的目标要求,在此等矛盾、冲突中牺牲价值低的利益,如果只有以此为代价才能维护价值高的利益的话。据此可以得出以下结论:只有当其违反规定共同生活目的之法秩序时,破坏或危害法益才在实质上违法;对受法律保护的利益的侵害是实质上的违法,如果此等利益是与法秩序目的和人类共同生活目的相适应的。

这种违法行为的实质(反社会的)内容不取决于立法者的正确评价(该内容是前法学的)。法律只能发现它,而不能制造它。③ 形式违法和实质违法可能相互重叠,但也可能相互分离。我们不得推测行为的实质内容和对行为的积极的法律评价之间的这种矛盾,但这种矛盾并未被排除,它还是存在的。如果它存在,那么,法官受法律的约束④;现行法的修改超然于其任务范围。

该观点巨大的实际意义将在合法化事由学说中得到证实,因为合法化事由在成文法(positive Rechte)中只得到极不全面的探讨,以致合法判决的作

---

① 这里不是指两种不同种类的违法共存,不是指"双轨制";没有区分"禁止"和"违法"(弗兰克语)。

② 作为一个行为,犯罪是针对物质世界的对象,针对人、物或状态实施的行为。因此,它们必须以任何一种方式与法益有联系,是法益的体现,如此,针对它们的行为才有违法性。这一由比恩鲍姆于1834年初次提出,许策于1869年宣布,冯·李斯特在《整体刑法学杂志》6 第663页着重强调的思想,构成§2 中提及的奥本海姆(Oppenheim)和希尔施贝格著作的题目。参见贝林:《犯罪学》第209 页;葛兰特:《法庭杂志》59 第92 页。

③ 法规包含了一种行为是违法行为的明确的解释。此等解释也可产生于科处刑罚之后;弗兰克在反驳宾丁也持该观点,他认为,所有规范均属于未确定之法律。参见上文§18 注释1(即本书第98 页注释①——译者注)。

④ 参见齐默第40 页。

§31 作为概念特征的违法性

出,在很大程度上不得不在成文法以外来考虑合法和不法的实体内容如何。①

Ⅲ. 无须特别强调法律中犯罪的违法性被认为是理所当然的(因此刑法典草案的相对之草案中干脆将之删除)。尽管如此,立法者将违法性特征吸收进个别犯罪的构成要件当中②,可不赋予违法性特征以实际意义。根据立法者的观点,恰恰是在这一类犯罪方面,划清合法与违法的界限特别困难。指出此等界限也许是必要的。总之,还没有发现对具体的构成要件区别对待的有说服力的法律上的理由。

Ⅳ. 只要行为的违法性被排除,从概念上讲就不可能存在共犯。

Ⅴ. 承认违法性是犯罪的概念特征这一命题,以及对那些取消行为的违

---

① 指出不法行为的实体内容并为严格区分合法行为和违法行为寻找一个固定的标准,是格拉夫·z. 多纳、海格勒:《整体刑法学杂志》36 第 19 页、黑格勒(《纪念弗兰克文集》Ⅰ 第 270 页及以下几页)、科尔劳斯、迈耶第 1、57、177 页、梅茨格、绍尔、韦格讷、托普(*Torp*)、齐默等人的功绩。不同意该流派观点的另一流派的代表者有费舍尔第 110 页,弗兰克第四章 Ⅲ 和《德国刑法与外国刑法之比较研究》总论部分 5 第 171 页,弗克斯(*Fuchs*),葛兰特:《德意志帝国刑法》第 111 页,格拉夫·格莱斯帕赫,海姆贝格尔:《德国刑法与外国刑法之比较研究》总论部分 4 第 4 页,科勒第 98 页,勒夫纳:《德国刑法与外国刑法之比较研究》分论部分 5 第 246 页,纳格勒(《纪念弗兰克文集》Ⅰ 第 339、346—347 页),李特勒:《整体刑法学杂志》49 第 470 页及以下几页。他们认为,"归根结底只存在于方法之中,几乎不存在于结果之中"(绍尔:《概论》第 288 页如是说;参见 Eb. 施密特:《整体刑法学杂志》49 第 382 页及以下几页),尤其是当人们将成文法功能作广义的解释,如纳格勒(《纪念弗兰克文集》Ⅰ 第 346—347 页)所做的那样,则更是如此。借助(唯一正确的目的论的)解释方法,人们相信,可引用成文法中具有重要意义的原则,根据这里所代表的观点,这些重要原则不可能产生于有缺陷的和自相矛盾的成文法,而只能来源于法律概念和实体特征,并被运用于"法律的补充"。参见沙伊贝尔(*Scheiber*)《法的解释和法律事务》,1927 年;Eb. 施密特:《整体刑法学杂志》49 第 350 页及以下几页;海因茨·迪尔第 9 页及以下几页。与弗兰克第四章 Ⅲ(第 140 页)相比,必须强调,正致力于"实质的违法性"研究的刑法学家们决不需要拒绝构成要件和正当化事由中的"规则—例外关系"。格拉夫·z. 多纳过去就已这么做了。但李斯特从未采纳格拉夫·z. 多纳学说中的结论。尤其请参见与格拉夫·z. 多纳的意见分歧,本教科书前一版本第 175 页注释 6 和本版本关于构成要件符合性和违法性学说中有详尽阐述。

② 《刑法典》第 123 条、第 124 条、第 239 条、第 240 条、第 246 条、第 291 条、第 303 条、第 305 条、第 339 条、第 353 条 a,以及第 299 条和第 300 条等。迈耶第 12 页认为,这只是修辞家们的把戏。冯·希佩尔:《德国刑法》第 2 卷第 199—200 页认为,如此强调是有必要的,因为"行为人故意触犯法律应当是具体构成要件的本质"。梅茨格第 180 页持与本教科书相同的观点。根据洛伯:《帝国刑法典及其注释》导论部分第 8 页,强调违法性"只是对每一个禁止规定中所固有的对客观违法行为进行限制的特别提示"。瓦亨费尔德第 158 页不同意此观点。帝国法院判决第 58 卷第 249 页中不寻常的阐述被洛伯不无道理地描述为"完全不适当的"。

法性特征的情况进行更加仔细的领会,是一个缓慢的远没有结束的刑法科学发展的结果,罗马法规定了一系列与之有关的情况,如正当防卫、紧急避险以及有权处死夜盗者和被当场捉住的通奸者;但是,我们却在寻找一个一般性的规律。是的,就那些被提的情况的基本观点,在罗马法学家那里也还是摇摆不定的,有的甚至完全没有涉及;被视为排除在外的不是违法性,而是行为的应受处罚性,其原因在于缺少必要的故意。中世纪的德国法采取了同样的态度。除中世纪下半叶的文献对正当防卫进行不断深入的研究和强调个别的紧急避险的情形外,被广泛认同的杀死夜盗者和被当场捉住的通奸者的权利起着特别重要的作用,这同样也是中世纪意大利科学界、刑事法院和普通法的立场①,虽然个别作者,如 JSF. 伯默尔,至少在杀人情况下对阻却违法性和缺乏故意加以区别。约在 18 世纪末期,正当防卫从与杀人的联系中解脱出来,从概念上对其作了界定,并将之放在科学学说和法典的总论部分。紧随其后的是紧急避险,但好像至今仍未得出令人满意的结果(参见下文 §34A)。其他阻却事由尚需要作出概念上的解释。法典放弃对之加以说明,而科学本身必须承认,它的研究结果即使在今天也只是一部分可为立法者所用。

§32 违法性、构成要件符合性和合法化事由的认定

为了能认定行为的违法性,划清客观上合法行为与违法行为的界限,必须全面考虑法制以及帝国和邦的国家意思活动的全部领域。

A. 鉴于上文 §26 I 1b 所述内容,构成要件必须成为刑法学家的出发点。② 作为建立刑法评价基础的构成要件③因此也就首先引起人们的注意,并需要就其特征、结构和意义作出解释。

I. "构成要件"一词有多种不同之含义:

1. 法学技术意义上的"构成要件"是刑法规定的一个组成部分,是法律

---

① 参见沙夫施泰因关于德西安(Desian)、伯默尔、恩高等人的有趣的观点的阐述。
② 格拉夫·z. 多纳:《参与其他方式(违法性)》,1905 年。参见本教科书前一版本第 175 页脚注 6 中详尽的分析。
③ 冯·希佩尔:《德国刑法》第 2 卷第 89 页及以下几页、第 188 页及以下几页不赞同该观点。梅茨格 §22 则完全赞同该观点。

§32 违法性、构成要件符合性和合法化事由的认定

概念,是与今天的事实情况或生活事件①不同的,后者应当——鉴于其包含人的意思活动——归入法律之下。这种事实情况被许多人称为"事实上的构成要件";但是,如果能够避免与技术意义上的构成要件的法学形象的相似之处,可能会更好些。

2. 人们将那些必须实现的先决条件统统理解为刑法上的构成要件,以便产生刑罚的不法后果(最广义的构成要件)。如果想在该最广义的概念中区分一般和特殊的构成要件②,必须对其概念作出解释。

a. 一般构成要件是指每一个犯罪中都必须具备的特征。属于此等一般构成要件或一般构成要件特征的有"人的行为""违法性""罪责"。"一般构成要件"的价值,用弗罗伊登塔尔的话来说,在于"属于一般构成要件的犯罪特征被同等对待",不需要在具体的刑法规定中每次强调此等一般构成要件;在将一行为纳入刑法规定的情况下,应当对一般构成要件的特征作"理所当然的理解"(弗兰克如是说)。

b. 如果谈到刑法中的构成要件,通常是指特殊的构成要件,它表明分则章节③中规定的具体不法类型④特征的总和。特殊的构成要件让我们知道,立法者是如何规定谋杀、抢劫、贿赂和叛国等的。如果我们在上文§26中强调构成要件符合性与违法性相联系作为犯罪行为的必要条件,那么,现在就可以清楚地知道,行为的"构成要件符合性"就必然意味着"特殊"的构成要件之一。易言之,特殊的构成要件为刑警(Kriminalist)了解对从刑法中确定的犯罪种类(stafrechtliche Subsumtion)具有重要意义的特别之违法性和

---

① 贝林对此一再强调,例如,其《刑法之基本特征》第28页,《构成要件论》第14页和第15页。

② 反对这种区分的有迈耶第8页注释17;贝林:《犯罪学》第2页,《构成要件论》第14页注释3(一般的构成要件"对犯罪概念本身而言是一个矫饰的和不必要的表述");梅茨格第175—176页。同意这种区分的有阿尔费德第100页;弗兰克:《帝国刑法典》引言部分III,但他认为无须将违法性与"一般的构成要件"相联系;弗罗伊登塔尔:《整体刑法学杂志》48第290页。

③ 并非分则的每一个章节都包含一个单独的"构成要件";更多的是所谓的"堆积的混合法律"(kumulative Mischgesetze)(参见贝林:《刑法之基本特征》第22页),也即这样一些章节,它们包含多个不同的构成要件并不考虑到技术上的简单化,只对此等不同的构成要件规定一种而且是同样的刑罚。具有不同特征的是所谓的"可选择的混合法律",这里的唯一一个构成要件是这样形成的,即允许与特定的构成要件具有"同等价值的情况"并存,例如《刑法典》第223条:如涉及"身体之虐待"(第一种情况)或"对健康的损害"(第二种情况),"身体伤害"之构成要件就已产生。参见有类似规定的《刑法典》第186条("主张"或"散布")等。

④ 与梅茨格第176页完全一致。

§32 违法性、构成要件符合性和合法化事由的认定

其后为适用刑法而确定罪责,打开了方便之门。因此,特殊的构成要件对刑法教义学具有重大价值,该得到承认的且源自于科学的价值,是贝林的无可争议的功绩。①

Ⅱ. 由于刑法上特殊的构成要件的这一价值,新时期在贝林的带领下,"构成要件学说"受到了更高的科学上的重视。②

1. 构成要件的建立以法律中使用的动词(杀人、强制、偷盗等)为基础。由于此等动词已经包含了构成要件符合性结果,实行行为实际上已经存在,也就是说,那些与具体情况下法律规定科处刑罚的行为相适应的意思活动实际上已经产生。加上主体、行为人名称,大多数情况下足以以最普通的表述出现:"谁……,构成……"

有时也将犯罪主体限制于特定的行为人范围,如"外国人""官员""军事人员""监护人"等,在上述情况下,犯罪行为只能由构成要件中规定的特定主体实施;这种由特定主体实施的犯罪,人们通常称为特别犯罪(Sonderdelikte,即身份犯——译者注)。此外,有些构成要件表明犯罪对象(杀人、盗窃他人动产)以及实施犯罪的其他方法(投毒、使用暴力、隐瞒事实)、地点和时间

---

① 参见贝林:《关于立法方法尤其是刑法之立法方法》(1922年)第59页及以下几页,《刑法之基本特征》§§15、16、17。在其《概论》和《构成要件论》中,贝林所使用的"法定的构成要件"具有与本教科书和主流理论不同的含义。贝林严格区分"犯罪类型"与"法定的构成要件"。他认为"犯罪类型"包括全部的"一般的构成要件"和一个本教科书意义上的特殊的构成要件,而他将"法定的构成要件"理解为"样板"(Leitbild)或"概念"(Vorstellunnsbild),犯罪类型的所有客观特征都以此等样板为准,因为它"同时包容了主观和客观两个方面"(《概论》第24页和第25页)。从《刑法典》第59条中可以看出"法定的构成要件"这一样板的含义。迄今被认为是"客观的构成要件"之处大致上可用该样板来代替。这一"客观的构成要件"不能成为构成要件符合性、违法性和罪责的基础的结论,恰恰是提出主观的违法要素时得出的。因此,贝林将"客观的构成要件"限制在不是被理解为具体犯罪类型规定的此等样板的作用上,而只是"与理解有关的""当作规则的"在具体的犯罪类型之前来考虑的做法,我们应当持欢迎态度。将此等与理解有关的样板作为"法定"的是否正确,还是值得怀疑的。认识刑法中的违法性之路,不是通过这一样板,而是通过本教科书意义上的特殊的(客观的和主观的)构成要件,得到了梅茨格和海格勒的证实。与贝林不同,本教科书将这些特殊的构成要件看成刑法评价的基础。关于贝林的新的构成要件学说,参见梅茨格第176页和第177页脚注6、埃里克·沃尔夫第5页注3,以及在《瑞士刑法学杂志》45第359、373页及以下几页中对它的批评。恩基希第7页及以下几页、第12页和第13页使用的构成要件符合性概念,也不同于本教科书,但其区别只是纯术语性的。

② 迈耶将构成要件的建立和结构挤入主流观点的努力,被埃里克·沃尔夫以极其敏锐的洞察力,在其《构成要件符合性之种类》(1931年)中继续下去,后者想以此确立分则一般学说的基础。他的阐述对本教科书是一种补充,只有部分内容有细微的区别,以致本教科书无须对之进行深入探讨。

§32 违法性、构成要件符合性和合法化事由的认定

(在一教堂、在夜间),公然及其他。

a. 具而言之,立法者在描述构成要件方面的方法是多种多样的。除对全部特殊的构成要件作提示性描述外(如《刑法典》第 185 条、第 360 条第 2款),或多或少地会对犯罪行为作详细的描述(如《刑法典》第 263 条、第 271条)。尤其对未遂犯学说(参见下文§44),以及正犯和共犯学说(参见下文§50)而言,如何规定作为犯罪的方式是极为重要的。困难在于这样一些构成要件,它们规定任何促成外界发生变化的行为都是符合构成要件的行为(如"杀人"=造成死亡)。用弗兰克等人的话讲,它们是"原因犯"(Verursachungsdelikte),将此类犯罪与所谓的"行为犯"相比,就会发现,后者是根据外部特征描述犯罪行为的(如宣誓、通奸等)。但是,我们应当清醒地认识到,这只是一个分类问题,其法学作用问题仍需进行特别之研究。立法者在很多情况下为某一个犯罪的构成要件规定了数个彼此相互联系的行为(竞合犯),如在伪造文书情况下,制造和使用虚假文书。在此等情况下,每一个行为均是独立的实行行为(Ausführungsdelikte)。如果立法者规定了使用特定的手段,如抢劫和强奸时使用暴力、诈骗时使用欺骗方法等,使用这些手段属于实行行为的概念范畴。

b. 特殊的构成要件是法律概念,在制定这一法律概念时,立法者虽然考虑到一定的现实情况,但概念不可能反映现实本身,而只是引导我们对人的行为进行刑法上的评价。由此可以认为,特殊的构成要件中不存在纯描述性的构成要件特征,而所有的构成要件特征均具有评价特征(规范特种)。在是否要区分"人"和"胎儿"(《刑法典》第 211 条、第 212 条、第 217 条和第 218条)的争论中,涉及的不是自然科学问题,而是一个法学问题!如果新的构成要件理论在迈耶和梅茨格[1]之后,区分描述的构成要件特征和规范的构成要件特征,则只是在一定程度上正确,因为构成要件的规范性特征并不是有规

---

[1] 迈耶第 182 页及以下几页给予规范性构成要素以很大的重视,但仍将它理解为"不纯的构成要件特征",因为他在贝林之后相信,必须将构成要件看成无价值的,并认为,不能坚持只表明(而非建立)违法性的构成要件特征不放。梅茨格后来对构成要件理论进行了充实,参见梅茨格第 190—192 页。埃里克·沃尔夫尤其指出了所有构成要件特征的普通的规范性特点。参见格林霍特:《纪念弗兰克文集》I 第 5、21 页;芬格尔:引文同上,第 230 页;黑格勒:引文同上,第 274—275 页;贝林:《构成要件论》第 10 页,《概论》第 30 页。艾希曼同意梅茨格的观点,在规范性构成要素情况下的犯罪意图(《刑法论文》第 225 期)第 3 页及以下几页、第 8 页及以下几页。参见《整体刑法学杂志》49 第 464—465 页;弗兰克:《帝国刑法典》引言部分 III a. E. ;齐默尔第 61 页;弗尔廷(Foltin)第 57 页。

§32 违法性、构成要件符合性和合法化事由的认定

律地、明显地出现的。有这样一些构成要件特征,它们是重要的实际内容,并与语言习惯用法完全一致地表明现实情况("人""性交""刀子""身体""生命"),因此,法官在认定这些特征时,基本限制在"与认识相适应"的活动上。这里不能讲它是"描述的构成要素",但无论如何它强调了这样一些构成要件特征的特点,这些构成要件特征具有专门的规范性特点,且在对其进行认定时需要法官的评价活动。不仅使用法学概念的构成要件("他人的物品""公文""官员""监护人""婚姻"等)是如此,而且使用文化评价的构成要件("品行端正的""淫秽""良好的风俗""骂人"等)也同样如此。在这两种情况下,法官不是依赖纯主观的个人评价,他必将会坚持确定的、客观的、法学的或文化的评价。但是,没有一种"主观的混合"(subjektive Beimischung),尤其是在文化评价情况下,法官的评价是不可能进行的。任意评价的危险因此并未被排除。这里恰恰表明,法官的评价不仅仅是才智问题,而且也是一个自我克制问题。①

c. 我们终于可将构成要件特征划分为客观的和主观的两个方面了,划分的标准是,从行为人的立场出发来看,一个构成要件特征是否属于其外部世界或内心世界。实行行为、犯罪方法、行为的时间和地点,以及犯罪对象或被侵害者的特点,属于客观的构成要件要素,所有涉及行为人的心理的或性格的特征,则是属于主观的构成要件要素。

一个今天已从根本上被克服的不正确的观点认为,属于特殊的构成要件的只是客观特征,因此,在关于构成要件符合性方面,仅仅是客观特征对违法性具有意义,而所有主观特征似乎应当归于罪责,因此不属于特殊的构成要件,而属于一般的构成要件。②

可以认为,在特殊的构成要件当中,主观特征可能对违法性具有决定性的意义。并非行为人实施犯罪后得到的每一个帮助,依《刑法典》第257条都是违法的,只是那些故意提供庇护,意图使行为人免受处罚或窝藏犯罪所得的行为才是违法的。烧毁投了火灾险的自己的家具并不一定是《刑

---

① 参见梅茨格第191页,弗尔廷第56页及以下几页。
② 过去通常将客观的构成要件理解为"构成要件",而将主观的构成要件算作罪责。参见冯·希佩尔:《德国刑法》第2卷第89页。还请参见迈耶第8页,尽管迈耶刚刚发现了主观的违法要素(第185页及以下几页)。贝林时至今日仍不能从其《构成要件论》出发承认主观的构成要素。参见贝林:《概论》第29页和第30页,《构成要件论》第10页及以下几页。相反,梅茨格和黑格勒从主观的构成要素上对构成要件理论进行了充实。参见梅茨格第168、190页。恩基希第62页也赞同该理论。持不同意见的有戈尔德施密特(《纪念弗兰克文集》I第458页)。

§32 违法性、构成要件符合性和合法化事由的认定

法典》第265条规定的违法行为,只有为了诈骗保险金而故意烧毁自己已投保的家具的行为才是违法的。故意伪造货币,并将伪造的货币作为真币使用或以其他方式参与流通的,才是违法的(《刑法典》第146条)。拿走他人的动产本身并不能表明已具备了《刑法典》第242条意义上的社会危害性,必须具有非法占有的目的,并应当具有第242条规定的特别之违法性,才是违法的。

因此,"主观违法性要素"类型得到梅茨格和黑格勒等人的赞同。所有这些要素,其"作为认定有社会危害性行为的存在,说得更确切些,作为认定特定之具有社会危害性的行为的重要因素",均属于这个范畴(黑格勒)。①

缺少这样的主观违法性要素,意味着无论行为是否以对刑法而言具有意义的方式实施,均不构成犯罪。在错误学说(die Lehre vom Irrtum)方面、正犯和共犯问题方面,以及解释刑法上的未遂犯罪方面,该范畴的知识被证明是可靠的。

2. 刑法中特殊的构成要件具有不同的功能

a. 上文已经探讨过的刑法的法治国家功能,是以严格的构成要件符合性要求为基础的。

b. 这里使人感兴趣的主要是作为认定行为人的违法性出发点的特殊的构成要件的意义,以及构成要件符合性和违法性之间的关系问题。在刑法构成要件中,立法者规定其认为应当予以处罚的犯罪类型。② 提出构成要件也就意味着一种以刑罚处罚来强调的对违法性的宣告,但是,此等宣告不等同

---

① 具体地讲,在如何划分主观违法性要素与罪责特征的界限上,仍然存在激烈的争论。梅茨格事实上在主观违法性要素方面走得太远了,以致齐默尔与之进行论战(关于《构成要件理论》第29页及以下几页)。现在,黑格勒正在进行进一步的研究。戈尔德施密特(《纪念弗兰克文集》I 第458页及以下几页)完全拒绝主观违法性要素概念,但赞同主观的构成要件要素概念,因为在他看来,主观的构成要件要素,似乎"从法律上对特别之罪责特征进行了分类"。戈尔德施密特之所以不得不持该观点,是因为他区分了"法律规范"(外部行为)和"义务规范"(动机)。参见下文§36;海格勒:《纪念弗兰克文集》I 第299页。最后请参绍尔:《刑法之基础》第343页及以下几页;埃里克·沃尔夫:《刑法中之罪责学说》第52页注释124;梅茨格第168页及以下几页、第190页,他恰恰突出了主观违法性要素对罪责的意义(第171页和第172页)。

② 参见绍尔第306页及以下几页;恩德曼:《勇气与刑法》(1925年)第181页注释54;此外,尤其请参见梅茨格:《法庭杂志》89第260、262页,《刑法上之构成要件》第190页和191页;埃里克·沃尔夫(RG Festg. V 54);沃勒(Woller):《整体刑法学杂志》48第43页;齐默尔第64页,恩基希第12页,他们二人的观点在某些方面与本教科书是一致的。持不同观点的有贝林:《构成要件论》第9页(基于他对法定的构成要件的不同理解)。

§32 违法性、构成要件符合性和合法化事由的认定

于具体的由法官在具体情况下进行判决的行为；立法者不考虑这些具体的行为，他也不可能考虑。浮现在立法者脑海里的是行为类型，从这些行为类型中，立法者通过规定构成要件而产生犯罪类型。由此可得出结论：如一个行为属于此等犯罪类型的一种，对调查它的刑警来说，虽然违法性可能存在，但并未确定。某个行为具有立法者规定犯罪类型时未包括在内的具体特征，但它在其他特别法律规定中却属于正当化事由而被认为合法，此等现象是完全可能的。由此，我们对构成要件符合性和违法性的关系有下列认识：构成要件符合性是违法性的第一个且是刑法中的最重要的标志[1]，但它在一定情况下可能是不可靠的。例如，当一个正当化事由掩盖了一个具体的符合构成要件的行为时[2]，它就是不可靠的。在这种情况下，我们面对的是一个不应当评价为违法——同样不能视为"本身"违法[3]——的行为，它从一开始就是合

---

[1] 该表述见诸迈耶，参见其《刑法教科书》第 10 页（脚注 21）、第 52 页和第 182 页。追随他的还有韦格讷第 38 页及以下几页，尤其是第 45、54 页及以下几页，《整体刑法学杂志》44 第 689 页；科尔劳斯：《法学词典》V 第 768 页，还请参见他的《刑法典》第 13 页。事实上与本教科书持相同观点的还有绍尔：《刑法之基础》第 307—308 页，纳坦第 3 页，格拉夫·z. 多纳：《正确与错误》（1925 年）第 4 页，还有米特迈耶：《整体刑法学杂志》44 第 9 页。此外，还请参见贝林：《犯罪学》第 37 页和爱斯特（Elster）。弗兰克：《帝国刑法典》引言部分 I，冯·希佩尔：《德国刑法》第 2 卷第 188 页对本教科书的表述表示疑虑。如果我们站在认定违法性的法学家的立场上，那么，这种表述似乎也是没有恶意的。该观点从构成要件出发并防止将确定的构成要件符合性直接看成违法性。在这一意义上，构成要件符合性是认识违法性道路的第一步，在这一意义上，构成要件符合性是认识具体的需要作出判决的行为的违法性的方法。如果询问一个被确定为违法的行为，是出于什么因素形成违法性判断的，这只是另外一种研究方法而已。从这一立场出发，就可与梅茨格：《论刑法构成要件的意义》第 10—11 页，弗兰克：《帝国刑法典》引言部分 I（第 2 页）等一起，将构成要件符合性解释成认识违法性的方法。

[2] 例如，A 杀死了 X。行为具备了《刑法典》第 212 条意义上的构成要件符合性，表明了行为的违法性。但 A 的行为却是为了防止 X 向 A 实施的违法攻击所必需的。这一具体的杀人行为具备了《刑法典》第 53 条规定的正当防卫的正当化事由。因而违法标志也就是不可靠的了，这一具体的杀人行为是合法的。

[3] 霍法克（Hofacker）：《整体刑法学杂志》43 第 649 页相信这一错误的观点可作为构成要件符合性和违法性学说的核心，但他的观点受到各方面的拒绝。参见本教科书前一个版本第 177 页脚注 9；韦格讷：《整体刑法学杂志》44 第 683 页；纳坦第 3 页；冯·希佩尔：《德国刑法》第 2 卷第 189—190 页；沃尔特（Wolter）：《整体刑法学杂志》48 第 45 页及以下几页。

§32 违法性、构成要件符合性和合法化事由的认定

法的,因而它永远不可能是犯罪①。

B. 并非只是刑法才具有合法化事由;法秩序的整体均具有合法化事由。与构成要件相反,在成文法和习惯法中,合法化事由的完整的、无漏洞的体系是不存在的,这些漏洞只能以"法律补充"方法②加以堵塞,也就是说,用实体上犯罪学说的评价尺度对行为的实质内容,其社会危害性或社会有益性作出检验,在确定行为实质合法性情况下,否定违法性的存在。但是,只有当成文法中不存在对行为作出(肯定或否定的)评价可能性情况下,此等法律补充方可为之。实体的犯罪学说决不应劝诱法学家们不理会总是首要的且尽可能唯一予以援用的成文法。③

I. 在成文法领域,无论是公法还是私法,均有一个法律原则,要求或允许侵犯或危害(自己的或他人的)法益,将此等侵犯或危害法益的行为认定为合法行为,并以此排除从构成要件符合性中得出违法性结论的可能性,《1927年草案》第23条明确承认了这一原则。

也许成文法并不明确表示要求或允许这么做。立法者对所述行为的合法性的观点,往往可从特定法律规定的联系中推断出来。尤其应当承认这样一个原则,即凡法律认为追求一特定目的是正当的,而为实现这一目的所需要的行为即是合法的,那么,此等行为同样实现了刑法规定的特别的构成要件。

II. 具体法律规定之间的联系无法得出上述结论,倒也是可能的。如果在这种情况下,从构成要件符合性中得出违法性的结论是显得矛盾的,那么,必须尝试借助成文法以外的评价来证明行为的合法性。这里,考虑行为

---

① 一个行为要么是合法的,要么是违法的,介于两者之间的第三种情况是不存在的,也不存在任何一种所谓的过渡形式。参见绍尔第236页对此卓越的论述;戈尔德施密特:《作为法律状态的诉讼》(1925年)注释1275;冯·希佩尔:《德国刑法》第2卷第189—190页;梅茨格第163页;冯·韦贝尔《紧急避险问题》(1925年)也恰当地谈到"合法和违法的矛盾的不同点",因此,"似乎不可能逻辑地提出一个独立的种类"。所有这些作者都反对宾丁:《手册》I第158页和第765页;芬格尔1第405、421页;厄特克:《帝国刑法与外国刑法之比较研究》总论部分2第334页;齐默尔:《犯罪学之架构》第42页等。冯·韦贝尔自己也对宾丁的观点持怀疑态度。冯·费尔奈克不属于宾丁的追随者(正如冯·韦贝尔第33页注释1所相信的那样)。参见冯·费尔奈克1第306页,2第121页。他以行为是可减免或宽恕的为由,认为该行为是被法律所允许的,这实际上并不是什么"独特"的见解(正如冯·韦贝尔所认为的那样),而是他的主观违法性学说的结果。

② 参见施莱尔(Schreier)第39、46页,Eb. 施密特:《整体刑法学杂志》49第355页。

③ 参见上文§31的相关注释。

§32 违法性、构成要件符合性和合法化事由的认定

的实体内容也许是有裨益的。对行为的实体内容进行检验时,必须以国家规定的产生于经验的共同生活的目的为依据。如果一个行为表明是实现国家规定的共同生活的目的的适当方法,那么,虽然该行为符合构成要件,但也不是违法的。① 毫无疑问,由该原则产生的只是一个与法律本质相适应的起调节作用的准则,借助该准则,法官在仔细斟酌案件事实的每一个细节的情况下,能够作出公正的判决。这个起调节作用的准则是一个需要往里面补充内容的形式准则(eine formale Maxime),借助该形式准则,找到作出公正判决的最高原则。但我们不能因此认为该原则是毫无意义的,因为它毕竟引导法官在弥补成文法缺陷时所依据的不是他自己的"主观任意"②,而是社会中存在的主流文化观③。

---

① 绍尔认为,"在行为适合国家规定的共同生活目的方面",这可被视为对人的行为进行法律评价的"法学基本规律"。参见绍尔:《法哲学杂志》2 第 336 页和《概论》第 275 页及以下几页。他自己称"如果行为对国家及其公民的弊大于利",则该行为是"违法的"。梅茨格:《是和应当是》(Sein und Sollen)第 76 页及以下几页、第 79—80 页;《法庭杂志》89 第 242 页注释 1、第 249、313 页,称"违法追求利益实现的最大值"是实体违法。本教科书与该两位作者在主要方面是一致的。关于绍尔和梅茨格,参见海尼茨(Heinitz)第 71、74、78 页及其关于梅茨格的学说 §§25、26。本教科书中为法补充所使用的惯用语"实现正确目的之适当方法",格拉夫·z. 多纳在施达姆勒(Stammler)的《刑法基础》中有很好的运用。详细情况请参见 Eb. 施密特:《整体刑法学杂志》49 第 350 页和《国际刑法协会报告》,新版本第 5 卷第 131 页。反对"目的理论"(Zwecktheorie)者现在主要有冯·希佩尔:《德国刑法》第 2 卷第 191—192 页,姜森第 47—48 页,梅茨格第 242—243 页。赞同"目的理论"的主要有格林霍特:《整体刑法学杂志》51 第 445 页。本教科书所代表的目的理论与"只要目的正当,可以不择手段"的说法毫不相干。因此,梅茨格第 242 页以及帝国法院判决第 25 卷第 375 页将这句显然是错误的话描述为"目的理论"也就是不正确的了。正确地理解该句,不是说"方法何时是适当的"(梅茨格第 243 页),它是(见本教科书)一个形式的需要补充内容的简单明了的惯用语,但这种方式与许多规范的构成要件特征有关,此外,还与由梅茨格和帝国法院判决使用的法益权衡理论(Güterabwägungstheorie)有关。详见上文谈及的 Eb. 施密特的著作。帝国法院判决第 25 卷第 375 页、第 61 卷第 253 页,《法学周刊》58 第 3170 页,在没有对之进行深入检验的情况下就轻易地拒绝目的理论。事实上,帝国法院判决始终是以目的理论进行工作的。参见 Eb. 施密特:《整体刑法学杂志》49 第 350 页。

② 戈尔德施密特:《作为法律状态的诉讼》第 175 页注释 862、第 160 页注释 876a 恰当地评价了帝国法院判决第 47 卷第 108 页。如果人们与海尼茨一样,认为本教科书所代表的观点是"主观主义",那将导致错误的理解。这种说法也许与格拉夫·z. 多纳的观点相吻合,但与绍尔、梅茨格和本教科书是不一致的。参见沃尔特:《整体刑法学杂志》48 第 44 页。如果迪尔和其追随者姜森将本教科书的倾向刻画为"以法官个人的主观评价……代替法律评价",那就恰恰相反了。李特勒:《整体刑法学杂志》49 第 473—474 页对法官擅断可能性的担心也太过分了。参见上文注释 10(即本书第 168 页注释①——译者注)。

③ 参见埃里克·沃尔夫:《刑法上的罪责学说》I(1928 年)第 115 页及以下几页。

§32 违法性、构成要件符合性和合法化事由的认定

作为实现一个被正确承认的目的之方法,如果该行为所维护的利益大于牺牲的利益,那么,该行为就容易使人理解和接受。①

III. 上文 I 和 II 中讨论的原则同样适用于邦刑法,但以邦有权制定特定内容的刑法规定为限。帝国刑法规定的构成要件在邦刑法中也许是合法化事由,这种冲突倒是可能存在的。但是,只有当邦法有权对违法性问题作出先决的规定时,这种冲突的存在才是可能的。如果邦法可以对邦议会的议事规程作出规定,也就可以确定,在何种先决条件下,以何种方式排除一个议员对会议的影响,那么,与此等邦法规定相适应的强制该议员离开会议大厅(《刑法典》第 105 条)的做法被认为是正确的。②

C. A 和 B 中所讨论的原则需要作刑法构成要件上的限制性解释。构成要件的"预示功能"(迈耶语)只能出现于作为犯罪(Begehungsdelikte),即出现于行为是以积极的作为所实施的犯罪中,以及真正的不作为犯罪中。③ 如果没有其他预示违法性的要素存在,它就不可能出现在不真正的不作为犯罪中。

I. 这种区分的正确性产生于一个简单的思考。④ 如果立法者制定了一个禁止规范("虐待他人身体或损害他人健康者,处……"),就意味着他反对导致此等结果的一些活动(积极的作为),而不反对同样与此等结果有因果关系的所有被动的行为方式(不作为);每一种试图将此等不作为进行分类的尝试都是徒劳的。事实上,正如迈耶(迈耶第 190 页)所恰当地表述的那样:"规定禁止的构成要件只确定不应当为之内容,而不确定应当为之内容。"因此,构成要件直接预示着被规定行为的违法性,只有当以特别之法律规定取代不作为、要求以作为阻止结果产生,且同时禁止不作为时,构成要件才预示规定不作为的违法性。

II. 阻止结果产生的义务必须是一项有法律依据的法律义务。仅是习惯

---

① 即"法益和义务权衡原则"。或称为"法益权衡理论"。详见下文 §34 B III。

② 持相同观点的还有帝国法院判决第 47 卷第 270 页;弗兰克第 4 章 III;艾伯迈耶:《帝国刑法典及其注释》§105 注释 4;葛兰特第 112 页注释 1;芬格尔第 103 页注释 7。本教科书以前的版本在某些地方与此有所不同。此外还请参见哈姆(Hamm)、冯·徐嫩(v. Schoenen):《德国法学家报》17 第 649、804 页;霍斯特曼(Horstmann)、弗克斯、海尼曼:《德国法学家报》18 第 856 页;戈尔德施密特:《法学周刊》41 第 562 页。

③ 参见上文 §30 III。帝国法院判决第 63 卷第 394 页持与本教科书相同的观点。

④ 这里尤其请参见 ME. 迈耶第 189 页及以下几页;贝林:《刑法之基本特征》第 38 页;弗兰克 §1 IV;梅茨格第 138 页;葛兰特第 128 页。还请参见绍尔:《刑法之基础》第 447 页及以下几页、第 456 页及以下几页,《纪念弗兰克文集》I 第 214 页;哈夫特第 71 页注释 2。

§32 违法性、构成要件符合性和合法化事由的认定

或道德要求的一个行为,不构成此等法律义务。① 而且,必须是以阻止结果产生构成具体法律义务的内容,实施其行为之义务,甚至根据经验,该其他行为会有助于阻止结果产生,也不构成此等法律义务。因此,认为《刑法典》第360 条第 10 项虽然构成帮助的法律义务,但并不能构成防止此等损害结果产生的法律义务,避免此等损害结果的产生,寻找警方帮助的观点是正确的。《刑法典》第 139 条同样如此。②

Ⅲ. 防止结果产生之法律义务可以任何法律规范为基础。该法律规范属于成文法或习惯法,具有公法特征或私法特征,是直接以特定之法律命令构成具体的法律义务,还是间接地以契约构成或在经营中未经委托承担有法律效力的行为义务,均无关紧要。

1. 应该注意的是,在所有情况下,泛泛而言一个行为的义务是不够的,在一个案件的具体情况中,法律义务、习惯法义务或契约义务必须是针对防止此等具体的、符合构成要件的结果发生的具体义务。是否满足一行为要求,或在多大程度上满足一行为要求,常常得通过法律解释或契约约定来查明。由梅茨格(第 144 页)在宾丁和特雷格尔之后发展的一个非常实用的观点认为,在履行特定义务或特定行为的证明方面,如果"一个特别危险的情况已经产生,或现有之危险在增加",行为义务则必须是避免危险及由此造成的损害结果的产生。③

2. 具体地讲,上述 1 中所述之情况主要涉及下列义务根据(Pflichtbegründung):《民法典》第 1267 条及以下几条规定的父母对孩子的照料义务,尤其也包括防止孩子遭受身体伤害。迈尔第 191 页脚注 6 所述之作出错误判决的案件中,也存在此等义务;对此,请参见绍尔:《刑法之基础》第 458 页和帝国法院判决第 46 卷第 25 页。在证明官员关系方面,常常产生避免特

---

① 主流观点有阿尔费德第 116 页注释 45;弗兰克 1 Ⅳ;哈夫特第 71 页;冯·希佩尔:《德国刑法》第 2 卷第 161 页;迈耶第 191 页;梅茨格第 139 页;特雷格尔第 75、120 页;瓦亨费尔德第 95 页。参见帝国法院判决第 57 卷第 197 页、第 58 卷第 130 页、第 63 卷第 394 页、第 64 卷第 275 页中关于法律义务的强调。帝国法院判决在认识此等法律义务时有时是否走得太远(梅茨格第 140 页,冯·希佩尔:《德国刑法》第 2 卷第 162 页如此认为),仍然是悬而未决的,但本教科书的原则还是得到了坚持的。

② 持相同观点的还有梅茨格第 141 页;弗兰克§1 Ⅳ;特雷格尔第 77 页;冯·希佩尔:《德国刑法》第 2 卷第 15 页;阿尔费德第 116 页注释 44;帝国法院判决第 64 卷第 273、276 页。

③ 例如,教授游泳课程同时意味着不得让游泳学员被水淹死,进行手术意味着防止因流血而导致死亡。

§32 违法性、构成要件符合性和合法化事由的认定

定损害之义务;参见帝国法院判决第53卷第108、292页。就从事某个职业而言,同样如此。例如,帝国法院判决第58卷第300页正确地从《工商业条例》第33条第2款第1句、第53条第2款推论出旅馆老板的法律义务,即应当避免在其经营的旅馆中进行所盗赃物的交易;违反此项法律义务的可被认为犯有窝赃嫌疑(《刑法典》第259条):"协助销赃",是以不作为方式实施了该犯罪。①

3. 要回答在适用习惯法情况下,究竟能在多大程度上证明防止特定损害结果产生的法律义务这一问题是非常困难的。适用习惯法在这里并不违背《帝国宪法》第116条的规定,这是不应当受到怀疑的。② 人们常说,"从一个已经实施完的行为中"可以产生防止结果产生的法律义务,随后再仔细地研究哪些行为属于已经实施完的行为。这种研究方法从法学上讲是错误的,因为并非任何一个已实施终了的行为都可能产生法律义务,法律义务更多的只是基于与此等行为有关的法律规范而产生。问题是此等法律规范的具体内容如何。成文法几乎完全未顾及这些内容(1909年5月30日《机动车法》第22条第2款则是例外),因此,法律义务大多只是建立在习惯法基础之上。在对过去的判例进行总结的帝国法院判决第64卷第237(276)页如是说:"因实施终了的行为导致有违反结果产生之危险,或将已经存在的危险扩大者,负有防止结果产生的法律义务,但以其能力所能及者为限。"这里并没有区分该危险是由合法行为或违法行为所导致或扩大的,也没有区分行为人在违法行为情况下是有责的还是无责的。但是,必须对案件的所有细节进行认真的检验,法律规范是否具体地构成法律义务的理由,是否在需要判决的案件中存在与此等法律义务相对立的特别理由。如果 A 在正当防卫中伤害了 B,他仍可以心安理得地听任 B 受命运摆布,尽管其实施终了的行为(正当防卫行为)有导致后者死亡的危险。从对《刑法典》第53条明智的解释中可得出习惯法准则的必要尺度。尤其还应当对利益冲突原则进行认真的研究。梅茨格(第147页)非常恰当地对帝国法院判决表达的原则作出了限制性解释:"具体的义务内容只能在最仔细地考虑案件当时的特殊情况后才能

---

① 参见冯·希佩尔:《德国刑法》第2卷第161页注释7;梅茨格第139页及以下几页;弗兰克§1 IV;奥尔斯豪森第3章引言第3页;洛伯:《帝国刑法典及其注释》引言部分第46页。关于职业义务,参见绍尔:《纪念弗兰克文集》I 第221页及以下几页。如果兵役义务或职业义务是能够构成防止结果产生的法律义务,适用习惯法也就无必要了。

② 持相同观点的还有冯·希佩尔:《德国刑法》第2卷第161页;葛兰特第129页注释3;梅茨格第146页。不同观点参见迈耶第192页注释11。

予以确定"。①

§33 正当防卫

I. 正当防卫(Notwehr)始终被视为合法的行为,尽管其合法程度有所不同,而不仅仅是作为不受处罚的行为得到承认。因此,在此等意义上,西赛罗所说的"非制定法,而是自然法"(non scripta, sed nata lex)或盖普所说的"正当防卫没有历史"是正确的。进一步研究便可得知,正当防卫权同样有一个既丰富又重要的发展史。罗马法虽然为我们提供了许多涉及攻击身体和生命的渊源,但令人感到可惜的是,由于一般的习惯做法,它未规定正当防卫的一般概念。同样,在古德国法中,正当防卫也并未从复仇和杀死(夜盗者)权中脱离出来。尽管如此,在中世纪晚期,在意大利科学和德国民间法律文献中,在城市法和法律书籍中,就有关于正当防卫的完备的和详尽的论述,而其他刑法理论毫无例外地是不可能有如此详尽的论述的。正因为如此,施瓦涔贝格(in Artt. 139-145 und 150)以教科书式的篇幅和明确性,不仅确定了正当防卫的概念,以及规定如何认定,而且还解决了一些具体问题,如"针对荡妇"实施正当防卫,在正当防卫情况下转移打击方向等。他对正当防卫的认识也几乎与中世纪②相同,即为挽救身体和生命而实施正当防卫,将正当防卫作为不受处罚的杀人来对待。全德通用法逐渐允许扩大对其他法益,尤其是财产和名誉(伯默尔、恩高、科赫等人持该观点)实施正当防卫,并对具体概念特征的认定作出了较为详细的规定。约在18世纪末期,这一常常被作为不受处罚的杀人对待的正当防卫,逐渐从这一联系中摆脱出来,并在总论部分给予它应有的地位,格罗毕希和胡斯特(1783年)、艾哈特(1789年)、蒂特曼(1798年)就是这么认为的。费尔巴哈的声望使得该观点最终赢得了胜利。在《普鲁士邦法》在序言中将正当防卫归入"私人犯罪"(Privatverbrechen)之

---

① 尤其请参见帝国法院判决第58卷第132页、第60卷第77页。关于帝国法院判决,参见冯·希佩尔:《德国刑法》第2卷161页及以下几页;梅茨格第145页及以下几页;关于习惯法问题,除绍尔:《刑法之基础》第460页和《纪念弗兰克文集》I第216页外,还请参见戈尔德施密特:《德国法学家大会》34 II第437页。关于在利益冲突的情况下防止结果产生的法律义务的界限问题,参见冯·希佩尔:《德国刑法》第2卷第167页;一般性问题请参见绍尔:《纪念弗兰克文集》I第227页及以下几页。

② 关于早在中世纪即可以对除身体和生命以外的法益进行正当防卫的观点,参见希斯(His)第198页。但是,即便如此,也只涉及很少的案例。

§33 正当防卫

后,立法(法国的立法除外)也接受了该观点。如《民法典》第 227 条一样,《预备草案》第 66 条坚持适用由《帝国刑法典》所确立的正当防卫概念。对立之草案,《委员会草案》第 27 条和《1919 年草案》第 21 条同样坚持适用由《帝国刑法典》所确立的正当防卫概念。相反,《1925 年官方草案》第 21 条第 2 款在一个重要方面与现行法律和迄今为止的草案有所不同。《1925 年官方草案》将正当防卫的适用范围作了一点限制:正当防卫必须是一个防卫行为,该防卫行为"以与当时的情况相适应的方式"来实施。据此,应当对行为人使用的防卫手段是否在"道义上符合"防卫目的这一问题进行考量。这一新的表述与奥地利 1919 年《刑法草案》(第 22 条)之对立草案相一致,且在瑞士 1918 年《政府草案》第 32 条中有前例可循。《1925 年官方草案》在所有正当化事由的最重要的且在实践中最有意义的方面,并未给法官规定一个明确的限制性的规范,而是要求法官自己思考和斟酌,正如我们在上文§32 中论及的从一般犯罪理论资料中获得正当化事由一样,这无论如何是得不到赞同的。如果立法者在几经踌躇之后明确承认那些原则,则必须表示欢迎。这里尤其请参见格拉夫·z. 多纳:《施达姆勒纪念文集》第 260 页及以下几页,1926 年;冯·希佩尔:《德国刑法》第 2 卷第 215 页;赖雪尔:《德国法学家报》34 I 第 143 页及以下几页;罗森塔尔(*Rosenthal*):《德国法学家报》33 第 146 页和帝国法院判决第 55 卷第 85 页。《1927 年草案》第 24 条消除了针对《1925 年官方草案》所提出来的疑虑,但与现行法律相比,它同样对正当防卫进行了适当的限制:要求防卫损害与侵害行为损害具有一致性。《民法典》第 228 条被借鉴到正当防卫的规定中。帝国议会刑法委员会以返回到《刑法典》第 53 条表述上的方式,否定了此等革新内容。《1930 年草案》第 24 条第 2 款后来被保留了下来。

II. 正当防卫(《刑法典》第 53 条)①是指通过伤害不法攻击者对正在发生的不法攻击所为之必要的防卫行为。

---

① 根据盖尔和希斯的观点,"正当防卫"的表述初见于 1221 年《维也纳城市法》,但实际上还要更早些。还请参见 1235 年《禁止复仇条例》。对正当防卫概念的扩大解释初见于《帝国军事刑法典》第 124 条。

§33 正当防卫

1. 不法攻击是指每一个以积极的作为而危害现有的受法律保护的状态。①

a. 攻击必须是违法的(但不一定受刑法处罚)。因此,不得对正在依法履行公务的官员和履行惩戒法的行为实施正当防卫,不得针对正当防卫本身或针对基于紧急法而为之紧急避险行为(参见下文§34)实施正当防卫。但是,可以针对合法攻击过当变成不法攻击的行为,也即可以针对防卫过当的行为实施正当防卫。下属依长官的命令而为行为的[参见下文§35注释1(即本书第191页注释③——译者注),如果该命令是要求实施违法行为②,则下属可以实施正当防卫。对免受刑法处罚之人,如人民代表、使节的不法攻击可实施正当防卫,还可对由无责任能力人或精神病患者实施的不法侵害进行正当防卫,对于攻击者发生认识错误,使得其攻击行为的违法性不为他人所知晓的,同样可以进行正当防卫。③ 相反,对动物的独立的"攻击"(由于人的追猎所引发),根据现行法律不能进行正当防卫,而是可实施紧急避险。④ 此等攻击是否可预见,攻击是否由被攻击者所促成,根据现行法律

---

① 不仅仅是主张现有之状态;不支付债款,租赁契约到期后不搬出所租住之住宅等不构成现有的受法律保护的状态。持相同观点的还有帝国法院判决第19卷298页;弗兰克§53 I;阿尔费尔德第127页;葛兰特第113页;迈耶第277页;奥尔斯豪森§53第5页。持不同观点的有洛伯:《帝国刑法典及其注释》§53注释2a;冯·希佩尔:《德国刑法》第2卷第204页;梅茨格第233页注释5。

② 一行为是否违法,必须从客观上去认定(参见上文§31 I)。因此,合法性不取决于行为人是否在具有约束力命令的影响下而为一定行为。在责任学说方面还会论及该问题。迈耶第334页的观点尤其正确。就其结果而言,弗兰克第4章 III 同样是正确的。参见下文§35 I 3。

③ 由于来源于这里所代表的客观不法理论,所以,该原则受到以主观化之违法观为出发点的学者的反对,参见上文§31 I。关于与此相反的观点,参见冯·费尔奈克2第122页;格拉夫·z. 多纳第130—131页。如今大多数人站在本教科书的立场上,但其中的某些学者有不同的理由(请参见下一个注释),如阿尔费尔德第127页,弗兰克§53 I 2b,葛兰特第113页,洛伯:《帝国刑法典及其注释》§53注释4,迈耶第278页,瓦亨费尔德第118页,恩德曼第31—32页。贝林要求有责之不法攻击,因为《刑法典》第53条并不考虑是何种法益。持相同观点的还有 H. 迈耶第613页。赖雪尔在《德国法学家大会报告》34 I 第149页建议限制对无责攻击者的正当防卫权(值得怀疑! 参见戈尔德施密特的不同观点,《德国法学家大会报告》34 II 第439页)。

④ 该句的根据产生于上文§31 I所述。"合法"或"违法"的价值判断只涉及人的行为。将动物的攻击作为法律评价的对象,为法律本质所不承认。洛伯:《帝国刑法典及其注释》§53注释2b,冯·希佩尔:《德国刑法》第2卷第208页注释1("动物攻击永远不可能成为正当防卫的对象",以此对动物行为作出了法律上的评价),梅茨格第234页注释7和9的观点是不正确的。不同意冯·希佩尔的观点者尤其有格拉夫·z. 多纳:《整体刑法学杂志》51第615页。常常会遇到这样的论据,在《刑法典》第53条意义上,不是禁止攻击,而是被攻击者无义务容(转下页)

§33 正当防卫

规定是无关紧要的。谁要是向他人挑衅，比如向精神病患者挑衅，致使后者发起攻击的，并不丧失正当防卫权，只要其意志内容是以正当防卫中的杀人为目的。①

b. 此外，攻击必须是现实存在的，也就是说，攻击必须是直接面临的或

(接上页)忍这种违法攻击。持该观点的主要有弗兰克§53 I 2b；葛兰特第113页；冯•希佩尔：《德国刑法》第2卷第207页注释1；洛伯：《帝国刑法典及其注释》§53注释4；厄特克：《德国与外国刑法之比较研究》总论部分第264页。按照他们的观点，也就允许对动物的"攻击"进行正当防卫。然而，他们的观点不能被接受。《刑法典》第53条十分清楚地将否定评价"违法"放在"攻击"上，也就向我们提出了这样一个问题：何种攻击违反法律秩序，并要求我们在认定正当防卫的条件时，首先以法律观点对攻击者的行为进行评价。因此，承认动物攻击与本注释开始时所持的观点是不一致的。如葛兰特第113页注释3所认为的那样，允许对精神病人，而不允许对动物实施正当防卫并不是不合逻辑的。由于精神病人也是社会之一员，其行为也应当以社会规范来衡量，而动物"行为"的情况并非如此，因而，对动物的"攻击"从法律上采取不同的对待是完全必要的。应当承认，弗兰克的观点中蕴藏着一个完全正确的内核。梅茨格在《法庭杂志》89第247页表示，我们应通过下列方式来维持客观不法之(方法上必要的)概念：将不法理解为对于被不法行为侵害者的法律关系的破坏，也即对"遭受不法侵害者，对被害人的利益的损害"。从这一立场来看，弗兰克的观点表明了攻击实质上的不法内容的特点，对此等攻击允许实施正当防卫，且就此点而言，他的观点无疑是完全正确的。但是，他忽视了这样一个事实，即对实质的不法内容的思考，是在形式上的违法行为作出之后才能进行的，因此，只有人的行为才属于这种情况。正如上文所述，弗兰克的观点与本教科书所代表的观点事实上是完全一致的，唯独在所谓的动物攻击上不同，因为这两种观点都是以"客观的"不法学说为基础的。《民法典》第227条和第228条就该古老的有争议的动物攻击问题所采取的态度与本教科书是完全相同的。参见李斯特：《违法责任》第87页。由于有时没有具体的规定，也就会产生这样的结果，即《民法典》第228条、第904条只要求为保护重大利益而实施紧急避险行为，而不要求以正当防卫方式来保护重大利益。对威胁到我的财产的小孩，只要为当时的实际情况所必需，我可以毫不犹豫地将其击毙；而对于狗，只有当其攻击可能造成的损害大于杀死它所造成的损害时，我才可以击毙[参见下文§34注释2(即本书第188页注释①——译者注)]。有人主张将《民法典》第228条的规定类推适应于精神病人的攻击，持该观点的有格拉夫•z. 多纳第131页(从他的立场出发，其结果是正确的)，勒夫纳，维尔茨堡(Würzburger)第27页等。参见上文注释4(即本书第178页注释③——译者注)已经谈及，这是没有必要的，也是不正确的。

① 故意挑衅则不同，参见洛伯：《帝国刑法典及其注释》§53注释4；持相同观点的还有恩德曼[参见上文§32注释13(即本书第169页注释②——译者注)]第33页，冯•希佩尔：《整体刑法学杂志》42第417页以及冯•希佩尔：《德国刑法》第2卷第196页。如果挑衅行为本身(经常是这样!)就是不法攻击(如侮辱)，被挑衅者的行为本身就是正当防卫行为；如果被挑衅者的防卫行为超过必要限度，则挑衅人仍可对该超过必要限度的防卫行为实施正当防卫。弗兰克§53 I a也持该观点。关于不同观点请参见本节II和III以及帝国法院判决第60卷第262页。

§33 正当防卫

已经开始的。因此,一方面不需要等待法益开始被破坏之后①才能予以正当防卫;另一方面同样可对已经开始但尚有待继续的攻击实施正当防卫。

相反,下列情况不得实施正当防卫:

a)不得对将来之攻击实施正当防卫。② 防止将来被侵害的保护措施,如防盗之三角钉、捕狼之陷阱等,如果是在受到攻击时使用,那么,是允许的,但不得超过防卫所需之限度(参见《刑法典》第367条第8项)。

b)不得对已经结束了的攻击实施正当防卫。攻击行为已经结束,是指法益已被破坏,即使增加新的破坏也不致比原先的破坏更重。由于该攻击无需处罚(参见上文a),刑法中的构成要件未对攻击结束之后的问题提供依据。一定情况下因攻击而产生的犯罪可能被视为构成要件意义上的既遂,而《刑法典》第53条意义上的攻击必须未结束。在对财产的保管中断以后(盗窃已经完成,已构成《刑法典》第242条意义上的盗窃罪),当盗窃者逃离犯罪地使得追回被盗物品难度加重时,仍可对逃跑之窃贼实施正当防卫。③

c. 攻击必须针对现存之状态实施。法律未对被攻击之法益进行划分。将正当防卫仅限制于保护人和财产法益是不正确的,为保护其他法益,同样可以实施正当防卫,而不管这些法益是属于个人的或属于集体的。④ 对《民

---

① 不需要等待法益被实际破坏。《查里五世刑事法院条例》第140条规定,"无须等他被攻击之后才实施防卫"。帝国法院判决第53卷第132页、第60卷第261页、第61卷第217页也持该观点。帝国法院判决第54卷第197页很值得怀疑(不赞同该判决的还有冯·希佩尔:《德国刑法》第2卷第213页注释3)。

② 帝国法院判决第63卷第215、222页有恰当的论述。

③ 原则上讲,帝国法院判决第55卷第82页是正确的,但遗憾的是,由于"保管"概念多余地重复使用,致使其观点不够清楚鲜明。持与本教科书相同观点的还有阿尔费德第127页;弗兰克§53 I 1;冯·希佩尔:《德国刑法》第2卷209页;梅茨格第235页;洛伯:《帝国刑法典及其注释》§53注释3;迈耶第278页;施瓦茨§53注释2e;瓦亨费尔德第117页。

④ 比如,可对通奸、猥亵犯罪,以及偷漏税等行为实施正当防卫;但不得对简单的不服从命令(不顺从)实施正当防卫。帝国法院判决第48卷第215页值得怀疑:对针对现存之婚约的危害实施正当防卫。是否有一个为国家或个人法益起见,以必要之防卫行为防止正在进行的不法攻击的"国家正当防卫权",或者说个人的正当防卫权问题,绝不是一个特别的法学问题。但《刑法典》第53条规定的先决条件(攻击的适时性,尤其是防卫的必要性)很少会出现。该点已由帝国法院判决第56卷第268页所指出,且帝国法院判决第63卷第215、220页,第64卷第101页正确地作了详尽的阐述。参见在某些方面存在较大分歧的下列学者的观点,如弗兰克§53 I;冯·希佩尔:《德国刑法》第2卷第204、205页;库尔茨韦克(Kurzweg):《刑法档案》70第71页;宾丁:《手册》I 736页;迈耶第279页注释10;葛兰特第113页;洛伯:《帝国刑法典及其注释》§53注释2d;奥尔斯豪森§53第10页。

§33 正当防卫

法典》第 826 条规定的"不诚实的行为"无正当防卫权。

2. 防卫

a. 防卫必须针对攻击者本人;不得对第三人实施防卫。为防卫目的而导致第三人受伤害的,只可视为紧急避险行为而不受处罚,但第三人因成为攻击手段而受伤害的,仍属于正当防卫的范畴。①

b. 防卫不得超过必要限度。"必要"防卫的度取决于攻击行为的激烈程度。就正当防卫的合法性而言,并不要求正当防卫是为保护重大利益。② 根据案件情况,当对攻击行为不能以其他方式进行防卫时,即使最微不足道的法益也可以通过杀死攻击者的方法来加以保护。不需要用其他方法更多地对防卫行为进行说明。正当防卫的合法性不因攻击者逃逸而排除。③

c. 只有具有防卫意图的行为才可被认为是"防卫行为"。侵犯他人的法益,但不知道自己的行为已构成针对自己或第三人攻击的正当防卫;换句话说,不是以防卫为目的而侵犯他人之法益的,不属于《刑法典》第 53 条规定的正当防卫行为。但也不要求防卫攻击之人只是为防卫目的而为防卫行为,对

---

① 一般观点也持该立场。持该观点的还有帝国法院判决第 58 卷第 27 页(将具体的"第三人的权益"与公众的权利作不同对待的趋势是令人忧虑的)。梅茨格第 237—238 页赞同该判决。范·卡尔克:《整体刑法学杂志》12 卷 443 页,则想以行为人的意志方向来决定。持相同观点的还有宾丁:《刑法总论》第 189 页;弗兰克§53 II 和《整体刑法学杂志》14 第 360 页;施瓦茨§53 注释 3a;瓦亨费尔德第 118 页。帝国法院判决第 21 卷第 168 页完全回避了该重要问题。参见恩德曼:《勇气与刑法》(1925 年)第 38 页及以下几页。

② 持相同观点的还有帝国法院判决第 17 卷第 58 页以及第 55 卷第 82 页。关于草案,参见上文 I《1925 年官方草案》。厄特克想将正当防卫与对不法行为的防护区分开,并要求有一定的比例(迈耶表示同意,第 281 页);但是,这种区分是不可能的。恩德曼:《勇气与刑法》(1925 年)第 36 页不理解《刑法典》第 53 条与《1925 年官方草案》第 21 条第 2 款之间的不同。冯·希佩尔:《德国刑法》第 2 卷第 211—212 页同意本教科书的观点。

③ 参见《查里五世刑事法院条例》第 140 条。赞同本教科书观点的有阿尔费德第 128 页;宾丁:《手册》1 第 73 页;芬格尔第 390 页;弗兰克§53 II;洛伯:《帝国刑法典及其注释》§53 注释 5c;施瓦茨§53 注释 3a 和《刑法草案之说明》第 224 页;帝国法院判决第 65 卷第 163(165)页。不同意本教科书观点的有帝国法院判决第 16 卷第 69 页;范·卡尔克第 31 页;冯·希佩尔:《整体刑法学杂志》6 第 603 页和《整体刑法学杂志》42 第 417 页;冯·希佩尔:《德国刑法》第 2 卷第 210 页;梅茨格第 236—237 页。

§33 正当防卫

防卫概念作此等限制是不可取的。①

d. 正当防卫不仅可以保护自己的利益,而且也可以作为保护他人利益的应急方法,将正在发生的威胁限制在"亲属"范围内(如《刑法典》第54条紧急避险)的做法,我们的法律是不予采纳的。

III. 防卫的必要界限一旦被超过,对攻击者的进一步伤害则属于违法行为。但根据《刑法典》第53条第3款的规定,因惊慌、害怕、惊吓而防卫过当的,不处罚②;这里,防卫过当是违法的,但同时它构成了责任阻却事由。③ 除

---

① 该问题是正当防卫领域最有争议的问题。与弗兰克§53 II完全一致,本教科书只以对《刑法典》第53条使用的正当防卫概念的解释为依据,且与生活中的见解相一致。此等解释可导致在构成正当防卫理由的先决条件下,认为有一个主观要素的观点丝毫不值得怀疑,尤其不存在混淆法律和道德、违法性和有责性的界限的问题,此点已为绍尔:《概论》第345页和第349页所阐述。因此,如同存在主观的不法要素一样,同样也存在主观的正当化要素(参见梅茨格:《法庭杂志》89第270页及以下几页,以及上文§32)。值得注意的是,如果正当防卫的正当化事由(缺乏《刑法典》第53条规定的防卫意图或其他任何一个先决条件)在具体情况下不具备,则仍可根据上文§32 B II的阐述,借助普通的以国家调整共同生活的目的为根据排除不法事由。如此,恩德曼的关于在法律和司法中缺乏勇气而灵活行事的所有指责便都有了答案。与本教科书一样主张具备防卫意图(不要求有特定的防卫动机)的尤其还有帝国法院判决第54卷第197页、第56卷第268页、第60卷第262页;洛伯:《帝国刑法典及其注释》§52注释5b;奥尔斯豪森§53第13页。不同意本教科书观点的主要有海格勒:《整体刑法学杂志》36第37页;黑格勒:《纪念弗兰克文集》I第258页;齐默尔第67—68页;冯·希佩尔:《德国刑法》第2卷第210页;梅茨格:《法庭杂志》89第308—309页。梅茨格正确地阐述道,成文法是决定该问题的出发点,涉及对《刑法典》第53条的解释问题。但他事后又认为,《刑法典》第53条不包含主观的合法化要素。之所以如此,是因为他在对《刑法典》第53条进行解释时,只是片面地将"特征""必要地"纳入视线。事实上需要解释的不是主观要素,而是客观要素。但是,梅茨格忽略了"防卫"这一特征。在其《刑法教科书》第235页和第236页中,他并未反驳本教科书的观点。对于由HA. 费舍尔第215页得出的结论(正当防卫以限制性的法律资格为先决条件)可能导致本教科书的观点不正确的说法,我们不敢苟同。在刑法中,绝对不仅仅是只有(民法)法律资格者的意志具有重要意义。

② 《刑法典》第53条第3款意义上的正当防卫过当,总是以已有正当防卫行为为前提的。参见帝国法院判决第54卷第36页、第62卷第77页。

③ 在该问题上存在不同观点:观点一认为具备责任阻却事由,参见洛伯:《帝国刑法典及其注释》§53注释7,但其结论不能被所有人接受;梅茨格第364页。帝国法院判决第56卷第33页的观点与之很接近,认为《刑法典》第53条第3款规定的心理情状,并不能在正当防卫情况下衡量哪些措施是正当防卫所必要的、哪些是防卫过当。因此,正确的观点是看责任阻却事由的本质。观点二,即主流观点认为,《刑法典》第53条第3款规定的是个人的刑罚阻却事由。持该观点的有阿尔费德第129页注释38;冯·希佩尔:《德国刑法》第2卷第213页;迈耶第283页;瓦亨费尔德第120页;葛兰特第115页。弗兰克未决定同意哪种观点,但他事实上同意主流观点和本教科书所持观点中关于正当防卫和防卫过当的区分。《预备草案》第66条,《委员会草案》(转下页)

上述原因而致防卫过当外,其他原因,特别是积极的或强有力的内心激动,如突然大怒、在紧急自卫情况下对被攻击者产生爱情等,不构成《刑法典》第53条第3款规定的责任阻却事由。关于假想防卫(Putativnotwehr)参见下文§40 I 2。

§34 作为应急权的紧急避险

A. 概述

I. 紧急避险概念的发展晚于正当防卫,一直延续到最近,正如 R. 勒宁(R. Löning)所指出的那样,亚里士多德早已正确地认识到紧急避险学说的重要观点并作出了卓越的表述。①

1. 罗马法涉及各种具体的情况(lex Rhodia u. a.),德国法律渊源包括"离去的男人"和怀孕妇女的需要、处在困境中的航海者、因饥饿而偷东西吃者以及其他情况;教会法因其规定的一般说法也同样未超越上述内容贫乏的具体规定。《查理五世刑事法院条例》第166条"因饥饿而盗窃",规定行为人为挽救自己、妇女或儿童而偷盗食物的,如何处罚听取法律专家的建议。

2. 在《查理五世刑事法院条例》基础上,普通法时期的法律渊源已经首先考虑到以他人财产为代价来保护生命。此外,科学也已经涉及其他一些问题,如中止妊娠以挽救妇女,正如沙夫斯泰因的研究所表明的那样,科学已经在一定程度上开始关注紧急避险问题。但是,离阐明紧急避险问题还差得很远。根据古典自然法学派(alte naturrechtliche Schule)的观点,紧急避险情形中,法律秩序本身似乎被取消了[格罗齐乌斯、普芬多夫、沃尔夫、费希特(Fichte)、格罗尔曼和冯·维希特尔如是说]。后来,由费尔巴哈等人在康德之后所代表的观点赢得了胜利,紧急避险所造成的不可抗拒的强制,排除了

(接上页)第27条第3款,《1919年草案》第21条第3款,《1925年官方草案》第21条第3款,《1927年草案》第24条第3款试图以规定处罚自由来解决该有争议的问题,如果正当防卫已超过必要之限度是因他人挑衅或惊慌所致,则"无责任"。草案与现行法律的不同点在于,后者在《刑法典》第53条第3款规定的心理情状下,剥夺了法官进行责任思考的一切可能性,并提出了不可反驳的(结论性的)无责之假定;而草案则要求法官提出责任思考,并规定处罚自由完全取决于法官的责任思考结果。帝国议会刑法委员会仍坚持现行法律的规定;《1930年草案》同样坚持现行法律的规定。参见海姆贝格尔:《改革》(1926年)第79页;以及下文§42 IV 3。

① 参见勒宁:《刑法责任理论之发展》(1903年)第1册(亚里士多德的责任理论)第204页及以下几页。

§34 作为应急权的紧急避险

行为人的责任,成为立法和刑法科学中的主流观点。这些观点至少代表了两个基本的主要思想,其一是紧急避险学说归因于客观违法性之趋势;其二是指出了在责任观点下,实施紧急避险的可能性。

3. 19世纪的立法几乎完全没有考虑到紧急避险问题的所有方面,更谈不上对此作出规定了。1115年《普鲁士邦法》甚至还规定,以挽救自己或他人脱离身体和生命危险为目的而盗窃者,应予以赦免。1810年《法国刑法典》第64条和1851年《普鲁士刑法典》第40条也只规定了一种由于威胁而产生的心理强制,1861年《巴伐利亚刑法典》亦紧随其后,只规定了一种心理强制。《帝国刑法典》第52、54条也只是从紧急避险的广泛领域中抽选出两种心理压力情况。《民法典》第228、904条作出了一定的但远远不够的补充规定。

II. 1. 对紧急避险进行科学研究必须从这样的认识出发,即在紧急情况下,为挽救受法律保护的利益而实施之行为,具有不同的社会意义。在紧急避险情况下实施的符合构成要件的行为,从社会的整体利益来看,必须完全被视为理智的、有益的、适当的行为方式;尤其当不实施此等虽然同样对一定的法益造成损害的紧急避险行为,就会产生更大的损失,且社会利益将因此更多地被减少(如中止妊娠以挽救孕妇的生命)时,则更是如此。在这些将紧急避险行为视为实现法律予以认可之目的的适当手段的情况下(参见上文§32 B II),必须认定存在合法化事由。紧急避险还可以其他完全不同的方式表现出来。相对于不断加强的自我保护意识而言,法秩序的规范(在这种情况下会)失去其动机力量。如果在生死存亡的紧急关头将他人从救命的厚木板上推掉,以不让自己被水淹死,虽然行为人并未想到其行为的合法化事由,但根据其所处的海难实际情况,必须认为其行为具有合法化事由,在那样的情况下,杀人行为必须被免责,而且——一般而言——如在具体的紧急避险情况下,即使没有任何一个公民顾及社会要求,也不能从该不顾及行为中得出行为人具有反社会的举止和态度的结论。

2. 从上述1所述立场出发,今天占主流地位的学说可以对紧急避险问题作不同对待("区别对待理论")。该理论将紧急避险理论区分为:

a. 作为合法化事由的紧急避险。此种紧急避险见于成文法的规定中,它表明,特定的紧急避险行为——尤其是当保全的法益大于被破坏的法益时——被视为实现正当的、被法律认可的目的的适当手段(参见《民法典》第228、904条)。

b. 作为减免责任事由的紧急避险。此种紧急避险见于成文法规定中。

§34 作为应急权的紧急避险

其立法用意在于,在法条规定的紧急避险情况下,不能苛求行为人与其他任何一个公民一样,以合法行为替代实际上已实施的违法行为(参见《刑法典》第54条)。

不能将建立在正确区分客观违法性和责任基础之上的观点拿来与那些受欢迎的异议进行争论;后者会导致结果的不统一,割裂("紧急避险")完整性,因此此理论上和实践中都是站不住脚的(提出此等异议的主要有迈耶第305页注释10;葛兰特第116页;现在还有冯·希佩尔:《德国刑法》第2卷第215页及以下几页)。事实上,只有当紧急避险理论在概念上所必需的一致性确定无疑,也即只有当在所谓的紧急避险情形下,形式名称("紧急避险")上的一致,使符合法律特征的结果得以证明时,该异议始有讨论的价值。而恰恰这最后一条必须加以证明。所以,该异议是以不被许可的诉讼原则(unzulässige petitio principii)为基础的。那种认为《刑法典》第53条、第54条的法律文本的一致性,迫使人们将第54条规定的紧急避险与第53条规定的正当防卫同样作为合法化事由对待的观点,就更缺乏说服力了(葛兰特第116页)。众所周知的是,1871年《刑法典》的立法者对具体的刑罚阻却事由特征的见解,不是十分清楚,他们应该能够通过由其选择的文字对如此重要的问题作出规定。

根据鲁道夫·迈尔克尔(Rudorf Merkel)的开创性研究,由亚里士多德发明的区别对待理论,在今天刑事法学文献中的主要代表有弗兰克§52 III、§54 III(还请参见其《责任概念的建立》,1907年);格拉夫·z. 多纳:《违法性》(1905年)第125、127页,《法律与错误》(1925年)第12、13页,《整体刑法学杂志》51第615—616页(他不同意冯·希佩尔的观点);黑格勒:《整体刑法学杂志》36第214页;尤其是J. 戈尔德施密特:《帝国刑法典及其注释》§54注释1;梅茨格第232、367页;亨克尔等(Henkel,Broglio,P. Merkel):《概论》第131页;绍尔:《刑法之基础》第324—325页;赖雪尔:《德国法学家大会》34 I 第174—175页;韦格讷:《法学词典》第367页;范·卡尔克第33页;埃里克·沃尔夫:《论刑法中之责任》I(1928年)第158页及以下几页;科勒、弗罗伊登塔尔:《责任与非难》(1922年)第9页;格林霍特:《整体刑法学杂志》51第455页;Eb. 施密特:《整体刑法学杂志》49第350页,《国际刑法学会报告》N. F. 5。帝国法院也在逐渐接受该区别对待理论,尽管概念上的模糊不清仍见于帝国法院判决第57卷第268页、第60卷第88页,但帝国法院判决第61卷第242页、第62卷第137页、第64卷第30页已经清楚地将《刑法典》第54条的法律特征视为减免责任事由之一,并使用区别对待理论的普

§34 作为应急权的紧急避险

通违法性学说来帮助司法实践。帝国法院判决第 63 卷第 223 页无须对这里的有趣的问题重新表态,因此也就决不意味着,正如冯·希佩尔(《德国刑法》第 2 卷第 232 页)所认为的那样,过去的立场有丝毫变化。

区别对待理论并没有停留在成文法的合法化事由和减免责任事由上,而是借助上文 §32 B II 和下文 §36 中的观点,超越成文法,从普通违法性学说和责任学说立场出发,以求在具体情况下的公正裁决。帝国法院判决第 62 卷第 35、46 页将之表述为"法律以外的紧急避险"。关于合法化可能性问题,将在本节下文 B III 作进一步的探讨。但在责任学说方面,同样会对此等"法律以外的紧急避险"进行探讨,并解释在何等条件下,行为人违法之紧急避险行为不负刑事责任。

3. 从上文 1 和 2 中所发展的这一立场出发,下列紧急避险理论的观点应予拒绝:

(1)本教科书上一版本所述"统一理论",试图将全部紧急避险学说放在统一的法学观点下来理解。该观点又有两个变种:

a. 产生"紧急避险"名称的所有法律现象,特别是《民法典》第 228 条、第 904 条,《刑法典》第 52 条、第 54 条,均被统一解释为应急权(Notrecht),从法律上讲均被理解为合法化事由。这是李斯特过去(至本教科书第 24 版)的观点,也是下列学者今天仍在坚持的观点,包括阿尔费德第 131 页;格兰特第 115—116 页;冯·希佩尔:《德国刑法》第 2 卷第 215、232—233、235 页。关于不同意格兰特观点的内容请参见上文 2。冯·希佩尔则认为,区别对待理论本身并不能产生此等结论,正如帝国法院判决第 49 卷第 350 页及以下所阐述的那样,下列情况尤其是不符合实际情况的:区别对待理论必须认为,与《刑法典》第 54 条相吻合的所有行为都是违法的。冯·希佩尔忽略了这样一个事实,即根据这里所代表的学说,《刑法典》第 54 条根本不应当适用于那些可借助成文法中的合法化事由或上文 §32 B II 中的"目的理论"("超越法律以外的紧急避险")被合法化的行为,但根据该条的含义,这恰恰非常适合[参见下文注释5(即本书第 189 页注释②——译者注)]。不同意冯·希佩尔观点的尤其有格林霍特:《整体刑法学杂志》51 第 457 页;埃里克·沃尔夫:《法学周刊》60 第 921 页;梅茨格第 367 页注释9;格拉夫·z. 多纳:《整体刑法学杂志》51 第 615、616 页;Eb. 施密特:《国际刑法学会报告》N. F. 5 第 139 页和第 140 页。

b. 迈耶(第 304 页及以下几页)则与上文 a 所说的统一理论相反,认为所有的紧急避险,包括《民法典》第 228 条、第 904 条意义上的避险行为,均可

§34 作为应急权的紧急避险

理解为减免责任事由,而不能理解为合法化事由。他的转嫁《民法典》第228条和第904条排除违法性、认为"排除主观违法性,也即有免责权"的尝试是完全失败的。他的主要理由,即损害赔偿绝不可能与合法行为联系在一起,只不过是一个相对于《民法典》及其目的而言未经证明的纯粹的诉讼原则。迈耶还对每一种就统一理论提出的异议进行辩论,但他忽视了此等观点的不同之处,而这些不同点在《刑法典》和《民法典》关于具体的紧急避险的规定中均有反映。

(2)此外,那些忽视《刑法典》第54条表明的责任观点(请参见上文2b),将《刑法典》第52条至第54条的本质作纯形式性规定,而以此方法不可能对重要问题进行探讨的紧急避险学说,应当加以拒绝。属于此等应当予以拒绝的紧急避险理论有:

a. 理论上不成立的尤其是宾丁(《手册》第765页)所主张的观点。该观点认为,《刑法典》第54条意义上的紧急避险行为是不合法的,但不为法律所禁止的行为。该观点已在上文§32脚注17中谈及。

b. 认为《刑法典》第52条、第54条包含一个"个人之刑罚阻却事由"的观点。如李斯特曾持该观点(参见本教科书上一个版本第191页);海姆贝格尔:《改革》(1926年)第82页不恰当地主张,《民法典》第228条、第904条以外的紧急避险行为(主要指《刑法典》第52条、第54条)的"可免责性"只意味着一个个人之刑罚阻却事由,因为它是与"可宽恕的"一词之意思相吻合的(在其《刑法》第45页,海姆贝格尔现在又赞同正确的紧急避险理论了);此外,参见贝林:《犯罪学》第53页,《整体刑法学杂志》44第237页,《刑法之基本特征》第23页("案件的",而非"个人的"刑罚阻却事由,但既非合法化事由,也非责任阻却事由)。

III. 德国刑法典草案中紧急避险规定的发展最清楚地表明,不可能用一个完全统一的法学观点来解释紧急避险问题。1909年《预备草案》第67条经过论证,建立了一个统一的合法化事由。1911年《刑法草案》第26条又废除了统一的合法化事由。1913年的《委员会草案》第28条和《1919年草案》第22条又回到合法化事由的立场上来,而《1925年官方草案》第22条(在坚持《民法典》第228条、第904条的情况下)则又回到减免责任事由的立场上来。《1927年草案》第25条和《1930年草案》第25条试图借助区别对待理论来解决紧急避险的所有问题,原则上讲,这条道路是走对了(参见Eb. 施密特:《国际刑法学会报告》N. F. 5第131页及以下几页)。

§34 作为应急权的紧急避险

B. 具体的紧急避险权

I.《民法典》第 228 条和第 904 条意义上的紧急避险,是就受法律保护之利益处于现实的危险状态,除攻击他人法益外无其他方法加以挽救者而言。因此,紧急避险是一种利益冲突。紧急避险行为是为了保护自己的(在急救情况下也可为他人的)受到直接危害的利益,损害他人的合法利益的行为。

1.《民法典》中的紧急避险行为与正当防卫行为(参见上文 §33)和自助行为(Selbsthilfe)的区别在于,后者是以对不法行为进行防卫或修复为目的,而前者是以其他权利为代价来保护自己的或他人的利益。因此,紧急避险总是要求具备合法利益之冲突。如果法秩序不保护遭受危害的利益,紧急避险的概念也就不复存在了。根据生效判决被关在囚车里押往刑罚执行机构之人,不得以紧急避险为由,为重新获得自由而损坏囚车的门窗。在所有情况下,只有当紧急避险行为是为避免危险所必须,也就是说,该危险不可能以其他方法而避免,始被允许(辅助原则,Prinzip der Subsidiarität)。

2.《民法典》中紧急避险权的先决条件可概括地表述为:

a. 在正当防卫规定之后,《民法典》第 228 条规定了如果紧急避险行为为避免危险所必需,且避险所造成的损失与危险相适应①,允许损坏或毁坏他人之物。

危险必须是由物本身,由攻击的动物、顺流而下的小船,或即将倒塌的房屋引起。仅仅具有物的(对人的)心理影响还是不够的。② 该危险必须是当前现实存在的,受危害的法益的种类如何无关紧要;自助行为不受任何限制。如行为人(非必须是被害人)有责地造成危险,根据主流观点,其行为虽不是合法的,但不受刑罚处罚。③

b.《民法典》第 904 条规定的紧急避险更为广泛。如果为避免正在发生的危险所必需,且面临的危险大于由避险损害行为造成之损失的,允许对他

---

① 紧急避险行为对危险之物造成的破坏不得与所保全的法益的损害在轻重程度上不相适应。"不相适应"是指所保全的法益"明显小于"避险行为所破坏的法益。持该观点的有埃讷赛鲁斯(Enneccerus):《民法教科书》(第 30 版、第 34 版)第 623 页,1928 年。不必要求被避险之损害总是大于由紧急避险行为所造成之损害;两种损害有时可以是相当的,甚至被避险之损害在以公平为标志的适当性情况下可以小于由紧急避险所造成的损害。这与《民法典》第 904 条有原则上的区别。这一为《民法典》第 228 条规定的合法化事由的法益权衡观点,并未因此被放弃。《民法典》第 228 条中的均衡原则(Prinzip der Proportionalität)只是出于有目共睹的原因而未像第 904 条那样被严格执行而已。参见迈耶第 310 页注释 19。

② 参见科勒第 365 页。

③ 参见李斯特:《犯罪之责任》§94。如果涉及兽害,《民法典》第 228 条可由邦立法取代之;1907 年 7 月 15 日《普鲁士狩猎条例》就是一个很好的例子。

§34 作为应急权的紧急避险

人的一般物品实施紧急避险(包括损坏、毁坏、使用、损耗)。例如,为挽救溺水者而使用他人小船、为接医生来救助遭车祸者而使用他人马匹、为避免被风暴袭击而进入他人私宅等。行为人负有补偿义务,但是他也有权利,如果需要,行为人可以使用暴力中止物之所有人的抗阻。保全的利益的种类如何,在这里也是无关紧要的;自助行为不受任何限制。①

II. 除《民法典》以外,作为合法化事由的紧急避险也为其他法律所承认,例如:

1. 1902年《海员法》第87条第2款、第88条;
2. 1871年《邮政法》第17条;
3. 1922年《航空法》第12条(迫降);
4. 1874年《搁浅条例》第9条;
5. 《商法》第700条及以下几条。

III. 所谓的"超法规之紧急避险"。上文§32B将之归入成文法合法化事由的漏洞。这一漏洞或称缺陷在紧急避险理论中也是十分引人注目的。经医生诊断的为挽救孕妇生命而中止妊娠是否合法的问题,在现行法中,也即在法律和习惯法中,与个人在多大程度上有权在紧急情况下,以符合构成要件的行为保护国家利益("国家之紧急避险"),或允许个人在多大程度上通过破坏他人的有价值的法益,来挽救自己或他人身体或生命危险问题一样,同样较少有明确的规定。

在所有这些情况下,根据上文§32 B II 阐明的"目的理论",这些行为均是合法行为,如果行为人的行为表明其是为实现一个为法律所承认的目的之

---

① 用这里所持观点来看,《民法典》第228条和第904条与《刑法典》第54条的关系是不应怀疑的。因为《刑法典》第54条包含责任阻却事由,在解决具体案件时才存在适用第54条的理由。如果存在行为的违法性,也即产生《民法典》第228条和第904条给予行为人如此行为之权利的,则《民法典》同样对责任问题感兴趣。如《民法典》第228条和第904条对此作出规定,即行为人依法行为的,则自始至终就排除了适用《刑法典》第54条的可能性,因为深入讨论责任问题将是没有意义的。例如,为了在暴风雨天气情况下将我从生命危险中挽救出来,我闯入他人私宅,侵犯他人的法益。在认定是否构成非法闯入他人住宅时,这样会表明,如果我进入该住宅的行为是违背权利人意志的,则已具备了构成要件。《民法典》第904条和《刑法典》第54条均对之作了规定。然而,此处只能适用《民法典》第904条,因该条规定的排除违法性从一开始就已经阻却了对责任问题的调查。如果不适用《民法典》第904条而立即适用《刑法典》第54条,虽然也能得出(且是在缺乏责任观点情况下)不受处罚的结论,但此种"解决"在方法上和实体上是混淆的,而且忽略了如果房屋所有者不让我进入其住宅,我可以暴力压制其反抗这样一个事实;房屋所有者不能依据《刑法典》第53条,而应该依据《民法典》第904条予以告发。

§34 作为应急权的紧急避险

"适当"手段的话。究竟在多大程度上算是适当的,则要认真考虑被评价行为的具体情况。

首先应当考虑的是冲突法益的社会价值关系。以较少的代价维护较高价值的法益,要比以毁损同等价值或更高价值来挽救这一法益,更能够被判断为合法。但是,单纯以法益价值关系来决定是不正确的。帝国法院虽然在1927年3月11日的重要判决(第61卷第242页)中确立了"法益权衡理论",但是,它除顾及冲突法益的价值关系外,还考虑到所有其他要素;如在中止妊娠情况下,要对孕妇的意愿和行为人的责任心以及他的能力,结合当时的情势作出正确的判断(帝国法院判决第62卷第137页);此外,还要求紧急避险行为必须是挽救受危害之法益的唯一手段;在国家之紧急避险情况下,帝国法院判决同样要求对紧急避险行为人当时的情势作主观上的认真认定。一旦有具体的案件要根据法益权衡原则进行裁决,帝国法院总是对法益权衡原则作出许多建立在"目的论"基础上的限制,但以此等限制是合法的为限。因此,从一开始就借助上文§32 B II 所述的"目的理论"方法,为需要作出的裁决制定具体的准则,是比较正确的。这些情况向法官的聪明和才干提出了最高的要求。①

还有必要概要地探讨"超越法律之紧急避险"的两种情况:

1. 根据医学观点,中止妊娠是为挽救孕妇生命所必需,合法进行且经孕妇本人同意,或因特殊原因未经孕妇同意,此等手术仍为紧急避险行为。终

---

① III 中所述观点的详尽理由请参见 Eb. 施密特:《整体刑法学杂志》49 第 350 页和《国际刑法学会报告》N. F. 5 第 131 页。"法益和义务权衡原则"是由鲁道夫·默克尔于 1895 年提出的。该原则在帝国法院判决第 61 卷第 242 页中被表述为:"如果实现了构成要件的行为是保护这一法益或履行法律规定的或认可的义务的唯一手段时,该行为是否合法或被禁止或违法的问题,应根据现行法律通过冲突法益或义务的价值关系来作出判断。"除上面提及的施密特给予帝国法院判决第 61 卷第 242 页和第 62 卷第 137 页的阐述外,还请参见戈尔德施密特:《法学周刊》56 第 2022 页;瓦辛格尔(Wachinger):《纪念弗兰克文集》I 第 469 页,《国际刑法学会报告》N. F. 5 第 103 页;海姆贝格尔:《纪念弗兰克文集》I 第 397—400 页;梅茨格§32;冯·希佩尔第 221 页注释 1、第 228 页注释 1、第 229 页注释 1、第 231—232 页注释 8;弗兰克 Vorbem. IV vor§52,§52 I 2a,III,§54 I;格林霍特:《整体刑法学杂志》51 第 455 页;H. 迪尔第 17 页及以下几页;哈恩(Hahn)第 25 页及以下几页;安特第 97 页及以下几页;姜森第 52 页。瓦辛格尔赞同在中止妊娠和国家之紧急避险情况下,以主观的合法化要素对法益权衡原则作出限制;但是,Eb. 施密特和梅茨格则表示反对。法益权衡理论本身并不能使用,只是在本教科书阐明的一般原则范围内才可适用,这一点常常被忽略,现在又为安特和姜森所忽略。参见恩基希第 288—289 页。只要与在理由上尚十分模糊的帝国法院判决第 57 卷第 268 页、第 60 卷第 88 页相比较,就能发现,帝国法院判决第 61 卷第 242 页在帝国司法实践中的进步有多大。

§35 排除违法性的其他情况

止妊娠手术是否只能由医生实施,法律上并无规定。①

2. 为挽救重要的国家利益,尤其是为维护国家财产,防卫叛国或叛邦的行为,如果根据当时的情况认为不可能实施正规的国家防卫行为,且对国家利益的损害又是紧迫的,允许个人——除正当防卫(参见上文§33 的相关脚注)——损害他人的法益。(在"超越法律之紧急避险"情况下)相对于官方的防卫行为而言,个人的辅助作用究竟在多大程度上被允许,是一个十分复杂的问题,必须具体情况具体分析。②

§35 排除违法性的其他情况③

在依据法秩序明示的或默示的规定被视为排除违法性的许多情况中,这里只能介绍最重要的几种。依今天刑事立法和刑法学现状来界定之,是十分困难的,暂且只能以认真仔细的保留态度来提出一般性的原则。

I. 符合法律义务的行为,也即法秩序所要求的行为,永远是合法的。诸如强制履行、搜查、没收、逮捕、刑罚执行、战争期间或内部骚乱期间对法益的破坏,邦法在邮政、海关和税务官员、监狱官员使用武器等方面的权限,《军事刑法典》第 124 条等,都属于合法行为。

---

① 帝国法院判决第 61 卷第 242 页、第 62 卷第 137 页试图将允许实施手术的人员范围依法限制于核准开业的医生。该问题争议颇大。《1927 年草案》第 254 条、《1930 年草案》第 254 条规定,经医生诊断并由医生实施的中止妊娠手术,不具备堕胎和杀人规定意义上的构成要件符合性。原则上讲,该建议几乎被所有学者所赞同。参见 Eb. 施密特:《整体刑法学杂志》49 第 405 页。

② 关于国家"紧急避险",参见帝国法院判决第 63 卷第 215 页、第 64 卷第 101 页。在第一个判决中,超法律之紧急避险的合法化事由被错误地否定,其理由是,行为人对紧急避险的前提条件和其侵害行为的必要性未进行必要的认真的思考。Eb. 施密特不同意该理由,参见 Eb. 施密特:《国际刑法学会报告》N. F. 5 第 156—158 页。关于该问题还请参见厄特克:《法庭杂志》97 第 411 页,99 第 156 页;哈童:《法学评论》(1931) 第 61 页;梅茨格第 242 页注释 8;冯·希佩尔:《德国刑法》第 2 卷 第 228 页注释 2;拉德布鲁赫:《司法》V 第 329 页;格利贝尔(Griebel):《国家之正当防卫、国家之紧急避险和政治谋杀》,埃尔兰根大学博士论文,1930 年。

③ 近来,人们试图将合法化事由系统化,如迈耶第 274 页;梅茨格第 204—205 页和《法庭杂志》89 第 270 页;格拉夫·z. 多纳:《正确和错误》(1925 年) 第 8 页及以下几页;纳坦第 27 页;海尼茨第 112 页。本教科书没有这样做,倒不是因为否定系统化,或者忽视系统化的价值,而只是因为这种系统化尝试的结论仍然是十分矛盾的,此外,我们认为将最重要的典型的合法化事由(正当防卫、紧急避险)分开来研究,可能更符合一本教科书的目的。冯·希佩尔也是如此处理该问题的,参见冯·希佩尔:《德国刑法》第 2 卷 §§17—20。

§35 排除违法性的其他情况

1. 职务义务和职业义务。

2. 个人所承担的义务,如告发义务(《刑法典》第 139 条,在传染性疾病情况下),作证的义务等。

3. 但长官向有服从义务的下属发布的命令如果为法秩序所禁止,则不排除依此等命令而为之行为的违法性。属于这种情况的主要有《军事刑法典》第 47 条,1902 年《海员法》第 34 条、第 41 条、第 85 条,《法院组织法》第 146 条第 1 款。但是,下属不因依长官之命令实施的违法行为而受非难。与此相适应,他不负刑事责任,同时也就不受处罚。① 参见上文 §33 的相关脚注。

II. 如果行为是依据特别的权力并在权力范围内而为的,是合法行为,属于此等合法行为的有:

1. 各种形式的自助行为(尤其是擅自扣押),但以现行私法允许者为限,如避免正在发生的危险、恢复毁损的状态、担保或行使某一请求权的行为。②

---

① 对该问题的争议非常大。观点一是本教科书以前的版本所主张的观点,依命令而为的行为是合法行为的观点仍在流行且有扩大之势,如瓦亨费尔德第 135 页;洛伯:《帝国刑法典及其注释》导论部分第 15 页;葛兰特第 120 页;绍尔:《刑法之基础》第 322 页;冯·希佩尔:《德国刑法》第 2 卷 263 页;阿尔费德第 138 页;冯·阿蒙第 82 页及以下几页;赫尔穆特·迈耶第 620 页(但导论第 613—614 页与之有矛盾。这里认为,接受命令者为"无责任",且对《刑法典》第 53 条作狭义解释,排除其正当防卫权;而第 620 页则认为,法律认为下属的行为是合法的,但不宽恕有服从命令义务的下属所实施的违法行为)。因此,这表明人们没有认识到,依命令而实施的违法行为的违法性是如何被排除的。每个有权发布命令者可使法秩序无效。持该观点的现在还有弗兰克:《德意志帝国刑法》第 4 章 III。冯·阿蒙试图回避这种指责,他将由下属的行为所造成的状态的违法性与下属依命令而为行为的合法性相比较。但是,法律评价的对象不是指他所说的此等状态,而是指人的行为。观点二,如格拉夫·z. 多纳:《法律与错误》(1925 年)第 10 页;迈耶第 335 页全然否定针对违法性之命令的约束力。赞同他们观点的有弗兰克第 4 章 III 和主流学说,尤其是冯·阿蒙第 45 页及以下几页;H. 迈尔第 605 页;梅茨格第 226 页;冯·希佩尔:《德国刑法》第 2 卷 263 页注释 3(对在违法情况下的军事命令予以限制,《军事刑法典》第 47 条)。事实上,本教科书所述之法律规定,尤其是《海员法》,绝对没有说明命令的约束力以及由此而产生的服从命令义务应当是有条件的,执行命令者是依法行为的(《海员法》第 41 条、第 85 条着重强调"绝对的")。观点三,与本教科书持相同观点的有弗兰克第 4 章 III,他直至其著作的第 17 版,一直认为有一个主观的"合法化事由"(此处请参见本教科书前一个版本),但他现在则显然承认减免责任事由;海格勒:《整体刑法学杂志》36 第 215 页注释 110;迈耶第 335 页;梅茨格第 226 页和《法庭杂志》89 第 303 页;事实上还有巴腾贝克(*Battenberg*,但他不正确地援引《刑法典》第 51 条之典型合法化事由)。如果命令没有约束力[参见 W. 耶利奈克:《行政法》(1931 年)第 371—372 页],自然也就无须考虑与该"命令"相应的为法秩序所禁止的行为的违法性问题。参见帝国法院判决第 54 卷第 337 页。

② 参见《民法典》第 229—231 条、第 859 条及以下几条;《民法典实施法》第 89 条。

§35 排除违法性的其他情况

2. 父母对子女享有教育权(《民法典》第 1631 条),教师对学生享有教育权,师傅对学徒亦享有教育权(《工商业条例》第 127 条 a)。但老板对雇工不享有教育权(《民法典实施法》第 95 条)。必须注意的是,权利人将对教养权的行使长期或暂时委托给第三人(如由父母委托给教养人),一般认为(参见上文 §31 Ⅱ 2、§32 B Ⅱ),即使没有明确表示委托,同样会产生相对于陌生的不适当委托儿童的教育权。① 在缺乏特别规定的情形下,关于允许的教育范

---

① 在这一问题上,刑法上的争论颇多。观点一,谁有教养权? 由于缺乏成文法的规定,学校教师是否享有教养权最值得怀疑。当然,教师是教育者,此点并无异议。帝国法院的许多判决从教师的教养权中得出教师对学生享有教育权,但以小学教师和特定的进修学校教师为限。参见帝国法院判决第 20 卷第 371 页、第 33 卷第 72 页、第 35 卷第 182 页、第 40 卷第 432 页、第 45 卷第 1 页、第 65 卷第 263 页。关于较高级学校,人们坚持这样一个观点,即此类学校不仅仅是学习机构,而且也是教育机构。据此,帝国法院判决第 43 卷第 277 页给予此类学校低年级教师以教养权,帝国法院判决第 42 卷第 221 页拒绝给予此类学校高年级教师以教养权。关于邦法规定的意义,参见弗兰克分论部分第 17 章 Ⅱ 1;迈耶第 297 页注释 6 及此处的引文;帝国法院判决第 61 卷第 191 页。关于教养权的可能性委托,本教科书的观点与大多数学者的观点是一致的。参见帝国法院判决第 33 卷第 32 页、第 61 卷第 191 页;帝国军事法院判决第 18 卷第 219 页。特别值得怀疑的是,在缺少父母明确的委托教养权情况下,对他人的淘气儿童进行教育的权利问题。这里的第一个问题自然总是具体的教育是否实现了构成要件。《刑法典》第 223 条、第 223 条 a 的规定在考虑之列。关于"虐待"的概念,参见下文 §87 Ⅱ 1;福尔茨(Voltz)第 342 页,他总是想看到教育中存在身体上的虐待。如果通过教育实现了这些构成要件之一,则要问,教育者何时享有教育权呢? 盖德尔(Geider)走得太远了。他紧随黑格勒:《整体刑法学杂志》36 第 19、184 页之后,让"真实的利益原则"来决定何时享有教育权。本教科书过去的版本中曾指出假定教育权利人同意,现在看来也许太狭隘了。冯·希佩尔:《德国刑法》第 2 卷第 256—265 页认为是无因管理。不同意该观点的有基普:《家庭法》(1928 年)第 314 页注释 4;福尔茨第 354 页及以下几页。格拉夫·z. 多纳:《论违法性》(1905 年)第 92 页,葛兰特第 119 页,洛伯:《帝国刑法典及其注释》第 16 页,瓦亨费尔德第 131 页以及该页的脚注 2 认为,帝国法院判决第 4 卷第 98 页不是指对他人的、无教养的孩子进行教育的一般和无条件的权利。教育权问题因此只能在具体情况下,根据上文 §32 B Ⅱ 所述原则来决定;但同时提出了这样一个问题,由儿童不熟悉的外人对其进行教育是否"适当"。同时又提出了一个扮演何种角色的问题,即儿童是否在陌生人面前才表现出无教养。司法实践认为是有根据可查的,参见艾伯迈耶:《帝国刑法典及其注释》§223 注释 11a;弗兰克分论部分第 17 章 Ⅱ 1;福尔茨、梅茨格第 229 页。在该问题上,迈耶第 296—297 页走得太远了,而戈尔德施密特:《德国法学家报》34 Ⅱ 第 451 页则过于谨慎,基普:《家庭法》(1928 年)第 314 页注释 4,洛伯:《帝国刑法典及其注释》第 16 页,帝国法院判决第 61 卷第 191 页,福尔茨等人想排除第三人的任何教育权。观点二,如何教育? 如果有邦法律规定,则需要搞清楚其意义。如果认为具体的邦法规范具有意义,将教育权的范围作为法秩序(实体法意义上)确定其具有向外的约束力,则每一个超越此界限的行为均是违法的,而且,甚至是在此等界限为所有方面都承认的规范被确定得过严的情况下亦是如此(参见上文 §31 Ⅱ 2)。如果没有规定,则根据上文 §32 B Ⅱ 所述之原则,依进行教育是否"适当"来决定。考虑到教育的(转下页)

§35 排除违法性的其他情况

围取决于上文§32讨论的方法的"适当性"。

3. 公法上的或私法上的社团对其成员的纪律刑法。①

4. 此外,值得一提的还有,1874年《搁浅条例》第4条及以下几条中的救护权;海战中的战利品权;暂时逮捕在复杂现场碰到或追踪的疑犯(《刑事诉讼法》第127条);《商法典》第708条,《民法典》第867条、第962条、第1005条;住宅不可侵犯之后果;杀死猎犬等。②

5. 根据《刑法典》第193条、1909年《竞争法》第14条第2款、《民法典》第824条第2款的规定,这里还包括维护合法利益。

III. 正如在"超越法律之紧急避险"和惩罚权问题上所表明的那样,成文法不可能将所有符合构成要件的行为规定合法化事由。以何种方式才能证明合法性,上文§32 B II中已有论述:以被认为是实现国家所认可的目的的适当方法攻击他人受法律保护的利益是合法的,不会被认为是犯罪。借助这一原则,在所有成文法未规定合法化事由之处,均可为具体的个别情况找到合法化事由。此外,并不适用文献中常论及之合法化事由的其他一些准则。"法益权衡理论""无因管理"(Geschäftsführung ohne Auftrag),"可能之同意""受害人利益"等,只在产生于"目的理论"的合法化原则范围内,才具有

(接上页)范围问题,适当性要从教育目的方面进行客观的考察。尤其请参见绍尔:《刑法之基础》第396、347页。认为应当依客观认定为准的还有海格勒:《整体刑法学杂志》36第37页。与之相反,认为应当依主观认定为准的有格拉夫·z.多纳:《论违法性》(1905年)第92页和第93页(这里特别明确地表明了违法性和有责性的混合);梅茨格:《法庭杂志》89第301页等。观点三,为何允许教育?观点二中提及的分歧直接导致人们提出该问题。谁要是使教育的"适当性"取决于"良知",即取决于教育者的确信,则教育并非为教育目的而为之,而是为了激怒被教育儿童的父亲,只是为了得到"违法"称号。事实上这么做的有迈耶第180页;梅茨格第288页;格拉夫·z.多纳。本教科书前一个版本曾为反对该观点而作笔战,但那是错误的。只在典型的合法化事由情况下,与立法者的立法意图相适应,才会遇到主观合法化要素的观点是不正确的。从"目的理论"(参见上文§32 B II)中也可得出此结论。何为教育中的"适当",取决于教育原则,但它需要考虑教育者主观的教育态度。如果教育者缺少这样的态度,则认为是不适当的、不合法的。

① 关于纪律刑法的渊源,参见施蒂尔-索姆罗:《法学词典》II第73页。

② 这里还包括丈夫杀死当场捉住的奸夫的权利。此等权利为145年《班贝克法》(而非《查理五世刑事法院条例》)所明确承认,直至19世纪初叶,此等权利至少在教科书中仍占有一定的位置。1721年《普鲁士法》还给予父亲杀死不贞节的女儿和其引诱者的权利。参见京特3第1页;哈夫特第237页。

§35 排除违法性的其他情况

有限的——如果有的话——价值。①

1. 这里首先应当提及的是讨论颇多的对身体的手术,此等手术由医生或非医生为治疗目的或诊断、美容或科学目的而实施,前提条件是此等手术实现了刑法的构成要件(参见下文§87 Ⅱ 1)。从国家的管理活动(无论是教育管理还是卫生管理活动)中可以得出结论认为,国家保持和恢复公民的健康是被作为合理的目的予以承认和促进的。为实现此目的,依据卫生和医疗规定所实施的行为(如对身体的伤害、强制、剥夺自由等),因此是合法的,尽管可能成功(在这种情况下一般缺乏身体伤害意义上的构成要件符合性),也可能失败(这是一个常常被忽视的问题,需要引起足够的重视)。主张医生具有"职业权利"的观点往往会使人产生错觉,援引"习惯法",完全无视该问题,抑或认为仅仅借助对犯罪概念的理解就能解决所有这些问题的观点,都丝毫说明不了什么问题。此等身体手术的法律根据存在于国家对治疗目的的承认之中。受害人的同意如同受害人给予的委托或者无因管理一样,其界限存在于产生医学规则的方法的适当性之中,很少能证明手术的合

---

① 我们面临的是刑法中最具争议的问题。参见上文§32的相关脚注,§34脚注6所列文献。关于"无因管理",目前尤其是冯·希佩尔试图就本部分涉及的一些案例证明其具有合法化事由。赞同他的观点的还有哈童:《法学评论》(1931年)第61页。不同意其观点的有海格勒:《整体刑法学杂志》36第42页脚注61。事实上,"无因管理"导致与"目的理论"在细节问题上同样复杂的思考,因为根据冯·希佩尔:《德国刑法》第2卷第249页的观点,"无因管理"的合法化事由中将占有一定的位置,如果"是为当事人的利益且是根据当事人的可能的意愿"而为管理的。那么,何为"当事人的利益且是根据当事人的可能的意愿"呢?如果该行为从社会利益的立场出发应当被认为是有益的,始可认为具备了上述条件。易言之,如果该管理行为是为实现某一被承认的目的适当的方法时,即可认为具备了上述条件。这种情况同样适用于梅茨格§29和《法庭杂志》89第287页及以下几页中试图证实的"可能的同意"。赞同该观点的还有冯·韦贝尔第47页;反对该观点的有冯·希佩尔:《德国刑法》第2卷第234页;黑格勒:《整体刑法学杂志》36第42页脚注61;阿尔贝特·爱希勒第38页及以下几页。梅茨格第220页甚至否认在可能同意的情况下涉及当事人的确认问题,而此等确认是当事人"在这种情况下应当进行的";他要求认定受害人是否"完全出于其个人的意图"而同意,如果其已知此等情况的话。但梅茨格(第221页)将"收益人明确表示同意"作为合法化适用的前提条件,因此,阻却违法最终将取决于规范上的斟酌。如果考虑到案件的具体情况,并顾及主观一个方面的情况,即当事人的法益受到侵害,而无因管理行为又被认为是理智的行为,则可认为当事人可能同意,进而可以认为,无因管理行为是实现予以承认的目的之适当方式。不容忽视的是,目的理论允许且要求最大限度地适应案件的所有特殊情况。也即,当事人的"全部个人意愿"还必须根据斟酌结果去寻找何种情况是可能同意的。"可能的同意"表明了"一个非常有限的合法化事由"(梅茨格第221页),几乎无须进行解释。因此,相对于目的理论而言,它并没有更大的裁判可靠性。

§35 排除违法性的其他情况

法性问题。但尽管如此,医学上的准确性与方法的适当性①会因病人的反对,或者其代理人②的反对而被予以排除。

---

① "适当性"自然就是上文§32 B II 中所述一般的合法化事由原则意义上的适当性。但冯·希佩尔:《德国刑法》第 2 卷第 259 页脚注 2 未能正确认识此点。

② 在这种情况下,关于不处罚理由的观点争议颇大。参见哈恩第 6 页及以下几页;霍尼希第 123 页注释 18;梅茨格:《法庭杂志》89 第 282 页及以下几页;绍尔:《刑法之基础》第 333 页及以下几页;纳坦、弗兰克分论部分第 17 章 II 3;艾伯迈耶:《帝国刑法典及其注释》§223 注释 10。今天,主要有以下几种观点:(1)全然否认基于治疗目的的医术规则所实施的手术和身体伤害的概念,因为治疗行为从客观上看不同于《刑法典》第 23 条及以下几条意义上的健康损害或虐待。持该观点的有施托斯、冯·巴尔和宾丁:《刑法教科书》第 53 页;艾伯迈耶:《帝国刑法典及其注释》§223 注释 10 和《法学词典》I 第 335 页;弗兰克,1924 年第 15 版,分论部分第 17 章 II 3(自第 16 版之后其观点有所变化,参见下文);海姆贝格尔、基齐厄《法庭杂志》55 第 87 页;科尔劳斯第 97 页;勒夫纳:《德国刑法与外国刑法之比较研究》分论部分第 5 章 246 页;迈耶第 294 页。反对该观点的有芬格尔;帝国法院判决第 25 卷第 375 页;绍尔:《刑法之基础》第 337 页;贝林:《论犯罪》第 151 页;梅茨格第 243—244 页;爱希勒(Eichler)等。事实上,该理论忽视了这样一个事实,即医术规则和为治疗而为的手术一般不会导致外科手术的失败,易言之,病人有病不治,会缠绵病榻,甚至可能导致死亡。这里,健康损害(《刑法典》第 223 条)或杀人(《刑法典》第 211 条、第 212 条、第 222 条)的符合构成要件的后果是有目共睹的,以致上述意义上的构成要件符合性不容怀疑。医生治疗行为的这些情况被上述作者不正确地对待。正如本章和下文§87 所述的那样,应当根据医生的医疗行为区别对待。该观点现在尤其得到贝林:《整体刑法学杂志》44 第 220 页的证实,而且,弗兰克自其《注释》第 16 版起也加入贝林的行列中去了。(2)认为医生的手术总是符合《刑法典》第 223 条及以下几条的构成要件。持该观点的有绍尔:《刑法之基础》337 页;爱希勒第 64 页;冯·希佩尔:《德国刑法》第 2 卷第 258 页;瓦亨费尔德第 129 页注释 1;尤其是帝国法院判决第 25 卷第 375 页、第 38 卷第 34 页。上述内容已经证实,此等概括是错误的。(3)如果医生的手术符合伤害或杀人的构成要件,则要问,何种观点认为其不具有违法性呢? a. 帝国法院在上述判决中不要求有受害人的同意。认为无须受害人同意的还有冯·希佩尔:《德国刑法》第 2 卷第 258 页、贝林和弗兰克。不赞同将受害人同意作为合法化事由的有卡尔、绍尔第 337 页。梅茨格第 244 页不赞同将受害人同意作为唯一的合法化事由。事实上,受害人同意的观点恰恰在一些关键性的案件中失灵了。冯·希佩尔:《德国刑法》第 2 卷第 258 页则寻求以"无因管理"来进行解释,参见上文的相关脚注。该观点的反对者尚有洛伯:《帝国刑法典及其注释》第 21 页;P. 默克尔:《刑法教科书》第 84 页及以下几页、第 90 页;黑格勒:《整体刑法学杂志》36 第 42 页。梅茨格不同意"可能的同意"这一说法,参见上文的相关脚注。弗兰克和贝林在《救济方法》(Aushilfsmittel)中认为,在缺乏受害人同意的情况下,为治疗目的而行为的医生无责任的看法是不充分的,因为存在在这样的情形中为医生进行辩护的需要。当然,在医生的阻却违法不可能的情形中,责任问题需要单独认定。b. 芬格尔 1 第 411 页、瓦亨费尔德第 129 页,以及卡尔认为是职业权利,而迈耶第 295 页注释 25、梅茨格第 224 页、弗兰克第 479 页、帝国法院判决第 61 卷第 252 页等则不无道理地否定了这一观点。c. 贝尔(Behr):《法庭杂志》62 第 400 页,R. 施密特、范·卡尔克第 38 页则提及习惯法,但又无法证明(司法实践反对这种主张)。d. 下列学者与本教科书的观点在主要方面相同,包括阿尔费尔德(转下页)

§35 排除违法性的其他情况

2. 其他一些重要问题也可用同样的观点来评价。关于中止妊娠或肢解子宫内胚胎以保护孕妇的生命,上文§34 B II 中已经谈及。① 为科学目的的动物实验(动物解剖实验)被国家认可的科学研究目的所涵盖,只要它与科学方法的要求相适应,且避免了无意义的残忍;相反,活人实验则是与今天得到认可的科学研究原则相悖的,如果它可能危及生命的话。安乐死[Euthanasie,也称死亡帮助(Sterbhilfe)]只能在极小的范围内被认为是合法的。② 犹太人的割礼因宗教社会的赞许而得到承认。同样,如果抛开特别规定,屠杀动物也得到了认可。法律明确规定的对人身的攻击,如强制接种牛痘等,是与这些情况——对合法性的认识并非总是基于毫无疑问的结论——有所不同的。

3. 提出来的原则还包括更多的内容,但就其适用范围而言,研究得还不

(接上页)第143页;格拉夫·z. 多纳:《论违法性》(1905年)第95页,《正确与错误》(1925年)第13页;冯·利利恩塔尔,绍尔:《刑法之基础》第338页;梅茨格第243—245页。受害人同意,如本教科书所述,只是在与普通不法理论中引用的观点的共同作用下,才起到一定的作用,绍尔第338页,梅茨格第442—445页持该观点。关于草案,参见梅茨格第246页;哈恩第36页及以下几页;米特迈耶:《草案》I第92页。关于外国法,参见米特迈耶:《草案》I第92页;哈恩第65页及以下几页。关于《委员会草案》,《1919年草案》第313条,《1925年官方草案》第238条,参见本教科书前一个版本。《1927年草案》第263条,《1930年草案》第263条认为,与医生的科学实验相适应的手术和治疗,不具备《刑法典》第259条及以下几条(伤害)意义上的构成要件符合性。第4选季第21届委员会(der 21. Ausschuss der IV. Wahlperiode)将"医生的科学实验"特征补充为:为治疗目的而为之行为和根据医术规则所要求之行为。两者自然均涉及依"医生的科学实验"之人。违背被治疗人的意愿而为的治疗行为构成特别犯罪(《刑法典》第281条)。为治疗目的而为的治疗行为不构成身体伤害。梅茨格第246页的观点是正确的。《刑法典》第263条、第281条不仅限于作为行为人的医生!

① 受害人同意的观点在这里显然是行不通的,因为不仅仅涉及对孕妇身体的攻击,而且也涉及《刑法典》第218条所说的伤害和与孕妇意志无关的法益——胎儿的生命。所有这些均属于超越法律之紧急避险行为。关于司法实践和文献,参见上文§34 的相关注释。那里也有关于《1927年草案》第254条、《1930年草案》第254条的内容。

② 参见爱斯特:《整体刑法学杂志》36第595页;哈恩第30—31页;冯·希佩尔:《德国刑法》第2卷第259页;海姆贝格尔:《纪念弗兰克文集》I第417页,洛伯:《帝国刑法典及其注释》引言部分第17—18页;科勒第400页;迈耶第290页;绍尔:《刑法之基础》第338页;派舍尔(Peicher):《刑法中的死亡帮助》,1929年博士论文。根据宾丁的观点,如果在即将痛苦地死亡的情况下,"以其他具有同等效力的""无痛苦的方法"来代替,则不构成法律意义上的杀人行为。在这里,宾丁认为只是"纯治疗行为",是为法律所不予禁止的。艾伯迈耶对该观点的批评忽略了违法性问题。用否认构成要件符合性的方式规避安乐死合法化的必要性这一问题是徒劳的,因为否认构成要件符合性简直是不可能的。参见艾伯迈耶:《医生和病人》第261页及以下几页。

§35 排除违法性的其他情况

够。从国家所许可某一行业一般可以得出结论认为(参见上文1),与正常经营有关的危害不是违法的。① 如果得到承认的体育规则受到尊重,则体育活动中的受伤就不是违法的。如乞丐组织得到国家的承认,则其成员的行乞行为不是违法的。如果抽彩或彩票(《民法典》第763条)是被国家批准的,则不可能将经营或购买此等彩票的行为作为犯罪对待(参见下文§145)。关于政府给予妓院的经营特许参见下文§108。如果国家允许追求更好的劳动条件或更便宜的购买价格,则追求到的财产利益不可能被视为违法之财产利益,如果该方法被认为适当的话。这里排除了可能的敲诈勒索(参见下文§§139、145)。②

4. 受害人的同意只排除法秩序规定法益享有人所具有的处置权以内的伤害行为的违法性,因为这里只涉及他自己的利益,而不同时涉及他人的(如共有财产的其他所有人)或公众的利益。因此,违法性的排除是建立在同意放弃利益的基础上的。由于特定行为仅触及个人的利益,这一法秩序观点何时能被接受,是很难回答的一个问题,此点是十分明了的。关于杀人,根据《刑法典》第216条的规定,被杀之人的同意丝毫不能改变行为的违法性,否则就不能对该行为进行处罚。另外,在纯财产权利的情况下,不得怀疑权利人的处置权。但《刑法典》第308条已经指出了此等处置权的界限。棘手的问题产生于侵害女性尊严、自由和身体时。文献中常常引用罗马法渊源,但只具有有限的意义,且就"被害人同意并不构成行为人无罪"(volenti non fit injuria)原则的普遍性而言,甚至罗马法本身也是不成立的。③ 在轻微的故意伤害或过失伤害的情形下(《刑法典》第223条、第230条),从告诉要求中大多可得出结论认为,法律在这方面赋于同意以合法化意义。此外,还可借助上文§32 B II 中所述原则,对此等问题根据不同情况予以正确认定。如果不仅考虑到同意,而且还考虑到案件客观的具体情况和参与人的主观态度,那

---

① 迈耶第128页所述观点是正确的。

② 帝国法院判决第36卷第334页值得注意:一个不违反义务的行为永远不可能构成有责的紧急避险;帝国法院判决第37卷第150页:一个合法行业产生的噪音,如果未超过合法经营的范围,则不属于《刑法典》第167条规定的内容(妨碍礼拜活动)。

③ 持该观点的还有派尔尼斯(Pernice)2 第82页;格拉夫·z. 多纳:《论违法性》(1905年)第145页。参见霍尼希2。该问题只能从当时有效法律的立场出发才能得到圆满的解决,且随着时间观念的变化而变化。以身体自由和名誉抵押等,并不违反中世纪的法律观。过去的法律明确排除受害人同意,如《特蕾西亚法》第16条和1803年《奥地利法》第4条。其他例子参见赫尼斯4第5页。

§35 排除违法性的其他情况

么基于当事人同意而对法益的破坏就是合法的,如果行为被视为至少不违背主流文化观的话。仅就此等而言,它与帝国法院判决第60卷第34(36)页是一致的。在轻率打赌的情况下,受害人的同意不能阻却危险的身体伤害行为的违法性;在科学、严肃、认真负责的且为理智的目的所为实验的情况下则不同。据上所述,只要具有阻却违法的同意,处置的效力就不应当依据私法,而应当依据刑法观点进行认定。因此,它总是涉及是否能够鉴于受害人精神和道德上的状况,赋予受害人同意放弃其利益的意义。该情况同样可发生在儿童或者一个精神病人身上。想规定一个僵硬界限的做法也许是行不通的。表明同意并告知行为人是没有必要的;扣留所放弃之利益,而无须以任何一种形式(如扔掉一物)向他人表示。① 是否存在一个使利益消灭的同意的问题,必须从客观上进行认定②,而无须考虑行为人是否认识或必须认识。

5. 与经受害人同意由第三人实施的行为一样,自伤行为原则上同样应该受审判。因为两者均涉及由法益享有人对法益进行处置的法律意义。受

---

① 此处尤其参见梅茨格第209页;谢瑞(Schrey)第16页及以下几页。

② 下列学者事实上是赞同将同意作为放弃利益的观点的:阿尔费德第141页;葛兰特第121页;冯·希佩尔:《德国刑法》第2卷第243页及以下几页;洛伯:《帝国刑法典及其注释》引言部分第18—19页;梅茨格第208页;《法庭杂志》89第270、272—273页;谢瑞第2页;纳坦第32页。此外还有绍尔:《刑法之基础》第336页;瓦亨费尔德第132页;迈耶第290页;弗兰克第4章Ⅲ;帝国法院判决第60卷第34(36)页。谈到同意阻却违法的效力范围问题,大家的意见是大相径庭的。与本教科书观点最为接近的是梅茨格第213页及以下几页。如果格拉夫·z.多纳:《法律与错误》(1925年)第14页及以下几页[还请参见其《论违法性》(1905年)第146页及以下几页]将同意视为合法化事由,认为其不违反善良风俗[现在详见克莱费尔茨(Creifelds)],则该观点与本教科书也是非常相似的,因为违反善良风俗,如同轻率打赌、极其残忍的伤害等情况,缺少任何一种以本教科书所发展的原则获得合法化的可能性。将该问题的解决以内容广泛的法学准则为准,也许倒是更正确些。从同意中发现私法法律事务的观点则不同,如齐特曼,紧步其后尘的主要有阿伦斯(Ahrens)和弗兰克(直至其《刑法及其注释》的第14版)。反对该法律事务理论者,参见霍尼希第158页及以下几页;梅茨格:《法庭杂志》89第276页;纳坦第34页;现在还有弗兰克。如果放弃法律事务理论,则应该在整个刑法领域讨论。弗兰克试图将作为私法法律事务对象的利益予以保留。这是值得怀疑的,因为如果那样的话,被迫这种情况下同意的先决条件以民法观点来规定,而对其他情况下的同意的先决条件以刑法观点来规定(弗兰克事实上就是这么做的)。不同观点参见纳坦第34、35页;帝国法院判决第41卷第392页。是否具备阻却违法的同意,不取决于行为人是否知晓的观点是与本教科书一致的,如梅茨格:《法庭杂志》89第273页。部分不同的有霍尼希第153页;纳坦第35页则是有疑问的。

§35 排除违法性的其他情况

非主流观点的影响,法律对两者界限的规定有较大的不同。①

Ⅳ. 这里还有必要提及《帝国宪法》第 30 条关于议会报道不受刑罚处罚的规定。为确保议会活动不受限制,以及(完全的)公开性和人民代表与选举人之间意见交流的相互作用,法律规定,议会活动的报道应当忠于事实(无论是口头的还是书面的):①在帝国议会的公开会议中或在隶属于帝国议会的公开的会议中;②在同一团体的委员会会议中,其言论不受处罚;所以,也就不得进行所谓的客观追究。②

Ⅴ. 只要法律规定全部或部分不受法律保护,它同样排除了所有或特定破坏行为的违法性。今天的法律对此等观点是完全陌生的。未经许可杀死被判处死刑的犯罪人,受一般的法律规定调整,费尔巴哈和格罗尔曼等人认为应对行为人从轻处罚。过去的法律则不同:人民也许还记得罗马人的 sacratio capitis,日耳曼人的剥夺公民权,中世纪德国法的剥夺公权;根据 16 世纪帝国法和邦法的规定,茨冈人不受法律保护。根据 1548 年和 1577 年《帝国警察条例》的规定,渎神者丧失公民权等。时至 1804 年,在库尔巴登地区(Kurbaden),所有"Jauner 人"被宣布 3 年不受法律保护。

---

① 一个最为重要的例子是,在今天被广为承认的对自杀的不处罚。罗马法只处罚试图自杀的士兵。在中世纪的德国,侮辱人的葬礼就是对自杀者的惩罚。在英格兰,此等惩罚一直延续到 1822 年。《查理五世刑事法院条例》坚持对自杀者进行不名誉的葬礼,并对自杀未遂任意处罚(普鲁士 1620 年),直至 18 世纪仍受到沃尔夫学派(Wolffschen Schule)哲学家以及索登、维兰德、格梅林和奎斯托普等人的支持。只是在孟德斯鸠、伏尔泰、贝卡利亚和霍默尔的影响下,才在 18 世纪下半叶出现了观念上的突变。然而,《约瑟夫刑法典》仍规定,自杀者"由剥皮工人掩埋",自杀未遂者科处监禁直至保安处分。尽管有腓特烈二世的著名主张,在普鲁士,直到 1796 年自杀未遂才被解释为不受处罚。1813 年《巴伐利亚邦刑法典》颁布之后,针对自杀的处罚规定逐渐从刑法典中消失了。在布伦瑞克(Braunschweig),掩埋自杀者在 1828 年仍由刽子手执行[舒尔茨(Scholz):《奇妙的刑事案例》(1841 年)2 第 186 页]。甚至今天,在英美法中,自杀仍然是要受处罚的。在过去德国的许多邦刑法典和今天的许多外国刑法典或草案中,教唆自杀和帮助自杀,被视为独立的轻罪而受到处罚。今天,此等处罚就值得怀疑了。参见冯·李斯特:《德国刑法与外国刑法之比较》分论部分 5 第 133 页;拉萨利(Lassally):《整体刑法学杂志》42 第 642 页和下文 §85。1911 年《预备草案》第 257 条规定教唆自杀受处罚,《瑞士政府刑法草案》第 102 条和《奥地利刑法草案》第 290 条走得更远。《1925 年官方草案》第 224 条,《1927 年草案》和《1930 年草案》第 248 条规定,引诱他人自杀(非帮助自杀)至少导致他人自杀未遂的,受处罚。《预备草案》《委员会草案》和《1919 年草案》和现行刑法一样,未对该问题作出规定。人们又进一步联想到,《刑法典》第 304 条规定的应受处罚的损害自己财产的行为。危害自己生命的行为大多受到处罚。

② 参见凯克尔:《整体刑法学杂志》41 第 685 页及以下几页,帝国法院判决第 64 卷第 398 页。当《委员会草案》第 11 条重复了现行法律规定时,《1919 年草案》等均顾及《帝国宪法》第 30 条的规定,不再包含关于议会报道方面的规定。

第三章　作为有责行为的犯罪

§36　责任的概念

I. 与私法上的违法一样,刑法上的不法是一个有责行为。不但在客观上要求结果与行为人的意志活动之间具有联系(参见上文§28 IV,§29,§30);还要求行为人的行为不符合法律规范(违法性,参见上文§31),而且主观上行为人因其违法行为而受到非难。在行为人的责任中,行为人的内心世界与将该行为评价为非法行为的法律规范之间具有联系。

II. 在研究此等关系属于何种方式、怎样理解责任概念的问题时,给予我们帮助的不是在刑事诉讼中对《刑事诉讼法》第263条规定的"责任"概念的理解。① 在《刑事诉讼法》的"责任问题"或过去的陪审员的"有罪判决"概念中,"责任"概念包含了对犯罪行为进行刑法评价的具有意义的所有内容,但不包括这里提出来供讨论的行为人的内心世界与将行为评价为非法的法律规范之间的关系,也不包括由行为人造成的符合犯罪构成要件的结果和行为的客观违法性。《刑事诉讼法》上的责任判断是针对行为作出的评价,并在考虑不法行为人人品的情况下,表明其所实施的犯罪行为的不法后果。但是,我们何时可将一个行为视为违法,以及违法性的本质是什么,《刑事诉讼法》中的"责任"概念并没有告诉我们;从《刑事诉讼法》的"责任"概念中,我们同样较少得出对何为实体刑法的责任的说明。刑法中的责任问题,相对于《刑事诉讼法》的责任概念而言,需要作完全独立的探讨和解释。

III. 责任概念存在于涉及人类行为(评价目的)的规范中:在宗教领域,它是针对上帝的;在伦理领域,它是针对自我(良知)的;在法领域,它则

---

① 弗兰克在《结构》(Aufbau)中试图借助《刑事诉讼法》解释实体刑法上的责任概念。这是不可能成功的。后在其《注释》中他不再坚持这么做了。参见希尔施贝格第62页。

§36 责任的概念

是针对法所体现的大众意志的。其先决条件是,可从某一规范范畴的立场出发提出责任问题,首先必须确定,对一定的人的行为必须作否定评价:只是邪恶的(违背上帝之要求的)行为开罪于上帝;只是不道德的(违反道义要求的)行为使我们的良心不安(伦理上的责任);只是违法的行为(参见上文§31)招致法制社会对自己的责难,也即构成法秩序意义上的责任。①

1. 法律是作为一个客观评价规范的整体出现在我们面前的(参见上文§31)。依据这些规范,人类行为是作为客观上合法或违法的特征而出现。但是,法并不能保证国家作为有秩序的社会存在,因为,如果法的唯一功能在于对具体社会成员的行为作出评价,那么,它只不过是维持规则的规范秩序(Normenordnung),法律除具有作为评价规范的功能外,还具有同样重要的规定规范的功能。② 也就是说,法律作为社会共同意志而面向社会成员,并告诉其何为正确、何为错误,而这种共同意志是由个人意志组成的,并最终代表个体的观点和立场。③ 以将某个行为评价为合法、将另一个行为评价为违法的方式,赋予——正如我们的日常生活经验所告诉我们的那样——与此等行为有关的个人以重价值和重感情的观念,而这种重价值或重感情又可在动机过程中起决定性作用,而且,还应根据法共同体(Rechtsgemeinschaft)的意志有规律地发挥作用。只有具体的社会成员的观念和动机符合法规范的这些效力,人们才知道人应该追求其所应该追求的东西,他必须——如同我们常说的那样——本分地行为。在涉及个人的内心"取向"方面,法律上应当描述为义务。如此,一方面在个人观念中激发社会价值观念,另一方面还有"社

---

① 梅茨格第 255—256 页不无道理地驳斥了抛弃不法而孤立讨论责任的企图,也即必要时可假定在缺少违法性时仍存在责任。倾向于此种观点的有泰沙和科曼的典型的犯罪观;另外,戈尔德施密特也持该观点,他从下文 2 中提及的理论出发,导致他写出这样的话"违背义务"(也即责任)"不产生不法"(《法学周刊》57 第 703 页)。主流理论与本教科书的观点完全相同。参见冯·希佩尔:《德国刑法》第 2 卷第 271 页。

② 这里尤其请参见上文 §31 I,还有梅茨格第 166 页和《法庭杂志》89 第 207 页。海尼茨第 13 页正确地指出,在违法性学说中,作为客观评价规范的法律对下列问题感兴趣,即"对将违法者的内心活动归类于规范的责任学说而言","法规范的考察方式在其规定功能中……是卓有成效和正确的"。持相同观点的还有韦尔纳(Werner):《刑事不法等》第 59 页。参见上文 §31 的相关脚注。不同意本教科书的观点的有 J. 戈尔德施密特:《纪念弗兰克文集》I(1930 年)第 436—437 页;马赛图斯(Marcetus)第 19 页。对于他们二人,我不得不作点评论。虽将评价和规定作为法规范的两个功能,但这两个功能涉及的并非"同一个对象",评价的"对象"是引起社会外部世界改变的外在行为;而规定功能只涉及行为人的内心。

③ 参见戈尔德施密特:《作为法律状态的诉讼》(1925 年)第 234 页和该著作脚注 1284、1287。在这里对法的复杂的效力问题进行了较深入的研究,但也许是画蛇添足。

§36 责任的概念

会心理强制"(霍尔特·冯·费尔耐克语)被明确表达出来,以法秩序为出发点的这一社会心理强制作为规定理由与行为人的其他动机直接发生冲突。

2. 责任概念的发展不得不取决于针对内在之人(人的内心世界)的义务的概念和本质,也只有如此,责任所特有的规范性特征才能被理解。在新近的刑法文献中,此点明确地得到承认,且越来越抛却自然主义的和形式主义的责任论,如果仅仅从特定的心理特征来解释责任,则该责任概念就会越来越明确地得到承认。参见格拉夫·z.多纳:《法庭杂志》65 第 304 页和《整体刑法学杂志》32 第 332 页及以下几页、第 335 页;迈耶第 234 页和《整体刑法学杂志》32 第 514 页;罗森费尔德:《整体刑法学杂志》32 第 477 页;吕麦林:《责任》(1909 年);科尔劳斯:《改革》I 第 184 页;海姆、科勒:《法庭杂志》95 第 433、446 页及以下几页;冯·希佩尔:《德国刑法》第 2 卷第 278 页;爱克斯讷:《过失》(1910 年)第 76 页及以下几页;第 173、207 页;梅茨格:《法庭杂志》89 第 250 页;弗罗伊登塔尔:《责任和责备》(1922 年);埃里克·沃尔夫;尤其是戈尔德施密特:《紧急避险责任问题》(1913 年),《奥地利刑法学杂志》4 第 129 页,《作为法律状态的诉讼》(1925 年)脚注 1287,规范性的责任概念,《纪念弗兰克文集》I 第 428 页;此外,还有恩格曼("法遵守义务"),希尔施贝格("法服从动机原则")及其他,等等。戈尔德施密特主张,"除每一个要求具体的人为一定外在行为的法规范外,未讲明还存在一个法规范。它要求具体的人根据需要来调整其内在行为,以适应由法秩序向其外在行为提出的要求"(《奥地利刑法学杂志》4 第 145 页)。他将该规范称为"义务规范"(Pflichtnorm)。根据他的观点,该规范要求人们有规律地朝着符合规范的方向去努力;但也有例外,即所谓的减免责任事由,"它存在于主观上占优势的被许可的动机之中,在这样一种情况下——如《瑞士刑法草案》第 27 条——不可能期望行为人服从义务规范"。作为具有减免责任事由的反义务规范的渊源,戈尔德施密特过去(《奥地利刑法学杂志》4 第 165 页)称之为"公正权利"。近来,他又否定了这一说法(《法学周刊》57 第 703 页,《纪念弗兰克文集》I 第 440—441 页),"义务规范之例外……归结为从一开始就已存在的义务规范在内容上的限制"。由他所假定的义务规范的独立性早在本教科书的上一个版本中(第 210—211 页)就进行过讨论。不同意他的观点的还有克里科斯曼:《整体刑法学杂志》35 第 318 页,绍尔第 572 页,梅茨格第 256 页,冯·韦贝尔(参见上文§34 的文献)第 8、35 页。事实上,尤其是在戈尔德施密特放弃特别的"公正权利"来解释减免责任事由之后,他的责任理论和争论所阐述的责任概念之间并不存在重大的差别,因为他的学说是对作

§36 责任的概念

为评价尺度的法律功能与作为规定的理由功能之间区别的最尖锐的和最确切的表述。评价功能是对于每个人类的行为进行评价,而不考虑该行为的性质;而法的规定功能则规定人的心理物理能力(psyshophysische Können)的界限,因而也对规范的效力规定了界限;因为作为一个内在之人的应当之作为即义务,只有当考虑人的本性"以自我为中心"时,法律(作为规定的根据功能)才可能出现。就此点而言,这句话是正确的:"你应该去做,因为你能做。"在缺少以规范为中心的地方,也就缺少"应该"、缺少义务,通过法律规范来"规定"也就没有什么意义。如不再可能"指望"行为人——如一般采用的表述——实施合法行为,如其合法行为缺少合理性,也就不能责备他的违法行为,也就是说,行为人的行为就不能算作有责。就此点而言,究竟在多大程度上认为存在规定规范(Besimmungsnorm)的功能上的不可能性,立法者可对特定之典型情形作出规定,如他们在《刑法典》第54条所规定的那样。从该意义出发,该条被理解为减免责任事由(参见上文§34A II 2)。对此,人们总是联想到在普通公民的动机过程中规定规范的效力问题。减免责任事由的思想是与普通公民依据经验所期望的命运的脆弱性联系在一起的。在具体情况下不是根据个人的心理物理能力,而是根据应当受处罚行为的原因上的解释来认定。关于内在行为,这里仅考虑在价值判断的情况下不适用该原则。另一方面,谈到"普通公民"时,应当联系到具有英雄般气质的理想类型。还应当考虑到这样的事实,人不仅仅是社会成员,而且也是个体,而作为个体,就不可能总是能满足集体之要求。因此,我们试图考虑到这一永远也不能消除的矛盾,个人一再以个体和社会成员的双重身份陷入其中。现代刑法中责任的本质恰恰在于,这一矛盾已被认识,人们承认在具体情况下不愿将个体简单地视同团体之成员,当他尚未完全满足团体规范时,不能要求其立即负责。因此,责任问题,如同违法性问题一样,都归属于人类社会问题。①

---

① 关于此点,绍尔在其《基础》第532页及以下几页中,也提出了他的责任理论。本教科书的观点也得到了帝国法院的赞同,戈尔德施密特和弗罗伊登塔尔二人非常恰当地在帝国法院判决第30卷第25页、第36卷第78、334页中看到了关于所谓的"规范责任观"的理论。这些判决主要涉及过失问题。近来,帝国法院的判决在故意问题上也考虑到作为规定规范的法的失灵,尤其是在帝国法院判决第58卷第97、226页,第60卷第101页,第63卷第233页(受到的质疑,在《纪念弗兰克文集》I 第495—496页)。参见Eb. 施密特:《国际刑法协会报告》第133、135页(MittIKV N. F. 5 133,135),梅茨格第373页,他们均对帝国法院判决表示赞同;马赛图斯第58页则表示反对。此外,请参见戈尔德施密特:《纪念弗兰克文集》I 第453页,弗兰克第4章 II 2,克莱RGFestg. V 73/74。针对本教科书的观点,克莱在摘引处第74页提出了异议,(转下页)

§36 责任的概念

3. 只有当法规范在行为人的理解范畴和动机过程中,违背法规之期望,不能实现关于合法行为所应当具有的功能时,我们才可以根据上文 1 和 2 中所述之内容,谈及个人的责任问题。而团体本身则有权期望法规范的适当的功能,如果:

(1)行为人具有社会行为能力(责任能力,参见下文§37);

(2)行为人行为的总体情况不包括:

a. 出现概念范畴的"义务";

b. 使动机过程中的"义务"的作用不可能出现(从我们的经验出发)。

4. 据此,我们离对责任中所包含的因素的认识更接近了。必须区分并分别从以下两个角度对责任概念加以研究:

(1)从心理学角度看,对行为人责难的可能性主要取决于,行为人至少(根据经验)可以认识到由其行为造成的符合构成要件的结果,并同时明了

(接上页)认为书中的观点给予个人主义太多的让步;提出异议的还有舒马赫(*Schumacher*),格罗斯曼(*Großmann*)第 9 页及以下几页,李普曼第 712—713 页,科尔劳斯:《刑法改革》(1927 年)第 21 页。还请参见 Eb. 施密特,摘引处 N. F. 5 第 165 页。对整个责任学说进行严厉攻击的是舒马赫。他的论述的缺陷在于缺乏对法律和伦理之间的关系的理解,导致(第 63 页)事实上不正确地和方法上不可使用地将违法性和责任相混淆,且不对如此重要的《刑法典》第 54 条进行解释。在他看来,法的伦理化与使法律变得脆弱和放弃法律以有利于个人同样重要。似乎伦理并未比法律提出更多更高的要求!不同意他的观点的还有马赛图斯第 29 页及以下几页,部分不同意的有格林霍特:《整体刑法学杂志》50 第 316 页。希尔施贝格在其有敏锐理解力的论述中(第 71 页)中得出如下结论,即"责任包含在违法性概念之中"。他与舒马赫不同,仍然离事实上的责任与违法性的混淆较远,因为他认为,"动机过程和违法性",以及"内在行为的违法性"鉴于"法顺从动机"在"动机之斗争"中被打败(第 36 页及以下几页),而且,抛开纯术语上的特殊性不谈,这种观点完全受到作为规定理由之法或作为规定规范之法的欢迎。因此,不能认为他的论述与本教科书在事实上有根本的不同。希尔施贝格以将自己的"责任概念"和量刑看作一回事的方式(第 72 页及以下几页)表明,规范之责任理论对量刑这一重要问题具有何等重要的意义。参见格林霍特:《整体刑法学杂志》50 第 307 页。关于其他责任规定参见本教科书下面的注释。与上一个版本相比,这一版本作了一些修改:"普通公民"的精神物理能力思想在前一个版本中只是偶尔被论及,而现在在科尔劳斯的《应当与能够》(1910 年)第 22、24—25 页,《刑法改革》(1927 年),戈尔德施密特、马赛图斯、韦格讷:《法学评论》1 第 578 页及以下几页之后,本版使之更加突出。冯·希佩尔(《德国刑法》第 2 卷第 275 页)的异议并非没有道理。舒马赫对"神话般的普通公民"的论据的疑虑被戈尔德施密特在《纪念弗兰克文集》I 第 453 页中恰当地驳回。科勒针对符合普通人的观点的论战事实上只得到了较小的缓和。

§36 责任的概念

不应当在社会生活中为这样的行为①,亦即明了其行为的社会危害性。

(2)从规范关系的角度看,对行为人责难的可能性主要取决于,在特定的总体情况下,在符合(1)所描述的心理可能性时,事实上的"心理活动"被视为"有缺点"②,事实上造成违法后果的"意志"被理解为"不应当有",法律期望行为人以义务展开动机过程,以合法行为代替事实上发生的违法行为。

(1)所述内容属于心理事实;(2)所述内容具有评价特征。任何单独的一点均不可能详尽阐述法律意义上责任的本质;它不纯粹是一个心理事

---

① 除要求公民认识何为"不应当做"或何为"社会危害性"外,并无更多的要求。不必要求所有公民认识法规范,即认识法律条款,不必期望公民能严格区分道德与法。因此,弗兰克§59 Ⅲ 2 不无道理地认为,公民只要懂得不道德或社会危害性即可。格莱斯帕赫:载阿沙芬堡主编的著作16第231页认为,只要"了解何为不允许的"便足够了;迈耶第234页认为,只要知道何为违反义务即可。还请参见海姆斯(Heims):《整体刑法学杂志》40 第 380、743 页;施莱格尔(Schlegl):《法庭杂志》91 第 231 页;拜德(Bede)第 42 页及以下几页;贝格第 47 页及以下几页;梅茨格§44;艾希曼;冯·希佩尔:《德国刑法》第 2 卷第 280、337 页;科勒:《法庭杂志》96 第 93 页及以下几页、第 103 页及以下几页。每一个事实上相同的表述是正确的,因为,相对于特定的行为人而言,责任问题被提出,总是以确定的违法性为先决条件的。凡被认为有责任的,社会危害性之意识总是涉及客观之违法性。如果人们想使用"违法性意识"之表述方式,则无异议。

② 并非违背义务的意识或该意识的可能性是表明规范的责任要素,而是事实上的动机过程偏离"应该有"的动机过程,也即如贝林和戈尔德施密特在其文章中所说的那样,是心理活动有缺陷。就违法性或违背义务意识的要求而言,弗兰克、戈尔德施密特等人的规范责任论中,并没有"规范的"责任要素。这一点仍一如既往地被一些人所忽视。如迈耶第 233 页及以下几页和第 238 页及以下几页,他虽然努力严格地区分心理学的"责任要素"和"规范的"责任要素,但将违背义务的意识错误地称为"规范的"责任要素。近来,冯·希佩尔同样犯有这样的错误,见其《德国刑法》第 2 卷第 279 页(脚注 1 和 4)、第 337 页。因概念的混淆而发生的论战不同意本教科书所主张的完全不同的"规范的"责任理论,尤其是不同意对《刑法典》第 54 条进行的解释和不同的减免责任事由,自然也就不可能涉及该问题的核心。对此,戈尔德施密特早在《奥地利刑法学杂志》4 第 140 页脚注 3、第 141 页就强调过,"故意也可作为违法性和违背义务之认识,保持与过失的严格纯心理关系,且是不可测量的,如同没有该认识一样"。他一再坚持认为,规范的责任要素是存在于心理之责任要素之外的,责任必须被理解为"不是想违背义务,而是想违法"。与冯·希佩尔和贝格一样,P. 默克尔:《法学周刊》(1925 年)第 895 页同样忽视了戈尔德施密特的责任理论的这一最重要的核心点。不同意冯·希佩尔观点的,参见格拉夫·z. 多纳:《整体刑法学杂志》51 第 618 页;不同意 P. 默克尔观点的,参见戈尔德施密特:《纪念弗兰克文集》Ⅰ 第 435 页注释 6;不同意贝格观点的,参见科林霍特:《整体刑法学杂志》50 第 306—307 页。正确认识到责任的规范本质的有贝林:《无责任,有责任和责任阶段》第 7、8 页,《基础》§12 Ⅰ a 结尾处、§13,《立法之方法论》(1922 年)第 137 页。此外,请参见吕麦林第 33 页注释 3;阿尔费德第 158 页;米特迈耶:《整体刑法学杂志》32 第 425 页、44 第 13 页,《评论文章》(1909 年)第 7、31 页;绍尔:《刑法之基础》第 542 页;弗罗伊登塔尔:《责任与非难》,1922 年;希尔施贝格第 71 页(内在之违法性);科勒:《法庭杂志》95 第 453—457 页,梅茨格事实上持与本教科书相同观点。

§36 责任的概念

实,也不是简单的价值判断;它更多的是以责任能力的先决条件为基础的心理存在和价值判断之间的一种评价关系;在这一意义上,责任的本质可简单地表述为:基于造成违法行为的心理活动过程的缺陷,责任是指违法行为的可责性。

5. 这里表述的"规范责任观"是非常有趣的科学发展的结果。通过科学发展,刑法的这一重要部分逐渐从19世纪占主流地位的自然主义的轨道上解放出来,并借助"强调科学文化研究"(梅茨格第38页)解决责任问题。那种自然主义的研究方法只看到意志和结果之间的一种纯心理关系,即一个心理事实,但它必定会立即产生重大疑问:如果责任是意志和结果之间的心理关系,那么,在过失情况下,我们又如何看待责任形式呢?因为在无意识的过失情况下,是完全缺乏此等关系的!此类问题虽然早在19世纪就一再被提出[参见冯·阿尔门丁:《论犯罪》,《刑事违法文献目录》第2辑;其后尤其还有布鲁克(Bruck):《论过失》(1885年)],但这并不能阻止19世纪末20世纪初期纯心理学至上论在责任论中占据不争之统治地位。在故意学说中展开的意志理论(Willenstheorie)和观念理论(Vorstellungstheorie)之间的争论"虽然应当涉及责任概念"(科尔劳斯:《改革》1第185页;还请参见格拉夫·z.多纳:《整体刑法学杂志》32第328页),但它有代表性地表明了,纯心理学问题处于多么突出的地位。本世纪初期以来,绍伊费尔德在《德国之新刑法典》(1902年)第45—46页又"首次"感到该学说的缺陷,它将责任理解为纯心理学的事情,并将故意和过失视为责任类型,尽管两者用心理学的观点来看,缺少任何一种共同的种类特征,过失明显地具有一个规范评价因素。但绍伊费尔德仍坚持此句(第46页):"故意和过失之对照"(这里是指将两者归类于共同的类概念"责任"之下),"是如此地符合惯例,以致人们不能表示反对"。尽管如此,绍伊费尔德还是认识到了责任问题的困难性,且其所述之问题必将很快在刑法科学中占据统治地位。有趣的是,人们是如何运用各种方法来努力制造故意和过失之间的类共性的。拉德布鲁赫:《整体刑法学杂志》24第344页试图通过从过失中剔除任何一种评价要素来实现之,以便为纯心理学上的故意和同样纯心理学上的过失,寻找一个纯心理学上的类概念:"心绪使得一个行为能表明行为人的个性。"但是——这表明不可能有一个纯心理学上的责任观——责任概念应当满足类概念,"如果一个行为是违法的,从中得出的思想则是反社会的"。因此,拉德布鲁赫的责任概念之方法并未能实现这一点;但它又足够清楚地表明,没有规范要素就不可能产生责任概念。大多数刑法学者均不同意拉德布鲁赫的观点。参见爱克斯讷:

§36 责任的概念

《过失之本质》(1910年)第6页,格拉夫·z. 多纳:《责任概念之要素》(1905年)第8页,戈尔德施密特:《奥地利刑法学杂志》4第140页,新近的还有绍尔:《刑法之基础》第555页注释2,贝格第24—25页,科勒:《法庭杂志》95第441页。怀疑故意和过失的类共性的论者大有人在,如斯图姆(*Sturm*):《刑法中的责任》(1902年)第46页及以下几页解释道,在纯心理学故意观基础上,作为表明精神状态事实的故意不可能成为责任形式,因为"责任"意味着与"正常"精神状态不同,也即"是"一个规范概念。科尔劳斯:《改革》1第194页以克制的逻辑——如100年前的冯·阿尔门丁那样——指出,过失不表示责任形式,因为过失中不具备反映责任概念的心理学关系,也即不具备旨在成功的意思。与这两个极端不同,发现规范责任中的因素的好处在于,它既存在于故意中,也存在于过失之中,赋予两者以共同的类特性。这场运动中的重要人物已在上文III 2中提及。最恰当地反映责任概念关系特点的专业名词"可责性"是由弗兰克首先提出来的。提出责任的增强能力(Steigerungsfähigkeit)和与此相关的对整体情况的非难可能性的依赖性的也是弗兰克,他在其《结构》(1907年)中将所谓的"伴随情形"算作责任要素。关于这场论战,请参见弗罗伊登塔尔:《责任与非难》第3页及以下几页,马赛图斯第9页及以下几页,梅茨格第250、170页。黑格勒、梅茨格和戈尔德施密特等人的著作再次强调了弗兰克正确认识到的规范责任要素,戈尔德施密特将这个非常有益的、受到攻击的"合理性"概念用到准确规定规范责任的要素中。

　　心理学至上论之所以仍在发生效力,是由一种观点所致。该观点将规范的责任要素理解成义务违反性(或危害社会性或违法性)的意识,也即它终究要在心理条件方面去寻找规范责任要素。详见上文的相关注释。与此相适应的是,格拉夫·z. 多纳、米特迈耶、吕麦林、戈尔德施密特、罗森费尔德、弗罗伊登塔尔、格林霍特、弗兰克、绍尔、梅茨格、科勒的功劳在于他们强调这样的思想,即责任概念是富有独特评价特征的关系概念;如果割裂这一"关系",只片面地适应其中的一个关系点,而这些关系点恰恰应当是——这一关系概念的本质——"以一个相关思想的行为来概括"就不可能对其作出正确的评价[希格瓦特-迈耶(*Sigwart-Maier*)《逻辑》1第87页]。这种片面性的责任一方面为上文已述及的"心理学至上论者"所坚持,另一方面还被为数不多的在责任概念中只愿看到纯价值评价的作者们所主张,如 P. 默克尔和贝格等人。

　　IV. 关于III中概念及其具体要素的较详细的解释,下列诸点值得注意:

§36 责任的概念

1. 在责任概念中我们能够确认,有责任能力之人的心灵深处与法律要求及其价值评价之间存在特有的心理学规范关系;行为人的行为违反作为社会生活秩序的法律,虽然他应当能够认识到其行为的反社会性,且在行为时能够期望他放弃一个与应当规范(Sollennorm)相适应的动机过程。似乎责任非难仅局限于具体的最初与之有联系的犯罪行为(责任 = 具体关系)。不过,满足于确定行为人的内心态度与法律对他的要求之间存在差异乃肤浅的思考(eine oberlächliche Betrachtung);同时,我们自然会想到,为何在具体情况下缺少动机过程。对该问题的回答表明,从法秩序的立场出发对行为人的个性进行评价,"我们摈弃的是行为人的价值判断及其动机能力"(格林霍特语)①。法律不满意于行为人,因为从对法律的认识中获得的或应当获得的价值观被置于行为人在动机过程中的"典型的自我尊重"之下。因此,责任判断包容了行为人的所有人品;在特征中揭开的危险性,作为缺乏动机过程的基础和解释,甚至成为责任要素。② 呈现在我们面前的是,正如本教科书一再强调的那样,是从反映行为人个性的有责行为的意义中推导出的责任概念的实质内涵;它存在于可从已实施的行为(反社会行为)中看出的行为人

---

① 参见格林霍特:载阿沙芬堡主编的著作附录1(1926年)第92页。参见米特迈耶:载阿沙芬堡主编的著作17第339页。本教科书中的规范责任论同时成为反映行为人个性和社会危害性的"实质"责任论。请参见 Eb. 施密特:《瑞士刑法学杂志》45 第224—236页。基于这种方式,规范责任论成为以个体为目标的刑罚观之基础,如本教科书所一直主张的那样,但同时毫无疑问的是,它也是现行法律最新发展的基础。文献中常常过多地指出与本教科书主张的责任观相对立的观点,后者坚持责任是"具体行为责任"。参见梅茨格第256—257页,阿沙芬堡14第135页及以下几页,冯·希佩尔:《德国刑法》第2卷第275页(两者均有丰富的文献索引)。事实上,与本教科书相对立的观点至今已不再重要了。本教科书试图决不使责任脱离具体行为,强调行为人个性只是以超越具体行为及其典型意义的方法而为之,显见于本教科书的每一页。严格限制于具体的行为已不再适应现今的刑法观,另外,那些曾经相信与本教科书相对立的责任观的作者们自己也指出了这一点。例如,梅茨格(第275页及以下几页)就非常精辟地强调"性格学的责任要素",同时,将危害性完全看成责任要素。梅茨格同样属于那些研究方向与本教科书相同的作者,他们是格拉夫·z. 多纳、爱克斯讷、科尔劳斯、伦茨、李普曼、海姆斯、赛利希(Seelig)、韦格讷、科曼、泰沙、迈耶、米特迈耶、弗兰克、黑格勒等人,他们的观点与本教科书的观点并非截然不同,尽管他们如同贝林、冯·希佩尔、科勒和沃尔夫一样,将具体的行为个性置于法律形式和功能中的突出地位。

② 格林霍特关于责任论的精彩文章首次使用了"危险性作为责任要素"概念。不同意此提法的主要有赛利希:载阿沙芬堡主编的著作18 第241页;梅茨格第156页及以下几页、第169页及以下几页,《整体刑法学杂志》49 第181—182页。参见 Eb. 施密特:《瑞士刑法学杂志》45 第227页,科勒:《法庭杂志》96 第153页,齐默:《犯罪论之结构》(Aufbau der Verbrechenslehre)第233页及以下几页(与本教科书的观点完全相同)。

§36 责任的概念

的反社会思想;也即其缺乏人们在一个国家中共同生活所必需的社会义务感和因此而产生的反社会动机(与集体目的相矛盾的目的取向)。

只有这个将行为人危险性考虑进去的责任观能在普通犯罪行为学说与普通犯罪人学说之间架起一座桥梁,并能解释为何社会对习惯犯的犯罪行为作出的刑法反应要比对偶犯更为严厉。它为量刑学说提供了一个让人惦念的纯"心理学的"责任观的法释义学基础(参见下文§66 III);只有从该责任观的基础出发,才可能对合法化事由、无责任能力、强制、紧急避险、正当防卫、防卫过当等的特征作出统一解释(参见下文§42)。

2. 上文 III 4a 所阐述的心理学的责任要素使得区分不同的责任类型成为可能。如果在心理学关系中,责任非难具有行为人认识到其行为的违法后果和它的不应当存在的(它的社会危害性)可能性,那么,只有在行为人确实认识到其违法后果和社会危害性的情况下,责任非难才是可行的。因此,责任的心理学条件有两种表现形式:

a. 行为人认识到符合构成要件的结果及其社会危害性;与该心理事实相关的是刑法故意学说(参见下文§39)。

b. 行为人未认识到这一结果,但根据案件情况,其对结果的认识是可能的,且对违法性的认识也是可能的;与该心理事实相关的是刑法过失学说(参见下文§41)。

应当强调的是,用上述 a 和 b 所述内容还不能区别故意和过失,而只是为区分心理基本事实做准备。

3. 如果 2 中所述的纯心理事实仅限于其本质特征,将故意和过失理解为责任类型是不可能的,因为这些心理上的事实并未表明两者的共性,未表明两者均应以相同方式存在的类特征;此外,它还不足以表示责任类型特征,因为责任,如上所述,绝不是纯心理上的事实,而是一个规范的关系概念,也即故意和过失同样必须理解为关系概念,它们应当作为责任类型而得到有规则的使用。①

---

① 在文献中故意和过失常常不被理解为责任类型,而只是被理解为责任类型的"要素"或"组成部分",且被理解为作出责任评价可能性的、心理上的"先决条件"。人们指出,有这样一些好的故意,作为这些责任类型的要素不包含评价内容,规范上是无关紧要的。持该观点的有拉德布鲁赫:《整体刑法学杂志》24 第 348 页;弗兰克第 4 章 II 1;戈尔德施密特:《奥地利刑法学杂志》4 第 147 页;最近还有 P. 默克尔:《法学周刊》1924 年(第 21、22 期)、1925 年(第 9 期),贝格等人。希尔施贝格从这一"故意"观出发,完全正确地建立了对立的一对概念"故意—过失"。现在,有一点不应当忽视:不妨碍对在较重的责任类型中包含的故意采纳并使用"故意"(转下页)

§36 责任的概念

为从责任概念中得出真正的责任类型,为区分责任类型而使用的心理事实在概念上必然受到影响是不容怀疑的:它是上文 III 4 所述的规范责任要素,作为不变的、反映类特征的责任要素,该规范责任要素必须与心理学的责任要素合二为一,以便将故意和过失作为责任形式或种类展示在我们的面前,因为我们有权做的是指责行为人知道或应当知道行为的结果;行为人的行为是"故意的"或"过失的";我们在这一指责中看到了行为人的有责性。因此,基于我们的经验作出必要的判断:该行为人与其他行为人一样,应当能够在其行为的整体情境中提出不同的行为动机,也即符合规范的行为动机,所以,他的内心行为是有缺陷的,他的动机过程是应该受谴责的。只要认为存在规范行为的可能性,就能——正如上文 III 2 所阐述的那样——要求行为人实施与义务相适应的行为。在基于一般经验所规定的"能够"中,法的功能是作为规定理由,义务有其界限(参见上文 III2)。只要每一个"能够"都具备符合规范的动机并以此而行为的,在具体情况下就可谈及被认为是有责任的行为人的个性和法要求之间的关系这样一个事实,就可以指责行为人的违法行为,因为其动机过程有缺陷。

该观点与现行法律是完全一致的,请参见《刑法典》第 51 条、第 52 条、第

(接上页)这一表述,对在较轻的责任类型中包含的"不知道"采纳并使用"过失"这一表述。谁这么做了,则自然不是将故意或过失理解为责任类型,且必须努力通过将纯心理学上的"故意"与较重的责任类型的规范要素结合起来,以适当的方式建立较轻的责任类型。如同本教科书一样将"故意"和"过失"视为责任类型,并将这些责任类型分解成组成部分,只要它是纯心理学的,它就不能够被说成"故意"或"过失"。一而再、再而三地指责责任类型错误地形成了"故意"和"过失"的概念,并使用作为责任类型的故意和过失做一些不可能的事情,无论如何应当结束这种无休止的争论了,因为它导致了仅有学说意义的论战。其实并不存在任何障碍,且既非逻辑上也非法学上不可能将故意和过失视为责任类型,如果人们只是在内容上从心理学角度和规范角度进行正确分析的话。在这一意义上,将责任类型视为故意和过失的有葛兰特第 100 页;迈耶第 257 页;贝林:《刑法之基本特征》第 21、50、52 页;哈夫特第 106 页;科尔劳斯:《改革》(1909年)第 25 页;《法学词典》V 第 767 页;洛伯:《帝国刑法典及其注释》引言部分第 50 页;科勒:《法庭杂志》95 第 442 页;弗罗伊登塔尔:《责任与非难》(Schuld u. Vorwurf, 1922 年)第 6 页;米特迈耶:《评论文》(Krit. Beiträge, 1909 年)第 33 页及以下几页;《整体刑法学杂志》44 第 13 页;冯·希佩尔:《德国刑法》第 2 卷第 317 页;《德国刑法与外国刑法之比较研究》总论部分第 486 页及以下几页;韦格讷:《法学词典》VI 第 741 页,II 第 378 页。将作为表述或称呼的故意或过失作不同使用并不存在事实上的矛盾,这一点常常被忽视,并因此而产生一些毫无益处的无聊的讨论。法律并未对此等名词术语之争作出裁决。但不能认为这里所主张的"故意"观是与法律不一致的。《帝国刑法典》从未说过"谁故意而有责地……",而总是说"谁故意……",这就是肯定本教科书的一个例证。因此,可以推论,无论是故意还是过失,均应当被视为责任类型。

§36 责任的概念

53 条第 3 款、第 54 条、第 58 条,《少年法院法》第 2 条和第 3 条。这些规定的基本观点是,如果根据我们的一般生活经验不能指望普通人具有合法行为的动机,则不得对其进行责任非难。如果我们在具体情况下必须根据经验来确定心理物理能力的界限的话,我们就不能谈论有缺陷的或违背信义的动机,但此等认识则很难阻止我们坚信行为的客观违法性。

V. 责任概念,如上所述,是与意志自由的假设[参见上文§5 注释 1(即本书第 21 页注释①——译者注)]完全无关的。它所要求的只是无可争辩的和法定的先决条件,即所有人类的行为均可通过观念来确定,即通过宗教观、道德观和法制观确定。①

在责任判断中不赞同对行为人的动机(有缺陷性,不应当为一定行为)和个性(危险性)适用适宜的法—社会指责,决定论是完全合理的,但这一合理性在非决定论那里是完全缺乏的,因为只有决定论能够将具体的行为与行为人的整个心理学上的个性联系在一起,只有决定论能够成为衡量责任的增加或减轻的尺度;只有决定论能根据行为人的犯罪思想(反社会思想)的强度而有益地区分犯罪人,并因此而构成刑事政策牢固的基础。

VI. 今天我们听起来觉得是理所当然的话语,即责任是犯罪的概念特征,无责任即无刑罚,是一个很长的且目前仍然没有停止发展的结果。犯罪概念只是慢慢地吸收责任特征于自身;责任学说的发展是衡量刑法进步的晴雨表。如同父亲的罪孽由其儿子及儿子的儿子清偿这一宗教观不得违抗一样,如在古代悲剧中的以不幸命运和现代文学中以遗传法则代替责任一样,所有民族的最古老法律均规定有刑罚,而不管责任如何。根据罗马宗教法,偶然的违法以与故意违法一样的方式引起了上帝用赎罪才能避免的恼怒。德国的古代法律规定,家庭中的血债世代相传。但是,罗马法在希腊伦理学家的影响下,越来越将决定论的重点放在违法意志上,并以此与古老的在日耳曼法律意识中仍然存在的"结果责任"相对立,这种对立完全决定了以后的责任学说的历史(勒夫纳语)。

1. 它首先表现在对待责任能力的态度上。古罗马法在处罚未成年窃贼上,似乎没有任何限制,较晚期的罗马法及宗教法坚持儿童犯罪不予处罚(至 7 世纪末期)。此外,在少年犯罪时,个别情况下要进行实验。在德国古代法律中,在少年违法的情况下,排除了支付和平费(Friedensgeld)的可能性。中

---

① 关于责任学说和意志自由,请参见梅茨格第 252 页及以下几页,韦格讷:《法学词典》V 第 365 页,冯·希佩尔:《德国刑法》第 2 卷第 281 页及以下几页。

§36 责任的概念

世纪晚期的萨克森法律渊源中,至少已科处违法儿童以刑罚。《查理五世刑事法院条例》第 164 条排除 14 岁以下窃贼被科处死刑的可能性,如果不具备特殊原因的话;第 179 条规定少年负完全刑事责任。当时普通法的立法和科学研究有所徘徊,但一般而言,仍坚持儿童犯罪不处罚的原则;绝大多数现代(新)立法均追随这一观点,尽管对最低年龄的规定有所不同。法国法则完全放弃规定最低年龄界限,以便在具体案件中能够区别对待;紧随其后的还有 1851 年的《普鲁士法》和 1861 年的《巴伐利亚法》。与法国法所不同的是,《刑法典》又回到了罗马宗教法和普通德国法的观点上来。对精神疾病的承认也是逐渐实现的。关于罗马法,请参见派尔尼斯:Labeo 2 第 234 页,《萨克森镜报》3 第 3 页:"对真正的傻瓜和失去理智的男人不应当审判。"《查理五世刑事法院条例》第 179 条在涉及行为人"是少年或因其他身体残疾但明知自己行为的意义者"时,规定负完全刑事责任。

2. 至于行为结果是否与行为人具备故意或过失相联系,以及故意或过失这两个概念的影响被确定下来,经历了更长的时间。晚期的罗马法将犯罪人的故意上升为犯罪的一个概念特征,而"模糊规定"(Ungefährswerke)的责任是与日耳曼法律观完全相适应的。中世纪的意大利法接受了罗马法的故意概念。但日耳曼法律观和法律生活的需要,迫使人们就虽然能够预见但不是故意导致的结果,对犯罪人进行处罚(关于这一发展请参见勒夫纳的开创性的论述)。

在罗马法的各个发展阶段,过失犯罪始终是陌生的。① 每一个犯罪都要求有故意。中世纪意大利的科学使罗马法的这种严格规定与日耳曼法的结果责任得到调和,其方法是:一方面它只处罚故意而不处罚过失造成的犯罪;另一方面,将过失上升为一般的处罚较轻的责任形式。《查理五世刑事法院条例》第 146 条正是依据此等做法来解释过失杀人的特征的。该条款以及第 136 条、第 138 条、第 180 条构成了普通法继续运转的基础。每一个犯罪均要求有故意存在,而过失只构成准犯罪(quasicrimen),对准犯罪可作任意处罚(mit willkürlicher Strafe belegen)。作如此规定的有 1620 年的《普鲁士法》和 1813 年的《巴伐利亚法》。过失便以此等方式上升为一般的责任形式,即对

---

① 派尔尼斯:《Labeo》2 第 244 页,蒙森(*Mommsen*)第 89 页不同意宾丁的观点,即罗马法中的过失是排除普通法动机后的故意,请参见勒夫讷有说服力的论述第 110 页,现在还请参见宾丁:《规范》4 §236 等。与他的有关中世纪意大利法学家关于过失的意义的观点进行论战的有恩格曼:《错误与责任》第 37 页,后者的观点与本教科书是一致的。恩格曼(第 27 页及以下几页、第 37—40 页)及本教科书均坚持认为,意大利人的作为责任类型的故意和过失还是有区别的。在《卡罗林娜法典》以前过失的发展演进,请参见伯许茨(*Beschuetz*),1906 年。

§36 责任的概念

过失作概念上的限制性规定。正如我们所看到的(参见下文§41),即使在今天,过失犯罪的概念从科学上讲仍未被确定下来。

VII. 现行帝国法律中有个别的例外情况,打破了对有责结果才予以刑罚处罚的原则。

1. 但众多存在于刑事附律中的责任假定①,不应当算入此等例外,因为如果法律将责任(故意或过失)假定为已被证明,也许反证也由被告人提供,那么,对无故意或过失者不得也不应该处罚的原则应得到承认。

此种做法的一个特别重要的规定见 1874 年 5 月 7 日的《帝国出版法》第 20 条第 2 款。虽然第 20 条第 1 款声明了一般刑法原则,尤其是责任问题,如果它涉及出版犯罪的责任时可以得到适用。但出版犯罪是这样的一些应当处罚的行为,其以传播内容(滥用言论自由)构成可处罚性的印刷品为前提。由于出版的诸多特点(匿名;多人合作:作者,出版者,编辑者,印刷者,销售者),对出版犯罪的刑事追究困难重重。《帝国出版法》第 20 条第 2 款的立法用意正是为了克服此等困难,方法是如果责任编辑根据第 1 款的规定不存在刑事责任,"如果不因特别的"(指非不寻常的)"情况而判处其正犯可能"的,则认定他为可能的行为人。推定责任编辑知晓由其处理的文稿中的可处罚的内容,也即认为责任编辑具有故意②,因此,认定他为正犯(Täterscahft),同时认定他有责。

2. 此外,个别附律中将作为秩序罚的处罚与仅具备客观构成要件的情形联系在一起的规定③,也不属于此等例外。因为在此等"形式犯罪"的情形

---

① 根据戈尔德施密特的观点(参见上文§26),此处 1 和 2 中所提及的法律原则必须在财政犯罪(Finanzdelikte)的行政法特征中去解释。《海关法》和《税法》以外的例子还有:《商法典》第 315 条;1878 年的《牛瘟法》第 3 条第 2 款;1889 年的《合作社法》第 142、144 条;1899 年的《旗帜法》第 23 条。

② 详见冯·李斯特、海恩策尔(*Häntzschel*)、曼海姆(*Mannheim*)关于普鲁士法的论述以及基齐厄、康拉德、小施腾格尔(*Stenglein*)的评论,《附律》第 5 版第 1 册第 359 页以下几页,施威策-阿派里乌斯-武尔芬(*Schwerze-Appelius-Wulffen*)的著作。这些著作均有对有关文献和判例的详尽提示。这里不可能对普鲁士刑法中的一些颇有争议的问题进行深入的探讨,《帝国出版法》过去的版本中关于出版犯罪的责任问题的特别条款(第 43 条)由上文作简单的论述,因为它不可能详尽反映刑法问题。

③ 参见 1869 年的《联合海关法》第 137 条第 1 款;1909 年《烧酒税法》第 114 条;1891 年《食糖税法》第 46 条;1911 年《增值税法》第 50 条。1919 年 12 月 13 日的《帝国税法》第 413 条排除了科处秩序罚的可能性,如果确认具备排除处罚的理由或者违法行为是基于有关不可避免的偶然事件而实施的。也就是说,不是确定责任以科处秩序罚,而是确定无责任(不可避免的偶然事件是修辞上的重复),以便避免科处秩序罚。还请参见 1912 年 12 月 24 日的《营业税法》第 43 条。

下科处刑罚是不可能的。①

3. 但不同的是,结果犯则构成一个重要的例外。根据现行法律,如果因有责行为造成一个无责之严重后果,在许多情况下得科处较重之刑罚。即使该严重后果既非因行为人的故意行为也非因行为人的过失行为为造成,也得科处较重之刑罚。② 古老的结果责任的残余既不符合当今之法律意识,也不符合理智之刑事政策原则,这是毫无疑问的。③

§37 责任能力

I. 对特定行为人的行为进行责任非难,认为其行为是有责的之先决条件是他具备正确认识社会要求并以该认识而行为的一般能力(参见上文§36 III 3)。立法和刑法科学中将该能力表述为"责任能力"④。可将其简称为社

---

① 参见冯·巴尔:《法律》2 第 476 页;沃尔夫:《德国税法中无责任之处罚》,1913 年吉森大学博士论文。

② 请参见《刑法典》第 118 条、第 178 条、第 220 条、第 221 条、第 224 条、第 226—227 条、第 229 条、第 239 条、第 251 条、第 307 条、第 312 条、第 314—316 条、第 321—324 条、第 326—328 条、第 340 条等;1884 年的《爆炸物法》第 5 条第 2 款;1876 年的《传染物法》第 4 条;1878 年的《牛瘟法》第 4 条;1927 年的《生活用品法》第 12 条;1895 年的《禁止掠夺奴隶法》第 1 条第 2 款。还请参见汤姆森:《论结果犯罪之未遂》,1895 年;芬格尔:《法学评论季刊》(KVS) 38 第 415 页;科恩:《作为提高惩罚性法律根据的较重结果》(1910 年) 刑罚论文第 112 页。拉德布鲁赫:《德国刑法与外国刑法之比较研究》总论部分 2 第 227 页。本教科书代表了主流观点;参见勒夫纳第 266 页。帝国法院判决也同意本教科书的观点。参见上文 §29 注释 10(即本书第 156 页注释①——译者注)。而下列学者则要求结果与过失之间具有联系,包括宾丁:《手册》1 第 366 页和其教科书 1 第 19、28 页;海尔施纳 1 第 326 页,2 第 28、819 页。值得注意的是,在这些情况下可能产生杀人和伤害的想象竞合犯;弗兰克第 16 章 IV 的观点是正确的,而勒夫纳第 270 页的观点则是不正确的。关于此等情况的处理请参见下文 §44 的相关脚注。

③ 芬格尔:《作为量刑的客观构成要件》,1888 年。此外,还有科勒在克莱主编的著作以及他自己的著作中的观点;李普曼:《导论》第 74 页;冯·罗兰德:《德国刑法与外国刑法之比较研究》总论部分 1 第 375 页。而 H. 绍伊费尔德则持不同看法;参见 1900 年斯特拉斯堡和 1902 年不莱梅国际刑法学会论文。刑法典草案则将行为人预见到结果的发生作为加重惩罚的前提条件。请参见《1927 草案》及《1930 年草案》第 21 条。

④ 哈夫特第 101 页指出了"责任能力"在语言表达上的不确切性。迈耶第 205 页则得出自己的结论,认为使我们感兴趣的是"法官在审判时进行归责的先决条件"。因此,它必然涉及法官的特点(地位、身份等)。但他的这一思想自然是得不到实现的。参见梅茨格:《个性及其他》第 19 页,还有埃里克·沃尔夫第 138—139 页。此外,本教科书中的概念代表了当今之主流观点。参见迈耶第 204 页;阿尔费德第 150 页;葛兰特第 76 页;哈夫特第 102 页;冯·希佩尔:《德国刑法》第 2 卷第 289 页;瓦亨费尔德第 136 页;梅茨格,摘引处第 22 页及其他;等等。

§37 责任能力

会行为能力,也即符合人类共同生活需要的能力。只有当行为人在行为时具备该能力,才能认定其行为是有责的、反社会的行为。如果行为人缺乏"社会适应能力"(即责任能力——译者注),完全不具备符合义务的动机构成,不能期待其符合规范的行为,提出行为的责任问题也就没有多大意义了;因为通过责任能力来说明处刑及刑罚执行的目的(动机),将不再有任何意义。①

上述的论述表明,与责任的先决条件是责任能力(参见上文§36)一样②,责任能力本身也是一个关系概念,它将心理因素与规范因素交织在一起。③

责任能力中蕴含的心理"能力"所涉及之规范,是一种社会的应当规范。④ 人们必须领会的是社会生活的要求,而不是法律条款。通过社会生活

---

① 错误在于只将责任能力理解为可处罚性。费尔巴哈不同意该观点,参见其教科书§85以及格林霍特第110页,梅茨格:《个性及其他》第21页,冯·希佩尔:《德国刑法》第2卷295页,米特迈耶:《法学词典》IV第1053页。李斯特:《论文集》2第45页虽然也谈到刑罚目的的可感知性,但他从未承认过责任能力作为责任的先决条件,并在其教科书中系统地贯彻了这一思想。拉德布鲁赫:《整体刑法学杂志》24第338页以及以下几页则试图证明在这里被拒绝了的观点。参见梅茨格第268页和《个性及其他》第22页;格林霍特第112页,冯·希佩尔:《德国刑法》第2卷274、295页。

② 如今大多数学者持该观点。但弗兰克在第4章 II 1 中则认为责任能力是"责任的组成部分"或责任要素,且责任能力隐藏于被其称为"自由"或"行为"之中。但这一高度复杂的概念需要解答。其后,一个依社会规范为准的能力逐步显现出来。那么,如没有责任能力,在具体情况下如何指望一个符合义务的动机过程呢?梅茨格第268—269页、冯·希佩尔:《德国刑法》第2卷第277页将责任能力同样描述为"责任因素";参见米特迈耶:《法学词典》VI第1052页。此外,责任能力在犯罪论体系中有时被放在不同于本教科书的其他章节探讨。科尔劳斯:《瑞士刑法学杂志》34第157页将责任能力描述为"限定可能的规范接受人范围的人事概念(Personalbegriff)"。责任能力有时也是将一行为认定为违法的前提条件。有责任能力者的行为"无论是从法律还是从伦理道德上看都是无关紧要的"。根据该观点,责任能力当然属于全部犯罪概念的开始。上文§31认为该观点过于片面而予以驳回。责任能力还常常被描述为"刑法上的行为能力",例如帝国法院判决第21卷第14页、第40卷第24页;冯·希佩尔:《德国刑法》第2卷第289页;瓦亨费尔德第135页;阿尔费德第147页。后两者在关于一般责任前探讨责任能力问题,这很少是有益的。宾丁:《德国刑法教科书》总论部分第19页的观点是正确的。只有如科尔劳斯那样,将违法性与责任能力联系在一起,即将责任能力置于犯罪论之开始时,"刑法上的行为能力"才有意义。阿尔费德、冯·希佩尔和瓦亨费尔德明确拒绝此等说法。绍尔:《刑法之基础》第630页相信责任能力的观点正如上文所述,使得区分精神病患者和习惯犯成为不可能,因为后者是"不可能用动机来衡量的"。它需要完全合乎习惯犯的实际情况,这是值得商榷的。但是,只要具体的习惯犯不再有按照社会要求来行为之能力,就不能理解为何不将其作为无责任能力来对待。米特迈耶的观点是正确的,参见《法学词典》VI第1054页。希望国家能从中得出必要的结论。

③ 参见梅茨格:《个性及其他》第21页。

④ 参见上文§36注释6(即本书第206注释①——译者注)和梅茨格:《个性及其他》第22页注释4。

§37 责任能力

要求,人们必须"能够"为自己的行为说明理由。从心理学角度来看,这里的"能够"意味着行为人的心灵具有社会足价(soziale Vollwertigkeit)所需要的观念财富;这些观念以通常的方式和通常的速度实现结合,重感情与观念相适应以及普通的、法律的、道德的、宗教的等规范的动机力量与普通准则相适应;意志冲动的方向和强度不致完全失常。因为我们只是以我们自己的意识来推断他人的意识,只是以我们的反应方式事后推断他人的反应方式,别人与我们的相似点是他与从我们的经验中抽象出来的典型的、心智健全的先决条件的一致性。在这一意义上,责任能力可被定义为通常的可确定性。① 因此,每个心智发育成熟且心智健康之人,在不受干扰的意识状态下均是有责任能力的。② 社会生活要求的观念的一般内容和一般的动机力量,表明了责任能力的本质特征。责任能力概念与意志自由(参见上文§5 II 1)毫不相干。

II. 迄今为止,立法者仍未看到其在涉及责任能力方面的任务是对责任能力的本质特征作出积极的规定,而是将自己仅仅局限于根据他的观点对何时应当排除行为人的责任能力作消极的说明。无论是现行法律还是刑法典草案,均是以此方法运作的。但可从消极的对法律的理解中推断出责任能力的积极的概念。根据草案(参见《1927年草案》和《1930年草案》第13条第1款),该积极的概念由以下两个要素组成:认识行为不正确(非法、未被允许、不符合法律)的能力和依该认识而行为的能力。在现行法律中,《刑法典》第51条、第58条只是不确定地和不清楚地表达了这一思想,而《少年法院法》第3条倒是清楚地表明了这一点。上文阐述的责任能力的心理学—规范观点在成文法中因而是有其依据的。

III. 值得注意的是,心智发育成熟在不同的法律行为方面并非是在同一时刻出现的,而是在这里可能需要较长的发展过程,在那里需要较短的发展过程,也就是说,在不同的法律领域(公法,民法,刑法)及其部门法领域(家庭法,继承法,索债法),责任能力并无必要在同一年龄段具备。在刑法领域,即使是同一个人在同一时刻,有时被认为具有责任能力,有时则被认为无责任能力,这完全取决于涉及何种犯罪行为(如杀人、政治犯)。但这一论断与只在特定之精神病患情况下才出现的所谓"部分责任年龄"③问题是毫不相关的。

---

① 迈耶第204页(以及弗兰克)问道:"何为通常"?文章给予了答案。参见帝国军事法院判决第18卷第49页。
② 持该观点的还有梅茨格:《个性及其他》第6页。
③ 尤其请参见梅茨格:《个性及其他》第27页及以下几页,其《刑法教科书》第292页,《纪念弗兰克文集》I第523页;弗兰克§51 IV。

§37 责任能力

IV. 责任能力必须存在于实施犯罪之时。较后才出现的无责任能力只具有诉讼结果方面的意义。这里，起决定作用的是实现意思活动的那一时刻；结果发生时行为人的精神状态如何无关紧要。①

我们必须将这一普遍原则合乎逻辑地加以运用，以便根据所谓的对原因自由行为(action libera in causa)的评判对这一著名的责任问题作出判断。如果在无责任能力状态下通过作为或不作为造成不法结果，而该行为是由于在有责任能力状态下实施的故意或过失行为(作为或不作为)导致的，那么就具备了责任能力。例如，铁路看守员醉酒后，在快车驶近时未搬道岔；应当知道自己睡觉时不老实、好辗转反侧的母亲过失地将其幼儿压死在床上。此等情况尤其但不仅仅发生在以此等方式实施的不作为犯罪中；较少是过失的作为犯罪；以故意作为形式出现的原因自由的情况最少，也最具疑问。但是，它是可能的；如可以利用疯子或醉酒者作为实现我们犯罪目的的工具，因为在他们那里，可确定性虽然是不符合规律的，但并未被排除；同样，我们也可以使自己在精神障碍或醉酒状态下实施既定计划。如果因果关系和涉及结果之责任在具体情况下已经产生，作出法律上的评价就不会有其他什么困难。在重要时刻(这里不是指结果产生之时，而是指具有因果关系链之时)已经具备了责任能力。在清醒状态下的铁路看守员，在未睡觉时的母亲，均实际上已经认识到发生此等结果的原因。行为在这一刻已经实施，因此，行为人是有责任能力的。而且，在所有情况下都是作为而没有不作为；如果一个外人将铁路看守员故意灌醉，使得后者不能搬道岔者，亦同。②

---

① 责任的前提条件——责任能力必须与所有法律上重要的情况一样由官方予以证实，缺乏责任能力这一事实不应当由被告人来证实。当诉讼过程中对(行为人)是否具有责任能力产生争议时，判决中才会予以明确的确认(《刑事诉讼法》第267条)，但如果涉及少年或聋哑行为人，则可以作为例外。这里，在所有情况下均必须明确确定，行为人是否具备认识其实施的行为的违法性的能力(《刑法典》第58条)，在行为人为少年时，除要确认行为人是否具备认识其行为的违法性的能力以外，还要确认少年行为人是否具有依该认识而行为的能力(《少年法院法》第3条)。根据《少年法院法》第32条第1款的规定，在行为人为少年时，检察官必须于主审程序前的预备程序中提出这一问题。当行为人为聋哑人时，检察官必须有权在决定提起诉讼时对其不同的识别能力进行认定，在未进行此等认定的情况下，有权终止诉讼程序。涉及少年时，必须由少年法院同意，才能终止诉讼程序(《少年法院法》第32条)。

② 参见卡涔施泰因(*Katzenstein*)：《原因自由行为的不处罚》，1901年。普通法对该问题自巴托罗斯以后进行过许多研究。由于责任未被排除，预备被认为应当处罚；参见恩高§41。托曼西乌斯(*Thomasius*)的博士论文："De jure circa somnum et somnia"(1686年)对诡辩术进行了深入的探讨。1620年的普鲁士法就已规定，对杀人的梦游症患者科处刑罚，如果他知道其状态的危险性。德国各邦的刑法自《普鲁士刑法》之后，同样处罚此等行为。相反的是，自19(转下页)

§38 无责任能力的几种情况

A. 概述

I. 如果行为人不具备正确认识与其行为有关的社会要求或依据该认识而行为的能力,为无责任能力。① 出于何种原因而致无责任能力,原则上无关紧要,且缺乏正确认识与其行为有关的社会要求的能力或缺乏依据该认识而行为的能力,具有同等的法律意义;缺乏责任能力也就无责任,同时行为也就不具备犯罪之特征。责任能力是责任的前提条件,因此,无责任能力也即为责任阻却事由(参见上文§26 III)。也正因为如此,只要法律未明确指明适用其他规定,第三人就不可能成为无责任能力者实施的违法行为的共犯。本节 B I 中描述的无责任能力的情况则是从共犯(参见下文§47)的附属特征中得出的原则的一个重要的例外。② 此外,第三人可作为(直接的)独立的行为人承担责任。

II. 立法者将最重要的和最常见的无责任能力的情况,以强调其特征的方式作出了法律规定。此等无责任能力的情况将在本节 B 部分阐述。应当强调的是,法定的阻却责任能力的情况种类,绝对不可能包括所有可能的阻却责任能力的情况。因此,对本节 I 中强调的原则应当予以承认,即只要缺

(接上页)世纪 40 年代起,萨维尼的原因自由行为不受处罚的观点在萨克森、巴伐利亚,尤其是在普鲁士成为主流观点,直至 1871 年以后又为一个相反的共同观点所取代。现今的许多作者持与本教科书相同的观点。参见阿尔费德第 156 页;葛兰特第 83 页;科勒第 239 页;弗兰克§51 V;冯·希佩尔:《德国刑法》第 2 卷第 296 页注释 2;梅茨格第 281 页;瓦亨费尔德第 142 页;哈夫特第 104 页。司法实践也认同该观点:帝国法院判决第 22 卷第 413 页,第 60 卷第 29 页;帝国军事法院判决第 17 卷第 156 页。卡洛施泰因不同意该观点,但他的观点并不能使人信服。《民法典》第 827 条规定过失是有责任的,但该条不适用于刑事判决。对此,请参见李斯特的《犯罪之责任》第 49 页。

① 葛兰特一再正确地强调,在将来的刑法中应当将该原则明确规定下来,以便肯定在上面描述的心理情况下行为人总是缺乏责任的,而无需考虑此等责任能力是基于何种原因。参见葛兰特对《1919 年草案》总则部分的说明(1921 年)第 10 页;《1925 年官方草案》总则部分(1925 年)第 32 页。持相同观点的还有梅茨格:《个性及其他》第 9 页。德国的一些草案并没有理解"心理学方法",而是像现行法律一样,使用"混合(生物—心理学)方法";参见《1927 年草案》(《1930 年草案》)第 13 条第 1 款。阿尔斯贝格:《改革》(1926 年)第 69 页虽然正确地承认,用混合方法存在不全面的可能性,但他仍偏爱将心理学方法"用于实践"。

② 参见葛兰特:《纪念罗森费尔德文集》(1923 年)第 17 页及以下几页,以及下文关于共犯的学说。

§38 无责任能力的几种情况

乏上文 I 中所描述的能力,那么,就构成了无责任能力和无责任,而无需以任何方式去追究缺乏此等能力的具体原因。对于一个作为"民族展示"(Volksschau)的对象来到德国的野蛮种族成员来说,我们就不能期待他的行为是基于动机过程(Motivationsprozess),在此过程中,德国法律所包含的社会义务起着方向性的作用;因为他缺少德国法律意义上的责任能力,所以无需考虑 B 部分讨论的无责任能力理由意义上的发育障碍或精神错乱。国家则应防止给予此等野蛮人以客人地位;我们不能责备他的以完全不同的规范观和不同的社会义务观为准的行为。有些人想在此等情形下类推适用《刑法典》第 58 条或其他无责任能力的法律规定。但这是没有必要的,类推适用《刑法典》第 58 条也是值得怀疑的。倒不如直接回到刑法意义上的责任的基本思想上去,如同它被证明是责任能力学说的标准一样。①

B. 法定的无责任能力情形

I. 心智(智力和道德)发育不成熟

1. 个人的社会行为能力的掌握需要一个漫长的智力和道德发展过程。由于各人心理物理素质不同,有些人可能较早具备基本的社会行为能力,而有些人则要晚些。对于儿童,此等社会行为能力在儿童期的前期一般而言是不存在的;而成年人一般而言是具备此种行为能力的。可以想见的是,立法者期望法官在每个具体案件中确定无责任能力;然而,立法者考虑到证明和确认无责任能力的更大的困难性而没有这么做,而是在充分利用有关人类心智发展的科学经验的基础上规定了两个年龄界限:

---

① 该问题是有争议的。在本教科书过去的版本里,在文中所述情况下类推适用《刑法典》第 58 条同样是被否定的,因缺少责任能力而被判处无罪的可能性只有在适用《刑法典》第 51 条的情况下方能存在。但第 51 条只包括"疾病"情况,也即"器质上的"(如弗兰克、梅茨格等人所说的那样)精神活动障碍(失去知觉的情形不属此类),因此不属于这里所述之情形。与本教科书持相同观点的还有葛兰特第 82 页;迈耶第 227—228 页;实际上还有芬格尔 1 第 219 页。同意类推适用第 58 条的有阿尔费德第 154 页;弗兰克 § 58 II。冯·巴尔否定类推适用,但与本教科书的观点所不同的是,他认为不存在法律规定情形以外的责任能力;属于这种情况的也许只有赦免。持相同观点的还有梅茨格第 299 页,他想以《刑法典》第 59 条和可能的特别之责任阻却事由来解释本教科书提及的争论。不同意本教科书观点的还有冯·希佩尔:《德国刑法》第 2 卷第 295 页。

§38 无责任能力的几种情况

a. 儿童：14 岁以下者为儿童(《少年法院法》第 2 条)。① 这里,法律规定了一个不可反驳的无责任能力的推测。② 因此,法官可以不再为确定刑事责任目的而深入研究行为人的智力和道德发育状况;任何一种研究社会行为的一般能力的做法都是多余的;每一种责任非难自始就为法律所禁止。儿童期(绝对未达责任年龄)不仅表明(实体法上的)无责任推定,而且同时还表明了诉讼程序上有效的绝对的刑事追诉禁止(absolutes Strafverfolgungsverbot)③;任何一项针

---

① 为《少年法院法》而排除的《刑法典》第 56 条规定 12 岁为未达刑事责任年龄的上限。反对此规定的斗争由来已久。《预备草案》第 68—70 条就已将重要的年龄界限提高到 14 岁。其后的一些草案[参见《1927 年草案》和《1930 年草案》第 15 条第 1 款]保留了 14 岁为最低刑事责任年龄的规定。《少年法院法》作出了重要的立法贡献。参见上文§4 III。此外,要求提高最低刑事责任年龄(至 16 岁或 18 岁)的呼声也还是存在的。对此,可参见 1920 年在耶拿(Jena)召开的第五届德国少年法官大会的论文集;海尔维希:《少年法院法》第 2 条注释 1(有丰富的文献索引);韦格讷:《少年刑法》第 22 页及以下几页;韦伯勒(Webler):《反对少年法院》的观点,1929 年;哈童:《纪念弗兰克文集》I 第 542 页及以下几页。年龄的计算以《民法典》第 187 条第 2 款为准;帝国法院判决第 35 卷第 37 页也是这么做的。

② 《1927 年草案》和《1930 年草案》第 15 条第 1 款明确规定:"儿童无责任能力。"1930 年《草案实施法》第 72 条第 1 款规定对《少年法院法》第 2 条作相应的修改。作出如此明确的规定是何等之必要！其结果是,帝国法院判决第 57 卷第 206 页不可思议地以《预备草案》为出发点,在《少年法院法》第 2 条的规定中发现了一个个人的刑罚阻却事由。与其以《预备草案》为出发点,帝国法院判决在解释《少年法院法》第 2 条时,还不如使用《委员会草案》第 21 条和《1919 年草案》第 129 条呢！后者强调,如《少年刑法》的整个改革运动所不可能有其他做法一样,儿童无责任也即儿童是无责任能力的。它还全然没有认识到,为何只有一个个人的刑罚阻却事由。人们在寻找那些既与行为的社会评价无关,又与行为人个性的社会评价无关的个人的刑罚阻却事由。这里涉及一个人的智力和伦理道德成熟问题。因此,与责任问题的联系是被强加的。由于《少年法院法》第 3 条中的"少年"是如此明确地被表述(请参见帝国法院判决第 63 卷第 48 页、第 64 卷第 353 页),以致第 2 条关于儿童的规定是如此平淡(儿童不处罚),毫无疑问的是这里也只能谈及无责任能力。假设帝国法院做法正确,则《少年法院法》第 4 条最终会是多余的。因为,如果说未满刑事责任年龄只是个人的刑罚阻却事由,那么,那些故意让儿童犯罪的人是教唆犯,不是共同正犯,也就不言自明了。而第 4 条表明不言自明的做法是不能被接受的。因此,《少年法院法》是非常明确地赞同了本教科书的观点。参见克莱姆(Klemm)第 27 页(理由不充分),尤其是葛兰特的精彩论述第 73 页及以下几页。不同意帝国法院判决的有弗兰克:《少年法院法》§2 的相关注释,海维希§2 注释 4,冯·希佩尔:《德国刑法》第 2 条第 298 页,基索夫§2 注释 1(对§4 作出了正确的评价),克莱姆第 28 页,梅茨格第 284 页。而弗兰克在对§4 的注释中表示同意帝国法院的做法,并表示追随之,虽然他考虑到第 3 条连自己都有些疑虑。帝国法院判决第 61 卷第 265 页将该问题予以搁置。尤其请参见下文§48 的相关注释。

③ 此为帝国法院判决第 57 卷第 206 页所正确强调。因此,凡已经开始的对儿童的诉讼程序必须立即终止,不允许进行该诉讼程序并作出无罪判决。基索夫§2 注释 1 的观点是错误的;而海维希§2 注释 5 的观点则是正确的。

§38 无责任能力的几种情况

对儿童的诉讼措施都是不能被允许的,因为鉴于儿童期的实体法意义,确认一个具有犯罪特征的行为自始至终就是不可能的。因符合构成要件的违法行为而对儿童采取的措施,因此也只能由监护法官作出。参见1922年7月9日的《帝国少年福利法》。

关于监护人(还有第三人)的刑事责任问题,适用《刑法典》第361条第4项和第9项以及《少年法院法》第4条的规定。

b. 少年:年满14岁至年满18岁(《少年法院法》第1条、第3条)。① 关于"少年",法律未规定(如同对儿童)一个呆板的无责任能力推断,而是指示法官在具体案件中对责任能力问题进行认定,对于是否怀疑其有责任能力,或以其他方式产生责任能力,不得进行观望。《少年法院法》第3条的表述方式以排除任何一个怀疑的形式明确地指出,这里有应当构成法官认定对象的少年的责任能力问题。② 少年对社会应当规范(die soziale Sollen-Norm)的智力和情感能力得到清楚和明确的强调,责任能力的心理规范特征得到承认。法律并未要求少年认识为法律所禁止的行为③,而只是要求少年具备通过集中其心智力量认识其行为的社会危害性以及其行为的违法性的一般能力。法律进一步要求少年已经具备以其认识而行为的一般能力。④ 恰恰在最后一点上,《少年法院法》第3条超越了被删除的《刑法典》第57条,后者片面地强调智力认识因素,而完全忽视情绪意志因素。⑤ 上文提

---

① 关于少年的年龄段上限问题请参见第221页注释①提及的文献。1930年的《刑法典草案实施法》第72条第3项,在少年的限制刑事责任能力阶段与成年人的完全刑事责任能力阶段之间增加一个中间阶段,该阶段的少年被称之为"半成年人"(Halberwachsen)。参见哈童:《纪念弗兰克文集》I第553页及以下几页,此处有关于这一问题发展演进的精彩阐述。反对该实施法的建议的有舒尔茨:《德国法学家报》36第537页,但很难令人信服;赞同该建议的有梅赛勒(Messerer):《德国法学家报》36第126页。

② 参见本页注释④,那里探讨的有争议的问题在这里同样占有一定的地位。尤其请参见葛兰特第76页。

③ 在多大程度上是这种情况或应当是或可以是这种情况,属于——前提条件是有责任能力——责任种类问题(故意或过失)。参见弗兰克:《少年法院法》§3 II 1。

④ 参见帝国法院判决第58卷第100页,正确地区分了智力成熟和意志成熟。还请参见冯·希佩尔:《整体刑法学杂志》32,第130页(旧法);弗兰克:《少年法院法》§3 II,葛兰特第76页;梅茨格第284—285页。

⑤ 关于《少年法院法》第3条与过去的法律的关系,请参见帝国法院判决第58卷第99页和弗兰克:《少年法院法》§3 II、III;此外,还有弗兰克§3 I,梅茨格第285页注释6。根据《刑法典》第56条的规定,认识行为的可罚性的能力是必需的;过去在认识能力方面的要求比今天更为严格。

§38 无责任能力的几种情况

及的双重能力必须在实施具体的犯罪行为时同时具备;因此,在想象竞合犯的情况下,一个犯罪具备,而另一个犯罪则不具备①;另一方面,鉴于行为人心智和伦理道德的发育情况,还要对此等能力进行认定②。

虽然具备一般的认识和意志能力,但责任能力可因一个其他原因,如醉酒,而被排除。

a) 如无此等能力,判处无罪(《少年法院法》第 3 条、第 5 条第 3 款)。如果不科处少年刑罚,法院可命令对其进行教育处分(参见下文 §64)。关于第三人,适用上文 1 中所述原则。

b) 如果确认有责任能力,科处刑罚虽然不是必需的(《少年法院法》第 6 条),但是可能的;在后一种情况下,可在法定幅度以外处刑或减轻处罚(《少年法院法》第 9 条;参见下文 §68)。

2. 心智成熟上的缺陷(心智发育不成熟)可能是阻碍发育的一个原因。《刑法典》第 58 条将聋哑作为一个特别重要的情况加以强调,也就是说,这种哑是基于聋的哑。

这里,法律要求(与《少年法院法》所删除的原《刑法典》第 57 条相一致,即错误地、片面地强调智力上的认识能力)在各具体案件中就行为人对其实施的犯罪行为的可罚性所必需的认识能力进行认定,并作出明确的确认。在这里,尽管具备认识能力,但责任能力也可因《刑法典》第 51 条的规定而被排除,因为聋哑的行为人虽然有认识能力,但他没有以该认识而行为的能力。在有责任能力的情况下,不可减轻处罚,虽然此处似乎也应该减轻处罚。

3. 《刑法典》第 173 条第 4 款提供了一个涉及个别特定的可罚行为的无责任能力推定的有趣的例子:根据该条款的规定,在乱伦案件中,对那些未满 18 岁的卑亲属和姻亲子孙不处罚。试图通过假定他们具有个人的刑罚阻却事由(参见上文 §26)来解释这些人不受处罚的原因是不可能的。试图以心理强制来证明此等推测则显得过于狭隘了。正确一些的做法也许是,立法者应认识到,不要指望少年或儿童(参见上文 I)能够认识到此等行为的不被允许性并具有以此等认识而行为的能力。在这方面存在的所有的认定困难,应当由立法者通过——正如在其他免责情况下所做的那样(参见上文 I、下文

---

① 持相同观点的还有弗兰克:《少年法院法》§3 III;海尔维希 §3 注释 4;帝国法院判决第 47 卷第 385 页。

② 请参见葛兰特第 77 页。

§38 无责任能力的几种情况

§42 III)——提出具有一般原则性的无责任能力推定。①

II. 精神障碍

《刑法典》第 51 条表明,依据专家的鉴定,"如行为人在犯罪时处于(无意识或)精神活动障碍状态,因而其自由意志决定被排除的,则不认为其行为是犯罪"②。

"精神活动障碍"这种表述③不仅仅包含了本来意义上的所谓的精神疾病,而且也包含了发育障碍(白痴、弱智)和精神退化状况(未老先衰),此外,还包括与精神障碍有关的狭义上的身体疾患(神志昏迷、神经机能症),暂时性的精神活动障碍(中毒等)。但它总是涉及一个"病态的",也即一个"与器质有关的"障碍(弗兰克语)。存在精神活动障碍本身还不能说明责任能力已被自然排除,而要看精神障碍是否且在多大程度上影响人的社会行为能力。在这一意义上,《刑法典》第 51 条要求存在一种"行为人自由意志被排除"的情况。它不再意味着意识的正常的确定性,易言之,正确认识社会要求并以该认识而行为的能力。④

---

① 在该问题上,不同观点大相径庭:观点 1 认为有个人的刑罚阻却事由,包括宾丁:《刑法教科书》1 第 230 页;阿尔费德第 415 页注释 9;葛兰特第 309 页;奥尔斯豪森§173 5c;施瓦茨§173 注释 5;瓦费尔德第 457 页;李斯特在其教科书以前的版本中也持该观点,§44 II。观点 2 如黑格勒:《整体刑法学杂志》36 第 215 页注释 110,认为有下文§42 所述方式的免责事由;它涉及由法律所类型化的情况的"心理强制"。持该观点的还有弗兰克§173 III,梅茨格第 299—230 页注释 31("特别之免责事由")。由于这些作者认为有一个免责事由,所以,他们与本教科书的观点最为接近。观点 3 即帝国法院的态度与海格勒的观点相似。帝国法院判决第 19 卷第 391 页解释道,不满 18 岁的子孙"不负刑事责任",他们"原则上只能被视为无意志的、在长辈们的威望和暴力下作为性滥用的工具或后者的牺牲品"。但其他的问题则解释不清楚:18 岁以上"是""积极的构成要件特征","18 岁以下不是个人的责任阻却或刑罚阻却事由"。艾伯迈耶:《德国刑法及其注释》§173 注释 5 是否同意帝国法院判决的观点,不得而知。

② 在主要方面是与《民法典》第 827 条规定一致的。关于对具有危害公共安全的精神病患者的照管,请参见下文§65。

③ 此处请参见梅茨格的文章。

④ 一般均持该观点,尤其是帝国法院判决第 64 卷第 349(353、354)页。鲍姆加腾:《犯罪学之结构》第 112 页(与冯·比尔克迈尔一样)认为法律条款承认意志自由。不同意此说的有冯·希佩尔:《整体刑法学杂志》32 第 120 页;洛伯:《德国刑法及其注释》§51 注释 2;迈耶第 112 页;梅茨格:《个性及其他》第 16 页。该观点在《预备草案》第 63 条中被保留了下来,自《1925 年官方草案》以后,其他草案均用其他表述取而代之(参见与本书第 222 页注释②有关的内容)。《瑞士刑法草案》在一定程度上放弃了进一步限制的做法,并将症状——列出("心理的"或"医学的"方法);瑞士刑法草案最终又采纳了主流观点("混合方法")。1919 年的《委员会草案》,《1925 年官方草案》和《1927 年草案》《1930 年草案》,也接纳了"低能"的概念。不同意此说的有梅茨格:《整体刑法学杂志》49 第 173 页及以下几页,提出了一些重要理由。关于刑法草案请参见本书第 219 页注释①。

§38 无责任能力的几种情况

由专家确定的精神障碍是否可以排除责任能力,得由法官根据自己的判断,本着负责的态度作出决定。内容涉及《刑法典》第 51 条,因而涉及"自由意志决定"的医生的鉴定,对法官并没有约束力。

III. 心智发育成熟、精神健康之人的精神活动有时也有波动,尽管此等波动是以心理为基础的,它可能排除责任能力;此外,这以不引人注意的方式转变到了病理学领域。《刑法典》在第 51 条将其描述为一种"失去知觉"状态。我们可更确切地讲,在高度的意识模糊情况下,外在活动与自我意识的联系是不充分的,通过想象的有规律的确定性受到妨碍,责任能力因而被排除。属于这种情况的有昏迷、睡眠、睡意朦胧、催眠的感应作用、醉酒等。①

C. 与 B II 和 III 中讨论的情况相联系,如果通过此等情况不能排除而只是或多或少地影响了行为人的社会行为能力,这就提出了一个具有法律意义的问题,人们称之为"减轻责任能力"。最新的刑法草案(《1927 年草案》和《1930 年草案》第 13 条第 2 款)还持这样的立场,所有导致阻却责任能力的心理状态,如果其是以缓和的状态出现的,责任能力予以减轻。但新精神病学早就证明此观点在一定程度上是不成立的,即作为真正的精神疾病,作为"恶化的解剖学上的脑病的外化"[维尔曼斯(Wilmanns)第 23 页],甚至当它们处在形成过程之中,还没有以较严重的形式出现之时,就必然总是意味着阻却责任能力。与此等精神疾病相对的是人格反常(疾病体质,规范之变异),这是一种广义的心理变态。这里必将出现"严重的精神病的加重或反应",或产生严重的持续状态,如严重的白痴或中等程度的低能(维尔曼斯第 29 页),应当认为这些人完全缺乏社会适应能力,也即缺乏责任能力。因此,它实际上属于"减轻责任能力"范畴。《帝国刑法典》未提及这种情况,司法实践一般是从轻处罚。《1927 年草案》第 13 条第 2 款只规定可选择从轻处罚,《1930 年草案》第 13 条第 2 款则使得当时的司法实践合法化,它规定

---

① 假如这些情况不被理解为精神活动障碍,这不仅仅发生在"无意识的醉酒"情况下,帝国法院判决第 64 卷第 349(353)页。根据《军事刑法典》第 49 条的规定,违背军事上的服从义务犯罪以及在所有执行职务活动中实施的犯罪的情况下,自己有责任的醉酒不构成从轻处罚事由。《预备草案》第 64 条是完全失误的。根据该条款的规定,如果丧失知觉的原因是自己有责任的醉酒,适用处罚过失犯罪的刑罚。关于醉鬼的照管参见下文 §65。《委员会草案》第 338 条、《1919 年草案》第 274 条、《1925 年官方草案》第 335 条、《1927 年草案》和《1930 年草案》第 367 条,将自己有责任的醉酒视为独立的犯罪。参见《1925 年官方草案》第 17 条第 2 款第 2 句、《1930 年草案》第 13 条第 2 款第 2 句(在《1927 年草案》中无此规定)。还请参见马姆罗特(1926 年)第 374 页。

此等情况必须从轻处罚,但将矫正及保安处分作为附加刑适用。我们应当看到,从今天已经占主导地位的且草案中包含的个别化刑罚观出发,在"适合个性的"行为(梅茨格语)的情况下,对精神变态者实施积极的刑罚个别化已经完全成熟,并将有成功的希望(维尔曼斯第 365 页)。今天,量刑时遇到的只是在不可能适用现行《帝国刑法典》的情况下的减轻责任能力问题,因此,它对整个问题都具有意义。①

§39 故 意

I. 如果为日常生活中使用的词汇所迷惑,就不能认识故意的本质;如果不区分法律上的故意和伦理上的故意,也即不确定每种价值关系(Wertbeziehung),与该词汇的本意倒也是不矛盾的。比如,人们所说"打算"去旅行,"计划"去散步等,都有故意的意思。但是,这种对好坏行为均以同等方式使用的故意"概念"表明,这在刑法中是没有意义的。刑法中的故意就法律意义讲绝不是无关紧要的;在不同的法律中,故意向来被作为罗马法中的故意概念的延续(Nachfolger des römischen dolus),总是被作为有责行为和法关系的特殊种类来使用的。因此,它自始至终就必须从科学的角度作为责任种类来对待和规定之。② 如果行为人虽然预见到其行为的违法性和社会危害

---

① 对减轻责任能力具有首创意义:维尔曼斯,作为《1927 年草案》中心问题的所谓减轻责任能力。参见梅茨格:《法庭杂志》96 第 69 页,《整体刑法学杂志》49 第 171 页;卡尔:载阿沙芬堡主编的著作 22 第 506 页;格林霍特:《整体刑法学杂志》50 第 299 页;阿沙芬堡:《帝国法院文集》(1902 年)第 5 集第 242 页及以下几页;科普罗夫(*Koplow*):《减轻责任能力的概念》,吉森大学博士论文,1931 年;此外还有维尔斯曼:《整体刑法学杂志》44 第 89 页;梅茨格,摘引处,§37 文献索引。今天,极富参考价值的还有卡尔:《德国刑法与外国刑法之比较研究》总论部分 1;施托斯:《德国法学家报》9 第 665 页;李斯特:《论文集》2 第 449 页;厄特克:《国际刑法学会报告》12 第 58 页;《第 27 届德国法学家大会报告》1 第 137 页(卡尔),3 第 136 页(李普曼);芬格尔:《法庭杂志》64 第 257 页;戈特沙克:《减轻责任能力论之资料》,1904 年;苏利希:《所谓减轻责任能力的刑法意义》(《刑法论文》第 129 册);许策:《精神病学与刑法改革》,1922 年;《精神病学档案》68 第 568 页;戈林:《整体刑法学杂志》42 第 746 页;戴拉奎斯:《整体刑法学杂志》46 第 98 页;比恩鲍姆:《心理变态之罪犯》,1926 年第 2 版;米特迈耶:《法学词典》VI 第 1056 页;冯·欧佛贝克(*v. Overbeck*):《瑞士刑法学杂志》40 第 41 页。关于有危害公共安全可能的精神病,请参见胡尔维茨(*Hurwicz*):载阿沙芬堡主编的著作 9 第 399 页;阿沙芬堡:《在危害公共安全的精神病前的社会安全》,1912 年,《德国刑法与外国刑法之比较研究》总论部分 1 第 79 页;戴拉奎斯:《瑞士法学家联合会论文集》,1913 年;戈林:《危害公共安全》,1915 年;等等。

② 此问题的争论请参见上文 §36 的相关注释。

§39 故 意

性,且能够期待其以合法行为代替该违法行为,但他仍然实施了符合构成要件的违法行为,我们可称之为故意犯罪。简言之,虽认识到其行为的事实和法律效果,仍违背义务地实施该行为的,是故意犯罪。① 我们尝试对这一概念作具体的解释。

II. 由于心理学的责任因素,作为责任种类的故意尤其显得突出。在心理学关系上,下列各项是故意所必需的:

1. 对法律作为重要事项规定在构成要件之中以及导致具有刑法意义的"结果"的所有事实情况有所认识。法律(《刑法典》第59条第1款)仅仅满足于指出心理学上故意因素的一面,并从中得出错误论(Irrtumslehre)之结果,这不妨碍对作为责任种类之一的故意的科学解释,并继而确认从责任概念中产生的故意之本质。依据《刑法典》第59条不可能得出故意的定义②,这是因为:

a. 如果说《刑法典》第59条第1款涉及对"事实情况"的认识③,首先也是指(纯"存在"事实意义上的)事实,如同它在法定构成要件中的描述构成要件特征一样(参见上文§32 A II 1),大多数情况下是或多或少地存在的。行为人因而必须知道,其杀人行为针对的是人;"要求堕胎者"必须清楚自己已经怀孕;"被拘禁者"必须知道他的活动自由已被剥夺;等等。如果适用的构成要件涉及行为人的行为与结果在一定意义上有因果关系(杀人、伪造、损坏财物等),则行为人必须知道其行为的因果性。恰恰在这一意识中,故意不

---

① 每一个故意概念均有其一定的不足之处,因为它要么使人有范围过窄的感觉,要么有范围过宽的感觉。由于每个概念只是对故意和过失所作的形式上的简短阐述和总结,因此,概念中所使用的词汇必须视为技术表述方式,据此,只能在一定意义上使用。例如,"预见"这一表述在本文中所给出的定义意味着,行为人一定认识到"结果"可能产生,但还可能意味着行为人认识到未必故意(dolus eventualis),但并未拒绝之。冯·希佩尔:《德国刑法》第2卷第358—359页注释7结束处的观点并非是无懈可击的,第306页注释7同样如此。

② 冯·希佩尔根据《刑法典》第59条产生的历史提出的无可辩驳的证据认为,此处不存在对整个故意内容作出法律规定的问题。冯·希佩尔第487页正确地指出:"以人们期望的将来的法律状态为准,但重要的是确认现今的法律规定是我们的理论"(指《刑法典》第59条),"不是深远智慧的产物,而是普鲁士立法者的无能以及政治事件的结果"。因此,李斯特在本教科书过去的版本中,总是因《刑法典》第59条一方面不能打破其故意学说的心理至上论,另一方面不能放弃假定错误学说。这是完全不恰当的。参见罗森费尔德的精炼论述:《整体刑法学杂志》32第466页,李斯特的责任论也是完全孤立的。现在,大多数学者对《刑法典》第59条的评价都是正确的,尤其请参见迈耶第260页(反对李斯特的观点);宾丁:《德国刑法教科书》总论部分第45页;罗森费尔德:《整体刑法学杂志》32第488页;洛伯:《帝国刑法典及其注释》§59注释2。

③ 这里尤其请参见弗兰克§59 II 精辟的论述;这些论述是无与伦比的、卓越的。

§39 故 意

同于愿望和希望;这里,属于构成要件的外部世界的改变取决于客观情况,既不能指望行为人对此等客观情况有所控制,也不能指望行为人决定之。①

法定构成要件绝不只是从"事实"中形成的,在标准的构成要件特征中(参见上文§32A Ⅱ 1)还具备法律的或文化的价值关系("他人""官员""文书"等);这就产生一个问题,此等对构成要件特征的认识究竟在多大程度上属于故意范畴?② 这里有一点不容怀疑:立法者制定的法学概念,运用法律的法律工作者能够很快且准确理解,但是它们离普通老百姓(的知识范畴)太远了;如果想知道何为"故意",那么,"只有法律工作者能够实施犯罪"。③ 只要构成要件中包含的是法学概念,则应当归因于概念所涉及的

---

① 持相同观点的还有梅茨格第339页,弗兰克§59 Ⅸ 第2页。
② 行为人的认识必涉及法定构成要件的纯事实情况,以便被认为其是故意的,这是没有争议的。但这种认识究竟在多大程度上包括法律概念和关系,如同其在构成要件中常常被使用的那样,倒是有很大的争议。弗兰克§59 Ⅱ 正确地警告别将该问题与完全不同的问题相混淆:对行为违法性的认识是否且在多大程度上属于故意范畴? 如果A知道他拿走别人的物品,还不能确定他已经知道他的行为是为法律所禁止的!? 恩基希第83页也持同样的观点。关于在这里讨论的问题,帝国法院的观点很有意思,这些观点来源于无数的对行为人的错误的排除故意的判决之中。帝国法院认为,行为人对所有纯事实以及刑法之外的法律规定有认识才能构成故意,而当行为人对事实或刑法以外的法律规定产生错误认识,而非对刑法规定产生错误认识,则帝国法院不认为行为人是故意的。下列各项判决足以证明该观点:帝国法院判决第4卷第234页,第10卷234页,第19卷第209页,第22卷第141页,第23卷第374页,第36卷第158页,第37卷389页,第46卷第6、25页,第54卷第4、162页,第55卷第37、155(121)、138(142)、234页,第56卷第337页,第57卷第15、235、247(253)、337(339)、366、404(407)页,第58卷第6、63、145、171、247页,第59卷第255、357、404(408)页,第60卷第298、357页,第61卷第194、208、258、429页,第62卷第155、295页,第63卷第107(111)页,第64卷第101页,第65卷第160页。帝国法院之所以固守其遭到各方严厉批评的观点,是因为:一方面,其总想证明将行为人对故意所需要的认识限制在纯事实上是不可能的;另一方面,它也担心,此等认识的进一步扩大至法律领域,可能导致这样一个原则:行为人必须了解刑法法规,也即必须认识其行为的可罚性。帝国法院的观点完全无法实施,这已常常被学者们指出。参见科尔劳斯:《错误与责任概念》(1903年)第118页及以下几页;洛伯:《帝国刑法典及其注释》§59注释7;冯·希佩尔:《德国刑法》第2卷第332—333页,《德国刑法与外国刑法之比较研究》总论部分3第550页及以下几页,《违法性之意识》(1924年)第5页;迈耶第261页注释10;弗兰克§59 Ⅱ;梅茨格第329页。还请参见阿尔斯贝格:《哄抬物价刑法》第5版第202页及以下几页,以及绍尔:《刑法之基础》第591页。帝国法院的观点无法实施的原因还在于,纯刑法概念是不存在的,作为保护法的刑法,其概念是借用其他法领域的。参见弗兰克§59 Ⅱ。帝国军事法院判决则无条件地以帝国法院为榜样,请参见帝国军事法院判决第13卷第97、274页,第14卷第41、72、115、124页,第21卷第22、78页。施瓦茨§59注释12也仿效帝国法院。
③ 弗兰克§59 Ⅱ 作了如此恰当的表述。

§39 故 意

生活中的具体名词,以及归因于立法者与之有关的社会、文化评价。此等社会中的具体名词和评价对具体的人的认识范畴而言,原则上是通用的。① 比如《刑法典》第267条涉及"证书",对此等非常难懂的且颇具争议的法律概念的认识并非故意所必需,而只要(行为人)能认识到它涉及一个在法律事务中符合概念内容的功能即可。《刑法典》第242条规定有"他人"之物,我们不能要求行为人对法学的、民法中的财产概念有清楚的了解,而只要求他认识到,其行为侵犯了当事人对该物所享有的排他性占有权。属于行为人故意的不是对行为的推定(属于法律范畴)及其抽象的概念特征,而是对那些事实和法律关系的认识,后者构成行为的危害性事由,并成为立法者在法学概念的抽象中用于建立构成要件。对事物的归纳、概括,是法律工作者的事情,因为只有他们了解表明每种归纳、概括的裁判之演绎推理(三段论法)。

b. 作为故意之必要内容的对属于法定构成要件事实的认识,是以对已经产生的由行为导致的构成要件特征有认识为前提条件的②,在此意义

---

① 持相同观点的有梅茨格第328页,他谈到"行为人非专业领域的平行评价"(Parellelwertung in der Laiensphäre des Täters),他要求了解标准构成要件特征的"意义"。持该相同观点的还有弗兰克§59 II,迈耶第263页,贝林:《德国刑法教科书》总论部分第43、48页,绍尔:《刑法之基础》第593页,科勒第272页,阿尔费德第168页注释14,葛兰特第102页;相反,李斯特在本教科书过去的版本中要求"将行为正确推定于法律之下",行为人必须清楚,他所伪造的文件是"证书"。参见帝国法院判决第53卷第273页。芬格尔1第246页的观点与李斯特的观点相一致。李斯特从其观点中得出结论认为,如果存在故意的话,如果行为人没有认识到其行为的应受处罚性,他至少应认识到其行为的违法性。李斯特恰恰断然否认对违法性的认识,这里显然是矛盾的;罗森费尔德:《整体刑法学杂志》32第487页的观点是正确的,如果他鉴于此等矛盾而将该理论称为"内部脆弱"。冯·希佩尔:《德国刑法》第2卷第332页与本教科书有所不同,他要求对"他人"之"法律概念"(§242)有认识。关于不同观点的详细情况,请参见艾希曼第57—58页,其阐述后被梅茨格第329页注释13所修订。

② 认识论与意志论的争论,弗兰克§59 I称之为"形式上的"争论,与故意概念的心理学特征联系在一起,因为在以往的两个敌对阵营中事实上是存在一致性的。参见哈夫特第110页;冯·希佩尔:《德国刑法》第2卷第320—321页。这里所主张的认识论当然决不无视这样的事实,即认识本身并不能构成故意,它只是在行为意志发生误差时才有意义。它主要通过认识内容来解释故意及其形态。认识论的主要代表有贝克尔:《理论》(1859年)第278页;齐特曼、弗兰克:《整体刑法学杂志》10第169页,《评论》§59 I;克莱、科勒1第70页;冯·利利恩塔尔第37页,《整体刑法学杂志》15第278页;卢卡斯第13页;瓦亨费尔德、葛兰特100页;绍尔:《刑法之基础》第609页;下列学者事实上也是认识论的追随者:勒夫纳、密里卡和泰伦。以"能够"或"必须能够"作为责任条件的《民法典》与认识论是完全一致的。冯·希佩尔:《德国刑法》第2卷第308页持不同观点。要求故意必须具备全部特征,尤其是结果之意欲的意志论的追随者主要有阿尔费德(第169页)、冯·巴尔、贝林、贝尔林、宾丁、比尔克迈耶、冯·希佩尔、拉(转下页)

§39 故 意

上,也即对"行为的实施上的后果有预见"。这一认识包括必然产生或期待产生的犯罪事实,或者包括可能存在或可能出现的犯罪事实。在这两种情况下,均是指对犯罪事实的一种认识或一种了解。在上述两种情况下,是否和在多大程度上存在故意,取决于在动机过程中的认识所起的作用(参见下文3)。

2. 行为人的认识,不仅必须包括对行为的事实上的后果有认识,而且还必须包括对行为的社会危害性要素有认识。易言之,对行为的反社会意义的

(接上页)马施、冯·罗兰德、罗森费尔德[§59 注释6(即本书第339页注释①——译者注)]。帝国法院偏爱将故意解释为"对因果关系的认识"(如帝国法院判决第18卷第167页、第36卷第402页),但它原则上又站在意志论一边,如帝国法院判决第58卷第249页:"根据帝国法院判决,对外在构成要件的全部特征已知之意欲可理解为故意。"帝国军事法院判决第13卷第97页持同样的观点。对意志论可提出下列几点异议:1. 如果将此等结果视为行为人的故意,此等结果是行为人意欲之组成部分,而且是"全部结果"(科尔劳斯语),而此等结果对行为人而言也是无关紧要的,如果这一点也不令人难堪的话,则意志论将陷入窘境。例子请参见下文3b。正如科尔劳斯:《改革》1 第187页所正确指出的那样,意志论必将"从对全部结果的意欲到对所有结果之组成部分的意欲"中得出大胆的错误的结论。如果意志论将渴望得到的甚至是"令人难堪"的结果描述为"意欲",它同时也不符合语言使用习惯。不同观点参见冯·希佩尔:《德国刑法》第2卷第310页注释4和《德国刑法与外国刑法之比较研究》总论部分3 第504页;科尔劳斯,摘引处第186页。如果意志论不从这种语言的使用面前退缩,则整个争论就只限于纯名词术语上的争论了。2. 我们不能说,小偷"想"偷之物是他人的;堕胎者"想"怀孕等。冯·希佩尔:《德国刑法与外国刑法之比较研究》第521页注释1,《整体刑法学杂志》31 第573页以及《德国刑法》第2卷第307页注释1中,未对此等异议提出反驳。宾丁:《规范》2 第809页,洛伯:《帝国刑法典及其注释》引言部分第64页中的观点是正确的。正如罗森费尔德:《整体刑法学杂志》32 第486页所说的那样,将对伴随犯罪行为的情形的认识与对结果的意欲区分开来,或者说,正如梅茨格第340页所解释的那样,小偷想拿走"别人的"东西,才可能不遭批评。但对1 的批评仍然存在。《1919年草案》第11条第1款称:"以明知或意欲的方式实现应受刑罚处罚的行为的构成要件的,为故意犯罪。"这就是意志论的出发点。《预备草案》第20条建立在 ME. 迈耶的"动机论"基础之上(参见迈耶第240页),该理论试图寻找上述两种理论的结合点:"虽认识到属于应受处罚行为的法定构成要件的事实情况,但未停止实施该行为的,是故意犯罪。"戈尔德施密特对于1919年《预备草案》第17条第1款(1922年《法学周刊》第5期)也持该观点;戈尔德施密特在其"论证"中不无道理地指出,《1919年草案》的表达形式说明不了什么,且在上述1 所述对意志论造成特别困难的情况下会被人遗忘。《1925年官方草案》则干脆不规定故意之概念。《1927年草案》和《1930年草案》第17条又回到《1919年草案》的表达形式,这不能被认为是一种进步。

§39 故 意

认识属于故意的范畴①,也即对"行为的法律后果有预见"。这并不意味着行为人必须从特定的法律条款中看出其行为的违法性,因为只能期望法律工作者具备这种知识。就行为人而言,他只要知道其行为不符合社会生活目的就已足够了,用行为人自己的话讲,就是其行为是不道德的、伤风败俗的、有罪的、被禁止的、不法的等。从《少年法院法》第3条的规定就可清楚地看出法律的这一立场。要求将对行为的不法性的认识作为责任非难的先决条件是没有意义的,因为这一认识不能在责任中发挥作用,上文§38 B II 已经表明,《刑法典》第51条正是说明了这一点。从《刑法典》第59条中得出的结

---

① 对该句的争论是很激烈的。李斯特在本教科书过去的版本中创造了该句,但在《刑法典》第59条颁布后有所退让,还不具备它应当具备的意义。在该问题上主要有下列不同观点: 1. 帝国法院在其判决中不要求故意必须包括行为人对行为的非法性、违法性或应受处罚性有认识。参见帝国法院判决第58卷249页及此处引用的判例。不加区分地将非法性、违法性和应受处罚性罗列在一起,也清楚地表明了帝国法院判决考虑的方向及其观点的内在根据。构成要件中的违法性被特别强调时,帝国法院认为是规则中的"例外";这又具有"提出外在构成要件特征的意义"(帝国法院判决第58卷第249页)。上文§31关于违法性的论述中就表明了该观点的不准确性。科尔劳斯正确地指出,帝国法院判决在此等情况下与在其他情况下一样,多半还是区分刑法上的错误和非刑法上的错误的,参见帝国法院判决第62卷第196页。此处参见本书第231页注释②和洛伯:《帝国刑法典及其注释》引言部分第51页。和帝国法院判决一样,李斯特也否认对违法性的认识(本教科书以前的版本§41),并同样承认此等"例外"。观点相同的还有:冯·巴尔:《法律》2第391页;卢卡斯第66页;冯·利利恩塔尔第38页;施瓦茨§59注释7;魏斯曼(Wiesmann):《整体刑法学杂志》11第87页注释196;还有海尼曼。2. 要求对违法性有认识的有:宾丁、阿尔费德第166页;鲍姆加腾:《犯罪论之结构》第179页;葛兰特第100—101页;奥尔斯豪森§59第303页;洛伯:《帝国刑法典及其注释》引言部分第54页及以下几页;芬格尔1第261页;哈夫特第117页。3. 要求对违背义务性有认识的有冯·希佩尔:《德国刑法与外国刑法之比较研究》总论部分3第592页,《整体刑法学杂志》31第576页、35第833页;科尔劳斯第24页;李普曼第134页;格拉夫·z.多纳:《法庭杂志》65第320页,《整体刑法学杂志》32第322页。4. 迈耶第232、237页认为只要认识到违背义务的可能性就可以了。5. 事实上持与本教科书相同的观点的有:梅茨格第330页以及以下几页;贝林:《刑法之基础》第43页及以下几页;弗兰克§59 II 2;格莱斯帕赫:载阿沙芬堡主编的著作16第231页;罗森费尔德:《整体刑法学杂志》32第488页;科尔劳斯:《改革》(1926年)第24页;绍尔第588页;恩基希第236—237页;《1925年官方草案》第13条。值得注意的是,2—5中各种观点的追随者所述观点之间并没有重大的意见分歧。例如,虽然贝林要求行为人对"违法性有认识",但他对它的意义的解释完全与本教科书相同。参见绍尔:《刑法之基础》第590、595页。对社会危害性的积极认识属于故意范畴,或者具有这种认识的可能性(在已经认识到构成要件特征时)是否就可视为属于故意范畴的问题还没有得到解释。虽然弗兰克§59 III;科尔劳斯:《改革》(1926年)第23页;默克尔:《基本特征》第113页;马赛图斯第46页及以下几页;贝格第34页及以下几页等对此作出了重要阐述,但本教科书仍坚持认为,对故意行为的指责只涉及与社会要求相对立之部分。尤其请参见哈夫特第118页。

§39 故　意

论认为,对社会危害性的认识(或对不法性的认识)与故意毫不相干,是完全错误的。《刑法典》第 59 条的立法目的不是对故意概念的内容作出详尽的解释,而是向特定的方向(不可能向所有的方向)从法律上确定排除故意。如在构成要件和违法性之间,在对属于法定构成要件的犯罪事实的认识和对社会危害性的认识之间,存在一种关系,即一般而言前者引起后者的结果,那么对于社会危害性明显且普通公民熟悉的行为,立法者几乎毫无例外地将其解释为应当受处罚。但也有例外,尤其是在战争期间,但恰恰对于此等例外来说,为保证作出公正判决起见,要求将对社会危害性的认识作为故意的内容是绝对必要的。战时极其混乱且短命的关于经济措施的规定令人信服地证明了这一点,且 1917 年 1 月 18 日的《联邦议会条例》的目的,不外乎是制止在司法实践中因不考虑故意要素而一再出错。1919—1931 年《帝国议会条例》第 395 条就复杂的税务刑法领域取得了相同的效果。该两部法律只是就刑法的特定领域强调一种属于刑法责任范围内的思想,即行为人对其行为的社会危害性的认识属于故意。①

3. 对犯罪事实及其社会危害性的认识本身并不能表明故意的本质特征,单纯的认识并不能为法定责任非难提出根据。只有当行为人虽然有此认识(下面简称为结果认识),但仍以该认识而行为的,此等责任非难才可能产生。属于行为意志(Handlungswillen)的结果认识的情况可区分为下列几种:

a. 结果认识是行为之动机。我们这里谈及的是狭义的同时也是故意的最严重形态——预谋。如果行为人为了因其行为造成对外界的改变之故而实施犯罪行为,且此等改变构成行为之目的,如果违法后果是追求社会危害

---

① 在该问题上,弗兰克§59 III 2,梅茨格第 333 页对 1917 年 1 月 18 日的《帝国议会条例》和《帝国税务条例》第 395 条作出了恰当的评价。持同样观点的还有宾丁:LZ 11 第 297 页;戈尔特施密特:《法学周刊》46 第 182 页;冯·希佩尔:《帝国刑法学杂志》4 第 24,697 页;绍尔:《刑法之基础》第 598 页注释 3;洛伯:《帝国刑法典及其注释》引言部分第 60 页。持不同观点的有阿尔斯贝格:《哄抬物价刑法》(Preisstreibereistrafrecht,1919 年)第 222 页;K. 迈尔:《整体刑法学杂志》38 第 306 页;法伊森贝格尔:《整体刑法学杂志》38 第 855 页。关于《帝国税务条例》第 395 条,参见亨瑟尔(Hensel):《税法》(1927 年第 2 版)第 181 页,卡廷:《帝国税务刑法》(1929 年第 2 版)第 169 页。关于将 1917 年条例的错误原则扩大适用于刑法的其他特殊领域,参见洛伯:《帝国刑法典及其注释》引言部分第 60—61 页。

§39 故　意

性,预谋(且同时也总是故意)即属存在。① 行为人是否十分明确或只是大概地预见行为结果的产生,或是否预见该结果必然产生,或只预见到该结果产生的可能性,均无关紧要。

帝国立法多次将预谋的特征吸收进具体犯罪的构成要件中。② 在所有这些情况下,均需立法者对使用该词(预谋)的立法用意进行认真而仔细的思考。实际上,不管立法者在何处使用"预谋"概念(如《刑法典》第 266 条、第 346 条),不外乎意味着对行为结果的预见,所以,这也就直接意味着故意。此点将在本教科书的分论部分探讨。此等"预谋犯罪"主要是指行为人追求属于构成要件的犯罪结果发生的那些犯罪。在构成要件结构清楚的情况下,它就显得多余了。值得注意的是,第一目的之实现(杀死 B)可能是实现第二个目的(埋葬 B)的手段,也即预谋概念不因超越它的其他故意而被排除。③

b. 如果行为人认识到行为之结果,而该认识不是其行为之动机,且该认识也未能阻止行为人实施犯罪行为,则同样存在故意。

明知向与德国交战的敌国提供战争借款将提高该交战国的防御能力而为之的,构成故意叛国罪,即使行为人只是为了牟利而提供战争借款的;明知船上载运的炸药可能致人死亡而故意引爆的构成故意犯罪,即使行为人只是为获取保险金之故而实施该行为的;明知自己患有梅毒之妇女为获利而与他人性交的,可构成故意伤害他人身体罪;等等。

故意又可分为:

a)行为人认为"结果"肯定会发生,是确定故意(又称直接故意,direkter Vorsatz);

b)行为人认为"结果"可能发生,是未必故意(又称间接故意,eventueller

---

① 《1919 年草案》之前的草案均是如此。《1925 年官方草案》未对"预谋"作出概念上的规定,但在分则部分则又多次使用这一概念,且是本教科书意义上的概念。《1927 年草案》和《1930 年草案》第 18 条第 2 款与本教科书的观点是一致的。持与本教科书相同观点的有帝国法院,此外还有弗兰克§59 VI,冯·希佩尔:《德国刑法》第 2 卷第 329 页和主流观点。而宾丁:《规范》2 第 1151 页则坚持认为,故意(Vorsatz)和预谋(Absicht)具有相同的意义。参见洛伯:《帝国刑法典及其注释》引言部分第 62 页。

② 此处参见上文§32 A II 1。还请参见《刑法典》第 124 条、第 143 条、第 146 条、第 242 条、第 247 条、第 263 条、第 265 条、第 266 条、第 267 条、第 268 条、第 272 条、第 274 条、第 307 条、第 346 条、第 349 条;《刑法典》第 129 条、第 147 条、第 151 条、第 177 条、第 191 条、第 235 条、第 270 条、第 273 条;《刑法典》第 87 条、第 229 条、第 234 条、第 236 条、第 237 条、第 252 条、第 257 条、第 298 条、第 333 条、第 334 条、第 343 条;《刑法典》第 81 条、第 105 条、第 114 条、第 122 条和第 159 条。

③ 详见帝国军事法院判决第 19 卷第 39 页。

§39 故 意

Vorsatz),即行为人对犯罪结果的发生不加拒绝,亦即未能作出"结果将不会发生"的判断。如果行为人在相信自己的能力和运气的情况下期望结果不发生(如警告性射击、冰川旅行),则不能认为其是故意的。如果行为人未得到肯定的判断("警告会发生"),或他根本不可能作出判断,虽然他已经预见警告发生的可能性,则具备未必故意。

该思想还可表述为:如果对必然产生结果的确信未能阻止行为人实施犯罪,在结果可能产生的情况下同样存在未必故意(弗兰克的惯用语句)。①

上述情况表明,作为未必故意之危害他人健康的故意,属于伤害故意,而两者同时存在于直接故意之中,这从概念上讲是不可能的。杀人故意与伤害故意同样如此。②

III. 规范之责任要素必须独立地加入上文 II 中所探讨的心理学故意的要素中去,以便我们能够探讨作为责任种类的故意。规范之责任要素究竟意

---

① 关于未必故意现在尤其请参见冯·希佩尔:《德国刑法》第 2 卷第 306 页及以下几页;梅茨格第 341 页及以下几页;恩基希第 91 页及以下几页;格罗斯曼第 32 页及以下几页。关于弗兰克的习惯用语,参见弗兰克 §59 V;梅茨格第 344 页;冯·希佩尔:《德国刑法》第 2 卷第 316 页;恩基希第 97 页及以下几页;格罗斯曼第 58 页及以下几页。此说的反对者有鲍姆加腾第 133 页;密里卡第 32 页;科恩德斯(Coenders):《法庭杂志》87 第 306、312 页。事实上,大家一致认为,结果"可能"发生本身,如同纯结果认识不能构成故意一样,很少能构成未必故意。这里与行为意志有着必然的联系。因此,《预备草案》第 59 条缺乏可能性的惯用语句。只要文献和判决中涉及"赞同故意","接纳意志",原则上与本教科书无区别。梅茨格(第 346—347 页)对"同意"的区分也是这样:可能取决于行为人意志的结果,如果行为人认为结果不取决于其意志,则"结果被认为是可能的"。参见宾丁:《规范》2 第 859 页;洛伯:《帝国刑法典及其注释》引言部分第 65—66 页;帝国法院判决第 21 卷第 420 页、第 33 卷第 4 页、第 59 卷第 2 页、第 61 卷第 159 页;帝国军事法院判决第 3 卷第 296 页、第 6 卷第 114 页、第 8 卷第 215 页、第 17 卷第 268 页、第 22 卷第 96 页。关于司法判决的详细情况请参见冯·希佩尔:《德国刑法》第 2 卷第 312 页;奥尔斯豪森 §59 6,格罗斯曼第 90 页。此等未必故意的反对者有冯·巴尔:《法律》2 第 203、322 页;施托斯:《整体刑法学杂志》15 第 199 页;李普曼:《德国刑法之改革》(1921 年)第 68 页及以下几页;格罗斯曼承认未必故意的刑事政策的重要性,科尔劳斯有清楚而正确的主张,参见《瑞士刑法学杂志》34 第 169 页,《改革》1 第 202 页及以下几页。勒夫纳和密里卡对此等未必故意提出了批评,建议对责任形态实行三分法。参见罗伦茨的内容广泛的著作,责任形态的三分法及其在捷克 1926 年和 1936 年《刑法典草案》中的使用,还有冯·希佩尔:《德国刑法》第 2 卷第 322 页注释 5。

② 该问题应根据具体情况区别对待,且假定未必故意的想象竞合犯(《刑法典》第 73 条)。帝国法院判决第 28 卷第 200 页则有不同的认识。根据该判决,杀人故意将伤害故意必不可少地包含在前者之中。帝国法院判决第 61 卷第 375 页则又与之大相径庭:伤害故意与直接的和间接的杀人故意是不一致的。该问题对投毒杀人、对因中止犯罪而未遂的处罚要求具有重要意义。详见分论部分。

§40 错误——续

味着什么,上文§36已有探讨。此外,基于对构成要件特征及其法律评价的认识而为之意思活动,一定是一个违背义务的、错误的和不应当的行为。该意思活动大多是可能的,但不是必要的。如果行为人在具体情况下基于规范认识能够实施符合规范要求的行为,也即可期望行为人以合法行为代替违法行为的①,才可能认为意思活动成立。是否属于这种情况和在多大程度上属于这种情况,则视不同情况而定。我们将在探讨减免责任事由时了解此种形态的典型情况(参见下文§42)。

§40 错误——续

I. 从故意概念中产生出行为人错误的刑法意义。②

1. 如上文§39 II 1 所述,属于故意范畴的有对事实和法律关系的认

---

① 该原则在今日已较少被承认,但帝国法院曾在多个判决中予以运用。参见上文§36注释5(即本书第204页注释①——译者注)。弗兰克在其1907年《责任概念之形成》中指出,在责任非难的情况下,作为"伴随情况"出现的意义,标志着该原则的发展。戈尔德施密特在其1913年的名为《困境—责任问题》的论著中将整个责任论的核心问题向前推进了一大步。有鉴于司法实践中的现存观点,他在文章中说明了义务思想的意义和界限,并在宾丁之后,对规范之责任要素首次真正地作出了公正的评价。在其与《1919年草案》相对之草案第22条a和第22条b的评论中,戈尔德施密特指出了其责任论的实践意义,他将对合法行为的可期待性解释为原则上不可缺少的责任要素。因此,他的观点与弗罗伊登塔尔是一致的。根据后者的观点,《刑法典》第52条、第53条第3款、第54条中的责任阻却事由,仍不足以履行责任义务,其还必须通过既强调心理学责任要素又强调规范责任要素的普通责任论来加以补充。弗罗伊登塔尔在韦格讷第55页注释1中寻找到绝对的赞同意见。韦格讷就格罗斯曼向戈尔德施密特和弗罗伊登塔尔的责任论提出的完全缺乏根据的指责,同时为后两者进行辩护。舒马赫则断然拒绝本教科书的观点。此处还请参见上文§36的相关注释。梅茨格第373页持与本教科书相同的观点,但他不无道理地指出,在实际运用对合法行为的可期待性思想时,有必要小心翼翼并有所保留。持相同观点的还有科尔劳斯《关于刑法改革》(1927年)第21页。而冯·希佩尔则反对该观点。达姆在其题为《现代刑法中法官权力的增加》(1931年)的论著第14页和第15页中则表达了自己的疑虑。

② 芬格尔1§§45—47将错误理解为"排除责任能力的理由"。冯·巴尔:《法律》2第361页则反对这一观点。根据宾丁:《规范》3第141页,错误学说完全与责任学说无关。主流观点则不同意他的看法。参见宾丁:《责任》(1919年)第63页。弗兰克§59 VII持与本教科书相同的观点,指出,"从消极的立场来看",错误学说"只是故意学说"。持同样观点的还有科尔劳斯:《错误和责任概念》(1903年)第8页;葛兰特104页;阿尔费德第175页;洛伯:《帝国刑法典及其注释》引言部分第67页;格拉夫·z.多纳《法律与错误》(1925年)第17页;事实上持相同观点的还有贝林《刑法之基本特征》第46页;绍尔:《刑法之基础》第588页及以下几页。持不同观点的有齐默:《构成要件论》(1928年)第76页及以下几页。

§40 错 误——续

识,此等事实和法律关系被作为构成要件特征概括进法定构成要件之中,并因而对犯罪描述具有重要意义。由此可得出结论:对构成要件特征(或加重处罚事由)的认识错误阻却故意。① 例如,如果行为人不知道他所射杀的对象是人,则不构成故意杀人罪;如果行为人不知道一物的所有权属于他人而拿走,则不构成盗窃罪;如果行为人不知道一文件对法律交往具有重要意义而翻印,则不构成故意伪造文书罪。对构成要件的错误认识是否基于对事实的错误评价(行为人搞错了动物种类,以致相信他所猎杀的不是受《狩猎法》保护的动物),或基于对法律规范的错误理解(行为人虽然正确认识了被狩猎动物的种类,但错误地相信,该种类未被列入可猎杀的动物目录),对涉及构成要件特征错误的法律意义而言没有什么影响。如果涉及构成要件特征错误而又无法律根据,并根本未被责任概念结构所要求的,应区分事实错误和法律错误。② 对法律错误本身进一步作出区分,可分为对刑法规范的认识错误和对其他法律规范的认识错误。但是,如果将后者,即超越刑法以外的法律错误,与事实错误上升到同一水平,则完全是本末倒置了。因此,在帝国法院的倡导下,流传甚广的观点——事实错误和刑法以外的错误排除故意,而刑法上的法律错误则不然——得到了解决。

2. 属于故意范畴的还有对行为的社会危害性(未经许可性、不法性、不当性)的认识。由此可得出结论:行为人错误地认为自己有权实施一行为,排除故意。这一错误认识可以不同方式出现:

a. 行为人虽然了解所有属于法定构成要件的构成要件特征,但如果他认为,除此之外,排除违法性的还有事实情况(如果真正有的话),那就是认

---

① 参见《刑法典》第59条,冯·希佩尔:《对违法性的认识》(1924年)及其过去的著作。关于法律关系的错误不需要是推定错误(Subsumtionsirrtum),正如李斯特指出的那样,参见上文§39注释8(即本书第229页注释①——译者注)。还请参见下文Ⅱ。

② 同意此说的还有魏茨(Weiz)第16页。此外,还请参见格拉夫·z. 多纳:《法律与错误》(1925年)第20页,他正确地将禁止的错误与构成要件特征的错误相对;但遗憾的是,他错误地将术语"事实错误"用于前者,将术语"法律错误"用于后者。今天,大多数学者反对本教科书的区分法。参见§39注释6(即本书第228页的注释②——译者注)。瓦亨费尔德第157、159页试图区分事实错误和法律错误,方法是,他将二者定义为:"如果行为人对其行为的合法性或不法性产生错误的认识,是法律错误","事实错误是事实上的法律关系的错误"。但如此就必须克服许多因此划分而出现之困难。关于该问题尤其请参见魏因贝克(Weinberg)和魏茨。

§40 错 误——续

识错误。① 行为人虽然知道自己杀死了一个人,但他错误地认为,被杀死之人正在向自己发起不法攻击(假想防卫);或者,行为人虽然知道他杀死了一只狗,但他错误地认为,他的身体和生命正受到这只狗的威胁,而此等威胁迫使他杀死了这条狗(假想防卫,《民法典》第 228 条,参见上文 §34 B I)。在这种情形下,永远不能认为行为人有故意;但有可能存在过失(参见《刑法典》第 59 条第 2 款和下文 §41)。

b. 行为人基于对形成构成要件的构成要件特征的认识而行为,且不存在构成合法化事由的事实(参见上文 1),但他却错误地认为,他有权为该行为,因为他:

a) 认为这么做是被允许的;

b) 由于法律错误相信存在合法化事由。

母亲允许其女儿的未婚夫与其女儿在自己的住宅内性交,只要她确信未婚夫妻之间的性交既不违法也不违反道德,则她不构成故意实施《刑法》第 181 条第 2 款之罪。教师错误地认为,他有对六年级以下小学生实施惩戒,不构成故意伤害罪。在此等情况下(与上文 1 完全相同),至多也只是存在过失。②

---

① 关于此点现今几乎已不存在什么争议了。弗兰克 §59 III 2 也认为,创立该原则时,消极的构成要件特征理论并不是必不可少的。此外,与本教科书持相同观点的还有阿尔费德第 169 页;葛兰特第 105 页;冯·希佩尔:《德国刑法》第 2 卷第 339 页,《德国刑法与外国刑法之比较研究》总论部分 3 第 547 页及以下几页;贝林:《刑法之基本特征》第 46 页;绍尔:《刑法之基础》第 606 页;梅茨格第 320—321 页,尤其是帝国法院判决第 12 卷第 189 页、第 33 卷第 32 页、第 54 卷第 36 页等。不同观点有迈耶第 322 页;尤其还有李斯特在本教科书过去的版本中的观点(§41 II 2)。如果人们再仔细地研究一下李斯特关于假想防卫的言论就会发现,这些言论源自于与责任论完全无关的原则,而是属于关于违法性的学说。李斯特在本教科书前一版本 §41 II 开始时提出了这样一个原则:"从以上论述中得出的原则,即违法性特征""不考虑行为人的诚信而作严格的客观上的认定,具有两种不同的意义:1. ……;2. 错误地认为违法行为不违法,对行为人而言毫无益处。"此后又提及假想防卫问题。人们可以清楚地看到,李斯特在客观违法性方面的所有阐述最好放在 §32 中探讨,在那里,也许每句话都是正确的,因为客观违法性事实上完全取决于行为人的主观认识。

② 这里有几种不同的观点。关于帝国法院的观点请参见上文 §39 注释 6(即本书第 228 页注释②——译者注)。观点 1 持与本教科书相同的观点,主要有阿尔费德第 167 页;贝林:《刑法之基本特征》第 46 页;葛兰特第 105 页;宾丁:《责任论》(1919 年)第 96—97 页;洛伯:《帝国刑法典及其注释》引言部分第 67 页;绍尔:《刑法之基础》第 600 页。观点 2,弗兰克 §59 III 认为,只有当行为人不知晓也不可能知晓禁止事实时,行为人对禁止事实的错误才可能排(转下页)

§40 错 误——续

II. 源自故意学说 I 中的原则的重要性清楚地表明,人们知道行为人因不经意而生的错误究竟在多大程度上不影响故意。

1. 一个不仅对可能被适用的构成要件,而且对可能的合法化事由均不具有重要意义的事实错误,是无关紧要的。①

a. 属于此等错误的首先有因果历程细节错误。在行为人必须对其行为与结果之间的特定因果演变历程有所预见的犯罪中,行为人对其行为结果的认识属于故意。但是,因果历程在具体情况下是如何演变的,并不要求行为人明了,除非法律将因果历程之细节明定于刑法条款之中(如《刑法典》第 243 条第 2 款和第 3 款,第 263 条);在后一种情况下,行为人的认识必须及于

(接上页)除故意。根据他的观点,"过失的法律错误不影响故意"。这也是迈耶第 316 页的观点。科尔劳斯:《改革》(1926 年)同意该观点,他相信的《1925 年官方草案》第 13 条就有此立法意图。那些只想借助于法定从轻处罚来考虑行为不法性的过失法律错误的观点,其立场是一致的,如冯·希佩尔:《对违法性的认识》(1924 年)第 10 页。《1919 年草案》试图将这一意见合法化,但不幸的是没能提出完善的表述。戈尔德施密特在其相对立之草案第 21 条中明确地找到这样一种表述,但既不能将本教科书就该条注释探讨的关于禁止事实错误(Irrtum über das Verbotensein)纳入法律错误,也不能将不属于纯事实的构成要件特征的错误纳入法律错误。格拉夫·z. 多纳:《法律与错误》(1925 年)第 21 页的观点是正确的。观点 3,格莱斯帕赫主张折中论(Mittelmeinung):载阿沙芬堡主编的著作 16 第 225 页。根据他的观点,只要知道不法的可能性就足以构成故意,亦即只要禁止事实错误不影响对不法可能性的认识(值得怀疑!),就认为存在故意。根据《1925 年官方草案》第 13 条的规定,"使得行为人不能认识其行为违法性的错误排除因故意犯罪的处罚"。这也只能从本教科书意义上去解释。但在这一点上也存在争议。参见科尔劳斯:《改革》(1926 年)第 23 页和格莱斯帕赫,摘引处。同意此观点的有葛兰特:《1925 年官方草案》总则部分(1925 年)第 33 页和贝希。他们二人均慷慨地认为第 13 条是恰当的,是如此也应该如此。《1927 年草案》第 17 条第 2 款、第 19 条第 2 款、第 20 条和《1930 年草案》第 20 条,在对待本教科书 a 所述案例的态度上与本教科书完全相同;而在对待 b 所述案例的态度上,这些条款采纳了冯·希佩尔的意见(在行为不法性的法律错误情况下从轻处罚)。对此,请参见梅茨格第 338 页和贝希(Bech),后者提出了有根据的批评。

① 李斯特在本教科书的前些版本中持不同观点。参见冯·希佩尔:《德国刑法》第 2 卷第 331 页,《德国刑法与外国刑法之比较研究》总论部分 3 第 546 页。尽管如此,李斯特对下文 a 所列之案例作出了与本版相同的判断,因为他将那里的重要错误视为不重要。在本教科书下文 b 所列案例的情况下,李斯特的观点有重大改变。迈耶第 332 页持与李斯特非常相似的观点。基本上同意本教科书观点的还有贝林:《刑法之基本特征》第 46 页,弗兰克 §59 VII;但后者在因果历程细节错误方面得出了与本教科书不同之结果。参见下一个注释。冯·希佩尔:《德国刑法》第 2 卷第 337 页注释 2 忽视本教科书主张在"运用构成要件方面的"犯罪事实的重要性,亦即本教科书是以完全固定的标准而非诡辩来展开论述的。

§40 错误——续

此等(上升为构成要件特征的)细节。①

A 投毒杀 B，只要 A 了解作为杀人工具的毒药的特点，也即只要 A 知道该毒药将摧毁 B 的生命即可，是否像 A 所设想和希望的那样，当场杀死 B，或 B 在经过数周痛苦折磨后最终死亡，都无关紧要，A 构成故意杀人罪。

下列情况也应当被认为是故意杀人(颇有争议)：行为人手持上膛之左轮手枪闯进其情人住所，行为人供认其目的是枪杀后者；在两人厮打中，其情人自己不小心碰到扳机而被击毙。A 自桥上将 B 推下河，想将 B 淹死于河水中。B 自桥上下落时摔到了桥墩上，脑壳被摔破致死。野生动物保护者瞄准猎人，意图枪杀之，后者无意间向旁边迈出一步，掉入深渊摔死。②

b. 在所谓的对象错误和打击错误的情况下，裁决也以上述原则为准。③

a) 行为人为实施其犯罪行为而选择了一个特定的他想伤害的犯罪对象；在实施犯罪的过程中，他将该犯罪对象与另一对象相混淆，且在后者身上实施了犯罪行为。A 想以打电话的方式侮辱 B，由于疏忽接通了 C 的电话并侮辱了 C。D 想杀死他的死敌 E，黑暗中将自己的儿子 F 误当成 E 而杀害。在此等情况下均存在故意，因为行为人的错误涉及构成要件关系中同价的事实：A 不得侮辱 C，同样不得侮辱 B；D 不得杀害 F，同样不得杀害 E。犯罪行为受害人的身份无关紧要(参见《刑法典》第 185 和第 211 条)。

---

① 根据本教科书所发明的原则，还应当对冯·韦贝尔(1826 年)命名的概括故意作出评价(参见恩基希第 27 页)。如果行为人错误地认为犯罪行为已经完成，为湮灭犯罪痕迹等而又实施进一步的行为，且因此导致了其最初追求的结果产生的，应认为具备了概括故意。这里的疑问是：1. 是否所有的分行为由于结果的统一性可以被理解为一个行为；2. 是否行为过程只是在法律上不重要的方面偏离了行为人的设想。如果两者均是肯定的，则在结果的责任能力方面不需要有特殊的故意形态；如果两者是否定的，则此等认识与具体的独立的行为没有联系。科勒的等值论，参见《刑法文献》66 第 97 页，基本上得出相同的结论。不同观点有：阿尔费德第 177 页；冯·巴尔：《法律》2 第 358 页；芬格尔 1 第 263 页；弗兰克§50 IV；迈耶第 330 页。

② 详见恩基希和塔诺夫斯基第 152 页及以下几页。

③ 关于这个问题，意见也并非完全一致。1. 关于对象错误：a. 与本教科书一样，不作统一裁决，而是根据构成要件或合法化事由意义上的法律价值作不同对待，如弗兰克§59 III 2，洛伯：《帝国刑法典及其注释》引言部分第 67 页，贝林：《刑法之基本特征》第 47 页，冯·希佩尔：《德国刑法与外国刑法之比较研究》总论部分 3 第 543 页，迈耶第 327 页，梅茨格第 313 页，冯·希佩尔：《德国刑法》第 2 卷第 333 页。帝国法院判决第 18 卷第 337 页、第 19 卷第 170 页的观点也是正确的。b. 葛兰特第 107 页，瓦亨费尔德第 160 页只是将对象错误不充分地当作等价对象错误来对待。2. 关于打击错误：a. 主流学说认为是故意犯罪未遂与实行终了的过失犯罪的竞合，请参见最新的帝国法院判决第 58 卷第 27 页。b. 与本教科书持相同观点的有：迈耶第 330—331 页；弗兰克§59 III 2c；贝林：《刑法之基本特征》第 47 页(均涉及等价的客体)。

§40 错误——续

但在下列情况下对对象错误具有重要意义:德国士兵在战争中将其认为是敌方巡逻队队长的长官 O 击毙。A 受人之托,也即经 X 要求,帮 X 放火烧毁地处偏僻地段的属于 X 的谷仓,但 A 将 Y 的谷仓误当成 X 的谷仓放火烧毁。

这里,错误的意义在于,在上述两种情况下,相对于被实际侵害的对象而言,是否可以认为存在——对其并不想侵害的对象——侵害被合法化的情况。这里,鉴于故意的内容,必须以上文 I 2 所述原则为准作出判断。

A 毫不犹豫地错将其父亲当作其敌人 Y 射杀。这里不得认为是故意对直系尊亲属构成杀人罪,而是这种对象错误得按照上文 I 1 所述原则,依据《刑法典》第 212 条处罚。

b)如果在行为时没有搞混侵害对象,但由于外在原因所致,行为结果发生在行为人意图侵害的对象以外的对象身上,则——如同上述 a 所述——不存在排除故意的错误,假如对事实上的对象的侵害与对行为人意图侵害的对象的侵害具有同样重要的刑法意义的话。A 想杀死 B,但他射向 B 的子弹击中了 C,则 A 故意地杀死了 C。如果射向 B 的子弹跑偏击碎了 C 的窗玻璃,由于对象之不等价而缺少错误的意义,这里就构成对 B 的故意杀人未遂和(不处罚的)过失损坏他人财物罪。

2. 行为人的认识必须包括将构成要件特征理解为"生活中的具体"(贝林语),而不是法律抽象[参见上文 §39 注释 8(即本书第 229 页注释①——译者注)]。由此可得出结论:法律理解错误(Subsumtionsirrtum)不具有刑法上的意义。例如,行为人不得以其不知晓《刑法典》第 267 条所说"文书"的概念或第 242 条"财产"的概念为由,为自己开脱责任。如果行为人对其行为的法律意义有所认识,且由于对财物的法律解释而得出结论,认为其行为是被法律所允许的,或者由于缺乏必要的法律知识而没有认识到其行为的违法性,则出现上文 I 2(2)所探讨之情况。只要涉及法律理解错误,则此等错误将被认为是排除故意的错误。

3. 构成要件及其意义以外的对违法性具有重要性的情况,永远不可能成为行为人(属于故意的必需的)认识的关系对象(Beziehungsobjekt)。也就是说,行为人是否自认为有责任能力或无责任能力,实际上是有责任能力还是无责任能力,他是否错误地认为存在个人的刑罚阻却事由,存在客观之处罚条件,存在评价之先决条件等,均无关紧要。行为人对国家就违法行为规

§40 错误——续

定的法律后果有何种认识,同样无关紧要。因此,关于刑罚的错误是不重要的。①

4. 将非违法行为误认为违法行为,并非每次都具有意义。妄想犯(Wahnverbrechen, Putativdelikt)不是犯罪,尤其也不是未遂犯。由此可知,作为对行为客观评价的违法性,不是根据行为人的正确或错误认识,而是根据法律规范来确定的(参见上文§31)。据此,如不存在违法性,则不存在提出责任问题的任何理由,也即不存在对行为人的违法性观点作出的任何刑法评价。②

有两种情况,其处理方法相同:

第一,行为人将不是违法的行为错误地认为是违法行为。例如,与同性

---

① 事实上持相同观点的还有阿尔费德第166页,洛伯:《帝国刑法典及其注释》引言部分第62页,瓦亨费尔德第151页,科勒第270页。参见帝国法院判决第61卷第31页。违法性错误不能成为免责事由而被普遍认同。

② 妄想犯常常与不能未遂犯(untauglichen Versuch)相混淆;请参见下文§45。宾丁:《规范》3第401页也将这两者归结为"相反的错误"。妄想犯与犯罪人之妄想是不同的,在后一种情况下,行为人能够认识其行为的违法性,但是,故意不理会法制。行为人的妄想对行为的评价也不具有影响,参见《军事刑法典》第48条。属于此等情况的还有所谓的"信仰犯罪人"问题,是指《1925年官方草案》第71条规定的"以道德、宗教或政治信仰为动机的犯罪人"。《1925年官方草案》不认为此等犯罪人具有免责权,但免除对其科处重刑,而以不得与外界接触的禁闭代替之。这一规定源自拉德布鲁赫(参见上文§16 VI)的草案。拉德布鲁赫在《整体刑法学杂志》44第34页,此后又在科隆召开的第34届德国法学家大会报告中,首先从立法的角度使用了"信仰犯罪人"概念。但大多数学者不同意此说。他们主要有:葛兰特:《1925年官方草案》总则部分(1925年)第89页;格拉夫·格莱斯帕赫:《改革》(1926年)第194页;埃里克·沃尔夫:《整体刑法学杂志》46第203页,47第396页,《出于信仰的犯罪》,1927年;希普勒(Höpler):《第34届德国法学家大会论文》1第58页;科尔劳斯:《德国法学家大会论文》2第353页;冯·希佩尔:《德国刑法》第2卷第3页注释3;纳格勒:《法庭杂志》94第48页。反对者的理由是,对信仰犯罪人概念的使用,很难界定它的界限,因为它将不可避免地将个人伦理观与刑法中有意义的社会伦理观相混淆。格拉夫·格莱斯帕赫也许是不无道理的,如果他在"极端相对主义"和"个人伦理观"中看到"信仰犯罪人"的作用,"信仰犯罪人"的思想优点在于,国家与其反对者的斗争受到一定规则的限制,但反对者也得注意按照一定的规则来进行斗争。拉德布鲁赫将特定犯罪如谋杀排除在"信仰犯罪"之外,但如此,"信仰犯罪人"的类型越来越模糊不清了;恰恰是在这里,任何一个例外都可能使规则不复存在。考虑到《刑法典》第20条("不名誉的信念")在司法实践中令人沮丧的经验,考虑到《官方草案》第71条极可能产生司法不公正的危险,我们就几乎下不了拥护《1925年官方草案》第71条的决心。但《1927年草案》和《1930年草案》第72条所建议的折中解决办法由于同样的原因也不能使人满意。葛兰特:《德国法学家报》(1927年)第1514页同意此说。详见李普曼针对草案的意见:《观念和犯罪种类》,波恩大学博士论文,1930年;冯·施塔夫:《法学词典》VI第124页。

别家庭成员实施违反自然的猥亵行为的妇女相信,她有责地实施了违法的、应受处罚的行为。

第二,行为人错误地认为,一般情况下排除违法性的违法行为事实不存在,但事实上在有些情况下却是存在的。例如,师傅错误地认为,他可以逾越自己应有的惩戒权界限(惩罚徒弟)。

§41 过 失

I. 一般的责任概念(参见上文§36)表明,故意并不能解决所有关于责任的刑法上的归责问题。并非只有当行为人"预见到"行为会发生符合构成要件的结果及其社会危害性时才受到刑法责难,而且,如果行为人没有预见到其行为结果及其社会危害性,但根据客观情况他应当且能够预见的,同样得对行为人进行刑法责难。因此,除故意外,还有第二种责任形态,即过失。[①]

行为人实施违法行为而没有"预见"(参见上文§39)符合构成要件的结果或社会危害性,但根据客观情况他应当预见,并以合法行为代替非法行为[②],即成立过失犯罪。简言之,违背义务,未预见其行为的事实或法律意义的,属于过失犯罪。

II. 作为刑法领域的第二种责任种类,过失概念经历了一个逐步且缓慢发展的过程。刑法科学和司法实践起初主要研究个别过失犯罪(如过失杀人)。因此,说这一发展过程仍未结束并不会使我们感到惊讶。自中世纪意大利人的著作以来,对过失概念具有重大意义的是责任与结果的发生之间的关系问题。假如《民法典》第276条讲:"怠于为交易中必要之注意者,为有过失",则过失概念是不全面的。完全流产的《预备草案》第60条同样是不全面的。就完整的过失概念而言,必不可少要素的还有发生违法结果、这

[①] 关于将过失理解为责任种类,进而可将其与故意进行比较的科学努力,参见上文§36 III 5。鲍姆加腾:《犯罪论之结构》第116页和《瑞士刑法杂志》34 第66页至今仍相信,过失不能列为普通责任概念。怀疑过失能作为责任种类的还有科尔劳斯,参见其论述《改革》1 第194(尤其是最后一段)、195、208页:"所以,在我看来,在不知之过失的情况下,根本无责任可言。"期间,他放弃了当时大多数学者所主张的责任概念,现在他认为,"过失"行为是"有责"的。参见《瑞士刑法杂志》34 第170页,尤其是注释2;现在还有其《改革》(1926年)第25页,以及《刑法典》第59条。

[②] 关于这一"定义",参见上文§39的相关注释。这里,"预见"是在科学的意义上——如同上文§39中所探讨的那样——使用的。

§41 过　失

一行为效果的可预见性,以及期望行为人以合法行为代替违法行为的可能性。易言之,现今,过失犯罪的基础是,发生之行为结果不被理解为可罚性条件(参见下文§44),而是被理解为不法行为本身的一部分。《委员会草案》第19条、《1919年草案》第14条、《1927年草案》和《1930年草案》第19条均是如此。只有这样,过失才能被视为故意以外的第二种责任种类。

Ⅲ. 过失与故意的区别在于心理认识的不同。故意(领域)中未必故意停止之处,可能是过失(领域)开始之时。因此,如果故意所特有的对符合构成要件的结果及其社会危害性与行为意志之间存在特有的联系,则不是过失。如此,我们就知道了如何且在哪里寻找过失与故意的不同点。

当行为人未预见符合构成要件的结果或其社会危害性时,才可能出现过失问题。具备下列情形之一时,过失在心理认识方面所特有的预见缺乏(Voraussichtsmangel)始才具备,如果行为人：

(1)全然不知其行为实现了符合构成要件的结果(A 不知道他实施了杀人行为)。

(2)全然不知其符合构成要件的行为具有社会危害性(未被许可性),因为他:

a. 错误地认为存在阻却责任的事实(A 相信他杀死的 B 在向自己发起非法攻击);

b. 错误地认为存在一般的行为许可(A 以为,在自己的住宅里帮助其女儿与后者的新郎实施性行为是完全合法的)。

下列情况同样视为存在预见缺乏,如果行为人:

(3)虽然认识到其行为有实现构成要件该当性的可能性,但由于过于自信,认为符合构成要件的结果不可能发生(猎人虽然认识到他有可能击中追猎者,但他相信自己的枪法精准而可避免)。

(4)虽然认识到其行为有对社会造成危害的可能性,但由于过于自信,认为危害社会的行为将不会发生。①

---

①　文中(1)和(2)所描述的情况是所谓的无认识的过失,(3)和(4)所描述的情况是有认识的过失。法律本身并未作此等区分。而文献中有时区分了两种情形,如阿尔费德第178—179页;贝林:《刑法之基本特征》第52页;葛兰特第109—110页;弗兰克§59 Ⅷ 2;哈夫特第120页;冯·希佩尔:《德国刑法》第2卷359页;洛伯:《帝国刑法典及其注释》引言部分第68—69页;梅茨格第350页;瓦亨费尔德第163—164页。反对这种"平分法"的有：宾丁:《规范》4第312、408、471、473页。这两种过失的区别在于"心理学方面"(哈夫特第120页),而不能够将其评价为过失之程度差别。因此,在本教科书的过去的版本中,李斯特一直持与主流观(转下页)

§41 过　失

IV. 上文 III 中所描述的预见缺乏①,并不能立即构成对过失的责难理由。不能预见等情况是不可避免地存在的(《刑法典》第 59 条第 2 款)。易言之,除上文 III 中针对过失与故意确定的区别外,还要解释作为责任种类的过失是如何与不构成任何责难的偶然事件相区分的。② 对此,规范之责任要素必须归并于心理学上之过失要素。这就产生下列各项内容:

1. 规范的责任要素在于,构成具体的导致具有刑法上重要结果的意思活动基础的行为人的心理活动被认为是有缺陷的,因为鉴于其行为的总的情况,行为人在正常情况下能够认识其行为动机(事实上他却没有),也即事实上导致结果发生的行为的违背义务性必须是可以查明的。相对于在上文 III 中描述的预见缺乏的意思活动而言,对违背义务的动机的确认永远都不可能立即获得成功。如果 A 没有预见其射击将可能杀死他人,只有对导致他射击的动机缺陷(违背义务)进行认定才具有意义,如果事先规定 A 应当且能够预见杀人。易言之,除独立的存在于预见缺乏中的心理责任要素外,还必须为过失规定一个双重的规范责任要素③,以便过失能被作为责任的一种来对待;如果将预见缺乏视为有缺陷的违背义务的"轻率"(Unvorsichtigkeit),那么,行为人的整个与有缺陷的预见缺乏有关的动机过程就是有缺陷的(违背

(接上页)点相同的主张,持该观点的还有:戈尔德施密特:《奥地利刑法学杂志》4 第 159 页;哈夫特第 120 页;迈耶第 257 页;梅茨格第 362 页;瓦亨费尔德第 164 页。因此,《委员会草案》第 19 条,《1919 年草案》第 14 条,《1927 年草案》和《1930 年草案》第 19 条,均认为从法律上对故意和过失作出"定义"是必要的,尽管区分了这两种过失形式,但在处罚上两者并无原则性区别。戈尔德施密特在其《相对之草案》第 19 条中也持同样的观点。

①　如同在故意情况下,行为人一方面必须认识到法定构成要件"事实",另一方面还必须认识到法律的禁止内容,并基于此认识而行为一样,在过失情况下,行为人不仅缺乏对符合构成要件的结果的认识,而且还缺乏对违法性的认识。如果 A 杀死 B,因为 A 在违背注意义务的情况下,误认森林中的 B 是强盗,自己受到了 B 的攻击,而实际上 B 是在森林中采集植物,对任何人都无恶意。因此,A 杀死 B 虽非出于故意,但构成过失杀人。"杀人"在刑法意义上不是简单地且无任何价值判断地"造成死亡结果",而是指"符合构成要件的违法的杀人"。参见上文§§31、32 和贝林:《刑法之基本特征》第 52 页相关论述。

②　冯·希佩尔:《德国刑法与外国刑法之比较研究》总论部分 3 第 567 页的观点是正确的。还请参见爱克斯讷第 193 页。

③　这里尤其请参见戈尔德施密特:《瑞士刑法学杂志》4 第 151 页及以下几页。他将无认识之过失平行地作为非真正的不作为犯罪来对待(参见上文§30 III 和§32 C)。如同这里需要双重违法性一样,那里则需要双重之规范责任要素。本教科书与戈尔德施密特的"规范"在下列程度上是一致的,即只与他的规范责任要素论存在一致性,参见上文§36。不同点尤其在于这里也没有发生特殊之义务规范结构,且在两种过失情况下,也即在有认识过失情况下,同样强调规范责任要素的双重性。参见戈尔德施密特:《纪念弗兰克文集》I 第 438 页。本教科(转下页)

§41 过　失

义务的)。如果把上文 III 中所述之预见缺乏视为有缺陷,则行为人必然是——与法律规定的应当预见相矛盾——不可能预见其行为结果的。① 也就是说:

a. 必须有一个指示行为人预见方向但包含具体的预见缺乏的法律规范。具体地讲它意味着:

a) 如果行为人缺乏对构成要件该当性的认识(他不知道其行为可导致死亡后果),则此等法律规范应当使得行为人在实施具体的行为时,能够认识到他人的死亡与其行为之间有因果关系。

b) 如果行为人对已知符合构成要件的行为的社会危害性缺乏认识,则必须在法律上:

一方面,行为人应当对其行为的事实情况作出正确的判断,从而避免对合法化事由的先决条件作出错误的认识;另一方面(只要下列事实错误不出现),行为人应当对其行为的社会危害性有正确的认识(帮助其女儿与未婚夫在自己的住宅完成性行为的母亲应当清楚,此等行为是为法律所禁止的)。

c) 如果行为人已经认识到其行为符合构成要件的可能性,则法律规定必须要求,从这一认识中得出结果事实上一定会发生的正确结论。

d) 如果行为人已经认识到符合构成要件的行为的社会危害性,则法律规定必须对此作出可靠的社会评价。

现在的问题是,此等法律规定如何获得对特定结果的认识。② 事实上,这种对结果的认识要求每个人都能做到。它在大多数情况下包含于法律

(接上页)书与戈尔德施密特相同的观点表明,正如我们在过失论中得出的结论一样,除由行为人造成的对法律规范的破坏外,还应当考虑特别的注意——法律规范(Vorsichts-Rechtsnormen),研究它对行为人心灵的影响。事实上,主流观点是与本教科书相一致的,因为它不仅要求注意的法律义务,而且还提出行为人对结果"能否"预见的问题,也就是说,能否期望行为人遵守注意的法律义务。

① 主流观点同意此说。参见阿尔费德第 178—179 页"忽视应尽之注意";爱克斯讷第 193 页;葛兰特第 108 页;迈耶第 254 页;冯·希佩尔:《德国刑法》第 2 卷第 360—361 页,《德国刑法与外国刑法之比较研究》总论部分 3 第 569 页;梅茨格第 358 页;弗兰克 §59 VIII 4 的论述尤其明了和精辟。针对恩基希第 276—277 页的批评,参见戈尔德施密特:《纪念弗兰克文集》I 第 438 页注释 2 中的论述。

② 弗兰克 59 VIII 4 有恰当的论述。戈尔德施密特将它归类于义务规范结构。参见上文的相关注释。还请参见爱克斯讷第 195 页;冯·希佩尔:《德国刑法与外国刑法之比较研究》总论部分 3 第 570 页;帝国法院判决第 59 卷第 318 页。关于恩基希参见注释 7(即本页注释①——译者注)。

§41 过　失

所承认的(《民法典》第 276 条)交易惯例之中,部分见于以特别法、勤务条例、政治章程等形式出现的大量具体的法律规范中,部分见于调整职业、公务、商业关系中的行为规范之中。这里不涉及一般的注意义务①,而是涉及众多的由具体情况所产生的特别的注意义务。

b. 但是,存在这一预见要求本身还不足以使缺乏预见——行为人违反具体的预见要求——成为有过错。过失中表明的不是第二种违法性②,而是第二种违背义务性。因此,必须能够确认,行为人违背义务地违反了预见规定,他不仅仅是未按法律规定的预见要求去行为,而且是"轻率"地行为。但是,只有当预见要求在可能的情况下能够对行为人的动机过程起到决定性作用,以致行为人能够对其行为的构成要件该当性和社会危害性有所认识时,才属于这种情况。鉴于行为人个人的智力水平③,这就必须公正合理地期望行为人能够遵守预见规定,并因此对"结果"(他事实上确实没有预见

---

①　持该正确观点的还有:戈尔德施密特:《奥地利刑法学杂志》4 第 157 页;爱克斯讷第 85 页;弗兰克§59 VIII 4;冯·希佩尔:《德国刑法》第 2 卷第 361 页;迈耶第 254 页。不同观点过去有格拉夫·z. 多纳:《法庭杂志》65 第 323 页,现在有《整体刑法学杂志》32 第 337 页。如果过失只是违反同一个统一的和一般的注意义务,就不可能有 crimina culposa,而只有 crimen culpae。

②　爱克斯讷第 193 页的观点是值得商榷的。冯·希佩尔:《德国刑法》第 2 卷第 360 页及以下几页正确地指出"违背义务的"注意性。

③　该问题颇有争议。同意此说的有阿尔费德第 180 页;宾丁:《刑法之基本特征》第 52 页;爱克斯讷第 179 页及以下几页;葛兰特第 109 页;冯·希佩尔:《德国刑法》第 2 卷第 362—363 页,《德国刑法与外国刑法之比较研究》总论部分 3 第 568 页;迈耶第 255 页;梅茨格第 359 页;弗兰克§59 VIII 5;洛伯:《帝国刑法典及其注释》引言部分第 70 页;帝国法院判决,尤其请参见著名的帝国法院判决如第 30 卷第 25 页,第 36 卷第 78、334 页和最近的第 58 卷第 27 页,第 60 卷第 349 页。反对此说的有:冯·巴尔:《法律》2 第 448 页;科尔劳斯:《作为刑法责任基础的应当和能够》(1910 年)第 24 页及以下几页,《改革》1 第 211 页;曼海姆第 42 页。韦格讷:《法学词典》II 第 379—380 页则代表了折中观点。个人标准是必要的,因为这里只涉及行为人能否预见行为结果,只涉及行为人预见行为结果的智力水平。如果以所谓的"平均人"为标准,那么,对愚蠢的人就过于严厉,而对特别聪明的人则过于宽松。只可向所谓的"平均人"提出这样的问题,即是否可指望行为人避免行为结果的产生。韦格讷将预见能力和避免能力同样作为不法来对待。下列学者的观点是正确的:克里科斯曼:《整体刑法学杂志》29 第 524 页;梅茨格第 359 页;爱克斯讷:《纪念弗兰克文集》I 第 569 页;冯·希佩尔:《德国刑法》第 2 卷第 363 页注释 3;弗兰克§59 VIII 5。还请参见恩基希第 419 页及以下几页。

§41 过 失

到)有预见。① 只有这样,才可以说行为人缺乏预见是违背义务的、有过错的。

2. 至此,将导致行为本身及具有刑法意义的动机过程②,包括违背义务的预见缺乏(rechtswidriger Voraussichtsmangel),放到其违背义务性方面来认定,也即询问是否具有一般规范之责任要素,才有可能,也才有意义。这就产生了一个值得注意的问题——过失所具有的规范责任要素间的不同的依赖关系,具体表现为:

a. 如果注意规定使得行为人知晓应当注意的事项,但在这种情况下不可能认识符合构成要件的结果,则被破坏的法律规范和有责行为的有效性之间不存在关联性。③

b. 在行为人违背义务地忽视注意规定的情况下,则可以立即得出结论认为,能够期待他避免这一结果的发生,也即期望其以合法行为代替;这里,第二个规范的责任要素始终是独立的,且与故意一样,应以相同的方式来进行认定。④

---

① 尤其请参见弗兰克§59 VIII 5,戈尔德施密特:《奥地利刑法学杂志》4 第 149 页及以下几页,弗罗伊登塔尔:《责任与责难》(1922 年)各处。值得注意的是,如果行为人应当且能够表明,他不满足与其实施的行为有关的对知识和能力的要求,那么,其违法行为的实施已构成对违背注意义务的责难。帝国法院判决第 59 卷第 355 页、第 64 卷第 263 页以及一般观点也持该说。

② 该点为梅茨格:《法庭杂志》89 第 255 页所忽视。他当时几乎不可能获得对过失的正确认识,但他现在纠正了自己的观点(参见梅茨格第 356 页注释 23)。尽管如此,其试图在每个过失中寻找有意识的违背义务要素的观点是值得商榷的;尤其请参见恩基希第 374、396 页及以下几页,凯勒(Kähler)和恩格尔曼的"过失结构"用了与梅茨格相似的道理;因此,还有必要参见恩基希,摘引处 。

③ 例如,汽车司机 A 在经过所谓的"单行道"时撞死了骑自行车者 R。A 完全按照交通规则的要求在道路口慢速行驶,以确保经过单行线时万无一失。骑车人 R 违反交通规则,沿反方向在单行线上骑行,而未被汽车司机 A 发现。这里,交通规则的注意规定已为 A 所遵守,(鉴于 R 的不正确的行为)他不可能预见撞死 R 结果的发生。因此,不能指责 A 构成杀人罪。

④ 例如,M 将其 3 岁的孩子 K 独自留在住宅内,而她自己去上班。她根本没有想到孩子在家里会干些什么,没有想到较大孩子可能会轻易地爬上桌子或椅子并从上面摔落下来造成严重伤害。K 真的从桌子上摔了下来,造成脑震荡。M 会因未认识和消除孩子受伤害的可能性,而构成过失伤害罪吗? M 没有预见此等伤害行为,但她应当预见(注意规定,包含在她的法定的对幼儿照料义务之中)且能够预见(她具有必要的起码的智力)。她违背义务地违反了预见规定,亦即她是"轻率的",第一个规范的责任要素已经具备。但不能必然得出结论认为,不阻止结果的发生是她的过失。因为,如果她除了去上班外别无选择,并由于缺少任何帮助不得已才将孩子独自关在家里,听天由命,就不能期望她为其他行为,即不能指望她阻止结果的发生。因此,这里(转下页)

§41 过　失

过失中的两种规范的责任要素决定了第二种规范的责任要素不可能脱离第一种规范的责任要素而独立存在(参见上述 a 中的案例),但第一种规范的责任要素倒可以脱离第二种规范的责任要素而独立存在(参见上述 b 中的案例)。

3. 上述情况表明,在过失情况下,普通规范的责任要素——如在故意情况下一样——起着同样的作用。这足以说明,尽管它有完全不同的心理特征,过失仍与故意有共性(可比性),亦即如同故意一样,过失也可以被作为真正的责任种类对待;此外,如同故意一样,过失还具有社会意义的特点和危险性;过失中同样表明了行为人对社会生活要求的漠不关心的态度,表明了行为人的——如同故意犯罪一样——反社会思想。①

V. 所有法律规定均可能被过失违反,但并非每个过失违反都会受到法律的处罚。相反的是,过失违法受到处罚的只是例外情况,如果处罚过失违法被明定于法律之中或从法律规定的联系中推定应当处罚的,过失违法始受

(接上页)不存在过失罪过的第二个规范之责任要素。帝国法院也要求行为人有实施其他行为的可能性。参见帝国法院判决第 30 卷第 25 页,第 36 卷第 78、334 页,第 58 卷第 27 页。司法实践和文献中常常将这两种规范责任要素区分开来。而在这方面,帝国法院的判决并不总是明确的。帝国法院判决第 59 卷第 341 页尤其值得注意。摩尔曼(Mohrmann)第 67—69 页的观点则是完全错误的,他错误地理解了帝国法院判决第 30 卷第 25 页,与本教科书也是格格不入的。尤其值得注意的还有,如果行为人明知其行为是违法的(未预见对外部世界发生改变者除外),不能立即认为其负有过失责任。例如,行为人明知自己在城里"超速驾驶"(《刑法典》第 366 条第 2 款),并从一儿童身上驶过,致该儿童死亡。事实表明,行为人了解《刑法典》第 366 条第 2 款规定的超速行驶的违法性但未遵守,儿童的死亡与其超速行驶行为之间无疑有因果关系,行为人必须负过失杀人之责任。参见冯·希佩尔:《德国刑法与外国刑法之比较研究》总论部分 3 第 571 页;弗兰克 §59 VIII 6;梅茨格第 357 页;科尔劳斯:《刑法典》§ 59 3I。

① 与爱克斯讷、恩基希等人一样,本教科书视"处罚过失是对行为人直接的非价判断(否定评价)"(梅茨格第 353 页)。参见爱克斯讷:《关于恩基希著作的谈话》,载阿沙芬堡 22 第 53 页。关于本教科书实体过失论及其相对之学说,参见科勒第 23 页及以下几页;梅茨格第 353 页;冯·希佩尔:《德国刑法》第 2 卷第 374 页;摩尔曼第 11 页及以下几页。如果冯·希佩尔认为"对社会共同生活要求的漠视"是"所有责任的本质,而非过失所特有",倒是完全正确的。请参见本教科书。构成责任的实质内容的情况也可能出现在过失之中。只有这样,才可在过失情况下对之作出法律上的责难,并能将其理解为责任种类。恰恰是在这一问题上,形式上的只考虑过失的心理因素的观点陷入了困境。

§41 过　失

处罚。①

Ⅵ. 就故意而言,行为人必须对犯罪概念所具有的所有构成要件特征(包括结果)均有认识方可,如果认识中缺少任何概念特征之一,故意即不成立,而可能是过失。仔细观察可得知,同样多的过失犯罪在概念上与每个具体的故意犯罪一样,具有故意犯罪的概念特征;任何人均不能阻止立法者只处罚这个或那个过失行为,而不处罚其他过失行为。因此,过失犯罪(杀人)的两种情况是与故意杀人一致的:①行为人知道他杀了人,但行为人并未打算杀人;②行为人知道对某人实施了犯罪,但他并不知道会杀死该人。但立法并未区分这两种情况。《刑法典》第259条关于窝赃的规定即属此例外(参见下文§147)。

Ⅶ. 过失程度。现行刑法在两种情况下规定了严重过失,如果行为人"由于其职务、职业或行业而违背特别义务的",即为严重过失(《刑法典》第222条杀人罪和第230条伤害罪)。属于严重过失的还有"医生之医疗事故"。对《刑法典》中过失程度这一颇有争议的问题而言,法律将基于职务、职业或行业的"特别义务"规定为"谨慎"义务,而非规定为"特别注意"义务,也许是有重要意义的。只有当行为人在具体情况下在其职务、职业或行业活动过程中(违背义务),方可认为存在义务增强(Intensivierung der Pflicht)问题。法律并未规定在这一法定范围之外应当如何构成特别严厉之义务。何为职务等行为,取决于相关职务等具有重要义务的行为。对医生的职务而言具有重要意义的,是对他的医疗要求、检查、工作,而不是其前往病人那里或工作场所的方式。可将此等特别之谨慎义务(Sorgfaltspflicht)扩大至辅助工作,但有个前提条件,这一辅助工作仍具有该职务的典型特征。有些不具有职业、职务或行业职能的行为,如从事马匹和汽车运输业者的周日远足,就不属于《刑法典》第222条和第230条第3款规定的情形。休假和工

---

① 帝国法院判决第22卷第43页,罗伯:《帝国刑法典及其注释》引言部分第71页。《刑法典》在下列情况下明确规定处罚过失犯罪:第222条和第230条的杀人和伤害;第121条和第347条的私放犯人;第163条的伪誓;第309条、第311条、第314条、第316条、第318条、第326条、第329条的危害公共安全罪;第345条执行不能执行的刑罚。此外还有不同的附律。一般而言,不服从警察足以构成过失,但得对法律条款和意思作认真的研究。参见戈尔德施密特:《行政刑法》(参见上文§26 V)第475—476页。不同观点有:冯·希佩尔:《德国刑法》第2卷第368—370页;梅茨格第362页;还有帝国法院判决第49卷第116页。《委员会草案》第392条和《1919年草案》第407条规定,只要是过失犯罪即予以处罚,法律规定只处罚故意犯罪的除外,如《1919年草案》和《1925年官方草案》第347条,《1927年草案》和《1930年草案》第378条。

间休息期间,亦不存在此等特别严厉的义务。①

Ⅷ. 1874年5月7日的《帝国新闻法》第21条规定了一个特有的、刑法意义上颇有争议的过失问题,前提条件是具有新闻犯罪的客观事实(参见上文§36 Ⅶ 1)。在此等新闻犯罪情况下,只要有责任之编辑、出版者、印刷者、销售者未按第20条作为正犯或共犯受到处罚(参见上文§36 Ⅶ 1)的,如他们不能证明其按照义务而行为,或不能解释按照义务行为是不可能的,"依过失犯罪"处罚之。因此,如本教科书过去的版本就§43所作的阐述,对于所有的"新闻犯罪",过失不被认为是允许的和完整的责任种类,而是构成一个在特殊的新闻领域所固有的过失犯罪。具体情况因此就不属于过失论探讨的范畴,而是属于分则部分的内容。主流理论(基齐厄、康拉德、曼海姆、海恩策尔)和帝国法院判决均持与本教科书相同的观点。

§42 因不能期待合法行为而免责

Ⅰ. 行为具备下列情形之一的,不存在责任非难的可能性:

1. 无责任能力;参见上文§§37、38;

2. 处于排除故意的错误之中(参见上文§40),由于此等错误之过失不处罚,或者该错误是不可避免的,以致可以认为行为人不存在过失;

3. 虽然行为人认识到其行为的事实上和法律上的重要性,或者虽然他应当且能够认识到此等重要性,但仍不能期待行为人为合法行为;亦即如果不能期待对符合构成要件的结果及其社会危害性的认识成为决定性的反对

---

① 与本教科书第25版不同,此版与弗兰克§222 Ⅱ 一样,试图从法律上推测出合格的过失的界限。施瓦茨§222注释4亦持相似之观点。工商企业或职业是否被允许经营无关紧要。帝国法院对《刑法典》第222条和第230条第2款作了较大的扩大适用。虽然帝国法院判决第62卷第123页强调这些规定是指"特别之注意义务",而"非""提高之注意义务",但事实上,帝国法院认为,因职务或职业而提高之"经验、熟练、榜样"使得行为人成为一个比其他人被期望具有更多谨慎和注意义务之人。此点在帝国法院判决第54卷第234(235!)页中有明确表示。因此,对辅助工作概念的广义解释,加重之过失责任在个别情况下"也适用于职业或行业活动之外实施的行为"(帝国法院判决第59卷第270页),且依据明确:"因为第230条第2款规定的较好的认识和专门知识也存在于此等行为之中。"请参见过去帝国法院判决第27卷第167页、第34卷第65页、第36卷第405页。文献中对该问题的看法大相径庭。宾丁:《规范》4第486页赞同实践中的做法;奥尔斯豪森§222 8和9同样如此。不赞同帝国法院判决的观点,参见贝左德(*Bezold*)、葛兰特第362页,瓦亨费尔德第315页,在一定意义上讲还有艾伯迈耶:《帝国刑法典及其注释》§222注释11。

§42　因不能期待合法行为而免责

动机(Gegenmotiv),不能期待行为人有合法行为动机,或者换句话说,鉴于整体情况,如果行为人的动机过程不能被认为有错误或违背义务。

Ⅱ. 能否期待行为人在上述 I 3 所述情况下为合法行为,要在具体情况下进行特别认真的审查。① 因此,这要取决于行为人是否处于此等心理压力之中,即根据经验,作为规定规范的、受到犯罪行为破坏的法规范的功能不再能够被期待。也就是说,必须对促使行为的动机的强度和抑制行为的动机的强度进行认定,而且根据经验看是否每个人在这种情况下都会像行为人那样行为。对此,决不应当以特别的内心的英雄主义为前提条件,决不需要以特别的心理缺陷为前提条件。主审法官将会设想一个平均国民类型,并从该立场出发来检测合法行为的合理性。那种认为此等研究方法是建立在错误的基础之上——因为自然科学知识和法律评价等同的原则超越了"全部理解意味着全部放弃"(tuot comprendre c'esr tuot perdonner)——的观点是错误的。而是以此等研究方法只承认正确的原则,即在符合经验的心理能力彼岸不再谈及义务问题:超越于"可能"之外,任何人不负责任(ultra posse nemo pbligatur)。

Ⅲ. 上述Ⅱ中讨论的情况并非一般规律,也不得由法官推测,它的存在只属于个别例外情况。伴随犯罪行为存在的情况总是必须包含非常困难和特别错综复杂的情节,它以巨大的压力影响行为人的守法动机。给个性上有缺陷者以机会,以其个性上的弱点为掩饰,均不是该学说的本意。②

但是,法官面临的是一个极其困难的任务,它对法官的人生经验和处世哲学提出了很高的要求,增加了法官职业的难度。在寻求合法行为的合理性问题上,感情脆弱的缺陷是不屈不挠的坚毅法官职业的禁忌,它将会对司法公正带来危险。这一点没有为立法者所忽视。因此,立法者试图在凭经验认为最重要的不能期待行为人为合法行为的情况下,减轻法官们艰难裁判和司法公正的责任。立法者借助于客观特征将最有代表性的情况统一规定为极度的心理压力,并指示法官在具备此等情形时可结论性地推定不能期待行为人为合法行为。

Ⅳ. 作为此等无责任推测(这里我们也可称之为"责任阻却事由"或"减免责任事由")的特别重要的情况主要有:

1.《帝国刑法典》第 54 条的紧急避险。③ 根据第 54 条的规定,如果行为

---

① 弗罗伊登塔尔第 7 页的观点是正确的。
② 请参见上文 §36 的相关注释。
③ 关于《刑法典》第 54 条法律特征的争论的详尽讨论,请参见上文 §34 A Ⅱ。

§42 因不能期待合法行为而免责

人为使自己或其家属的身体或生命免遭正在发生的危险,以无责的、用其他方法不足以排除此危险的紧急避险方式而实施的行为,不负刑事责任。该规定的推定特点是十分清楚的。自己的紧急避险行为或为保护家属的紧急避险行为丝毫未对行为人的心理产生明显的压力,也即避免违法行为应当是完全可行的,实际上也是完全可能的。如果《刑法典》第54条描述的情况存在,法官则不需要根据应作裁判的案件的特殊性而对合理性问题进行认定,而是推定在所有情况下均不违法。

具体地讲,下列情况均属于排除责任推定的前提条件:

a. 行为人或行为人的亲属①必须处于正在发生的对身体或生命的伤害危险之中②。也就是说,对生命的伤害或对身体的完整性的严重伤害的危险已经迫在眉睫(参见上文§28 III)。在对其他法益,如自由、名誉、道德等造成危险的情况下,则不得作出无责的法律推定,尽管在这种情况下自然也会增加心理压力,以至于不能期待行为人为合法行为。与此相适应,在行为人的朋友或亲人处于紧急避险之中,同样不能作出无责的法律推定。

b. 紧急避险必须是无责的(unverschuldet)。如果有责任能力者预见到受危险威胁或违背义务而没有预见到危险将会发生,且只有通过攻击他人的法益才得以消除该危险,如果能合理地期待受害者躲避该危险情势的,在此

---

① 《刑法典》第52条第2款对亲属的概念作出了对《刑法典》所有章节均具有意义的规定:"亲属是指直系亲属,姻亲,继父母,养父母,继子女,养子女,配偶,兄弟姐妹,兄弟姐妹的配偶或有婚约者"。亲属是指同出于(男)祖先之人,是否婚生不是必要条件。姻亲是指配偶一方和配偶的亲属;此等关系既不因配偶的死亡也不因婚姻解体而消灭。帝国法院判决第34卷第419页亦持该观点。婚姻的消亡同样不影响无效声明生效前的姻婚关系;帝国法院判决第56卷第427页、第60卷第246页。作为法律关系的过继则根据《民法典》来评价。是否存在长期的由教育目的所决定的养父母和养子女关系,则要根据实际情况来定;持该观点的还有帝国法院判决第34卷第161页、第58卷第61页,洛伯:《帝国刑法典及其注释》§52注释5d。恋爱是以相互间的结婚许诺为先决条件的,帝国法院判决第28卷第230页、第35卷第49页也持该观点。婚约之公开不是必要的,但它是严肃的标志。请参见洛伯:《帝国刑法典及其注释》§52注释5h。

② 参见帝国法院判决第59卷第69页,而帝国法院判决第60卷第318页则是值得商榷的。

§42　因不能期待合法行为而免责

等情形下实施的紧急避险则为有责。①

c. 紧急避险不得以符合构成要件的对他人法益的攻击以外的方式来阻止。如果被危害者通过逃避即能自救,《刑法典》第54条规定的法定无责任推定无论如何于行为人不利。与此相适应,必须适用下列原则:如果紧急状态能以破坏较小的法益来消除,破坏较大的法益则不受《刑法典》第54条的保护。②

d. 具备上述a—c所述条件时,行为人对他人法益的攻击不负责任。由于不涉及合法化事由,所以,不要求为了保护重大利益。关于《民法典》第228条和第904条与《刑法典》第54条的关系问题,请参见上文§34相关注释。

2.《帝国刑法典》第52条规定的困境。如行为人因不可抗力,或因本人或其亲属③的身体或生命受到正在发生的危险的威胁,而被迫所为之符合构成要件的行为,不负刑事责任。

a. 这里必须将行为人因所谓的直接暴力(vis absoluta)而被迫造成符合构成要件的结果从此处的范围中区别开来。A用不能为自己的意思活动之手(被迫)在伪造的文书上签字。这里,A的可归类为构成要件的行为根本不需要予以考虑,因为它缺乏A的任何意思活动;就A而言,他并没有有意识地为一定的行为(参见上文§28 I 1)。④

b. 因此,根据《刑法典》第52条的规定,能够予以考虑的只是那些尽管存在暴力和威胁但仍有可能为意思活动的情况。下面为法律免除行为人责

---

① 仅仅预见到危险本身还不够。主流理论实际上赞同本教科书的观点;参见弗兰克§54 I 5,梅茨格第368页,冯·希佩尔:《德国刑法》第2卷第223页,帝国法院判决第36卷第334页。如同在紧急救助情况下一样,认为危险责任的观点是值得怀疑的。与本教科书相同,弗兰克§54 I 5,梅茨格第368页,冯·希佩尔:《德国刑法》第2卷第223页,厄特克:《德国刑法与外国刑法之比较研究》总论部分2第334页,瓦亨费尔德第124页也认为,它取决于被损害人(在紧急救助情况下是应被救助的亲属,而非行为人)对该危险是否有责。相反,阿尔费德第134页,洛伯:《帝国刑法典及其注释》§54注释5,奥尔斯豪森§54 7则认为取决于行为人。

② 持相同观点的还有阿尔费德第135页,葛兰特第117页,弗兰克§54 I 4,冯·希佩尔:《德国刑法》第2卷第221页。

③ 请参见上文注释5(即本书第252页注释②——译者注)。

④ 洛伯:《帝国刑法典及其注释》§52注释2,梅茨格第365页,弗兰克§52 I,不无道理地强调同样的观点。迈耶第313页则相反,认为《刑法典》第52条恰恰涉及被迫之人不再行为的情况,他"未完成其任务"。冯·希佩尔:《德国刑法》第2卷第219页的观点不完全正确,他将"直接暴力"简单地与"不可抗力"等同起来。

253

§42　因不能期待合法行为而免责

任的几种情况：

a）如果行为人因不可抗力被强制实施其意思活动,但此种情况法律不需要列举出来,免除责任是不言自明的,因为不可抗力只能被理解为不负责任；相对于不可抗力而言,不能再期待行为人——鉴于不可抗力对其造成的心理压力——将会为合法行为。这里,法律只是直接地与规范责任要素中体现的特殊思想联系在一起,并从该思想中得出必然的结果。因而,并不意味着由于给予无责任推定而减轻法官的认定任务,而只是恳切地提示注意规范责任要素,鉴于此等窘境对规范责任要素的认定从一开始就显得令人怀疑；

b）如果行为人受到正在发生的不可避免的针对其本人或其亲属的身体或生命的威胁,被迫实施符合构成要件的行为。关于此等真正的无责推定（Schuldlosigkeitspräsumtion）的详细情况参见上文1（1）的阐述（身体和生命危险）,另外还请参见下文§98（胁迫）。

3.《刑法典》第53条第3款规定的正当防卫。参见上文§33 III。因为惶惑、害怕、惊吓显然会妨碍无缺陷的（符合义务的）动机过程之进程,所以可认定存在减免责任事由。

4. 1875年2月6日的《婚姻法》第67条第2款规定的情况。① 该条款在无责任推定上作出了有利于神职人员的规定。法律一般认为,考虑到牧师的职业,他在危急情况下不得不为法律所禁止的宗教行为。

5.《帝国军事刑法典》第130条——虽然措辞不甚完美——免除掠夺者的责任,因为饥饿和困难向教会掠夺者不顾禁令而掠夺的规定。②

V. 对上文IV中所述情况均不负刑事责任,因为在此等情况下,根据法律的推定,行为人不能够按被破坏的法规范要求去行为。还有一些情况,行为人按规定不应当为一定行为,因为法律本身要求行为人履行其符合构成要件的行为所抗拒的义务以外的义务。属于此等情况的有上文§35 I 3所述案例。在这些情况下,必须认为不存在责任非难是不言而喻的。指责国家本身"使得穷人当替罪羊",也即国家迫使穷人实施违法行为,是没有多少道理的。

VI. 来自外界的对行为人的心理压力,以使其抓住依法行为的最后可能性,在上文III—V所述情形中已经谈及。关键是这种心理压力的真实性,而

---

① 戈尔德施密特：《奥地利刑法学杂志》4第163页不无道理地将此处列入减免责任事由。持相同观点的还有黑格勒：《整体刑法学杂志》36第315页。该问题是有争议的。

② 戈尔德施密特：《奥地利刑法学杂志》4第163页注释5。

§42　因不能期待合法行为而免责

此等真实性有时只能靠推测(参见上文Ⅳ)。这种真实性不取决于行为人对其行为的总体情况作出了正确的或错误的评价。对想象的危险的恐惧无需小于对真实的危险的恐惧;这种恐惧将经历同样的心理压力,并以相同的阻力抗拒法规范内容的实现。如果谁错误地认为他处在紧急避险(《刑法典》第54条)之中(假想的紧急避险),就心理状态而言,其与真正处于紧急避险中的行为人是一样的。但他不具有《刑法典》第54条规定的免责推定,因为免责推定的法定条件没有实现。因此,在这些情况下,期待行为人为合法行为的问题以及事实上的动机的违法性问题,只能按不同情况区别对待,如果法律对此没有明确规定的话。上文§40论及的关于错误的原则,在这里绝对不能适用,因为这些原则涉及心理学上的责任要素,而这里只涉及规范之责任要素。因此,这里只能提出这样一个问题:鉴于行为人周围的情况和因此等情况而对行为人造成的心理压力,是否还能期待行为人具备为合法行为的动机过程。根据不同的认定结果来断定行为人是否负责;在后一种情况下是否存在故意或过失,取决于行为人对构成要件特征和禁止事实的心理学上的态度(参见上文§§39—41)。①

Ⅶ. 如果根据经验根本不能期待行为人在起决定性作用的情况下,具备

---

① 该问题争论颇大。对所有认为有合法化事由的学者,如对冯·希佩尔来说,本教科书的观点是根本不能予以考虑的;他们宁愿将与《刑法典》第54条有关的假想的紧急避险按假想的正当防卫与《民法典》第228条、第904条相联系的假想的紧急避险相同的立场来对待。参见上文§40Ⅰ2。如果梅茨格想将可期待性观点作为独立的责任要素来独立对待(参见其§49),此外,将《刑法典》第54条正确地视为合法化事由,则其对与第54条有关的假想的紧急避险借助于第59条——尽管只能类推适用——来处理的尝试,在方法上和事实上均被认为是错误的。第59条涉及构成违法性的构成要件特征;它与可期待性观点下的非难问题毫不相干。另外,其第321页的注释34也挽救不了他的观点。弗兰克§54Ⅰ5正确地要求,"真实的且不可避免的紧急避险"(《刑法典》第54条意义上的紧急避险),"而非作同等之处理"。他想在错误认定第54条的事实上的先决条件的情况下排除故意,但有可能认为存在过失。即便如此,他也没能够对第54条与可期待性问题之间的特殊关系作出正确评价。它与精神衰弱患者由于恐惧而不能自拔且想象到处都是第54条意义上的紧急避险情形,而在过失犯罪情况下才受处罚无关。如果能够要求他能像平常人一样,在了解其行为的事实意义和法律意义的情况下无过错地行为,则就产生了非难问题。所有其他问题都只是量刑的事了。本版教科书比过去的版本试图更好地表明这一思想。戈尔德施密特:《奥地利刑法学杂志》4第167页持与弗兰克一样的观点。帝国法院判决第41卷第214页对该问题不置可否;提示参见帝国法院判决第19卷第300页是没有意义的,因为这里讲的是合法化事由错误问题。帝国法院判决第63卷第18页的观点与弗兰克的观点相似。此外,请参见黑格勒:《整体刑法学杂志》36第216页注释113,洛伯:《帝国刑法典及其注释》§54注释9,奥尔斯豪森§§54 11、59 25d。

§42 因不能期待合法行为而免责

为合法行为之动机的,则不存在任何责任。如果此等动机只是被增加了困难,而非不可能,则为减轻责任。法官往往是在量刑时,在法定量刑幅度内对此等情况加以考虑;在相当多的情况下,立法者鉴于典型的反复出现的加重义务动机的情况规定了法定的减轻刑罚事由,如《刑法典》第148条、第157条、第216条、第217条、第248条a、第264条a、第313条第2款等。就其结构而言,此等减轻刑罚事由与上文IV中探讨的无责任推定是非常相似的;因此,如果非婚产妇在生产过程中或产后立即杀死婴儿的,亦可按《刑法典》第217条处罚。在这种情况下,法官无需考虑该行为人的心理状态,而是直接认定减轻责任的心理压力,并适用第217条的减轻处罚规定。① 相反,在第248条a情况下,则必须实际确认行为人是在紧急情况的心理压力下而行为的;也即如果行为人实际上确非因"紧急情况"而行为的,则不得适用第248条a。现在的问题是,在下列情况下,行为人关于是否存在减轻处罚情况的错误究竟对定罪量刑有何影响:有婚姻关系的产妇相信其所生婴儿为非婚生子,而在产后立即杀死该婴儿(第217条);杀人者错误地认为,他杀死的是一个明确表示死亡意愿且真心要求死亡者(第216条);虚伪宣誓者错误地认为,道出事实可能因犯罪而导致对自己的刑事追诉(第157条)。下列情况则相反:无婚姻关系的产妇由于错误而忽视该婴儿的非婚生性;杀人者不知道被杀者试图通过示意让他明白自己是如何迫切想离开尘世的;虚伪宣誓者没有料到如实陈述可能导致针对自己的刑事追诉。如上所述,这些关于减轻刑罚事由的错误的案例,由于其结构不同而变得复杂。问题是,在多大程度上对错误予以考虑?② 下列情况是与法律规定相适应的:

1. 如果法律明确要求行为人本身具有的特定从轻情节事实上具有说明

---

① 这里自然并不否认关于《刑法典》第217条减轻处罚的立法根据,如同历史所表明的那样(参见下文§87),其是考虑到正确动机的困难化,否则,在此处研究《刑法典》第217条是没有意义的。但不能忽视的是,《帝国刑法典》从其自由法治国家的立场出发,以尽可能省却法官的自由裁量和使得困难的主观认证成为多余的客观特征的方式,概述了减轻责任事由。如果埃里克·沃尔夫第668页干脆对该问题避而不谈,并将《刑法典》第217条中的所有特征"主观化",以便使用此方法将第217条的技术和方法与规范责任理论和现代构成理论的所有要求相吻合,但如果以现行法为准,该方案就不会得到赞同。他必将得出结论认为,那个非婚母亲不得适用《刑法典》第217条。但以现行法为准是不成立的! 弗兰克§59 III的观点也并非完全不令人怀疑。

② 我们面临的问题是,没有内在的不一致,根据现行法律就几乎无法解决,因为法律从方法上没有注意减轻责任事由。抛开以个体为中心的量刑学说来对所有减轻处罚可能性进行评价,代之以对特别构成要件下具体的减轻责任事由进行研究,比如,创设新的犯罪类型,其法律上的独立性必须在犯罪未遂论和竞合论中加以强调,而在责任规定的情况下,存在与基本(转下页)

§42　因不能期待合法行为而免责

理由的作用,则行为人的导致忽视这一从轻情节的错误必须有不适用较轻法律的后果。不知道被杀者明确且真心要求将其杀死之人,可因被杀者的要求而不被认定为犯了杀人罪,如《刑法典》第216条所要求的那样,也即第216条对他来讲可能是不利的,而应依据《刑法典》第211条、第212条的规定对其进行处罚。如果紧急避险人虽然客观上是在危急状态下实施了紧急避险行为,但由于错误,他并不知道这一紧急情况,同样适用上述规定。行为人并未因"紧急情况"而实施紧急避险行为;因此,不得适用《刑法典》第218条a的规定。①

下列情况则相反:减轻事由的错误认识必须在可能的情况下予以考虑。较轻的法律客观上并没有满足其先决条件,因此,不能直接适用。在具备一般减轻情节的情况下,应当认为每一个具体的犯罪具备了法定减轻情节,如此,错误认识的这些情况就可能得到充分的考虑。但是,法律只允许考虑特定情况下的一般减轻情节(参见下文§70 II)。因此,下列思考也许是有益的:由于假想的紧急情况对行为人情绪的影响不可能区别于事实上的紧迫情况,因而忽视在法定减轻情节中包含的特殊的责任思想,故不得对行为人类推适用减轻处罚,其前提条件是,外界的情况使普通人能够认识危险情况或紧迫情况,且能解释动机抑制(Motivationshemmung)。之所以杀人,是因为由于理解错误,相信被杀者有明确且严肃的要求,且因此而感到有杀人之理由的,只能适用《刑法典》第216条的规定。②

2. 相反,如果法律不重视证实行为人事实上具有使得正确动机变得困难的心理压力,则当然与行为人本人对存在法定减轻处罚事由的内心态度无

(接上页)的犯罪类型最为密切的联系和共性,而这些联系和共性均来自于新的基本的犯罪类型(《刑法典》第216条、第217条与第211条、第212条有着联系)。埃里克·沃尔夫试图将在可期待性问题具有重要作用的第216条、第217条、第157条等的情形解释为"主观的构成要件特征",而成为"困难先生"。但是,他一方面完全离开了法律基础,另一方面他从其立场出发走得还不够远。例如,为何第248条a、第164条a中的情形哪怕连极小的主观化(这也许完全可能,"规范"特征不妨碍它,因为所有构成要件特征均是规范性的)也看不到呢?与其他直接适用或类推适用《刑法典》第59条而存在如本教科书所述问题的人一样,梅茨格第322页及以下几页的观点也不是完全令人满意的。参见上文注释13(即本书第256页注释①——译者注)。

① 与主流学说一样,埃里克·沃尔夫第668页,马尔腾斯(Martens)第49页,弗兰克§216 II 2,§248a IV 2,艾伯迈耶:《帝国刑法典及其注释》§216注释4,§248a注释3也同意本教科书的观点。

② 持相同观点的还有艾伯迈耶§216注释5,§248a注释3,弗兰克§216 IV,§248a IV 2,马尔腾斯第46页,埃里克·沃尔夫第668、670页。

§42　因不能期待合法行为而免责

关,也就是说:

a. 如果《刑法典》第 217 条或第 157 条的先决条件已经具备,即使产妇不知道婴儿的非婚生性,或者伪誓者将要求其如实陈述不认为是会危及自己①,则可适用此等规定。

b. 如果不具备这类法定减轻处罚事由的先决条件,产妇在产后立即杀死她误认为是非婚生子而实为婚生子的婴儿,则不得适用较轻的法律,可能出现的事实上的兴奋状态只能在普通"减轻情节"(《刑法典》第 213 条)中予以考虑。②

VIII. 立法者终于可以禁止法官在认定责任问题时,将合法行为的可期待性问题纳入其考虑范畴。合法行为的可期待性是与合法行为的不可期待性的法律推测相对立的。它们虽然少见,但毕竟还是存在的,如《帝国军事刑法典》第 49 条、第 84—88 条,《海员法》第 34 条、第 41 条。③ 这些条款中除规定法定排除考虑规范之责任要素外,别无他意。法官不得询问,鉴于行为人的较大的个性方面的危险性,是否仍可期待行为人为合法行为(如执行命令等)。这一责任原则的例外不得类推适用于行为人不惊慌且有勇气为一定行为的其他情形是不言而喻的。监狱官员面对抢走其公务用枪的犯人而退缩,因而"让该犯人逃跑"(《刑法典》第 347 条第 1 款),如果符合《刑法典》第 54 条规定的情况,或者根据当时的情况已不再能期待他执行指令并因此而阻止结果发生的,则其行为无责。

---

①　赞同该观点者有艾伯迈耶§217 注释 5,弗兰克§157 I,帝国法院判决第 23 卷第 149 页,奥尔斯豪森§157 11a,马尔腾斯第 12、49 页;不赞同该观点的有埃里克·沃尔夫第 668 页,宾丁:《刑法教科书》2 第 163 页。

②　不同意第 217 条的有弗兰克§217 V,艾伯迈耶§217 注释 5,奥尔斯豪森§217 5,宾丁:《规范》3 第 326 页,阿尔费德第 338 页注释 17,马尔腾斯第 48 页,黑格勒:《纪念弗兰克文集》I 第 253 页注释 3,埃里克·沃尔夫第 668 页。不同意第 157 条的有弗兰克§157 I,宾丁:《刑法教科书》2 第 163 页,梅茨格第 324 页,马尔腾斯第 48 页,埃里克·沃尔夫第 670 页,阿尔费德第 582 页注释 31。同意第 157 条的有帝国法院判决第 43 卷第 67 页、第 61 卷第 310 页、第 62 卷第 55 页,奥尔斯豪森§157 II a,艾伯迈耶:《帝国刑法典及其注释》§157 注释 1。

③　帝国法院判决第 64 卷第 421 页是有趣的且是正确的:与第 5 条"德国士兵的职业义务"有关的《帝国军事刑法典》第 49 条排除了士兵的上诉。

第四章　所谓的可罚性的客观条件

§43　特征和意义

I. 通常情况下,符合构成要件的违法的且有责的行为成立后,就会出现刑罚问题。但是,立法者有时出于不同的原因,将行为的可罚性同符合构成要件行为本身无关的外在情形联系在一起(刑罚之条件)。①

例如,针对友好国家的敌对行为的处罚以互相保证予以处罚为条件(《刑法典》第 102 条和第 103 条);《刑法典》第 139 条对即将发生的犯罪不予告发的处罚,唯此等犯罪或其未遂行为已经实施;《刑法典》第 219 条对挑起决斗的处罚,则以决斗事实上已经发生为先决条件;对互殴行为的处罚条件是,由于互殴而导致有人死亡或重伤(《刑法典》第 227 条);在破产情况下,处罚的条件是支付停止(《竞争法》第 239 条及以下几条和 1896 年的《储蓄法》第 11 条);只有当婚姻因婚外性行为的破坏而破裂时,破坏婚姻行为始受处罚(《刑法典》第 172 条);对婚姻欺诈的处罚则以婚姻的解体为条件(《刑法典》第 170 条)。②

---

① 以产生严重结果为科处刑罚的先决条件的情形与这里的情况是不同的。参见上文§36 注释 17 和 18(即本书第 215 页注释②和③——译者注)。在这里,即使严重结果并未产生,行为仍应处罚。加重处罚的客观条件见于《刑法典》第 87 条第 2 款、第 154 条第 2 款。

② 可罚性条件的概念为大多数学者所认同,但在其运用和解释上却颇有争议。布鲁默(Blume)认为,在"Voraussetzungen"与"Bedingungen"之间存在区别,即前者是指与行为人意志有关的条件,后者则相反。李特勒在使用该概念时也与本教科书有许多不同之处,但他在该概念的内容和意义上与本教科书所持观点原则上是一致的(可罚性条件是指对行为进行评价的情形,其有责性不受影响)。绍尔和李特勒完全不同,请参见其《刑法之基础》第 358 页及以下几页,尤其是 363 页;《诉讼法基础》(1929 年第 2 版)第 341—342 页。兰德(Land)持与绍尔完全相反的观点,请参见其第 19、22—24 页。李特勒:《纪念弗兰克文集》II 第 3、4 页曾不(转下页)

§43 特征和意义

所有这些刑罚的条件均是与犯罪行为本身及其组成部分无关的外在条件,更确切地说,它们是与犯罪行为本身相分离的。因此,也就产生了一系列重要后果:

1. 故意和过失都不包含行为之外的可罚性的条件。

2. 如果且只要法律规定的可罚性条件不存在,则不存在应处罚的行为,也不存在应处罚的未遂行为。如果具备可罚性的条件,而行为本身没有既遂或不可能实施既遂(参见下文§44Ⅴ1),始可认定为应处罚之犯罪未遂,并按《刑法典》第44条的规定处罚。

3. 如果且只要不存在可罚性条件,也就不产生国家的刑罚权问题,其行为也就不是法律意义上应处罚的行为。

a. 因此,在条件出现之前(如《刑法典》第172条情形下解除婚约生效前),既不能进行追诉程序,也不能提出有法律效力的诉讼申请。婚姻破裂的申请期限始于知晓离婚判决生效被破坏时。①

b. 如可罚性条件未出现,则共犯行为或庇护行为不处罚。

c. 如果根据控告内容认为,不存在法律所要求的可罚性条件,不为误告。

d. 客观措施,如没收、销毁、使物品不能使用,因它们具有法官认定犯罪行为的条件性质,在同等条件下不得为之。

如果出现可罚性条件,则其效力及于行为之着手;此刻视刑罚要求已经产生。因此,法院和警方在可罚性条件出现前采取的准备性步骤从法律上讲是完全可能的。

4. 只要对行为的实施本身存有怀疑,则刑罚之条件即不存在。

a. 既遂与条件的出现无关。

b. 就犯罪的时间和地点而言,出现条件的时间和地点无关紧要。

c. 犯罪追诉时效不以条件的出现为条件(参见下文§76Ⅱ)。

d. 如果行为人在可罚性条件出现之前、行为实施之后提供帮助,则可认

(接上页)无道理地针对齐默的《构成要件论》第24页及以下几页进行笔战。原则上同意本教科书观点的有梅茨格第177页,冯·希佩尔:《德国刑法》第2卷第379页,弗兰克第4章Ⅳ。本概念与宾丁的"有条件的犯罪"毫无关系。除贝林、瓦赫等人外,鲍姆加腾:《犯罪论之结构》第52页不同意宾丁的说法。

① 主流观点亦同,尽管它认为存在诉讼的先决条件。持相同观点的还有帝国法院判决第37卷第372页。《刑法典》第61条对之起决定性作用。弗兰克§172Ⅲ2,米特迈耶:《德国刑法与外国刑法之比较研究》总论部分4第100页,施瓦茨§172注释4的观点是正确的。

§43 特征和意义

定成立庇护而非共犯。

5. 是否具备产生刑罚要求的必要条件属于《刑事诉讼法》意义上的责任问题。因此,裁判确定时得适用《刑事诉讼法》第263条的规定。

II.

1. 从属于实体法的可罚性条件中,根据概念和效果的不同,可以区分出所谓的诉讼条件,也即允许法院进行实体裁判的诉讼法条件("实体裁决条件")。这种区分的最重要的意义在于,在刑事诉讼法领域,在缺少可罚性条件的情形下,法官应拒绝判决要求(具有消除刑罚要求效果的无罪判决),在缺少诉讼条件情形下,拒绝起诉(停止诉讼),请参见《刑事诉讼法》第260条。

2. 属于诉讼条件的还有——尽管《帝国刑法典》只作了部分规定——判刑请求:《帝国刑法典》第61—65条。因此,对相关问题的讨论不可能在对现行刑法的解释中进行,因为以现行法为准,则只涉及刑事诉讼法上的问题。以人们期望的将来的法律状态为准,则必须指出,告诉乃论的犯罪,根据其内容和行为必须区分为两个不同类型①:

a. 特定的法益破坏只有当具备下列条件时才对国家的法秩序具有意义,即被侵害人认为此等行为是破坏法益的行为,以法律规定的形式("要求"进行刑事诉讼)请求科处行为人刑罚。猥亵性触摸一个姑娘可被后者看作对自己的爱抚,或者截然相反,被其看作对自己的最大侮辱。这里,告诉人的态度是可罚性之条件。

b. 告诉乃论的第二类案件情况则完全不同。人们可想象是在诱拐一个品行端正的仍未满16岁的姑娘(《刑法典》第182条)。这里对该行为的刑事追诉自始就属于国家利益;这与被害人不想追诉的利益是相悖的。只要被害人用其"告诉人"的地位声明,国家规定的利益在具体情况下在其身上不存在,则国家为被害人起见放弃提出刑罚要求。在这种情况下,告诉不是对犯罪进行处罚的条件,而是提出国家刑罚要求的先决条件,同时也是诉讼的先决条件;无告诉不是排除刑罚的理由,而是上文 II 1 中所述意义上的刑事追诉障碍;而且,告诉乃论犯罪的整个学说也许不属于刑法,而是属于刑事诉讼法的范畴。

《预备草案》《委员会草案》和《1919年草案》在对待告诉乃论犯罪方

---

① 参见冯·李斯特:《文集》1 第8、36页。同意此观点的还有洛伯:《帝国刑法典及其注释》§61 注释1,绍尔:《诉讼法之基础》(1929年第2版)第335—336页,弗兰克§61 I 以及当今的主流观点。

§43 特征和意义

面,包括在告诉乃论犯罪的选择上,一般而言是以现行法律为依据的(请参见《1919年草案意见书》第49页)。《1925年官方草案》和《1927年草案》则试图在立法中使用上述1和2中的观点,以下列双重制度取代现行法中的刑罚要求,即一方面"要求",另一方面"同意"。"要求"与上文a所述原则相适应,"同意"则与b所述原则相适应。但是,"要求"和"同意"在法学上并非不同,而是均被作为诉讼的先决条件来对待。由此,上述两个草案得出的结论认为,所有关于形式和期限的一般规定均属于刑事诉讼法范畴。请参见《1925年草案说明》《1927年草案说明》,以及马姆罗特:《改革》(1926年)第371页。

第二篇 犯罪的形态①

第一章 犯罪的既遂与未遂

§44 犯罪未遂的概念

I. 概念规定

1. 既遂犯罪是指符合构成要件的违法的且有责的行为本身。由此,既遂的先决条件是,具备表明犯罪的特殊构成要件的所有特征,尤其是出现了法律关于该犯罪概念所要求的结果。

由此,对每个具体的犯罪而言,犯罪既遂的时刻只由现行法律规定。法律并非总是视出现结果(对被攻击法益的破坏或危害)为既遂,而常常是将实施了针对结果的行为视为既遂("故意犯罪"参见上文§39 II 3)。由此而产生许多不清楚和矛盾之处。例如,盗窃既遂时刻(《刑法典》第242条)就不同于侵吞(《刑法典》第246条),伪造货币(《刑法典》第146条)的既遂时刻就不同于伪造文书(《刑法典》第267条)。

在规定既遂时刻的情况下,不考虑处罚的条件问题(参见上文§43 I)。

2. 未遂犯罪是指旨在实现构成要件的犯罪"已经着手实行",但未得逞。参见《刑法典》第43条第1款。也就是说,如果行为人主观上已决定实现全部构成要件,且在客观上实施了一个具备构成要件的行为,但该行为未造成外界的符合构成要件的改变,因此缺少犯罪既遂所必需的客观结果,即为犯

---

① 参见上文§26 IV。阿尔费德、贝林、范·卡尔克、瓦亨费尔德等人不同意提出此概念;近来又有科勒和迈耶也不同意该观点。前者认为它"不完整和不独立",后者则认为它"是刑罚扩大事由"。但是,犯罪既遂、共同犯罪、犯罪单数等均不适合这两种表述方法。

§44 犯罪未遂的概念

罪未遂。① 立法者在犯罪未遂观点下,对此等情况下的,且也只对此等情况下的不完整的(未实行终了的)犯罪行为科处刑罚②:不是根据实现构成要件的客观不完整性来处罚未遂,尤其也不是根据行为人认为存在而实际上并不存在的构成要件特征来处罚③。在这种情况下倒是存在不同于应受处罚的犯罪未遂的构成要件缺乏(Mangel an Tatbestand)。④ 如果 A 给 B 下了致命的

---

① 就今天的文献而言,大多数学者均持该观点,尤其有阿尔费德第 191 页、第 194—195 页,贝林:《刑法之基本特征》第 57 页,弗兰克§43 I,范·卡尔克:《刑法》第 66—67 页,格拉夫·z. 多纳,葛兰特第 133 页,科勒第 440、444、447 页及以下几页,洛伯:《帝国刑法典及其注释》§43 注释 4,迈耶第 345 页,绍尔:《刑法之基础》第 462 页,徐腾萨克:《纪念弗兰克文集》II 第 64 页,瓦亨费尔德第 167 页。关于不同意见参见本页注释③。

② 在该观点下人们可发现迈耶"刑罚扩大事由"的尝试。尤其请参见恩德曼:《整体刑法学杂志》45 第 121 页,梅茨格第 379 页,弗兰克§43 I。齐默:《法庭杂志》98 第 387 页则认为是"构成要件扩大事由"。

③ 这里所拒绝的观点除为戴拉奎斯第 132 页,冯·希佩尔:《德国刑法》第 2 卷第 396、432 页,卡代卡(Kadecka)第 137 页,克里科斯曼,冯·利利恩塔尔第 33 页,起草《德国刑法典草案的理由》第 289 页,帝国法院判决所代表外,尤其还为冯·李斯特在本教科书过去的版本中所代表。李斯特从"所有构成要件特征原则上等价"得出其观点的正确性,关于理由,他指出参见他在其《责任论》中从《刑法典》第 59 条得出的结论。因此,不存在任何理由从这样的事实中,即心理学的故意要素必须涉及全部的构成要件特征(参见上文§39 II 1),通过相反的结论推论出,错误地认为一个事实上并不具备的构成要件特征不利于行为人,值得引起重视。关于不同意该谬论的观点,尤其请参见宾丁:《法庭杂志》85 第 323 页("错误的有魔力的效力"),洛伯:《帝国刑法典及其注释》§43 注释 11b,迈耶第 346 页注释 6,弗兰克§43 I,梅茨格第 396—397 页。坚持这一错误学说的主要还有帝国法院判决;故也请参见帝国法院判决第 11 卷第 72(77)页、第 39 卷第 316 页、第 42 卷第 92 页、第 47 卷第 65 页、第 56 卷第 316 页、第 60 卷第 215 页、第 64 卷第 130 页。

④ 格拉夫·z. 多纳在《纪念戈特伯克(Güterbock)文集》(1910 年)第 35 页及以下几页中提出"构成要件缺乏"学说的基础。弗兰克在其评注的前些版本中持与格拉夫·z. 多纳相同的观点。针对徐勒(Schüler)和纳托普(Natorp)等人的异议,弗兰克将其表述作了如下更改:他认为在犯罪未遂与构成要件缺乏之间已不再有什么区别(参见弗兰克:《德意志帝国刑法典及其注释》II,直至第 14 版本§43 I),而是看因果关系链的最后环节或任何其他一个构成要件特征是否缺乏。事实上这样的表述与弗兰克过去的观点并没有明显的不同。本教科书实际上赞同弗兰克先生如今的表述。在提及的观点中,严格区分故意和构成要件缺乏,是不容争议的。参见绍尔:《刑法之基础》第 462 页,恩德曼:《整体刑法学杂志》45 第 121 页,洛伯:《帝国刑法典及其注释》§43 注释 11,罗森费尔德:《整体刑法学杂志》32 第 487 页,贝林:《立法方法论》(1922 年)第 80 页及以下几页。如果迈耶第 364 页和科勒第 464 页将构成要件缺乏视为"缺乏违法性之未遂"(迈耶),或者视为"违法性攻击"(科勒)未遂,则事实上与本教科书并无实质性区别;但如此表述并没有使人更加清楚,因为缺乏构成要件的情况不再存在于违法领域是肯定的,因此,不建议在这里讨论未遂,原因是"未遂"在法律意义上和法律用语中起码仍是违法行为。每个犯罪未遂均具有构成要件缺乏特征的错误虽不能被否定(参见弗兰克§43 I,宾丁:《德国刑法教(转下页)

§44 犯罪未遂的概念

毒药,但由于医生的及时救助 B 起死回生,A 构成杀人未遂。如果 C 以盗窃之故意撬开了 D 的钱柜,但在盗走有价证券前被吓跑,则 C 构成盗窃未遂。如果行为人将自己的物品认为是他人的物品,以占有为目的而盗窃走的;如果行为人将自己作证的事实误认为不真实;如果行为人作为鳏夫,因不了解此一特点而缔结新的婚姻;如果行为人引诱 14 岁以上的妇女为性行为;如果行为人错误地相信官员身份而接受礼品,等等,则均构成不处罚的构成要件缺乏,而不构成犯罪未遂。① 所有上述情况均缺少犯罪未遂的本质特征:缺少符合构成要件的实行行为的结果。

唯有上述对《刑法典》第 43 条的客观的解释才符合法律的原意,符合刑法的法制史和法治国家的功能;与之相对立的同样探讨应处罚之未遂犯罪的所谓的构成要件缺乏的学说,缺少必要的客观性,因为其是在无视《帝国宪

(接上页)科书》总论部分第 57 页);但是,由于此等不言自明性,很容易使人谈及特殊的技术意义上的"构成要件缺乏",如本教科书中所做的那样。在这一技术意义上反映了未遂的概念。如果梅茨格第 395 页及以下几页将"构成要件缺乏"看作"未遂",而又将"未遂"划分为不处罚的未遂和应处罚的未遂,其中,根据梅茨格第 397 页的说法,"构成要件缺乏"一律属于不处罚的"未遂"。由此,他不必要地引入了前法学的(vorjuristisch)未遂概念,而忽略了作为刑法上的评价概念,因此在刑法意义上它只能包括不完全实现构成要件的应受处罚的情况。格拉夫·z. 多纳:《整体刑法学杂志》51 第 621 页的观点完全与本教科书相同,将"构成要件缺乏"学说的意义理解为:它表明,仍存在某种可能的未遂情况。他在其文章中还针对那些对本教科书主张的学说的攻击进行了反驳,这些攻击主要来自冯·希佩尔:《德国刑法》第 2 卷第 396、431 页及以下几页。他认为对可罚性的外在结果具有之特殊意义,已在法律中的未遂学说,也即第 43 条中得到证实。由于他将由第 43 条拒绝的"所有构成要件等价"作为出发点,冯·希佩尔第 432 页指责本教科书的原则要求(die petitio principii des Lehrbuchs),因而可以作为其自己的未遂学说的基础。帝国法院从其主观立场出发[参见上文注释4(即本书第 264 页注释③——译者注)],不清楚构成要件缺乏;因此,它认为此等行为是应予以处罚的犯罪未遂,但行为人缺乏构成要件中所必需的资格(官员或类似之资格)者除外。参见帝国法院判决第 8 卷第 189 页。该判决涉及一个并未怀孕的"孕妇"的"堕胎未遂",但在理论上它论及这样一种情况,即非官员在错误相信其官员身份而实现官员犯罪的构成要件。根据帝国法院的观点,该非官员的"官员"不因官员犯罪未遂而受罚。但非孕妇的"孕妇"则没有受到帝国法院的相应处理:请参见帝国法院判决第 8 卷第 198 页、第 34 卷第 217 页。洛伯:《帝国刑法典及其注释》§43 注释 11c 指责帝国法院的判决没有连续性。对于妄想犯和假想犯罪,帝国法院同样借助于《刑法典》第 59 条的反结论将其从应处罚的未遂犯罪范畴中剔除出来,参见帝国法院判决第 42 卷第 92 页、第 56 卷第 316 页。关于宾丁:《法庭杂志》85 第 177 页,他将假想犯罪赋予特殊烙印"反错误",以及冯·希佩尔:《德国刑法》第 2 卷第 377 页,梅茨格第 381 页。

① 行为人利用一关系盗窃他人物品,但所窃得之物碰巧属于他自己所有,该情况不同于这里所列举情形。在该情况下,盗窃不明确的他人物品的犯罪未遂即告成立。迈耶第 364—365 页的观点是不正确的。

§44 犯罪未遂的概念

法》第 116 条的意义的情况下,不是客观地理解此等行为,而是以主观为基础,根据行为人的错误认识来对待的。①

3. 根据 2 中所述,犯罪未遂的特征一方面存在于意思活动中,另一方面存在于已发生的事实与未发生的事实的联系上。后者具有双重性:行为的危险性和行为人的危险性。行为的危险性以可能出现符合构成要件的对外部世界的改变为基础,而这种可能性又是行为人"决意"破坏法益安全的结果。对行为人的这一"决意",《刑法典》第 43 条指出,它是这样一种东西,如果没有它,行为的危险性及其客观违法性就不能确定。作为真实的并重要的"主观不法要素",该"决意"使得认定行为是以侵害法益为目的,并使攻击法益、危害法益成为可能。② 同时,"决意"还构成责任的一部分,它成为心理学意义上的故意,不管是直接故意还是间接故意。③ 在这一点上,行为人的"决

---

① 因此,相对立的理由被分为客观理论(如本教科书)和主观理论(如帝国法院)。关于宪法的法治国家功能,请参见上文 §18 注释 3(即本书第 99 页注释②——译者注),以及 §4 IV 1。还请参见李普曼:《德国刑法之改革》(1921 年)第 45 页及以下几页、第 48 页及以下几页,格林霍特第 17、21 页,弗兰克 §43 I,洛伯:《帝国刑法典及其注释》§43 注释 11b(由帝国法院得出的第 59 条的反结论与《刑法典》第 2 条第 1 款是相对立的),梅茨格第 391 页。关于《帝国刑法典》第 43 条的历史根据,请参见下文 II,还有科尔劳斯:《改革》(1926 年)27—28 页(主要受到帝国法院判决第 1 卷第 439 页的批评),洛伯:《帝国刑法典及其注释》§43 注释 3,梅茨格第 388—389 页,弗兰克:《德国刑法与外国刑法之比较研究》总论部分 5 第 173 页及以下几页,克拉斯(Class)第 12 页及以下几页(关于 1851 年之前的普鲁士刑法改革中未遂概念的发展),科恩:《修改需要》(1916 年)第 5 页及以下几页(他对《查理五世刑事法院条例》的主观化解释是无论如何不成立的)。

② 下列学者的规定是正确的,有梅茨格:《关于刑法构成要件的意义》(1926 年)23 页;黑格勒:《纪念弗兰克文集》I 第 312、314 页,尤其是那里的注释 4。齐默的观点则是值得商榷的:《构成要件论》第 15 页及以下几页,第 33、37、50 页及以下几页,第 63 页(不赞同他的观点的有黑格勒,摘引处第 286 页、第 314 页注释 1)。如果齐默承认《刑法典》第 43 条的规定为主观不法要素,则他所为之苦恼的所有难题均将会迎刃而解。否定该规定的合理性将把人们引向何处,冯·贝赛勒的论述尽管是聪明的,但也是完全不成立的[Jurist. Miniaturen 1929 年,第 42 页及以下几页:"谁故意经过深思熟虑向一人射击,但由于射偏而射到该人身旁的空气,是被许可的(!)"]。

③ 这里请参见梅茨格第 171 页以及《关于刑法构成要件的意义》第 23 页[他在其教科书中遗憾地只强调了"决意"对故意所具有的意义,而没有研究注释 8(即本页注释②——译者注)中所述之内容]。弗兰克 §59 VI 结尾处以及黑格勒:《纪念弗兰克文集》I 第 297 页中的观点是正确的。关于在犯罪未遂情况下,间接故意的责任问题是否已满足条件,还是值得怀疑的,因为《刑法典》第 43 条中所述"决意"一词,从字面上看并未限于直接故意,因此,只要能够被实行终了,则间接故意必须理解为符合条件。持相同观点的还有洛伯:《帝国刑法典及其注释》§43 注释 2,阿尔费德第 190 页,科勒第 442 页,奥尔斯豪森 §43,芬格尔 1 第 130 页,施瓦茨 §43 注释 3,帝国法院判决第 12 卷第 64 页、第 10 卷第 90 页。持不同观点的有冯·巴尔:《整(转下页)

§44 犯罪未遂的概念

意"表明了行为人的危险性,而且,如果鉴于行为人的决意,可对他的故意的、有责的行为进行责难,则此等危险性即属存在。

这两个共同特征表明意思活动的危险性。而这一危险性反映了犯罪未遂的本质。① 其结果是,成文法规定,犯罪预备行为和不合格的(无危险的)未遂犯罪(参见下文§45)不处罚,未遂犯从轻处罚。

(接上页)体刑法学杂志》18第534页,还有弗兰克§43 II 1。如果认为间接故意符合条件,则问题在于在处罚时,是否会出现最重或最轻的结果。冯·巴尔:《思想和责任》2第543页认为以最轻的结果为标准。由此可从间接故意特征中得出相反的结论:重要的必须是可以想象的最严重的结果,因为行为人并不"拒绝"此等最严重的结果,相反行为人所追求的恰恰是此等最严重的结果。持该观点的还有阿尔费德第191页;冯·李斯特在本教科书过去的版本中也持该观点;葛兰特第132页;洛伯:《帝国刑法典及其注释》§43注释2。

① 参见迈耶第345页,他称犯罪未遂为"抽象的危险犯",同时恰当地表明了作客观解释的第43条的意义,即立法者试图用第43条省却法官研究何时才能将一犯罪未遂视为危险的未遂犯。事实上,该问题属于下文§45 II、III中探讨的内容。与本教科书持相同观点的还有阿尔费德第186页,尤其是那里的注释3;芬格尔1第304页;默克尔第132页;冯·巴尔:《思想和责任》2第409页(印象理论);还请参见弗兰克:《德国刑法与外国刑法之比较研究》总论部分5第267页("破坏法秩序");科勒1第20页(强调一般之危险);冯·李斯特:《整体刑法学杂志》25第24页(强调恶意的意思活动的客观危险性);瓦亨费尔德第170、180页;洛伯:《帝国刑法典及其注释》§43注释3。着重强调危险性观点的还有冯·希佩尔:《德国刑法》第2卷第403、425页各处。早在中世纪的德国的文献中就有作为危害和平的未遂犯观点。参见希斯第168、170页及以下几页、第179页及以下几页(非常有特点)。弗兰克§43 III不同意这种"危险理论",其根据是,"在正确的情况下,必须是导致危险的故意才符合条件",但为何不能从其客观特征中得出未遂的本质呢? 为何不应当将未遂所包含的客观危险与行为人的伤害故意结合在一起呢? 将"决意"正确评价为主观的替代不完全的构成要件要素的情况下,是决不会产生困难的! 反对将未遂归结于违法的危险性的还有赫普夫纳(*Höpfner*):《整体刑法学杂志》23第653页(脚注);戈尔德施密特:《奥地利刑法学杂志》4第146页,《作为法基础的诉讼》(1925年)第235页注释1287,后者的反对是有条件的,即只有"绝对不能未遂"(参见下文§45)和"构成要件缺乏"才能被理解为"未遂"。由于它并未出现,戈尔德施密特不能够借助于危险性来否认本教科书所描述的未遂现象的特征。该原则观点对评价不能未遂是很重要的;参见下文§45。不同观点有:(1)现今科学上已过时的观点,根据该观点,未遂是作为犯罪人意图的"部分实现"出现的。它近来为宾丁:《规范》3第441页所主张。谁在射击玻璃时总是射不到玻璃,则他的意图不是"部分",而是完全未实现。宾丁的观点不适用于未遂犯罪。(2)主要由冯·布里建立,现在由戴拉奎斯为代表的对帝国法院判决有重大影响的纯主观的犯罪未遂观点,它的最终理由存在于否定客观危险性概念之中[参见上文§28注释8(即本书第148页注释③——译者注)]。(3)由罗西(*Rossi*)、拉马施(*Lammasch*)、赫尔左克(*Herzog*)、克莱(*Klee*)、葛尔曼(*Germann*),部分由冯·巴尔所主张的观点,该观点认为处罚未遂犯的理由在于这样的估计,即行为人可能会将已实行的行为继续下去并实行终了(完美的推测)。该观点片面地强调行为人的危险性。

267

§44 犯罪未遂的概念

II. 历史

犯罪未遂概念的产生当归功于中世纪意大利的法科学。罗马法"如同术语所说的一样缺少对犯罪未遂概念的规定"(蒙森语)。与之相反的是,早在《卡洛琳娜法典》中个别犯罪未遂和犯罪预备就被处以既遂犯的刑罚。在修辞学的影响下,尤其是自哈德良大帝(Hadrian)以来,犯罪的主观方面,意愿与结果(die voluntas und exitus)相反,越来越被放到重要的位置,未遂的不耻之行(flagitium imperfectum)被科处较轻的刑罚。但是,犯罪未遂的一般概念甚至在晚期的罗马法中也未曾出现。在中世纪的德国也同样如此。虽然早在国际法中,攻击身体和生命,即使此等攻击无结果,如拔出刀子、设置路障、进攻等,均会受到处罚,但它不是作为未遂行为,而是作为独立的犯罪,比如,作为危害生命,尤其是作为危害和平来对待。但是,在14世纪和15世纪,未遂概念被运用于城市立法和判决中。然而,对德国法律发展起到推动作用的不是城市法原则,而主要是意大利作者们的科学工作。他们致力于概念的一般化,将未遂描述为已经发生的事情不可能出现行为人所希望的结果,并要求依当时的法律观,与罗马人相反,对犯罪未遂科处较轻之刑罚。紧随其后的是 Klegspiegel 和 Bambergensis。《查理五世刑事法院条例》在其第178条作出了非常成功而且完全一般化的概念规定。普通法努力对不同的难以处罚的情况作出较详细的规定,首先区分预备行为(conatus remotus)、实行行为(propinquus)和以未遂犯罪形式出现的已实行终了的未遂犯(proxixus)。如果行为人实施了 quantum in ipso fuit et ad consummandum delictum necessarium putavit[首先有麦诺西乌斯(Menochius),后有卡普佐夫和 JSF.伯默尔如是说],就构成未遂犯罪。对未遂犯罪科处较轻刑罚一般而言已被确定下来了。另外,将已实行终了的未遂犯与为伯默尔、莱泽等人所要求以最重的犯罪来对待的、为1751年《巴伐利亚法》和1768年《奥地利法》所明示的既遂犯等而视之的例外情况,则受到科赫等人的反对,也为1721年《普鲁士法》所拒绝。《普鲁士邦法》第40页及以下几页,II 20 同样拒绝这一观点,虽然它认为犯罪未遂的本质存在于"恶劣意图"的实现过程中,而此等意图与既遂犯的意图是一致的。对19世纪的《德国刑法典》而言,1787年的《法国刑法典》的规定无疑起到了示范作用;犯罪未遂被视为已经实行着手(commencement d'exe'cution),未遂与既遂同等对待(toute tentative est le crime meme)曾为1851年《普鲁士法》和1861年《巴伐利亚法》所接受。1851年《普鲁士刑法典》是——其来历有力地说明了这一点——未遂概念的发展中的重要阶段,其在《法国刑法典》的影响下,就犯罪未遂建立一个严格的为法治国家所追求的客观构成要件,以克服《普鲁士法》主观化了的以恶劣的意

§44 犯罪未遂的概念

图为追求目标的警察国家的观点。罗马高等法院的司法实践对《普鲁士刑法典》采取的立场起到了促进作用,因此,《普鲁士刑法典》主张客观的犯罪未遂理论。毫无疑问的是,《帝国刑法典》第43条也源自于这一思想。但是,帝国法院完全忽视了德国法院司法实践的历史法制,以其著名的1880年5月24日的判决(帝国法院判决第1卷第439页)为契机,将对《刑法典》第43条所作的主观解释强加于人。虽然帝国法院的这一立场受到来自学术界的强烈反对,但仍然成为德国刑法改革的依据,因为从《预备草案》到《1930年草案》,均致力于将帝国法院的判决在法律上予以认可。《预备草案》第75条很显然是从客观上来制定的;《立法理由》第285页则想按照帝国法院的意图对其作主观的解释。《委员会草案》第29条和《1919年草案》第23条要求具备实施某种犯罪的故意,通过"特定行为来实施犯罪"。《刑法改革专题报告》认为,根据《1919年草案》决定,"是否一行为已经表现为实行行为"(ob sich eine Tätigkeit bereits als Ausführungshandlung darstelle),应根据客观特征来区分预备行为和实行行为。但这是与草案的原文相矛盾的。根据草案,它取决于行为人的主观意思,而不取决于客观区分实行行为和预备行为。直至《1925年官方草案》第23条才在草案本身和立法理由中明确主张主观的未遂理论,而且——比帝国法院现今的实践要向前走得更远些——考虑到犯罪的预备和未遂。与这一主观的未遂学说相一致,《1925年官方草案》准许将未遂犯与既遂犯一样来处罚;虽然不排除未遂犯从轻处罚的可能性,但是,这只是法院的裁量问题。如果说《1925年官方草案》在一定程度上坚持了统一的路线,那么,《1927年草案》和《1930年草案》(第23条)则重新徘徊于客观主义和主观主义之间。被描述为未遂行为的有这样一些行为:"构成实行行为的开始"(客观的),后来还有"根据行为人想象的案件事实"(主观的),且第3款应当依照1927年的《立法理由》为构成要件缺乏学说大开后门。这里缺少一个从根本上解决该问题的方法。

Ⅲ. 犯罪预备和犯罪未遂

未遂的本质特征在于,无论是在主观上还是在客观关系上均没有发生符合构成要件的对外部世界的改变。离既遂的发生越远,犯罪行为在思想意思活动越早的阶段中断,此等关系也就越难证明;也就越不能谈及行为的客观危险性。因此,有必要将离既遂更远的犯罪预备行为与离既遂较近的行为区分开来,对前者不处罚,而对后者则要处罚。

紧随法国法之后,《德国刑法典》第43条将着手实施犯罪行为作为犯罪预备和犯罪未遂之间的分界线。只有实行行为才可能是应受处罚的未遂,而在未遂行

§44 犯罪未遂的概念

为之前的是不受处罚的犯罪预备行为。实行行为的概念参见上文§32 A II 1。①

从立法上看,对犯罪预备行为原则上不处罚也有例外。属于此等例外情况的要么是被科处特别之刑罚的预备行为,要么是实施了应处罚的既遂犯规定之刑罚的行为(参见下文 VI 2)。因为"实施"(unternehmen)是一个比《刑法典》第43 条界定的"未遂"宽泛得多的概念。它还包括那些还没有被算入应处罚的犯罪未遂范畴的预备行为,而且,只要没有法律上的特别规定,它包括所有预备行为。②

---

① 在该问题上,不同的观点大相径庭。观点1,即与本教科书一样客观地区分犯罪预备和未遂行为的还有阿尔费德第191页,贝林:《刑法之基本特征》第57页,弗兰克§43 II 2,葛兰特第132页,冯·希佩尔:《德国刑法》第2卷398页,洛伯:《帝国刑法典及其注释》§43 注释4,梅茨格第382页,施瓦茨§43 注释6和7,瓦亨费尔德第173页。观点2,即与本教科书截然不同的观点是主观理论的代表。该理论将行为人认为能够有助于犯罪实施的、同时十分清楚地包含犯罪人意图的行为,"客观化为"第43条意义上的"实行行为"。该观点的主要代表人物有:冯·布里、海尔施纳1第336、342页,戴拉奎斯:《立法理由》第285—289页;所有德国刑法典草案;过去还有冯·巴尔,在其《思想与责任》2第505页及以下几页,他更多地倾向于客观的观点。观点3,与其主观的未遂理论相一致,人们表现期望帝国法院以由冯·布里从条件理论中得出的错误结论为基础,在区分犯罪预备和未遂时,让行为人的观点起决定性作用。而帝国法院并未这么做;帝国法院仍一如既往地按照客观特征来区分。帝国法院判决第8卷第203页早就要求"超越单纯的预备的界限的外在行为",帝国法院判决第59卷第386页认为,用上膛的射击武器瞄准为杀人行为之开始:"从法律上考虑,已实际存在的行为是否属于一个构成要件行为,且是否已经意味着对行为所预计侵害的法益的危害"。还请参见帝国法院判决第38卷第177页、第43卷第332页、第58卷第336页、第58卷第357页。但另外一些判决倒是清楚地表明,帝国法院在其与本教科书相适应的客观区分上,并非无条件地感到安慰,而是常常很强烈地倾向于第二种观点之代表人物所主张的主观界分。帝国法院判决第52卷第184页、第53卷第217页只能从主观理论的立场出发才能够被理解,并完全可以看成帝国法院在这里所探讨的问题在观点上的原则性转变。考虑到帝国法院判决第59卷第386页的实际情况,不能认为帝国法院过去的观点原则上已经被放弃,尽管最近的判决中突出这样的努力,即将应受处罚的犯罪未遂的界限延伸至原本还是犯罪预备的范畴;请参见帝国法院判决第59卷第1、157页,还有帝国法院判决第62卷第362页、第64卷第130页(客观的)。

② 此处颇有争议:1. 主流观点将"实施"直接理解为未遂,持该观点的尤其有弗兰克§43 II 和§105 II;冯·希佩尔:《德国刑法》第2卷第407—408页。2. 其他学者将之视为未遂的狭义上的概念,所以,只是后一种实行行为被包括在内。3. 赞同本教科书观点的主要有阿尔费德第188页;冯·李斯特:《错误陈述》(1877年)第175页;迈耶第349页和《德国刑法与外国刑法之比较研究》分论部分1第268页;韦讷堡;过去还有帝国法院判决,尤其是第3卷第26页、第8卷第354页;但自帝国法院判决第42卷第266页之后,帝国法院又主张第一种观点了。《刑法典》第82条只适用于叛国罪的实施。参见帝国法院判决第3卷第26页、第8卷第354页和下文§165。在刑法附律里,"实施"一词也被多次使用。根据《委员会草案》第12条,"实施"包括既遂和未遂。最好是避免使用这一表述(如在《预备草案》中那样)。《1919年草案》和新的草案均是这么做的。

§44 犯罪未遂的概念

Ⅳ. 在统一的未遂概念内又可区分为两种不同类型的犯罪未遂

1. 未实行终了的未遂。它是指根据行为人的观点,实行行为仍未结束。

2. 实行终了的未遂。它是指行为人认为实行行为已经结束,放弃继续犯罪,但行为结果并未发生。① 它又可分为三种情况:

a. 结果的发生是值得怀疑的,但不取决于行为人进一步的意思活动:伤害是危及生命的,但其结果究竟如何仍不得而知;

b. 结果的发生是肯定的:伤害绝对是致命的,但被害人眼下还活着;

c. 不可能发生结果是肯定的:以杀人故意而为之伤害是轻微的,这就是所谓的失败的犯罪(fehlgeschlagene Verbrechen)。②

Ⅴ. 值得怀疑的几种情况

1. 如果行为的可罚性取决于客观条件,则未遂是可能的(尽管不总是要处罚),假如条件自始就存在或后来才发生,行为要么未遂,要么失败(参见上文§43Ⅰ2)。该原则同样适用于结果加重犯(参见上文§36的相关注释)。如果强奸未遂,但被害妇女由于心力衰竭而死亡,则《刑法典》第178条的刑度降至第44条的刑度(正犯与共犯相同)。③

2. 在不纯正的不作为犯罪的情况下,无论是实行终了的还是未实行终

---

① 两种犯罪未遂在本教科书中是从主观上进行区分的。这并不意味着向主观之未遂理论让步,因为客观上必须有"实行行为"存在。持与本教科书相同观点的还有:阿尔费德第192页、第77页注释1,葛兰特第134页,弗兰克§43 Ⅳ,冯·希佩尔:《德国刑法》第2卷第411页,迈耶第370页,梅茨格第400页,施波尔(Spohr)第36页,帝国法院判决第43卷第137页、第45卷第183页、第57卷第278页。不同观点的有瓦亨费尔德第176页,他想从客观上了解行为人是否实施了犯罪既遂所必需的行为。但是,如果这样的话,则必须发生犯罪结果!冯·巴尔:《思想与责任》2第517页及以下几页和科勒第456—457页的观点不够清楚,他们既承认客观的标准又承认主观的标准。

② 本教科书的这种区分法与罗马法中的delit manque和delit tente相适应,对犯罪中止是十分重要的(参见下文§46)。在间接正犯的情况下[参见下文§48注释12(即本书第294页注释③——译者注)],对我们这里探讨的问题具有重要意义的是被决定人的意思活动,而不是决定者的意思活动。不同观点,参见本教科书过去的版本。还请参见Eb. 施密特:《纪念弗兰克文集》Ⅱ第132页。

③ 持相同观点的还有:《德国刑法典草案说明》第291页;阿尔费德第189页注释31;冯·巴尔第456页;芬格尔1第317页;弗兰克§43 Ⅴ 5;冯·希佩尔:《德国刑法》第2卷第410页;洛伯:《帝国刑法典及其注释》§43注释6c;奥尔斯豪森§43 5;施瓦茨§43注释5e。持不同观点的有:汤姆森:《结果加重犯之未遂》,1895年;迈耶第348页;梅茨格第378页。

§44 犯罪未遂的概念

了的未遂均是可能的;纯正的不作为犯罪情况则相反,两者均不可能是未遂①;因为谁违反命令规范"在危急时刻"(弗兰克语)不为一定行为,则犯罪立即既遂;如果行为人被迫为一定行为,则是对符合命令规范行为的不重要的补救行为,对行为人而言它已不再具有任何意义了。

3. 如果法律例外地将未遂行为或预备行为,尤其是实施应处罚的行为科处既遂犯的刑罚,或者作为独立的犯罪科处特定刑罚(参见下文 VI 2、3),则此等犯罪行为的未遂得以排除。因为假定未遂之未遂或预备之未遂将不仅导致逻辑上不能解决的难题,而且,那种例外已破坏的法定刑罚规定的均衡将再次被动摇。② 它同样适用于上升为独立犯罪的共犯行为(参见下文 §50 V 2)。

VI. 未遂犯的处罚

《帝国刑法典》紧随法国法之后,规定重罪未遂必须处罚,轻罪未遂的处罚只限于特别标明之情形③,对越轨行为的未遂不处罚。

此外,与法国《普鲁士法》不同,帝国立法又回到刑事政策上无需考虑的普通法的观点上来。根据该观点,未遂犯罪只能科处总是轻于既遂犯之刑罚

---

① 在该问题上有两种不同的观点。本教科书关于不纯正的不作为犯罪的正确性参见下面的几个例子:扳道工 W 想以不正确扳道所导致的不可避免的火车相撞事故来杀死火车司机 Z。他未去扳道岔,火车相撞事故终于发生,但火车司机 Z 大难不死。这里具备了不纯正不作为犯罪的未遂。相反,下列案例则表明未实行终了的未遂:妇女 X 想以断绝食品的方法杀死其孩子 K,她两天未给孩子任何东西吃。其邻居同情孩子 K 并救了他。不同观点:1. 在不纯正的不作为犯罪情况下:a. 持与本教科书相同的观点的有阿尔费德第 188 页;弗兰克 §43 V;科勒第 454 页;洛伯:《帝国刑法典及其注释》§43 注释 7a;葛兰特第 134 页。b. 持与本教科书不同观点的有:李斯特在本教科书过去的版本中,否定未实行终了的未遂的可能性;芬格尔第 316 页赞同李斯特的观点。2. 在纯正的不作为犯罪情况下:a. 持与本教科书相同的观点的还有:迈耶第 348 页;梅茨格第 377 页。b. 持与本教科书不同观点的有:a 中所述之学者,此外还有李斯特在本教科书过去的版本中,认为具有犯罪未遂的可能性。关于错误地不认为有构成要件特征的情况,李斯特倒是有例外,但此等情况与未遂毫不相干。参见上文相关之注释。

② 持相同观点的还有:帝国法院判决第 58 卷第 392 页;《德国刑法典草案说明》第 290、292 页;芬格尔 1 第 315 页;迈耶第 349 页;梅茨格第 378 页。持不同观点的有:阿尔费德第 189 页;弗兰克 §43 V;葛兰特第 134 页;奥尔斯豪森 §43 第 28 页;施瓦茨 §43 注释 5c。它实际上涉及创设"独立之犯罪",而不仅仅是涉及处罚中的同等地位问题。不同意本教科书观点的还有赛里希曼第 53 页。

③ 属于此等情况的有《刑法典》第 107 条、第 120 条、第 140 条、第 141 条、第 148 条、第 150 条、第 160 条、第 169 条、第 240 条、第 242 条、第 246 条、第 253 条、第 289 条、第 303—305 条、第 339 条、第 350 条、第 352 条;此外还有刑事附律中的一些情形。请参见《帝国税法》第 397 条第 1 款。在邦法层面上,越轨行为之未遂也可能被处罚,参见上文 §20 注释 2(即本书第 108 页注释②——译者注)。

§45 不能未遂

(参见《刑法典》第44条;下文§68 I)。①

该原则只在下列例外情况下才被放弃:

1. 今天已成为多余的《刑法典》第80条对叛国之谋杀未遂科处与谋杀既遂相同之刑罚——死刑;《工商业条例》第153条(1918年被废除)也科处未遂犯与既遂犯相同之刑罚。根据《帝国税法》第397条第2款的规定,偷税既遂之处罚同样适用于未遂犯。

2. 在一些情况下,"实施"应处罚的行为而未遂的,被科处与既遂犯同等严厉的刑罚。参见《刑法典》第81条、第82条、第105条、第114条、第122条第1款、第159条、第357条;1884年《爆炸物法》第9条;1895年《奴隶掠夺法》第1条;在许多财政法规等中同样如此。

3. 只要将预备行为作为独立的犯罪来处罚,则此等预备行为不是受从轻处罚,而是受特别刑度之调整。《刑法典》第83条至第86条、第151条、第201条即属此等情形。

§45 不能未遂

I. 历史发展

早在罗马法学家那里,从讷拉梯乌斯和鹏泼尼乌斯(*Neratius*,*Pomponius*)到乌尔皮安和保鲁斯(*Ulpian*,*Paulus*),不能未遂的处罚问题——尽管它只涉及少数应处罚的行为——就属于颇有争议的问题之一。后来,他们当中的一些人试图区分应受处罚和不受处罚的不同情况,但没有制定一个一般化的原则(派尔尼斯2第114页)。全德通用法律以及以它为基础的立法提出了一些犯罪(如投毒、堕胎等)的不能未遂问题,并大多将其作为排除正规刑罚的从轻处罚事由来对待。在19世纪,费尔巴哈(1808年教科书第4版)冷静地提出了该问题;其后,关于不能未遂处罚问题的争论又变得热烈起来了。费尔巴哈只想处罚危险的犯罪未遂行为,因此,他要求行为——根据

---

① 绍伊费尔德:《国际刑法协会报告》9第108页以及国际刑法协会1902年在德国不莱梅召开的会议均反对从轻处罚。赞同从轻处罚的有:冯·巴尔第566页,科勒为克莱所作之序言,以及后者的著作第52页。此外(从保护刑观点出发),赫贝勒(*Heberle*)提出,有何理由对未遂的处罚总是轻于既遂?请参见其1896年之博士论文。与其他两个刑法草案不同,《奥地利政府草案》将犯罪未遂与犯罪既遂同等对待。根据《瑞士政府草案》第19条的规定,在着手实施犯罪后即未遂的情况下从轻处罚,但对在不能未遂情况下是否处罚未作规定。关于《1925年官方草案》,参见上文II。《1927年草案》和《1930年草案》规定,对未遂必须从轻处罚。

§45 不能未遂

其外在特征——与行为人所追求的结果之间存在因果关系。他的这一要求导致区分手段不能犯(Untauglichkeit des Mittels)和对象不能犯(Untauglichkeit des Objekts),并将之进一步区分为绝对的和相对的手段不能犯,或绝对的和相对的对象不能犯。尽管受到一些学者如科斯特林、海尔施纳、冯·施瓦茨等人的怀疑,但是,这一观点很快成为主流观点并一直持续至今。根据该观点,如果行为人所使用的手段和攻击的对象不可能达到目的,即为绝对不能犯(如用未上膛的手枪杀人未遂、杀已经死亡之人未遂);如果所选择的手段或所攻击的对象虽在一般情况下是适当的,但在具体情况下由于情况的特殊性而表明是不适当的,即为相对不能犯(如用击发时已经损坏的手枪谋杀未遂、被害人穿有防弹衣而杀人未遂)。该观点的主张者(包括普鲁士,巴伐利亚,奥地利以及罗马的一些司法判决)认为,应处罚相对不能犯,而不处罚绝对不能犯;该观点的反对者(以及符腾堡和萨克森的司法实践)则主张,无论是绝对不能犯还是相对不能犯,均应处罚。只有个别学者,如冯·巴尔主张对手段不能犯与对象不能犯要区别对待。其后,各种观点出现了引人注目的根本性转变。自1872年起,冯·布里在发表了一系列论文之后成为主观理论的新的创始人。主观理论认为,特定的已着手实行的行为在造成特定的结果方面,要么只能是可能的,要么只能是不可能的,也就是说,要么有因果关系,要么没有因果关系,而不存在或多或少的因果关系。缺少客观构成要件的未遂的本质特征,存在于行为人的意志的体现上;而行为人这种意志的体现以同样的方式也存在于所谓的不能犯未遂中。

该观点得到帝国法院的完全赞同。帝国法院断然地站到了主流理论的立场上,并在一系列的判决中,尤其是在1880年5月24日联合刑事审判团的受到诸多非议的判决中,对绝对不能未遂亦科处刑罚[1];但是,后来(帝国法院判决第33卷第321页)又作了一点限制:在使用实际上不可能存在的手段的情况下,不处罚。

II. 该问题的界限

只有根据上文§46所述出现了犯罪未遂时,不能未遂才具有法律意义。

---

[1] 帝国法院判决第1卷第439页。此外,还有帝国法院判决第1卷第452页(杀死婴未遂),第8卷第198页(给未怀孕之妇女堕胎),第17卷第158页(手段不能犯之堕胎),第34卷第217页(以不适当手段给未怀孕之妇女堕胎未遂),第39卷第316页(对14岁以上之人犯第176条第3款之罪而未遂),第42卷第92页(对象不能犯,构成要件缺乏),第47卷第65页(对未怀孕妇女堕胎未遂)。还请参见帝国法院判决第59卷第2页。

§45 不能未遂

也就是说,所有所谓的"构成要件缺乏"的情况,均得从"不能未遂"中予以剔除。① 谁将盗窃故意错误地具体化为自己的物品上,即以为是他人的物品而加以盗窃的,不属于对象不能犯的"盗窃未遂",而是实施了一个在刑法上根本不足道的行为。"诱奸被行为人认为是 15 岁而实为 16 岁的姑娘,行为人相信自己诱奸的姑娘是 15 岁,这里根本不存在未遂问题"(格拉夫·z. 多纳语)。如果认为这也是对象不能未遂,则是荒谬的,它只是一个在刑法上不足道的"构成要件缺乏"的情况。如行为对象缺乏符合构成要件的特征,则绝不可能出现不能未遂的问题。② 因此,全部问题只限于行为人使用不适当的手段实施犯罪的情形。但这里也不能将构成要件缺乏的情形包括在该问题之中。使用不符合《刑法典》第 263 条构成要件的手段为财产损害行为的,不可能因诈骗未遂而受处罚,这里同样存在一个构成要件缺乏的问题。③

属于不能未遂的还有下列情形:行为人为实现其犯罪故意而使用的手段缺乏导致结果发生所必要的效果,例如,使用未上膛的步枪"射杀"他人,用无害的糖水去投毒杀人,用火柴放火烧出租楼房,用茶水堕胎,等等。在此等情形下,究竟是否存在且在多大程度上存在应受处罚的未遂犯,需要分析。

---

① 如果谁像主观理论所做的那样,尤其是像帝国法院所做的那样(参见第 274 页注释①),不在概念上对犯罪未遂与构成要件缺乏加以区分,将后者作为应受处罚的犯罪未遂来对待,那么,对于他而言,自然也就不存在不能未遂的"问题"。在迷信犯的情况下不承认存在《刑法典》第 43 条意义上的未遂犯(帝国法院判决第 33 卷第 321 页),尤其是如果能证明迷信手段"在法律关系中……根本不可能被看作能够引起客观世界的任何变化的手段",则其观点是前后不一致的。帝国法院倒是能够只以缺乏故意来解释不处罚的原因(参见上文§39 Ⅰ 1)。

② 对象不能犯是始终存在的,而不仅仅存在于一般构成要件缺乏之中,此点往往被忽视。当然,用其他术语也是可以的,请参见迈耶第 358—359 页;洛伯:《帝国刑法典及其注释》§43 注释9;葛兰特第 136 页。持相同观点的还有梅茨格第 397 页。值得注意的是,那些往往被视为对象不能犯的情形,实际上是手段不能犯。并非每个向人影射击者都相信他会射中一个人,这就构成对象不能犯(弗兰克§43 Ⅲ)。如果行为人想射杀特定之人 X,而在紧张之中将人影或树木当作 X,则其用针对人影或树木射击的方法是选错了杀死 X 的手段,此为手段不能未遂。如果 A 想在某人身上试验其新购猎枪的精确性,由于疏忽大意而射中树木,同样为手段不能犯。小偷将手伸进路人的空兜行窃,同样为手段不能犯;他在这种情况下选择了一个在具体情况下不适当的手段来试图窃取路人之财物。如果 A 想射杀 X,而 X 在 A 开枪时已然死亡,A 不是选择了一个在具体情况下不适当的杀死 X 的手段,而是其行为侵害的对象缺乏《刑法典》第 211 条及以下几条所特别强调的行为对象特征(作为活人的资格),也即构成要件缺乏。实际上,帝国法院多次作出的对未怀孕的妇女"堕胎未遂"判决也属于此等情况。参见本书第 274 页注释①。绍尔的论述似乎是值得商榷的,参见绍尔:《刑法之基础》第 468 页注释 1。

③ 持相同观点的还有:阿尔费德第 196 页;迈耶第 359 页注释 42;梅茨格第 397 页。

§45 不能未遂

III. 原则

从上文§44 I 所述中可得出结论认为,意思活动的危险性,亦即其导致结果发生的客观特征,对刑法上的未遂概念具有重要意义。由此可认为,不危险的("绝对不能")未遂犯并非刑法意义上的未遂犯,而是妄想犯,由此不处罚。①

这种决断只能源自未遂犯概念的本质特征。客观理论正是根植于这一认识。现在的问题是,何种观点对于行为的危险性具有决定意义。在回答该问题时,理所当然地不涉及评判人借助其事后判断,将对事实过程具有实际影响并通过进一步的发展(尤其是结果的排除)才发现的事实情况考虑进去。这种研究方法也许是错误的,因为它与正确作出的危险概念(参见上文§28 III)也许是不一致的。具有重要意义的只有事后判断、事后的预测。② 作为事后判断的基础的是涉及犯罪手段的一些情况,而借助于行为人对事实的认识,一般是可以加以辨认的。③ 如果行为人想以砒霜杀人,但使

---

① 冯·希佩尔:《德国刑法》第 2 卷第 425 页,在其针对本教科书的论战中忽视了特别强调的这一危险性。尽管在文字上与本教科书过去的版本并无二致,但不要忽略这里有个本质的区别,即李斯特现在将"构成要件缺乏"从不能未遂中剔除出来了。李斯特过去认为(本教科书第 24 版第 209 页),如果怀孕的事实(在行为时)未被完全排除,则构成未怀孕妇女堕胎未遂;如果婴儿的死亡并非是完全肯定的,则可认为可能构成应受处罚的杀婴未遂。这种观点只是可能的,因为李斯特将对象不能犯的情况纳入刑法上的未遂范畴,并将行为时是否存在对象不能犯的不确定性视为其未遂学说意义上的"危险"。这里有个颇受指责的错误(参见弗兰克§43 III,迈耶第 362 页);因为行为是否给对象造成危险的问题,是以存在对象为前提条件的;关于存在对象的问题应在关于客体的危险性问题被提出之前作出肯定的回答。由于李斯特忽视了这一点,他偏离了由他自己在本教科书§28 中提出的客观的危险概念,并使该概念主观化:他将是否存在此等关系对象交由行为人或评判人进行主观判断,来替代实际存在的关系对象。由此,虽然李斯特主张客观理论,但几乎完全得出了帝国法院的主观理论的结论,也就不难解释了。请参见科恩:《修改需要》第 56 页及以下几页;迈耶第 362 页;弗兰克§43 III;葛兰特第 136 页注释 1;绍尔:《刑法之基础》第 466 页注释 2。

② 尤其请参见冯·希佩尔:《德国刑法》第 2 卷第 422 页(对帝国法院和主观主义者否定危险概念的极好的批评),第 425 页及以下几页(事后预测)。不同观点参见卡代卡第 130—131 页。

③ 此处颇有争议。本教科书的结论与弗兰克第 359—360 页的结论是完全相同的。不同观点有:1. 帝国法院主张的主观理论(详见注释 1 和 2)。赞同帝国法院观点的还有宾丁 3 第 123 页、戴拉奎斯、海尔施纳 1 第 353 页;拉马施第 63 页和《整体刑法学杂志》14 第 510 页。2. 不一致,至少那些不严格区分未遂犯和构成要件缺乏之人在根据上不一致。参见冯·巴尔:《思想与责任》2 第 531 页及以下几页;冯·希佩尔:《德国刑法》第 2 卷摘引处;卡代卡第 131、133 页;克里科斯曼:《整体刑法学杂志》33 第 723 页;科勒:《教科书》第 60 页;奥尔斯豪森§43 第 23 页;宾丁:《手册》1 第 693 页,《规范》3,《法庭杂志》85 第 177 页;瓦亨费尔德第 180 页。还请参见克莱第 32 页。关于李斯特,请参见上文注释 5(即本页注释①——译者注)。3. 在(转下页)

§45 不能未遂

用了过小的剂量,则对评判人而言,该问题存在下列含义:在使用此等剂量行为时就可以辨认的情况下,是否能够证明发生死亡的较大可能性。如果行为人由于疏忽大意使用白糖,则同样的问题也相应地适用于白糖,而且——这是每个客观理论所坚持的——即使在行为人错误地认为他使用的是砒霜的情况下,亦如此。① 在第一种情况下,死亡危险是存在的,可认为成立犯罪未遂;后一种情况则不同,它不存在未遂犯问题。如果行为人用未装子弹的手枪瞄准他人,意图射杀之,或者行为人使用了杀伤力不够强的武器,属于此等一般可辨认的事实,只有使用射击武器本身,不包括偶然未装子弹或该枪支的杀伤力不够大;因为后两种情况只是在事情经过之后才被发现的。因此,可以认为在这两种情况下,同样存在未遂犯问题。使用超自然的力量(祈求他人死亡、施魔力杀人等)永远不构成应处罚的未遂犯,根据以上所述就无需再作进一步的论述了。②

IV. 草 案

在不同观点不可调和的情况下,尤其是在帝国法院判决自相矛盾的情况下,对该问题作出法律上的调整就显得很有必要。德国刑法的《预备草案》未考虑该问题。《瑞士政府草案》规定,在绝对不能未遂的情况下,由法官根据自由裁量从轻处罚(第 20 条);如果行为人因无知而行为的,免除刑罚。《奥地利政府草案》规定原则上不处罚,但同时规定了予以处罚的一些例外情况(第 14 条)。《相对之草案》第 29 条作出了一个独立的、可使用的,但不

(接上页)那些区分未遂犯和构成要件缺乏的学者那里,他们试图将"不能未遂"问题局限于本文 II 上,因此,他们的观点与本教科书不完全相同。不同点倒不是关于所谓的对象不能犯,而是关于手段不能犯,如果关于手段不能犯的构成要件无特别规定的话。根据弗兰克§43 III,"如果案件情况与行为人在行为时的设想相一致,结果发生的可能性则是存在的",此为应受处罚的未遂犯。也就是说,如果谁相信砒霜可以杀死人,但错将白糖当成砒霜使用的,为应受处罚之未遂犯。格拉夫·z. 多纳基本上持与弗兰克相同的观点。参见格拉夫·z. 多纳:《改革》(1926年)第 96 页及以下几页,"实现结果的行为的适当性问题""只能够从行为人对事实的了解出发来提出和回答"。但是否可以从这一基础出发解释产生结果的可能性,则要"根据我们社会中具有一般认识能力的成员的经验来决定"。与弗兰克和格拉夫·z. 多纳持相似的观点的还有阿尔费德第 195—196 页。该观点明确接近于主观理论,因为在那个行为人误将白糖当砒霜的案例中,行为的可罚性和被禁止性只是建立在行为人的意志和其主观上的错误认识和相信基础之上的。危害法益的行为在此等情况下是不存在的。这在没有明确的法律规定之前,是与《帝国宪法》第 116 条(过去与《刑法典》第 2 条第 1 款)的原则不一致的。请参见下文 IV.

① 因为这一错误假定不是对事实的认识,而恰恰是对事实的不认识,因此,在构成关于危险性判断的根据时,此等假定被予以排除。格拉夫·z. 多纳在使用"事实认识"概念时则有所不同(请参见上面的注释)。

② 此处请参见上文注释2(即本书273页注释①——译者注)和文中 I 结尾处的内容。

是十分明确的规定:"如果行为人在知道其行为不可能既遂的情况下,明知故犯的,未遂不处罚"。(第 29 条)在正确区分未遂犯与构成要件缺乏情况下,此等基本上与弗兰克和格拉夫·z. 多纳的学说相一致的表述,实际上是可以作出一个实践中可以使用的规定的。《委员会草案》《1919 年草案》和《1925 年官方草案》中所建议的规定则不能令人满意。前两个草案将该问题的解决推到法官那里,使得法官对这种几乎无界限的不能未遂享有从轻处罚或不处罚的绝对自由。《1925 年官方草案》第 23 条第 4 款规定,"如果行为人对自然法则的无知,借助于某种绝对不可能使行为得到实施的物品或手段为一定之行为的",未遂犯不处罚。所谓的对象不能未遂的意义(参见上文 II)因此完全被无视,"关于自然法则的错误"的提示是导致严重错误的原因所在,因为《1925 年官方草案》的第 23 条第 4 款是依本体论和逻辑论而错误制定的,所以——这种对立在认识上是十分正确的——不可能找到实践中可使用的解决办法。值得注意的是,第 4 款与第 1 款中主观化的基本思想处在极端矛盾之中。《1927 年草案》和《1930 年草案》第 26 条也只不过是提供了部分解决办法。按照《立法理由》第 25 条第 3 款的规定,应当提供"足够的活动余地",以便在构成要件缺乏理论在将来不被贯彻的情况下,使不值得处罚的情形不受处罚成为可能。如果未遂由于手段或对象不可能既遂,即构成此等不值得处罚的情况。问题的解决被推给法官,后者可根据其自由裁量,决定从轻处罚或不处罚。因此,可以讲,这一立法问题仍然没有得到解决。

§46 犯罪中止

I. 在不处罚的预备和应处罚的着手实行之间的界限被逾越之时,未遂犯之处罚已经实现。这一事实不再能被改变,不能"向后退而撤销",不能从这个世界中被摆脱掉。立法倒是可以从刑事政策的角度出发,在已经犯了罪的行为人之间架设一座中止犯罪的黄金桥(eine goldene Brücke)。立法也这么做了。它规定自动中止构成刑罚免除事由(《刑法典》第 46 条)。①

---

① 关于间接正犯中的中止,参见下文 §48 注释 12(即本书第 294 页注释③——译者注);关于可罚性条件的影响请参见上文 §43 I 2。凯姆西斯(Kemsies)紧随绍尔:《刑法之基础》第 637 页之后,认为在犯罪中止和积极悔罪中存在不处罚的事由。它不为这里所论述的责任论的观点所接受。反对凯姆西斯观点的有阿尔费德第 75 页。赞同本教科书观点的还有冯·希佩尔:《德国刑法》第 2 卷第 412 页和主流观点。

§46 犯罪中止

罗马法在个别法律渊源中明确承认自动中止的意义。《查理五世刑事法院条例》第178条要求处罚未遂犯:行为人"通过其他手段违背其意志"而未能既遂的,应处罚。普通法规定,部分未遂犯不处罚,部分未遂犯从轻处罚。第一种观点主宰了各邦国的刑法典,一些邦国的刑法典(不包括1851年的《普鲁士刑法典》和1861年的《巴伐利亚刑法典》,因为这两者受法国法的影响颇大)将自动中止犯罪视为刑罚免除事由,以替代未遂犯概念特征的非自愿性。《帝国刑法典》第46条也采用了一些邦国刑法典的立法例。《预备草案》第77条简明扼要地规定:"如果行为人自动放弃行为的实施,或阻止属于既遂犯的结果的发生的,此等未遂犯不处罚。"《瑞士政府草案》第21条在第2种情况下只规定从轻处罚。《委员会草案》第31条,《1919年草案》第25条,《1925年官方草案》第24条,《1927年草案》和《1930年草案》第27条,同意《预备草案》的基本思想。

II. 行为人通过自动中止犯罪消除了未遂行为的可罚性。但是,如果意思活动及其结果已不能为行为人所把握,行为结果的发生或不发生已是必然时,特别是在不成功的犯罪中,则不可能成立自动中止。下列情形构成自动中止:

1. 在未实行终了的未遂情况下,不将意思活动实行终了,"如行为人放弃蓄意的犯罪行为"(《刑法典》第46条第1项),例如:行为人放下为打人而举起的手臂;行为人未将其书写的侮辱他人的信件投入邮筒。随着追求结果的意思活动的结束,不得再适用《刑法典》第46条第1项。根据行为人的故意,如果行为是由多个部分组成的(如持续给予少量毒药),行为的结果在此等部分行为的共同作用下才可能发生,则犯罪中止在最后一个部分行为的实行前均可能成立。①

2. 在实行终了的未遂情况下,只要结果的发生仍是可能的,通过"阻止结果发生"(《刑法典》第46条第2项)(成立中止),例如,索回已寄出的处于邮寄过程中的信件、以解毒药来消除毒药的药性。

III. 在两种情况下,法律均要求中止的自动性:《刑法典》第46条1项规定,行为人不是因其"意志以外的原因而放弃犯罪",该条第2项则要求行为

---

① 持该观点的还有帝国法院判决第43卷第138页,阿尔费德第199页,弗兰克§46 II;持不同观点的有冯·巴尔:《思想与犯罪》2第558—559页。从在主观上区分实行终了的和未实行终了的未遂的立场出发(参见上文§44 IV),帝国法院判决第57卷第278页得到赞同。参见阿尔费德:《纪念弗兰克文集》II第78页。

§46 犯罪中止

人"通过自己的行为"阻止结果的发生。

这种自动性最好通过其反面来确定:事实上阻止犯罪行为的完成。中止的原因不得是外在的、与行为人意志无关的情况,而必须是行为人自觉自愿地放弃行为的继续实施。因此,中止的原因可以是害怕被发现①或者后悔、出于道德上的厌恶或身体上的不适,也可以是出于极小的原因,如后悔盗窃物价值太小等。② 同意阻止犯罪行为的完成与实际阻止犯罪行为的完成相同③,这里并不要求最终放弃犯罪决意。④ "行为人自己的努力"也可在第三人的积极参与下实施,如果该第三人是由行为人请来的,如行为人将医生请来为被其投毒者解毒。

在第二种情况下,中止犯罪的不处罚效力是与其他一些条件联系在一起的:行为必须仍未被他人发觉,也即仍未被犯罪行为的参与人(行为人和被攻

---

① 帝国法院在未遂问题上曾多次表态。如帝国法院判决第16卷第82页、第37卷第402页、第38卷第402页、第47卷第75页、第54卷第326页、第57卷第316页、第62卷第362(365)页。对帝国法院具有重要意义的是案件的形式:行为人由于害怕被发现和受处罚,"但仍然在无外在强制情况下,根据自由的意志决定,出于纯内心的动机"而行为的(第57卷第316页),帝国法院认为构成自愿中止。但是,如果行为人"相信必须为某事",例如,"如果情况使得其担心可能会被立即发现和被证明有罪,且他不想发生这种可能性"的(第37卷第406页),则不构成中止犯。弗兰克§46 II 不同意此等意见(与本教科书相同),他认为,只有当担心被发现意味着实际上会阻止犯罪行为的完成,才可能不具有自愿性;如果此等担心只意味着害怕犯罪结果被发现,则帝国法院判决第37卷第402(406)页认为不构成自愿中止犯的观点是站不住脚的。因此,帝国法院的追随者寥寥无几。请参见梅茨格第404页。阿尔费德第199页注释47的观点是不正确的,他没有充分研究帝国法院具体判决之间的不同点,此等毛病同样见于迈耶第371页及《纪念弗兰克70岁生日文集》II 第85页。洛伯:《帝国刑法典及其注释》§46 注释3 也是值得商榷的,阿尔斯贝格:《法庭杂志》67 第375页不同意帝国法院判决第37卷第402页的观点。

② 请参见帝国法院判决第45卷第6页;如果行为人将物品损害至已不值得拿走的,则不成立中止犯。对此,还请参见芬格尔:《法庭杂志》81 第368页。弗兰克在其教科书第14版§46 II 中正确地批驳了这一判决。详细情况请参见阿尔费德:《纪念弗兰克文集》II 第83页及以下几页、施波尔第51页及以下几页。

③ 弗兰克§46 II 持相同观点。还请参见帝国法院判决第63卷第158页。

④ 持相同观点的还有弗兰克§46 II;持不同观点的有洛伯:《帝国刑法典及其注释》§46 注释4,他想把单纯的"推迟"从"放弃"中区分出来。例如,如果A中止了在X的钱箱上的"工作",因为他想起,B将在第二天夜里帮助自己更快地达到目的,按照洛伯的观点,他必须按照《刑法典》第43条、第243条的规定处罚,即使A不再继续实施犯罪。但此种观点并无法律根据。梅茨格第405页亦如此。如果行为人想以系列行为实现其计划,则停止第一阶段是为下一阶段做准备,以便继续实施犯罪,则完全不是法律意义上的放弃(继续实施)。弗兰克§46 II 和迈耶第371页的观点因此是正确的。

击人)以外的第三人所知晓。被攻击人知晓并不能排除适用《刑法典》第46条第2款,但以此等知晓属于犯罪(如在勒索情况下)的概念特征为限①,或者如果行为人为阻止结果的发生而告知被攻击人犯罪情况的,亦同。

IV. 自动中止犯罪虽然成立刑罚免除事由,但它并未根本改变未遂犯的犯罪性质,就此点而言,它有与个人的刑罚阻却事由一样的意义。从中止犯的特征中可以得出如下结论:

1. 行为人的犯罪中止既不影响对共同正犯(Mittäter)的处理,也不影响对教唆犯(Anstifter)或帮助犯(Gehilfen)的处理,因为后者参与犯罪的事实仍然存在。但共同正犯和共犯(Teilnehmer)一样,能够遵守法律规定的善行:教唆犯和帮助犯因其共犯行为未实行终了,故不按《刑法典》第46条第1款处罚,因为如果他们将其共犯行为实行终了,也就根本不存在处罚问题;但是,他们必须是自愿地、独立地中止实行犯的实施或独立防止犯罪结果的发生。②

2. 被免除的只是未遂行为的刑罚(第46条"此等未遂犯不处罚"),而不是存在于未遂行为中的已既遂的其他犯罪的应受惩罚性③,对后者仍应处罚。自费尔巴哈以来,人们称之为"情节严重"的未遂犯。

---

① 帝国法院判决第26卷第77页则不同意该观点。根据帝国法院的观点,在此等情形下根本不得适用第46条第2款。洛波:《帝国刑法典及其注释》§46 注释5也持与帝国法院相同的观点。阿尔费德第222页,弗兰克§46 III,冯·希佩尔:《德国刑法》第2卷第412页,科勒第473页,梅茨格第406页,帝国军事法院判决第11卷第137页的观点是正确的。迈耶第374页的观点则是不太确定的。

② 主流观点亦同,参见帝国法院判决第14卷第19页、第16卷第347页、第20卷第259页、第38卷第223页、第47卷第358页、第54卷第177页、第56卷第150页、第60卷第209页、第57卷第273页、第59卷第412页、第62卷第406页。帝国法院判决第39卷第37页与本教科书也是一致的;关于该判决现在请参见帝国法院判决第56卷第209页。下列学者的观点与本教科书基本上是一致的,有阿尔费德第202页;芬格尔1第320页;弗兰克§46 V;葛兰特第138页;洛伯:《帝国刑法典及其注释》§46 注释2;梅茨格第409页;海尔施纳1第260页;赖希勒(Reichle)第30页以及以下几页。不赞同本教科书观点的有冯·巴尔2第688页;宾丁:《法庭杂志》68第23页;赫尔左克第340页;科勒1第143页。根据他们的观点,只有行为人(正犯)成立中止犯,而正犯的中止行为对其他共犯具有意义。人们往往忽略这样的事实,即刑罚免除事由总是只能有利于中止犯本人。《刑法典》第46条涉及的正犯的中止犯,并不妨碍在共同犯罪中类推适用(per analogiam in bonam parten),也即类推适用于共犯;参见上文§18 II。

③ 它不仅适用于所谓的想象竞合犯,而且也适用于法条竞合犯。持该相同观点的还有阿尔费德第201页;梅茨格第407页;冯·希佩尔:《德国刑法》第2卷第412页;还有宾丁:《刑法之基本特征》第69页;迈耶第369页。洛伯:《帝国刑法典及其注释》§46 注释2的观点不甚明确。参见帝国法院判决第15卷第12页、第23卷第225页。

§46 犯罪中止

3. 如果预备行为和未遂行为被科处特别的刑罚,或者未遂犯与既遂犯被科处相同的刑罚(参见上文§46 Ⅵ),则中止犯就不具有免除刑罚的效果①,因为其自动性的反面(事实上阻止犯罪行为的完成)并未得到确证。

---

① 持相同观点的还有德国法院判决第10卷第324页,《德国刑法典草案说明》第292页,冯·希佩尔:《德国刑法》第2卷第413页,迈耶第369页。不同观点有贝林:《刑法之基本特征》第69页。根据阿尔费德第201页的观点,如果未遂或预备行为被作为特殊的犯罪来对待,但科处不同的刑罚的,则排除不处罚之中止犯。弗兰克§46 Ⅳ在具体情况下也作了区分。

第二章 正犯与共犯

§47 概述与历史回顾

I. 从原因概念(参见上文§29)中可得出结论认为,每个与行为结果的产生有关联者,均是行为结果的造成者。因此,立法者可以从中得出结论,每个原因人,只要他实施了违法的和有责的行为,均可视为正犯,且因此得为实现构成要件承担责任。①《挪威刑法典》第58条正是建立在此观点之上的②;但大多数法律,包括《帝国刑法典》(第48、49条),则选择了另一种在本教科书§29 V中已指出的观点:在无需否定所有与行为结果有关的条件的逻辑—认识论上等价的情况下,《帝国刑法典》对促使结果发生的各种行为作出了不同的刑法评价,主要区分正犯与共犯,在不同法律评价的基础上严格区分概念上的不同:即正犯为一方面,教唆犯和帮助犯为另一方面。在正犯和共犯的相互关系上,法律更为强调前者:共犯的可罚性取决于存在实现全

---

① 李斯特在本教科书过去的版本中所持的观点是:"由于造成结果的所有条件都是等价的,在造成这一结果发生的具体参与人之间,就不存在概念上的区别,因此,只要在同等量刑幅度内给予不同处罚即可。"如此,李斯特忽略了认识论和评价思考上的区别。在对李斯特的观点从方法论上进行解释的不同意见中,当数迈耶第139、389页,梅茨格第414页,《整体刑法学杂志》8第205页和基普第48页等具有重要影响。还请参见拉姆(Rahm)第2、5页及以下几页。

② 该条是:"如数人共同犯罪,单个人的作用主要是由其他共同犯罪人促成的,或与其他共同犯罪人相比只具有次要作用的,可减轻该人之刑罚或科处较轻的刑种。根据其他规定可科处罚金刑以及在越轨情况下可免除刑罚。"也就是说,该法原则上站在前一注释所述李斯特之立场上,但给人以这样一种感觉,即"共犯"就其价值而言,常常小于正犯。立法上的一个重要问题是,何时成立这种情况,法律并未解决,而是将此等难题推到法官那里。国际刑法学会德国组于1903年将这一制度同样推荐给德意志帝国的立法者。不同意此说者,参见迈耶第400页,裴腾(Perten)第59页,基普第28页,后者正确地指出了刑法的法治国家功能,并有鉴于此而要求作出严格的概念上的区别,对行为作出不同的法律评价。参见上文§4 IV 1。

§47 概述与历史回顾

部犯罪特征的"主行为"(Haupttat),"共犯"因而只能因"正犯"的符合构成要件的、违法的和有责的行为,在法律评价上起到参与作用(所谓的共犯的"次要特征"或"次要性")。[①] 正犯与共犯的进一步的不同点在于,法律虽未要求对教唆犯从轻处罚,但要求对帮助犯原则上从轻处罚。

为了能够了解共犯理论的这一结构,有必要将 ME. 迈耶的话语铭记在心:"共犯概念完全是法律的产物。"[②]《帝国刑法典》的共犯理论既不是源自于因果关系,也不是源自于所谓的"次要性",亦即它既不能从因果关系也不能从次要性"派生"出来。因果关系在共犯理论范畴中的作用仅在于,只有此等与行为结果具有因果关系的人类意思活动,如在正犯观点之下评价一样,能在共犯观点之下作出刑法上的评价[③];正犯观点或共犯观点是否恰当,因果关系说明不了问题,也不可能说明什么问题。[④] 作为法律原则的所谓"次要性"也说明不了什么问题,根据该原则,共犯理论是源于概念的发

[①] 根据现行法律,共犯的这一次要特征可得到同情但不能被否定。冯·希佩尔:《德国刑法》第 2 卷第 451 页将"共犯的所谓从属特征的全部理论视为完全是错误的",不能从中得出与本教科书十分对立的结论,因为,正如他所说,它刻画出共犯的成文法的表现形式。否定共犯从属性的有科勒 1 第 109 页,希普勒:《整体刑法学杂志》26 第 580 页,赫尔左克:《法庭杂志》24 第 435 页等。赞同本教科书观点的有迈耶第 390 页,葛兰特第 142 页,科勒第 485 页,阿尔费德第 205 页,弗兰克§48 II 2,基普第 3 页及以下几页,贝林:《刑法之基本特征》第 60 页,洛伯:《帝国刑法典及其注释》§48 注释 2b,赖希勒第 25 页及以下几页,达姆第 65 页及以下几页,梅茨格第 446 页,帝国法院判决第 5 卷第 229 页、第 1 卷第 59 页、第 14 卷第 102 页、第 18 卷第 421 页、第 37 卷第 419 页、第 57 卷第 15 页。

[②] 迈耶第 388 页。达姆第 7,9 页和梅茨格第 447 页是恰当的。

[③] 人们相信可以否定之,例如科恩:《法庭杂志》92 第 136 页;科恩德斯:《刑法的基本原则》第 257 页及以下几页,《整体刑法学杂志》46 第 1 页;帝国法院判决第 58 卷第 114 页(有许多过去判决的摘录)。这种观点是建立在忽视上文§29 II 所述之情况基础之上的。它不取决于正犯是否在可能的情况下,没有共犯的协助而为一定之行为,而是取决于正犯是否在同一天,以同样的方式,在同样的伴随条件的情况下实施了该行为。如果回答是肯定的,则从因果关系的要求出发,其在结果和共犯行为之间不存在疑问。唯此,方可在共犯和不处罚行为之间划定一个可靠的界限。科恩德斯,摘引处,不想指出此界限。主流观点同样正确地坚持因果关系的要求,例如弗兰克第 3 章 1;比尔克迈尔,迈耶 385 页及以下几页;梅茨格第 411 页;葛兰特第 144 页;阿尔费德第 203 页;科勒第 501 页;冯·巴尔 2 第 697 页;哈夫特第 217、222 页;瓦亨费尔德第 188 页;达姆第 11 页(但此处的注释 11 是非常值得商榷的)。赖希勒第 6 页则是完全不清楚的。弗兰克§49 I 尤其不同意帝国法院判决第 58 卷第 113 页,他同时也不赞同洛伯:《帝国刑法典及其注释》§49 注释 4。对整个问题的详尽论述请参见冯·李斯特:《整体刑法学杂志》38 第 303 页及以下几页。弗兰克和李斯特均指出,帝国法院在这一问题上没有采取统一的观点。

[④] 不同观点尤其有弗兰克第 3 章 II。参见 Eb. 施密特(Lit. zu §48)第 109 页,还有裴腾第 11 页及以下几页,默克尔(Lit. zu §48)第 10 页及以下几页,葛兰特:《法学词典》V 第 867 页。

§47 概述与历史回顾

展。更确切地讲,共犯从属特征只是正犯和共犯之间的成文法关系的一个提示。立法者可将此等关系作完全不同的安排,因为,正如 ME. 迈耶所正确强调的那样,共犯从属性中所表明的共犯相对于正犯的附属性可形成不同的层次。①《帝国刑法典》使用了"极端从属形式",它要求正犯实现法定构成要件不仅是违法的,而且也是有责的,以便使应处罚的共犯成为可能;但是,法律没有使得正犯的个人特征中所具备的提高和降低刑罚的全部情况,也在从犯的个人特征中产生影响;参见《帝国刑法典》第50条。此外,最新的法律发展表明,立法者觉得"共犯从属性"完全不受约束,且在《帝国刑法典》的使用中有违背其目的之处,便干脆予以放弃。1895年的《禁止掠夺奴隶法》第1条、第2条混淆了正犯与共犯,它对"每个参与掠夺奴隶行为的人"科处同样的刑罚。1897年的《移民法》第4条第2款、第45条,以及《民法典》第830条亦如此。1923年的《少年法院法》中重要的第4条,以令人高兴的大胆态度,为《少年刑法》设置了一个限制从属性形式来代替共犯的极端从属形式,因为恰恰参与未达刑事责任年龄和"无识别能力"的少年犯罪,产生了前一种形式的夸张情形,并将科学和实践置于无法克服的困难面前。

II. 历史回顾。正犯与共犯的对立是缓慢的和不稳定的历史发展的结果。罗马法规定科处犯罪参与人以刑罚,但并不从概念上对犯罪参与人予以区分(蒙森第98页)。这也是晚期罗马法的立场。在中世纪的德国,教唆犯被科处与正犯——至少在一系列的犯罪方面——相同的刑罚,间或也被科处更为严厉的刑罚。所不同的是,关于帮助犯的处罚在各种具体犯罪上的发展有着很大的差异,时而受到与正犯完全相同的对待,时而只是对没有帮助犯的协助犯罪行为就不可能"实施"的犯罪中的帮助犯科处相同的刑罚,而其他犯罪参与人则被科处较轻的刑罚。

中世纪的意大利也持后一种观点,但未能作出概念上的区分。《刑事法

---

① 这里请参见迈耶第391页,载阿希罗特(Aschrott)、李斯特 I 第355页;韦格讷:《改革》(1926年)第111页及以下几页;基普第82页及以下几页;赖希勒第26页;路德维希(Ludwig)第4页;达姆第65页及以下几页。冯·希佩尔:《德国刑法》第2卷第452页注释1忽略了 ME. 迈耶用本教科书所反映的区分方法,并不想表明与不同的组成可能性有什么两样,这种可能性可供立法者在共犯和正犯的关系上使用。因此,应当进一步强调,共犯理论中的所有问题与成文法的关系如何。ME. 迈耶的区分方法除由其创造的名称外,在被本教科书前一版本引用之前,很久以来已被广泛采纳。请参见1911年《相对之草案》47的立法说明和专著性文献。这里不存在误解的问题。梅茨格第447页注释2也对 ME. 迈耶作出了恰当的评价。达姆第71页的观点是正确的。

§47 概述与历史回顾

院条例》第 177 条也只是满足于听取法律专家们的建议。该《刑事法院条例》只在第 170 条特别提及教唆犯。

普通法学和立法也未能作出固定的概念规定;那些由立法和法学提出的区别——行为前、行为中和行为后的共犯(后者多被视为特殊的犯罪),一般的共犯和特殊的共犯,主要的共犯和次要的共犯,身体的和心理的共犯,积极的和消极的共犯等——与实践中的适用一样,同样缺少概念上的严格区分。自 1851 年《普鲁士刑法典》在非决定论(Indeterminismus)的影响下,使因果关系中断的武断的意见(参见上文 §29 V 和下文 III)以及共犯的极端从属特征理论成为立法、文献和司法的主宰之后,此等概念上的混淆达到了高峰。①

III. 19 世纪下半叶,共犯从属特征理论的形成是对两个基本问题作出修正回答的结果。

1. 对教唆犯间接造成行为结果的产生是原因之一,并认为在这一原因中对行为人的影响只是原因链中的因果环节的观点,人们提出了异议,认为正犯只是作为教唆犯手中的一个工具出现的,这与意志自由是相矛盾的。② 因此,人们将源自于教唆犯并导致结果产生的因果关系视为因正犯的行为而中断,但认为可能对正犯的意志自由("相对意志自由")产生影响,并成功地将教唆犯作为由正犯实施的犯罪行为的共犯加以处罚。因此,教唆犯没有独立的特征,对它的处罚取决于对正犯实施行为的处罚,对未遂教唆不处罚(die versuchte Anstiftung blieb straflos)。在这一观点的影响下,现行法律规定(《帝国刑法典》第 48 条)诞生了。主宰其产生的因果关系中断的教义,一直到不久前仍对与《帝国刑法典》第 48 条有关的文献产生影响,大概才从一个方法论上进行澄清的观点中逐步排挤出去,它也许可能对共犯理论的法学内容和结构更好地进行正确的评价。

2. 在多人参与同一个犯罪的情况下,人们致力于区分原因和单纯的条件。犯罪行为由谁造成,则谁为正犯,与他共同造成的,则为共同正犯。相反,如果只是为犯罪的产生提供了条件,则被视为帮助犯。③ 因此,帮助犯可

---

① 关于该武断意见的历史,参见冯·希佩尔:《德国刑法》第 2 卷第 441 页及以下几页;沙夫斯泰因第 203 页及以下几页。该理论来源于 C. Penel,并随 1851 年《普鲁士刑法典》的制定而流入德国。该理论在德国的实施归功于许策,1869 年;冯·比尔克迈尔,1890 年。

② 此为 19 世纪之前唯一的观点(参见费尔巴哈和冯·维希特尔)。除宾丁 1 第 700 页,科勒 1 第 106 页和豪普特(*Haupt*):《整体刑法学杂志》15 第 569 页外,还为纳格勒第 134 页,施托斯:《刑法之基本特征》1 第 226 页所主张。

③ 参见弗兰克第 3 章 II。

成为他人犯罪行为的不独立的共犯。由于原因与条件的区分是站不住脚的(参见上文§29 VII),为了使此等区分站得住脚,科学和司法被迫走到纯主观论的歧途上去(参见下文§48中的相关注释),也就不足为奇了。①

IV. 19世纪的法学取得了有益的结果:它在立法中一方面成功地区分了共谋(Komplott)与团伙(Bande),另一方面有助于区分多人参与同一犯罪,因此,使得共谋概念的简单性、明了性得到重大的提升。

1. 共谋是指数人实施一个或多个不确定犯罪的约定;团伙是指以实施多个不确定的犯罪的人的联合。

过去的观点(与《刑事法院条例》第148条有关)要么将所有犯罪成员均作为"相互之教唆犯"而共同对犯罪负责任,要么将约定本身视为犯罪未遂而予以处罚。与之不同的是,如今之科学坚持认为,具体的参与人对已实施的犯罪所负之责任,只限于其作为共犯、教唆犯、帮助犯所起的作用;此外,还认为,如果不存在实行着手,也就根本谈不上未遂。但立法可将约定和团伙作为独立的犯罪来处罚,也可作为从重处罚事由(Strafverschärfungsgründe)来使用。

帝国立法采用了第一种做法。关于共谋,如《刑法典》第38条,1914年《间谍法》第5条,《帝国军事刑法典》第59条、第72条、第103条,1930年《共和国保护法》第3条第2款,1884年的《爆炸物法》第6条;关于团伙,如1884年的《爆炸物》第6条,1930年的《共和国保护法》第1条。相反,1869年的《联合海关法》第146条、第147条和1902年的《海员法》第101条、第105条将共谋只作为从重处罚事由来对待;在《刑法典》第234条第6项,《军事刑法典》第135条,《联合海关法》第146条中,将团伙犯罪只作为从重处罚事由来对待。

2. 包庇不是数人犯一罪的形式,因为它只能在实行犯的行为结束之后方有可能②,因为它缺少唯一的为所有共同犯罪形式所共同具有的特征——发生结果的条件。它有时也可成为独立的犯罪,但作为独立的犯罪,它属于分则部分了。与《法国刑法典》(Code penal)和1851年的《普鲁士刑法典》不同,不仅《帝国刑法典》,而且大多数德国以外的法律和法律草案均采用这

---

① 建立在优等和劣等基础条件之上的客观理论可追溯到普芬多夫(1672年),该理论在18世纪为克莱斯、伯默尔等人的主张,其后尤其为费尔巴哈和贝尔纳(1847—1861年)所主张。

② 在既遂(结果发生)之前才有可能:例如,A使得B受到致命的伤害,在B死亡前,C帮助A逃跑。

§47 概述与历史回顾

一在科学上受到少数人反对的观点。①

V. 提出必要共犯的概念(许策,1869 年)并没有多少裨益。根据其构成要件,从概念上看,需要多人共同协作的犯罪,为必要之共犯。在此等情况下,确实需要技术意义上的共同正犯。②

属于此等共同正犯的,有两类犯罪:

1. 必要共犯的行为彼此相互影响的犯罪,如决斗、贿选(弗罗伊登塔尔称之为对向犯,Begegnungsdelikte)。

2. 必要共犯的行为一致对外,如暴乱、叛乱(弗罗伊登塔尔称之为纠合犯,Konvergenzdelikte)。这里,协作时而是构成要件特征(如《刑法典》第 115 条、第 122 条),时而为加重处罚事由(如《刑法典》第 123 条第 2 款、第 223 条 a)。

VI. 草案。当德国的刑法典草案坚持在原则上区分正犯与共犯时,《奥地利刑法草案》第 12 条则同等对待所有犯罪参与人,只对帮助犯从轻处罚。《瑞士刑法典草案》第 23 条同样规定对帮助犯从轻处罚。《德国刑法典草案》试图从现行法的过度的从属思想中挣脱出来,尤其是对共犯行为的处罚不考虑正犯的责任。但是,迄今为止没有哪一个草案完全得到认可。《委员会草案》和《1919 年草案》仍停留在因果关系中断的教义之中,且关于间接正犯和教唆犯的规定陷入为各方所拒绝的空谈理论(教条主义)之中。此外,《委员会草案》和《1919 年草案》——除上文提及的进步以外——还是以现行刑法典作为蓝本起草的。而《1925 年官方草案》则在很大程度上摆脱了现行刑法典的约束。它相信能够完全放弃共同正犯的概念,此外剔除间接正犯的概念,引进对帮助犯仅有选用性的从轻处罚的立法例。科尔劳斯、韦格讷(《改革》第 32 页和第 112 页,1926 年)、戈尔德施密特、达姆第 95 页及以下几页,明确表示,对共犯从属特征的限制并不会使间接正犯的概念成为多余。正因为如此,《1925 年官方草案》由于过度的激进主义而没有得出令人

---

① 持相同观点的还有科勒 1 第 118 页;默克尔第 153 页;贝林:《犯罪学》第 472 页及以下几页,他提出了一个站不住脚的"事后共犯"概念;以及冯·巴尔第 736 页。不同意该观点的主要有克里科斯曼第 563 页。还请参见弗兰克第 21 章的注释。

② 弗罗伊登塔尔第 41 页及以下几页不赞同此观点,弗兰克对§47 的注释紧随其后。但是,与一个患有麻痹症者进行决斗,就如同一名学校教师与 30 名 10 岁小孩打闹一样不可思议。同意此说的还有帝国法院判决第 40 卷第 21 页,以及冯·巴尔 2 第 731 页。可能以强奸形式实施的私通根本就不属于这里所探讨的情况。参见葛兰特:《法学词典》第 865 页,其观点是正确的。现在尤其请参见贝尔根(Bergen)和布莱泽(Blesse)的观点。

满意的结果。《1927 年草案》和《1930 年草案》重新使用了共同正犯概念,同样规定了对帮助犯必须从轻处罚,但是,同时对因共犯从属性的限制而引起的剔除间接正犯概念的顾虑,并未被排除。第 32 届委员会(1927 年 11 月 10 日)以第 27 条 a 重新引进间接正犯的倾向,未再产生结果。因此,事实上,解决共犯理论问题的努力未获成功,特别是草案并没有解决现行刑法中最为重要的有争议的问题,而是有意无意地忽视之(葛兰特:《法学词典》V 第 875 页)。

§48 正 犯

《帝国刑法典》未规定正犯的概念,而是从对符合构成要件的法益侵害具有原因的(违法的和有责的)行为方式的整体情况出发,只对共犯行为的两种形式作出了规定,即教唆犯(第 48 条)和帮助犯(第 49 条)。故意教唆他人实施犯罪行为的,是教唆犯(第 48 条);对他人故意实施的实现构成要件的行为故意予以帮助的,是帮助犯(第 49 条)。鉴于此等表现形式,正犯的特征在成文法中可描述为:

如果不是让一个故意犯罪的行为人实现构成要件,而是自己违法且有责地因实现构成要件而侵害或危害法益的,是正犯。① 这里主要区分两种不同情况:

I. 正犯首先是指单独违法地且有责地实施了实行行为的人,即单独实现构成要件的犯罪人(单独正犯),如:谋杀者是指故意且经过思考后将他人杀

---

① 详细的发展情况参见《纪念弗兰克文集》II 第 106 页及以下几页、第 113 页及以下几页、第 117 页及以下几页。在重要方面(方法论上)同意此规定的有梅茨格 § §50、60。帝国法院判决第 64 卷第 316 页和第 64 卷第 370 页是完全正确的,且与本教科书的观点相吻合。帝国法院判决第 61 卷第 318 页为此铺平了道路。冯·希佩尔:《法学周刊》60 第 941 页不赞同帝国法院判决第 64 卷第 370 页的观点。但人们也可向冯·希佩尔提出异议,帝国法院并不是针对过失之共犯,而是针对过失之正犯作出判决的。请参见冯·希佩尔:《德国刑法》第 2 卷第 463 页和爱克斯讷。所有那些将因果关系用于正犯法律特征(方法是错误的)之人均持与本教科书不同之观点,尤其是弗兰克第 3 章 II。此外,持与本教科书不同观点的还有那些将正犯取决于作为犯之人,尤其有冯·希佩尔:《德国刑法》第 2 卷第 454 页。间接正犯不包含于这一正犯概念之中,因为该概念不包括"作为犯"。将"身体上的教唆犯与智力上的教唆犯绝对等同"受到第 48 条的反驳。因此,需要建立一个与作为犯无关的正犯概念,它自始至终都将间接正犯包括其中。不同意本教科书观点的还有齐默:《整体刑法学杂志》49 第 40 页,对此,请参见《纪念弗兰克文集》II 第 182 页注释 2。

§48 正　犯

死之人；抢劫者是指使用暴力劫走他人物品之人。行为结果是否只是因行为人自身的行为或通过使用自然力、工具或动物所造成，不存在区别。

II. 正犯还指虽非因行为人自身的行为，而是通过其他人（甚至是被害人自己）实现构成要件之人（间接正犯）。① 间接正犯的前提条件是，该他人非故意地、有责地实现了构成要件，因为在这种情况下，根据 I 中所述，将直接适用《刑法典》第 48 条和第 49 条。因此，只有当"实施行为"之人（"工具"）缺乏犯罪故意，才可能有间接正犯。

1. 据此，可以很容易地划定间接正犯的范围。② 具备下列情况之一

---

① 关于是不是正犯或共犯的错误有下列可能性：1. A 唆使被 A 误认为是精神上有问题的 B 实施故意犯罪行为，B 是正犯，A 是教唆犯，尽管 A 认为自己是间接正犯。2. A 唆使被 A 误认为是有刑事责任能力而实际上没有刑事责任能力的 B 实施一个无责的犯罪行为。B 不受处罚，A 是帮助犯，尽管 A 自认为是教唆犯。3. A 帮助被 A 误认为有精神病的 B 实施故意犯罪行为。B 是正犯，A 是帮助犯，尽管 A 按照主流观点被认为是间接正犯。4. A 帮助被 A 误认为是有刑事责任能力而实际上没有刑事责任能力的 B 实施一个无责的犯罪行为。B 不受处罚，A 是间接正犯。这里的错误与涉及法学概念和刑法法律后果的错误是不相干的。请参见 Eb. 施密特：《纪念弗兰克文集》II 第 130 页及以下几页；此外还有迈耶第 404 页；弗兰克第 3 章 II；贝林：《犯罪学》，第 254、398 页；阿尔费德第 215—216 页；瓦亨费尔德：《整体刑法学杂志》40 第 134 页，《教科书》第 189 页，P. 默克尔第 143 页及以下几页；科勒第 497 页；罗森费尔德：《纪念弗兰克文集》II 第 182 页注释 2。

② 人们也称之为假想正犯或智能教唆犯。间接正犯的概念已为今日之法律科学和司法实践所广为承认。参见帝国法院判决第 1 卷第 146 页，第 3 卷第 96 页，第 4 卷第 256 页，第 12 卷第 67 页，第 18 卷第 419 页，第 31 卷第 395 页，第 39 卷第 298 页，第 47 卷第 147 页，第 55 卷第 282 页，还有最近的第 62 卷第 390 页，第 63 卷第 313 页，第 64 卷第 24、30 页。不同意该观点的最近有赫格尔（Högel）：《整体刑法学杂志》37 第 667 页。从正确作出的正犯概念出发，无需对间接正犯提出特别根据。持相同观点的还有：梅茨格第 423—426 页注释 3，迈耶第 375 页及以下几页，冯·希佩尔：《德国刑法》第 2 卷 470 页［此处请参见上文注释 1（即本书第 289 页注释①——译者注）］。不同意此观点的有：黑格勒 RG Festg. V 第 305、307 页及以下几页，他建立了一个特别的"优势理论"，还有裴腾第 125 页及以下几页。在论证方面不同者有：弗兰克第 3 章 III。参见 Eb. 施密特：《纪念弗兰克文集》II 第 120—121 页；此外请参见德罗斯特：《整体刑法学杂志》51 第 364 页注释 8，克里科斯曼：《整体刑法学杂志》35 第 315 页，基普第 9 页及以下几页，贝林：《整体刑法学杂志》28 第 594 页，葛兰特：《基本问题》第 59 页，米特迈耶：《整体刑法学杂志》21 第 241 页。通过提出某人何时成为他人犯罪的"工具"这个问题，并不能获得任何澄清，因为"工具"不是法学概念，而是一个具有多种不同意义的比喻；参见贝林：《整体刑法学杂志》28 第 593—594 页，弗莱根海默（Flegenheimer）第 37 页。对帝国法院的主观共犯理论而言［关于此点请参见下文注释 16（即本书第 296 页注释①——译者注）］，不可能产生间接正犯问题，因为主观共犯理论认为，正犯是每个与犯罪结果有原因与结果关系之人，而不看其外在行为的种类（是否为"实行行为"）。因此，帝国法院对《刑法典》第 48 条在特别评价的情况下，对于从对刑法后果具有重要关系的原因中剔除哪些方面并不感兴趣。

§48 正　犯

的,构成间接正犯：

a. 实施违法行为的中间人("工具")从纯责任观出发缺少犯罪故意。这又可分为下列两种不同情况：

a) 被正犯利用之人无责任能力；因为有责任的被利用之人缺少故意犯罪的可能性。谁给癫痫病患者手上塞上一把尖刀,以便其刺杀他人,则构成谋杀的(间接)正犯而负刑事责任。被利用的中间人("工具")出于何种原因缺乏责任能力,一般而言无关紧要。根据《刑法典》第58条的规定,聋哑人与精神病患者被同等对待。

《少年法院法》第4条构成成文法的一个重要的例外。① 根据该条的规定,唆使儿童(参见上文§38 B I 1a)或缺乏"认识能力"(《少年法院法》第3条)的少年(参见上文§38 B I 1b)实现构成要件的,应认定为教唆犯而非间接正犯；因此,共犯的极端从属形式被放弃,以利于共犯的限制从属形式(参见上文§47 I)。

b) 虽然中间人(工具)有责任能力,但非故意行为。这里,出于何种原因缺乏故意,是否有过失或完全无过错,均是无关紧要的。属于此等情形的主

---

① 不敢苟同贝林：《刑法之基本特征》第61页的观点。他认为,《少年法院法》目前是多余的；它只是表明——如他所认为的那样——故意教唆犯和帮助犯的刑罚问题不应当通过《少年法院法》作出新的规定。易言之,在未达刑事责任年龄之人犯罪情况下,对教唆犯和帮助犯是否且在多大程度上被视为教唆犯和帮助犯,或者是否和在多大程度上必须认定为间接正犯问题,应当完全与《少年法院法》颁布之前一样来回答。请参见上文§38。弗兰克对《少年法院法》第4条的评注,基索夫：《少年法院法》第4条注释1,海尔维希：《少年法院法》第4条注释1(但注释2和4则是完全错误的),洛伯对《少年法院法》第4条的评注,冯·希佩尔：《德国刑法》第2卷第462条注释6,梅茨格第430页,葛兰特：《纪念罗森塔尔文集》(1923年)第77页及以下几页的解释是正确的。根据《少年法院法》第4条的规定,教唆少年(儿童)犯罪之教唆犯或帮助犯是否知道具备了《少年法院法》第2条、第3条规定的先决条件,无关紧要。也就是说,根据《刑法典》第49条的规定,无论如何不能认为是间接正犯,而更应当认为是教唆犯,如果某人唆使儿童实现构成要件的；而帮助儿童犯罪者始终是帮助犯。持该正确观点的有葛兰特,摘引处第78页；梅茨格430页注释13。与之相对,基索夫注释5,海尔维希注释2认为,在教唆犯和帮助犯认识到被教唆或被帮助的无责任能力之人或无认识能力之人的情况下,可认定为间接正犯,是不可理解的。该观点终究超越了贝林的看法。海尔维希的观点也是不正确的(注释4),他认为,如果《刑法典》第51条适用于儿童或少年行为人,则应当认定为间接正犯。他忽视了该条款绝对不能适用于儿童这一事实,因为相对于儿童而言,由于《少年法院法》第2条规定了儿童无责任能力的推定,那么,自始就排除了按《刑法典》第51条对儿童进行精神状态方面的调查的可能性；对少年而言,只要当《刑法典》第51条规定的精神状态不同时是少年"精神和道德发展"的产物时,方可适用第51条。由于少年作为中间人("工具")的无责任能力,反倒可能存在间接正犯的可能性。本教科书过去的版本在此问题上的表述不够明确。基本上同意本教科书观点的还有：葛兰特第79页注释20；弗兰克在对《少年法院法》评注的结尾处,梅茨格第430页。帝国法院判决第61卷第265页也是很重要的。

§48 正　犯

要有：中间人在没有预见其行为结果的情况下而行为，以及虽已预见到行为结果，但犯罪故意因某种原因（故意违法性的认识错误、《刑法典》第54条意义上的紧急避险、《刑法典》第52条意义上的强制、具有约束力的命令的影响、《刑法典》第42条规定的其他减免责任事由）而予以排除的。① 谁欺骗女护理员，使得其给病人服用砒霜来代替金鸡纳霜，则他不构成女护理员实际上并未实施的谋杀罪的教唆，而是谋杀犯。谁欺骗他人，使该人相信可以损害他人财物，后者因此而为此等行为的，构成损害财物的（间接）正犯。长官给予下属为犯罪行为的有约束力的命令，在下属按命令而为行为的情况下，该长官是该犯罪行为的正犯。只要法律未作相反之规定，唆使处于紧急避险状态（《刑法典》第54条）者为避险而实现构成要件之人，视为该犯罪行为的正犯，只要他本身不具备一般的或特殊的合法化事由，不具备一般的或特殊的责任阻却事由。

　　b. 如果作为犯罪工具者在具体适用构成要件的情况下不构成违法行为，因此，不对其作出有罪判决，同时不应当认为其有犯罪故意的，同样有可能成立间接正犯。这里的先决条件是，就唆使者本人而言，符合构成要件的对法益的破坏是违法的，且可对教唆者提出有责行为的责难。② 属于此等情形的主要有下列一些颇具争议的情况③：

---

① 　与主流观点相同。关于预见缺乏，请参见帝国法院判决第1卷第146页、第31卷第80页、第35卷第332页、第39卷第298页（但帝国法院判决第57卷第274页非常不明了）；此外，还有帝国法院判决第63卷第313（315）页、第64卷第30页，弗兰克第3章Ⅲ 2、3，洛伯：《帝国刑法典及其注释》引言部分第75—76页，葛兰特第94—95页，阿尔费德第214页，迈耶第379页，瓦亨费尔德第195页及以下几页，科勒第511页，黑格勒第308页，梅茨格第430—431页。部分不同观点（由于对《刑法典》第52条、第54条有不同的理解），参见冯·希佩尔：《德国刑法》第2卷第47页及以下几页。

② 　这里请参见海格勒第309页，冯·希佩尔：《德国刑法》第2卷第471—472页。不同意前者观点的有梅茨格第426页注释4，他不正确地否定一切；就本教科书中所讨论的情况而言，他看到了共同要素，即在这里，间接正犯通过一个不具备构成要件适当性的行为人造成的结果的产生。在这种情况下，同样缺乏在具体情况下适用构成要件意义上的违法性。这是排除故意的决定性要素。是否在其他情况下存在违法性则无关紧要。作为犯罪工具之人合法地行为而幕后操纵者违法地行为是完全可能的。就此点而言，冯·希佩尔倒是完全正确的。

③ 　a)和b)探讨的案例涉及无故意的犯罪工具的问题。对此，请参见弗莱根海默和瓦亨费尔德：《整体刑法学杂志》第40页；近来还有黑格勒第309页及以下几页；梅茨格第427、443页；弗兰克第3章Ⅲ；Eb. 施密特：《纪念弗兰克文集》Ⅱ第125页及以下几页。对主观理论而言，不存在这一问题；参见上文注释3（即本书第290页注释②——译者注）和帝国法院判决第28卷第109页、第39卷第37页。一般情况下，人们如此表述：主观理论"承认无故意工具"。（转下页）

§48 正 犯

a) 首先是身份犯,如官员指使非官员伪造其掌握的文书(《刑法典》第348条第2款)。由于作为犯罪工具之人缺乏《刑法典》第348条第2款所要求的官员特征,他绝对不可能成为伪造文书罪的正犯,因此也就不存在将指使之官员作为教唆犯予以处罚的任何可能性。现在的问题是,他能否成为间接正犯。事实上正是如此,因为在身份犯之构成要件意义上(这里系指《刑法典》第348条第2款),非官员的行为不符合构成要件,而且不具备犯罪故意。所以,这里同样存在认定指使之官员为间接正犯的可能性。①

b) 其次是成为正犯必须实现主观不法要素的犯罪类型,尤其是目的犯和倾向犯(Absichts-und Tendenzdelikte),只要被作为犯罪工具之人不具备主观不法要素,而指使者具备该主观不法要素。② 人们首先想到这样一种情况:具有将他人之不动产据为己有的目的之人,让本不具有此等目的之第三人盗

(接上页)但对客观理论而言,也不应当存在这一问题,起码当人们不是从表面的心理学层面,而是从包括规范责任要素的责任形式层面去理解故意概念时,不应当存在这一问题。a)和b)探讨的案例的中心问题在于,不仅作为犯罪工具的非官员(案例a:弗莱根海默认为所谓的"不合格的无故意工具"),而且作为缺乏典型的犯罪意图的犯罪工具之人(案例b:弗莱根海默认为"无故意的工具"),均能自由地且有意识地知晓当时的情况。易言之,他们对伪造行为或盗窃他人物品是完全清楚的。由于此等自由的且有意识的行为,人们相信,必须认定"工具"之人存在犯罪"故意",并因此而通过第48条避免将起指使作用的幕后操纵者作为间接正犯对待。参见米特迈耶:《整体刑法学杂志》21第235页;贝林:《整体刑法学杂志》28第589页;弗莱根海默、瓦亨费尔德:《整体刑法学杂志》40第148页;葛兰特:《基本问题》第59页;基普第11页。因此,可得出如下结论,即"无故意之工具""不能被承认"。首先要澄清的问题是,客观理论的代表们是否制定了一个正确的故意之概念。非常特别的是,总是有许多"客观主义者"不同意贝林、弗莱根海默等人的结论。如此,本教科书陈述的观点的结论绝不仅仅为主观理论的代表们所赞同,而且也为不同的客观理论的代表们所赞同。对此,请参见下文各注释。

① 参见上面的有关注释。帝国法院判决第28卷第109页不同意此观点。本教科书所持立场从结果上看也是冯·李斯特在过去的版本中所主张的(但对上述帝国法院判决持怀疑态度)。赞同此观点的还有:迈耶376—377、379页;梅茨格第432页;冯·希佩尔:《德国刑法》第2卷第474页注释1;阿尔费德第214页;科勒第511页(他们之所以认定为是间接正犯,是因为不可能不处罚指使之官员);与本教科书持完全相同的观点的还有弗兰克第108页;韦格讷:《改革》(1926年)第113页;格林霍特:《整体刑法学杂志》49第133页。而否定间接正犯的主要有米特迈耶、贝林、弗莱根海默、瓦亨费尔德、基普、冯·巴尔2第627页等人。在第348条第2款情况下,他们也必定始终如一地得出不处罚的结论。对此,尤其请参见基普第12页。弗莱根海默第66页及以下几页试图以下列方式来自圆其说,即之所以要处罚指使非官员为伪造文书行为的官员,是因为他违背义务,没有阻止行为结果的产生。沃尔夫第77页不同意此说无疑是正确的。

② 此处尤其请参见罗森费尔德在《纪念弗兰克文集》II第161页及以下几页、第179页及以下几页中的精彩论述。此外,还请参见上文§32 A II 1c。

§48 正 犯

走他人之物(《刑法典》第 242 条)。这里,盗窃物品之人由于缺乏典型的犯罪目的而不能成为盗窃犯罪之正犯,因此,指使他人盗窃者不能成为教唆犯,而是间接正犯。因此,可以认为,盗窃是一种"结果犯",作为"主观之不法要素"的据为己有目的体现了对客观构成要件的补充,正犯必须具备。因此,应当可以认定构成《刑法典》第 242 条意义上的符合构成要件的违法的故意犯罪行为。依此,缺乏据为己有目的的犯罪工具之人的行为缺乏故意,起指使作用的幕后操纵者具有侵占目的,而且具有盗窃之故意,因此,可视为间接正犯。①

c)所谓的"教唆他人自杀"的案例被讨论了很多。根据法定原则,"自杀者"用其自己之手扼杀自己的生命,他不可能"故意地"实施杀死自己的行为。因此,在其背后起指使作用的幕后操纵者是造成自杀者死亡的原因,他实施了符合构成要件的违法行为。如其行为是有责的,则对他而言,正当行为的所有先决条件他都具备。②

2. 在所有情况下,对教唆者均应当按作为犯罪工具之人实施的行为来处罚。③

---

① 在该问题上,上述注释中所述客观理论的代表者认为,应当排除间接正犯的可能性,因为作为犯罪工具之人只是个"无故意的工具",并试图借助于其他辅助构思来排除惩罚的可能性。参见弗莱根海默第 40 页及以下几页;瓦亨费尔德:《整体刑法学杂志》40 第 321 页;基普第 12 页注释 12;弗兰克第 3 章 III 2。结论与本教科书相同的有阿尔费德第 214 页;帝国法院判决第 39 卷第 37 页;P. 沃尔夫、宾丁借助于其"教唆犯概念"得出了与本教科书相同的结论。不同意本教科书观点的有黑格勒第 312 页注释 26。

② 主流观点不同意此说,参见弗兰克第 16 章 II;梅茨格第 436 页注释 3;冯·希佩尔:《德国刑法》第 2 卷第 142 页注释 3。同意本教科书观点的有宾丁:《刑法教科书》1 第 26 页。

③ 在该问题上分为数种情况:1. 正犯通过言语成功地教唆数个作为犯罪工具之人,但由于意思活动的单一性(参见下文 §52 III 1)构成一重罪。正犯指使一个作为犯罪工具之人实施数个犯罪行为,同样构成一个重罪。2. 除对作为犯罪工具之人的意志的影响外,指使者自己是否实施了正犯或共犯行为是无关紧要的。如果某人未将一个非故意的行为付诸实施,而只是由他人之帮助行为促成的,同样构成间接正犯,因为这种情况也完全与上文所述正犯概念相吻合。《少年法院法》第 4 则有所不同。不同意此观点的有比尔克迈耶第 163 页,宾丁:《法庭杂志》76 第 102 页,基普第 14 页,迈耶第 377 页。赞同此观点的有阿尔费德第 215 页、弗兰克第 3 章 III,裴腾第 128 页,梅茨格第 425 页及以下几页,还有李斯特在本教科书过去版本中的观点。3. 如果法律以特定的身体行为为条件,则此等行为必须由作为犯罪工具之人实施,以便能将责任归于正犯。不同意此观点者有帝国法院判决第 24 卷第 86 页、第 56 卷第 48 页。不赞同帝国法院判决者有弗兰克 §243 I,梅茨格第 421 页;同意帝国法院判决者有黑格勒第 314 页注释 35。通常这种情况应放在本节 3 中探讨,但又不属于 3 所述的情况。梅茨格第 417 页注释 3 也这么认为。4. 就行为时和行为地而言,既可以按教唆犯的意思活动为准,也可以作为犯罪(转下页)

§48 正　犯

3. 并非所有犯罪均可能由处于间接正犯关系之人实施,也即少数犯罪行为不可能构成间接正犯。

a. 规定既能由处于间接正犯关系之人实施,也可能由直接正犯实施的特定犯罪①,主要是指构成要件规定的具有特定行为人特征之人,如官员、军人、律师、德国人、外国人,等等。这里令人联想到具有主观不法特征的犯罪类型[参见上文注释9(即本书第293页注释②——译者注)],就此点而言,谁具备了主观不法特征,即可成为直接正犯或间接正犯。②

b. 第二类的界限很难划定。没有一个有别于具体的法定构成要件的未遂规定可被视为是成功的规定。就《刑法典》的构成要件而言,第160条关于伪誓的构成要件明显地排除了成立间接正犯的可能性。如果没有此等明确的规定,则每个犯罪均可能以间接正犯方式实施。③

III. 明知是与他人共同开始或结束实行行为者,亦为正犯(《刑法典》第

(接上页)工具之人的意思活动为准。请参见上文§28 V。不同观点有李斯特本人在本教科书过去的版本中所持的立场。5. 未遂并非产生于指使者的教唆行为完成之后,而是在工具(被教唆人)开始实施构成要件行为之后。参见《纪念弗兰克文集》II 第132页。6. 只有当指使者避免犯罪结果产生的,方可能构成犯罪中止的问题。帝国法院判决第39卷第37页持不同观点。7. 被教唆人未实施被教唆的犯罪行为,则构成犯罪未遂,但不构成教唆犯未遂。8. 就责任能力而言,则以被教唆人行为时为准。

① 主流规定如是说。不同意此规定的有:冯·希佩尔:《德国刑法》第2卷第483页;黑格勒第313—314页;阿尔费德第215页;佩特里(*Petri*)第42页,尤其是第47页及以下几页。详见基普第13页。

② 只有具有实施违法行为之故意,才可能成为《刑法典》第242条规定的直接正犯和间接正犯;只有表明了自己对法律的蔑视,才可能成为《刑法典》第185条规定的直接正犯或间接正犯。参见罗森费尔德:《纪念弗兰克文集》II 第161页。

③ 该问题颇具争议。李斯特在本教科书的前些版本中,也并不承认伪誓犯罪于成文法上的例外情况,并且在关于冯·海尔多夫(*v. Helldorf*)的文章(《间接正犯与引诱他人作伪誓》,1895年博士论文)中曾说过,第160条是"不怎么让人高兴的客观存在"。参见本教科书第24版§50注释3。此外,本版教科书与李斯特过去所主张的规定是一致的。同样必须提及的还有佩特里、瓦亨费尔德:《整体刑法学杂志》40第144页。大多数学者试图将特定的犯罪或一系列犯罪出于事实上的或法律上的原因从间接正犯中剔除出去。尤其值得一提的是,上文§29拒绝实体犯罪和形式犯罪的对立的观点发挥了很大的作用。对此,请参见Eb. 施密特:《纪念弗兰克文集》II 第128页,德国法院判决第62卷第390页和恩格尔辛(*Engelsing*)的详尽的研究。无论是他们还是事实上与他们相似的作者们,均不可能可靠地划定其界限。"亲手犯"(*eigenhändige Delikte*)源自宾丁先生。请参见迈耶第378页;弗兰克第3章III;宾丁:《论犯罪》第236页;赫普夫纳:《整体刑法学杂志》22第205页;裴腾第128页;基普第13页;克莱奇曼(*Kretschmann*)、宾丁:《论文集》1 第265页;梅茨格第417页及以下几页;P. 默克尔第141页。

§48 正 犯

47条的共同正犯)。

1. 共同正犯以共同参与实行行为为前提条件。如此,也就从客观上与帮助犯加以区别了。

例如,在谋杀的情况下,造成被杀者重伤的行为人;在盗窃的情况下,以占有为目的盗走他人物品之人;在诈骗情况下,参与欺诈之人等共同构成共同正犯。在所谓的共同犯罪的情况下(参见上文§32 A II 1),实施了构成犯罪的某个行为之人,亦为共同正犯。因此,如果(在明知是共同犯罪的情况下)A强奸了妇女C,或对D之身体或生命实施暴力威胁,B虐待妇女C或劫走D的钱包,则A和B是共同正犯,因为暴力和威胁是强奸和抢劫的构成要件特征。但如果A望风,B实施入室盗窃行为,则A不是共同正犯,因为望风不是盗窃犯罪的实行行为。①

---

① 在该问题上有三种观点:1. 帝国法院根据对动机的明确的解释,在一系列判决中主张一种同时为刑法科学所一再辩护的观点。根据该观点,共同正犯和帮助犯的区别只应当存在于行为人的意志方向上,它认为,共同正犯起"主导"作用,而帮助犯起"从属"作用;前者将犯罪作为自己的行为,而后者则将犯罪视为他人的事情。之所以只取决于意志方向,而不取决于客观参与,是以一种外在的参与为前提条件的;运输犯罪工具,消除犯罪之障碍,鼓动行为人、望风者等都是帮助犯,而实施共同谋划的犯罪,甚至是以鼓励为目的而到犯罪现场者,均可被视为共同正犯。帝国法院就是这么做的。参见帝国法院判决第2卷第160页,第3卷第181页,第26卷第345、351页,第28卷第304页,第37卷第55、92页,第39卷第193页,第53卷第138页,第54卷第152页,第55卷第60页,第56卷第329页,第57卷第145页,第58卷第279、409页,第59卷第79、104页;近来还有第63卷第102页,第64卷第149、275页;帝国军事法院判决第10卷第86页,第11卷第75、182页,第17卷第92页,第22卷第154页。条件理论(参见上文§29)构成帝国法院主观理论的出发点。帝国法院从该理论出发得出结论(方法上和事实上均是不正确的)认为,由于产生一结果的所有条件因果关系上的等价,不可能从客观上区分正犯行为和共犯行为,因为这个条件与那个条件一样,均是产生结果的一个条件而已。因此,帝国法院认为,只能从参与人主观的意志方向上去寻找不同点。这一推论的根本错误在于,因果关系和评价性研究被等同视之,而没有被严格地区分开。在因果关系上是等价的,而在规范上则可能是完全不同的。对此,详见基普第47页及以下几页,梅茨格第443页和《德国刑法学杂志》8第205页,P.默克尔第136—137、139页。此外,帝国法院还忽视了,《刑法典》第47条、第49条的规定多么清楚地表明,法律事实上对不同的原因从客观上作出了不同的评价(参见李普曼:《刑法导论》第58页,迈耶第390页)。相反,自己的行为和他人的行为之间的区别是不存在的;参见法伊森贝格尔:《整体刑法学杂志》38第530页。最后,主观理论的不足之处还在于,一方面,在"从属的意志"情况下实施的主行为(如在杀人罪情况下),必须视为帮助犯;而另一方面,在谋(参见上文§47 IV 1)的情况下,则干脆取消了帮助犯的概念,因为这里的参与行为均构成正犯。参见宾丁第149页。最后,《帝国宪法》第116条和刑法的法治国家功能,如同反对主观的未遂理论一样,也反对主观的共犯理论。对此,请参见上文§4 IV 1和基普第44页及以下几页。赞同帝国法院观点的有:冯·巴尔2第597页;贝尔林3第148页;科勒1第96页;冯·利利恩塔(转下页)

§48 正　犯

　　如拟适用的构成要件包含一个主观责任要素[如《刑法典》第 42 条规定的违法目的,第 185 条等规定的主观——自我蔑视要素(das Moment der subjektiv-eigenen Missachtung)],则共同正犯只能是具有此等主观不法要素之人。① 如果行为人虽然具备了这一主观要素,但未实施实行行为,则不能认为是共同正犯,因为《刑法典》第 47 条规定的先决条件没有完全得到满足。②

　　2. 共同正犯的故意包括心理方面的关系:①对犯罪特征的认识与②明知与其他共犯一起犯罪。如果不知晓自己与其他共同正犯一起犯罪,则不存在共同正犯关系。如果犯罪参与人之一缺乏责任能力或缺乏犯罪故意,则同样不构成正犯关系。③ 同样,如果第二个行为人在不知情的情况下使用了第一个行为人已造成之状况(如虐待已被第一个行为人缚住之妇女),也不成立共同正犯。

(接上页)尔第 35 页;洛伯:《帝国刑法典及其注释》§47 注释 2;纳格勒第 76、124 页。反对帝国法院观点的有:弗莱根海默第 21 页;葛兰特第 65 页及以下几页;冯·希佩尔:《德国刑法》第 2 卷第 454 页及以下几页;迈耶第 403 页;梅茨格第 443 页。2. 赞同本教科书主张的(由费尔巴哈建立的)观点("客观理论")的有《柏林和慕尼黑的司法判例》;阿尔费德第 216 页;比尔克迈尔;贝林:《论犯罪》第 408 页;芬格尔 1 第 339 页;弗兰克§47Ⅱ;海尔施纳 1 第 377、420 页;基普、冯·利利恩塔尔第 45 页;迈耶第 403 页;默克尔、罗森费尔德:《纪念弗兰克文集》Ⅱ第 161 页;瓦亨费尔德第 201 页。"客观理论"并不妨碍要求行为人实现一个主观不法要素,如果构成要件如此要求的话。本节Ⅱ中所述和罗森费尔德:《纪念弗兰克文集》Ⅱ第 161 页及以下几页、第 179 页及以下几页的正确解释,均说明了这一点。3. 豪普特:《整体刑法学杂志》15 第 578 页持调和观点。雅本(Tjaben):《刑法档案》42 第 226 页也持相似的观点。

① 请主要参见罗森费尔德的杰出的论述,载《纪念弗兰克文集》Ⅱ第 161 页,黑格勒:《纪念弗兰克文集》Ⅰ第 318 页及以下几页,梅茨格:《论刑法构成要件的意义》(Vom Sinn der strafrechtl. Tatbestände, 1926)第 23—24 页。

② 梅茨格:《论刑法构成要件的意义》第 24 页则有所不同,他将"在构成要件方面"没有实现外在的构成要件特征,而是以法律所要求的目的等"参与"犯罪者,均认为是正犯或共同正犯。但这是与第 47 条的规定不相适应的。正如其在此展示的富有成就的主观不法要素理论,迄今为止并未能消除客观共犯理论与主观共犯理论之间的区别。不同观点参见梅茨格,摘引处;黑格勒:《纪念弗兰克文集》Ⅱ第 320 页认为,"具备故意"即可认为已满足了间接正犯的条件,如果具有此等故意者指使无故意的作为犯罪工具之人为实行行为。这是完全正确的,且与本教科书本节Ⅱ1(2)b 是相一致的。部分不赞同本教科书观点的有齐默:《论构成要件理论》(1928 年)第 121—122 页。

③ 请参见上文§47 注释 14(即本书第 288 页注释②——译者注)。赞同者有:芬格尔 1 第 342 页,洛伯:《帝国刑法典及其注释》§47 注释 2,帝国法院判决第 17 卷第 313 页、第 40 卷第 21 页、第 63 卷第 161 页。帝国法院判决第 19 卷第 192 页也不反对该观点,因为无刑事责任能力(《刑法典》第 55 条)在这里是被视为个人之刑罚阻却事由的。不同意本教科书观点的有爱克斯讷:《纪念弗兰克文集》Ⅱ第 569 页及以下几页、第 572 页。

§48 正 犯

3. 共同正犯不是参与他人犯罪的(不独立的)共犯的一种形式,而是独特的、独立的正犯。因此,对某个共同正犯的处罚均不取决于其同伙。一个共同正犯可能被作为谋杀犯处罚,而另一名共同正犯则可能被作为杀人犯处罚;一个被作为抢劫犯处罚,而另一个被作为盗窃犯处罚。① 反之亦然,如果不是正犯(如非官员在纯职务犯罪中),也不可能是共同正犯。②

IV. 数人在互不知晓之情况下共同参与了造成同一结果的行为或未阻止该结果发生的,每个行为人均作为正犯对其行为负责,但先决条件是不存在共犯情况(参见下文§49)。这里由于缺乏特定之法律规定,一般不要求参与实行行为。属于此等情况的尤其有过失之共同行为,如数名建筑工人共同将要推倒的建筑物的阳台从脚手架上推下,而未于事前对行人予以警示,由于他们的非故意行为将一行人杀死。如果数名建筑工人同时或一个接一个行为③,且每人均故意为自己的行为,而对其他共同之行为并不知晓(也许 A 依靠了 B 的协作——反之则不行),共同地造成同一结果的产生或共同不阻止该结果的发生者,也属于此种情况。如果一个行为人是故意犯罪,而另一个行为人是过失犯罪,同样属于这种情况。④ 最后,如果行为人之一被认定为精神病而排除共同犯罪,同样也属于这种情况[参见注释19(即本书第297页注释③——译者注)]。与法定之共同正犯不同,人们将此等情况称为同时犯(Nebentäterschaft)⑤。

---

① 帝国法院判决第42卷第6页也持该观点。赞同该观点的还有:阿尔费德第218页,洛伯:《帝国刑法典及其注释》§47 注释9。

② 共同正犯的一种情况——共同犯罪("gemeinschaftliche" Begehung),《刑法典》将之作为加重情节处罚,如《刑法典》第119条、第123条、第223条 a、第293条,《联合海关法》第146条、第147条。只有当成立共同正犯时(不是在共犯或同时犯的情况下),才可能加重处罚。洛伯:《帝国刑法典及其注释》§47 注释22 中也持相同的观点。不同意该观点者有:宾丁:《刑法教科书》2 第813页;弗罗伊登塔尔第147页,他也要求具备事实上的同意的行为。帝国军事法院判决第5卷第153页、第7卷第198页、第19卷第192页;帝国法院判决第5卷第60页同样是正确的。结伙实行(bandenmäßige Begehung)也构成共同正犯。

③ 持相同观点的还有冯·巴尔2 第707页。反对有:阿尔费德第219页,迈耶第385页。

④ 请参见帝国法院判决第64卷第316、317页。

⑤ 弗兰克§47 VII,冯·希佩尔:《德国刑法》第2卷第477页,迈耶第384页,梅茨格第424页,瓦亨费尔德第198页等赞同该术语。洛伯:《帝国刑法典及其注释》§47 注释4,弗兰克§47 III,爱克斯讷第572页等则认为,在过失的情况下,同样可能成立共同正犯,只要具备共同行为之决意。但主流学说不赞同本教科书之术语。还请参见沙赫特(Schacht):《数人过失共同行为》,1909年。

§49 共　犯

共犯(根据现行法律)是指参与他人开始或完成的实行行为之人。为共犯者,要么是教唆犯,要么是帮助犯。①

I. 教唆犯是指故意教唆他人实施教唆者自己意图实施之犯罪行为的人。②

1.《刑法典》第48条第1款规定的教唆方法主要有③:给予礼品、承诺、威胁、滥用威望或暴力、故意促成错误或帮助犯错误。但该条款之结束语"或其他方法"表明,上述列举之教唆方法只不过是个例子,任何一种方法,包括打赌、请求和恳求,在可能的情况下甚至包括规劝某人不要为一定的行为,均可被认为是教唆方法。应该注意的是,强制和威胁不能转变为"强迫",促成错误不得排除行为之故意,因为这样一来,取代教唆地位的将有可能是出现间接之自己犯罪(Selbstbegehung)(参见上文§48 II)。

教唆犯之规定也适用于多人教唆之情况:多人共同教唆(简称共同教唆)或分别教唆他人为犯罪行为。

2. 教唆犯之本质特征是行为人故意唆使他人实施故意之犯罪行为,也即促使他人犯罪决意的形成。④ 只提供犯罪机会的(如指定一作伪誓之证人),不构成教唆犯,而构成帮助犯。

3. 根据成文法的观点,教唆犯是一个不理智的犯罪行为的发起者,是参与他人犯罪行为的一个(非独立的)共犯;教唆犯之处罚理由不在于其自身,而在于其引发了他人犯罪[参见上文§47注释3(即本书第284页注释①——译者注)]。虽然教唆之结果起初只是促成行为人的犯罪决意,但只有当行为人的犯罪决意最后演变为实施违法的、故意的、有责的犯罪行为时,这一教唆结果始受处罚。《少年法院法》第4条规定的则属于例外[参见

---

① 《刑法典》第115条、第116条、第124条、第125条、第128条、第129条、第284条a、1930年的《共和国保护法》第1条、第4条所述之"参与"与这里有不同的意思。

② 根据洛伯:《帝国刑法典及其注释》§48注释2 A a的观点,不得排除教唆实施过失犯罪。参见奥尔斯豪森§48注释18和帝国法院判决第36卷第402页,但此处没有对该问题的明确的态度。主流学说赞同本教科书的观点,尤其还有帝国法院本身。

③ 草案取消了在法律中列举教唆方法的做法。

④ 参见帝国法院判决第56卷第172页、第60卷第1页。1870年《翻印法》(Nachdrucksgesetz)第20条有个例外(教唆犯,间接正犯和同时犯被等同视之)。

§49 共 犯

上文§48 注释 4(即本书第 291 页注释①——译者注)和下文§50 VI]。

4. 教唆犯的故意在于,他明知其教唆行为(意思活动)足以使他人萌生为特定的犯罪行为之决意。此外,教唆犯还必须认识到其教唆行为是唆使他人为特定之犯罪。如被教唆人实施其他完全不同的犯罪①,则教唆犯的教唆故意不成立(参见下文§50 I 2)。

5. 根据法律规定,对教唆犯的处罚应当依其教唆行为来确定②,如果正犯只负未遂的责任,则教唆犯之处罚也应从轻。在具体情况下,给予教唆犯的处罚重于给正犯(被教唆人)的处罚是完全可能的。

6. 有关法律中使用的"为首者""主谋者""头目""为首闹事者"等(如《刑法典》第 115 条、第 125 条,1869 年《联合海关法》第 146 条、第 147 条,1902 年《海员法》第 101 条、第 105 条,1895 年《禁止掠夺奴隶法》第 1 条,等等),是与教唆犯有着本质区别的。参见谢林(*Scherling*)第 54 页。我们认为,"为首者""头目""主谋者"等是指犯罪集团中领导团伙成员活动的精神领袖,而不一定是教唆犯。在《刑法典》第 115 条、第 125 条的情况下,仅起精神领袖作用还是不够的,法律还要求他以某种方式参与了"聚众闹事"。参见帝国法院判决第 60 卷第 331 页(还有过去的判决)。《刑法典》第 128 条和第 129 条提及"发起人"和团伙的"首领"。《翻印法》[参见上文注释 4(即本书第 299 页注释④——译者注)]和《禁止掠夺奴隶法》则提及"组织者"。这里,起决定性作用的仍是精神上的领导作用(geistige Leitung),组织(Veranstaltung)并不意味着教唆,而是意味着正犯。关于"发起"(Veranlassen),参见上文注释 4(即本书第 299 页注释④——译者注)。它与教唆犯的要求是不同的,它不以唆使他人为其结果的先决条件;而教唆犯则不同。持相同观点的还有帝国法院判决第 47 卷第 411 页、第 50 卷第 146 页。相反,"诱使"与"教唆"有时并无两样。

II. 帮助犯是指对他人故意实施的重罪或轻罪故意予以帮助的人(《刑法典》第 49 条)。

对越轨行为予以帮助的不处罚。③

---

① 根据帝国法院判决第 35 卷第 327 页的观点,教唆犯之故意不需要包括犯罪之所有详细情节。持相同观点的还有洛伯:《帝国刑法典及其注释》§48 注释 2 A a。本教科书意义上之"本质不同"是指构成要件的不同,教唆犯是否了解,不涉及正犯之责任问题。参见上文§48 注释 2 (即本书第 290 页注释①——译者注)。不同观点,参见梅茨格第 345 页。

② 参见帝国法院判决第 59 卷第 156 页;教唆他人为伤害行为,但造成死亡结果。

③ 但许多税法则规定处罚"违反"法律的帮助犯。

§49 共 犯

1. 只有当帮助行为对犯罪结果的产生在事实上起到了作用,始可认为成立帮助犯。① 此等帮助不仅包括心理上的帮助(通过告知实施方法以增强正犯的行为决意),而且包括身体上的帮助(也即所谓的"建议或行为");此等帮助也可能存在于犯罪行为实施以前的承诺事后帮助(《刑法典》第257条第3款;参见下文§50 IV)。如果犯罪故意与法定之构成要件相适应,构成实行行为之一部分,则不成立帮助犯(参见上文§48 III)。在这种情况下,一般只将其视为——如果该行为已为行为人实施——(不处罚的)犯罪预备。如果有必须为一定行为之法律义务,帮助犯亦可以以不作为的形式出现。但由于《刑法典》第139条的特别规定,不告发犯罪不被视为帮助犯而予以处罚,如果告发义务为第139条所证实不存在。

2. 帮助犯只是在故意对他人实施的犯罪行为予以帮助的情况下始受处罚。②

3. 帮助犯之故意包括心理关系:①对自己行为的态度;②对他人的符合构成要件行为的态度;③知道其帮助行为对他人的犯罪行为的完成起到了促进作用。③ 相反,行为人是否知晓帮助犯为其提供了帮助,无关紧要。

4. 作为他人犯罪行为的共犯,帮助犯是以行为人违法的、故意的、有责的行为为前提条件的,即使该行为处于未遂状态,亦同。《少年法院法》第4条则属于例外[参见下文§50 VI 和上文§48 注释4(即本书第291页注释①——译者注)]。犯罪行为结束之后就不可能存在帮助之情形,但要注意持续犯(Dauerdelikte)的特点(参见下文§52 III 2 e),因为在持续犯的情形下,在整个不中断的实现构成要件的过程中,成立帮助犯均是可能的。

5. 帮助犯依附于正犯而存在,其应负之刑事责任应以正犯之行为而确定。因此,对帮助犯的处罚适用正犯所适用的相同法律条款,但以对未遂犯的处罚原则减轻处罚。如果被帮助的犯罪行为处于未遂状态,则对帮助犯

---

① 帮助行为、协助行为、怂恿行为(《刑法典》第89条、第180条、第257条)均以对犯罪结果的产生起到促进作用为前提条件。参见上文§47注释5(即本书第284页注释③——译者注)涉及的一般问题,还有那里谈及的帝国法院判决。与本教科书持相同观点的还有:阿尔费德第203页,冯·巴尔2第697页,芬格尔1第356页,弗兰克§49 I,部分赞同本教科书观点的有帝国法院判决第38卷第56页。身体上的帮助未遂和完成之心理帮助均可能出现。洛伯:《帝国刑法典及其注释》§49注释4要求对主犯的实行行为起到促进作用,这实际上与本教科书的观点是相吻合的。

② 《刑法典》第121条第2款(过失帮助犯人脱逃)则属于例外情况。但这里不成立帮助行为,而是构成独立的犯罪。参见洛伯:《帝国刑法典及其注释》§49注释5。

③ 参见帝国军事法院判决第20卷第197页,奥尔斯豪森§49第13—16页。

的处罚有必要在量刑幅度以内两度减轻处罚。①

§50 共犯——续

I. 刑法意义上的共犯仅指故意犯罪行为的故意教唆犯或帮助犯。②

1. 下列各种情况不属于共犯：

a. 故意唆使和故意帮助为过失犯罪行为：此可成立间接正犯（参见上文§48 II）③。

b. 过失唆使为过失犯罪行为，过失帮助他人为过失犯罪行为：一般的规定是，每个以其行为对所产生的结果起到条件作用之人，被作为同时犯而受处罚（参见上文§48 IV）④。

---

① 只是在个别情况下法律规定科处帮助犯与正犯同等之刑罚，如《刑法典》第143条、《商法》第318条、《帝国税收条例》第398。对帮助犯的特别量刑幅度包含于《刑法典》第2条、第218条，1897年的《移民法》第48条。必须加以注意的还有，凡立法者对未遂和实行终了在处罚时同等对待，或甚至在将着手实施犯罪与实行终了的科处同等刑罚（参见上文§44 VI）之处，帮助犯比照未遂犯减轻处罚，但不是两次减轻，而是只能在量刑幅度内一次减轻处罚；应该得出这个结论（这与李斯特过去在该问题上所主张的观点是相对立的），因为《刑法典》第49条第2款的参照规定不意味着适用第44条，每个对未遂处罚的例外规定均应适用于帮助犯。在《刑法典》第80条规定的情况下，在实践中具有特别重要的意义。参见帝国法院判决第12卷第64页，迈耶第409页注释7，洛伯：《帝国刑法典及其注释》§49第13页。

② 主流观点亦认为如此。参见冯·希佩尔：《德国刑法》第2卷第462页。但下列学者认为共犯同样存在于过失犯罪行为之中，他们是贝林：《整体刑法学杂志》18第272页；宾丁：《德国刑法教科书》总论部分第152页；冯·比尔克迈尔：《共犯》第141页；迈耶第407页；奥尔斯豪森§48 18、§49 18。参见上文§49注释2（即本书第299页注释②——译者注），详见本页注释③。

③ 在这两个方面均有争论：1. 关于唆使他人为过失犯罪行为。a. 赞同本教科书观点的有：阿尔费德第221页，葛兰特149页注释5，弗兰克第3章 IV 2和§48 II 1，科勒第503页，施瓦茨§48 注释2，基普第8页，武梯希（Wuttig）第126页，帝国法院判决第23卷第175页、第30卷第292页。b. 持不同观点的有：主要是注释1所述学者，如迈耶第407页援引说，第48条规定之造成错误属于教唆方法。但第48条不能如此来解释，即将排除故意之错误也包含其中。根据反对者的观点，恶意地唆使轻信者，只负过失责任的，如果只是故意犯罪行为始受处罚的，则唆使行为不处罚。2. 故意帮助他人为过失犯罪行为。a. 赞同本教科书观点的有：阿尔费德第215页，芬格尔1第357页，葛兰特：《法学词典》V第873页，帝国法院判决第18卷第419页。参见Eb. 施密特：《纪念弗兰克文集》II第121—122页。b. 持不同观点的有：本教科书过去的版本；迈耶第377—378页；基普第8、14页；以及注释1所述学者，他们相信帮助他人为过失行为是与《刑法典》第49条规定相一致的。

④ 部分不同，参见本教科书过去的版本。参见爱克斯讷第572页及以下几页。

§50 共犯——续

c. 过失地唆使或过失地帮助他人为故意犯罪行为:《刑法典》第 48 条、第 49 条技术意义上的"共犯"在这里不能被认定(为共犯),因为缺乏法律所要求的故意特征,但可能被认定为过失正犯;由于此等情况不属于《刑法典》第 48 条、第 49 条的适用范围,它们因此也就不适用上文 §29 V 所探讨的"禁止补偿"的情况,而完全属于上文 §48 所阐述的共犯概念。①

2. 教唆犯和帮助犯只对故意造成的或者帮助的行为负责。

a. 如果被教唆人的行为与教唆故意之间不存在法律上的联系,不构成教唆犯(excessus mandati)。被教唆抢劫而实施了谋杀行为,被教唆诈骗而实施了盗窃行为,或者反之,则已实施的行为不能被认为是教唆犯之故意使然。当被教唆人实施的行为逾越被教唆的行为时,教唆犯对于被教唆人逾越教唆范围的行为不负教唆之刑事责任;如果被教唆人被教唆为一般盗窃而实际上实施了加重结果之盗窃,也属于此等情况。②

b. 如果被教唆人具备所谓的对象错误(error in objecto)或打击错误(aberratio ictus, Abirren des Schlagens)(参见上文 §40 II 1 b),同样适用上述主张。这里同样可适用关于错误行为之一般规定。③ 因此,如由于此等规定而排除了正犯的故意,可认定教唆犯成立间接的个人正犯(mittelbare Selbsttäterschaft)。

c. 如果构成要件要求有特别之动机(如在拉皮条情况下自己享用),则共犯者必须知晓,是这一动机决定了正犯;就正犯而言,他不需要为该动机所决定。④

该原则同样适用于帮助犯。

---

① 尤其请参见帝国法院判决第 64 卷第 316、370 页和上文 §48 注释 1(即本书第 289 页注释①——译者注)。

② 帝国法院判决第 59 卷第 156 页,军事法院判决第 10 卷第 222 页也持该观点。

③ 参见与实践中的案例有紧密联系的有关文献(李斯特:《刑法案例》(1920 年第 12 版)第 45 号。近来的还有:冯·巴尔 2 第 673 页;宾丁:《规范》3 第 211、263 页;冯·比尔克迈尔:《共犯》第 165 页;弗兰克 §48 III 4 d;伊巴赫(Ibach)第 79 页;科勒 1 第 142 页;洛伯:《帝国刑法典及其注释》§48 注释 2 Bd;勒文海姆(Löwenheim)、冯·希佩尔:《德国刑法》第 2 卷第 464 页注释 1。罗萨尔[(Rosahl)1858 年在哈勒]教唆罗泽(Rose)杀死施李伯(Schliebe);罗泽将哈尼希(Harnisch)误当成施李伯而射杀之。根据上文 §40 II 所述之原则,该错误不影响此犯罪行为的成立,也即罗泽为谋杀犯,罗萨尔为谋杀之教唆犯。不同意该观点者有:宾丁、冯·希佩尔、施瓦茨 §48 注释 10;李斯特过去也持反对意见。

④ 持相同观点的还有:帝国法院判决第 20 卷第 12 页、第 56 卷第 171 页,文献中的主流观点。

§50 共犯——续

II. 共犯之处罚以主行为之处罚为前提条件。

1. 如果主行为的犯罪特征被排除,则教唆犯和帮助犯也就不可能得以成立(但根据上文§48 II所述原则可成立间接正犯),且不受免除正犯可罚性(个人之刑罚阻却事由,个人之解除刑罚事由)或缺乏诉讼之先决条件的影响(参见下文VI)。

2.
a. 无论是不成功的教唆还是未遂的教唆,均不作为教唆犯处罚,因为这里缺乏正犯的应受处罚的行为,也不能作为未遂的独立犯罪受处罚。属于此种情况的还有所谓的教唆已有犯罪决意的正犯但未遂的情况(omnimodo facturus)。

b. 同样,帮助未遂,无论是未遂的还是不成功的帮助,均不处罚。①

3.
a. 如教唆未遂一样,教唆他人为未遂行为也是不可能的。教唆犯的故意和正犯的故意必须指向行为的实施。如果正犯缺乏这样的故意(如他"尝试"一下,私自配制的钥匙能否打开他人家的门锁),则根本不存在应受处罚的未遂犯。如果教唆犯缺乏这样的故意(如他想使正犯在未遂状态被人抓获),则根本谈不上教唆问题。如果某人诱使正犯将一行为实施终了,意图使之受到处罚,则该人可作为教唆犯予以处罚。在其他情况下则可能有过失责任。②

b. 如果被帮助人预见到,用帮助犯提供的工具将不可能招致结果的产生,同样不成立帮助犯。③

III. 从共犯的非独立性(从属性)中还可得出下列结论:

1. 参与共犯行为是间接参与主行为(Teilnahme an einer Teilnahmehandlung ist mittelbare Teilnahme an der Haupthandlung)。教唆共犯因此以教唆犯处

---

① 主流观点参见帝国法院判决第64卷第224页,梅茨格第438页。但立法者可将无结果之教唆犯作为独立的犯罪予以处罚,如《刑法典》第49条a、第85条、第111条、第145条、第159条、第357条;《军事刑法典》第99条、第100条、第110条、第116条、第149条以及前文提及不同之附律。此等规定同样适用于帮助未遂。参见《刑法典》第141条、第347条;将帮助未遂变成不处罚的行为,参见《刑法典》第120—121条、第180条、第285条、第347条、第354条、第355条。

② 主流观点如此认为,尤其是帝国法院判决第15卷第315页,梅茨格第436页,冯·希佩尔:《德国刑法》第2卷第464页。科勒第499页,勒文海姆第30页,奥尔斯豪森§48 14也认为,教唆他人为未遂行为不处罚。阿尔费德第207页及其他一些学者想区分形式上和实体上的犯罪既遂(出现"事实上的伤害")。请参见本页注释③。

③ 例如,"被帮助人"知道,堕胎药根本不可能起作用。一般观点均同意此说,尤其值得一提的是帝国法院判决第15卷第315页、第16卷第25页、第17卷第377页。

§50 共犯——续

罚,帮助共犯以帮助犯处罚;但不得在量刑幅度内两次减轻处罚。①

2. 数次教唆他人为同一个主行为只构成一个犯罪;但对一个正犯的教唆可由数个教唆犯(共同教唆或同时教唆)实施。由一个教唆行为招致数个犯罪行为,如由于一句颇具煽动性的语言而受到教唆,尽管产生了数个结果,但由于教唆犯只有一个意思活动,故成立一个犯罪行为(参见下文§52 III 1)。②

3. 如帮助犯和教唆犯自己对刚开始实施的应受处罚行为予以阻止,无论是受其心理的还是身体的影响使然,均不予处罚。共犯阻止了实行行为的完成的,共犯自己不受处罚(《刑法典》第46条第1款)。如果成立实行终了的未遂,由于教唆犯和帮助犯自动阻止了结果的发生,同样构成刑罚免除事由(参见上文§46 IV 1)。

IV. 在一人数次参与同一个行为的情况下,参与的较轻形式(帮助犯)相对于较重形式(教唆犯)、不独立的形式(共犯)相对于独立的形式(正犯)而言,起辅助作用(参见下文§54 II)。如果教唆犯事后又作为正犯或帮助犯参与犯罪行为的实施的,在第一种情况下刑法以正犯对之予以处罚,在第二种情况下则以教唆犯处罚之。③

由于包庇不属于共犯(参见上文§47 IV 2),教唆人像帮助犯一样(实质竞合)为确保犯罪人因其犯罪行为所得之利益而提供帮助的,其处罚不得重于被包庇行为的处罚。详细规定请参见《刑法典》第257条。

V. 共犯原则的适用具有一定的限制。④

1. 其利益受到刑法特别保护之人,不因参与违反本法的行为而受到处

---

① 持相同观点的还有:阿尔费德第211页,宾丁:《规范》2 第903、908页,冯·希佩尔:《德国刑法》第2卷466页,洛伯:《帝国刑法典及其注释》§48 注释5,瓦亨费尔德第259页;帝国法院判决第23卷第300页、第33卷第402页、第59卷第396页。持不同观点的有:贝林:《论犯罪》第447页,弗兰克§48 II、§49 III,P. 默克尔:《纪念弗兰克文集》II 第150—151页,迈耶第392、398页。根据芬格尔1第349页的观点,参与共犯行为不处罚。持该观点的还有希尔格曼(Hilgemann):《共犯之参与》,1908年。

② 不是实质竞合。大多数学者同意本教科书的观点。参见洛伯:《帝国刑法典及其注释》§48 注释4。不赞同本教科书的观点的有帝国法院判决第5卷第227页、第8卷第153页、第11卷第37页,还有冯·比尔克迈尔:《论共犯》第181页,默克尔第147页。

③ 不能认为是实质竞合。持相同观点的还有:帝国法院判决第27卷第273页、第33卷第401页、第47卷第372页、第48卷第206页。

④ 请参见弗罗伊登塔尔第97、109、117页;冯·巴尔2第273页;贝林:《论犯罪》第434页;科勒:《刑法档案》58 第4分;P. 默克尔:《刑法教科书》总论部分第185页。帝国法院一般而言不赞同上述第2点和第3点。参见分论部分。

罚,如被诱拐的妇女不因为诱拐行为提供帮助而受处罚;女学生不因教师的教唆为《帝国刑法典》第 174 条第 1 款规定之罪而受处罚;受到特别保护的未成年人不得按《刑法典》第 301 条、第 302 条的规定处罚;等等。

2. 如果法律将共犯行为作为独立的犯罪予以特别处罚,而对主行为不予处罚,则主要正犯不得因教唆或帮助共犯行为而受处罚。付给皮条客以金钱,如同唆使他人帮助自己松绑的犯人一样,不受处罚。

3. 如果从法律规定的联系中可以看出特定之人不受处罚,则该人不得作为他人犯罪行为的共犯而受到处罚。如《破产法》第 243 条规定的情形。

VI. 还有一个打破共犯原则的情况便是《少年法院法》第 4 条规定。该条去除了共犯的"极端从属性"形式,而倾向于"限制从属性"形式,方法是允许《刑法典》第 48 条、第 49 条同样适用于下列情况,即主要正犯(主犯)由于无刑事责任能力(《少年法院法》第 2 条)或由于缺乏辨认或克制能力(《少年法院法》第 3 条)而为犯罪行为的,不处罚[参见上文 §47 I(结尾处)、§48 II 1 a]。

§51 共犯——个人关系之影响

I. 共犯的从属性特点可由立法者以下列不同方式规定:①将对正犯行为的处罚作为教唆犯和帮助犯处罚的依据,如果对正犯的处罚因正犯个人特征或个人关系而被加重或减轻者;②共犯的个人特征或个人关系本身完全不予考虑;③每个对正犯有利的免除刑罚事由(个人的刑罚阻却事由、解除刑罚事由),直接适用于共犯。

II. 现行法律将共犯的从属性以下列方式推到了极点,并通过《刑法典》第 50 条的规定①被理解为一个较不严格的附属形式(参见上文 §47 I):

1. 根据该规定,只有那些在其人格中具有加重或减轻处罚的个人特征或个人关系之人,才为共犯。

例如,如果非亲戚 B 唆使父亲 C 之子 A 杀死其父亲,或如果他唆使新出生的非婚生子 C 的母亲 A 杀死该非婚生孩子;或者反之,儿子 A 或母亲 A 为陌生人 B 杀死父亲 C 或该非婚生子时提供帮助。在这两种情况下,该陌生人 B 依据关于共同杀人的规定,儿子 A 根据杀死长辈的规定,母亲 A 则根据杀婴的有关规定来判处刑罚。少年犯罪、重新犯罪、加重处罚的职业犯和习惯

---

① 1851 年的《普鲁士刑法典》没有此规定。

§51 共犯——个人关系之影响

犯等同样适用此原则。① 但该原则不适用于某些构成要件中强调的"目的"和对谋杀的思考,因为它们缺少存在于"个人特点和个人关系"特征中的实现、持续的本质要素这些心理方面的事实。②

2. 如果涉及个人特征和个人关系,而使不受处罚的行为在后来受到处罚,即对行为的处罚是事后才成立,非加重或减轻的,则总是归于共犯(教唆犯和帮助犯)。③ 易言之,共犯的从属性在这里得到完全的承认。

例如,纯职务犯罪之教唆犯和帮助犯必须依据有关职务犯罪的规定来判决,而当官员是"教唆犯"或"帮助犯",非官员是"正犯"时,根本不存在犯罪;在前一种情况下,官员成立间接正犯而为犯罪行为(参见上文§48 II),非官员则是帮助犯。在非军人参与军事犯罪的情况下,亦同。④

III. 根据其性质,解除刑罚事由,缺乏诉讼之前提条件和个人之刑罚阻却事由,无需明文规定,总是只对具备此等条件之参与人发生作用。

---

① 重新犯罪得到帝国法院判决第54卷第274页的承认;加重处罚的职业犯和习惯犯得到联合刑事审判委员会判决第25卷第266页、第61卷第268页的承认。同意本教科书观点的还有:洛伯:《帝国刑法典及其注释》§50注释2,梅茨格第453页,弗兰克§50 II 1。参见1869年的《联合海关法》第149条。

② 不同意此说的有:李斯特过去的观点,芬格尔1第363页,海尔施纳1第438页,雷茨罗普(Redslob)第67页,施瓦茨§211注释7。但是,自本教科书第25版后,赞同本教科书的主流观点的正确性未得到承认。参见弗兰克§50 II,洛伯:《帝国刑法典及其注释》§50注释2,迈耶第410页注释11,葛兰特第146、358页,帝国法院判决第56卷第26页。但在主流学说的追随者中,各自的观点也不尽一致。下列观点是正确的:任何主犯实施杀人行为,则共犯只能依据《刑法典》第212条予以处罚。持同样观点的还有弗兰克§211 II;艾伯迈耶:《帝国刑法典及其注释》§211注释8;洛伯,摘引处§48注释2 A b。如果主犯实施杀人犯罪,则只有当共犯的故意及于主犯的预谋时,亦即只有当共犯知道其行为涉及经过预谋的行为(帮助犯)或应当涉及(教唆犯)时,共犯才能按《刑法典》第211条予以处罚。共犯自己是否参与预谋无关紧要。持相同观点的还有艾伯迈耶,摘引处;葛兰特第358页。不同观点参见弗兰克,摘引处;梅茨格认为可类推适用《刑法典》第50条(非常令人怀疑!)。这里,绝对不可能得出与目的犯不同的判决,因为不仅对《刑法典》第50条、第211条及以下几条,还是对所有犯罪而言,教唆犯的主观方面统一规定于《刑法典》第48条;这里只要求涉及主行为之故意。参见冯·李斯特:《德国刑法与外国刑法之比较研究》分论部分5第43页,克莱:《刑法档案》57第41页。

③ 帝国法院判决第28卷第100页、第63卷第313(318)页也持相同的观点。

④ 持相同观点的还有:阿尔费德第208—209页;冯·巴尔:《法律》2第669页;梅茨格第452页,他在其注释2中认为,平民参与军事犯罪之共犯是个例外;弗兰克第3章 IV 1和梅茨格一样,对此作出了同样的限制;纳格勒第116页;赖希勒第29页;舍恩费德(Schönfeld)第56页;施瓦茨§47注释1;此外,还有帝国法院判决第25卷第234页,第27卷第158页、第38卷第417页、第50卷第135页。持不同观点的有芬格尔1第364页,科勒1第135页,迈耶第413页,P.沃尔夫第200页及以下几页。

第三章　犯罪之单数和复数

§52　行为之单数和复数

I. 犯罪是一种行为,也即(参见上文§28)以人的意欲为基础的对外界的改变。如果有一个行为,因此也就产生了一个犯罪。但是,立法者也可将数个行为视为一个犯罪,处以一个刑罚。对何时为一罪,何时为数罪问题的研究,首先以对下列预先提出的问题为前提条件,即何时与一个行为有关,何时与数个行为有关。①

II. 如由一个统一的意思活动引发一个统一的结果,则行为为单数,如以

---

① 本教科书以上文§§26、28所获得的认识为出发点,认为犯罪是有关特定方式的行为,行为概念是犯罪概念的类概念。此种以行为概念为基础的做法,就方法论而言,是必要的也是正确的。《刑法典》第73条、第74条也完全赞同之。正如梅茨格第458页所恰当指出的那样,只要一个具体的意思活动被要求作为刑法利益的具体的心理物理学现象,则我们可以认为其是一个"自然的行为单数"(参见本节II和III.1)。仅就此点而言,没有任何妨碍我们在认定行为单数和由此引申的法学上的犯罪单数方面,使用"自然的"研究方法。参见迈耶第156页,鲍姆加腾:《纪念弗兰克文集》II第189页,冯·希佩尔:《德国刑法》第2卷第501—502页。与本教科书过去的版本不同,这里必须确认,我们在放弃"自然的"研究方法转入法学的研究方法的时刻,正是我们为下列问题考虑刑法规定的构成要件之时,即我们是否与一个行为有关,相应地是否与一个犯罪有关。如果已该当一个符合构成要件的结果,如本节III.2所述,则构成一罪。行为单数在法学上取得了胜利。帝国法院曾徒劳地努力将"自然的"研究方法作为竞合理论的统一的方法论基础。请参见帝国法院判决第32卷第137页、第44卷第28(30)页、第49卷第272页、第52卷第287页、第62卷第83(87)页、第64卷第279页以及霍尼希第11页及以下几页、第31页及以下几页,梅茨格第457页及以下几页、第460页及以下几页。承认法学研究方法的必要性,并不意味着就"犯罪的计算"而言,只是以实现构成要件为准;对关于想象竞合犯特征的争论,"复数理论"未表明其立场[参见下文§54注释6(即本书第316页注释②——译者注)。规范理论原则上是持不同观点的,参见贝林:《手册》1第520页;《规范》1第188页;迈耶第156页注释2。

§52 行为之单数和复数

一猎枪射杀一人。

Ⅲ. 具备下列情形之一的,也同样成立行为单数:

1. 以一个意思活动引发数个结果。以一句话侮辱数人、以一次射击击中数只飞禽、以一个过失的不作为招致数百人死亡等,只构成一个行为。对此,已发生的数个结果属于不同种类的,也不可能改变行为单数的性质。抛出的石头打死一人、打伤一人,此外还打碎一块玻璃,我们只能认为是一个行为引发数个结果,而绝不能认为是数个行为。①

2. 以数个意思活动引发一个符合构成要件的结果。②

在具体情况下,是否认为是一个结果,依下列原则判断:

a. 在那些存在于法益主体自身的法益(如生命、名誉、性自由等)受到伤害或危害的情况下,受攻击的法益主体的数量即为结果的数量,即法益主体是单数的,结果同样为单数;法益主体是复数的,结果同样为复数。例如,A连开数枪杀死了B,或者A以一连串的辱骂语言侮辱了B,是一行为导致一结果。

b. 在那些与主体相脱离(有的只能与主体相脱离)的法益受到侵害和危害的情况下,问题要复杂得多。如果通过长时间的、也许是时而工作时而中断的工作,将机器拆开且使得机器不能使用的,毫无疑问是财产损害。数个为一个宣誓所包含的不真实的证词只表明一个伪誓。③ 从同一主人处盗走数个物品,分别运走的,是一个行为,而且即使所盗之物分别属于数个不同的所有人,也只构成一个行为。这里,结果的单一性可由于陈列在同一橱窗里、摆放于同一院落的物品的同质性而产生,也就是说,从法学上讲,是从一个保管人处盗得此等物品的。如果缺乏此等关系(如A以相同的欺骗手段蒙骗了数人),就不能认为是一个行为、一个犯罪(连续犯,fortgesetztes Verbrechen)(参见下文§53 Ⅱ)。

---

① 帝国法院判决第21卷第63页也持该观点;同意此观点的还有《德国刑法典草案说明》第383页,阿尔费德第231页,冯·希佩尔:《德国刑法》第2卷第502页,梅茨格第457页及以下几页。参见下文§54注释1(即本书第314页注释②——译者注)。主要以冯·布里为代表的观点是错误的:行为是因果关系;数个结果需要数个因果关系,同时才有数个行为。其错误在于将行为与结果等同对待。

② 此处与下文§53中探讨的情况常常很难划定一个界限。赫普夫纳第222页曾进行过很好的但不是很充分的研究(他要求关于"行为的一致"有时间上的连续性和"特定的心理上的联系")。关于文中案例尤其请参见鲍姆加腾:《纪念弗兰克文集》Ⅱ第197—198页。不作为犯罪因此总是以单一的意思活动出现的。还请参见下文2e。

③ 帝国法院判决第60卷第56(58)页如此正确认为。

c. 著作权属于财产权的范畴。这里只从受害人的数量来决定是一个行为或数个行为,无论如何是不正确的。① 因为,有的著作是文集,是由不同的作者的文章合并而成的。

d. 法律本身多处指出,由于行为结果的单一性,数个意思活动只能被合并为一个(意思活动),如此表述的目的在于将数个具体行为涵盖进去。

例如,《刑法典》第146条及以下几条没有规定伪造具体的钱币,只是笼统地讲伪造货币等。因此,《刑法典》第176条以及许多条款均使用复数的"不道德的性行为",类似表述还有"决斗""斗殴""虐待""经营一企业""经营抽彩"等,有的条款甚至将一系列的具体行为涵盖进去。

e. 此外,由于结果的单一性,一行为可包含所谓的持续犯(Dauerverbrechen),就是不间断地、持续地实现一个构成要件,如持续数周或数月之久地剥夺他人自由的行为。该原则同样适用于所谓的状态犯(Zustandsverbrechen),如重婚或重伤害(被伤害人因此而缠绵病榻或改变了其婚姻状况)。一个完成了的行为所造成的状态,在刑法上不再认为是犯罪。

§53 行为复数和犯罪单数

I. 数个行为从刑法角度看可能作为一个犯罪出现。

在此等情况下,该单一性必须在所有的法律关系中作为一个犯罪来看待和处理。因此,刑法上的单一犯罪是指法律当时规定为一罪的情况;在立法变更的情况下,择其轻者而适用,在国内法与国外法相抵触的情况下,择其前者而适用。如果只是因具体行为之一被加重,使得整体行为亦被加重,只要不因具体行为的加重而使得该单一性被取消,具体行为的共犯总是一罪之共犯。在包庇犯罪情况下,同样适用此原则。行为中最后一个行为结束之后,开始计算追诉时效。同理,告诉期限也是从最后一个行为结束后开始计算。该单一性在刑事诉讼法领域表现得最为清楚:刑事追诉的对象是所有那些与该单一性有关的人,即使只是部分行为被知晓,亦同。判决也只是对具

---

① 帝国法院判决第43卷第134页完全赞同此说。

§53 行为复数和犯罪单数

体行为中的一个行为的法律效力问题提出根据。①

Ⅱ. 法律规定为犯罪单数的最重要的情况主要有：

1. 连续犯，即利用同一个机会或与同一个机会有关的机会不间断地、一而再再而三地实现同一个构成要件的犯罪。由于数个同质行为具有一系列相同的特点，如相同的责任形式、针对同一个法益、相同的行为方式、共同利用同一个犯罪机会等，因此在法律上将其视为一个行为。②

---

① （1）关于告诉：a. 同意本教科书观点的有帝国法院判决第 15 卷第 370 页、第 20 卷第 226 页、第 38 卷第 39 页、第 40 卷第 319 页，阿尔费德第 233 页，弗兰克 §61 Ⅷ 3，洛伯：《帝国刑法典及其注释》§62 注释 5，施瓦茨 §61 注释 6e；b. 不同意者有赫普夫纳 2 第 228 页，伊尔泽·艾尔哈特（Ilse Ehrhardt）第 36 页。（2）关于时效：a. 同意本教科书观点的有帝国法院判决第 10 卷第 203 页、第 14 卷第 145 页、第 57 卷第 140 页，弗兰克 §67 和一般的观点；b. 不同意者有赫普夫纳 2 第 222 页，伊尔泽·艾尔哈特第 28 页，贝林：《论犯罪》第 387 页，宾丁 1 第 837 页，《刑法之基本特征》第 256 页，基齐厄第 249 页，科勒：《刑法档案》53 第 160 页。（3）关于共犯：a 同意本教科书观点的有施瓦茨 §73 注释 6h，阿尔费德第 233 页；不同意者有帝国法院判决第 17 卷第 227 页、第 48 卷第 203 页、第 56 卷第 326 页、第 58 卷第 117 页，伊尔泽·艾尔哈特第 44 页，奥尔斯豪森 §73 第 18b，洛伯：《帝国刑法典及其注释》绪论部分第 83 页。（4）关于法律效力：同意本教科书观点的有帝国法院判决第 24 卷第 419 页、第 26 卷第 299 页、第 54 卷第 283 页、第 57 卷第 21 页、第 58 卷第 369 页（帝国法院判决第 54 卷第 333 页是令人怀疑的），洛伯：《帝国刑法典及其注释》绪论部分第 83 页，伊尔泽·艾尔哈特第 63 页及以下几页和一般的观点。（5）关于立法之变更：不同意本教科书观点的有帝国法院判决第 43 卷第 355 页、第 51 卷第 171、305 页，第 56 卷第 54 页、第 62 卷第 1 页，根据前者，对犯罪人的处罚只能依行为结束时有效的法律来决定。不同意帝国法院判决者有洛伯：《帝国刑法典及其注释》§2 注释Ⅲ，但他主张以最重的法律来处罚行为人，因为重法取代了旧法。

② 此处尤其请参见对法律史和教义学具有很好阐述的霍尼希第 61 页及以下几页。关于连续犯，早在普通法（恩高、科赫等人）就规定科处一个刑罚，连续犯的概念自 1813 年起见于德国各邦的刑法典，尽管表述上不尽一致。从《帝国刑法典》对该问题的沉默中推导不出不采用该概念的理由，正好相反，从《刑法典》第 74 条中我们必然会得出下列结论：数个不独立的行为在法学上必须被认定为一个行为。帝国法院也赞同一般的观点。但是，即使在这一概念的追随者中，对其表述也同样存在不同意见。请参见洛伯：《帝国刑法典及其注释》绪论部分第 77 页及以下几页，霍尼希第 62 页，绍尔：《刑法之基础》第 492 页。这里要区分两个主要流派：(1) 主观理论要求除行为方式和攻击的法益相同外，还要求行为的故意相同。这主要是帝国法院的观点。请参见帝国法院判决第 22 卷第 235 页、第 23 卷第 300 页、第 53 卷第 42 页、第 57 卷第 21、352 页、第 58 卷第 183 页、第 59 卷第 54、281 页、第 60 卷第 224 页、第 61 卷第 199 页。帝国军事法院也持相同观点。但是，该理论忽视了这样一个事实，即过失犯罪问题同样存在连续犯的情况（参见霍尼希第 136 页）。不同意帝国法院观点者参见霍尼希第 124 页及以下几页。主观理论的主要代表者还有迪尔、卡尔：《德国法学家大会报告》3 第 337 页，洛伯：《帝国刑法典及其注释》绪论部分第 77 页及以下几页，科勒第 540 页，葛兰特第 158 页。(2) 客观理论将重点放（转下页）

§53 行为复数和犯罪单数

例如,A 与 B 因婚外关系多次通奸;C 连续数夜与一个男孩发生非自然的性行为;D 分数次支出了一次性伪造的假币;仆人每天从其主人的雪茄盒内窃走一根雪茄等,都是连续犯。但是,如果奸夫在与奸妇中断关系之后,又与另一名妇女为通奸行为,或者如果该雪茄窃贼将以前敞开着但后来被关闭的雪茄盒用暴力予以撬开,则不能认为是连续犯。在攻击不同之人的自由、生命、健康(虐待军人之行为)的情况下,行为复数(参见上文§52 III 2a)也只构成犯罪单数。

2. 因处罚的共同条件而将行为复数合并为一罪。① 但是,不可能制定一个一般性的规定。

3. 合并之犯罪,如果根据上文§52 III 1 所述原则成立一行为,则构成犯罪单数。如果法律将两个违法的行为合并为一个统一的犯罪概念,即可出现这种情况。例如,强盗的概念、强奸的概念,前者包括盗窃和抢劫,后者包括奸淫和侵害妇女的性名誉。

4. 下列两种情况也属于犯罪单数:

a. 作为实施其他犯罪方法的行为(如在入室盗窃的情况下,非法侵入他人住宅和造成财产损害),被与后者合并为一罪,如果它具有后者的法律特征,或者作为与通常的过程相适应的方法而为立法者所默认[所谓的不处罚

(接上页)在结果的单一性上,但因此而混淆了与上文§52 III 2 所述情况的界限。(3)同意本教科书所主张观点(多个同质行为)的有阿尔费德第 231 页及以下几页,贝林第 103 页,弗兰克§74 V 1d,弗里特兰德(Friedländer):《整体刑法学杂志》11 年第 412 页,冯·希佩尔:《德国刑法》第 2 卷第 542 页,赫普夫纳第 257 页,霍尼希第 137 页,克拉默尔、迈耶第 66 页、梅茨格第 466 页。持与本教科书相同观点的还有冯·巴尔 3 第 586 页,帝国军事法院判决第 19 卷第 295 页。科处单一的刑罚是司法实践的需要,而人们希望能够加重处罚。《1919 年草案》第 37 条(与《委员会草案》第 44 条一致)虽然在法律上承认连续犯的概念,但最重要的问题是,一个人的数个行为在何时构成一个行为并未得到回答。关于处罚,只规定"考虑应处罚行为的范围和情况",不允许有超越法定刑幅度的处罚。因此,此等规定没有在任何方面突破目前的法律。《1925 年官方草案》和《1927 年草案》和《1930 年草案》在明确理由的情况下,对连续犯问题未作考虑,但数个相同行为只科处一个刑罚。

① 不同意此说者有贝林:《论犯罪》第 375 页;迈耶第 158 页;洛伯:《帝国刑法典及其注释》绪论部分第 85—86 页;《德国刑法典草案说明》第 388 页;帝国法院判决第 48 卷第 118 页的规定是正确的。

§53 行为复数和犯罪单数

之犯罪前行为(Vortat)]。在这里,只处罚第二个犯罪(入室盗窃)。①

b. 作为实现其他犯罪概念所必需的目的而出现的犯罪行为(如占有因盗窃或诈骗所得之物),被与前者合并为一罪,如果此等实现被作为一种与通常的过程相适应的先决条件而为立法者所默认,且未造成新的财产损害[所谓的不处罚的犯罪后行为(Nachtat)]。在这里,只处罚第一个犯罪(盗窃或诈骗)。②

III. 属于法学上行为单数概念的还有所谓的集合犯(Kollektivdelikt),是指出于一个犯罪故意而实施数个行为、科处一个刑罚的犯罪。属于此等情况的有:

1. 职业犯(das gewerbsmäßige Verbrechen)。其特点是,犯罪人的目的是将一而再再而三地实施犯罪行为作为其收入来源(有别于一次性获取财产利益)。

2. 常业犯(das geschäftsmäßige Verbrechen)。常业犯与职业犯的共同之处在于两者均不断实施犯罪,不同之处在于获取财产利益的目的不同。

3. 习惯犯(das gewohnheitsmäßige Verbrechen)。由于不断实施犯罪而使犯罪的原动力加深,抗拒犯罪之力减弱,形成习惯犯。因此,习惯是由于不断实施特定犯罪而形成的继续实施犯罪的嗜好。③

帝国立法使用了集合犯的概念,部分作为构成刑罚事由的情况,使轻微的犯罪不予处罚,部分作为相对于较轻处罚的轻微犯罪的加重处罚事由。④ 其他情况则属于分则的内容。

---

① 帝国法院判决第40卷第430页、第53卷第279页也持相同的观点。在严重的非法侵入他人住宅的情况下,则有所不同,参见帝国法院判决第47卷第25页。还请参见弗兰克73 VII 2 c和霍尼希的研究,以及冯·希佩尔:《德国刑法》第2卷第547页及以下几页,梅茨格第463、476页。

② 同意此观点者有帝国法院判决第48卷第290页,第49卷第16、406页,第50卷第254页,第60卷第371页,第64卷第281页,还有帝国军事法院判决第16卷第51页,第22卷第253页,《德国刑法典草案说明》第374页注释4。不同意此观点的有帝国法院判决第43卷第60页(行为人使用了联票,填了两张且进行使用,构成实质竞合)。由于不构成行为单数,故不能直接适用《刑法典》第73条的规定。

③ 赞同该观点者有帝国法院判决第32卷第394页;不赞同者有葛兰特第158页,格罗斯:《德国法学家报》11第912页。

④ (1)关于职业犯:参见《刑法典》第260条、第285条、第294条、第302条d和e、第361条第6项及许多附律。(2)关于常业犯:参见《刑法典》第144条及个别附律,还请参见帝国法院判决第61卷第47页。(3)关于习惯犯:参见《刑法典》第150条、第180条、第181条a、第260条、第284条第2款、第302条d和e以及相关附律。

§54 犯罪单数

　　在上述三种情况下，如果已经具备其他先决条件，则构成一个需要法官们作出判决的应受处罚的犯罪，也就不构成所谓的集合犯，对一个需要作出判决的应受处罚的犯罪科处较重刑罚，只有在行为人具有不断犯罪的决意或因一再犯罪而产生犯罪嗜好的情况下，才被认定是正确的。[①]

　　相反，如果事实上存在数个需要法官作出判决的行为，且尽管有数个行为但只被视为一个职业性的或习惯性的犯罪的，则必定构成集合犯。

§54 犯罪单数

　　I. 犯罪单数的法律行为是相同的，但可能表现为行为单数或行为复数。一个独立的犯罪只科处一个独立的刑罚。在存在相同的，也即受相同的刑法法规调整的数个结果时，也毫无例外地只科处一个刑罚：数次违反刑法法规只适用一次该规定，且数个结果只是作为量刑时在法定范围内考虑的一个因素。[②] 如果犯罪单数乍一看受数个刑法法规调整，如《刑法典》第73条所规定的那样，"一行为违反数个刑法法规"，就可能出现问题了。迄今为止的受法条明确支持的论述表明，这种情况不是数罪竞合，而是数个被违反的刑法法规的竞合。问题是如何解决这个"竞合"？适用被违反的法律中的哪一个法规？严格地讲，该问题不属于犯罪论的内容，而是属于法规适用论的内容。在该问题的解决方面有两个不同的情况。

　　II. 第一种情况：明显的法规竞合。在违反数个法规的情况下，对一个应处罚的行为适用其中一个法规即足以判定排除其他法规的适用，当然只能适

[①] 参见帝国法院判决第53卷第59页、第58卷第19页。如果前一个判决或后一个倾向是从过去的行为中推断而来的，则此等行为之处罚也就无关紧要；已过时效的、被赦免的、在国外实施的、已受到处罚的，甚至不违法的行为都可能被纳入其中。帝国法院在该问题上的态度是动摇不定的。帝国法院判决第5卷第397页的观点是正确的，而帝国法院判决第5卷第370页的观点则是错误的。不赞同此观点的有宾丁1第826页注释7，冯·李希（v. Risch）：《整体刑法学杂志》9第268页注释53。

[②] 主流观点（参见弗兰克§74 III）称之为"同种类想象之犯罪竞合"，并认为可"类推"适用《刑法典》第73条。此种观点完全颠倒了，而且是与法律相矛盾的，因为法律根本就未规定所谓的"同种想象竞合"。迈耶第507页认为，存在"竞合之对立面"。葛兰特第161页的观点是正确的。参见施瓦茨§13注释7。反对这里所主张的观点的尤其有霍尼希第70页及以下几页，尤其是注释34a；梅茨格第468页。

§54 犯罪单数

用该法规;其他法规在此等法规的竞争中被排除,不必予以考虑。①

是否存在此等关系常常很难断定。人们在文献和司法实践中习惯于从下列各点对表面上的法规竞合进行论证:(1)特别性,即特别法优于普通法适用(lex specialis derogat legi generali);(2)吸收性,即被适用的法规吸收了其他法规(lex consumens derogat legi consumtae);(3)补充性,即对保护法益只起辅助和补充作用的法规,只有在最初的不可能实现对法益保护的情况下始可适用(lex primaria derogat legi subsidiariae);(4)选择性,即数个给法益以保护的构成要件具有相对的特征,彼此相互排斥。

这种明显的法规竞合的适用情况的严格区别——为 M. E. 迈耶和梅茨格②所承认——只存在于(1)(特别性)与(2)至(4)的关系之中,因为特别性情况的特点在于,适用一法规而不适用其他法规是逻辑原因造成的③,而在(2)至(4)的情况下,比较的评价性研究是在考虑"具体的案件情况"的基础上(梅茨格第 473 页)来达到目的的。例如,立法者对《刑法典》第 263 条中的诈骗行为科处刑罚,此外,还对《刑法典》第 264 条、第 264 条 a 中的诈骗行为的特别方式制定特别规定,则在逻辑上要求对那些列入特别规定调整的情况,只能适用此等特别规定,而不得适用一般的诈骗规定。这里根本不涉及案件的形态问题,起决定作用的只是构成要件的逻辑关系。

---

① A.默克尔将此种情况从想象竞合犯中剔除出去,并称之为"法规竞合"。这种表述虽已深入人心(参见梅茨格第 467 页注释 1),但遗憾的是,它完全具有欺骗性。事实上并不存在"数个法规的竞合",因为毫无疑问的是,只能适用其中的一个法规。请参见迈耶第 501、512 页,梅茨格第 470 页及以下几页,冯·希佩尔:《德国刑法》第 2 卷第 523 页,尤其还有霍尼希:《不处罚的事前犯和事后犯》,1927 年。

② 迈耶第 502 页,他将补充性的情况作为"非真实的想象竞合"情况(第 511 页及以下几页)予以排除;梅茨格第 471 页。冯·希佩尔也得出了相似的结论,他只认可"特别性"和"补充性",而认为"吸收性"和"选择性"部分为此概念,部分为彼概念所吸收。霍尼希试图严格区分特别性(第 18 页及以下几页)、补充性,吸收性及选择性(第 31 页及以下几页,第 65 页及以下几页、第 96 页及以下几页);其结论参见第 113 页。但就共犯和正犯的关系而言,不仅其吸收形式(第 66、73、81 页),其补充形式(第 33 页及以下几页)均应适应之。不赞同霍尼希者,参见冯·希佩尔:《德国刑法》第 2 卷第 549—550 页。关于个别意大利学者的观点请参见梅茨格第 473 页注释 11。

③ 该问题也许没有得到冯·希佩尔:《德国刑法》第 2 卷第 523、526—527 页足够的重视(参见梅茨格第 472 页注释 8),尽管他正确地认识到,在特别情况下,对"法规的抽象的比较"会产生怎样的结果,即此概念包含了彼概念。此外,他的观点还与本教科书相一致。尤其请参见帝国法院判决第 57 卷第 329(330)页、第 59 卷第 107(111)页,第 61 卷第 410(412)页;霍尼希第 23 页[那里有其与伦特(Lent)的意见分歧]。

§54 犯罪单数

在其他组[(2)至(4)]中再对补充性、吸收性和选择性进行严格的区分是没有多少意义的。① 因此，根据梅茨格所提出的"广义的吸收性"，一刑法规定所表明的对人的行为的否定评价，包括了或吸收了其他刑法规定表明的对人的行为的否定评价，即可认定为具备此等广义的吸收性，这倒是正确的。上述(2)至(4)中所表明的原理是作为有调节作用的原则而发挥作用的。因此，如果在具体的决斗中致他人身体受到伤害，则以第205条吸收第223条a；同样，在严重盗窃情况下，如果用刀撬开储藏柜时对所储藏物品的质量产生影响，则以第303条吸收第243条第2项。在未遂与既遂的关系方面的补充性上，意见是一致的，共犯形式与正犯的关系亦可认为是无争议的。第211条和第212条、第246条、第242条在选择性关系方面是相互的。故意杀人行为的实施要么经过预谋，要么不经过预谋；侵犯财产犯罪行为的实施，要么伤害财产保管人，要么不伤害之。

III. 第二种情况：明显的犯罪竞合。立法上的不可避免的漏洞，导致我们在许多情况下找不到在各个方面均适合适用于某个行为的条款。这里，根据现行法律只有一条解决途径，但这也是被迫的，且也是很难令人满意的：我们在对行为进行评价之后，在法定刑幅度内适用至少是相近的刑罚。② 因

---

① 此为梅茨格所提出，请参见其著作第473页。
② 关于理论构思存在很大的争议。参见上文§52注释1(即本书第308页注释①——译者注)。下列两种意见彼此对立：(1)主流观点认为，尤其是自克莱因和费尔巴哈以后，"非同种想象之犯罪竞合"是一行为数罪犯。同样重要的表述还有："概念上之一致性"(帝国军事法院)、"行为之竞合"等，也即所谓的"复数理论"(Mehrheitstheorie)，它以下列观点为基础，即实现构成要件的数量决定犯罪的数量，它拒绝以自然的行为概念为出发点。但是，该观点不仅明显与《刑法典》第73条的规定相矛盾，因为该条规定的是对数个刑法法规的触犯，而不是涉及数个犯罪行为，而且它也使得刑事诉讼令人难以置信，因为它必须接受数个判刑要求。该理论的主要代表人物有弗兰克§73 I-II, P. 默克尔、霍尼希3注释7, 贝林：《论犯罪》第306页，洛伯：《帝国刑法典及其注释》绪论部分第96页，葛兰特第155页，科恩德斯：《德国刑法典草案说明》第292页及以下几页，阿尔费德第237页，R. 施密特：《刑法总论》第201—202页，冯·巴尔：《法律》3第524页，帝国法院判决第62卷第87页。(2)基本赞同本教科书所主张的"单数理论"(Einheitstheorie)的有鲍姆加腾、希勒：《法庭杂志》32第195页，格林霍特13第126页，冯·克里斯第207页，奥特洛夫(Ortloff)：《刑法档案》32第400页，瓦亨费尔德103页，尤其是海尼曼、赫普夫纳、迈耶第506页，冯·希佩尔：《德国刑法》第2卷第510页及以下页，梅茨格第469页。宾丁1第349页虽然也同意单数理论的观点，但与宾丁1第569页则是相矛盾的(他忽视了，为什么对教师强奸学生的处罚与对乱伦的处罚不同)。《预备草案》第90条也完全肯定地持该立场：是数个刑法法规之竞合，不是数个应受处罚行为之竞合。参见《德国刑法典草案说明》第378、383页。持同样观点的还有《相对之草案》、《委员会草案》、《1919年草案》和《1925年官方草案》第63条。后者追随《奥地利政府草案》，主张放弃对想象竞合和实质竞合作不同量刑的规定，但保留概念上的区别。《1927年草案》第65条、《1930年草案》第65条同样如此。韦格讷赞同科尔劳斯：《改革》(1926年)第8—9页对《1925年官方草案》的态度的评判。比(转下页)

§54 犯罪单数

此,强奸亲生女儿的行为既受《刑法典》第173条又受第177条的调整,而以后者予以处罚。由于有这种救济性的规定,就不再以《刑法典》第73条科处刑罚。根据《刑法典》第73条的规定,只可适用规定最重刑罚之条款,在不同种犯罪的情况下,适用规定最重刑罚种类的条款。①

对法官而言,在此等情况下有必要以判决形式确认,该行为受两个不同刑法法规的调整,且哪一个刑法法规会被适用。较轻的刑法法规在量刑时是绝对不可能予以考虑的。正因为如此,如果较重的法规规定的最低刑要低于较轻的法规,则可在量刑时将后者的最低刑予以降低。② 在适用较重刑法法规时,不得科处较重的刑法法规中未规定的但较轻刑法法规中反倒有规定的附加刑。但警方的处罚(如非作为刑罚方法的没收,参见下文 §56 A I 2)是允许的③,且被害人的赔偿权不得因适用较严厉的处罚而被削弱。由于判决已经生效,因轻微犯罪而为之事后追诉被排除,但可认定构成重新犯罪。

值得注意的是,刑罚种类的轻重是以下列顺序排列的:死刑、重监禁刑、监禁刑、要塞监禁刑、拘役、罚金(Todstrafe, Zuchthaus, Gefängnis, Festungshaft, Haft, Geldstrafe)。另外,科处的总是最重的刑罚。易言之,在同种刑罚的情况下科处最高限(尽管可能有减轻情节)④,而且,如果最高限相同,则以较高的最低限决定之;在第三个层次才会考虑附加刑问题,而对私人赔偿或诉讼

(接上页)《1925年官方草案》更进一步,霍尼希还要求取消想象竞合和实质竞合在概念上的区别。相反,伊尔泽·艾尔哈特和冯·韦贝尔:《法庭杂志》100第228页及以下几页则认为,出于诉讼法上的原因应保留此等区别。参见《刑法典实施法草案的理由说明》(1930年)第46、47页,以及冯·韦贝尔,摘引处。值得注意的是,根据《联合海关法》第135条的规定,还可能出现一行为数刑罚的情况:参见帝国法院判决第23卷第1页,第49卷第401页,第55卷第272、342页。关于"竞合"的特别规定参见《帝国税法》第418条。

① 只要不具备上述所述情况,《刑法典》第73条应当予以适用。因此,在每一个具体犯罪的情况下都研究它与可能的其他犯罪的想象竞合的可能性是没有意义的,但司法实践中却往往这么做。

② 大多数观点如此认为。持该观点的还有帝国法院判决第8卷第84页、第16卷第302页,帝国军事法院判决第8卷第79页;不同意见有弗兰克§73 IV,瓦亨费尔德第266页,洛伯:《帝国刑法典及其注释》§73 注释3。

③ 帝国法院判决第46卷第132页和第53卷第89页也持相同的观点。

④ 帝国法院判决第53卷第48页。还请参见帝国法院判决第54卷第29页。

§55 犯罪复数

途径则是不予考虑的。① 如果所审理的犯罪被认定为未遂,则在减轻了的刑罚幅度内进行比较。②

§55 犯罪复数

同一行为人的数个犯罪行为不一定在彼此之间存在法律上的联系。相反,除特别的法律规定外,如同我们将不同行为人的数个犯罪独立对待一样,同样予以独立对待。同一行为人的数个行为之间在刑法上的显著联系,只有由于刑事政策的需要而被加重或减轻刑罚之后才会产生。

I. 重新犯罪。重新犯罪是指在完全或部分执行或免除因过去所犯同一犯罪或同种犯罪所判的刑罚之后,又犯同一或同种犯罪。其前提条件是,自执行或免除过去所判的刑罚之后至实施新的犯罪之时,没有逾越特定的时限,该特定时限被视为撕裂旧罪与新罪之间刑法关系的标准(重犯时效)。

根据帝国法律,重新犯罪只在个别情况下作为加重处罚事由而被适用(参见下文§67);草案则有所不同。参见《预备草案》第87条、第88条,《相对之草案》第95条、第96条,《委员会草案》第119条、第120条,《1919年草案》第118条、第119条,《1925年官方草案》第77条,《1927年草案》第78条,《1930年草案》第78条。

II. 实质竞合(Reale Konkurenz, wirkliches Zusammentreffen)。实质竞合是指数个独立的应受刑罚处罚行为的实际上的竞合(《刑法典》第74条)。③ 如果此等复数行为属于同种,则称之为同种实质竞合,如果不同种,则称之为异种实质竞合。在同一行为人实施数个犯罪行为的情况下,每个犯罪均应科处

---

① 持相同观点的还有帝国法院判决第16卷第302页、第24卷第58页。帝国法院判决第17卷第193页不愿考虑警察监督(Polizeiaufsicht),因为它不是法院的意志;阿尔费德第295页则不同意此观点。不同意本教科书观点的还有帝国法院判决第51卷第327页,帝国军事法院判决第16卷第7页,它将剥夺名誉权放在最低自由刑之前优先予以考虑。

② 持相同观点的还有帝国法院判决第53卷第48页,洛伯:《帝国刑法典及其注释》§73注释3。

③ 何时为单一行为,何时为复数行为,根据上文§52所述原则确定。参见霍尼希第21页及以下几页。在散发主要内容不同的印刷品的情况下,同样构成数个(应受处罚)行为的竞合问题。持该观点的有《第15届德国法学家大会文集》1第71页、2第350页,帝国法院判决第5卷第314页。不同意该观点的有宾丁1第585页注释45。

§55 犯罪复数

相应的刑罚,因此,犯罪行为的数量应当与刑罚的数量相等这一合乎逻辑的思想,根据现行立法中的主流观点,必将导致有期自由刑的执行产生令人难以忍受的严厉性(参见下文§71)。减轻刑罚严厉程度的法律规定要求从法律上确定减轻处罚的先决条件,从而使人们建立竞合的概念。① 竞合的先决条件:一方面是同时裁判的法律上的可能性,即使事实上有时是不可能的;另一方面是对此等法律上的可能性进行事后考虑的事实上的可能性。确切地讲,在下列两个条件下,同一行为人的数个犯罪行为构成实质竞合:

1. 在其中一个犯罪行为被一审法院科处刑罚之前,数个犯罪行为均已经实行终了。

例如,a、b、c 三个犯罪分别实施于 1 月 1 日、2 月 1 日和 3 月 1 日。如果对 a、b、c 犯罪的审判于 3 月 15 日进行,则成立竞合;如果 3 月 15 日仅对 a 犯罪予以裁判,b 犯罪和 c 犯罪于事后裁判的,亦构成竞合。相反,3 月 16 日实施的犯罪则不能与 a、b、c 犯罪构成竞合,即使该犯罪行为由于上诉程序仍未确定(《刑法典》第 74 条)。②

2. 所科处之刑罚同时交付执行。属于此等情况的首先有,所有应受处罚的行为是同一个诉讼和裁决的对象。在非同时裁判的情况下,(在先前判决生效后)对后来发现的犯罪进行事后裁判,则对先前判决的改判仍有可能,只要先前判决所确定的刑罚尚未完全执行完毕、未过时效期限或被赦免(《刑法典》第 79 条)③,即可认为构成竞合。

例如,犯罪人因犯 a 罪于 3 月 15 日被科处 3 个月监禁(且被立即交付执行),如果 b 罪和 c 罪在 6 月 15 日之前被交付法院裁判,则 b 罪和 c 罪与 a 罪构成竞合;但如在 b 罪和 c 罪的判决作出之日,因 a 罪所判处之刑罚已经执行完毕、已过时效或被赦免的,则不构成竞合。在此等情况下,后一个判决可在考虑先前宣告的总和刑之基础上科处补充刑(Zusatzstrafe)。④

---

① 海尔施纳 1 第 654 页,罗森费尔德(第 4 页)等人以刑罚竞合(Strafenkonkurenz)代替犯罪竞合(Verbrechenkonkurenz)。

② 帝国法院判决第 53 卷第 145 页不同意此观点。

③ 《刑法典》第 79 条意义上的"赦免"还包括在表现良好的情况下,在一定期限内根据 1918 年 12 月 3 日的《赦免条例》的规定赦免刑罚。请参见帝国法院判决第 53 卷第 116 页。

④ 即使某人未被根据《刑法典》第 79 条的规定因数个不同的判决被科处数个不同的刑罚,所判处的刑罚也可于事后通过法院裁定回到总和刑上来。参见《刑事诉讼法》第 460 条、第 462 条。

第二部

刑罚及保安处分

第一章 引 言

§56 刑罚及保安处分的概念

A. 刑罚及保安处分①

I. 概念

1. 刑罚是刑事法官根据现行法律就犯罪人的犯罪行为而给予犯罪人的惩罚(Übel),以表达社会对行为及行为人的否定评价。因此,刑罚概念有两个内容:(1)行为人侵害了受法律保护的法益,如生命、自由、财产等;(2)刑罚同时又是对行为及行为人显而易见的指责。前者主要具备刑罚的特殊预防作用,后者主要具备刑罚的一般预防作用。

2. "保安处分"(参见上文§4 III 7 和§5 III)是指这样一些国家处分,其目的要么是使具体的个人适应社会(教育性或矫正性处分),要么是使不能适应社会者从社会中被剔除(狭义的保护性或保安性处分)。

保安处分的形成是与帝国刑法的精神相悖的。因此,就其适用范围而言,被科处的保安处分的刑罚特征仍然受到怀疑。劳动教养、警察监督因此而被算作刑罚。被视为保安处分的只有《刑法典》第 362 条第 3 款规定的收容于收容所和没收物品以及使得物品不能使用(《刑法典》第 40—42 条),如此等物品不属于正犯或共犯的财产,亦得没收之。首先由《少年法院法》确定了第一组保安处分,后来在德意志帝国以及邦刑法草案中才规定适用两组

---

① "刑罚"一词始见于 14 世纪初期。就词源学而言,其颇有争议。参见京特:《再报应》1 第 5 页,希斯(His Lit. zu §8 B)第 342 页,勒宁:《整体刑法学杂志》5 第 546 页注释 18。中世纪德文的类似表述方式还有 büßen(赎罪)、bessern(矫正)、wandeln(使……改变)、kehren(使……转变),等等。

§56 刑罚及保安处分的概念

保安处分。①

3. 保安处分与刑罚的关系问题颇有争议。两个概念之间严格的对立性,如冯·比尔克迈尔及其他学者所认为的那样,与事实上的情况是相矛盾的。有一点是肯定的,即保安处分不一定要与实施了应受处罚的行为联系在一起,因而超越了刑罚概念,如将无人管教但仍未犯罪的儿童和少年收容于教养所,或者将对公众有危险但未犯罪的精神病人收容于精神病院等,即属于此等情况。但如果保安处分与实施应受处罚的行为联系在一起,那么,它就完全具有了刑罚的特征,而且是从报应理论的立场出发。如果刑罚——哪怕是附带性的——能够实现矫正及保安处分之目的,则刑罚同样程度地涉及保安处分领域的内容。这两种法律制度的关系如同两个相互交叠的圆圈:纯威慑刑罚(报应刑)和纯保安处分相互对立;在它们的相同部分,保安处分可代替刑罚(与刑罚"相互替代"),刑罚可代替保安处分("保安性之刑罚")。这也是德国刑法草案的立场,参见下文 II 中的观点。

II. 历史回顾

中世纪的刑罚制度以死刑、使人残废的身体刑和驱逐出境为中心,以彻底地保护社会免遭受刑罚处罚之人的犯罪危害为目的。因而系统化地建立特殊的、与刑罚相区别的"保安处分"是缺乏任何迫切的需要和理由。尽管如此,在中世纪的法律文献中,还是出现了一些特定的、可以被视为发展"保安处分"倾向的思想,例如,《戈斯拉尔法》(Das Goslarische Recht)规定,对丧失理智的犯罪人予以保护性监禁;在德国南部各邦,法律规定让精神病患者驾驶一叶小舟逆流而行。② 如果说出现了使之不能犯的保安思想,则它与我们今天的矫正性教育处分有相似之处,即未成年的罪犯被交付监狱进行管教。

除对实施犯罪的人给予刑罚外,针对行为人的犯罪危险性制定保安处分的思想与近代的《查理五世刑事法院条例》第 176 条有关,该条规定,对于被认为可能实施犯罪行为且对其适用其他措施不足以维持社会安全之人,可对其不定期地实施保安监禁。正是基于这一法律基础,警察国家时期,"嫌疑刑罚"(Verdachtsstrafe)、和平担保、保安监禁和晚间监禁等被作为与犯罪作斗

---

① 现行《刑法典》中规定的保安处分在下文 §64 中阐述,草案中的保安处分在下文 §65 中阐述。

② 希斯第 63、67 页。

§56 刑罚及保安处分的概念

争的预防性措施,而没有或没有要求将其与刑罚作出严格的区分。① 17 世纪、18 世纪所产生的众多的监狱和劳动教养所(参见下文§59 I)不仅用于自由刑的执行,也适用于执行此等保安处分,包括与少年犯罪作斗争的教养和无人照管预防。

直到启蒙运动于 18 世纪末期促使人们提出了"刑罚与保安处分"的概念——理论问题。EF. 克莱因(*EF. Klein*),普鲁士刑法的创建者,首先提出了"保安处分"理论。他对刑罚与保安处分作了区分:刑罚是在判决中根据其种类和限度而准确规定的,其本质要求它包含对行为及行为人的否定评价;保安处分则仅仅是根据行为人的犯罪危险性来确定的,但没有必要使行为人觉得"受到了伤害";刑罚和保安处分的法律根据都是国家利益(salus rei publicae,das Wohl des Staates);科处这两种犯罪预防措施是由法官负责的。法官还必须规定警察执行保安处分的"最低范围"。根据克莱因的观点,刑罚与保安处分的关系应当如此来确立,即在刑罚执行完毕之后,紧接着将仍需矫正或使之不能犯的犯罪人收容于矫正机构或保安监禁机构。②《普鲁士法》§5 II 20 也持该立场。但是,普鲁士的刑事立法与当时的有报应刑思想烙印的刑法改革运动相适应,因此很快超越了《普鲁士法》的这一立场,并以 1799 年 2 月 26 日的著名的规定,将不定期的保安刑罚(Sicherheitsstrafe)引进《普鲁士刑法》。③ 德国其他邦的立法紧随其后。④ 18 世纪末 19 世纪初期,刑法的不法后果体系(刑罚体系)是由纯报应刑罚、纯保安处分和"保安刑罚"组成的,其中,报应和威慑思想与使之不能犯和矫正思想联系在一起,根据是否涉及不可

---

① 参见弗罗伊登塔尔:《德国刑法与外国刑法之比较研究》总论部分 III 第 247 页;冯·李斯特:《文集》II 第 133 页;霍恩(*Horn*):《古奥地利刑事立法史上的不确定判决》,1907 年;Eb. 施密特:《刑法档案》67 第 351 页。卡普佐夫:Praxis rerum criminalium Pars I qu. 37 n. 79 ff. 和 JSF. 伯默尔:Meditationes in Carolinam Art 176 表明,可直接适用《查理五世刑事法院条例》第 176 条。两位作者认为,危险性的认定主要取决于对特定种类威胁的证明,这在当时是一点也不令人感到惊奇的。犯罪危险性作为保安监禁的理由,司法实践尤其自 18 世纪初叶以来对逃避劳动、乞讨和游手好闲者等予以严惩,即能够提供足够的证明。

② 关于 EF. 克莱因,主要参见冯·李斯特:《文集》II 第 133 页;克莱因:《刑法档案》I 第 34、37 页;《立法年鉴》23 第 144 页;Eb. 施密特:《刑法档案》67 第 351 页;冯·希佩尔:《德国刑法》第 1 卷第 275 页、第 281 页注释 2。

③ 参见冯·李斯特、Eb. 施密特,摘引处。关于不确定判决早已有之的观点,参见 Eb. 施密特,摘引处。尽管如此,1799 年的规定被视为一个巨大的进步,因为它首次将不确定判决引入一般法律规定。因此,李斯特对 1799 年规定的评价无疑是完全正确的(不同观点参见冯·希佩尔:《德国刑法》第 1 卷第 284 页注释 6)。

④ 请参见弗罗伊登塔尔:《德国刑法与外国刑法之比较研究》III 第 249—250 页。

§56 刑罚及保安处分的概念

能被矫正者或可矫正者来确定科处何种刑罚。如果说该刑罚体系被证明是不适宜的,则其主要有两个根本性的缺陷:一是没有进行大胆的、有目的性的监狱改革;二是缺少系统的犯罪心理学知识。历史至今未曾对此等刑罚制度提出反对意见。① 但由于上述两个缺陷和反对国家的特殊预防措施的自由法治国家倾向,使得上述"保安刑罚"在19世纪的进程中让位于呆板的报应刑法成为可能,1851年的《普鲁士刑法典》和1871年的《德意志帝国刑法典》的诞生便是例证。与此同时,其展示了伴随1882年马堡计划而出现的、预示18世纪主流思想结束的国际刑法改革运动的强大生命力。该改革运动的目的是克服19世纪的"唯报应"刑法,以保安思想的再生来代替。报应思想方面的教义学障碍促成这样的结果,也即,即使矫正及保安处分在与犯罪作斗争中的必要性受到普遍的承认,但人们相信,必须通过不同的措施来实现刑罚思想和保安思想。为此,施托斯以重新提出刑罚和保安处分的累积原则(Prinzip der Kumulierung von Strafe und Sicherungsmaßregeln)的方法指明了这个途径,正如克莱因一百年前所要求的那样。一般而言,德国1909年的《预备草案》也站到了该立场上,但其第89条不彻底地尝试对危险的习惯犯科处长期的保安刑罚。1913年以后的各草案均没有继续发展这一思想,它们均严格地区分报应刑罚和保安处分(部分是矫正、治疗,部分是使之不能危害社会),并要求以施托斯为榜样,首先实现两种不法后果的累积。《1927年草案》和《1930年草案》仍以下列方式强调刑罚的"双轨制",即它们对在《1925年官方草案》第47条、第48条中规定的刑罚和保安处分的"替代物"只字不提,且将之留到1927年的《刑罚执行法草案》去实现这一思想(参见下文§56)。考虑到少年的特点,1923年2月16日的《少年法院法》放弃了报应思想;在《少年法院法》中,"现代学派"的改革要求已经变成了现行法律。除此之外,草案对刑罚体系没有定论。② 虽然没有纯粹的、缺少痛苦且因此而缺少刑罚特征的矫正及使之不能犯的保安处分,刑事司法也能运

---

① R. 施密特(Richard Schmidt):《刑法改革》(1912年)第188—189页的观点是不正确的。

② 我们面临的是刑法科学中最具争议的问题。李斯特向来主张与本教科书相适应的观点,即主张对危险的犯罪人给予保安处分。如果他在《预备草案》相对之草案中以及其他地方同意施托斯的累积方法,那纯粹是一种容忍行为,但他持有这样的思想,即对习惯犯的保安监禁实际上无异于由他自己所提出的不确定的保安刑罚。关于该问题发展情况的很好的阐述,参见科尔劳斯:《整体刑法学杂志》4第21页。此外还请参见格拉夫·z. 多纳:《整体刑法学杂志》44第39页,基齐厄:《整体刑法学杂志》44第554页,冯·希佩尔:《德国刑法》第1卷第531页,梅茨格第518—519页,《纪念弗兰克文集》I第538页,尤其是其中的注释1,第33页,格林霍特:《整体刑法学杂志》50第285页,Eb. 施密特:《瑞士刑法学杂志》45第222—224页。1928年10月29日的第21届委员会第13次会议和1928年10月30日的第14次会议对保安监禁的讨论是非常有趣的。

§56 刑罚及保安处分的概念

行,但在此等"纯粹的"保安处分和主要是以报应思想为中心的针对偶犯的"纯粹的"惩罚性的刑罚之间,保安刑罚将是一个重要环节,且同时是科学的综合。

B. 从刑罚概念中得出的结论

I. 刑罚是一种犯罪人所必须承受的痛苦。正因为如此,它从本质上区别于损害赔偿,虽然两者能够被视为同属于较高的(但为形式的)不法后果概念。① 下列两种法律后果不能被置于刑罚概念之下,因为它们的目的是赔偿:

1. 罚款(参见下文§65 a)。

2. 将判决情况通知被害人以及用被判刑人的费用公布此等判决的权限②,如果不是为了伤害侮辱者,而是通过法院恢复某人名誉的声明重新恢复被侮辱者受到侵害的名誉的话。在此等情况下,被判刑人被赦免不受影响。

II. 刑罚是对犯罪人法益的侵害。如果此等侵害不涉及犯罪人,则刑罚的存在就是无意义的。因此,许多帝国法律和邦法律中所规定的第三人对债务人承担的责任,不是刑罚。③ 参见1869年的《联合海关法》第153条,

---

① 我们不应当忘记的是,刑罚对被害人而言是一种补偿,而且它也被犯罪人认为是一种痛苦。私法和刑法在这一问题上不能全然分开,自行其是。请参见李斯特:《犯罪之责任》(Deliktsobligationen)第3页。

② 《刑法典》第165条和第200条,1891年的《专利法》第36条,1891年的《实用新型法》第10条,1894年的《商标法》第19条,1907年的《竞争法》第23条第2款。而《刑法典》第285条a,1927年的《生活资料法》第16条和相关附律,特别是1913年以后的《税法》,则将对判决的公布规定为附加刑。参见下文§63 VII 4。究竟在何种程度上公布判决在具体的案件中是刑罚或补偿措施规定的,还是有争议的。帝国法院判决第6卷第180页、第16卷第73页、第46卷第73页、第53卷第290页将《刑法典》第165条、第200条规定的公布判决视为刑罚,帝国法院判决第26卷第406页将《生活资料法》第16条规定的公布判决视为刑罚。帝国军事法院判决第2卷第19页、第8卷第300页同样如此。瓦亨费尔德第252页一直将之视为财产附加刑。弗兰克赞同《刑法典》第165条、第200条的规定,但不赞同第185条a。与本教科书持相同观点的还有阿尔费德第273页,宾丁:《刑法教科书》1第163页,格拉夫·z. 多纳:《德国刑法与外国刑法之比较研究》总论部分I第261页。

③ 责任大多是补充性的,也可能是共同负责的或累积的,也即独立的。在后一种情况下,它以独立的责任为前提,也即它是本来意义上的责任。此等自17世纪以来就已存在的财产性责任的本质,颇有争议:(1)正确的观点认为,它涉及公法上对他人债务的责任。持同样观点的还有贝林:《刑法之基本特征》第109页,宾丁:《规范》2第614页注释930,罗森费尔德:《刑事诉讼法》第5版第102页,帝国法院判决第54卷第75页、第57卷第220页,阿尔费德第207页注释20。还请参见戈尔德施密特:《犯罪之责任》第24页,厄特克:《法庭杂志》100第29页。(转下页)

§56 刑罚及保安处分的概念

1919—1931年的《帝国税法》第416条。

Ⅲ. 刑罚因行为人实施违法行为而判处,而且,如果通过其目的规定对将来产生影响,则它作为一种不法后果是与属于业已存在的构成要件联系在一起的。因此,它与强制处罚(作为强制履行)有所区别,后者是"秩序罚",要求为一定的行为或不为一定的行为。

Ⅳ. 刑罚是由国家通过其刑事司法机关判处的。因此,应当区分刑罚与所有依法产生的判决后果。该原则同样适用于长期不能在帝国军队服役,以及长期不能担任公职,依《刑法典》第31条将被"依法"科处监禁刑者。属于这种情况的还有附律中的许多规定。①

C. 与刑罚不同的处罚还有:

Ⅰ. 国家的纪律罚。纪律罚不是将国家作为国家强制力的主体,而是根据其主管当局的地位,以内部工作利益的形式由国家(通过其主管当局)科处的一种处罚。因此,可以得出结论认为,科处纪律罚不属于刑事法院的职责,因为它不是刑事案件;如果某人隶属于数个业务部门,则可因同一违法行为而被科处数个纪律罚(如某人既为官员又为预备役军官);纪律罚之追诉不因处罚时效经过而免除;等等。

(接上页)(2)持不同观点的有宾丁1第489页(与其过去的观点不同),洛伯:《德国海关刑法》(1929年第41版)第189页、帝国法院判决第16卷第109页、第63卷第294页等。这一基本观点对一系列的具体问题而言是具有重要意义的,如关于时效、赦免等,必须适用公法原则。参见帝国法院判决第54卷第75页。如果负有赔偿责任者除为他人承担责任,自己还参与了犯罪行为,那么,他可能要负双重责任,一是刑罚,二是对他的同伙的行为承担责任。同一个人对参与数人共同实施的行为承担责任,或者虽然履行了赔偿责任,但后来仍因参与犯罪而受到控告是完全可能的,反之亦然。下列观点是正确的,即法人,如股份公司、有限责任公司等,其刑法责任在原则上为我们的成文法所排除(参见上文§28Ⅰ2),此外,法律明确规定少年和精神病患者应负责任。参见哈亨堡(Hachenburg)、宾格和W. 施密特(W. Schmidt):《有限责任公司法评注》(1926年第5版)§13注释5;此外,还有海姆德(Hemd):《税法》(1927年第2版)第185页注释1;卡廷:《帝国税务刑法》(1926年第2版)第254页及以下几页;E. 贝克尔(E. Becker):《帝国税法》(1930年评论第7版)第965页。

① 所谓的丧失权利(Rechtsverwirkungen),参见宾丁1第328页,冯·基尔克尔:《德国私法》1第429页。相关例子还请参见《民法典》第1312条、第1680条,《法院组织法》第175条第1款,《民事诉讼法》第1032条,《工商业条例》第53条,1930年的《共和国保护法》第6条。1918年7月26日的《反逃税法》第23条、第24条所规定的剥夺国籍和从帝国驱逐出境,也不是刑罚。不同的是,通过刑事法院的判决被宣布丧失某种权利则是真正的刑罚。

§56 刑罚及保安处分的概念

II. 根据成文法的有关规定,帝国立法将轻微违法行为的处罚称为秩序罚(Ordnungsstrafe),此等秩序罚多见于海关法、税法以及保险法中,普通不履行财产义务的情况也属于秩序罚调整的范畴。

III. 相反,根据现行法律的规定,警察的处罚与刑罚并无不同(参见上文§26 V)。

第二章 刑罚制度

§57 现行法律及草案中的刑罚制度

I.《帝国刑法典》规定了主刑和附加刑。前者可单独适用,后者则必须与主刑一起适用。在附加刑中,尤其应强调的是那些在执行完主刑之后才予以执行的附加刑。

如果我们考虑到国家为法益保护目的对犯罪人的法益的侵害,可将法益划分为生命、自由、财产、名誉等。①

II. 刑罚制度如下:

1. 主刑

a. 关于生命:死刑。

b. 关于自由:重监禁(重惩役);监禁;要塞监禁;拘禁。

c. 关于财产:罚金刑②。

2. 附加刑

a. 关于自由:置于警察的监督之下;移交给邦警察局;驱逐出德意志

---

① 《帝国刑法典》对刑罚制度的规定绝对是普通法的做法[参见上文§20 注释 7(即本书第 110 页注释②——译者注)]。关于帝国军事刑法的刑罚制度请参见§204 V。关于附加刑,下面的章节中只对具有一般意义的附加刑加以探讨。

② 罚金刑始终是主刑,即使它与自由刑并罚时仍属主刑。

§58 死　刑

帝国。①

b. 关于财产:没收故意犯重罪或轻罪而获得之物品,或为实施(不仅仅是预备实施)此等故意犯罪而使用或准备使用的属于正犯或共犯的物品(《刑法典》第40条)。②

c. 关于名誉:剥夺全部名誉;剥夺具体的公民权;《刑法典》第161条和第319条所述的附加刑;法官宣布的不得从事某种职业;为给被判刑人打上烙印而公布判决(相反,作为赔偿方法的公布判决则不同;参见上文§56 B I 2)。

Ⅲ. 关于德国刑法草案中的刑罚制度,参见上文§16以及下文§§58、59、61。

§58　死　刑

I. 除使人残废的身体刑外,作为普通法的刑事处罚,自其适用只限于个别的例外情况之后,从其内容和范围来看,死刑在现代刑法中已退居自由刑和罚金刑之后。③

启蒙时期的作家们(主要有贝卡利亚和索嫩费尔斯)1764年开始的针对死刑的斗争④,在初始阶段只取得了暂时性的成果:托斯卡纳(Toskana)在1765年事实上废除死刑,1786年才从法律上(直至1790年,或者说得更确切

---

① 有学者不同意此三种处罚具有刑罚特征,请参见贝林:《刑法之基本特征》1第873页,弗兰克§§39 I、362 II,洛伯:《帝国刑法典及其注释》§38注释1,迈耶第471页,普罗斯(Ploss)第42页及以下几页。参见上文§56 A I 2。主流观点与本教科书相同,如帝国法院判决第17卷193页、第7卷443页、第35卷第343页。霍克斯:《国家行政管理与刑法改革》(1919年)第278—279页,将判决许可的警察监督与作为纯粹的行政管理措施置于警察监督之下区别对待,认为只有前者才应当是刑罚。

② 参见上文§56 A I,下文§64 VI。这里讲的没收物品不是指通过犯罪行为(如盗窃)所得之物品。随着判决的生效,财产权转移到国库。一般观点均认为如此,参见施瓦茨§40注释7。不同观点参见弗兰克§40 VI,洛伯:《帝国刑法典及其注释》§40注释9。

③ 在德国,1891—1917年期间,每100个刑事判决中有死刑判决0.01个(0.01%),1921年、1924年和1925年较多,有0.02个(0.02%)。

④ 时至今日,死刑的捍卫者们也还是大有人在的。我能记得的起码有:孟德斯鸠、卢梭、林奎特(Linquet)、索登、康德、默泽尔(J. Möser)。还请参见《整体刑法学杂志》5第721页。哥德(Goethe)1771年的博士论文"论点"第53页说:"Poenae capitales non abrogandae."参见梅斯纳(Meisner):《当记者的哥德》(1885年)第17页和卢赫特(Lucht)第40页,德国博物馆文献中对死刑问题的争论,1776—1778年;贝克(Bergk):《关于死刑的观点》,1798年。在奥地利低地地区,官方于1776年考虑废除死刑。

§58 死刑

些,至 1795 年)废除死刑;奥地利于 1787 年废除死刑,取而代之的是可怕的加铐后置于黑牢以及通过拉纤慢慢累死被判刑人。在俄罗斯,早在 1754 年,死刑就被限用于政治犯。那场针对死刑的斗争的另一个积极效果是导致自 18 世纪 70 年代开始的监狱改良,逐步废除酷刑[①]和逐步将死刑限制在很少的刑事案件范围内。

由于 1848 年的《德国基本法》第 9 条的颁布(1849 年 3 月 28 日的《帝国宪法》第 139 条),德国的一些邦国(现在为邦,下同),不包括奥地利、普鲁士和巴伐利亚,废除了死刑;但其后,废除死刑的各邦国的君主们又陆续恢复了死刑。汉诺威甚至在 1859 年仍适用绞刑。坚持废除死刑的只有奥尔登堡、安哈特和不莱梅(Oldenburg, Anhalt, Bremen)。萨克森于 1868 年废除死刑。议会中关于死刑存废问题的争论,最终以保留(或者说得更确切些是恢复)死刑而告终,此点已在上文 §13 II 3 中述及,此处不再赘述了。

相反,在德国以外的国家,废除死刑的运动恰恰在 18 世纪的最后几十年里取得了一系列的进步,例如,托斯卡纳(此地区曾于 1847 年至 1852 年废除过死刑)于 1859 年废除死刑;意大利全境于 1889 年废除死刑,但于 1926 年又恢复了死刑;罗马尼亚于 1864 年(1866 年的《宪法》明文规定禁止死刑)、葡萄牙于 1867 年(自 1843 年以后实际上已未再执行死刑)、荷兰于 1870 年废除死刑;在 30 年未执行死刑的情况下,挪威以 1902 年的《刑法典》明确规定废除死刑;在瑞士,1921 年 6 月 3 日的法律规定废除死刑;丹麦则通过 1930 年的《刑法典》明文规定废除死刑。此外,在圣马力诺(San Manino)和美国的一些州(Kansas, Maine, Michigan, Minnesota, North Dakota, South Dakota, Rhode Island, Wisconsin)也废除了死刑。值得注意的是,美国联邦法院自 1897 年以来,其陪审员有权排除适用死刑。墨西哥有四个州、委内瑞拉(1864 年)、哥斯达黎加(1880 年)、危地马拉(1889 年)、巴西(1890 年)、尼加拉瓜(1893 年)、洪都拉斯(1894 年)、厄瓜多尔(1895 年)、乌拉圭(1907 年)、

[①] 在柏林,1813 年执行了最后一个火刑。对此,请参见罗森费尔德:《整体刑法学杂志》29 第 810 页,《整体刑法学杂志》32 第 303 页,《关于柏林之火刑》,1786 年。汉诺威于 1840 年,普鲁士于 1851 年才废除车磔之刑。据布雷斯劳(Breslau,今波兰境内)国家档案馆 Arten P. A. VI 5 p 的记载,1835 年 3 月 18 日在格鲁高(Gllogau)被执行车磔之刑的女犯,是根据司法部部长的特别命令"以围观者不宜察觉的方式执行死刑"。行刑记录继续写道:"车轮开始击打,且最初 3 次击中胸部,另 11 次击中手臂、腿部和脖颈……在行刑过程中围观的人群鸦雀无声,秩序井然,未出现丝毫之干扰。"普鲁士国王腓特烈通过 1749 年 12 月 11 日的《刑事法院条例》,同样要求"以不引人注目"的方式处死被科处车磔之刑的罪犯。还请参见 Eb. 施密特第 29 页。

§58 死 刑

哥伦比亚(1910年)、阿根廷(1921年)也相继废除了死刑。一些较大的国家,尤其是英国和法国,保留了死刑,但两国均将死刑的适用范围限制在很少的几个犯罪行为上,前者是于1861年、后者则是于1832年和1848年作出了这样的限制。法国废除死刑的要求被1908年12月8日的法国议会会议驳回。在英国,为研究死刑的存废问题,英国下院于1929年年底成立了一个专门的委员会,尝试性地建议在五年之内废除死刑。① 瑞士以1874年的联邦法宣布死刑无效,自1879年5月18日的全民公决(1879年6月20日生效),死刑只可适用于针对联邦的政治犯罪,各州有权恢复死刑。目前,瑞士适用死刑的有下列各地:Schwyz, Uri, Unterwalden ob dem Wald, Appenzell-Inner-Rh., Zug, St. Gallen, Luzern, Wallis, Schaffhausen, Freiburg。相反,瑞士刑法典草案如同泰伦和托普草案一样,主张废除死刑。比利时自1863年、芬兰自1826年不再执行死刑,但后者在其1889年的《刑法典》中保留了死刑。在奥地利,1919年4月3日的法律规定,在正式程序中废除死刑。关于废除死刑运动在意大利的命运,请参见上文§17 VII 3。

在德国,由于李普曼在第30届德国法学家大会上的报告(1910年),关于死刑存废问题的争论之火被重新点燃。在第31届德国法学家大会(1912年)上,要求在将来的《帝国刑法典》中保留死刑的代表以微弱的多数优势取得了暂时性的胜利。德国刑法典草案事实上——直至拉德布鲁赫1922年草案(参见上文§16 VI)——也是保留了死刑的;但死刑的适用范围与现行刑法典相比作了限制,如谋杀是适用死刑的唯一犯罪(《1927年草案》《1930年草案》),但如果谋杀的情节较轻时,亦可以监禁刑代替之(参见《1927年草案》和《1930年草案》第73条)。② 死刑的判处所依据的是呆板地从概念上区分构成要件,而其执行则取决于某些人不断变化的世界观,这不能不让人产生极大的怀疑。对死刑的威胁效果,人们表示怀疑;而其保安效果倒是没有什么争议。必须进行争论的是,现今国家难道就没有其他办法来达到与科

---

① 参见肖赫(*Magd. Schoch*):《瑞士刑法学杂志》45第96页及以下几页;科尔劳斯:《整体刑法学杂志》51第593页。

② 与《1927年草案》第33条有关的针对死刑的讨论,分别在第32届委员会(第三选期,1924—1927年)第23次会议(1927年11月2日:罗森费尔德博士废除死刑的要求被拒绝),第21届委员会第8次会议(1928年10月18日)、第9次会议(1928年10月23日)、第10次会议(1928年10月24日)、第15次会议(1928年10月31日:卡尔要求将被判处终身监禁的谋杀犯赦免为保安监禁;其后的表决结果是,他的要求以12∶15被拒绝,关于《1927年草案》第33条,以14∶14被拒绝)。

§58 死刑

处死刑同等的事实上的保安效果吗？如果回答是肯定的,则不得同意适用死刑,因为,死刑判决的风险,也即在可能的误判情况下,是无论如何也没有办法予以补偿的。

Ⅱ. 死刑的适用范围。如果我们抛开《军事刑法典》不谈①,死刑在三种情况下必须得到适用,在八种情况下选择适用。此等规定见于帝国立法。

1. 作为既遂的谋杀之刑罚(《刑法典》第 211 条)。②
2. 作为滥用爆炸物的处罚,如果行为人故意通过使用爆炸物对他人的财产、健康或生命造成危险;其先决条件是犯罪行为必须造成他人死亡,且行为人能够预见到此等结果(1889 年《爆炸物法》第 5 条第 3 款)。
3. 作为为掠夺奴隶而组织的旅游的组织者和主谋者的处罚,如果此等旅游造成队员死亡(1895 年《禁止掠夺奴隶法》第 1 条)。
4. 在可能的情况下,可依据《帝国宪法》第 48 条颁布例外法,扩大适用死刑(参见上文§25)。

在上述 1—3 种情况下,科处死刑是唯一的选择。在所有的情况下,均可以剥夺名誉权来加重处罚(《刑法典》第 32 条);根据《帝国刑法典》和《少年法院法》的规定,在犯罪未遂、帮助犯和行为人为少年的情况下,不得科处死刑(参见下文§68);但根据《帝国宪法》第 48 条的规定(参见上文§25),可例外地科处其他刑罚。

Ⅲ. 死刑的执行。根据《帝国刑法典》第 13 条的规定,死刑以斩首方式执行。根据《军事刑法典》第 14 条的规定,死刑以枪决的方式执行,"如果行为人因军事犯罪,或在战场上因非军事犯罪也可科处死刑的话"③。此外,死刑

---

① 只适用于在战场实施的军事犯罪,具体包括战争泄密和危害战斗力、逃跑、胆怯、投敌、掠夺致人死亡、违背执勤义务、违背誓言成为战俘(《军事刑法典》第 58 条、第 60 条、第 63 条、第 71 条、第 72 条、第 73 条、第 84 条、第 95 条、第 97 条、第 107 条、第 108 条、第 133 条、第 141 条、第 159 条)。

② 在政治变革之前指《刑法典》第 80 条。对此,请参见下文§164 Ⅱ。关于《1925 年草案》请参见上文 Ⅰ。

③ 该观点不够清楚明了,参见贝内克:《整体刑法学杂志》7 第 728 页。在和平时期,死刑不适用于战争犯罪。在和平时期因普通犯罪被科处死刑,根据《军事刑法典》第 454 条的规定,行刑(斩首)由地方当局负责。死刑的详细的执行规定见 1926 年 12 月 28 日的《海军刑罚执行条例》第 2 条和第 3 条。参见洛伯:《帝国刑法典及其注释》注释 2 c 和 3。

§58 死　刑

的执行由邦法规定。① 根据帝国法院关于殖民地的法律关系(1900§6 Ziff. 5),殖民地可以皇帝的敕令引进"其他的不加重处罚的死刑执行方式"。据此,命令(1900年11月9日)殖民地可以枪决、斩首或绞死来执行死刑。

死刑执行的具体规定见于《刑事诉讼法》,例如,《刑事诉讼法》第453条规定,如赦免权人声明,不想赦免的,始可执行死刑。精神病患者和孕妇不得被执行死刑。此外,将自19世纪40年代大多数邦国(普鲁士在1851年)引进的所谓的在封闭的处所、有限的公众范围内执行死刑的方法(Intramuranhinrichtung),以《刑事诉讼法》第454条的形式使其变成帝国法律。②

---

① 普鲁士的做法是斩首。作如此规定的有梅克仑堡、安哈特、罗伊斯、利泊河、绍姆堡和不莱梅(Mecklenburg, Anhalt, Reuss a. L. , Lippe, Schaumburg, Bremen);在旧普鲁士的拜尔(Beil)省(1811年6月19日的命令),布伦瑞克、迈宁根、阿尔腾堡、罗伊斯(Braunschweig, Meiningen, Altenburg, Reuss j. L)。断头台(Fallbeil, Fallschwert)自1818年在莱茵省,1841年在黑森－达姆斯塔特,1852年在萨克森,1854年在巴伐利亚和汉堡,1856年在法兰克福、巴登、魏玛,1857年在宗德斯豪森、科堡,1860年在汉诺威,1863年在吕贝克,1880年在符腾堡,1884年在奥登斯堡等地被用于执行死刑。自1867年,死刑在新征服的普鲁士的部分地区以斩首执行;只有在汉诺威和科隆,断头台被保留了下来。巴伐利亚1921年7月21日的《条例》显然是与《帝国刑法典》第13条相抵触的。根据前者的规定,死刑以枪决方式执行。参见格罗希(Grosch):《德国刑法学杂志》9第341页。匈牙利、英格兰、日本和美国仍坚持使用绞刑。西班牙保留了其特有的绞刑刑具;纽约、俄亥俄州、马萨诸塞州则引进电椅作为死刑执行的方式。参见弗罗伊登塔尔:《整体刑法学杂志》28第61页。在苏俄,"为与危害苏俄政体和宪法的严重犯罪作斗争","枪决"被作为"保护劳动者国家的特别措施而使用"(1926年11月22日的《刑法典》第21条)。对此,请参见蔡伊特采夫:《整体刑法学杂志》51第1页,帕舍－沃斯基(Pasche-Oserski)(参见上文§17 VII 5)第25页及以下几页和第四选期第21届委员会的会谈[上述注释5(即本书第333页注释②——译者注)]。断头台(Guillotine)一词源自巴黎的一个医生JJ. 圭洛廷(JJ. Guillotin,死于1814年),他于1789年12月1日提出,所有被判处死刑的罪犯的执行方式应当是相同的,且应当借助于一个简单的机械装置。保皇党人的玩笑恰当地预言,该简单的机械装置以其提出人巴黎医生的名字来命名。请参见科恩:JJ. 圭洛廷,1891年柏林大学博士论文,京特注释706。第一次用由施密特和路伊斯(Louis)制造的断头台执行死刑是在1792年。断头台的发明本身已广为人知。雕刻艺术和木刻使得此等行刑方式在德国站稳了脚跟。在奥地利,仅由于费用问题,引进断头台的努力被拒绝。参见马斯堡(Maasburg)第40页,伯默尔:《新刑法档案》6第65页。

② 该死刑执行方式也被引入德国以外的国家(但未引进法国)。还请参见1927年《刑罚执行法》第19条和第20条。不公开执行死刑在18世纪末期的德国也被一再谈论,如冯·希佩尔于1797年,无名氏于1798年(伯默尔:《刑法学文献手册》第710页,1816年)。不断增加的希望不公开执行死刑的要求构成了该问题的出发点和归宿。参见鲁希(Rush):《刑罚效果调查》,1787年。还请参见普特曼写给鲁希的信件,1792年;京特注释705。

§59 自由刑——概述和历史

I. 现代自由刑的本质特征是,犯罪人在自由刑的执行中感受到它是一种痛苦,但同时对国家而言,它又是一个矫正和教育犯罪人,并因此让犯罪人重新回到有秩序的社会的极其重要的方法。因此,自由刑主要具有矫正思想的作用(参见上文§2 III)。

II.

1. 此等以教育、矫正、再社会化为目的的现代意义上的自由刑始见于16世纪以后的刑法史。① 但监禁(剥夺自由)在刑事司法中早就使用了。在中世纪,建在城堡和市政厅地窖中的地牢主要用于关押拖欠债务者和待审拘留者,偶尔用于刑罚的执行,但也极少具有矫正思想的作用,对被关押者而言,更多的是身体上的一种痛苦和野蛮的威慑,这也是《查理五世刑事法院条例》的立场。此外,人们还在剥夺自由中通过给予犯罪人最繁重的强制劳动来对其进行惩罚,这种强制劳动②也以不同的方式在德国被广为运用(在橹舰上划桨、收割玉米,尤其是建筑要塞等)。但强制劳动还不能被视为现代意义上的自由刑,就其本质特征而言,它实际上是一种身体刑,有时甚至是一种延长的死刑,是对犯人身体的折磨,使其在身体上不能再危害社会,决无再社

---

① 现代自由刑起源于16世纪的荷兰监狱,为冯·希佩尔的基础研究(《整体刑法学杂志》18)所证实。但也有不同意见:(1)伯讷(*Bohne*)认为意大利而非荷兰才是现代自由刑的起源地;在意大利,12—16世纪的刑法引进自由刑并建立了现代意义上的监狱制度,该制度后来才被荷兰和德国所仿效。下列学者不同意伯讷的观点,包括 Eb. 施密特:《整体刑法学杂志》45 第 309 页、46 第 152 页,冯·希佩尔:《德国刑法》第 1 卷第 98 页,《法学周刊》54 第 2736 页以及布姆克:《手册》6,此外还有赛格克(*Seggelke*)第 40 页及以下几页,道尔斯佩格(*Doleisch von Dolsperg*)第 46 页及以下几页,哈夫特第 261 页注释 1。(2)克里科斯曼(《监狱学导论》)将现代意义上的自由刑要么归因于强制劳动,因为"在长期监禁的情况下,剥夺自由被作为一种刑罚方法使用";要么归因于荷兰的监狱,因为"在荷兰,剥夺自由是被作为教育刑来执行的"。但这种观点是基于对强制劳动的本质特征的误解所致(参见上文)。不同意克里科斯曼的观点的主要有弗罗伊登塔尔第 845 页,Eb. 施密特:《发展等》第 71 页及以下几页(Entwicklung usw. 71 ff.)。同意克里科斯曼的观点的有戴拉奎尔:《瑞士刑法学杂志》37 第 342 页及以下几页。主流观点支持本教科书的立场。

② 在文献中常常写成 opus publicum。详见伯讷 2 第 275 页及以下几页,克里科斯曼:《导论》第 3 页及以下几页,Eb. 施密特第 10 页及以下几页、第 57 页及以下几页,冯·希佩尔:《德国刑法》第 1 卷第 242 页。

§59 自由刑——概述和历史

会化的思想。因此,如同在中世纪被当作牢狱的城堡一样,它同样较少被视为历史先导和现代自由刑的第一个发展阶段。

自16世纪中叶和17世纪初叶以来的有关平民救济的新规,为流浪汉、懒鬼、乞丐、轻佻的娼妓、不听话的仆役和宠坏了的孩子建立感化院或监狱,通过严明的纪律使他们习惯于劳动,将他们教育成为对社会有用之才,这可以说是一个全新的思想。第一批感化院设施于1555年建于伦敦。① 起榜样作用和对自由刑的发展起决定性作用的是建于1595年的阿姆斯特丹监狱(男监)和1597年的阿姆斯特丹监狱(女监)。② 我们从这些监狱中能够发现现代自由刑的历史起源,因为在这里,剥夺自由首次被上升为刑罚要素,犯人劳动被有意识地作为教育手段来使用,而不再被视为身体上的痛苦或对生命的消灭。紧随这些荷兰监狱之后,在港口城市汉堡、不莱梅和吕贝克(1600年后),在卡塞尔(1617年)、但泽(1629年)也相继建立了一些监狱和劳动教养所。德国的其他一些地方也纷纷建立了监狱。特殊预防的思想第一次取代了一般预防(矫正),开辟了刑事司法的新途径。

但是,在17世纪的进程中,德国一些地区的监狱出现了较大的衰败,这种衰败一直延续到18世纪,而且,当法院科处的自由刑对迄今为止的生命刑、身体刑和驱逐出境取代得越多,衰败得也就越严重。这种衰败表明,在重商主义目的影响下,人们将监狱出租给私营企业家,而后者只对充分使用在押犯的劳动力感兴趣,其他一切都是无关紧要的。如此,许多地方的监狱人满为患,其原因各不相同:不同种类的犯罪人、待审拘留的嫌疑犯、精神病患者、精神变态者、乞丐、娼妓、老态龙钟者和穷光蛋,等等。对他们未加分类,没有足够的工作可做,得不到足够的管理,拥挤着居住在不卫生的监舍里。只有少量的监狱,其中主要是荷兰的监狱和港口城市的监狱,仍然忠实地保留着老传统,坚持教育和矫正思想。

2. 再次给予自由刑所追求的教育和矫正思想以统治地位的是18世纪后25年所兴起的国际监狱改革运动。对监狱改革运动而言,每个监狱在改革过程中所遇到的问题基本上是相同的,即如何根据每个监狱现有的在押犯

---

① 对此,尤其请参见道尔斯佩格第92页及以下几页,他的研究表明,英国对荷兰的影响是肯定的。还请参见 Eb. 施密特:《整体刑法学杂志》50 第635页,冯·希佩尔载布姆克的《手册》10 注释 2。但对欧洲大陆的自由刑发展而言,阿姆斯特丹起到了榜样作用;未经阿姆斯特丹促成,也即自由刑在英国的直接发展至今未能被证实。

② 参见冯·希佩尔:《整体刑法学杂志》18 和《德国刑法》第1卷第242页及以下几页以及那里的其他的文献索引,包括一些极有价值的图片资料。

§59 自由刑——概述和历史

的数量来进行个别化教育。其结果是人们提出了渐进方式问题,并思考如何解决。时至今日,从技术的角度来看,该问题仍然是现代自由刑的中心问题。

a. 在阿姆斯特丹,将在押犯进行最初的分类,使单独监禁的犯人在白天进行集体劳动,至少在当地的部分监狱得以实现。其后,该分类制度又相继在由罗马教皇 Clemens XI 于 1704 年在罗马建立的矫正监狱"San Michele"[①]以及 1720 年建立的卡塞尔监狱实施。

对现代监狱制度有着重大影响的是(建于 1772—1775 年)根特监狱(比利时)。该监狱实行犯人在白天集体劳动,夜晚单独监禁的制度,因此,该监狱可视为现代意义上的第一个刑罚执行机构。

b. 大约是在同时(1773 年),霍华德(生于 1726 年)开始了其对英国和大陆国家监狱的研究工作。其于 1777 年发表了"英格兰和威尔士监狱的状况"(State of prisons in England and Wales),直至其作为自己所选择的生活道路的受害者于 1790 年死于俄国,霍华德一直孜孜不倦地、以甘于成为受害者的热情陆续发表了一系列游记。英国改革监狱制度,尤其是建造拥有许多较小监舍的监狱的努力(1779—1781 年),均归功于霍华德的建议。

c. 其间,尤其是在富兰克林(B. Franklin,死于 1790 年)的影响下,监狱制度改革运动被移植到北美,但英国罪犯的转移是人们抱怨的重点。1776 年 2 月 7 日建立,因战争而停止活动,1787 年再次举行会议的费城监狱协会除限制死刑外,将白天和夜晚的完全单独监禁引进 1790 年在 Wallnuss 街建造的费城监狱。这里,矫正工作应当以犯人真诚悔罪为前提。这一由真正的教友派教徒的精神来实现的制度的结果是极其不利的。因此,在纽约州,人们于 1823 年以"禁止犯人相互交谈的监禁制度"(silent system)替代"单独监禁制度"(solitary system):夜晚单独监禁,白天集体劳动,以严厉惩罚(鞭打)阻止犯人间的不正当交往。不同的是,在宾夕法尼亚州,经过艰苦的斗争,单独监禁于 1829 年取得了胜利。单独监禁(但犯人被要求强制劳动)后来被受各国的旅游者参观和褒扬的著名监狱——费城监狱所接受,并严格、始终如一地加以实施。

d. 当两种监狱制度间的激烈斗争在美国以单独监禁的失败而告终时,单独监禁在整个欧洲取得了全面的胜利。1840 年建造、1842 年开放的伦敦本顿维尔单人监舍监狱,将美国人的"单独监禁制度"缓和为"分类监禁制

[①] 请参见赛林:《罗马圣迈克尔收容所的少年矫正院》,载《刑法与犯罪学杂志》1930 年第 20 卷,第 533 页。

§59 自由刑——概述和历史

度"。但与宾夕法尼亚州监禁模式不同，英国的单独监禁只构成累进制刑罚执行的一个环节；在经过18个月的旨在考核而非矫正的单独监禁（后来时间有所缩短）后，根据在押犯在单独监禁期间的表现情况，在押犯被分成不同的等级，要么被送往在澳洲的殖民地，要么留在本土的监狱服刑。

3. 德意志各邦国在18世纪末期也受到世界监狱制度改革运动的影响。在德意志，监狱制度改革运动是与文学运动同时开始的。在霍华德的影响下，瓦格尼兹（Wagnitz）和冯·阿尼姆（v. Arnim）发表了颇受重视的关于自由刑及其改革的著作①，但由于拿破仑发动的战争，两位作者在文章中涉及的运用累进制思想的改革尝试是不可能成功的，以至于来自18世纪的令人不快的监狱情况在起初依然如故。当普鲁士于1810—1840年间建造的较大的监狱，借助于严格的军事纪律，至少解决了监狱外在的洁净和秩序问题时，已经过去很长时间了。大约在1820年前后，在英国和美国的影响下，德国开始了新的改革运动，它同时导致了对监禁方式的斗争。宾夕法尼亚州的单独监禁模式在该斗争中起初取得了胜利，这尤其与监狱改革的先驱尤里乌斯（Julius）②的支持以及在美茵河畔的法兰克福召开的第一届国际监狱大会（1846年）的极力肯定有关。但对单独监禁的偏爱并不是源自以再社会化为目的的刑罚个别化的矫正思想，而更多的是出于报复和威慑的立场。当然，在当时，单独监禁的反对者还是大有人在的。由于强调矫正思想，由于赞同对犯人进行人道的、个别化的处遇，这些反对者实际上是自由刑历史使命的维护者和促进者。这里值得一提的主要有日内瓦的奥巴讷（Aubanel）、巴伐利亚的奥伯迈尔（G. M. Obermaier）③、普鲁士的泰尔坎普（Tellkampf）④。他们赞同以累进制为方向的分类制度，以此方法保证对在押犯的矫正和教育思想能够切实得到实现。但相对于单独监禁的一般热情而言，他们也并没有获得彻底的成功。

---

① 参见瓦格尼兹：《历史报道和关于德国的令人惊讶的监狱》1，1792年；2，1794年。冯·阿尼姆：《关于犯罪与刑罚的断编残简》，1803年。还请参见冯·希佩尔：《德国刑法》第1卷第338页，弗罗伊登塔尔第89页，克里科斯曼第55页，Eb. 施密特：《刑法档案》67第351页。

② 参见尤里乌斯：《监狱学讲座》，1828年。还请参见冯·希佩尔：《德国刑法》第1卷第339页，克里科斯曼第59页。

③ 参见奥伯迈尔：《监狱在押犯的矫正指导》，1835年。该篇非常有意义的文章重新刊载于《现代刑罚执行文集》第2集上，并由李普曼作序（1925年）。还请参见施达默（Stammer）关于奥伯迈尔及其著作，《监狱学文集》1919年第58集，以及：载阿沙芬堡主编的著作11第34页；格劳宁（Glauning）：载阿沙芬堡主编的著作17第229页。

④ 参见泰尔坎普：《论北美和英国的矫正监狱》，1844年。还请参见克里科斯曼第63页。

§59 自由刑——概述和历史

分别建于1848年的布鲁沙尔(Bruschal)监狱和1849年的莫阿比特(Moabit)监狱,是以宾夕法尼亚模式建造的第一批德国监狱。在19世纪50年代的热情之后,尽管人们又开始冷静下来,但不久,一些国家又开始建造监舍监狱,这种监狱带有中间建筑和放射状监舍,有厨房和学校,有个别用于散步的小院和防护设施,以及在法律中明确规定单独监禁。走在以单独监禁模式改造旧监狱前列并始终一贯地进行改革的,要数比利时了。而其他国家则对短刑犯的监禁和对长刑犯在最初阶段适用单独监禁作出种种限制。

4. 英国向澳大利亚放逐囚犯(1853年、1857年、1867年)及其替代措施——刑事奴役(Strafknechtschaft),使得英国在长期自由刑的执行方面,越来越断然地使用累进制。基于重塑在押犯的道德均势,使被判刑人重返社会的思想,英国的监狱制度主要由下列几个阶段构成:(1)9个月的严格的单独监禁;(2)在四个技能要求不断增加的部门集体劳动;(3)附条件释放(假释),但保留撤销假释的可能性。该制度也被引进爱尔兰,但在有些方面有所不同。不同之处主要有在假释前增加了一个预备期:在预备期,允许有望被假释的在押犯在过渡监区居住,在此期间,在押犯可自由与外界交往。

爱尔兰的这种不同之处给予米特迈耶、冯·霍尔涝多夫等人一个机会,大谈所谓的"爱尔兰制"(一个为大不列颠人自己所完全陌生的表述),并热衷于建议模仿(1859年)。是的,人们在使用(且今天仍在使用)"爱尔兰制"和"累进制"时,其意思是相同的,尽管累进制的思想源于自由刑,且各国在使用上有所不同(有的使用等级制,有的则设立过渡监区)。正如上文所表明的那样,它在18世纪就为瓦格尼兹,后为克莱因、泰尔坎普、奥伯迈尔等人所主张,在瑞士的多个监狱(尤其是在日内瓦监狱)以及在英国很久以来就已这么做了,甚至连所谓的"过渡期"问题也早就多次在德国进行过讨论并于1851年被梅克伦堡的德雷贝根(Dreibergen)引进。请参见瓦尔贝格(Wahlberg):《监狱制度手册》第1卷第117页,冯·李斯特第117页。以爱尔兰模式为榜样的国家主要有匈牙利、克罗地亚、波斯尼亚、芬兰、意大利等。

相反,英国法中其根源在澳洲殖民地(1829年)的附条件释放(假释),很快便在欧洲大陆获得了众多的拥护者。除奥登堡的维希塔在1860年的尝试失败外,萨克森于1862年成功地引进了此等假释制度,后又有众多的德意志邦国以外的国家引进。

5. 纽约州的埃尔米拉(Elmira)以及北美的一些其他国家所实施的改革措施也是基于同样的基本思想。其目的在于通过教育对在押犯进行矫正,使其适应释放后的自由生活。此等改革措施的特点在于,它与不确定判决联系

§59 自由刑——概述和历史

在一起(参见上文§4相关注释),此外,它还强调对在押犯进行智力上的和身体上的训练。这也是奥伯迈尔于1835年所主张的并在巴伐利亚经过实践的思想;在北美,在深受奥伯迈尔影响的EC. 维纳斯(*EC. Wines*)的领导下,美国的监狱改革富有勃勃生机,并由这一思想决定。在最近,该思想又重新引入德国,使得德国的刑罚执行重新以教育和矫正思想来实施。

6. 当《帝国刑法典》生效时,统一依据矫正和教育思想的原则来调整自由刑执行的可能性尚不存在。德意志各邦国在刑罚执行的方法上极不相同,刑罚制度相互矛盾。既然一个邦国都不能制定一个统一的刑罚执行制度,那么,对处于不同的监狱管理当局管辖范围内[①]的监狱制定一个统一的刑罚执行制度大多也是不可能的。基于这一传统的且不能简单地一笔勾划掉的状况,《帝国刑法典》不能仅仅满足于数条关于自由刑及其种类与执行的规定。在所有西方国家看来,自由刑执行的法律根据仍是各邦国法,邦国法对服务规定和刑罚执行规定的形式——在整个帝国超过60个——均有较细的规定。[②]

早在北德刑法典草案的说明中,就有制定关于刑罚执行的帝国法律规定的要求;联邦议会于1870年、1875年、1876年的多项决定表达了同样的思想。1879年3月19日递交联邦议院的关于自由刑执行的帝国法律草案,最终未能提交到联邦议会。相反,1879年11月德意志帝国政府就执行法院判处的自由刑时应当适用的一系列"原则"达成了一致。[③]但是,这些原则已不再作为各邦国不同的管理制度的外在调整的结果(李普曼§60前的有关文献)。在涉及刑罚执行的内容设置方面,所有的重要内容均由邦监狱管理部门自己斟酌。这些原则几乎没有现代监狱制度改革精神的气息。因此,作为监狱制度发展中的一个阶段,人们完全可以对其不予关注。但是,监狱制度的进步,应当归功于一些监狱领导忘我的工作以及某些监狱主管机关采取的

---

① 在普鲁士,重刑犯监狱和较大的监狱于1817年受内政部管辖,其他监狱由司法部管辖。这种"二元论"因1917年12月14日的关于统一刑罚执行的规定而被废除。至此,除拘留所,所有的监狱,包括以前由内政部管辖的重刑犯监狱,均由司法部管辖。参见冯·希佩尔:《整体刑法学杂志》39第462页,Eb. 施密特:《整体刑法学杂志》39第459页,此外,还有克里斯曼第73、155页,弗罗伊登塔尔第90—91页,冯·希佩尔:《德国刑法》第1卷第374页。

② 针对这种混乱的法律状况,弗罗伊登塔尔表明了法律统一和法律安全的必要性,以确保在法治国家观点下制定刑罚执行法。还请参见雅可毕(*Jacobi*):《整体刑法学杂志》50第376页,以及关于1927年《刑罚执行法草案的说明》第38页。

③ 载于《整体刑法学杂志》18第400页。还请参见阿希罗特:《整体刑法学杂志》18第384页以及《国际刑法协会报告》7第237页,冯·希佩尔:《德国刑法》第1卷第371页。

具体措施,现在的监狱立法甚至也离不开他们无私的工作和一些好的措施。① 1923年监狱制度进一步发展的一个原因是:各邦国政府就"自由刑执行的原则"(所谓的帝国议院原则)达成了一致,该原则将教育和矫正思想摆在整个刑罚执行的中心位置,并因此而重开"监狱改革"之门,随后,此次监狱改革在帝国各邦国全面展开。该伟大工程的高潮——制定一部统一的《帝国刑罚执行法》②开始以下列方式着手进行:帝国司法部于1927年将《刑罚执行法官方草案》交公众讨论并同时递交联邦议院。由于这部草案是在《1925年官方草案》的基础上制定的,所以,只要稍作修改③即可递交联邦议会。但由于1930年联邦议会的解散,这一伟大的改革工程被迫中断。

§60 帝国立法中的自由刑

I. 帝国刑法规定的自由刑有四种:
1. 重监禁又译重惩役,作为严厉的、剥夺名誉并要强制劳动的刑罚。
2. 监禁也称普通监禁,作为中等严厉的、不剥夺名誉但要强制劳动的刑罚。
3. 拘役,作为最轻的、不剥夺名誉的刑罚,一般也不要求强制劳动。
4. 要塞监禁,作为严厉的、不剥夺名誉的刑罚,不要求强制劳动。

II. 根据《帝国刑法典》的规定,这四种自由刑只在下列方面有所区别:
1. 使用方式。重监禁(重惩役)是适用于重罪的刑罚;监禁是适用于轻罪的刑罚;拘役是适用于越轨行为的刑罚,但拘役在例外情况下(《刑法典》第140条第2款、第185条、第186条以及《工商业条例》第147条和1888年《关于不公开审理法》第2条和第3条)也适用于轻罪;要塞监禁既可由重监

---

① 请参见李普曼(Lit. zu §60)3,冯·希佩尔:《德国刑法》第1卷第369页及以下几页。值得一提的还有在摩泽尔建立的少年监狱。还请参见弗罗伊登塔尔第94页,他以一篇纪念文章(载阿沙芬堡9第577页)鼓动建造这样一所监狱;爱尔格(*Ellger*):《整体刑法学杂志》35第660页,36第554页,以及《德国刑法学杂志》1第575页;普莱泽(*Preiser*):《整体刑法学杂志》39第328页。

② 关于刑罚执行法草案的建议请参见《监狱学报》第45期、第47期和第48期。还请参见克莱因:《整体刑法学杂志》33第643页、35第816页;冯·雅格曼(*v. Jagemann*):《德国刑法学杂志》1第15页。帝国1919年《宪法》第7条第3款,《1919年草案》第62条,《1925年草案说明》第29页及以下几页,《1927年草案说明》第36页及以下几页。

③ 对此请参见弗雷德(*Frede*):《整体刑法学杂志》48第306页。

§60 帝国立法中的自由刑

禁(重惩役)又可由普通监禁代替,且适用于一系列的政治犯(《刑法典》第130条a和第345条),但不适用于决斗。

2. 期限。重监禁(重惩役)和要塞监禁是终身的或有期自由刑,普通监禁和拘役总是有期自由刑,前两种自由刑在有期情况下最高为15年,普通监禁最高为5年,拘役最高只有6周;最低期限在重监禁(重惩役)的情况下为1年;在其他自由刑的情况下只为1天(《刑法典》第14—18条)。①。

3. 计算。重监禁(重惩役)以整月计算,其他自由刑以整天计算(《刑法典》第19条)。1天是指24个小时,一周是指7天,1个月和1年则按日历时间计算。

4. 强制劳动。强制劳动是与重监禁(重惩役)联系在一起的(《刑法典》第15条),在与自由劳动者隔离的情况下,允许犯人在狱外劳动。被科处普通监禁的犯人(《刑法典》第16条)可从事与其能力和情况相适应的劳动;此等犯人有权要求从事与其能力和情况相适应的劳动;只有经犯人本人同意,才能让他们在狱外从事劳动。在要塞监禁的情况下(《刑法典》第17条),强制劳动在例外情况下被排除。而在普通监禁的情况下,强制劳动只在极个别情况下(《刑法典》第362条、第361条第3—8款针对流浪汉、乞丐、懒汉、不劳动者、娼妓等)才被允许;押犯可在狱内,在与自由劳动者隔离的情况下,也可在狱外从事与其能力和情况相适应的劳动。

5. 在科处重监禁(重惩役)的情况下,可剥夺特定的名誉权[参见上文§56注释13(即本书第328页注释①——译者注)];在科处重监禁和(在特定条件下)科处普通监禁的情况下,可剥夺全部名誉权,而在普通监禁和(在特定情况下)科处要塞监禁的情况下,可剥夺部分名誉权(《刑法典》第32条及以下几条);在科处拘役的情况下,不得剥夺名誉权。

III. 自由刑的执行。②

1. 自由刑执行的内容安排取决于刑罚执行的目的。1871年《帝国刑法

---

① 在数罪竞合的情况下,《帝国刑法典》的最高期限有可能例外地被突破(参见下文§71);普通监禁也适用于少年(参见下文§68 I)。

② 关于根据军事刑法判决的刑罚执行,请参见1920年8月17日的《取消军事法院审判权法》第13条,《军事刑法典》第15条,1926年5月18日的《帝国军队刑罚执行条例》,1926年12月28日的《海军刑罚执行条例》,1923年6月7日的《帝国议院原则》第195条。对此,请参见布姆克(Bumke):载其《手册》2 I注释2,迪尔肯(Dörken):《手册》第465页及以下几页。此外还请参见《刑事诉讼法》第423条、《法院组织法》第162条和第163条。帝国法院科处的刑罚的执行以普鲁士与帝国签订的协约为基础。

§60 帝国立法中的自由刑

典》在忽视自由刑的历史使命的情况下,只看到自由刑的报应功能。① 因此,传统的刑罚执行方法几乎说明不了什么问题,且除上文 II 4 提及的关于强制劳动的形式外,仅仅满足于制定一个内容贫乏的关于单独监禁及其期限的规定(第 22 条)。②

《少年法院法》的表述要清楚些。该法(第 16 条)将教育目的摆在刑罚执行的中心位置,并规定将犯罪的少年收容于特定的监狱或特定的监区,如果要对其执行超过 1 个月的自由刑的话③,少年犯必须与成年犯分开执行刑罚。

自由刑执行的安排在今天仍由邦法调整。现在,各邦已经达成了详细的原则(即所谓的 1923 年 6 月 7 日的《帝国议院原则》),并为该原则的实施颁布了《勤务和执行条例》(《帝国议院原则》第 7 条)④。执行原则构成了今天自由刑执行规定的重要的渊源。

2. 我们在这里只能粗略地探讨一下这些规定,以便读者能够了解刑罚执行领域的最重要的内容。

最为重要的、在各个角度均具有方向性的规定见于第 48 条:"通过执行自由刑,犯人应当习惯于秩序和劳动,不再重新犯罪。"如此,自由刑的执行中

---

① 关于自由刑执行中报应思想的影响,现在尤其请参见李普曼:《纪念阿沙芬堡诞辰文集》第 56 页及以下几页。

② 根据《刑法典》第 22 条的规定,重监禁(重惩役)刑和普通监禁刑既可在整个刑罚执行期间也可在部分刑罚执行期间以单独监禁的方式执行,犯人可持续地与其他犯人相隔离。但未经[重监禁(重惩役)和普通监禁]犯人的同意,单独监禁的期限不得超过 3 年。在要塞监禁和拘役的情况下"连续的、不间断的"单独监禁是不允许的;持相同观点的还有阿尔费德第 252 页注释 44,弗兰克§22,洛伯:《帝国刑法典及其注释》§22 注释 1,瓦亨费尔德第 231 页。关于所谓的"单独监禁",参见下文注释 11(即本书第 346 页注释②——译者注)。

③ 对此,请参见上文§59 注释 13(即本书第 342 页注释①——译者注)。《帝国议院原则》第 196—212 条是对《少年法院法》第 16 条的必要补充。少年福利局在刑罚执行中的协作是非常重要的,请参见《少年法院法》第 16 条第 5 款和《帝国议院原则》第 199 条。

④ 最为重要的有:1923 年 8 月 1 日的《普鲁士勤务和执行条例》,1924 年 3 月 15 日的《巴伐利亚监狱勤务和执行条例》,1924 年 6 月 21 日的《萨克森监狱刑罚执行条例》,1924 年 5 月 24 日(1929 年 9 月 24 日)的《图林根地区邦监狱勤务和执行条例》,1925 年 4 月 25 日的《巴登监狱勤务和执行条例》,1924 年 5 月 14 日的《符腾堡法院监狱勤务和执行条例》,1926 年 1 月 4 日的《符腾堡邦监狱勤务和执行条例》,1924 年 10 月 24 日的《汉堡监狱勤务和执行条例》,1924 年 5 月 17 日的《自由港口城市吕贝克监狱勤务和执行条例》,1924 年 10 月 13 日的《奥登堡邦监狱勤务和执行条例》,1924 年 8 月 21 日的《诺伊斯特雷利茨邦法院和地方法院监狱及梅克伦堡地方法院监狱勤务和执行条例》,1924 年 7 月 9 日的《梅克伦堡—诺伊斯特雷利茨邦监狱勤务和执行条例》,1924 年 6 月 23 日的《德雷贝根邦监狱勤务和执行条例》。

§60 帝国立法中的自由刑

包含教育和矫正思想的原则被确认下来。① 所以其他一些具体规定均在这一总原则的规定之下。由于这一原则只有通过尽可能的刑罚个别化方能实现，因此，为了实现这一目标，它一方面应尽可能少地限制刑罚执行机构的自由判断，另一方面通过一系列有关刑罚执行的具体问题的规范性规定，将统一的教育学精神根植于刑罚执行机构。

a. 要实现这一目标，不能依靠"旧式的警官"（李普曼语），而只能尽可能地依靠由各个监狱经过特别培训的能够胜任教育工作的官员队伍，已为该总原则（《帝国议院原则》第8条及以下几条）所承认。② 培训此类官员队伍是各邦的非常重要的任务。至少那些较大的监狱应当交由经过特别培训的官员来管理。《帝国议院原则》规定，此类监狱的专职岗位至少有一名狱长，一名医生，一名或数名教师。此外，最好每个犯人均有神职人员照管。通过所谓的"监狱顾问委员会"的培训（《帝国议院原则》第17条及以下几条）③，监狱官员以外的这些顾问人员，也应当对刑罚执行施加影响，由于他们对刑罚执行事业的理解和积极参与的热情，可期望他们以与其有关的社会工作来实现刑罚执行的精神。为对在各邦属于司法行政当局职权范围的监狱实行监督［参见上文§59注释10（即本书第341页注释①——译者注）］，成立了邦高等法院辖区的"刑罚执行局"，其首要任务是对在其管辖范围内的监狱中目标明确的教育工作实行监督。

b. 就以教育影响为目的的刑罚执行而言，监禁制度的技术问题自然也就起着特别重要的作用。尽管因历史发展的原因（参见上文§59），人们偏

---

① 对于那些完全不具有可矫正性的罪犯，当然不适用教育和矫正的尝试。《帝国议院原则》也绝对没有要求这样做，它只是以其清楚的矫正思想强调，罪犯的不可矫正性不能被视为一般规律。海因德尔（《职业罪犯》，1926年）的悲观主义未能得到同情。但没有一定的乐观主义的勇气，建立在教育学基础上的监狱改革是不可能进行的。关于这一点，请参见下列学者的著作，他们是李普曼、根茨、邦迪、海尔曼（*Gentz, Bondy, Herrmann*）、格林霍特等，此等主张以实践经验为基础并远离多愁善感的"人道主义疏忽"和无批评的乐观主义的著作，得到了持久的重视；没有这些著作倡导的精神，监狱制度的任何改革都将受阻。

② 参见上文§4注释15（即本书第18页注释②——译者注）。此外，还有盖茨：《整体刑法学杂志》51第216页；Eb. 施密特：载阿沙芬堡主编的著作22第193页；魏森里德（*Weißenrieder*）：载布姆克的《手册》第71页及以下几页；施维斯特（*Schwister*）：载《普鲁士刑罚执行》第9页及以下几页。值得注意的还有1931年1月8日的普鲁士高级刑罚执行官人事规定。

③ 在普鲁士，在较大监狱对地方顾问人员的培训，早在1919年2月22日的司法部部长令中就有规定。

345

§60 帝国立法中的自由刑

爱单独监禁①，但《帝国议院原则》还是未规定某种特定的监禁方式，相反，它不仅规定了三种不同的基本监禁方式(单独监禁、监舍监禁和集体监禁)②以供选择(第38条及以下几条)，而且还规定了与单独监禁在组织上有联系的刑罚执行的累进制(Strafvollzug in Stufen；Progressivsystem)③，但所有的具体规定暂时仍由各邦负责。由于允许变更监禁方式(《帝国议院原则》第43条第2款)，在具体的刑罚执行局管辖下的监区范围内，按照统一的刑罚执行计划进行刑罚执行(《帝国议院原则》第24条)，因此，针对每个犯人的实际情况安排最符合目的的监禁方式，在实践中还是完全可能的。

c. 刑罚执行的质量当然不仅仅取决于收容方式。犯人是否被矫正，主要看在狱内对该犯人的治疗的质量如何。只有当对具体犯人的治疗与对他的教育相适应，国家才能指望刑罚执行能够取得成效。

a) 旧的原则，即通过对犯人进行奴役般的压迫，使其放弃自己的意志，并以此方式使犯人变得顺从，被《帝国议院原则》正确地放弃了。④ 一般而

---

① 这里尤其请参见李普曼第22—23页。

② 单独监禁:不管是白天还是黑夜，单独监禁的犯人被与其他犯人隔离监禁，没有放风(《帝国议院原则》第39条)。监舍监禁:该类型的犯人在白天和夜晚，尤其是在劳动中被收容于一个监舍，但他们有在监舍外活动的机会，还可利用宗教活动、上课或其他机会有规律地与其他犯人交往(《帝国议院原则》第40条)。集体监禁:此类犯人在白天，尤其在劳动时，一般是与其他犯人被收容在一起的。这种三分法，特别是将监舍监禁与单独监禁进行区分是否符合《刑法典》第22条规定的精神，还是非常值得怀疑的。李普曼第24页反对这种做法。1927年《刑罚执行法草案》第58条只规定了单独监禁和集体监禁两种监禁形式，但从内容上将单独监禁等同于《帝国议院原则》意义上的监舍监禁(《帝国议院原则》第60条)。

③ 累进制刑罚执行的特点在于，犯人经过不同的刑罚等级，通过不断增加的从宽执行待遇区别于刑罚压力，并对犯人的责任感、自我控制力以及内在动力同样提出了更高的要求。犯人通过累进制刑罚执行学习"两个内容,其一,人们想帮助他重新站立起来,其二,犯人必须依靠自己的努力才能被教育好"(李普曼:载阿沙芬堡主编的著作)。但《帝国议院原则》还缺乏关于累进制刑罚执行的详细规定，相反，在《刑罚执行法实施法》第162条及以下几条中倒是有详细的规定。人们不需要再为此等法规的生效而等待了，因为各邦在此期间制定此等法规的热情高涨，具有榜样作用的是普鲁士1929年6月7日的《累进制刑罚执行条例》。对此，请参见西弗茨(Sieverts):载阿沙芬堡主编的著作之附录3(1930年)第129页及以下几页。值得注意的是，在巴伐利亚监狱和其他监狱进行的与累进制有关的遗传生物学研究,据估计取得了比李普曼否定性的批评更大的价值。属于累进制符合目的之内容的还有引入爱尔兰模式的中间和过渡阶段，此外，还有提前释放与累进制等级结果的组织上的联系。不确定判决必须成为有目的地实施累进制刑罚执行的当然的先决条件。请参见上文§4注释13(即本书第17页注释①——译者注)。最后，累进制刑罚执行中的问题主要集中在所有与特殊预防有关的具体问题上。

④ 关于此等"幼稚的假心理学"与报应思想的联系及其在刑罚执行中的可怕效果，请参见李普曼:载阿沙芬堡著作之附录1。还请参见现在非常重要的由西弗茨所进行的心理学研究。

§60 帝国立法中的自由刑

言,正在执行矫正性自由刑的犯人属于这样一些人,他们对内心想法的无法控制、意志薄弱、缺乏自我批评等会导致与刑法的抵触。因此,就犯人的再社会化而言,尤其要强化他们的意志力,激励他们的责任感,总之,要唤醒和激活他们积极的社会素质。只有维护和尊重犯人的自尊心,只有对犯人进行道德影响,提高他的道德水平,只有当犯人守秩序、勤奋、准时、尊重监狱官员和遵守监规纪律而不是被迫为之,只有当犯人能够自我尊重时,这一目的才能够实现。正是基于这样的思想,才制定了《帝国议院原则》第31条、第49条、第114条、第115条、第54条、第105条及以下几条、第62条及以下几条。

b)在犯人的再社会化过程中,应当特别重视犯人劳动①是显而易见的。《帝国议院原则》第62条将它描述为有秩序的刑罚秩序的基础。因此,该原则将法律允许范围内的犯人劳动规定为一种义务。用今天的刑事政策观点来看,这是理所当然的,但在当时则不然,因为监狱企业使得监狱领导面临一些非常困惑的问题,这些问题一部分来自刑事政策方面,一部分来自经济领域。从基于对《帝国刑法典》的理解来看,犯人的劳动意味着惩罚,但现在人们毫无保留地认为,犯人劳动是犯人最重要的再社会化方法,因此犯人劳动必须具有生产上的效益,必须以现代化的方式来劳动,必须对犯人有教育意义上的价值。② 但这一思想的实现常常遇到非常大的阻力,尤其是在一些以单独监禁为主的监狱;对被其他监狱认为是小手工作坊式的劳动方式,这些监狱是不可能予以考虑的。因此,糊纸袋、编织脚垫、扯松麻絮、马毛、布袋缝补、木材加工等,虽然此类工作无聊至极,但由于缺乏更好的工作,这仍然是犯人每天必须完成的任务,如此,他们才不至于全无工作可做。

c)自由刑的刑罚痛苦,在于几乎完全剥夺了犯人的活动自由和自决权,在于改变了犯人至今所熟悉的生活和工作环境,在于阻断了犯人与外界的联系等。这些刑罚痛苦自然而然地作用于犯人,而无须本来意义上的"执行";但对刑罚执行所造成的损害不应当多于创造的利益,则应当考虑,应当给予犯人尽可能无阻碍地重新找到重返自由社会之路的机会,应满足他们一些特定的要求和给予他们事实上的继续发展的可能性。为了实现这一目的,给犯人授课(《帝国议院原则》第106条),让犯人于工余时间在监狱图书

---

① 关于犯人劳动及其问题之所在,现在尤其请参见格林霍特在《国家科学小词典》中的观点。犯人的劳动报酬也是一个特别麻烦的问题,它涉及经济的、刑事政策的和法学的一系列问题,这里不可能对之进行深入的探讨。

② 这里还请参见涉及少年犯人在监狱中劳动的《帝国议院原则》第203—206条和《图林根地区邦监狱勤务和执行条例》第75条及以下几条。

馆阅读书籍和报刊(《帝国议院原则》第107条及以下几条),使他们能够与外界交往,虽然这样的交往受到严格的限制(接受探监,通信;《帝国议院原则》第112条及以下几条),但这些措施是很重要的。在有秩序的累进制刑罚执行中,借助于过渡监区、适时的表扬及类似措施,逐步引导犯人获得较多的自由,同样有益于这一思想的实现。这里,《帝国刑法典》第23—26条只在例外的赦免情况下适用提前释放①,这属于现代刑罚执行的有机组成部分。终于,一个合理的、对每一个没有任何感伤的犯人和刑释人员帮助②,通过为其寻找工作岗位等尽可能地促进被判刑人的再社会化。

d) 为维持和确保监狱的秩序,需要制定严格的、确实得到遵守的监规纪律,对违反监规纪律者给予所谓的家罚(Hausstrafe)[对此,请参见上文§4注释2(即本书第14页注释①——译者注)]。

§61 罚金刑

I. 罚金刑是帝国刑罚体系中唯一的财产刑主刑。它有时单独适用,有时在自由刑之外作为第二主刑适用,有时与自由刑一起适用。③ 自开始有帝国犯罪统计[参见上文§3注释2(即本书第10页注释①——译者注)]以来,罚金刑在刑事司法中的意义不断增加。早在1912年,因犯重罪和轻罪而被科处的罚金刑就占因此等犯罪而被科处刑罚总数的51.6%④;由于1921年至1924年的《罚金刑法》,罚金刑在现今德国的刑罚制度中从数据上看占

---

① 《帝国刑法典》规定的提前释放与刑罚执行不存在丝毫组织上的联系,从提前释放的条件便可看出:提前释放必须征得犯人本人的同意,并完全由司法监督部门来决定(第25条),而且根据《帝国刑法典》的观点,提前释放并非自由刑执行终了的正常途径,也不是《帝国刑法典》累进制执行所希望的。提前释放的其他条件还有:已执行刑罚的3/4(但至少已执行1年);被提前释放的犯人在服刑期间表现良好。提前释放可与特定的条件(被提前释放的犯人需要置于保护监督之下、逗留限制等)联系在一起。对此,请参见冯·利利恩塔尔:《德国法学家报》(1925年)第1861页和格拉夫·z.多纳:载阿沙芬堡1926年著作附录1第84、85页。可依第24条撤销之。

② 在19世纪,犯人帮助主要由监狱协会或监狱联合会负责。但它毕竟早已超越了个人的爱好范畴,今天已完全成为"公众的义务"(弗罗伊登塔尔语)。对此,请参见《帝国议院原则》第225条及以下几条,《刑罚执行法草案》第240条及以下几条。

③ 根据《帝国军事刑法典》第29条的规定,如果一犯罪行为同时还违反了军事义务,不得科处罚金刑。

④ 参见《1925年草案说明》第32页,还有海尔维希第1页及以下几页。

§61 罚金刑

有绝对的优势。1928 年,有 69.4%的重罪和轻罪被科处罚金刑。①

Ⅱ. 与其他任何一种刑罚一样,对犯罪人而言,罚金刑同样是一种痛苦。其结果是②:

1. 由第三人代替被判刑人缴纳罚金是不允许的。不得免除被判刑人的罚金刑,不得由国家来承担。

2. 罚金刑不得与被判刑人的其他债权相抵销。

3. 每个被科处罚金刑的被判刑人均必须自己独立地承担。数名被科处罚金刑的被判刑人共同承担缴纳义务是不被允许的。关于偶尔规定的第三人的责任,参见上文§56 注释 12(即本书第 327 页注释③——译者注)。

4. 被判刑人减轻缴纳罚金的执行,也是不被允许的,但可根据《刑法典》第 30 条的规定而为之;参见下文§72 注释 2(即本书第 392 页注释②——译者注)。

Ⅲ. 罚金刑的最低金额在重罪和轻罪的情况下为 3 帝国马克,在越轨的情况下为 1 帝国马克(《刑法典》第 27 条)。在犯罪未遂和帮助犯的情况下,罚金刑的科处也不得低于这一最低金额;该关于罚金刑最低金额的规定同样适用于少年被判刑人。③ 但在具体的刑罚规定中可超越该最低金额。

罚金刑的最高金额④在重罪和轻罪的情况下为 1 万帝国马克,只要未规

---

① 参见爱克斯讷(Lit. zu §66)第 31 页;关于罚金刑的整个发展情况主要请参见皮切尔(Pitschel);还请参见瓦格纳第 480 页和《1927 年草案》附录Ⅱ第 44 页及以下几页。

② 参见阿尔费德第 259 页,洛伯:《帝国刑法典及其注释》对§27 等的说明 3,劳赫(Rauch)第 26 页,奥尔斯豪森§27 1。

③ 这是关于未遂犯和帮助犯的主流观点,参见弗兰克§27 Ⅰ 1,洛伯:《帝国刑法典及其注释》§27 注释 1,瓦格纳第 481 页,帝国法院判决第 18 卷第 125 页。关于少年被判刑人,海尔维希:《说明》第 18 号认为,根据《少年法院法》第 9 条第 3 款的规定,在少年犯轻罪的情况下,最低罚金应为 1 帝国马克,因为罚金刑必须被视为"统一的刑罚种类"。但他的这一观点是与《刑法典》第 27 条的规定相抵触的。赞同本教科书观点的有洛伯:《帝国刑法典及其注释》§27 注释 1,基索夫:《少年法院法》第 9 条注释 3d(要考虑旧的关于最低标准的规定),瓦格纳第 481 页,奥尔斯豪森§27 9a。

④ 在旧版本的《帝国刑法典》第 27 条中,没有关于罚金刑最高金额的规定,最高金额根据具体的犯罪来决定。1921 年 12 月 21 日《关于扩大罚金刑适用范围的法律》,首次引进了罚金刑最高金额的规定;现在版本的《帝国刑法典》第 27 条,是以与 1924 年 12 月 19 日的《硬币法实施条例》第 2 条有关的 1924 年 2 月 6 日的《财产刑和罚款条例》第 1 条为基础而制定的。对此,请参见上文§27 注释 2(即本书第 140 页注释②——译者注)。

349

§61 罚金刑

定"不限最高金额的罚金刑"①;在越轨的情况下被科处的罚金是固定的,即150帝国马克。《刑法典》第 27 条第 2 款所规定的最高金额,在科处的刑罚存在于多次、一次或部分确定金额的案件中,对法官并没有约束力[《刑法典》第 27 条第 3 款,参见上文 §27 注释 5(即本书第 141 页注释③——译者注)]。在《刑法典》第 27 条 c 第 3 款的情况下,法定之最高限额亦可被突破(参见下文 §66 III 1c)。

IV. 关于罚金刑的计算请参见下文 §66 II、III。

V. 随着罚金刑判决发生法律效力,被判刑人的缴纳义务即行开始。如果一审判决为一帝国法院作出,则应向帝国银行缴纳;如果一审判决为邦法院作出,则应向邦缴纳罚金。法律规定的原则是,被判刑人应当立即一次性缴纳全额罚金。但法律同时又规定(《刑法典》第 28 条第 1 款),法院有根据被判刑人的经济情况(也即要考虑被判刑人的整体经济能力,它不仅包括其收入、财产、债务,也包括其劳动能力等因素),认定被判刑人是否有能力立即缴纳全额罚金的义务。② 如果法院认为被判刑人没有立即且全额缴纳的能力,则将其表现在判决中,即在判决书中③规定一个缴纳期限或准许分期缴纳的金额。在判决宣布之后,一审法院亦可以裁定形式(与《刑事诉讼法》第 462 条相联系的《刑法典》第 28 条第 3 款)规定缴纳期限和分期缴纳事宜。如果被判刑人不能及时支付分期缴纳的金额,或者被判刑人的经济状况有了根本好转,法院亦可撤销对被判刑人的此等优待。根据《刑法典》第 28 条第 3 款的规定,在《刑事诉讼法》第 462 条的裁定程序中,亦可于事后对法院的

---

① 不规定罚金刑限额的情况,参见 1919 年 12 月 13 日的《帝国税法》第 396 条。还请参见 1922 年旧的《共和国保护法》第 9 条;弗兰克 §27 I 1;洛伯:《关于共和国保护的帝国及邦立法》(1922 年)第 62 页。事实上,不规定刑罚的最高限额,是不符合《帝国宪法》第 116 条所包含的刑罚确定性原则的,因此,对其最高限额不作限制的罚金刑只能在修改宪法的帝国法律(《帝国宪法》第 76 条)中规定,此外,也可依据《帝国宪法》第 48 条的规定科处。对此,《刑法典》第 27 条并没有一般的授权意义,只是涉及以有效法律为基础的此等种类的罚金刑。因此,是否可以对一个案件科处不限制最高金额的罚金刑,应具体案件具体分析。请参见奥尔斯豪森 §2 7。

② 缴纳期限和分期缴纳的规定早在 1921—1924 年罚金刑立法之前就已存在了。但是否执行过,只取决于刑罚执行当局的好恶。1921 年的《罚金法》第 5 条规定,为裁判之法院有权规定缴纳期限,允许被判刑人分期缴纳;但它涉及"能够规定",该规定由 1923 年 4 月 27 日的《帝国罚金刑法》第 1 条第 2 项修改为"必须规定";《刑法典》第 28 条因而同时保留至今。1924 年 2 月 6 日的《财产刑条例》第 1 条保留了该规定。关于对《刑法典》第 28 条的解释请参见帝国法院判决第 60 卷第 16 页、第 64 卷第 208 页。

③ 帝国法院判决第 60 卷第 16 页有恰当的论述。

§62 自由附加刑

决定作出修改。

VI. 被判刑人不愿意缴纳罚金的,可根据《刑法典》第28条a的规定进行追缴;依《刑事诉讼法》第463条进行追缴的,适用《民事诉讼法》关于执行民事判决的有关规定。追缴可及于被判刑人的所有动产和不动产。如果被判刑人的动产肯定不能满足所需缴纳的罚金的数额的,追缴努力可即行中止(《刑法典》第28条a第2款)。如同不能追缴以清偿刑罚一样,在这种情况下,存在罚金刑的"不可追缴性",这就具备了《刑法典》第28条b(参见下文VII)所规定的处分和以替代自由刑(Ersatzfreiheitstrafe)代替罚金刑的法定条件(参见下文§69 I)。

VII. 为了避免短期自由刑过多地取代不可追缴的罚金刑,《刑法典》第28条b规定了通过自由劳动来代替不能追缴的罚金刑。是否允许以此等方式清偿罚金刑,由刑罚执行当局自由裁量。《刑法典》第28条b第2款计划制定的特别规定至今仍未看到。令人遗憾的是,我们对此等清偿方式的实践意义尚不能感到十分的欣慰。①

VIII. 帝国或邦对缴纳的或追缴的罚金的使用,依据帝国或邦的预算法规定进行。但并不缺乏(缴纳的或追缴的)罚金使用的特别规定。

例如,1875年的《身份法》第70条,根据该条的规定,承担公务上费用的官署有权使用此等罚金;与第116条有关的《手工业条例》第146条;1871年的《邮政法》第33条;1902年的《海员法》第132条;1909年的《酒法》第32条;1911年的《船舶航行税法》第5条;根据1911年的《保险法》,保险公司有权使用;根据1919年的《帝国税法》第460条的规定,罚金由帝国支配。②

§62 自由附加刑

I. 在自由刑之外,且一般在重监禁之外,例外情况下在普通监禁之

---

① 1878年的《普鲁士盗伐森林法》第14条[参见上文§20注释6(即本书第108页注释③——译者注)]规定,以该法第13条科处的替代自由刑,是使被判刑人习惯在森林中的劳动和乡镇的劳动。对此,还请参见《普鲁士盗伐森林法》第34条第2款。

② 根据1878年的《普鲁士盗伐森林法》第34条的规定,罚金甚至可由受损害者所有。一般的做法是,被判刑人将罚金交给国家财政部门,由后者再转交给受损害人。参见瓦格曼关于《普鲁士盗伐森林法》第34条的注释1。由国家财政将被判刑人所缴纳的罚金转交受损害人,并不会改变罚金刑的刑罚特征(李斯特在本教科书过去的版本中持不同观点)。同样,赦免也可对罚金刑适用。

§62 自由附加刑

外,判处被判刑人警察监督,由法官自由裁量决定,但只能在法律有明文规定的情况下始可为之。①

《德国刑法典》规定的允许科处警察监督的情况主要包括以下诸条款:《刑法典》第115条、第116条、第122条、第125条、第146条、第147条、第180条、第181条、第181条a、第184条、第248条、第256条、第262条、第285条a、第294条、第325条、第49条a。此外,对规定有死刑或终身重监禁刑之罪的未遂犯②和帮助犯③,同样可科处警察监督(《刑法典》第44条和第49条)。还有一些不同的附律,如1895年的《禁止掠夺奴隶法》第3条、1914年的《间谍法》第14条等。

1. 如警察监督适用于既遂的重罪和轻罪,则同样适用于对未遂犯(《刑法典》第45条)和帮助犯的处罚;如果警察监督适用于数罪并罚,则可在总和刑以外适用(《刑法典》第76条)。

警察监督不得适用于少年犯罪人(《少年法院法》第9条第4款)。

2. 基于此等判决,级别较高的邦警察局在听取监狱行政管理部门的意见后,有权给予被判刑人5年以下的警察监督处分。警察监督的时间自自由刑执行完毕、已过追诉时效或被赦免之日起计算(《刑法典》第38条)。

3. 警察监督的效力(《刑法典》第39条):

a. 邦警察局可禁止被判刑人在一些特定处所(如酒馆、剧院、火车站等)逗留,尤其可禁止被判刑人在其家乡逗留。④

b. 级别较高的邦警察局有权将外国人(在最高期限5年内)驱逐出境。

c. 在警察监督期间,住宅搜查不受限制。⑤

II. 除判处短期监禁外,因《刑法典》第361条第3—8项规定的越轨行为,亦即对流浪汉、乞丐(但这里是在限制性条件下适用)、懒汉、娼妓、不愿

---

① 1787年《约瑟夫刑法典》是首部准许科处警察监督(在盗窃的情况下)的法律。约在18世纪末期,该规定被广泛运用于德国刑事司法,在绝大多数邦的本世纪的刑法典中均有关于警察监督的规定。该规定在普鲁士的新的发展(1850年2月12日的法律)是以《刑法典》第44条及以下几条为蓝本的,德国以外关于警察监督的立法则部分地受到阻碍。

② 在终身监禁之外还可能科处其他刑罚,在未遂犯的情况下是允许科处警察监督的,如果法官决定适用较重的刑罚。

③ 这里起决定性作用的,是法律要将未遂犯与帮助犯同等对待。持同样观点的还有阿尔费德第265页注释10。

④ 此为主流观点。不赞同该观点的有施瓦茨§39注释1,瓦亨费尔德第239页。

⑤ 参见《刑法典》第361条第1项和《刑事诉讼法》第103条、第104条、第106条和第113条。

§62 自由附加刑

劳动者、失业者,以及依《刑法典》第181条a规定对靠妓女生活的男人和依《刑法典》第285条a规定对赌博者判处监禁(这是很遗憾的)者外,可判处交付邦警察局。因此,判决地的官署有权将被判刑人收容于劳动教养所或命令其从事公益劳动,时间最长为2年。对于外国人,将其收容于劳动教养所或以驱逐出境替代收容于劳动教养所(《刑法典》第362条),人们也称之为"修正性事后监禁"(korrektionelle Nachhaft)。① 自1900年6月25日的法律以后,警察当局可将娼妓收容于矫正或教育机构或收容所,而不再收容于劳动教养所②;如果被判刑人(在判决时)未满18岁,亦不得被收容于劳动教养所(参见《少年法院法》第9条第4款)。

III. 驱逐出境作为附加刑③只适用于下列情况的外国人:

1. 赌博(《刑法典》第285条a)。
2. 泄露军事机密(1914年6月3日的法律第14条)。
3. 替代警察监督(《刑法典》第39条第2项)。④
4. 替代收容于劳动教养所,或在收容于劳动教养所之外被驱逐出境(《刑法典》第362条第4款)。⑤

---

① 参见冯·希佩尔:《德国刑法与外国刑法之比较研究》分论部分2第177页。详细规定见于1889年6月26日的联邦议院决定中。事后监禁早在18世纪就被广泛运用,它起源于普鲁士,被《普鲁士邦法》所接受,因1799年的通告条例而扩大,其后又被遗忘。参见冯·希佩尔:《德国刑法》第1卷第284页;其最新的发展基于以《法国刑法典》为蓝本制定的1843年《普鲁士法》,该法于1856年修订。"事后监禁"直接加入主刑的行列。持相同观点的还有贝内克:《整体刑法学杂志》10第339页,弗兰克§362 V,冯·希佩尔第185页,瓦亨费尔德第241页。不赞同该观点的有绍伊费尔德:《行政法词典》2第258页。其期限的计算始于实际上的开始,而非刑罚期限届满之后。赞同此观点的还有迈耶第473页,罗森费尔德:《帝国刑法典及其注释》§362注释10;不赞同该观点的有科尔劳斯第608页。

② 警察的其他权限值得注意。

③ 它有别于作为外事警察的处分的驱逐出境。参见冯·李斯特-弗莱希曼§25 III 3。驱逐本国人出境见于1874年5月4日的法律,1890年5月6日被废除。

④ 持同样观点的还有弗兰克§39 V。

⑤ 最高期限为2年。不同观点参见冯·希佩尔第191页,他与主流观点一样,认为驱逐出境未有期限规定,应当是长期有效的;持相似观点的还有罗森贝格:《帝国刑法典》及其注释§362注释12。参见《刑法典》第361条第2项。

§63 名誉刑

I. 历史。作为中世纪刑罚的残余,名誉刑构成了今天刑罚制度中的一种刑罚。在中世纪,名誉刑以两种面目出现:其一,作为一种对被判刑人的羞辱,如侮辱人的装束和耻辱柱;其二,作为所谓的权利和名誉的丧失,主要意味着减少被判刑人的法定权利。在中世纪,这两种形式的名誉刑流传颇广,且经常被使用。《查理五世刑事法院条例》同样规定了名誉刑的这两种形式,例如,对伪誓者(第 107 条)和为嫖客介绍妇女和儿童者(第 122 条)科处丧失名誉,对不忠的全权代理(第 115 条)科处绑于耻辱柱上和戴项镣。由于自由裁量导致"基于寻求建议的刑罚"(冯·希佩尔:《德国刑法》第 1 卷第 198 页),这导致在帝国的各地,源于中世纪的名誉刑包含在德国法律生活的方方面面。只是启蒙运动才唤醒了对此等名誉刑的批判性思考;随着特殊预防思想的兴起,对人的羞辱尤其显得不适宜了;要求进一步限制适用名誉刑的呼声日益高涨(贝卡利亚)且事实上也确实起到了一定的作用。名誉刑的一个分支——对人的羞辱,自此便逐渐消亡了。与之相反的是,现代国家进一步发展了源于权利和名誉的丧失的名誉刑;国家给予公民越来越多的参与各种公共事务的机会,但同时也扩大了权利的减少和限制的不同可能性,因为在中世纪的权利和名誉的丧失所涉及的个人与司法的关系之外,现在在刑罚的道路上,也可通过褫夺公权来影响官员关系,通过丧失选举权、剥夺头衔等来影响公民的政治权利。

在现行法律中,可看到此等发展明显地衰落了:在《少年法院法》废除驱逐出境之后,只在极少的判决书中仍可见到真正的羞辱人的名誉刑;相反,降低法律地位和限制法律权利的名誉刑则在较大范围内被保留了下来(参见下文 II—IV)。

起初,刑法改革并未动摇名誉刑的结构。当《相对之草案》第 72 条、《委员会草案》第 85 条和《1919 年草案》第 76 条放弃所有涉及私法领域减少权利的内容之后,1919 年之前的所有草案将现行法律中的名誉刑体系完整地保留了下来,人们想做的只是进一步强调这样一种基本思想,即由于个人的伦理道德因素,在刑法上所完全不可能的不名誉思想的特征[参见下文 §66 注释 2(即本书第 375 页注释①——译者注)],原则上至少作为剥夺名誉权

§63 名誉刑

的先决条件而提出。其后,李普曼自1921年①起展开了针对整个名誉刑体系的强有力的斗争,但随即又发生了转变。名誉刑的反对者变得越来越多;其间,1925年的《官方草案》走出了决定性的一步,它废除了名誉刑。但是,1925年的《官方草案》在第54条及以下几条保留了担任公职资格的丧失以及选举权和投票权的丧失,在第59条保留了作为"保安处分"的判决公告。《1927年草案》和《1930年草案》则又强调可能的处分的刑罚特征,两部草案将担任公职资格的丧失和选举权与投票权的丧失及判决公告吸收进与保安处分相分离的、独立的章节(第46条及以下几条),置于"附加刑和附随效果"标题之下,同时保留重新授予此等资格和权利的可能性(第50条)。从刑事政策的角度来看,最后一句话并未表明此等规定的立法意图。人们要求,将来的刑法必须从所有影响再社会化程序的名誉后果中摆脱出来。但在行为人的此等社会适应能力不再可能时,应当使用最为有效的使之不能再犯罪的方法。如果这一思想得到贯彻,则对于与降低名誉的思想相关的因素而言,它自身便是多余的了。

II. 自《刑法典》第57条第4项因《少年法院法》(第47条)被废除,且责备被从刑罚单中抹掉之后,现行法律就不再有关于名誉主刑的规定了。② 责备现在被作为所谓的警告规定在《少年法院法》第7条的教育措施之列。③

III. 根据帝国立法,名誉上的附加刑不是为了消除和减少名誉法益,而是在于全部或部分地通过刑事法官的判决④,剥夺特定的由法律所规定的"公民的名誉权"。

IV. 公民名誉权的剥夺,包括:

1. 长期丧失:
   a. 被判刑人的公开选举权。⑤
   b. 公职(直接的和间接的国家公职)、身份、头衔、勋章和奖章(《刑法

---

① 参见李普曼:《国际刑法协会报告》第22页;《德国刑法之改革》第123页及以下几页,1921年;《瑞士法学家报》(1922年)第22期。
② 参见《少年法院法》第46条。
③ 1925年以后的所有草案均保留了这一规定。
④ 其中存在名誉刑与权利丧失在概念上的区别。
⑤ 公开选举是指在公共事务中[与之相对的是私人和家庭生活事务的选举,也包括教会或职业方面(医生联合会、商会)等]的选举。

§63 名誉刑

典》第 33 条）。①

2. 暂时性的丧失履行下列名誉权的能力：

a. 佩戴邦徽。②

b. 参加帝国国防军。③

c. 获得公职、身份、头衔、勋章和奖章。

d. 在公共事务中进行表决、选举或被选举，或履行其他政治权利。④

e. 如果证书的效力或使之成为正式的证书的行为的法律效力取决于聘请，则不得作为取证时的证人；1898 年 5 月 17 日的《关于自由审判权的法律》第 173 条第 2 项降低了此等"无资格"的效力：一个被认为失去公民权者，不得参与取证，他依然参与取证的，则对书证的效力不发生影响；与第 2233 条、第 2249 条、第 2250 条、第 2251 条有关的《民法典》第 1318 条和第 2237 条第 2 项，也持相同的观点。

f. 成为监ململک人、监护人的监督者、保护人、母亲之帮助人、家庭会议成员或受托管理人⑤，但晚辈血亲、上级监护当局或家庭会议同意的，不在此限（《刑法典》第 34 条）。《民法典》第 1781 条第 4 款、第 1792 条第 4 款、第 1915 条、第 1694 条、第 1866 条的规定⑥，也同样降低了此等"无资格"的效力，如上述 e 所说的那样。

---

① 根据《刑法典》第 31 条第 2 款的规定，公职也包括律师职务、公证人职务、陪审官职务等；教会中的职务也应当算作公职范畴，但以此等宗教团体属于公法上的社团者为限（《帝国宪法》第 137 条）；在此种情况下，教会中的职务所行使的是公共权力［参见安雪茨：《宪法》（1929 年第 3 版）第 137 条的注释 8］。不同观点有弗兰克§31 II 2，洛伯：《帝国宪法典及其注释》§31 注释 5。属于"身份"的还有学位，如果此等学位是由国家授予的。持同样观点的还有弗兰克§33、§34 注释 II 2 和一般观点。丧失的只是源于国内（帝国和各邦）的名誉权，包括由国内给予的接受外国勋章或使用外国头衔的权利。不同观点参见洛伯：《帝国宪法典及其注释》§33 注释 3（以特别的国家行为亦得拒绝接受和使用外国头衔），施瓦茨§33 注释 3。赞同本教科书观点的有弗兰克§34 II 2，奥尔斯豪森§33 8。还请参见诺伊迈尔：《整体刑法学杂志》27 第 1 页。早在 1871 年的立法中，丧失贵族称号就未被列入名誉刑，因为它作为使当事人家庭法律地位降低的刑罚与今天名誉刑的基本思想是矛盾的。根据《帝国宪法》第 109 条第 3 款的规定，丧失贵族称号绝对不可能属于名誉刑的范畴。

② 完全不切合实际。为何仅不能佩戴邦徽？为何不包括禁止佩戴帝国之徽章？

③ 帝国国防军由帝国陆军和帝国海军组成，参见 1921 年 3 月 23 日的《兵役法》第 1 条。

④ 请参见 1920 年 4 月 27 日的《帝国选举法》第 2 条第 1 款第 2 项。

⑤ 关于《民法典实施法》的新版本第 34 条，还请参见该法第 40 条。

⑥ 《民法典》已没有"受托管理人"的概念，《民法典实施法》第 34 条对此也未予以重视。对此，还请参见帝国法院判决第 41 卷第 388 页。

§63 名誉刑

无资格的期限,在有期重监禁(重惩役)的情况下为 2 年至 10 年,在普通监禁的情况下为 1 年至 5 年(《刑法典》第 32 条第 2 款);在死刑和终身监禁刑的情况下,则没有时间上的限制。剥夺资格的法律效力随判决的生效而开始;但无资格期间,自自由刑执行完毕、已过时效或被赦免之日起计算(《刑法典》第 36 条)。①

一般而言,剥夺名誉权属于法院自由裁量的范围,具有法律约束力的文字规定,见于《帝国刑法典》第 161 条、第 181 条、第 302 条 d 和 e,此外,还见于 1897 年的《移民法》第 48 条。

在死刑和重惩役(重监禁)的情况下立即剥夺名誉权,在普通监禁的情况下,只有当被科处的自由刑满 3 个月,且要么法律明文规定剥夺公民的名誉权,要么由于有从轻情节而被科处普通监禁替代重惩役时,始可剥夺公民的名誉权。

法律明文规定可剥夺公民名誉权的条款主要有:《刑法典》第 49 条 a、第 108 条、第 109 条、第 133 条、第 142 条、第 143 条、第 150 条、第 160 条、第 161 条、第 164 条、第 168 条、第 173 条、第 175 条、第 180 条、第 181 条 a、第 183 条、第 184 条、第 248 条、第 256 条、第 262 条、第 263 条、第 266 条、第 280 条、第 285 条 a、第 289 条、第 294 条、第 302 条(a、b、c)、第 304 条、第 329 条、第 333 条、第 350 条。此外,还涉及一些附律,尤其是《帝国税法》第 400 条关于偷漏税的规定。对于此等附律而言,也必须坚持最低 3 个月自由刑这样一个条件,如果这些附律,如《帝国税法》第 400 条,本身如此明文规定的话。例如,请参见 1911—1924 年的《雇员保险法》第 342 条、第 350 条。

如果犯罪既遂在被科处刑罚外还要求剥夺名誉权的,在犯罪未遂(《刑法典》第 45 条)和帮助犯(《刑法典》第 49 条第 2 款)的情况下,同样允许或要求剥夺名誉权(未遂犯的处分必须满 3 个月)。② 同样,除总和刑(《刑法典》第 76 条)之外,同样允许或要求剥夺名誉权。对少年行为人不得剥夺名誉权(《少年法院法》第 9 条第 5 款)。根据《帝国军事刑法典》的规定,如果既遂的重罪或轻罪在被科处刑罚外还要求剥夺名誉的,允许在科处未遂犯刑罚之外,剥夺军人的名誉。

---

① 自由刑在执行一段时间之后,其余刑被假释表明,名誉刑与现行刑法的再社会化趋势是很少相符的。帝国法院判决第 63 卷第 177 页将名誉丧失的效力,定于被判刑人从监禁状态中被释放(尽管是假释)时开始,"考验期与名誉权的丧失同时进行"是"无害的"(?)。

② 参见帝国法院判决第 60 卷第 126 页。

§63 名誉刑

V. 具体的名誉刑的剥夺,要区分几种不同的情况:

1. 除一定会剥夺公民名誉权的自由刑外,还可判处被判刑人在 1 年至 5 年内不得担任公职;此等(部分)剥夺的效果及于被判刑人在判决生效期间实际担任的公职(《刑法典》第 35 条)。

2. 在下列情形下,也可判处剥夺被判刑人已经担任的公职和经公开选举所获得之权利(但不同时剥夺担任公职的资格,即获得新公职的资格):《刑法典》第 81 条、第 83 条、第 84 条、第 87—91 条;1914 年《间谍法》第 14 条,且根据《间谍法》的规定,除监禁刑,在《刑法典》规定的情形下,除在例外情况下与减少公民的名誉权联系在一起的要塞监禁外,亦可判处剥夺名誉。

3. 根据《刑法典》第 128 条、第 129 条、第 358 条①的规定(与上述 1 不同,这里可不考虑监禁刑的期限问题),可判处被判刑人在 1 年至 5 年的期限内丧失担任公职的资格。在此等情况下,同样可适用《刑法典》第 35 条第 2 款的规定。

上述 IV 所述之原则同样适用于有时间规定的丧失资格期限的计算。

4. 根据《刑法典》第 210 条 a(因 1926 年 4 月 30 日的附律而加入)的规定,除因决斗而被科处的任何刑罚外,可判处被判刑人长期失去其所担任的公职(但与 2 不同的是,不丧失因公开选举所获得的权利和同时剥夺其担任新的公职的资格);在情节特别严重的情形下,则必须科处此等附加刑。

VI. 德国人在国外因犯重罪或轻罪被处罚,如依据帝国法律,此等犯罪必须使行为人丧失公民名誉权或丧失部分公民名誉权的,则可进行新的刑事诉讼程序,以便在该刑事诉讼程序中科处剥夺责任人上述名誉权(《刑法典》第 37 条;参见上文 §22 IV 1b)。②

VII. 其他名誉附加刑还有:

---

① 还请参见 1930 年《共和国保护法》第 6 条第 2 款,该款规定,可剥夺被判刑人相同的附加刑而无期限规定。

② 《刑法典》第 37 条与该法第 4 条第 3 项和第 5 条相联系,以行为人在实施犯罪行为时是德国人为条件。不同观点参见弗兰克 §37 I 2。与第 5 条的关系还表明,《刑法典》第 37 条意义上的"处罚"包括受刑罚处罚、已过执行时效和赦免。在已过追诉时效的情况下,不具备《刑法典》第 37 条所规定的先决条件。

§63　名誉刑

1. 作为证人或专家宣誓的资格(《刑法典》第 161 条)。① 对此,请参见下文 §181 II 4。

2. 在铁路和电信部门任职的资格(《刑法典》第 319 条)。② 对此,请参见下文 §150 III。

3. 经营企业的资格,《刑法典》未有此等规定,但一些不同的附律,尤其是战时和战后的附律,均有此等规定。其具有刑罚特征的先决条件是,法官在判决中判处剥夺之。③

4. 公告判决,但以其是为了公开谴责行为人,而不是(作为补偿措施)仅为受害人的私利之缘故而为之(参见上文 §56 B I 2)。属于此等情况的主要有《刑法典》第 285 条 a、1927 年《生活资料法》第 16 条、《帝国税法》第 399 条和附律中的一些其他情况。④

---

① 它的刑罚特征还是颇具争议的:(1)同意本教科书观点的有阿尔费德第 273 页;施瓦茨:《德国刑法与外国刑法之比较研究》总论部分 IV 第 269 页;施瓦茨 §161 注释 2。(2)认为是警察处分的有弗兰克:对 §13 II 5 的说明;迈耶第 474 页;葛兰特第 198 页;艾伯迈耶:《帝国刑法典及其注释》§161 注释 3;帝国法院判决第 60 卷第 285 页(该判决与迄今为止的其他判决相脱节)。

② 其刑罚特征同样颇有争议:(1)同意本教科书观点的有施瓦茨 §319 注释 2,阿尔费德第 273 页,戈尔德施密特:《德国刑法与外国刑法之比较研究》总论部分 IV 第 269 页。(2)认为是一种保安处分的有葛兰特第 198 页,迈耶第 474 页;弗兰克:对 §13 II 6 的说明,奥尔斯豪森 §319 1,罗森贝格:《帝国刑法典及其注释》§319 注释 1。

③ 认为是刑罚且为附加刑的有阿尔费德第 273 页,戈尔德施密特:《德国刑法与外国刑法之比较研究》总论部分 IV 第 270 页;认为是财产刑的有冯·李斯特在本教科书以前的版本中的观点。认为是保安处分的有迈耶第 474 页,芬克尔:《教科书》I 第 488 页,宾丁:《手册》I 第 328 页。邦税务局依《帝国税法》第 198 条所作出的禁止经营企业的决定,不能被认为是刑罚,因为它不是由法官以判决形式作出的。卡廷:《帝国税务刑法》(1929 年第 2 版)第 77 页的观点是正确的;亨瑟尔:《税法》(1927 年第 2 版)第 188 页的观点则是错误的。

④ 参见 Eb. 施密特:《整体刑法学杂志》45 第 20 页。戈尔德施密特:《德国刑法与外国刑法之比较研究》总论部分 IV 第 413 页,基齐厄:《法学格言》(1923 年)第 51 页,他不无道理地将之称为现代的耻辱柱。关于作为补偿方法的公告判决,请参见上文 §56 B I 2。

第三章　保安处分的种类

§64　现行法律中的保安处分

Ⅰ. 概述

1. 关于保安处分的概念和历史发展请参见上文§56,关于保安处分的刑事政策意义及其与刑罚的关系,请参见上文§4 Ⅲ 7、§5 Ⅱ 3、§16、§56。

2. 现行法律规定有下列保安处分:

a. 教育或矫正处分,且:

——《少年法院法》中规定的所谓的"教育处分"是针对犯罪时仍为少年者的;参见下文Ⅱ。

——《帝国刑法典》第362条第3款规定的在实践中无多少意义的矫正处分;参见下文Ⅲ。

——(因其独特的法律形式在下文§74中探讨)附有缓刑考验期的"附条件的缓刑"与免除刑罚。

b. 使某人不能再为害的措施,其方式是将与犯罪行为有关的物品予以没收或使之不能再使用;参见下文Ⅳ。

3. 但缺乏:

a. 针对有矫正需要且有矫正能力的成年人的矫正处分,以消除他们有犯罪危险的素质(如酒瘾、不愿劳动等)。

b. 针对使不可矫正的习惯犯不能再危害社会的处分。

关于草案中建议的此等处分的情况,请参见下文§65。

Ⅱ.《少年法院法》中的教育处分

1. 种类

《少年法院法》将针对在犯罪时仍为未成年人的教育处分,为法官们作

§64 现行法律中的保安处分

了详尽的列举(《少年法院法》第 7 条)。① 据此,应区分:

a. 警告,它是对被警告人提出的要求其具备最高的道德水准的一种呼吁,是针对被警告人的良知,其法律观和集体感而提出的,目的在于使其能够认识到其行为的不法性,警告他要认真地考虑其对于公众所负有的义务。② 警告的形式和内容,在具体案件中取决于作出此等处分的法官的自由裁量。虽不排除以书面形式作出警告,但作出书面形式的只属于例外。③

b. 交付有教育权者或学校管教。④ 法官在这里只有权命令,但无权自己执行。教育权人或学校负有借助法律所许可的一切管教方法,来对被管教的少年进行教育影响的义务。⑤ 特定管教方法的使用,如体罚、禁闭或类似的方法,法院无权规定。⑥

c. 规定特别的义务。该条非常一般性的处分规定,扩大了法官的教育

---

① 帝国政府可根据《少年法院法》第 7 条第 2 款的规定,经帝国议院的同意,将其他的教育处分解释为有效。1920 年《少年法院法》第 5 条规定,法官可将"任何一个关于教育和收容少年的规定"解释为合法,也即包括身体上的强制。但禁止这么做的,恰恰是现行法律的列举方法之目的所在。参见弗兰克尔(Francke):《少年法院法》§7 I,基索弗§7 注释 1,海尔维希§7 注释 2,葛兰特第 83 页,哈默施拉格(Hammerschlag)第 5 页。

② 参见 Eb. 施密特:《整体刑法学杂志》45 第 18 页。这种警告替代了过去的惩戒名誉刑的位置(《刑法典》第 57 条)。请参见哈默施拉格第 40 页。

③ 哈默施拉格第 43 页。其执行是在判决生效之后!基索弗§7 注释 9a,海尔维希§18 注释 3(提示参见《少年法院法》第 18 条第 2 款)。如果该少年被传唤接受警告,但其不到场怎么办?参见基索弗,摘引处。

④ 参见《民法典》第 1627 条、第 1634 条、1635 条、第 1637 条、第 1685 条、第 1687 条、第 1689 条、第 1696—1698 条、1699—1704 条、第 1707 条、第 1736 条、第 1738 条、第 1757 条、第 1765 条、第 1793 条、第 1909 条、第 1915 条;此外,还请参见《帝国少年福利法》第 33 条、第 35 条、第 47 条和第 62 条及以下几条。

⑤ 甚至身体上的强制也属于此等管教方法。

⑥ 这完全是主流观点。甚至作出交付命令的法院,也无权对教育权人在执行处分中的情况实行监督,对教育权人的执行监督是监护法院的职责;弗兰克尔§7 注释 9b。教育权人有权使用的管教方法的范围,无论如何不得因交付而有任何扩大。此外,由于监护法院的监督在实际上也很难进行,因此,该处分的实践意义不大。参见米勒:《德国第六届少年法院大会(1925 年)论文集》第 9 页和第 10 页,哈默施拉格第 50 页。但不管怎么说,法官所信赖的教育权人及其认真的教育愿望,定能在一定程度上取得教育处分的成果。此外,它还表明,正如弗兰克在对《少年法院法》第 5 条至第 8 条的说明中所正确强调的那样,它比迄今为止依《刑法典》第 56 条第 2 款的规定所允许的交付家庭管教,还是要强些。不考虑国家的教育处分,表明了一种消极性;相反,《少年法院法》第 7 条第 2 项规定的教育处分则是积极的:教育权人或学校得对被交付的少年适用一定的管教方法。这一点为弗兰克尔§7 Ⅲ、海尔维希§7 注释 6 所忽视。哈默施拉格第 46 页的观点是正确的。

§64 现行法律中的保安处分

活动的可能性的范围。法官可选择一些可望对少年起持久作用的义务。法官可向少年规定这样一些义务,即向受害人道歉或向受害人为特定的赎罪行为,或为特定的公益行为,使其认识到其行为的社会危害性①;法官可通过规定少年定期到法院或少年福利局报告,来实现对此等少年的生活情况进行监督;法官可通过对少年规定特定的义务,保护他们免受种种诱惑,如规定他们戒烟和戒酒,不得去电影院和其他娱乐场所,规定从其劳动所得中扣除一定部分作为积蓄,未经许可不得改变劳动关系,未经许可不得加入一协会或退出一协会。② 考虑到《帝国宪法》第 136 条第 4 款的绝对禁止规定,不得规定少年有参加宗教活动的义务。

d. 收容。如果生活环境的改变是为该少年的利益考虑所必需的,则无须为其确定托管教育者③,根据《民法典》第 1666 条的规定(但不必具备该条规定的先决条件)④,少年法官可命令,将少年收容于一个合适的家庭、教育机构或禁止机构。

e. 保护监督。保护监督的目的在于,将少年置于保护性的监视之下,防止他们在身体上、精神上和道德上处于无人照管的状态,以道德上坚强人格的形式给予他们稳定的支持,并以此方式巩固其抵御犯罪行为诱惑的能力,使其最终成为对社会有用的人。值得注意的是,此处的保护监督与警察的保护监督(参加上文 §62 I)毫无关系。⑤ 保护监督的实施只是在特定的个别先决条件下才可由少年法官亲自负责;一般情况下委托少年福利局负责保护监督的实施,后者依据《帝国少年福利法》第 58 条(《少年法院法》第 7 条

---

① 葛兰特第 99 页认为,在《少年法院法》第 12 条第 2 款的情形下,不得规定罚款。但主流观点不无道理地站在其对立面。参见弗兰克尔 §7 V A 2,海尔维希 §7 注释 8,基索弗 §7 注释 9c,哈默施拉格第 61 页。弗兰克尔 §7 V 表明的教育学和政策思考值得重视;但规定此等罚款,就其合法性而言是值得怀疑的。在实践中这种情况经常发生。参见米勒,摘引处第 10 页。

② 根据《帝国宪法》第 124 条的规定,该问题是值得怀疑的。参见基索弗 §7 注释 9c,弗兰克尔 §7 V。哈默施拉格第 55 页不赞同本教科书的观点。

③ 该处分的实践意义(参见米勒,摘引处第 12、13 页),可能要比为执行该处分而不动用国家财政要小些(请参见弗兰克尔,§7 VI)。如果少年的亲戚愿意且能无报酬地接受并教育此等少年,法官尽可命令之。哈默施拉格第 66 页及以下几页。

④ 尤其教育权人的过错不是必须的。

⑤ 关于不同的但完全错误的观点,请参见瓦亨费尔德:《刑法档案》69 第 356 页。只要我们读一下由德国少年福利中心撰写的《柏林少年帮助机构的帮助者的原则和意义》,就会清楚地知晓此处的保护监督与警察的保护监督的区别了。正确地不赞同瓦亨费尔德的观点的有弗罗伊登塔尔:《改革》(1926 年)第 161 页注释 1。参见哈默施拉格第 71 页及以下几页。

第 3 款)的规定,通过其帮助人来实施。

f. 托管教育。托管教育的目的在于防止或消除少年无人照管的状态,并将相关少年收容于适合的家庭或教养机构,在公开监督下,以国家的费用来实施托管教育(《帝国少年福利法》第 62 条)。由于通过完全改变相关少年的生活环境来与最严重的犯罪危害性作斗争,托管教育对父母的教育权以及少年自己的个人自由均是极大的干涉,所以,它被视为所有教育处分中最为严重的一种。托管教育的形式一般有两种,一种是家庭托管教育,另一种是教育机构的托管教育,两者均被置于由邦立法所规定的托管教育当局公开的监督之下(《帝国少年福利法》第 69 条、第 70 条)。被托管教育的少年如有精神障碍和严重的传染疾病,应收容于特定的托管教育机构,或至少收容于托管教育的特定场所;在这种情况下,绝对禁止由家庭自己进行教育。

2. 先决条件和适用范围

a.《少年法院法》中的教育处分所适用的先决条件是:

——少年实施应当受刑罚处罚的行为(《少年法院法》第 1 条)。少年在行为时是否具有《少年法院法》第 3 条意义上的认识能力和意志能力[参见上文§38 B I 1b 和§48 注释 4(即本书第 291 页注释①——译者注)],在适用教育处分时是无关紧要的(参见《少年法院法》第 5 条第 3 款)。相反,如果行为的犯罪特征因合法化事由或免责事由不具有《少年法院法》第 3 条所述之性质①,则法院不得科处任何有刑罚特征的不法后果,也不得科处教育处分。在此等情况下,只能由监护法院对行为人进行干预。

——在命令教育处分时不得超越特定的年龄界限。注意下列区别:

根据《帝国少年福利法》第 63 条第 1 款的规定,托管教育只适用于 18 周岁以下者,在例外情况下,也即如果有希望获得成功(第 63 条第 2 款),也可适用于 20 周岁以下者,且只是适用于"未成年人"(第 63 条第 1 款),但可因(几乎不可思议)宣布成年(《民法典》第 3 条),使之不可能适用。

根据与《帝国少年福利法》第 56 条相关的《少年法院法》第 7 条第 3 款的规定,保护监督的先决条件是,如果未宣布成年,可适用于年满 21 岁者,因为这里并没有像托管教育一样,作出时间上的限制。

根据《少年法院法》第 7 条第 2 款第 2 句后半句的规定,该原则同样适用

---

① 同意该规定的还有基索弗对《少年法院法》第 5 条及以下几条的说明 1,葛兰特第 80 页。

§64 现行法律中的保安处分

于其他的教育处分。①

——教育处分的必要性(《少年法院法》第5条第1款)。教育处分可根据对行为人人格的评价来确定,即要看通过法院的教育处分,被处分者能否习惯符合法律的生活(社会行为)。这里起决定性作用的是对以社会伦理而非以个人伦理为中心的特殊预防特征的考虑。如果以其他方式(如鉴于家庭教育的可能性)似乎能确保其将来的社会行为,则只要偶尔对行为人的矫正可能性产生怀疑,即可否定教育处分的必要性。

b. 保护监督和托管教育的特别先决条件。根据《少年法院法》第7条第3款的规定,适用《帝国少年福利法》的有关规定。这就意味着:

——保护监督以身体上、精神上或道德上堕落的危险为先决条件,且必须是为防止此等危险所需要和所能够(《帝国少年福利法》第56条)。如果犯罪行为具有精神上或道德上堕落的典型意义,《少年法院法》第7条意义上的作为独立的教育处分,才可被适用于刑事司法领域。②

——根据《帝国少年福利法》第63条的规定,托管教育的先决条件是:要么在《民法典》第1666条或第1838条的情况下,改变被托管教育者的生活环境是预防(虽未发生但担心发生)其堕落所必需,而其他处分又不能达到此目的;要么托管教育为消除已经发生的堕落所必需。

c. 如果具备a所述之先决条件,且如果需要,也具备了b所述之先决条件,则作出判决的法院可:

——或者自己命令在具体案件中所需的教育处分;如果少年法官或者少

---

① 《少年法院法》第7条第1—4项所述之教育处分,是否也适用于年满18岁以上的人(《少年法院法》第7条第3款只是规定,在此时刻之后执行),是值得怀疑的。同意本教科书观点的有弗兰克尔§5 II a;基索弗§7注释6 c;葛兰特第81页;哈默施拉格第31页。但海尔维希§7注释13则认为,年满18岁后只能执行,不得命令。但很遗憾的是,他的观点与《少年法院法》第17条第2款相矛盾。如果这里对在犯罪时为少年而在判决时超过18岁但仍未年满21岁者进行判决,少年法官可使之成为可能,则法律的意图是明白无误的,即对此等未成年人而言,教育法院应当有权作出任何教育处分之决定。如果剥夺此等法院教育处分的命令权,则忽视了,是基于何种理由构成了它的管辖权呢?对于非常接近成年的年轻人,是否能符合目的地命令教育处分,那是另一个问题。值得注意的是,保护监督,只是《少年法院法》第12条第2款[参见下文注释14(即本页注释②——译者注)]规定的保护监督,在成年之后仍可适用,参见《少年法院法》第12条第2款。

② 这里尤其请参见海尔维希§7注释9,他正确地将"第7条意义上的独立的保护监督"与第12条第2款意义上的非独立(与刑罚联系在一起)的保护监督区分开;此外,参见弗兰克尔§7 VII,他将"独立的保护监督"与"缓刑监督"相区分。对此,还请参见下文§74。

§64 现行法律中的保安处分

年法院的院长(《少年法院法》第19条第1款)同时是负责命令托管教育的监护法官(《少年法院法》第19条第2款),该少年法院可自己决定托管教育。请参见《少年法院法》第5条第2款第3句。

——或者只在判决中说明教育处分是必需的,选择和命令何种教育处分由监护法院决定("不确定的教育判决",葛兰特语);监护法院随后就有根据自由裁量选择命令和执行教育处分的义务。

——在何种程度上,在科处教育处分之外判处刑罚或免除刑罚,请参见下文§66 III 3。

d.《少年法院法》第8条给予法院在判决之前为临时教育和收容命令的可能性,而判决则必须对该应急措施进一步的命运作出决定。

3. 执行

a. 从教育处分的本质特征可以看出,其执行总是与其所追求的目的相适应。只要《少年法院法》第7条和《帝国少年福利法》第59条、第72条意义上的成年年龄界限作为教育处分的一个目标,可科处不定期的教育处分;也就是说,在教育目的未实现之前,教育处分仍可执行,当然,同样也可在该目的已实现的情况下,撤销教育处分①(此处尤其请参见《帝国少年福利法》第59条和第72条)。如果所命令的处分表明无效,或者所命令的处分可予以限制,则必须对所命令的处分进行调整,以适应变化了的情况。只要涉及限制教育处分或取消教育处分,就必须征得执行监督机关的许可。加重处分只能由监护法官作出。② 正是基于这样的理由,人们经常建议,进行判决的法院可将选择和命令教育处分的任务留给监护法院。

b. 处分的执行是下列机关或法官的义务:

——只要科处的是托管教育或保护监督,就总是由监护法院负责执行;如果进行判决的法院将教育处分的命令委托给监护法院的,后者亦得为之。

——如果少年法院自己在判决中,命令《少年法院法》第7条第1—4项规定的教育处分的,由少年法官负责执行。

——如果在例外情况下,在正式的刑事诉讼程序中命令教育处分的,由

---

① 弗兰克尔§7 IX,基索弗§5 注释8。
② 弗兰克尔§7 IX 如是说;不同观点参见基索弗§5 注释8,但基索弗§7 注释9c 正确地表述道,如果少年未能履行《少年法院法》第7条第3项规定的义务,则由监护法官根据不成功的教育尝试,决定再采取何种措施。如果少年法官对行为人科处严厉的处分,基索弗对此显然也是反对的。但我们不可忘记的是,根据《少年法院法》第19条第2款的规定,监护法官和少年法官通常是同一人。

365

§64　现行法律中的保安处分

作出判决的一审法院的审判长负责执行(《少年法院法》第17条第2款)。①

Ⅲ.《刑法典》第362条第3款第2句规定的收容于矫正或教育机构或教养院,主要适用于《刑法典》第361条第6项规定的构成犯罪的妓女。该教育处分是在特定劳动教养所(参见上文§62Ⅱ)实施的,但它失去了其实践意义,因为根据《刑法典》第362条第3款第2句的规定,该教养处分的适用对象是年轻的妓女,然而,根据《少年法院法》第9条第5款的规定,此等年轻妓女的处分被交付邦警察机关执行。

Ⅳ.在现今的刑法中,使行为人不再危害社会的保安方法只有两个,且只涉及物(不涉及行为人的人格):

1. 物之没收,如果该物不属于行为人或共犯所有②(参见上文§§56ⅠⅠ2、57ⅡB2)。在第152条、第295条和第296条a的情况下,必须科处;在第284条b第2句、第360条、第367条的情况下,选择科处;此等规定还常见于附律中,请参见1919年《帝国税法》第414条。

2. 使有犯罪内容的文书、图片和绘画以及制造此等文书、图片等的特定铜版和印模不能再使用。③ 此乃义务性规定,但只限于《刑法典》第41条所述之人占有的,或公开展示或公开出售的物品,在可能的情况下(该条第3款),可能只限于所述物品的一部分。使之不能再使用的命令也可在所谓的"客观程序"中进行。

---

① 葛兰特第107页如此正确认为。如果作出判决的法院与少年法院不一致,则教育处分的选择和命令总是由监护法院作出。

② 没收的福利特征是很有争议的。下列观点相互对立:(1)没收永远是刑罚。持该观点的主要有格吕克斯曼(Glücksmann)。(2)没收从来不是刑罚。持该观点的主要有贝林:《刑法之基本特征》第113—114页,葛兰特第166—167页,戈尔德施密特:《德国刑法与外国刑法之比较研究》总论部分4第282页,迈耶第76页。(3)赞同本教科书观点的有阿尔费德第267—268页,弗兰克§40Ⅰ,科勒第611页,绍尔:《基础》第193页,帝国法院判决第46卷第132页、第53卷第124页、第57卷第3页。

③ 关于使之不能再使用的法律特征也存在争议:(1)赞同本教科书观点的有阿尔费德第269页,弗兰克§41Ⅰ,葛兰特第196页,戈尔德施密特:《德国刑法与外国刑法之比较研究》总论部分4第286页,科勒第618页注释2,迈耶第477页。(2)认为部分是刑罚部分是保安方法的有徐腾萨克(Lit. zu §56),帝国法院判决第17卷第311页。使之不能再使用与没收的区别尤其在于,它无须经过国库而导致所有权的获得,物和资本的所有权并未改变(只是被消灭而已)。

§65 《1930年草案》中的保安处分

如同前面的所有草案一样,《1930年草案》除刑罚体系外,还制定了内容全面的"矫正及保安处分"体系(第55—64条)。① 与《1927年草案》(第55—64条)相比,《1930年草案》意味着,它吸收了委员会建议,因此,这是一个很大的进步。在刑罚和保安处分双轨制的安排上,可设定多种不同的层次。越强调这两个范畴在刑法上的不法后果、在使用和执行中的区别,则该不法后果体系就离上文§56 A I 和 II 所阐述的理论基础越远。《1925年官方草案》以下列方式接近于本教科书的刑法理论:它虽然坚持刑法上的不法后果体系的"双轨制"方法,但借助于"忽视"刑罚和保安处分(《1925年官方草案》第47条、第48条),回到了一个"执行中的单轨制"(弗罗伊登塔尔语),这实际上是将现代学派要求的"保安处罚"提了出来。在这一点上,《1927年草案》和《1930年草案》同样是保守的。在这两部草案中,甚至未涉及"忽视"刑罚和保安处分。但《1927年刑罚执行法实施法》(帝国议会法律草案),在其第10条和第273条中又适度地引用了《1925年官方草案》中的有关规定。

就细节而言,下列各点值得一提:

I. 矫正措施。《1930年草案》区分了:

1. 收容于公共治疗或护理机构(第56条)。这里会遇到这样一种在目前刑事司法实践中不断出现的严重的弊病,即行为时无责任能力之人必须被无罪释放;在行为时有限制责任能力之人,考虑到其表面上的较小责任,一般被从轻发落(在自由刑情况下一般被科处较短刑期的自由刑)。今天的刑事法官们对行为人的可能的较高社会危害性无能为力。《1930年草案》第56条对此作出了反应。如果行为人存在危害公共安全的可能性,且行为人的无责任能力或限制责任能力有可能继续破坏法制(犯罪危害性),法院可命令将其收容于治疗或护理机构,而且在被判刑人为限制责任能力人的情况下,是在确定刑之外作出命令。

---

① 参见爱克斯讷:《瑞士刑法学杂志》34 第198页,"有一点是无讨论价值的:即没有充实矫正及保安处分体系的现代刑法典"。

§65 《1930年草案》中的保安处分

收容首先被视为矫正处分,因为人们还是主要致力于对当事人的"治疗"①,通过消除产生犯罪危害性的病态状态,来达到保护社会的目的,当然这里也要考虑有些当事人是不可治疗的情况。就这方面而言,收容的目的仅在于使行为人不能再危害社会,因此也属于 II 中所探讨的处分。收容的目的与从一开始就确定时间界限是完全不相容的。因此,根据《1930年草案》第60条的规定,只要为命令之目的所需要,收容的期限不限;但如果法院在3年期限届满前重新命令收容的,可延长收容的期限;法院有义务每3年对继续收容的必要性重新进行认定(第60条第2款和第5款);如果限制责任能力之人同时被命令保护监督的,法院依第61条的规定,命令收容的期限最高为2年。

2. 收容于酒鬼治疗机构②或戒除瘾癖的机构。③ 无节制的酒精消费给社会造成了巨大的甚至无法估量的损失④,为与之作斗争,《1930年草案》与其前几部草案一样,至少规定了一系列的间接起作用的措施,如对"酒鬼"既可以科处刑罚(第367条),也可以科处矫正及保安处分(第57条、第60条及以下几条)。收容于酒鬼治疗机构或戒除瘾癖机构,只可科处给"习惯性地超量饮用酒精饮料或其他酒类"之人;而且,只有当犯罪行为是在醉酒状态下实施,或与行为人的"习惯"有关,或者将酩酊大醉规定为犯罪(《1930年草案》第367条)的情况下,始可科处。该处分有助于对有酒瘾者的治疗,同时以"使之习惯于符合法律规定的和有秩序的生活"为目的(第57条)。如果收容于酒鬼治疗机构或戒除瘾癖机构,其期限不得超过2年(第60条第3款),再加上不适合科处的,法官可根据第56条(参见上文1)的规定命令收

---

① 参见《1925年草案说明》第39页,《1927年草案说明》第45—46页;1928年第四选期帝国议会第21届委员会第12次和第13次会议;还有 E. 许尔策(E. Schultze):《精神病学和刑法改革》(1922年)第18—19页,阿沙芬堡:《论犯罪》第358页及以下几页,《国际刑法协会报告》新系列1第150页(MittIKV Neue Folge 1 150 ff.)。关于《1927年草案》第56条与《1930年草案》第56条之间的区别,请参见赖曼第286页。

② 参见阿沙芬堡:《论犯罪》第362页,《国际刑法协会报告》新系列1第164页及以下几页,弗罗伊登塔尔:《改革》(1926年)第167页。

③ 《1925年草案》第52条还规定了"禁止进入酒馆"的处分。在《1925年草案说明》第40页中承认,这种规定在大城市是很难执行的,是成问题的。格林霍特:《改革》(1926年)第176页以值得重视的理由要求删除这一处分。阿沙芬堡:《国际刑法协会报告》新系列1第169页也将禁止进入酒馆称为"小题大做的且收效甚微的处分"。《1927年草案》和《1930年草案》正确地删除了这一规定。

④ 参见阿沙芬堡:《论犯罪》第252页。对此,还请参见下文§190 II。

§65 《1930年草案》中的保安处分

容。这里,在与保护监督或规定特定义务(《1930年草案》第43条)相联系的情况下,亦可附条件缓刑,缓刑的最高期限为2年。属于此等"特定义务"的,尤其可包括参加某一温和的协会。

3. 交付劳动教养所。除《1930年草案》第370—372条所规定的刑罚之外,交付劳动教养所还适用于所谓的"普通危险性的行为"①,也即适用于乞讨、派遣他人乞讨和流浪。收容于劳动教养所的目的(第58条)在于,使被收容者坚持劳动,习惯于有秩序地生活。因此,在第一次收容时可以有固定的时间上的限制;而在其他收容情况下,一般在收容2年后,在由法院规定的期限内,决定收容的期限;关于收容的附条件的缓刑,适用上文2所述原则。

4. 保护监督。参见上文§64 II 1e。《1925年官方草案》第51条规定,保护监督的目的在于,防止被保护监督者实施新的犯罪行为,使他们习惯于符合法律规定的生活,减轻他们在经济上的负担。《1927年草案》和《1930年草案》没有重复此等规定,但同样的规定倒是见于《1927年刑罚执行法草案》第315条。根据该条的规定,保护监督是明显的救济措施、保护措施和矫正措施,同时也是最具关怀性的保安措施,因为它对当事人的个人自由的干涉是很轻微的,且不改变当事人的生活环境,更不剥夺当事人的自由。关于保护监督执行的详细规定请参见《1927年刑罚执行法草案》第316条及以下几条。保护监督在附条件缓刑(第43条)或收容(第61条)的情况下,同样适用;它不具有相对于成年人的独立的保安处分性质。

II. 使之不能犯处分。

1. 收容于公共治疗或护理机构(参见上文 I 1)即属于此等处分,如果它涉及为公共安全利益考虑,将不可治愈的精神病人收容于此等机构的话。

---

① 参见《1925年官方草案》;施泰嫩(Steinen):《整体刑法学杂志》46第18页;克莱:《改革》(1926年)第379页,尤其是第399页及以下几页;葛兰特:《1925年草案》第10页及以下几页。近来还有邦迪:《整体刑法学杂志》50第524页,他竭力反对和拒绝劳动教养所,赞同为需要救济的乞丐设立"保护机构",对其他的不法行为才可科处刑罚。此外,还请参见赖曼第286—287页,施泰格塔尔(Steigerthal):《法学词典》I第273—274页,帝国议会第21届委员会第12次和第13次会议(1928年第四选期)。

§65a 罚 款

2. 这里值得一提的主要还是保安监禁(第59条),它是颇具争议的①使"危险的惯犯"不能再危害社会的处分。根据《1930年草案》第78条的规定,谁两次②因一重罪或故意之轻罪被判处死刑、重惩役或至少6个月的普通监禁,又因同种类的新的犯罪被再次科处自由刑的,始可命令保安监禁,其先决条件是,行为人是对公共安全具有危险的习惯犯。对于此等惯犯,《1930年草案》并没有满足于第78条规定的刑罚。在法院的判决中,由于《1930年草案》规定的仍有时间限制的刑罚常常不能为社会提供足够的保护,允许将这些最危险的人,依据第60条的规定,无期限地收容于保安监督机构。关于此等处分的执行,《1930年草案》没有作出详细的规定;关于执行的规定主要见于《1927年刑罚执行法草案》第308条及以下几条,且它们清楚地表明,即使矫正的可能性并非完全不予以考虑,但考虑到保安监禁的目的,应当首先通过最安全的监护来使当事人不能再危害社会。

3. 将外国人驱逐出境(第64条)。规定此处分的目的在于,使帝国摆脱令人讨厌的、有犯罪危险的外国人的干扰。法院"可"在科处3个月以上自由刑之外,并处驱逐出境。主管当局(参见《1927年刑罚执行法草案》第325条)负责宣布;主管当局亦可宣布将依上文Ⅰ1、2或Ⅱ2而原则上命令将收容的外国人驱逐出境。

§65a 罚 款

Ⅰ. 适用范围。现行帝国法律(1919年以前的草案则不同)拒绝在刑事诉讼中运用损害赔偿,即所谓的"附带诉讼",而是让受害人以民事法律途径来

---

① 这里迫切需要明确这样一个问题,即它究竟是"保安刑罚"还是"保安处分之外的报应刑罚"。在班贝克(1921年)召开的德国法学家大会和在哥廷根(1922年)及因斯布鲁克(1925年)召开的国际刑法学协会德国组大会,均对该问题避而不谈。对此,请参见冯·希佩尔:《德国刑法》第1卷第531—532页、第569页及以下几页,以及文献索引中提及的下列学者的著作:梅茨格、科尔劳斯、格拉夫·z. 多纳、基齐厄。此外,还有希普勒:《德国刑法学杂志》9第229页。帝国议会第21届委员会第12次和第15次会议记录的观点是正确的。对此,请参见赖曼第287页,贝柏尔(Bell)第18页,海格勒第128—139页,以及1931年国际刑法学协会德国组的论文,由哈格曼(Hagemann)和爱克斯讷作的报告。参见上文§4注释13(即本书第17页注释①——译者注)。

② 《1919年草案》第100条、第120条规定的关于保安监禁的条件要严格得多。不赞同《1925年官方草案》的尤其有葛兰特,摘引处第93页。

§65a　罚　款

解决①。只是在个别情况下,允许受害人在刑事诉讼中实现其赔偿请求。根据 1924 年 2 月 6 日的《财产刑和罚款条例》第 4 条的规定,罚款的最低款额统一规定为 3 帝国马克,最高款额统一规定为 1 万帝国马克。

可科处罚款的案件②主要有:(1)《刑法典》第 188 条。侮辱给被侮辱人造成财产关系、劳动所得或生活上的不利后果的,是恶言中伤和诽谤(《刑法典》第 186 条和第 187 条)。(2)《刑法典》第 231 条。包括所有情况下的身体伤害。(3)1870 年《翻印法》第 18 条;1876 年 1 月 11 日的《新样品法》第 14 条。(4)1891 年《专利法》第 37 条。(5)1891 年《设计法》第 11 条。(6)1894 年《商标法》第 18 条。(7)1909 年《反不正当竞争法》第 26 条。(8)1901 年 6 月 19 日的《著作权法》第 40 条(文学作品和音像制品)。(9)1901 年 6 月 19 日《出版法》第 9 条。(10)1907 年 1 月 9 日的《艺术品法》第 35 条。在该法涉及的领域,邦立法可规定罚款;请参见,如 1888 年 7 月 9 日的《阿尔萨斯—洛林地区森林法》第 75 条。

对上述所有情况,均适用下列法律原则:罚款的科处是以受害人在刑事诉讼中所提出的要求为条件的(《刑事诉讼法》第 403—406 条);在决定对造成的损害(物质的或精神的)是否判给和判给多少罚款时,以法官的自由裁量为准;民事法官必须遵守的私法和民事诉讼法准则,对刑事法官没有约束力;对损害的认定有可能延迟刑事诉讼的,刑事法官可以不许可提出罚款请求。被判处罚款的,得交付给受害人;所判处的罚款排除了进一步提出其他的损害赔偿的要求;被排除缴付罚款的被判刑人作为总的债务人承担责任(尽管《刑法典》第 188 条并没有明文规定);不得判处比所请求的数额更高数额的罚款(《刑事诉讼法》第 405 条);受害人的权利不得为其法定继承人继承(《刑事诉讼法》第 404 条第 4 款);追缴依《民事诉讼法》的有关规定进行(《刑事诉讼法》第 463 条)。

II. 罚款的特征。罚款的特征是有争议的:有时被认为是刑罚,有时又被

---

① 关于《民法典》第 847 条,请参见冯·李斯特:《犯罪之责任》第 64 页。《预备草案》第 57 条规定,允许在刑事诉讼中实现赔偿请求,如果诉权不超过 2 万帝国马克,且确认不会因此而延缓刑事诉讼的进行的话。《委员会草案》第 94 条紧跟其后,《1919 年草案》第 87 条也强调,它涉及的必须是这样的损失,即行为人依据民事法律一次性支付款额即可实现赔偿。刑事法官根据《1919 年草案》第 87 条第 2 款作出最终裁定。《1925 年官方草案》与前面的草案完全不同:它将对由犯罪行为造成的财产要求,是否且在多大程度上在刑事诉讼中予以实现,留给将来的刑事诉讼法去解决,因此,没有规定罚款。《1927 年草案》和《1930 年草案》同样如此。

② 要求参见帝国法院判决第 60 卷第 12 页(附有许多关于以前判决的提示)。

§65a 罚 款

认为是损害赔偿,有时还被认为是前两者的综合体。由于赔偿的概念用财产权利损害的补偿来表述不仅不全面,而且对受害人的补偿本身也保护了其所承受的对其法益的侵害,因此,罚款最好还是归类于赔偿的概念,称为补偿可能更恰当些。① 该观点并未排除罚款作为受害人个人的权利,而不是其继承人的权利这一点,该点在一些附律中即有直接的证实("判处罚款以代替损害赔偿")。从这一立场出发,我们在这里争论的大多数问题便迎刃而解了。因此,既非财产损害的证明,也非任何一种损害的证明②,构成该权利的条件;在明显的犯罪竞合的情况下(《刑法典》第 73 条),同样可判处罚款;即使罚款的请求权在刑事诉讼中因犯罪已过追诉时效而实际上不可能行使,(罚款的请求权)是否已过时效,仍依民法原则认定③;因此,所判处的罚款不因刑罚被赦免而受影响,而刑事诉讼的撤销(参见下文 §73)事实上阻止了提出罚款请求的可能性。

---

① 大多数学者实际上持该观点(尽管大多数学者主张限制对财产损害的赔偿);持该观点的还有帝国法院判决第 12 卷第 224 页、第 15 卷第 352 页、第 17 卷第 190 页、第 24 卷第 398 页、第 55 卷第 188 页。参见格拉夫·z. 多纳 1 第 252 页,罗森费尔德第 862 页。海因泽将罚款理解为私刑(Privatstrafe),而海尔施纳、默克尔、施托斯、冯·维希特尔则想区分罚款的两种要素,即一个是民事的,一个是刑事的。弗兰克 III 2 vor §13 用了"赔偿"的表述。帝国法院判决第 64 卷第 193(195)页将 1923 年 1 月 12 日的《受重伤者保护法》第 18 条规定的"罚款",解释为治安处罚(秩序罚)。

② 《刑法典》第 188 条有部分不同规定。

③ 持相同观点的还有阿尔费德第 261 页,弗兰克 §70 III,奥尔斯豪森 §70 第 6 页,瓦尔费尔德第 254 页;不赞同该观点的有宾丁 1 第 85 页,勒宁:《德国刑法与外国刑法之比较研究》总论部分 1 第 449 页。

第四章　法律和判决中的量刑标准

§66　法官之量刑

Ⅰ.在国家刑法的本质中,作为一种自我限制,刑法法规不同于不加限制的国家权力,它不仅规定了刑罚的条件(犯罪的构成要件),而且也规定了刑罚的内容(法律后果)及刑罚的种类和范围。

纵观历史我们得知,这一在古老的刑法中一劳永逸的(绝对确定的)刑罚规定,只是在刑法的发展过程中才逐步让位于法官对刑罚的自由裁量。例如,无论是内容涉及《十二铜表法》的立法(Gesetzgebung der XII Tafeln),还是公元前2世纪的诉讼程序,均只科处或不科处法律规定的不可改变的刑罚;直至皇帝时代,才给予法官根据具体案件的不同情况裁量刑罚的权限。

在中世纪的德国,我们发现,只要为法律的管辖权所及,也只有绝对确定的刑罚。《查理五世刑事法院条例》基本上也是如此。直至在较晚期的普通法中,当任意处罚的范围不断扩大,且以新的刑罚代替《卡罗琳娜法典》中的刑罚时,法官的量刑才具有意义。当时由于既缺乏关于量刑的明确的法律规定,又缺乏关于量刑的科学原则,司法陷入极度的专断之中。启蒙主义时期的作者们不畏惧任何可能的迫害,竭力反对司法专断;他们要求法官至少自己知法。在这场斗争中,统治19世纪立法的相对确定的刑罚制度取得了胜利,该刑罚制度规定了刑罚的最低限和最高限。即使是今天,法官们仍然缺少就具体案件在量刑范围内确定应科处的刑罚的固定标准,也许只有特殊预防的思想才可能将该标准提供给法官们。报应理论(Vergeltungstheorie)所要求的犯罪和刑罚之间的均衡,将法官们推到了一个完全无法解决的难题面前。

在这方面,德国的所有刑法草案均未有根本性的改变。它们尤其要

§66 法官之量刑

求,法官应在判决中一劳永逸地确定一刑罚,反对不确定的刑事判决。然而,它们也致力于主张法官在法定量刑范围内,得借助应当考虑的情节来确定刑罚。对刑法草案而言,它们面临的主要问题是,影响刑罚强度的因素究竟是行为的客观后果,还是行为人人格中所具有的主观因素呢?《预备草案》第81条,《委员会草案》第110条,《1919年草案》第106条站在第一种立场上;《1925年官方草案》第67条则基于有根据的理由,将客观的行为后果放在了一边,对其不予考虑。《1927年草案》和《1930年草案》,只在当行为人对该结果负有责任的情况下,才考虑行为的客观后果。如果应当具有真正的责任,且设法在量刑的道路上"不深入研究赤裸裸的结果责任"(罗森费尔德:《德国刑法与外国刑法之比较研究》总论部分3第155页),那么,就不得再离开《1927年草案》和《1930年草案》中所建议的道路,只要人们不是更喜欢再回到《1925年官方草案》上去。所有的草案都对"特别轻微"和"特别严重"的情况作出了规定:在具备前者条件的情况下,一般适用轻刑,还有免除刑罚(《预备草案》第83条,《委员会草案》第116条,《1919年草案》第116条,《1925年官方草案》第75条,《1927年草案》和《1930年草案》第76条);在具备后者条件的情况下,给予明显的从重处罚。《预备草案》第84条中的规定,即将客观的甚至是无责任的行为后果包括进去,是相当成问题的;在新的草案中,则以一个无可指责的形式,在具体的由法律所强调的情况下,科处明显较重的刑罚。此外,《1919年草案》以后的草案,允许将从轻处罚的情况扩大至所有的犯罪,这无疑是正确的。

II. 在帝国立法中,绝对确定的刑罚只占极少数且意义不大,只涉及死刑(参见上文§58 II;《军事刑法典》第58条、第60条、第63条、第95条、第97条、第133条、第141条则有不同规定)和特定金额的罚金。①

"刑罚范围"制度在帝国立法中也占有统治地位,易言之,帝国立法实行的是相对确定的刑罚制度。

这种相对性在于:

1. 立法者在同一犯罪类型中规定最低限和最高限,给法官留下了一个自由裁量的空间。在这种情况下,不仅低限与高限之间的距离,而且计算的方式,特别是由自由刑的计算单位(die Rechnungseinheit bei den Freiheitsstrafen)所决定的刑罚值的数量(Zahl der Strafgröße),均值得重视。比如,"15年以下重惩役"含有169个刑罚值;"15年以下要塞监禁"包含5478个刑罚值;"6周以内的拘

---

① 参见帝国法院判决第60卷第389页。

§66 法官之量刑

役"则包含42个刑罚值。

2. 立法者给法官留下了在两个甚至多个刑罚种类(同样规定一个最低限和最高限)之间进行选择的可能性。参见《刑法典》第185条和新近增加的第27条b。《新闻法》第21条甚至让法官在四种不同的刑罚种类(罚金刑、拘役、要塞监禁、普通监禁)中进行选择。

3. 是否科处一个主刑或两个主刑,或者是否在主刑之外还科处附加刑,均由法官自由裁量后决定。

III. 法官必须在法定刑罚的范围内对具体的犯罪选择刑罚;在个别情况下,法官需要完成的任务通常属于立法者应当完成的任务。这种在刑罚范围内确定刑罚的过程叫作量刑;引导法官在量刑时的观点,人们称之为刑罚加重事由(Strafmehrungsgründe)(或刑罚提高事由,Straferhöhungsgründe)和刑罚减轻事由(Strafminderungsgründe)。

1. 在立法中列举具体的加重或减轻刑罚事由,并因此就这一具有相当难度且责任重大的量刑给法官至少提供一个原则的任务,《帝国刑法典》只在一定程度上做到了:

a.《刑法典》第20条对上文 II 2 所述情况作出了具体的规定:如果法官的选择涉及重惩役和要塞监禁①,只有在确认行为人具备卑鄙思想(ehrlose Gesinnung)②的情况下,法官才可科处行为人重惩役。

b.《刑法典》第27条a还强调了对行为人的个性特征方面的贪婪的规定。从该条首先可以看出,在确认行为人具有贪欲的情况下,法官可在罚金

---

① 如《刑法典》第81—86条、第88条、第89条、第94条、第96条、第98条、第100条、第105条、第106条;《军事刑法典》第2条和第62条。

② 何为卑鄙思想,法律只字未提。范·卡尔克将行为人的卑鄙思想解释为"一种固定的意志方向,犯罪行为正是起源于该意志方向"。参见范·卡尔克:《德国刑法与外国刑法之比较研究》总论部分 3 第 173 页及以下几页,尤其是第 187 页;《刑法》(1927 年)第 94 页。这一概念在司法实践中造成了何等不可克服的困难,古肯海默(Guckenheimer)有详尽的描述。请参见李普曼:《德国刑法之改革》(1921 年)第 123 页及以下几页。卑鄙思想概念的疑问在于,它实际上属于个人伦理道德的范畴,而刑法以社会伦理道德的价值标准来要求个人。基于该原因,人们对之提出了尖锐的批评,参见冯·李斯特:《刑法文集》2 第 385 页及以下几页;阿尔费德:《犯罪人思想对刑罚的影响》(1909 年)第 152 页及以下几页;李普曼、古肯海姆,摘引处。Eb. 施密特:《整体刑法学杂志》45 第 28 页及以下几页;李普曼:《改革》(1926 年)第 132 页;格林霍特:《改革》第 179 页;《整体刑法学杂志》46 第 260 页。还请参见上文 §40 注释 11(即本书第 241 页注释②——译者注)。赞同"卑鄙思想"概念的有卡尔:《德国法学家报》28 第 508 页;厄特克:《法学周刊》53 第 254 页;格拉夫·z. 多纳:载阿沙芬堡 17 第 352 页。关于草案请参见 Eb. 施密特,摘引处。

§66 法官之量刑

刑的法定幅度内裁量科处;但该条同时又规定,法官可在法定量刑范围之外科处行为人刑罚,并规定了数十倍于原金额的特别量刑幅度,因此,第 27 条 a 主要还是属于刑罚变更,而且是刑罚加重的情况。也正因为如此,我们在下文§67 Ⅱ 中进行深入探讨。

c. 关于罚金刑的量刑,《刑法典》第 27 条 c 只是笼统地①规定,考虑行为人的经济情况。② 当然,行为人的经济情况不是量刑的唯一根据;重视行为人经济情况的目的在于,既要让富有的被判刑人明显感觉到刑罚的痛苦,也不使贫穷的被判刑人无法承受;在老一套的报应思想下,应当避免为特定的犯罪类型制定一个固定的罚金刑的价目表的做法(例如,"打一耳光处 20 帝国马克罚金")。在《刑法典》第 27 条、第 27 条 a 规定的法定最高金额以外量刑,不得仅仅考虑行为人的经济情况。但可根据《刑法典》第 27 条 c 第 2 款和第 3 款的规定,在法定最高刑之外量刑。根据该规定,罚金刑"应当"是犯罪行为所得之报酬,且应当高于犯罪所得。

d. 作为反对短期自由刑的成果的《刑法典》第 27 条 b,提出了一个特别重要的量刑原则。在分则部分,有一系列的轻罪和越轨行为被排除在罚金刑的适用范围之外,或者只能与自由刑一起适用;请参见在实践中至关重要的第 242 条! 如此,法律强制规定了大量科处短期自由刑的情形。1921 年 12

---

① 也就是说,行为人被科处不受限制的金额是被允许的;而科处特定金额的特定倍数,也即绝对确定罚金的金额,倒是不允许的。帝国法院判决第 60 卷第 389(391)页也持该观点。

② 经济情况是否可被视为量刑的根据,是有争议的,主流观点同意将行为人的经济情况作为罚金刑量刑时的根据(参见戈尔德施密特:《德国刑法与外国刑法之比较研究》总论部分 4 第 402—403 页;这里还请参见 1908 年关于该问题的争论的情况)。近来,施托斯第 697 页则反对将行为人的经济情况作为罚金刑量刑的根据。而帝国法院判决第 64 卷第 207 页的观点则是值得怀疑的。洛伯:《帝国刑法典及其注释》§27c 注释 1 认为,这种争论完全是多余的;施托斯第 696 页认为,行为人"之所以不必承受处较轻的或较重的刑罚的痛苦,是因为他贫穷或富有",他认为,行为人的经济情况既不能作为刑罚加重事由,也不能作为刑罚减轻事由。这种观点不是完全正确的,因为行为人的经济情况可能是与犯罪行为联系在一起的。对此,请参见上文§3 Ⅱ 1,弗兰克:《责任概念之结构》第 4—5 页,《刑法典》第 248 条 a、第 264 条 a。此外,戈尔德施密特:《德国刑法与外国刑法之比较研究》总论部分 4 第 403 页的观点是正确的,他认为,鉴于可能判处的刑罚的特性,那些也许不涉及行为人的责任但更多涉及刑罚种类的观点,也可以作为量刑的根据;而后者恰恰是与《刑法典》第 27 条 c 所强调的行为人的经济情况是相吻合的,因为该条款如此规定的目的在于,不管科处行为人何种刑罚,对于行为人而言,实际上都是一种痛苦。因此,一般而言,在《刑法典》规定"刑罚"的情况下,对该观点无须给予特别的重视;而在罚金刑的情况下则有必要予以重视,因为经济利益并不是平均分配的。参见施托斯第 697 页及以下几页。

§66 法官之量刑

月 21 日的《罚金刑法》第 3 条①通过引进"替代罚金刑"（Ersatzgeldstrafe，弗兰克语）结束了这一在刑事政策上令人不愉快的法律状况。《刑法典》第 27 条 b 的规定正是基于此而制定（因 1923 年 4 月 27 日的《罚金刑法》而加进去的）。根据该条款的规定，在上述轻罪和越轨的情况下②，法官首先要以可能的自由刑的量刑标准来量刑。③ 假如出现应科处 3 个月以下的短期自由刑的情形，则必须科处罚金刑（在第 27 条、第 27 条 a 规定的范围内）以代替该短期自由刑，如果科处罚金刑也能实现刑罚目的的话。关于刑罚目的，法律本身未作进一步的解释。但是，不应当忽视的是，鉴于上文 2 强调的观点，恰恰在这里，行为人的个性是法官选择刑罚的主要根据。④

2. 除上文 1 所述规定外，《刑法典》对特定之法定刑范围内的量刑也没有作出具体的规定。如果法官不想在这一完全凭感觉的、视具体情况而定的寻找"合适"刑罚值的过程中迷失方向，他就必须放弃对行为进行报复，或对公众进行一般预防上的影响。这一点应当由立法者来实行，其方法是就不同的犯罪为法官们提供不同的刑罚范围。就法官而言，只有当他深入研究具体犯罪的原因，只有当他试图回答，为何在这一名行为人身上具有违反义务的欲望、行为人"自己的典型的价值判断"在哪里、为何社会要求在这一名行为人这里就不可能实现，易言之，只有当他对上文 §36 所阐述的责任理论意义上的行为人个性进行社会伦理评价时，法官才能在具体的量刑过程中完成这

---

① 关于该法请参见本教科书第 24 版附录 III 以及所引用的文献。

② 在重罪的情况下则不然。在情节轻微，可单处罚金，如在《刑法典》第 246 条、第 263 条的情况下，第 27 条 b 的适用性就值得怀疑了。这里，人们不得不拒绝其适用。持该观点的还有柏林高等法院：《整体刑法学杂志》43 第 457 页，德累斯顿高等法院：《法学周刊》51 第 1054 页，海尔维希：《注释》32(Anm. 32)，弗兰克§27b I 2 和帝国法院的一些判决。不同观点，如洛伯：《帝国刑法典及其注释》§27b 注释 2c 持与帝国法院判决第 58 卷第 106 页完全相同的观点。

③ 参见洛伯：《帝国刑法典及其注释》§27b 注释 2c；帝国法院判决第 63 卷第 300 页。

④ 参见洛伯：《帝国刑法典及其注释》§27b 注释 1(他认为，刑罚的目的是报应，罚金刑也必须"作为正义的对犯罪行为的赎罪"而出现在人民的眼中)，反对强调特殊预防。帝国法院判决第 58 卷第 106(109) 页畏缩地和害羞地涉及特殊预防，但又非不强调报应、赎罪和威慑。此外，请参见帝国法院判决第 61 卷第 417 页、第 64 卷第 110 页、第 65 卷第 229 页。海尔维希：《注释》49(Anm. 49)将刑罚目的理解为"通过威慑的特殊预防"。在今天的罚金刑中，也可以看到矫正思想。但不管怎么说，海尔维希还是完全正确地考虑到了一个决定性的观点，第 27 条 b 的首要目的，是防止自由刑一再被滥用，滥用的形式是将它作为训诫刑罚（Denkzettelstrafe）来使用，而就自由刑的历史使命和其全部内容来看，自由刑主要应当是教育刑和矫正刑。这里主要还是罚金刑的"统治范围"！但是，通过给予教训，也能够谋求和实现适应社会要求意义上的矫正。关于第 27 条 b 的一些具体问题，还请参见帝国法院判决第 59 卷第 21、51 页。

§66 法官之量刑

一符合刑事政策目的的工作。因此,要对行为人的心理特征具有典型意义的外在行为作出正确的评价,得在反社会思想的较小或较大强度中,在具备或缺少社会适应能力方面,去寻找刑罚加重和减轻事由。在这方面,上文§3 II中所阐明的犯罪理论将为法官提供极有价值的帮助:它引导法官将行为人个性中存在的犯罪原因从外在影响中区分开来,尤其是不能仅仅考虑外界因素,而是应当在下列观点下加以考虑,即这些外在因素是否或在多大程度上对行为人的心理特征具有典型意义。如果行为人是无责任能力之人——只有在这种情况下方可考虑量刑——则首要的任务是确定,犯罪行为是否与行为人所表明的其个性的内在本性相适应,以致存在重新犯罪的可能性,行为人的个性因此被作为对社会具有危险性的因素而表现出来(参见上文§3 II 1b)。在这一情况下,法官必须通过刑罚来对行为人的个性进行有力的影响;否则他也就只能满足于给行为人一个教训,而不能实现刑罚之目的。但是,法官从来不是直接认识行为人的个性的,而是借助于证据。如果要寻找什么认识方法的话,则《1930年草案》给我们提供了一个虽然不是详尽的但在具体问题的考虑上极为周到且极有用的概况。现引述如下:

"在确定刑罚时,法院应当斟酌,行为在多大程度上是基于行为人的恶劣的思想或意志倾向,在多大程度上是基于不应当对行为人进行责难的原因:

行为的动机和诱因、行为人所追求的目的、行为时所存在的意志的持久性和所使用的方法;

行为人的认识能力和疾病或类似障碍对其意志的影响;

行为人的履历,行为时和审判时的个人情况和经济情况;

行为的有责后果;

行为人在事后的态度①,尤其是,他是否致力于弥补由其行为所造成的损失。"②

---

① 在该问题上,有两种经常被错误评价的现象尤其值得注意:(1)被告人的否认;(2)被告人的悔悟。有些人将被告人的否认简单地评价为对行为人的个性不利的象征,而将被告人的悔悟简单地评价为对行为人的个性有利的象征。这两种做法都是错误的。这主要取决于具体否认、具体悔悟的原因和目的。任何一种形式主义都是极其错误的。请参见罗森费尔德:《德国刑法与外国刑法之比较研究》总论部分3第156—157页,ME.迈耶:《整体刑法学杂志》27第921页,豪克(*Hauck*)同前者第926页,冯·亨蒂希(*v. Hentig*):载阿沙芬堡1926年的著作附录1第97页及以下几页,李普曼:《整体刑法学杂志》22第72页。

② 关于《1925年官方草案》第67条,《1930年草案》第69条是否应当成为法律的看法,是极不统一的。格拉夫·格莱斯帕赫:《改革》(1926年)第201页将《1925年官方草案》第67条称为"草案的精华之一"。葛兰特:《1925年官方草案》第87页只看到该草案第67条是"废(转下页)

§66 法官之量刑

如果想以简短的形式表明该规定的刑事政策内容,那么,ME. 迈耶的言简意赅的话语值得推荐:"减轻动机之负担,加重个性之负担"。①

3. 鉴于由少年实施的违法的和有责的行为,《少年法院法》将法官推到一个特殊的与上述 2 中所述的内容有密切联系的任务面前。在《少年法院法》生效以前,只能依据《刑法典》第 57 条对少年实施的犯罪行为进行处罚(监护法院的处分除外)。刑事法官的任务在于,面对少年的犯罪行为,也只能在《刑法典》第 57 条规定的刑罚范围内进行量刑。《少年法院法》则加入了一个极重要的预先提出的问题(Vorfrage,意为在回答本来的问题之前必须解释清楚的问题——译者注)(《少年法院法》第 5 条):法院首先应当认定,是否有必要对行为人科处教育处分。如果回答是肯定的,且法院认为教育处分已足够实现教育之目的,则根本不需要依据《少年法院法》第 6 条的规定科处刑罚。只有当法院认为,仅教育处分本身还不足以达到教育目的,还必须特别科处刑罚,或者教育处分根本是没有必要的,或教育处分——在极少数例外情况下——不再能够实现教育目的,在这两种情况下,需要考虑科处刑罚的,对法院而言才存在一个量刑问题。② 根据上文所述,一个十分重要的问题是,如果对教育处分的必要性进行了认定,且如果仍进一步涉及教育处分是否足以实现教育目的的问题,那么,以何种评判标准为基础呢?本教科书的整体思想毫无疑问能够回答该问题:只有行为人的个性(在注意上述 2 所强调的观点情况下)能成为法官的评判标准。也就是说,"如果我们能够期望,通过教育处分,能够使得少年违法者重新成为一个正常的人,则教育处分被认为足以实现教育目的"③。每一个将报应思想或一般预防的"惩

(接上页)话",自然也对《1930 年草案》第 69 条作了不利的评价。格拉夫·格莱斯帕赫承认作出此等规定,如草案第 67 条(第 69 条),究竟是否正确,令人悲哀的事实就是最好的证明:人们还总是认为,将报应作为量刑的观点已足[参见上文注释9(即本书第 377 页注释④——译者注)]。和爱克斯讷:《研究》第 86 页,1931 年。在这一点上,在波恩国际刑法学大会(1926 年)上讨论的观点是极具教益的,它令人信服地证明,将来的《刑法典》必须制定一个原则,以向法官们灌输特殊预防的思想。

① 参见迈耶第 497 页。
② 只要不依《少年法院法》第 9 条第 4 款免除刑罚。参见下文 §68 相关注释。
③ 科尔劳斯:《第 5 届德国少年法院大会论文》(1920 年)第 9 页如是说。赞同优先考虑特殊预防的还有范·迪伦(van Dühren):《少年法院联合会论文集》第 9 集第 17 页及以下几页、第 22 页及以下几页。相反,在下列学者的著作中,却有赞同报应和一般预防的倾向,包括弗兰克尔:《少年法院法》§6 II,海尔维希:《少年法院法》§5 注释 2,海克尔(Haeckel):《少年法院帮助》(Jugendgerichtshilfe)第 28 页,1927 年,该倾向在基索弗:《少年法院法》6 注释 1 中反映的尤其强烈。还请参见韦格讷:《少年刑法》第 190—191 页。

一儆百"(Exempel-Statuieren)的效果作为刑罚目的的主张,都是完全与《少年法院法》的精神相矛盾的。关于命令教育处分的程序,请参见上文§64;关于量刑的特殊性,请参见下文§68 I。

IV. 即使立法者为具体的犯罪类型规定了足够宽的刑罚范围,以至于各具体案件的不同的严重程度均能够依上文 III 所述的标准考虑进去,仍可能出现一些例外情况,对于此等例外情况,规定的刑罚范围被证明过窄,在这种情况下,就不得不超越法定最高限,降低法定最低限。针对此类情况,与特别构成要件相联系,立法者制定了特殊的——不管是轻还是重——刑罚范围。人们并不十分准确地称之为刑罚的改变(似乎只涉及法官的工作而不涉及立法活动),详细情况将在刑罚的加重和刑罚的减轻中阐述(参见下文§67 和§68)。

V. 刑罚种类在事实上的和法律上的不能适用,导致刑罚转处(Strafumwandlung);同一案件中较前的裁决与较后的裁决相竞合,或需科处之刑罚与其他已由犯罪人承受的刑罚相竞合,导致刑罚折抵(Strafanrechnung)。最后,立法者还为数罪竞合的情况作出了特别之规定。

§67 刑罚的改变之一 ——加重

立法所使用的通常的刑罚幅度,允许将所提出的特殊的、提高的刑罚幅度限制在相对小的范围内。《帝国刑法典》主要以判例法的方法,在具体犯罪中规定加重刑罚的立场(参见下文 I);只是第 27 条 a 规定,行为人的贪欲被作为整个刑法领域一般的刑罚加重事由(参见下文 II)。

I. 关于具体的特别加重事由,在此必须提及分则部分,因为只有具体的例子才能帮助我们较好地理解该问题:

1. 属于基于特殊的提高刑罚幅度的事由来加重刑罚的,尤其有职业犯或习惯犯(参见上文§53 的相关注释);实施犯罪的共同性和公开性(例如,《刑法典》第 123 条第 2 款、第 186 条);使用武器(第 123 条第 2 款、第 223 条 a、第 143 条第 5 项);伤害尊亲属(第 215 条);作为主谋参与犯罪(第 115 条第 2 款);发生严重后果[参见上文§36 注释 17(即本书第 215 页注释②——译者注)]以及其他一些情况。

2. 在具体犯罪中,重新犯罪(参见上文§55 I)也只是在无视其刑事政策意义的情况下作为刑罚加重事由来使用。例如,《刑法典》第 244 条、第 245 条

§67 刑罚的改变之一——加重

（盗窃）、第 250 条第 5 项（抢劫）、第 260 条（窝赃）、第 264 条（诈骗）；还有附律中的一些重新犯罪的规定，尤其有海关法和税法，如《帝国税法》第 404 条，《军事刑法典》第 13 条、第 70 条、第 71 条、第 114 条、第 122 条。帝国立法如此对待重新犯罪，是在不具备充分根据的情况下，离开了 19 世纪的历史发展轨迹。

无论是在罗马法、中世纪德国法，还是《查理五世刑事法院条例》第 161 条、第 162 条中，重新犯罪只是在个别犯罪特别是盗窃犯罪中才被作为刑罚加重事由。而在以意大利学派为基础的普通法那里，重新犯罪被广泛地作为刑罚加重事由，特别是在重新犯罪、犯罪竞合、习惯犯的概念上，逐步作出了更为严格的规定，并进行严格的区分。19 世纪德国的大多数刑法典（包括《普鲁士刑法典》），均将重新犯罪作为普通的刑罚加重事由来规定，尽管在细节上有所不同。德国以外的立法则是犹豫不决的。

II.《帝国刑法典》第 27 条 a 将行为人的贪欲作为一般的刑罚加重事由，主要是指：

如一重罪或轻罪是基于贪欲①，在对罚金刑进行量刑时，一般可在第 27 条规定的法定最高限（1 万帝国马克）之上科处，最高可科处 100 000 帝国马克。此外，如果被适用的刑法法规未规定除科处自由刑外还可科处罚金刑的，仍可在自由刑之外科处此等罚金刑（参见《刑法典》第 222 条、第 242 条等）。在具体情况下需注意：

1. 贪欲是行为人的个性特点，因此，他的思想是无限制地针对获取利益的；他每时每刻都准备将他人的合法利益用来满足自己的贪欲。② 通过这一心理状态，将贪欲和一次性的发财意图区别开来（参见《刑法典》第 263 条、第 268 条），如果此等意图属于构成要件的范畴，同样可直接适用第 27 条 a，而且必须适用，以便发财意图在具体的情况下显示为行为人贪欲的结果。如果贪欲被规定为构成要件的范畴——不管是作为构成刑罚的情况（第 301 条、第 302 条），还是作为加重刑罚的情况（第 133 条第 2 款）——则是否因

---

① 如果贪欲至少是实施犯罪的动机之一，则可认为该犯罪是基于贪欲而为。参见洛伯：《帝国刑法典及其注释》§27a 注释 1。

② 在重要方面，也即在强调心理状态方面，下列学者是赞同本教科书观点的，包括弗兰克 §27a，洛伯：《帝国刑法典及其注释》§27a 注释 1，奥尔斯豪森 §27a 2，现在还有帝国法院判决第 60 卷第 306 页。不赞同本教科书观点的有海尔维希，他在其《罚金刑法》（1924 年第 3 版）注释 24 中认为，"只要行为人想通过其犯罪行为获取财产利益或节约开支"，就具备贪欲。这句话引自《1919 年备忘录》第 61 页。与该备忘录一样，立法理由（Begr. 128）将贪欲与发财意图等而视之。帝国法院判决第 60 卷第 306 页则不赞同此做法。

§67 刑罚的改变之一——加重

1923年4月27日的《罚金刑法》而增加的第27条a也属于此等构成要件,且在具备之时总是可适用,或者是否第133条第2款、第301条、第302条的刑罚规定,相对于作为原则法的第27条a而言,具有特别法特征,还是有疑问的。如果"获利意图"在上述情况下,不等同于"获取财产利益的意图",而是被视为第27条a意义上的贪欲的特别适用情况,该问题方有意义。如果是后一种情况——且必须认定为后一种情况①——不能否定第27条a的可适用性,因为并没有看出,为何在第301条、第302条中的贪欲,应当比其他地方科处较轻的刑罚。② 起初,罚金刑被限定在特定数额的数倍,但后来,计算该数倍并没有超过10万帝国马克,仍适用第27条a。③

2. 如果根据《帝国刑法典》第27条b(参见上文§66 III 1 d)的规定,可以罚金刑代替自由刑的,同样可适用第27条a。

III. 在这方面,草案取得了长足的进步。在草案中,重新犯罪被在最大限度上承认为刑罚加重的情况,请参见《预备草案》第87条及以下几条,《委员会草案》第119条及以下几条,《1919年草案》第118条及以下几条,《1925年官方草案》第77条,《1927年草案》第78条,《1930年草案》第78条。《1925年官方草案》与前几部草案的区别在于,它更为注重重新犯罪,因此,避免任何一种"重新犯罪被作为加重处罚的事由"规定。只是作为行为人特点的象征,重新犯罪作为危害公共安全的习惯犯之一种,被规定于《1925年官方草案》第77条。《1927年草案》和《1930年草案》走得更远,它们不再用"重新犯罪"而是用"习惯犯"来为第78条加标题,《1925年官方草案》所强调的思想在这里得到了更进一步的强调。依第78条而可能科处的加重刑罚,根据《1930年草案》的规定,不适用于特定政治犯(委员会磋商的结果!)。值得注意的还有,《1927年草案》和《1930年草案》第59条规定,命令保安监禁以曾经被判处过死刑或重惩役一次为条件,而第78条规定,发生一般刑罚加重以曾经两次因重罪或

---

① 但这大多被拒绝。参见分则部分。

② 在该点上是有争议的。持与本教科书相同观点的有洛伯:《帝国刑法典及其注释》§27a注释2,海尔维希(参见第381页注释②);《注释》24,奥尔斯豪森§27a 2;不同观点有弗兰克§27a。

③ 持相同观点的还有奥尔斯豪森§27a 5,洛伯:《帝国刑法典及其注释》§27a注释2。不同观点有卡廷:《帝国税务刑法》(1929年第2版)第71页;海尔维希:《注释》25a;还有帝国法院判决第60卷第391—392页。在不受限制地适用罚金刑之处[参见上文§61注释7(即本书第350页注释①——译者注)],第27条a便失去了意义。参见帝国法院判决第59卷第403页。在该点上,卡廷第190页的观点是不清楚的。

故意之轻罪被判处 6 个月以上自由刑为条件。①

§68 刑罚的改变之二——减轻

I. 帝国立法②中的一般刑罚减轻事由包括:(1)未成年人;(2)未遂犯;(3)帮助犯。

1. 只要涉及未成年人,根据上文§66 III 3 所述内容可能科处刑罚的,适用《少年法院法》第 9 条的规定③:

a. 如果犯罪行为被科处死刑或终身监禁,刑罚幅度被降低为:1 年以上 10 年以下自由刑。

b. 在终身要塞监禁的情况下:1 年以上 10 年以下要塞监禁。

c. 在所有其他情况下,应在所适用的刑种的法定最低刑和可能科处的刑罚的最高限的一半之间,确定刑罚。④ 在成年人被科处特定金额罚金的数倍,以致这里也得以《刑法典》第 27 条规定的最低额为准,则同样适用该规定。⑤ 以普通自由刑代替重惩役。⑥

---

① 参见葛兰特:《1925 年草案》第 93 页,对《1925 年官方草案》第 77 条提出了激烈的批评;而格拉夫·格莱斯帕赫:《改革》(1926 年)第 200 页,则完全赞同第 77 条。关于《1927 年草案》,现在尤其请参见葛兰特:《法学词典》V 第 735 页,黑格勒:《法律工作者培训之年度教程》(1929 年)第 155 页以及注释 16,罗森费尔德第 173 页。

② 关于邦法请参见上文§20 注释 2(即本书第 107 页注释①——译者注)。根据瓦亨费尔德第 263 页的观点,只涉及通常刑罚范围的更改;还请参见迈耶第 482 页。

③ 如果法律对此等犯罪行为规定了减轻情节,则首先对减轻情节作出判断,然后再考虑降低刑度;帝国法院判决第 6 卷第 98 页,弗兰克:《少年法院法》§9 I 也持该观点。相对之观点有洛伯:《帝国刑法典及其注释》,《少年法院法》§9 注释 2。

④ 这样做的结果可能是,少年可能符合第 27 条 b 规定的先决条件,而在成年人那里,由于法律规定的自由刑的最低限为 3 个月以上,就有可能不会出现这种情况。参见《刑法典》第 216 条。对此,还有弗兰克:《少年法院法》§9 I 2(表示赞同)。

⑤ 参见洛伯:《帝国刑法典及其注释》,《少年法院法》§9 注释 3c 也持该观点。

⑥ 《刑法典》第 57 条规定,以"同期限的监禁刑"代替重惩役。洛伯:《帝国刑法典及其注释》、《少年法院法》§9 注释 3c 和海尔维希:《少年法院法》§9 注释 5 将该规定借用于《少年法院法》。如果法律规定重惩役,则适用于少年的刑罚幅度应是 1 年以上监禁刑、成年人应科处重惩役之一半以下的监禁年数。不赞同此说的有弗兰克:《少年法院法》§9 I 2,基索弗:《少年法院法》§9 注释 3c,他们二人正确地考虑到《少年法院法》第 9 条与《刑法典》第 57 条明显的不同。根据他们的观点,代替重惩役的最低限应是 1 日监禁刑。关于最高限,不适用《刑法典》第 16 条的规定。

§68 刑罚的改变之二——减轻

d. 在轻罪或越轨的情况下,如果情节特别轻微,可免除处罚。①

e. 不得科处剥夺全部或部分名誉权、交付邦警察当局以及警察监督处分。

2.《刑法典》第44条对犯罪未遂作出了规定:

如果既遂的重罪应科处死刑或终身监禁,则未遂的刑罚期限不得低于3年,此外,可科处警察监督。终身要塞监禁以有期要塞监禁代替,但不得低于3年。在所有其他情况下,可将刑罚降至既遂的重罪或轻罪应科处的自由刑或罚金刑最低限的四分之一。② 如果重惩役在1年以下,则依《刑法典》第21条的规定,可以转处为监禁刑。

如果既遂的重罪或轻罪被科处自由刑外,还被科处(全部或依《刑法典》第35条的规定部分地)剥夺公民的名誉权或警察监督,则该规定同样适用于未遂犯(《刑法典》第45条)。

如果未成年人有责地实施了犯罪而未遂,首先应依据《刑法典》第44条的规定降低刑罚,然后再依据《少年法院法》第9条的规定降低刑罚。③

3. 对帮助犯的处罚,同样应依据关于未遂犯的处罚原则来减轻(《刑法典》第49条)。如果帮助未遂,则应两次减轻。帮助犯的帮助犯则为一次减轻(参见上文§50相关注释)。如果法律规定对未遂犯科处既遂犯的刑罚,也为一次减轻(参见上文§49注释11)。

II. 此外,在一些具体的轻罪的情况下,法律规定了一系列的特别减轻事由。如第123条规定的因对方"挑衅"而导致的杀人;在侮辱和身体伤害的情况下,因对方的攻击而造成他方激动(《刑法典》第199条、第233条;参见下

---

① 包括不科处教育处分。如果科处教育处分没有必要,如果少年生活在一个教育很完善的环境,尤其应当免除处罚。参见上文§66注释13(即本书第379页注释②——译者注)和科尔劳斯:《1920年第5届德国少年法院大会论文》第9、10页。

② 如既遂犯罪的刑罚为1个月监禁,则对未遂犯处罚的最低限,应是7天而不是8天。持该观点的还有弗兰克§44 I,洛伯:《帝国刑法典及其注释》§44注释5b,科尔劳斯§44 6不赞同帝国法院判决第5卷第442页、第46卷第303页,科勒第480页。

③ 参见洛伯:《帝国刑法典及其注释》§44注释3认为,顺序应颠倒过来。但主流观点赞同本教科书的观点。根据本教科书的观点,最低限为1年的重惩役,在少年犯罪未遂的情况下,应为1日自由刑。对少年帮助犯进行处罚时,同样适用该原则。

文§70 III）；第157条和第158条规定的情况等。① 帝国的立法者还特别对"减轻情节"规定了轻微的处罚。② 在大多数情况下，法律规定必须减轻处罚；在其他情况下（如《刑法典》第187条、第246条、第263条、第333条、第340条第1款，但不包括第340条第2款和第228条），尽管法律规定了减轻处罚，但法官仍有是否减轻处罚的选择权。立法者未详细规定的"减轻情节"，按照《1925年官方草案》第73条的说法，是这样一种情况，即如果犯罪行为确实非因行为人的责任所致。这里，刑罚的减轻必须在责任的减轻中去寻找，而且是在普通刑罚范围不能提供适当的刑罚情况下进行。

§69 刑罚的转处

刑罚的转处是指从此一刑罚种类换成彼一刑罚种类。一旦所需要适用的刑罚种类因法律上的或事实上的原因，不可能适用时，刑罚的转处就很有必要。③ 它见于下列规定：

I. 不能征收的罚金刑转处自由刑（替代自由刑；《刑法典》第29条、第78条；《刑事诉讼法》第459条、第463条）。

在无法补偿的罚金刑的情况下，适用《刑法典》第29条：

1. 一般转处监禁。

2. 在越轨的情况下，转处短期监禁；在轻罪的情况下，如果单处罚金，或首先科处罚金或在监禁之外可选择罚金，由法官自由裁量确定。

3. 在重罪和轻罪的情况下，转处重惩役，如果在科处罚金刑之外（基于任何一个原因，如由于想象竞合；请参见下文§71）还科处重惩役的话。

自由刑的界限。自由刑的最低限为1日④，最高限在拘役的情况下为1

---

① 关于此，请参见分则部分，主要还有上文§42 VII。如果第157条和第158条所规定的减轻事由，应当适用于少年，则首先依据《少年法院法》第9条减轻刑罚范围，然后再决定应科处的刑罚，最后才依据第157条和第158条的规定减轻刑罚。不同观点有帝国法院判决第9卷第245页，以及弗兰克：《少年法院法》§9 I，奥尔斯豪森§157 4。

② "circonstances atténuantes"源自法国法（尤其是1832年4月28日的法律）。《帝国刑法典》不合逻辑地未将之规定于所有的犯罪。关于草案，请参见上文§66 I。

③ 本节意义上的刑罚的转处，不涉及依第27条b而进行的以罚金刑代替自由刑。第27条b包含了一般刑罚范围的扩大，同时包括具体情况下的量刑。因此，关于第27条b，请参见§66 III 1 d中的详细阐述。

④ 不适用第14条第2款的规定。

§69 刑罚的转处

周,在监禁刑和重惩役的情况下为1年。在数罪竞合的情况下(参见下文§71),自由刑的最高限提高到3个月拘役、2年监禁或重惩役(《刑法典》第78条第2款)。如果在罚金刑之外,可供选择的自由刑未达到上述最高限,则补充的自由刑不得超过可供选择的自由刑的最高限(《刑法典》第29条第2款第2句)。如果必须以替代自由刑取代依第27条b确定的"替代罚金刑"(参见上文§66 III 1d),则得执行起初免去的自由刑。据此,替代自由刑总是在3个月以下①,补充的自由刑不得并入总和刑(Gesamtstrafe)。

转处的标准。替代自由刑的范围依法官的自由裁量确定(第29条第3款),如果第4款未规定此替代自由刑(参见上文)。因此,法官可将任何数额的罚金等同于一日自由刑,但需注意,替代自由刑必须以整天计算(第29条第2款第3句);如果替代自由刑为重惩役,则第29条第2款第3句被视为特别法,优先于第19条第2款适用。

被判刑人可通过缴付罚金免除自由刑的执行(《刑法典》第29条第5款)。如果允许被判刑人依第28条b的规定,以自由劳动替代不能征收之罚金,则自由刑的执行亦不得予以考虑。如果罚金刑非因被判刑人的责任而不能征收的(第29条第6款),法院最终可放弃对自由刑的执行(参见《刑事诉讼法》第462条),以避免短期自由刑。

附律中包含许多与上述规定不一致的地方。例如,有些附律干脆排除了转处自由刑的可能性,如1870年6月11日的《著作权法》第24条第2款、1876年1月11日的《样品保护法》第14条,等等;或者它们对自由刑的最高限作出不同的规定,如1909年、1918年和1919年的《税法》。在很多情况下,某些附律还对自由刑的种类作出不同的规定,如《工商业条例》第146条(监禁)和第147条(拘役);1908年《会社法》第19条(拘役)。

II. 自由刑转处其他刑罚是必要的,且基于多种原因:

1. 由于重惩役的法定最低限为1年,将其转处普通监禁刑是必要的,如果在《刑法典》第44条、第49条、第157条、第158条的情况下,在降低刑罚幅度之后,重惩役变为1年以下。

2. 在重惩役与要塞监禁或普通监禁相竞合,构成《刑法典》第74条第2款意义上的总和刑(参见下文§71)的情况下,则此等刑罚转处为重惩役。

两种情况下(《刑法典》第21条)的转处标准:8个月重惩役等同于12个月普通监禁;8个月普通监禁等同于12个月要塞监禁。

---

① 对此,请参见帝国法院判决第59卷第21页。

§70 刑罚的折抵

III. 个别情况下还有教育处分转处罚金刑的,例如,1895年6月9日的法律(《奥地利—匈牙利海关法》)第4条。①

§70 刑罚的折抵

I. 判决作出前②的待审拘留(Untersuchungshaft)可等同于服刑,在作出判决时,全部或部分折抵(Anrechnung)所科处的刑罚(《刑法典》第60条)。与折算(Umrechnung)一样,折抵只可在有期自由刑和罚金刑的情况下进行③,在终身自由刑或死刑的情况下,不得折抵,在附加刑的情况下绝对不允许折抵。④ 折抵后的结果可能是,被科处的刑罚的余刑被降至该刑罚种类的最低限以下;在这种情况下,不允许进行刑罚的转处(Umwandlung)。

II. 由于同一个行为又在德国境内被判刑的,在外国执行的刑罚,应折抵拟科处的刑罚(《刑法典》中与第3条和第4条有关的7条)。这里涉及转处的许可和结果,同样适用上文I所述原则。

III. 所谓的彼此侮辱或伤害(Erwidern oder Aufrechnng)(《刑法典》第199条和第233条)。当场(指由侮辱造成的情感变化的持续期间)对轻微的身体伤害(《刑法典》第223条)还以轻微的身体伤害(《刑法典》第185—189条),当场对侮辱还以轻微的身体伤害,或当场对轻微的身体伤害还以侮辱,实施回击者为受害人自己(不能是其亲属⑤),法官可科处双方被告人或一方被告人较轻的刑罚,或者宣告双方被告人或一方被告人"免于处罚"。

---

① 支付应没收物品的价款以替代科处教育处分的规定(如《刑法典》第335条、《普鲁士法》第16条),不属于此处的教育处分转处罚金刑。

② 判决作出后承受的待审拘留,适用《刑事诉讼法》第450条的规定。该条规定,折抵应当在一定的先决条件下进行,而第60条规定,折抵由法官自由裁量决定之。

③ 请参见帝国法院判决第54卷第24页。

④ 持该观点的还有阿尔费德第291页,芬格尔1第523页,弗兰克§60 III,洛伯:《帝国刑法典及其注释》§60注释4。无责任者是无须待审拘留的(参见帝国法院判决第59卷第232页);《预备草案》第86条则有不同规定。根据《委员会草案》第111条,已执行的待审拘留应完整地折抵有期自由刑和罚金刑,但可因"特殊的原因"全部或部分不予考虑。《1925年官方草案》未涉及折抵问题。1927年《刑法执行法草案》(帝国议会法律草案)在第43条、第44条和第249条中详细规定了待审拘留的折抵问题,"如果法院未作其他规定",得折抵。

⑤ 或其同伴,参见帝国法院判决第29卷第240页。职务中造成的身体伤害(第340条)不适用第233条的规定,参见帝国法院判决第61卷第192页。同样很少适用《军事刑法典》第91条,参见帝国法院判决第64卷第295页。

如果一侮辱行为被当场以另一侮辱行为所抵消(《刑法典》第 199 条),同样适用该原则。

刑罚折抵涉及法官量刑规则的扩大,包括允许刑罚的转处,乃至刑罚的免除。该制度的两种历史根源①,一方面是私法中的赔偿,另一方面是刑法中的法责任(justus dolor),至今仍有生命力。应当给予法官机会,首先对被攻击人的情绪,然后再对被攻击者自己承担责任的事实,进行全方位的考虑。即使出于不同的原因致使双方受伤害的,也可进行刑罚抵消。正因为如此,适用《刑法典》第 199 条和第 233 条给法官规定的权利的先决条件,是双方均实施了应当予以刑罚处罚的行为;无论基于何种原因宣告无罪,即使是一方被宣告无罪,刑罚抵消都绝对无从谈起。一旦因缺少违法性或责任而排除一方当事人的刑罚,则也就不存在刑罚的抵消问题。如果双方行为人中一方具备个人的刑罚阻却事由②,则刑罚抵消是有可能的。

§71 数个犯罪行为的竞合("真正的竞合")

I. 同一行为人因数个独立的犯罪行为而被判处刑罚,从逻辑上讲,应对每个具体的独立的犯罪,科处相应的独立的刑罚,并应当同时或先后执行这些相互独立的刑罚。但是,正如在保留死刑的时期一样,由于事实上不可能在同一个行为人身上执行数个死刑,现今法律中自由刑的特点和内在本质促使人们尽可能避免就具体犯罪所科处的刑罚进行简单相加(Häufung oder Kumulation der für die Einzenverbrechen verwirkten Srtafen)。刑罚的严重程度随着自由刑刑期的增加而增加;如果在数个犯罪行为竞合的情况下,刑罚执行只涉及具体刑罚的实际数量,则要考虑,由于刑罚的简单相加,在刑罚的严厉程度上有什么变化。因此,我们要考虑在数罪竞合的情况下,要求规定刑罚相加情况下的减轻原则;此等减轻是《刑法典》意义上的重建具体行为和具体刑罚之间的本来的均衡。这是《帝国刑法典》第 74 条及以下几条所确定

---

① 这在德国的中世纪也并不陌生,但直至中世纪意大利科学的出现才使其真正形成。参见京特 1 第 214 页,勒宁:《整体刑法学杂志》5 第 573 页,尤其是贝林和施泰尼茨(Steinitz)。对新的立法而言,告诉要求和私诉的影响是不可忽视的。

② 参见上文 §24。主流观点亦认为如此,例如,格拉夫·z. 多纳(Lit. zu §24)第 442 页,特罗伊奇(Lit. zu §24)第 90 页。持不同意见的有帝国法院判决第 4 卷第 14 页;克莱因费勒:《德国刑法与外国刑法之比较研究》总论部分 1 第 332 页,施瓦茨 §11 注释 6。

§71 数个犯罪行为的竞合("真正的竞合")

的基本思想。

II.《刑法典》中刑罚相加后的减轻,可用总和刑来表述。只有在数个(同名的或不同名的)重罪或轻罪被科处数个有期自由刑时,始可使用总和刑,因为根据立法者的观点,只有在这样的情况下,对所有具体自由刑的未经缩短的执行,意味着立法者所不期望的对每个具体刑罚的加重。①

总和刑可提高所科处的刑罚。首先应科处全部具体的刑罚;其中最重者(在同种刑罚的情况下为刑期最长者,在不同种刑罚的情况下为最严厉者)构成初始刑罚(Einsatzstrafe),该初始刑罚不得被缩短;其他具体刑罚可根据情况被缩短,其后算入初始刑罚。② 总和刑不得达到所科处的具体刑罚的总和,不得超过15年重惩役、10年监禁③或15年要塞监禁(《刑法典》第74条)。尽管总和刑由具体刑罚组成,但仍被视为统一的刑罚。

III. 在所有其他情况下,原则上均产生具体刑罚的相加问题。例如,越轨行为与越轨行为的竞合、越轨行为与重罪或轻罪的竞合。此外,如果不是有期自由刑相互竞合,而是有期自由刑与其他刑罚方法相竞合,或其他刑罚

---

① 《预备草案》第91—93条将现行法律的有关规定作了重大简化。它将总和刑一方面扩大适用至越轨行为,另一方面扩大适用至自由刑的所有种类。《委员会草案》第40条、第41条又放弃了这一立场,重新回到了对禁锢(Einschliessung)和拘役进行区别对待的立场上来。《1919年草案》以《委员会草案》为榜样。《1925年官方草案》第63条及以下几条在对待实质竞合问题上采用了完全不同的方法[参见上文§54注释6(即本书第316页注释②——译者注)]:由法律规定总和刑的最高刑期或最严厉的刑罚种类,并允许超越法定最高线。当此处规定的先决条件只在数罪之一中具备时,也允许科处禁锢的规定,是尤其值得怀疑的。请参见与此有关的《1925年官方草案》第71条和上文§40注释11(即本书第241页注释②——译者注)。《1927年草案》和《1930年草案》第65条及以下几条,完全紧随《1925年官方草案》之后,只是避而不用与禁锢有关的词句(第66条第3款)。

② 在《刑法典》第79条的情况下,可判处附加刑。上诉法院取消对具体犯罪行为的确认的,则由不独立的部分组成的统一体——总和刑也就不复存在了。但刑事审判委员会第25卷第298页,以及弗兰克§74 IV,施瓦茨§74注释5不同意该看法。如果不可能构成总和刑,则也不得提高初始刑罚。如果一个具体的刑罚为1周监禁,另一个具体的刑罚为1天监禁,则不得科处超过1周的监禁刑,帝国法院重申对该观点,请参见帝国法院判决第30卷第141页、第63卷第243页。持该观点的还有洛伯:《帝国刑法典及其注释》§74注释7a,帝国军事法院第21卷184。不赞同该观点的有埃克施泰因(Eckstein):《法庭杂志》80第428页,克鲁克霍恩(Kluckhohn):《法庭杂志》84第460页。

③ 在行为人是少年的情况下,总和刑同样可达到这个高度。《少年法院法》第9条规定的减轻原则,不适用于具体刑罚的计算;总和刑的构成只依据《刑法典》第74条进行判断;《少年法院法》第9条在这里不予考虑:帝国法院判决第54卷第202页(赞同《刑法典》第57条),第63卷第242页(赞同《少年法院法》第9条)。

§71 数个犯罪行为的竞合("真正的竞合")

方法与其他刑罚方法相竞合,均产生具体刑罚的相加问题。如果数个终身自由刑或数个死刑相竞合,或一个死刑与一个自由刑相竞合,尤其如此。在此等情况下,所述刑罚可同时科处。① 但刑罚相加的原则不能得到完全执行。

1. 例如,虽然因数个犯罪行为被单独科处,或在自由刑之外被并处罚金,得根据其最高金额来科处;仅在转处自由刑的情况下,被剥夺的自由刑的总和期限不得超过2年;在此,竞合的自由刑是否属于同种无关紧要,只是拘役竞合的总和期限被限制在3个月以下(《刑法典》第78条)。②

2. 虽然在总和刑之外允许科处剥夺名誉权和警察监督,即使它是在竞合的一个具体的刑罚之外被科处③(《刑法典》第76条),但对于此等附加刑而言,它们的最高限在总和刑之外亦不得被超越。

Ⅳ. 但就是在有期自由刑领域,总和刑的原则也要受到很大的限制。

1. 如果拘役与其他自由刑相竞合,则要对拘役刑分别科处。被科处数个拘役刑的,其总和刑期不得超过3个月(《刑法典》第77条)。

2. 如果要塞监禁刑只与普通监禁刑相竞合,则要分别对两者进行科处。如果被科处数个要塞监禁刑或数个普通监禁刑,鉴于是同种类数个刑罚,可将之视为被单独科处来对待。但在这种情况下,总和刑不得超过15年(《刑法典》第75条)。

Ⅴ. 在附律中有许多不同规定。完全特别的是(已经失效的)1878年的《纸牌印花税法》,该法在多处刑罚规定中以推销、赢得、使用纸牌的副数来计算刑罚,而1894年的《帝国印花税法》第3条对罚金刑的规定是,对每个有价证券至少处罚金帝国20帝国马克。根据《商法》第318条的规定,对每张为非法行使表决权所使用的股票,科处10~30帝国马克的罚金,但不得低于1 000帝国马克。

---

① 主流观点亦同。请参见帝国法院判决第54卷第290页。

② 《刑法典》第78条第1款只涉及罚金刑,因此,必然涉及《刑法典》第27条b规定的所谓的"替代罚金刑"(参见上文§66 Ⅲ 1d)。此外,根据第29条第4款的规定,第78条第2款适用于起初被科处的由"替代罚金刑"代替的自由刑,而对于"替代罚金刑"而言,该自由刑必须发挥替代自由刑的作用。参见弗兰克§78和帝国法院判决第59卷第21页。

③ 因此,根据《刑法典》第32条的规定,在监禁刑之外科处剥夺名誉刑的,只有在具备下列条件时始可为之,即其中的一个具体的刑罚满3个月。剥夺的期限在总和刑之外统一计算。

第五章　国家刑罚请求权之免除

§72　免除刑罚事由概述

I. 免除刑罚事由是指在犯罪行为实施后出现的、使得已经产生的刑罚请求权被消灭的情状。它有别于刑罚阻却事由,后者是阻止刑罚请求权的产生(参见上文§26 III)。免除刑罚事由的特点,尤其在判处刑罚可以使刑罚请求权得以履行和消灭方面,表现得最为清楚。它总是有利于在其人格中具有免除刑罚事由之人,无须消除行为的可罚性(《刑法典》第204条是个例外)。如果通过诉讼行为,如通过在调解程序中的和解、通过撤回请求或私诉、通过对刑罚请求权的生效裁决等,刑罚请求权的清偿得以实现,此等免除刑罚事由的描述,毫无疑问属于刑事诉讼法的范畴。属于实体刑法的免除刑罚事由主要有:(1)被告人的死亡;(2)真诚悔悟;(3)赦免;(4)基于《少年法院法》规定的附条件缓刑而免除刑罚;(5)时效。但只有后三种情形被作为一般的免除刑罚事由,而真诚悔悟只在例外情况下被立法赋予刑罚清偿的效果;被告人的死亡则根本就不能被视为免除刑罚事由,而只能被算作永远排除了进行追诉和执行的情况。

II. 刑罚请求权的最大特点源自刑罚目的。当后罗马法、中世纪法或全德通用法均不反对对已死亡者的刑事诉讼程序,直至对尸体执行刑罚,或对死者的画像执行"死刑"时,当启蒙时期的科学和立法仍将死者的名字刻在绞刑架或耻辱柱上时(1878年《约瑟夫刑法典》第17条),根据今天的观点,被告人的死亡不仅阻止审判程序,而且也阻止执行程序。只有当刑罚的执行已成为不可能时,方可宣告由于被告人的死亡而免除刑罚请求权。但对于已生效的财产刑而言,不得适用该原则。但有可能出现这样的要求,即刑

§73 赦 免

罚涉及被告人的人格。① 因为现今法律一般而言完全持有该观点,这只是一个不能赞同的例外,如果《刑法典》——与德国邦法相联系——在第 30 条规定,只要判决是在被判刑人活着时发生法律效力的,应执行罚金刑。②

III. 在普通法时期(萨克森 1572 IV 16,普鲁士 1685 等),常常排除适用正式的刑罚——所谓的真诚悔悟,今天的立法只在例外情况下才赋予它免除刑罚事由的意义。它想在这样的情况下,为犯罪人保留中止犯罪的可能性,保护受到犯罪人威胁的法益免受破坏或免受更大的破坏。除上文已经谈及的犯罪中止(参见上文§46)外,属于这种情况的主要还有:(1)撤回过失所为的虚假证词,《刑法典》第 163 条;(2)放弃决斗,《刑法典》第 204 条;(3)及时扑灭已经燃烧的所纵之火,《刑法典》第 310 条;(4)及时告发 1914 年《间谍法》第 5 条第 2 款意义上的犯罪;(5)告发《军事刑法典》第 61 条和第 105 条意义上的出卖战争情报或哗变;(6)及时告发 1930 年《共和国保护法》第 1 条第 3 款意义上的故意犯罪。

特别是由于国家财政方面的原因,附律常常适用真诚悔悟。请参见 1918 年《逃税法》第 25 条(事后缴纳意味着免除正犯和共犯的刑罚),1920 年 1 月 3 日《税收宽限法》(《帝国法律公报》第 45 页),《帝国税法》第 410 条(对此,还有帝国法院判决第 61 卷第 10 页)。

§73 赦 免

I. 根据其刑法特征,赦免是指通过国家权力,消除法律规定的刑事追诉,也即放弃刑事执行权或刑事追诉权。③ 作为"赦免行为",从国家法的角

---

① 因此,邦立法也可规定,对被继承人所受刑罚,继承人不负刑事责任,只要《刑法典》第 30 条未作其他规定。参见帝国法院判决第 45 卷第 52 页、第 47 卷第 15 页。

② 《预备草案》第 35 条、《委员会草案》第 69 条、《1919 年草案》第 57 条排除了以遗产执行的可能性。与《帝国议院草案》不同,1927 年《刑罚执行法草案(帝国议会草案)》第 254 条又回到了现行法上。参见戈尔德施密特:《德国刑法与外国刑法之比较研究》总论部分 4 第 406 页。

③ 主流观点参见安雪茨:《宪法》(1929 年第 3 版)第 49 条注释 1 和 4;阿尔费德第 311、313—314 页;戴拉奎斯第 375 页;迈耶第 529 页;W. 耶利奈克:《行政法》第 3 版第 215 页;帝国法院判决第 50 卷第 388 页、第 54 卷第 54 页、第 59 卷第 54 页。过去的帝国法院判决第 28 卷第 419 页则有不同观点;还请参见帝国法院判决第 33 卷第 204、210 页。该观点得到上文§1 注释 1(即本书第 3 页注释①——译者注)关于刑罚权的阐述的证实。这只是另一种观察方法,如葛兰特:《帝国宪法》第 219 页,《法学词典》I 第 571 页认为赦免是取消了刑罚义务。

§73 赦　免

度来讲,它是颁布个别的或一般的法律准则,通过该准则,虽然不能与作为此等准则的刑法准则相吻合,但以对当局和臣民具有约束力的方式来命令,特定的追诉或执行行为必须予以中断,必须为其他种类的行为(如释放在押犯)、恢复失效的权利、使生效的义务(如支付赎金的义务)失效。① 赦免的目的在于,相对于法律僵化的一般化特征,提出公平要求(但总是有利于被判刑人,决不会反过来)②;它还可以纠正(事实上的或被认为的)法官的误判,或者达到刑事政策上的目的。③

赦免法源自罗马皇帝时期。随着对外国法的接受,它被传入德国。在16世纪和17世纪,它被作为邦君的特权而被君主们所使用,且越来越被按公法原则来对待。启蒙时期的作家们,从贝卡利亚和费朗基利(Filangieri)到康德和费尔巴哈,都曾为赦免作不懈的斗争,但未能成功。在法国,赦免法于1791年被废除,1801年又被引进。今天,赦免法已不再为德国的科学所怀疑,人们要求以法律的形式作出符合目的的规定,并鉴于特殊的战后现象,认为以法律形式规定赦免是值得追求的。

II. 赦免是消除犯罪的刑罚后果,而不是消除犯罪行为本身。因此,赦免也有可能在以后,特别是在构成重新犯罪刑罚加重时,才会被予以考虑;参见上文§67 I 2。赦免只消除刑罚后果,而不消除私法上的补偿和赔偿义务,也就是说,罚款不受影响。还有保安处分,特别是今天对少年科处的教育处分(参见上文§64),不可能因赦免行为而被免除。赦免可排除刑罚后果之一部或全部,包括免除和减轻刑罚以及刑罚的转处。通过赦免,可以其他(较轻的)刑罚替代科处的刑罚;但既不得超越法定刑罚种类的最高范围④,也不得适用帝国法律规定以外的刑罚(如鞭刑)。可用附加刑(如警察监督)代替主刑;在不免除主刑的情况下,同样可免除附加刑。如可将已被剥夺的公民的名誉权予以恢复(Restition oder Rehabilitation);依《刑法典》第31条、第33

---

① 相当有争议。主流观点(包括本教科书过去的版本)认为是行政行为。本教科书赞同冯·希佩尔:《德国刑法》第2卷第579页注释4,以及《整体刑法学杂志》40第451页及以下几页,戈尔德施密特:《作为法律状态的诉讼》第412页注释2159。对此,请参见Eb. 施密特:《国家法手册》§100注释13及以下几条注释——赦免无须征得被赦免人的同意。

② 1919年3月21日《巴登宪法》第16条第3款明确规定了这一点。

③ 战后进行的"成批的特别赦免"是值得怀疑的;参见科恩:《整体刑法学杂志》43第588页;还有哈童。

④ 因为《帝国刑法典》的刑罚制度具有绝对的约束力,法定最高限和最低限同样属于该刑罚制度。参见上文§20相关注释。不同观点参见葛兰特第572页。主流观点赞同本教科书的看法。

§73 赦 免

条失去的公职,只要它事实上能够执行,可以赦免的方式重新授予;依《刑法典》第 34 条而发生的"无资格"可全部或部分被免除。① 行政处分,如收容于教育机构或矫正机构,不为赦免所涉及。

狭义的赦免涉及具体的特定案件,它不妨碍赦免权主体在多个此等案件中同时宣布免除刑罚。相反,如果免除刑罚是"为特定多数案件"(安雪茨)所为,则人们称之为大赦(Amnestie)。赦免总是由行为人的行为、行为人的特点,或者由该特定行为人在具体案件中的行为情况的特殊性决定的,而大赦则是由所有被考虑的案件类型的特点和社会学意义所决定的。该两种现象均舍弃刑事追诉(Niederschlagung/Abolition der Strafverfolgung)。舍弃刑事追诉是放弃尚未确定的、也许根本不存在的刑罚请求权。无论是单独舍弃或者是舍弃特定多数案件,均可为之,在后一种情况下,人们同样称之为大赦。

III. 赦免权的主体(广义的包括单独赦免、单独舍弃刑事追诉和大赦意义上的主体),在所有情况下(包括在告诉乃论的犯罪和私诉犯罪),总是有刑罚权的国家,而且有时是德意志帝国,有时是具体的德国的邦。由符合宪法的特定机关来行使赦免权。②

1. 在帝国,帝国总统享有单独赦免权(《宪法》第 49 条第 1 款),颁布大赦的权力属于立法机关,首先是帝国议会(《宪法》第 49 条第 2 款),单独舍弃刑事追诉权③同样属于立法机关。上述帝国机关的管辖权及于下列案件:

a. 根据《刑事诉讼法》第 452 条的规定,一审和终审判决为帝国法院所为的案件(《法院组织法》第 134 条)。属于此等案件的不仅包括《法院组织法》第 134 条规定的犯罪种类,而且还包括依《刑事诉讼法》第 3 条的规定,与此等犯罪"相关的"犯罪;还包括此等犯罪的未遂和共犯;但不包括庇护和不

---

① 此处可参见葛兰特:《纪念弗兰克文集》II 第 215 页及以下几页,格劳和舍费尔第 51 页及以下几页,戴拉奎斯第 376 页,冯·巴尔:《刑法中的法与责》3 第 471 页,尤其请参见韦尼克(Wernick)的著作。

② 请参见 1919 年 8 月 11 日的《帝国宪法》第 49 条;1920 年 11 月 30 日的《普鲁士宪法》第 54 条(单独赦免由内阁为之,大赦由法律规定);1919 年 8 月 14 日的《巴伐利亚宪法》第 51 条(单独赦免由内阁决定,大赦由邦议会决定);1919 年 3 月 21 日的《巴登宪法》第 16 条第 3 款等。

③ 宪法对此未作任何规定。因此,冯·希佩尔:《德国刑法》第 2 卷第 575 页,戈尔德施密特第 412 页注释 2159,洛伯:《帝国刑法典及其注释》第 103 页等认为,必须颁布修宪的帝国法律。不同观点参见安雪茨:《宪法》第 49 条注释 4;吉泽(Giese):《宪法》第 49 条注释 1;普奇-赫夫特(Pötzsch-Heffter):《宪法》第 49 条注释 6。毕肖夫第 42 页的观点是不正确的,他认为,帝国议会通过习惯法获得单独舍弃刑事追诉的权力。

§73 赦 免

予告发。

b. 由《帝国宪法》第 48 条规定的由法院审判的案件(包括重罪、轻罪和越轨行为)。

c. 由军事法院①,也即由海军军舰法院(Marinebordgerichte)和战时以战场程序进行判决的法院所审判的案件。

d. 根据 1900 年《领事裁判权法》第 72 条的规定,由领事或领事法院作为一审法院所审判的案件。根据 1888 年 3 月 19 日的法律(1900 年 9 月 10 日的版本)第 3 条的规定,上述原则同样适用于殖民地法院法。

e. 由依帝国行政机关颁布的刑事法规所处理的案件。

2. 在所有其他情况下,邦是刑罚权的主体,同时也是赦免权的主体。帝国只有通过修宪的帝国法律,方可对邦的赦免权予以干涉。② 在大多数邦,舍弃刑事追诉权因宪法的规定而被限制或取消③,在某些情况下,尤其是在部长控告(Ministeranklage)的情况下,赦免只是在特别的先决条件下始可为之。

---

① 根据《帝国宪法》第 106 条的规定,军事法院的审判权因 1920 年 8 月 17 日的法律被取消,但在战时和针对在被征用为战船上的帝国海军成员(在和平时期亦同)的刑事诉讼,不在此限。由于帝国军队划分为不同的兵种,现存的军事(陆军和海军)法院审判权,是帝国法院审判权。

② 冯·希佩尔所说的"联合观点"。请参见他对帝国司法实践的绝妙的批评。毕肖夫第 42 页忽视了这样一个事实,即 1928 年 6 月 14 日的帝国法律是作为修宪的法律颁布的。文献中的一般观点均赞同本教科书的看法。

③ 参见旧《普鲁士宪法》第 49 条第 3 款(对已经进行的调查程序,国王只有根据特别法律,才可使之撤销)。参见海姆贝格尔和冯·巴尔的详尽阐述。1920 年 11 月 30 日的《普鲁士宪法》规定,撤销已经进行的诉讼程序,只能依法律而为之。1919 年 3 月 21 日的《巴登宪法》也规定,撤销已经进行的诉讼程序,必须有特别的法律授权。1919 年 8 月 14 日的《巴伐利亚宪法》第 69 条第 6 款规定,对已进行的刑事调查程序,无论是邦议会还是内阁或其他行政机关,均无权撤销。因此,在巴伐利亚,没有修宪的法律,是不可能撤销(舍弃)已进行的诉讼程序的。撤销诉讼程序不因司法立法(Justizgesetzgebung)而被消除(如芬格尔 1 第 569 页所主张的那样);持该观点的还有从事宪法和刑法学研究的作者们。只要一个刑事案件在帝国法院悬而未决,则案件程序权就被阻却。持该观点的还有帝国法院判决第 28 卷第 419 页,瓦亨费尔德第 288 页。不赞同该观点的有帝国法院判决第 33 卷第 204 页,以及弗莱希曼、海姆贝格尔、迈耶第 552 页。

§74 "附条件赦免"("附条件缓刑""附条件判决""附条件免除刑罚")

《帝国刑法》未禁止赦免权行使的委托。①

IV. 在邦法的赦免要求相竞合的情况下,关于刑罚权的产生和行使,各邦享有同等的权利,就如同一邦的不同法院一样。该原则是今天《德国法院组织法》的基本思想。

1. 如果存在生效判决,对该案件进行一审判决的法院所在邦享有赦免权。

2. 如因一个犯罪行为导致不同邦均对其享有同等管辖权的,依《刑事诉讼法》第12条进行调查程序的法院所在邦,享有排他性的舍弃刑事追诉的权利②,其他邦撤销诉讼程序的,不具备法律效力。

3. 同一个法院的数个相关的刑事案件相互关联(《刑事诉讼法》第4条和第13条),在关联时刻构成有利于所涉及的法院所在邦,享有排他性的舍弃刑事追诉的权利。其他邦所为的舍弃刑事追诉,不具备法律效力。在事后分离情况下,再对各邦所放弃的刑事追诉权予以恢复。③

§74 "附条件赦免"("附条件缓刑""附条件判决""附条件免除刑罚")

I. 正如上文§4 III 2 所简要阐述的那样,德国的司法机关以特定方式使用的赦免,目的在于实现刑事政策上的重要思想;在国外的刑事司法中,它往往被称为"附条件判决""附条件缓刑""附条件免除刑罚";此等措施涉及给予被科处特定(不是太重的)刑罚的被判刑"偶犯"(Augenblicksverbrecher)延缓刑罚执行的可能性,使其有机会在较长的缓刑考验期中,以其良好的表现使得所判处的刑罚实际上不再被执行;只有当被缓刑人表现差,特别是在他

---

① 完全是主流观点。请参见1879年7月4日的法律。根据该法的规定,皇帝被授权,将在阿尔萨斯—洛林地区的赦免的行使权委托给地方长官。在邦法中,常常将赦免的行使权委托给不同部门的长官(在普鲁士同样如此)。请参见大革命时期1918年12月5日的条例第8条(《帝国法律公报》第1422页):"减轻处罚和免除处罚权由人民代表委员会行使,也可委托他人行使。"由于赦免案件的大量增加[参见上文注释4(即本书第393页注释③——译者注)],导致此等委托的增加。请参见科恩:《整体刑法学杂志》43第588页和它所引证的1922年4月26日的《赦免条例》;还请参见下文§74 II 3。

② 当然需要具备一定的先决条件,即邦法允许已进行诉讼程序的法院放弃刑事追诉。

③ 该问题是有争议的。对大多数德国邦而言是"共同的"法院,制定参与邦之间的特别协议。

§74 "附条件赦免"("附条件缓刑""附条件判决""附条件免除刑罚")

重新犯罪的情况下,刑罚才被实际执行,否则,应将所科处的刑罚彻底免除,如果在缓刑考验期间,被判刑人的行为在法律上和道德上均无可指责的话。尽管表述上不尽一致,但其刑事政策意义倒是相同的:应当给予被判刑人强大的动力,通过良好的表现争取免除所判的刑罚,同时迫使自己的生活方式符合社会标准,防止重新犯罪。另外,此等措施是避免短期自由刑的特别适合的方法,短期自由刑对初犯的刑事政策无价值(kriminalpolitischer Unwert),在上文§4 II中就已阐述。

II. 历史发展①。上文 I 中所述刑事政策思想虽然在中世纪的德国和意大利刑事司法中就已有所涉及,但直至刑法的最近历史发展中,它才从组织上真正地与刑事司法联系在一起,其目的才为刑事司法机关所认识。给予其历史发展以一瞥,不仅能够使我们了解其在法学中不同的表述,而且能使我们认识到,哪一种榜样对德国的法律发展在这方面起到了促进作用。

1. 在英国,大约在 19 世纪,人们开始关注该问题:在个别针对少年的刑事诉讼中,如果可望该少年在将来能够表现良好,在陪审团宣告有罪和在法官判处刑罚之前,中止诉讼程序;如果该少年在法定的考验期间表现不良,则证明有必要对其执行刑罚。基于普通法的对该措施的最初的法律规定,是 1879 年夏季的《司法条例》;1887 年制定了《初犯缓刑条例》。根据该法,必须先确定被告人的责任,宣告判决;但量刑时则予以延缓,甚至完全放弃,如果被判刑人在法定考验期间表现良好的话。该措施对初次被判刑者,尤其是少年是十分有利的,但以涉及盗窃、诈骗或应当科处 2 年以下监禁刑的犯罪行为为限。没有将被判刑人置于保护监督之下,尽管该制度的著名先驱者霍华德·文森特(Howard Vincent)先生力图以美国为榜样推行之。直至 1907 年 8 月 21 日的《罪犯缓刑法》(于 1908 年 1 月 1 日生效)才规定,将被判刑人置于保护监督之下。1907 年的法律丝毫未改变迄今为止该措施在法学上的表现形式(宣告判决,但决定刑罚缓刑)。

2. 与英裔美国人的制度有着明显的不同,附条件的赦免在比利时和法国站稳了脚跟。

a. 在比利时,1888 年 5 月 31 日的比利时刑事法律(Die belgische loi etablissant la liberation conditionnelle et les condamnation conditionelles dans le sys-

---

① 这里尤其请参见冯·李斯特:《德国刑法与外国刑法之比较研究》总论部分 3 第 6 页及以下几页、第 10 页及以下几页详尽的论述;此外,还请参见克里科斯曼第 87 页及以下几页,韦格讷第 195 页。

§74 "附条件赦免"("附条件缓刑""附条件判决""附条件免除刑罚")

tem penal vom 31. Mai 1888)给法院提供了这样的可能性,即在确定缓刑考验期的情况下,将所科处的刑罚的执行予以延缓,但以所科处的刑罚不超过6个月且被判刑人没有曾经因重罪或轻罪被科处过刑罚(无前科记录)为限。如果被缓刑人在缓刑考验期内未被重新判决(其他的生活上的改变是无关紧要的,被缓刑人也不受保护监督),则过去的判决视为未发生。如果在缓刑考验期内被重新判决,则要将新的判决所宣告的刑罚和被缓刑的刑罚一并交付执行。

b. 在法国,以英国法律为蓝本,于1891年5月26日通过的法律(die loi sur l'attenuation et l'aggravation des peines)给法院提供了缓刑的可能性。法国法在细节上与比利时法有所不同;但在被缓刑人于缓刑期间表现良好,未被重新判决,过去的判决视为未发生这一点上,法国法与比利时法是完全一致的。

3. 在德国,以比利时—法国为榜样,国际刑法学协会的稳健的工作为将所谓的"附条件的判决"引进德国做好了准备。① 起初,要克服来自科学界和实务部门的阻力,消除源自报应刑思想的怀疑。对该制度的事实上的需要是十分迫切的,其有力的证据是,虽然立法上对该问题避而不谈,却借助行政法规为将其引进德国的刑事司法扫平了道路。但是,该制度在德国的发展,不能停留在与英裔美国人和比利时—法国所不同的法律表述上。如果以英裔美国人为榜样,应当授权法院对刑事判决确定一个缓刑考验期,以便在可能的情况下全部免除刑罚,则德国是需要一个这样的帝国法律的,如同授权法院在判决之后将确定的刑罚予以缓刑,在可能的情况下全部免除刑罚一样。但由于时机尚不成熟,当时还不能选择实现现代改革运动成果的立法之路,但它毕竟导致在实体刑法和程序刑法中,从法律上确定了一些原则。所以,在德国,人们就使用了令人相当担忧的为了摆脱困难的办法,以赦免法的形式发展该制度,而不是将赦免视为在例外情况下才实际使用的法之"安全阀门"(Sicherungsventil des Rechts),来逐渐避免和动摇之。

因此,在德国,取代法官(在与刑事司法的其他措施直接相关时)"附条件判决"位置的,是基于德国邦君的赦免权的"附条件的赦免"。赦免权的行使被委托给各邦司法部,其根据法院专家的意见和刑罚执行当局的报告,批准各案件的缓刑考验期,且在可能的情况下宣告赦免被判刑人。该制度正是以这种形式于1895—1903年适用于德国的所有邦,但梅克仑堡—斯特莱利

---

① 参见李斯特第42页及以下几页。

§74 "附条件赦免"("附条件缓刑""附条件判决""附条件免除刑罚")

茨(Mecklenburg-Strelitz)和罗伊斯除外。①

4. 战争所造成的对社会意想不到的影响,也迫使在该领域对现代改革运动进一步的发展(参见上文§13 VII、§16 V)。

a. 一方面,将批准缓刑考验期和免除刑罚的权力交给法院②,因此,法院被委托行使"赦免权"。从而,德国法的"附条件赦免"与外国法的"附条件判决"在形式上更接近了。但是,德国的法官作为赦免权的全权代表,不能独立行使审判权,而是作为司法行政机关,根据赦免权主体颁布的有约束力的命令来工作。③

b. 在少年刑法领域,在刑法改革的先驱者方面,1923年2月16日的《少年法院法》对赦免作出了帝国法律规定。因此,当《少年法院法》对缓刑和免除刑罚作出具体规定之后,各邦赦免主管当局的赦免权也就随即被排除在外了。④ 同时,《少年法院法》是对整个缓刑制度作出帝国法律规定的第一步,只要看一下所有德国刑法草案中的详细建议,便可一目了然。

5. 第一批草案(《预备草案》第38—41条,《委员会草案》第74—78条,《1919年草案》第63—68条)在立法建议中与《少年法院法》一样,在一般的帝国法律规定上采纳比利时—法国的缓刑制度,根据该制度,法官作出判决,确定刑罚,但将刑罚的执行予以缓刑,以便被判刑人在缓刑考验期间能够证明,对其免除刑罚是适合的。在缓刑考验期结束后,法官对被判刑人的表现进行认定并对缓刑作出决定。如果同意缓刑,则法官宣布免除刑罚,反之,则命令执行刑罚。在这种情况下,判决不因免除刑罚而受影响;法国—比利时原则,即附条件有罪判决(la condamnation sera consideree comme non avenue)在此不适用。因此,鉴于德国这种缓刑制度,人们一般不称之为"附条件判决",而称之为"附条件缓刑"。

---

① 冯·李斯特第45页。对普鲁士而言,除1895年11月19日的《司法部实施条例》外,还适用1895年10月23日的公告。参见海尔维希(1921年)第8页。

② 例如,在巴伐利亚,经1919年7月11日的《司法部部长公告》;在巴登,经1919年12月17日的《内阁条例》;在汉堡,经1920年6月11日的《市政府条例》;在普鲁士,除1920年10月19日的命令外,经1920年8月2日的《邦政府公告》,均将缓刑考验期和免除刑罚的批准权交给法院。

③ 参见海尔维希(1921年)第9页,弗兰克尔:《少年法院法》§10 I。

④ 不同观点,参见葛兰特第88页,格劳和谢热第256页(那里有许多文献)。赞同本教科书观点的有弗兰克尔:《少年法院法》§10 I,格拉夫·z. 多纳第82—83页,克拉尔(Krahl)第30页。1923年7月20日的普鲁士司法部部长的命令是十分成问题的。

§74 "附条件赦免"("附条件缓刑""附条件判决""附条件免除刑罚")

与上述草案不同,《1925年官方草案》选择了一条新路。① 如果被科处监禁刑和罚金刑但允许"附条件免除刑罚"的被判刑人具备个人的先决条件,法官可立即免除刑罚,其条件是,被判刑人在考验期间表现良好。缓刑期满后,最终免除刑罚的效果依法自动生效,如果法院于事前未撤销缓刑。如果未产生撤销缓刑的理由,则法院无须为免除刑罚重新进行判决。《1927年草案》和《1930年草案》保留了《1925年官方草案》的方法,但从严掌握附条件免除刑罚的先决条件,因为草案规定,被科处的自由刑的最高期限为6个月监禁;而且还要求,在批准免除刑罚时,要考虑到公共利益和被害人的利益(第41条)。

Ⅲ. 依据1923年《少年法院法》第10条及以下几条规定的附条件缓刑。

1. 附条件缓刑必须具备下列条件:

a. 必须是因《少年法院法》意义上的在少年时实施的犯罪行为而判刑。在裁判时是否已超过了《少年法院法》第1条规定的年龄界限、是否由少年法院裁判或由普通法院裁判,均无关紧要。② 只是根据《少年法院法》第13条第1款第2句的规定,附条件缓刑也可例外地适用于未成年人实施的犯罪行为,但仅涉及所谓的"事后裁判"(Nachverurteilung),且是同一行为人在少年阶段被判处的刑罚,其缓刑程序仍未结束为限。

b. 被科处的刑罚必须是自由刑,是要塞监禁、普通监禁还是拘役,均无关紧要。对少年而言,罚金刑的缓刑,正如《少年法院法》第14条所明确指出的那样,是不允许的③;鉴于缓刑的可能性,替代自由刑被等同于最初被科处的自由刑。《少年法院法》未规定教育处分的缓刑,尽管在特殊预防的思想下,对行为人适用缓刑也十分符合立法目的,与教育处分的本质也不矛盾。④

c. 关于被判刑人的个人评价,《少年法院法》并未对缓刑提出特别的先

---

① 请参见《1925年草案说明》第32页;艾伯迈耶第556页;参见葛兰特:《1925年草案》第64页及以下几页;格林霍特第142及以下几页。

② 参见葛兰特第89—90页,弗兰克:《少年法院法》§§10—15 Ⅱ。

③ 持相同观点的还有弗兰克尔:《少年法院法》§14,弗兰克:《少年法院法》§§10—15 Ⅰ。不同观点,参见葛兰特第88页,他想以真正的赦免途径允许对罚金刑进行缓刑。请参见上文相关注释。关于罚金刑的缓刑,人们可认为《少年法院法》实际上是予以默认的。请参见上文§20 Ⅰ。

④ 参见爱克斯讷:《保安处分理论》(1914年)第182页及以下几页,《瑞士刑法学杂志》34第186页及以下几页。不赞同该观点的有哈夫特第338页注释1,葛兰特第90页。他们认为,《少年法院法》第10条第1款第2句表明的原则,是与保安处分缓刑的可能性完全一致的。《1927年草案》(《1930年草案》)第61条的规定是与本教科书相一致的。

§74 "附条件赦免"("附条件缓刑""附条件判决""附条件免除刑罚")

决条件。① 就《1927年草案》而言,只要被判刑人的个性、履历和犯罪后的表现均表明,可期望其在将来能够符合法律地生活,就足以证明可适用该措施,一般情况下也必须这么做。缓刑应当是促使犯罪少年适应社会措施链中的一环,别无其他;因此,只能根据特殊预防的思想,对附条件缓刑的目的性和可适用性作出决定。曾经被判过刑与附条件缓刑并不矛盾,但可能成为违背其目的性的标志。《少年法院法》第13条提出了一个特殊的相当棘手的规范,即使被附条件缓刑的少年在法庭同意的缓刑考验期内又因新罪被处罚,仍然应当尽可能避免对法庭的僵硬的约束,这就表明,立法者是多么希望该规范能够适应在个别情况下行为人所具有的个性特征。

2. 缓刑的决定由法院作出,而且是在判决中作出(《少年法院法》第10条第1款);根据《少年法院法》第31条的规定,作出此等判决的基础是认真调查行为人的生活关系,以及行为人的身体和内心特点。就是在这里,教育思想中所使用的措施的内容,也不允许在判决中对缓刑问题持绝对的最终态度。如果在判决中拒绝缓刑,也可在事后批准,甚至在刑罚执行已经开始之后,亦可批准。同理,如果事后有情况表明,判决时所作出的缓刑必须予以停止,则被批准的缓刑也可因命令执行刑罚而立即被撤销(第12条第4款)。

3. 缓刑考验期为2—5年(第12条第1款)。在缓刑考验期内,可将被判刑人置于保护监督之下,甚至在其成年后亦如此②;在缓刑考验期限内,还可给被判刑人规定特别义务③(参见上文§64 II 1c)。在选择义务方面,无论是在这里,还是在《少年法院法》第7条第3项的情况下(参见上文§64 相关注释),均未对法院作出什么限制;但宪法所保障的权利,即使因刑罚执行也不受损害(例如《帝国宪法》第136条第4款),更不得因规定特别义务而受影响。④ 如果这不可能,则鉴于考验期的范围,义务的选择和在保护监督情况下的地位,应在裁判中作出可靠的规定,如此,可在事后作出必要的规

---

① 参见弗兰克:《少年法院法》§§10—15 II,洛伯:《德国少年法院法》§10注释1。
② 相对于《少年福利法》第59条而言,《少年法院法》第12条是特别法(les specialis)。监护法官不允许依据《少年福利法》第59条第2句的规定,取消保护监督,如果该监护法官同时是少年法官的话。
③ 但《少年法院法》不允许法官在批准附条件缓刑时,以被判刑人已履行特定义务,如支付罚款为先决条件。帝国法院判决第58卷第201页是恰当的。
④ 参见格拉夫·z. 多纳第84—85页:"对被附条件释放者的法律地位,人们不得以自由公民的法律地位来衡量,而是必须考虑到,他在刑罚执行机构服刑这一情况。不是其较少的自由,而是其从宽监禁,才是其法律地位的重要特点。"在缓刑时同样适用该原则。

§74 "附条件赦免"("附条件缓刑""附条件判决""附条件免除刑罚")

定,起初所作之规定于事后修改之。

4. 对于缓刑,法院得作出决定。如果科处缓刑,则该决定存在于免除刑罚中;如果未被宣告缓刑,则存在于刑罚执行命令中。根据《少年法院法》第10条的规定,被判刑人因"表现良好"应该"获得"免除刑罚的处遇,故考验期内应给予被判刑人积极努力的机会,通过无可指责的行为来消除犯罪行为的污点。① 规定特别义务(参见上文有关注释)尤其可给予被判刑人这样的机会。如果法院在是否科处缓刑上存有疑虑,则根据《少年法院法》第12条第1款和第2款的规定,法院可在5年的期限内,在同时改变特别规定的义务的情况下,将缓刑考验期予以延长。

IV. 关于"附条件缓刑"和"附条件赦免"的法律地位问题,迄今为止仍没有一个统一的答案。

1. 如果人们考虑到实体内容,同时考虑到该措施的目的,则决不会将这一种或那一种措施,看成特殊种类的刑罚②;因为"缓刑"决不意味着接受犯罪,而是恰恰相反;没有犯罪,也就没有刑罚。这一源自特殊预防思想的目的,指明了其作为保安处分的特征。③ 事实上,缓刑并给予考验期限,与——如《少年法院法》第7条规定的教育措施一样——促进被判刑人适应社会这样一些措施在本质上是相同的。

2. 但这些保安措施是以特殊的法律形式出现的。它相对于刑罚执行而言是一种障碍,在确定缓刑的情况下,使得刑罚请求权予以消灭。有鉴于此,如果试图对附条件缓刑(《少年法院法》)和附条件赦免(邦法律规定)的形式法律特征作出规定,则属于上文§72 I意义上的解除刑罚事由的范畴。而且基于附条件赦免的免除刑罚,只是作为基于委托的赦免权的一个真实的赦免行为④而被证明是正确的,在大量适用赦免行为的情况下,赦免所具有的本质特征即被完全否定了。基于附条件缓刑的免除刑罚(《少年法院法》),则不能够被理解为赦免⑤,因为帝国法律的规定对其先决条件和适用方法是个障碍;它实际上更应被视为一个特别种类的解除刑罚事由。

---

① 米勒:《德国第6届少年法院大会上的论文》第6页的观点是恰当的。
② 如李斯特:《德国刑法与外国刑法之比较研究》总论部分3 第89页,关于"附条件判决"。不赞同该观点的现在有哈夫特第331页,格劳和舍费尔第254页。
③ 反对该观点的还是哈夫特第331页,格劳和舍费尔第255页,但他们在适用于少年的附条件缓刑方面,又赞同本教科书的观点。
④ 帝国法院判决第57卷第393页。
⑤ 不同观点,参见葛兰特第89页。

§75 时效概述

I. 如果经过特定年限后,私法上的权利被消灭,或一犯罪行为的法律后果被消除,则这一现象的原因和其内在根据,不是存在于一种玄妙的产生权利或消灭权利的时间力中,而是存在于不是将合乎逻辑地执行一般原则中,存在于将实现实际目的为其任务的法秩序之中,存在于事实之力中。哪怕是对最轻微的越轨行为的追诉和处罚,都是以人的一生为限的;但在这种情况下,刑罚对行为人、被害人和所有其他人所能达到的效果,除确定案件事实的困难和不安全关系以外,存在于对新产生的、根深叶茂的和多分支的关系的影响之中。

现今刑法立法给予时效以解除刑罚事由的效果;除规定已科处但尚未生效的刑罚("追诉时效",Verfolgungsverjährung)的时效外,现今之刑法立法还规定了已生效刑罚的时效("执行时效",Vollstreckungsverjährung)。请参见《刑法典》第 66 条。

II. 这两种形式的时效均是解除刑罚的事由。它们不仅排除了追诉,而且还消除了国家刑法(sie tilgt das staatliche Strafrecht)。作为求刑时效(Anspruchsverjährung)而非控告时效(Klageverjährung),从内容上看,且根据其特点,时效不属于诉讼法的范畴,而是属于实体法的范畴。①

但时效所清偿的只是行为的法律后果,它并不想将犯罪行为本身从世界

---

① 可能被作出无罪判决。在该问题上有多种不同的观点。(1)赞同本教科书观点的有阿尔费德第 303 页,冯·巴尔:《刑法中的法与责》3 第 390 页及以下几页、第 397—398 页,鲍姆加腾:《构成要件之结构》第 23 页,贝林:《整体刑法学杂志》39 第 663 页,《刑法之基本特征》第 68 页,芬格尔 1 第 575 页,勒宁:《德国刑法与外国刑法之比较研究》总论部分 1 第 379—380 页,科勒第 29 页,瓦亨费尔德第 290 页。根据《1927 年草案》和《1930 年草案》第 79 条的规定,由于时效经过,犯罪行为之可罚性被消灭。这意味着该草案持与本教科书相同的观点。参见洛伯:《法学词典》VI 第 429 页。(2)罗森费尔德:《整体刑法学杂志》36 第 529 页,鲁烈(Lourie)第 81 页将时效归结为诉讼法范畴。(3)认为具有混合特征的有弗兰克§66 II,洛伯:《帝国刑法典及其注释》§66 注释 1,《法学词典》VI 第 429 页,梅茨格第 496 页注释 25,冯·希佩尔:《德国刑法》第 2 卷第 558 页,李希,迈耶第 522 页,葛兰特第 215 页,绍尔:《诉讼法之基础》(Grundlagen des Prozeßrechts 1919)第 330 页及以下几页,以及《法庭杂志》91 第 441 页也属于此等作者的范畴,但它将侧重点放在诉讼法一边。(4)帝国法院的判决是不确定的,如帝国法院判决第 12 卷第 434 页、第 40 卷第 88 页要求作无罪判决,而帝国法院判决第 41 卷第 167 页、第 46 卷第 274 页、第 59 卷第 197 页则要求中止判决(如同时效混合特征的主张)。

§76 追诉时效

上消除掉。已过时效的(如同被赦免的)犯罪行为,同样被作为构成常业犯和职业犯的基础。

III. 在中世纪的德国法中,时效作为所谓的缄默(Verschweigung)适用于私诉犯罪:如果控告人浪费了常常是很短的控告期限,则他就失去了控告权。该原则一般只涉及轻微的案件和由官方予以追诉的犯罪,但缺乏时效思想(参见希斯 Lit zu §38 B 第403页)。《卡罗琳娜法典》中对此只字未提。罗马法自《朱利亚法典》通奸罪相关条款(lex Julia de adulteriis,公元前16世纪)才规定有刑法上的时效(私诉案件除外),它规定,应当科处刑罚的犯罪的时效期限为5年。后来,对几乎所有的犯罪均明确规定了20年的时效期限。根据后罗马法的规定,谋杀君主和叛教无时效规定。

在16世纪和17世纪的进程中,时效在德意志各邦国被广泛运用;例如,普鲁士于1620年就有时效规定,而巴登—杜拉赫于1622年取消了该规定;时效作为一个全新的借用自1616年的《巴伐利亚法》制度,于1656年被引进下奥地利。普通法科学一般将时效的法根据建立在犯罪人能够改好的预测上(Acquisitivverjährung),犯罪人既不会从其居住地逃跑,又不会实施新的犯罪,但犯罪所得利益不允许为犯罪人本人所掌握。一般而言,最严重的犯罪类型被完全排除了时效规定。从科赛齐和贝卡利亚到费尔巴哈和亨克的启蒙时期的著作中,与难以解释的和为现今英国普通法所陌生的刑法上的时效(奥地利于1778年废除,1803年又引进)的斗争,以这样的结局而告终:不仅刑事诉讼的时效被承认,而且——以1791年和1808年法国立法为榜样——生效刑罚的时效也被接纳进新的德国立法(最初于1838年在萨克森,1851年在普鲁士,1852年在奥地利)中。但在应被科处死刑或终身自由刑的重罪方面,完全排除了时效规定。帝国立法是以法国法为蓝本进行的。《预备草案》第94条至第99条在重要方面坚持现行法的做法。《委员会草案》第125条、第129条以允许延长时效期限来替代时效中断(Unterbrechung)。《1919年草案》第124条、第128条,《1925年官方草案》第81条、第84条,《1927年草案》和《1930年草案》第82条、第85条,在这方面则以《预备草案》为榜样。

§76 追诉时效

I. 时效期间。刑事追诉的时效期间为(《刑法典》第67条):

§76 追诉时效

1. 在重罪的情况下,科处死刑或终身自由刑的,追诉时效为20年;最高刑为10年以上自由刑的,追诉时效为15年(属于这种情况的还有终身要塞监禁);科处较轻自由刑的,追诉时效为10年。

2. 在轻罪的情况下,最高刑为3个月以上监禁刑的,追诉时效为5年;最高刑为3个月以下监禁刑的,追诉时效为3年。被科处罚金刑的轻罪,其追诉时效为3年,尽管与之相当的自由刑可能超过3个月。

3. 在所有越轨行为的情况下,其追诉时效均为3个月(根据《预备草案》第94条,《委员会草案》第402条,《1919年草案》第415条,《1925年官方草案》第356条第1款,《1927年草案》第389条的规定,越轨行为的追诉时效为6个月;根据《1930年草案》第389条的规定,越轨行为的追诉时效为3个月,但是,如果越轨行为被科处500帝国马克的,则其追诉时效为6个月)。

关于时效期限的计算,以刑罚幅度的最高限为准,在具体情况下,这里也适用上文§27 IV所述之原则。对少年犯罪、未遂犯和帮助犯的时效而言,尤其以未减轻的刑罚幅度为准。①

特殊时效期限见于许多附律中,尤其是见于税法中。请参见《帝国税法》第419条,1874年《新闻法》第22条(在重罪和轻罪的情况下均为6个月)。② 此外,还请参见《刑法典实施法》第7条,根据该条的规定,违反关于缴纳烧酒税、啤酒税和邮政税规定的,追诉时效为3年。但《烧酒税法》为《烧酒垄断法》所替代,对之现在适用1922年4月8日的《烧酒垄断法》,在该法第147条的时效规定上,指出援用《帝国税法》第419条的规定。关于啤酒税,适用1923年7月9日的《啤酒税法》(关于时效,见该法第22条第4款)。

II. 时效的开始。追诉时效的起算,以行为实施之日为准,犯罪结果何时产生无关紧要(《刑法典》第67条第4款)。也就是说,对时效的开始而言,实现意志的时刻是起决定性作用的。相反,不仅结果的出现,而且对可能

---

① 一般观点则不赞同该做法,例如冯·希佩尔:《德国刑法》第2卷第562页。赞同本教科书观点的有施瓦茨§67注释1。

② 在出版物中散布叛国言论的,不依《刑法典》第67条的规定,而是依《新闻法》第22条的规定来计算追诉时效。请参见帝国法院判决第61卷第19(21)页。散布叛国言论未得逞的,则不构成"出版犯罪"(Pressstraftat),对此,应按普通犯罪,如叛国未遂,来适用普通追诉时效的规定,参见帝国法院判决第61卷第19页。

§76 追诉时效

的"暂时结果"(Zwischenerfolg)均可不予考虑。①

出现可罚性的条件(参见上文§43)对时效的开始也无影响。但在不出现可罚性条件的情况下,可导致时效中止(Ruhen der Verjährung)。

教唆行为或帮助行为的时效的开始,与主犯的犯罪行为无关。②

法律规定为一个犯罪行为的数个具体行为(参见上文§53),就时效的开始而言,也被视为一个犯罪。例如,在持续犯、继续犯的情况下,时效开始于犯罪行为结束之时[参见上文§53注释1(即本书第311页注释①——译者注)];常业犯、职业犯和习惯犯也同样适用该原则;而在状态犯(如重婚;请参见《刑法典》第171条)的情况下,起决定性作用的只是犯罪行为本身,而不是其所造成的状态。

以印刷品的内容来实施的出版犯罪(Pressdelikt)的时效,开始于该出版物传播之时。

在不作为犯罪的情况下,一旦行为义务停止,时效即行开始。

关于时效的特别规定多见于一些附律中。根据1902年《海员法》第121条的规定,时效开始于船舶抵达一海员局(Seemannsamt,管理海员事务的机构——译者注)之日。根据1901年《著作权法》的规定,在重印的情况下,时效期限开始于开始传播之日(该法第50条);在非法传播、演出、非法讲演的情况下,时效期限开始于非法行为实施之日(该法第51条)。1907年《艺术品法》第47条、第48条作出了类似的规定。根据1923年6月18日的法律第23条的规定,汇票逃税行为的时效开始于该汇票到期之年的结束之时。

III. 时效的中断。时效因法官就犯罪行为针对行为人进行的任何行为而中断(《刑法典》第68条)。《刑事诉讼法》在其第413条第4款和第419

---

① 在纵火的情况下,时效开始于行为人点火之时。帝国法院想将出现犯罪结果作为时效之开始,"结果未出现"时才对时效不予考虑。请参见帝国法院判决第21卷第228页、第26卷第261页、第42卷第171页、第62卷第418页。持相同观点的还有宾丁:《德国刑法教科书》总论部分第305页,冯·希佩尔:《德国刑法》第2卷第560—561页,奥尔斯豪森§67注释9。下列学者的观点是正确的,包括阿尔费德第306页,芬格尔1第579页,弗兰克§67 II,基齐厄:《德国刑法与外国刑法之比较研究》总论部分1第150页,科勒第664页,洛伯:《帝国刑法典及其注释》§67注释2,萨罗蒙第12页,施瓦茨§67注释2。《预备草案》第95条将"不予考虑等"删除了;《委员会草案》第123条则要求出现犯罪结果。其后的草案均以《委员会草案》为榜样。

② 持该观点的还有阿尔费德第307页,弗兰克§67 II,基齐厄,洛伯:《帝国刑法典及其注释》§67注释2,奥尔斯豪森§67 16,罗恩德(Rund)第30页。但大多数人不赞同该观点,例如宾丁1第840页,施瓦茨§67注释4,瓦亨费尔德第294页,帝国法院判决第30卷第301页、第41卷第17页;且是由于共犯的不独立的特征而不予考虑的。

§77 行刑时效

第3款中对警方的处罚通知(polizeiliche Strafverfügung)和行政机关的处罚决定(Strafbescheide der Verwaltungsbehörde),1919年12月13日的《帝国税务条例》第419条第2款对财政局的"调查"和公布处罚决定,赋予了中断时效的效力。只有针对行为人作为特定犯罪的行为人进行的行为,不包括根据行为人的线索而应当进行的预查,才具有中断时效的效力;传讯证人,甚至该被传讯者自己承认在该事件中也负有责任,因此,未经宣誓来证实的,不具有中断时效的效力。时效中断只发生于与犯罪行为有关的行为人。随着时效中断的结束,新的时效即行开始计算。

IV. 时效的终止。时效终止(《刑法典》第69条),根据法律规定(参见《帝国宪法》第37条、第43条第3款),是指刑事追诉不能开始或不能继续之时。[①] 刑事诉讼程序的开始或继续取决于预先提出的问题,而只能在另一个诉讼程序中才能对预问作出裁决的,则至该诉讼程序结束时,时效中止。

需要申请或授权才能进行刑事追诉的,时效的经过不因缺乏申请或授权而受影响。

V. 时效的效力。时效的效力在于消灭刑罚,而并不消灭犯罪本身。正因为如此,相对于数名共犯之一而言,时效可能已经经过,而其他共犯则仍可能应受处罚。

§77 行刑时效

I. 时效期间。生效刑罚在经过下列时间之后不得再予执行(《刑法典》第70条):

1. 被判处死刑或终身重惩役,或终身要塞监禁的,经过30年。
2. 被判处10年以上重惩役或要塞监禁的,经过20年。
3. 被判处10年以下重惩役或5年至10年要塞监禁,或5年以上监禁的,经过15年。
4. 被判处2年至5年要塞监禁或监禁的,经过10年。
5. 被判处2年以下要塞监禁或监禁,或150帝国马克以上罚金的,经过5年。

[①] 不适用于被告人是精神病患者的情形,参见帝国法院判决第52卷第36页。同意该观点的还有洛伯:《帝国刑法典及其注释》§69注释3a。详见冯·希佩尔:《德国刑法》第2卷第563—564页。

§77 行刑时效

6. 被判处拘役或 150 帝国马克以下罚金的,经过 2 年。

II. 时效的开始。时效开始于判决生效之日(《刑法典》第 70 条)。

III. 时效中止。在附条件缓刑的情况下,根据《少年法院法》第 10 条及以下几条的规定,时效中止于考验期(参见上文§74 III),参见《少年法院法》第 12 条第 3 款。

IV. 时效的中断。时效因负有执行义务的机关针对刑罚执行的任何行为,以及因为执行目的而逮捕被判刑人而中断。在刑罚执行中断以后,新的时效即行开始(《刑法典》第 72 条)。

V. 附加刑的时效。在执行总和刑的情况下,时效统一经过。① 除被判处的自由刑之外,因同一行为被判处的罚金刑,其执行时效的经过不得早于(也许可晚于)自由刑的执行(《刑法典》第 71 条)。如果附加刑确实可执行的,则附加刑的执行时效与主刑的执行时效的经过同时进行。法律对有期的名誉附加刑(《刑法典》第 36 条)和警察监督附加刑(《刑法典》第 38 条),作出了例外性的规定。在该两种附加刑的情况下,法院判决的开始生效,是在主刑时效经过之后。

VI. 附律中的时效规定。只要附律明确规定追诉时效,而不提及执行时效,如海关法和税法所做的那样,则必须将执行时效视为被排除。② 该规定同样适用于邦法[参见上文§20 注释 2(即本书第 107 页注释①——译者注)]。

---

① 此为一般看法。不赞同该看法的有弗兰克§74 IV,葛兰特第 219 页。
② 阿尔费德第 309 页注释 49 不赞同该观点。

第六章 恢复原状

§78 概述与历史

I. 基本思想

对行为人判处刑罚意味着对行为人作出了社会的否定评价(参见上文§56 A I 1)。这种社会的否定评价,将在刑罚执行完毕以后,长时间地对被判刑人造成压力,并与因刑罚而产生的权利的丧失(参见上文§56)和可能的名誉附加刑(参见上文§63)一起,导致很难消除的被判刑人的社会地位的降低。鉴于这一事实,立法者面临的任务是十分艰巨的。如果从一般预防的利益考虑,要求立法者一方面必须坚持可感觉到的社会伦理上的良知,则其另一方面就不得不对不公正问题予以关注,这种不公正存在于,正是由于法律上的和道德上的名誉的降低,常常导致被判刑人的再社会化受到阻碍,如果被判刑人竭尽全力想成为对社会有用之才的话。立法者必须试图通过消除名誉刑来防止出现不公正,这早在上文§63就已经强调过了。但只要权利的丧失和名誉刑是立法的组成部分,立法者至少有这样的可能,即在特定的先决条件下,重新赋予被判刑人因被判刑而失去的或其被剥夺的资格和权利。此外,国家还可以通过从国家犯罪登记中删除刑罚(参见下文§78a I),来防止某人因被判刑而一而再、再而三地成为人们议论的话题。此等"重新赋予"或称"复位"或"恢复原状",严格地讲,如同被视为消除刑罚后果一样,被视为国家放弃其部分刑罚权。① 只要它还是个问题,国家的刑罚权

---

① 就此点而言,恢复原状好像应该放在第五章探讨。参见本教科书第21版、第22版§75 IV。但该制度的其他部分和其在德国的历史发展,又迫使我们在其他章节表明态度。《1919年草案》将消除前科记录予以删除,因为正确限定犯罪登记好像不是实体刑法的事情(参见《1919年草案备忘录》第78页)。因此,该草案只在附加刑和附随后果一章对恢复原状作出(转下页)

§78 概述与历史

则已通过刑罚执行而被消灭,国家现在所放弃的只是不再将被判刑人作为曾被处罚过的人来对待。在历史发展的过程中,就其共同的社会目的而言,"恢复原状"和"清偿"常常被联系在一起。因此,应当给它们起个名称,其后立法以法国为榜样,选择了"恢复原状"。① 至今也未形成一个统一的概念。在恢复原状中,人们是否看到国家对积极的善行所给予的赞赏性的礼物,是否看到恢复原状的核心,存在于"相对于被处罚的事实而言的有效矫正的抵销力之中"②,或者随着恢复原状与伦理上平淡的"服刑时效"③的"冷静的观念"④联系在一起,人们要看情况而定,向立法者提出完全不同的要求和彼此不同的"观念"规定。⑤ 但还不可能提出一个权威性的理想概念。⑥ 对不同国家得到不同结果的历史发展的阐述,将证明该制度的变化能力(Abwandlungsfähigkeit)。

II. 历 史⑦

1. 恢复原状的发源地是法国。它产生于17世纪后半叶的法国,而且是在君主赦免权的基础之上发展起来的。通过国王的赦免行为,被处罚者在服刑之后和赔偿之后,可从不名誉的污点中解放出来。在取消国王的赦免权之后(参见上文§73 I),1791年《法国刑法典》将复原的请求权委托给法院,但复原作为赦免行为的特征则丝毫没有改变;因为法院不必按照特定的法定条件来对被处罚者的复原请求作出裁决,而是根据镇议会的有权威性的建

(接上页)了简要规定(第81条)。这种做法既不符合历史发展情况,也不符合支配恢复原状的两个组成部分的刑事政策思想的同一性。尽管如此,《1925年官方草案》和《1927年草案》第50条,还是紧步《1919年草案》之后尘。请参见《1927年草案说明》第40页注释1。《1930年草案》未重复《1927年草案》第50条,因为重新授予规定应当规定在1927年的《刑罚执行法草案》第263条当中;请参见1928年10月25日第21届委员会的商谈。

① 请参见戴拉奎斯:《刑法中之恢复原状》第219页,《奥地利刑法学杂志》2第286页,席勒(Schiller)第9页,等等。
② 厄特克:《法庭杂志》67第426页。
③ 瓦亨费尔德第298页。
④ 科尔劳斯:《整体刑法学杂志》41第184页。
⑤ 关于观念规定,请参见戴拉奎斯:《刑法中之恢复原状》第101页,席勒第10页,林德迈尔第23页。
⑥ 不同观点参见戴拉奎斯:《奥地利刑法学杂志》2第287页。关于概念的争论最终成为关于刑事政策要求的斗争。
⑦ 主要参见戴拉奎斯:《刑法中之恢复原状》第12—100页的详细论述以及有关的丰富的资料。贝索尔德(Besold)对恢复原状历史发展的描述,除极少的修改以外,借用了本教科书的词句。

§78 概述与历史

议,经过自由裁量,认定被处罚者经过10年无可指责的表现之后,是否适合复原。复原的效果在于,完全消除判决(la loi et le tribunal effacent la tache de votre crime)。恰恰是在这一方面,专制的君主赦免权的再次出现使之倒退:在1808年的法律中,复原的效果重新被限制在消除名誉受损上,而且在1852年7月3日的《恢复被审判人权利法》(loi sur la rehabilitation des condamnes)中,此等限制被再次确认,因此,复原制度的第一个发展阶段结束了。

复原的其他形式主要是受贝仁格(Berenger)的影响,他对将复原视为赦免权的结果予以拒绝,并指出了1852年法律所规定的复原的先决条件的严厉性;他还要求,作为复原的效果,应按照1791年《刑法典》的规定,完全消除被判刑的污点。1885年8月14日的法律充分考虑到贝仁格的改革要求:"恢复权利、消除裁判,且终止因审判而生的所有权利的丧失"(La rehabilitation efface la condamnation et fait cesser pour l'avenir toutes les incapacites qui en resultaient)。且主要是:其表现满足了复原的特定先决条件,进行了损害赔偿的被处罚者,享有恢复原状权,而且由法院以秘密程序对该权利作出裁决(即裁定依法恢复权利,rehabilitation judiciaire)。结束第二个发展阶段的1898年3月10日的法律,继续扩大了适合于适用恢复原状的案件的范围。

同样是在贝仁格的影响下,恢复原状的进一步发展是与犯罪登记的规定联系在一起的。1899年8月5日的法律规定,相对于犯罪登记中记载的、与特定的根据刑罚严重程度分级的期限的经过相联系的刑罚而言,只要被处罚者在此期间未犯新罪,则自动开始恢复原状。由1900年7月11日的法律在某些方面作了修改的1899年的法律,至今仍是构成法国法中的恢复原状的法律基础。

2. 德国以外的其他国家,或多或少均是以法国立法为榜样的。当1879年《土耳其刑事诉讼法》紧跟法国1852年的法律,使用以赦免方式恢复权利之时(rehabilitation gracieuse),比利时(1896年4月25日的法律)和保加利亚(1896年2月2日的《刑法典》)则仿造法国1885年法律的做法,引进了通过法院裁定恢复权利的制度。丹麦于1896年之后引进了依法恢复权利(rehabilitation de droit)的制度,意大利则于1906年之后引进。英美法系未发展恢复原状制度。而该制度在瑞士的州法中却得到了很大的发展。瑞士新的刑法草案非常重视恢复原状的规定(1918年《瑞士刑法草案》第73—78条)。在奥地利,在恢复原状制度被刑法草案接受之后,又被1918年3月21日的

§78 概述与历史

法律所规定(《帝国法律公报》第271页)。① 首先被接受的是通过法院裁定恢复权利,但是,由于不要求有积极矫正的证据,而是在对由仿造造成的损失予以赔偿之外,要求行为人在特定期限内未被判刑,这实际上与依法恢复权利明显接近了。恢复原状的效果是,被判刑人被视为未受法院处罚,已消除的判决无须再告知法院或其他当局。对于一些特定的情况,法院规定了具有较少效果的依法恢复权利。

3. 在德国,恢复原状制度于19世纪被引进不同邦国的法律之中;但该制度没有被引进全德通用法中。值得注意的是,在一些较大的邦国,如普鲁士和巴伐利亚,法律所引进的是以赦免方式恢复权利,而在一些较小的自由建立的邦国,法律所引进的是通过法院裁定恢复权利。《帝国刑法典》未规定恢复原状制度。因此,恢复原状的效果,以及恢复失去的名誉权、消灭犯罪记录等,起初只能以赦免的途径来解决。

鉴于德国以外的国家的法律发展情况,德国刑法草案引进恢复原状制度是完全可以理解的,但各草案之间又有明显的不同。《预备草案》第50条至第52条以两种形式通过法院裁定恢复权利;其一,根据高尚的行为和特别考虑,恢复失去的名誉权;其二,根据在较长时间内的良好表现,消除犯罪记录中的处罚记录。在这两种情况下,均是以被判处的自由刑的执行、赦免或时效经过为先决条件的。但重惩役和(成年人的)刑期超过1年的普通监禁或拘役,被排除于从犯罪记录中予以消除之外;考验期限根据刑罚的严重程度划分成不同的等级。

《相对之草案》第110条至第112条正确地扬弃了预备草案在解决恢复原状问题上谨小慎微的做法。该草案只以恢复失去的资格或权利这一种形式适用通过法院裁定恢复权利,但同时它不要求——在这一点上要比《预备草案》宽宏大量得多——有积极的矫正("高尚的行为"或类似规定),而只要求在考验期间没有再犯罪,且被判刑人努力赔偿由其犯罪行为所造成的损失。但实现这些条件的被判刑人并不能自己要求恢复原状(法院"可以"恢复)。在犯罪记录中消除刑罚记录则表明是依法恢复权利。在特定期间经过后,此等完全消除判决的做法将具有这样的效果,即被消除的刑罚在作记录选节时将无须告知有关当局(相反,被视为消除:《预备草案》如此规定),免

---

① 参见李特勒:《整体刑法学杂志》39第478页,格莱斯帕赫:《奥地利刑法学杂志》7第399页,戴拉奎斯:《整体刑法学杂志》39第594页,厄特克:《法庭杂志》87第161页,卡代卡1918年3月21日的《关于清除判决法》,1918年。

§78a 现行之德国法律

除了被判刑人向法院或其他有关当局承认曾被处罚过的义务。

《委员会草案》第130条至第133条大体上与《预备草案》的做法相似,但在某些方面要比后者宽宏大量些。《相对之草案》中的依法恢复权利,虽然未被适用于消除犯罪记录方面,但《相对之草案》所建议的最终消除效果,倒是被《委员会草案》所接受(《委员会草案》第131条第2款)。《相对之草案》第81条与《委员会草案》第133条实际上是相同的。《1919年草案》,请参见上文注释1(即本书第409页注释①——译者注)。(和《1919年草案》一样)《1925年官方草案》未接受消除犯罪记录的做法,只是在第58条中规定,"重新授予"依据第54条及以下几条所失去的担任公职的资格,或在公共事务中选举或表决的资格。此等"重新授予"的特点在于,《1925年官方草案》取消了名誉刑,相对于被判刑人的犯罪危险性而言,那些措施只作为"保安"处分而被保留了下来(请参见1925年《官方草案立法说明》第45页)。也就是说,在消除危险性之后撤销保安处分。根据《1925年官方草案》第58条的规定,"较长时间的良好表现"是此等消除危险性的象征。《1925年官方草案》将撤销处分交由法院来决定(法院"可以"……重新授予……),是与其本质和目的不相吻合的,也是与立法说明第45页所表明的、《1925年官方草案》的作者们的完全正确的观点相矛盾的。《1927年草案》第50条赞同《1925年官方草案》的做法,但有自己的产生于已改变了的对于丧失担任公职的资格和选举权及表决权的标准(是附加刑,而非保安处分;参见上文§63Ⅰ)。关于《1930年草案》,请参见上文注释1(即本书第409页注释①——译者注)。

1920年4月9日的《消除犯罪记录法》(《联邦法律公报》第507页)的颁布,至少部分结束了德国法律在恢复原状领域的发展,它虽然没有引入恢复失去的名誉权,但将消除犯罪记录中的刑罚污点引进德国法律。因此,该部法律与犯罪记录的规定是紧密相连的,应当与之一起探讨(参见下文§78a)。刑法的进一步改革的目的在于,对恢复原状问题以立法的形式来解决,且最好使恢复原状与取消名誉刑一起成为多余。

§78a 现行之德国法律

Ⅰ. 由于1882年6月16日的《联邦议会条例》的颁布,德意志帝国分散的

§78a 现行之德国法律

和不系统的犯罪登记至此①得到了统一。榜样国是法国,其根据马桑基(*Bonneville de Marsangy*)的建议,于1850年引进了以字母排列顺序为基础的索引卡片制(Kartensystem)。1882年6月16日的条例也赞同该索引卡片制,但它被作了很多的修改和补充(1896年、1913年、1917年、1918年的附律),考虑到因1920年4月9日的《消除犯罪记录法》而引起的法律的修改因素,最后由帝国政府经帝国议会同意,其被根据《帝国宪法》第77条颁布的1920年6月12日的《犯罪登记条例》所取代。恢复原状制度的发展并没有结束,因为由于通货膨胀所引发的继续修改罚金刑的立法,以及其他的实体刑法上的新规定(例如,根据《帝国税法》第393条的规定,对法人的处罚),总是对犯罪登记产生影响,并要求修改《犯罪登记条例》(1922年6月2日、1923年5月17日和11月24日、1926年2月19日的条例)。为了使《犯罪登记条例》重新变得条理清楚,帝国政府又颁布了1926年3月8日的《犯罪登记条例》(《帝国法律公报》I第157页)。

如1882年《帝国议会条例》一样,新条例对登记制度基本上未作什么改变。该制度的基本特征主要是:由邦政府设立的犯罪登记当局②对在该地区出生之人进行犯罪登记工作。对出生地在帝国疆域以外之人,如果有疑问或未调查,以及对法人和人合公司,由帝国司法部犯罪登记处或由其指定的当局为犯罪登记。犯罪登记机关将被告知有关被判刑人的犯罪情况的所有资料;主要包括所有以判决、处罚命令、刑罚决定等形式作出的裁判;此外,还有缓刑考验期的批准、要求和撤销,暂时释放,免除刑罚,减轻处罚,被剥夺的名誉刑等以赦免形式的重新赋予等。因越轨行为而被科处罚金刑的裁判不在犯罪登记中作记载,但该越轨行为同时违反《帝国刑法典》第361条、第363条的,不在此限。如果针对少年的裁决只涉及教育措施,同样不在犯罪登记中作记载。所有情况以规定的形式记载,按字母顺序排列并密封保管。对于如何给予询问以答复,有详细的规定。私人毫无例外地得不到任何答复。对

---

① 关于犯罪登记的历史发展,参见哈童的阐述第1—3页,布姆克第779页,舍费尔-海尔维希第14页及以下几页,贝索尔德第11页及以下几页。

② 在大多数邦,犯罪登记当局为邦检察院,在萨克森和巴登为地方法院;关于其他详细情况,请参见哈童第270页,舍费尔、海尔维希第304页刊登的帝国司法部部长于1925年3月20日的公告。

§78a 现行之德国法律

当局的询问给予答复也有逐步限制的趋势。① 这里不可能对犯罪登记的具体问题进行深入的探讨。

II.

1. 1920年4月9日的《消除犯罪记录法》②是以"刑罚执行时效"(Strafverbüßungsverjährung)(参见上文§78的相关注释)为出发点的。距离受处罚的时间越长,曾经受到的处罚对该人的总体评价的影响也就越被淡忘。因此,在一定的时间(不能太短)经过之后,将处罚视为已被消除看来是正确的。正是基于这样的基本认识,《消除犯罪记录法》是建立在依法恢复权利的基础之上的。通过判刑而打上烙印的恶劣行为的补偿思想,在法律的这一基本认识上不起任何作用,且以公正司法的形式被合法地撂在一边。③ 易言之,1920年4月9日的《消除犯罪记录法》,放弃了《预备草案》和《委员会草案》所选择的道路。相反,它实现了早在《相对之草案》第111条、第112条中就已表明的、在1918年5月16日的最后一部旧议会《犯罪登记条例》中至少被部分使用的思想。④

2. 根据《消除犯罪记录法》的规定,被判刑人的恢复权利分两步进行。

a. 在特定期间经过之后,对于判刑的询问只给予限制性的答复。这里要区分下面两种不同情况:

——判决只涉及罚金刑或3个月以下自由刑(单处或与其他刑罚同处或作为附加刑);

——所有其他判决,有时也包括第一种情况中的判决,如果它与交付邦警察当局或准予警察监督联系在一起。

在第一种情况下,该所谓的特定期间为5年,在第二种情况下,为10年;如果被判刑人是少年⑤,则在第一种情况下减为3年,在第二种情况下减为6年。

---

① 根据《犯罪登记条例》第32条的规定,有权询问的机关有法院、刑事追诉当局、上级行政当局和警察当局;关于后两者的询问权,将由邦政府或帝国司法部部长作出进一步的规定。请参见哈童第271页的列举,以及他的评注(第238页),扩大询问机关的范围与限制给予答复的趋势是完全矛盾的。

② 参见1924年2月6日的《关于财产刑和罚款条例》第10条的规定。

③ 同意此说的有科尔劳斯、哈童第29页,布姆克第785页。反对依法恢复权利的有厄特克;《法庭杂志》91第336页,魏斯第28页及以下几页。

④ 参见克莱;《德国刑法学杂志》7第165页。

⑤ 是否是少年,以犯罪时为准。

§78a 现行之德国法律

在第一种情况下,该期间开始于裁判之日,在第二种情况下,则开始于刑罚执行完毕、已过时效或被赦免,且基于交付邦警察当局或警察监督等警方处分也已执行完毕之日。① 在附条件缓刑的情况下,成功地度过考验期(在考验期间表现良好)被看作属于第二种情况,期限为10年。

b. 在开始给予限制性答复之日,开始消除犯罪记录的另一个期间。同样有两种情况:

——如果(不同于 a 的第一种情况)被判处罚金刑或拘役,或监禁或一周以下的要塞监禁(单处或与其他刑罚同处,或作为附加刑),该期间为5年;在被判刑人为少年的情况下,该期间为3年。

——所有其他判决,有时也包括第一种情况中的判决,如果它与交付邦警察当局或准予警察监督联系在一起,该期间为10年;在被判刑人为少年的情况下,该期间为6年。

3. 此等期间经过本身并没有实现《消除犯罪记录法》的优惠规定,为此还必须同时具备下列条件:

a. 被判刑人在该规定的期间内没有实施新的犯罪行为。《消除犯罪记录法》第2条对此表述如下:"一人有数个判决的,对所有判决均可给予不受限制的答复,只要对其中之一必须给予不受限制的答复。在一人有数个判决的情况下,只有当在具备消除所有判决记录的条件时,始可消除犯罪记录。"这一不可分割原则说明,在规定的期间内,虽然新的判决不阻止或中断具体判决期间的经过,但直至第二个判决的期间也顺利经过之前,该期间经过的效果,也即可能的恢复权利的程度在此等情况下将被延迟。再有其他新的判决的,也将相应地再予以延迟。如果第二个期间短于第一个期间所剩余的时间的,则第二个期间自然也就根本不会发生了。

为了防止由于微不足道的判决而延迟期间经过的效果,《消除犯罪记录法》第2条第2款对上述不可分割原则作出了一个重要的例外规定,即如果仍允许给予不受限制的答复、只被科处罚金刑(单处或同处)的判决,则此属于例外情况。也就是说,如果在恢复权利期间作出此等微不足道的判决,不

---

① 规定期间所必要的有关数据要告知犯罪当局部门。

§78a 现行之德国法律

妨碍先前的判决在规定期间经过后,开始恢复权利。①

b. 除 a 中探讨的关于在期间经过之后消除犯罪记录的先决条件之外,第 3 条又提出了进一步的条件:

——刑罚必须已执行完毕。

——犯罪登记簿不得再含有任何关于被判刑人曾被逮捕的记载。

——被判刑人因犯罪而失去的资格和权利必须获得。

只要这些条件没有实现,有利于被判刑人的消除犯罪记录的期间也就不开始计算。

4. 消除犯罪记录的效果存在于:

a. 一旦关于判决的答复仍受到限制,只有法院、检察机关以及最高之帝国当局和最高之邦当局,才有权得到关于该判决的答复。其他询问者得到的回答是,好像根本就没有此等记录一样(第 4 条)。

b. 应当消除的犯罪记录将被从记录簿中删除和毁掉。自消除犯罪记录的条件成熟之时起②,就重新犯罪的处罚或其他与前科有关的处罚而言,对过去的判决即不再予以考虑(第 5 条)。但在以后的判决中,以前的判决将被用作认定行为人的全部个性的证据来使用,并可能导致法院在法定刑范围内

---

① 例如,A 于 1920 年 10 月 5 日在执行 4 个月监禁刑(因盗窃)之后被释放。自这一天起,开始了 10 年期间,在该期间经过后,对于任何当局的询问均不得再给予答复。A 又因伤害罪于 1930 年 10 月 3 日被科处 50 帝国马克的罚金刑。如果没有《消除犯罪记录法》第 2 条第 2 款的规定,则因盗窃而被判刑所规定的期间将于 1930 年 10 月 5 日经过,关于对 A 的处罚,只有从 1935 年 10 月 3 日起,才不得告知他人(当局)。同时,这导致完全消除盗窃犯罪记录的期间,也只能自该同一天开始计算。但根据《消除犯罪记录法》第 2 条第 2 款的规定,因盗窃而作出的判决,自 1930 年 10 月 5 日起,就已限制给予有关当局以答复;虽然 A 又因伤害罪被判刑,然而,消除犯罪记录的期间同样始于 1930 年 10 月 5 日。鉴于其他判决,对答复权的限制始于 1935 年 10 月 3 日。

② 虽然有《消除犯罪记录法》第 5 条第 2 款的文本,但仍应作这样的解释。在消除记录的期间经过之后,执行消除记录,取决于有关当局的较慢的或较快的工作效率,但无论它的工作效率是高是低,均不影响被判刑者的法律地位。持该正确观点的还有洛伯:《帝国刑法典及其注释》引言部分第 104 页及 §245 注释 4,布姆克第 786 页。帝国法院在该问题上的态度是摇摆不定的:帝国法院判决第 56 卷第 68 页,对事实上的消除或消除条件的成就,是否构成《消除犯罪记录法》第 5 条第 2 款规定的先决条件,只字不提;帝国法院判决第 56 卷第 75 页要求事实上的消除,但允许法官依据《刑事诉讼法》第 155 条第 2 款的规定,对犯罪登记的内容的准确性进行认定;帝国法院判决第 57 卷第 390 页、第 64 卷第 146 页的态度与本教科书的观点是一致的。哈童第 92 页忽视了帝国法院摇摆不定的事实,与舍费尔、海尔维希一样,赞同被本教科书所拒绝的帝国法院判决第 56 卷第 75 页,这也是与其自己的原则相矛盾的,即起决定性作用的是消除条件的成就,而不是事实上的消除。

§78a 现行之德国法律

选择较高的刑罚。① 消除犯罪记录不影响被判刑人作为未曾受过处罚者回答法院的询问。在这一点上,《消除犯罪记录法》要落后于《相对之草案》和《委员会草案》(参见上文§78 II 3)。这里,法律存在明显的错误,该错误必须在诉讼中通过限制前科调查来消除,"相对于不审慎的或狡猾的提问而言的整个法律上的善行",不应当在诉讼中失去"其价值中很大的一块"。②

5. 在迄今为止的依法恢复权利的讨论中,死刑和重惩役被排除在外。既为这种情况,也为所描述的规定得过于严厉的其他情况,给予恢复权利的可能性,《消除犯罪记录法》第8条还辅助性地规定了以赦免方式恢复权利的制度。根据该规定,只要不妨碍国家利益,邦司法行政机关可以行政途径设立这两种恢复权利制度。

6. 《消除犯罪记录法》已于1920年7月1日生效了。在此日前登记进犯罪登记簿的判决,该法第11条作出了特别的过渡性规定。

这里还要谈及一下1923年2月16日的《少年法院法》第45条和第46条。根据这两条的规定,对犯罪时不满14岁的人的判决,以及所有涉及惩戒罚的记载,均应从犯罪记录中消除。上文4b中探讨的效果同样及于此等消除。

---

① 帝国法院判决第60卷第288页的观点是正确的。

② 科尔劳斯第188页。不同观点参见克莱第166页,他给予被"消除"刑罚记录者这样的权利,即经过宣誓自称未曾受过处罚。但这并不是从法律中得出的结论,且立法说明直接与之相矛盾。赞同本教科书观点的还有布姆克第786页,舍费尔第510页,哈童第95页。